Ger de Koning

Die Apostelgeschichte

Ger de Koning

Eine Erklärung

DIE APOSTELGESCHICHTE

der Apostelgeschichte speziell für dich

Daniel

Alle Bibelstellen werden, soweit nicht anders angegeben, nach der Elberfelder Übersetzung (Edition Hückeswagen), 3. Auflage 2009 zitiert.

Stellenangaben ohne Buchangabe beziehen sich auf die Apostelgeschichte.

1. Auflage

Retzower Str. 21
17279 Lychen
www.Daniel-Verlag.de

Übersetzung: Stephan Winterhoff
Lektorat: Werner Mücher
Satz: Daniel-Verlag
Umschlaggestaltung: Jürgen Benner, ideegrafik
Druck und Bindung: CPI books, Leer

ISBN 978-3-945515-03-7

Inhalt

Ein Wort vorab

Die Apostelgeschichte beschreibt, wie die Gemeinde gebildet wurde, das himmlische Volk Gottes, und das als beeindruckendes Ergebnis des Werkes des Herrn Jesus, wie es in den Evangelien beschrieben ist. Gott kommt in dem Heiligen Geist, um in der Gemeinde zu wohnen.

Bileam hat einmal – unter der mächtigen Wirkung des Geistes Gottes – ausgerufen: „Siehe, ein Volk, das abgesondert wohnt und sich nicht zu den Nationen rechnet!" (4Mo 23,9). Sein Ausruf betraf Israel, das irdische Volk Gottes. So wie Gott einmal Israel von allen Völkern für sich selbst abgesondert hat, so geschieht das nun mit der Gemeinde. Gott hat aus den Völkern ein Volk für sich genommen, für seinen Namen (Apg 15,14).

Die Gemeinde besteht aus allen, die sich durch Buße mit dem Bekenntnis ihrer Sünden zu Gott bekehrt haben und die im Glauben mit dem Herzen den Herrn Jesus als Erlöser angenommen haben und Ihn in der Praxis ihres Lebens als Herrn anerkennen. Sie ist ein himmlisches Volk, das mit einem Herrn im Himmel verbunden ist und dessen Zukunft im Vaterhaus ist.

In der Apostelgeschichte sehen wir, wie sich dieses Volk Gottes in einer Welt, in der es sich zwar befindet, wo es aber nicht zu Hause ist, immer deutlicher abhebt (Joh 17,16). Die Geschichte dieses Volkes in diesem Bibelbuch wird vom Heiligen Geist bestimmt. Deshalb kann der Ausruf, wie er früher vom Gipfel der Felsen über Israel ertönte, jetzt unverändert aus der Höhe, wo der Herr Jesus jetzt ist, für die Gemeinde erklingen: „Siehe, ein Volk." Wenn wir die Belehrungen dieses Buches in uns aufnehmen, werden wir dem von Herzen zustimmen.

Middelburg, Dezember 2009
Ger de Koning

Einleitung

Die Apostelgeschichte kann grob eingeteilt werden nach dem Dienst der beiden Hauptpersonen, wie er in diesem Buch beschrieben ist. Diese beiden Personen sind die besonderen Werkzeuge des Heiligen Geistes. Allem voran finden wir den Ausgangspunkt ihres jeweiligen Dienstes: Das ist der auferstandene und im Himmel verherrlichte Herr.

1. Der auferstandene und verherrlichte Herr (Kap. 1)
2. Der Dienst des Petrus für die Juden und die Samariter (Kap. 2–12)
3. Der Dienst des Paulus für die Nationen (Kap. 13–28)

Die Apostelgeschichte bildet den Übergang von den Evangelien zu den Briefen. Wir könnten dieses Buch auch das Buch „Exodus“ des Neuen Testaments nennen, das Buch des Auszugs (das zweite Buch Mose); die Evangelien entsprächen dann dem Buch „Genesis“, dem Buch der Anfänge (dem ersten Buch Mose). Wir lesen in der Apostelgeschichte ebenfalls - wie im zweiten Buch Mose - von einem Volk, das Gott aus der Sklaverei befreit. Er befreit ein Volk aus der Welt, damit es sein Volk sei, und Er befreit es vom Joch des Gesetzes (Juden) und vom Joch der Sünde (Heiden und Juden). Es ist Gottes Ziel sowohl im zweiten Buch Mose als auch in der Apostelgeschichte, ein Volk zu befreien, um in dessen Mitte zu wohnen. Gott wohnt durch den Heiligen Geist in der *Gemeinde* (das ist der Name des Volkes Gottes im Neuen Testament).

Gott kann nur bei einem erlösten Volk wohnen. Er wohnte nicht bei Adam oder bei Abraham, wohl aber bei Israel, nachdem das Volk aus Ägypten befreit war. Gott, der Heilige Geist, konnte erst herabkommen, um in der Gemeinde zu wohnen, nachdem der Herr Jesus das Erlösungswerk vollbracht hatte und zum Himmel zurückgekehrt war (Joh 7,39). Der neue Ausgangspunkt für das Handeln Gottes ist der auferstandene und verherrlichte Mensch Christus.

Der Heilige Geist hat von Grundlegung der Welt an auf der Erde gewirkt. So schwebte Er über den Wassern (1Mo 1,2) und so inspirierte Er die Propheten (2Pet 1,21). Gott wirkte alles auf der Erde und im Himmel durch Ihn. Der Geist konnte jedoch - wie gesagt - erst auf der Erde *wohnen*, nachdem der Herr Jesus verherrlicht war. Der Geist Gottes wohnt jetzt in der Gemeinde (1Kor 3,16), in jedem, der glaubt (Eph 1,13; 1Kor 6,19).

Lukas, der die Apostelgeschichte geschrieben hat, berichtet in seinem Evangelium von der Geburt und dem Leben des Gründers der Gemeinde. In der Apostelgeschichte berichtet er von der Geburt der Gemeinde und ihrem Leben in der Anfangszeit. Er berichtet von der Entstehung örtlicher Gemeinden und beschreibt sie. Dadurch verstehen wir die Briefe besser, die an einige dieser Gemeinden geschrieben wurden. Das sind die Briefe, die im Neuen Testament auf die Apostelgeschichte folgen.

Das Buch zeigt die Entwicklung und Ausbreitung von einer kleinen jüdischen Bewegung hin zu einer weltweiten Glaubensgemeinschaft. Dabei werden von der neutestamentlichen Gemeinde gleichsam die jüdischen Grabtücher entfernt; ihr besonderer Charakter als Gemeinschaft, in der Juden und Heiden *ein* Leib in Christus sind, wird deutlich.

Es ist wichtig zu beachten, dass Lukas die Apostelgeschichte mit dem Ereignis beginnt, mit dem er sein Evangelium beendet: mit der Himmelfahrt des Herrn Jesus. Die Apostelgeschichte schließt also nicht nahtlos an das Lukasevangelium an, sondern es gibt eine Überlappung. Lukas stellt den Herrn Jesus am Ende seines Evangeliums als den verherrlichten Menschen vor, der zur Krönung seines Dienstes und seines vollbrachten Werkes am Kreuz in den Himmel eingeht. Die Apostelgeschichte beginnt Lukas damit, dass der Herr Jesus zum Himmel auffährt und dort als verherrlichter Mensch seinen Platz einnimmt.

Die Stellung, die der Herr Jesus dort einnimmt, ist der Ausgangspunkt für das Werk des Geistes Gottes auf der Erde. Alles, was daraus folgt, wird in diesem Buch entfaltet. Es beginnt mit dem Herniedersenden des Heiligen Geistes, der sofort die Gemeinde gebildet hat.

Alle Ereignisse, die in diesem Buch beschrieben werden, gehen von Christus in der Herrlichkeit aus. Er beauftragt vom Himmel aus beispielsweise die zwölf Apostel, Er sendet den Heiligen Geist, Er fügt Menschen der Gemeinde hinzu und schenkt in seinem Namen Heilung und Befreiung. Im zweiten Buch Mose führt Gott, indem Er Zeichen und Wunder tut, das Volk Israel aus Ägypten heraus, damit es in der Zeit des Alten Testaments sein Volk sei.

Auf dieselbe Weise werden zur Zeit des Neuen Testaments Menschen aus der Welt herausgeführt, indem Er Zeichen und Wunder geschehen lässt, damit sie zusammen sein Volk seien.

Das Buch handelt von dem wunderbaren Wirken Gottes in der neuen Schöpfung. Er möchte, dass davon in der alten Schöpfung Zeugnis gegeben wird, und zwar durch einen Zeugen, der kein Geringerer ist als sein eigener Geist.

Das Buch beginnt in Jerusalem und endet in Rom. Dort sitzt der Mann im Gefängnis, den der Geist dazu erwählt hat, in der Welt von dem verherrlichten Menschen im Himmel Zeugnis abzulegen.

Das bringt uns zu einem weiteren Aspekt dieses beeindruckenden Buches. Lukas beschreibt in diesem Buch sorgfältig die Entstehungsgeschichte des Christentums. Im letzten Kapitel lesen wir jedoch davon, wie im Lauf der Jahre eine Situation entstanden ist, wo das Christentum eine „Sekte" genannt wird, der „überall widersprochen wird" (Apg 28,22). Deshalb können wir dieses Buch, das Lukas geschrieben hat, auch als eine Verteidigung des Christentums sehen. In diesem Sinn hat es auch große praktische Bedeutung für jeden, der davon überzeugt ist oder überzeugt werden will, dass die Wahrheit allein im Christentum zu finden ist.

Kapitel 1

Rückblick (1,1-3)

> 1 Den ersten Bericht habe ich verfasst, o Theophilus, von allem, was Jesus anfing, sowohl zu tun als auch zu lehren, 2 bis zu dem Tag, an dem er aufgenommen wurde, nachdem er den Aposteln, die er sich auserwählt hatte, durch den Heiligen Geist Befehl gegeben hatte; 3 denen er sich auch nach seinem Leiden in vielen sicheren Kennzeichen lebend dargestellt hat, indem er ihnen vierzig Tage hindurch erschien und über die Dinge redete, die das Reich Gottes betreffen.

Der erste Bericht, den Lukas angefertigt hat, ist sein Evangelium, das er - ebenso wie die Apostelgeschichte - an einen gewissen *Theophilus* geschrieben hat. Der Inhalt seines Evangeliums handelt von allem, was der Herr Jesus getan und gelehrt hat, als Er als Mensch hier auf der Erde war. Lukas spricht in diesem Zusammenhang über das, was der Herr „anfing". Das bedeutet, dass Er damit immer noch fortfährt, auch wenn Er jetzt nicht mehr als Mensch sichtbar anwesend ist. Das Werk ist noch nicht abgeschlossen. Wir sehen in diesem Buch, wie Er auf mächtige Weise aus dem Himmel durch seinen Geist auf der Erde wirkt. Das tut Er immer noch, heute auch durch uns.

Lukas hat in seinem Evangelium beschrieben, was der Herr anfing „sowohl zu tun als auch zu lehren". Tun und lehren gehören zusammen. Beim Herrn Jesus steht das Tun am Anfang. Er war die lebendige Verkörperung dessen, was Er lehrte. Er tat das selbst, was Er andere lehrte. Seine Taten waren nicht anders als seine Worte. Wir sagen häufig viel mehr, als wir in der Praxis zeigen. Unsere Worte gehen oft weiter als unsere Taten. Ein heiliges Leben bekräftigt sehr, was wir predigen.

Lukas hat in seinem Evangelium das Leben des Herrn bis zum Tag seiner Himmelfahrt beschrieben. In diesem ersten Kapitel der Apostelgeschichte beschreibt er noch einmal die Himmelfahrt, weil sie der Ausgangspunkt dieses Buches ist. Die Himmelfahrt des Herrn kennzeichnet alles, was weiterhin auf der Erde durch und für Ihn geschieht. Die Bedeutung seiner Aufnahme in den Himmel zeigt sich auch daran, dass das Wort „aufgenommen" viermal in diesem Kapitel vorkommt (V. 2.9.11.22).

Lukas weist noch darauf hin, dass der Herr Jesus nach seiner Auferstehung – wie auch während seines Lebens bis in den Tod – alles durch den Heiligen Geist tat (Apg 10,38; Heb 9,14). Das erinnert uns daran, dass auch wir den Heiligen Geist nach unserer Auferstehung ebenso wie vorher besitzen werden (Joh 14,16). Durch den Heiligen Geist hat Er den Aposteln, die Er auserwählt hatte, als Er anfing, Israel zu durchziehen (Lk 6,13), seine Befehle gegeben. Um sie in diesem Auftrag zu ermutigen, hat Er sich ihnen lebend dargestellt, nachdem Er gelitten hatte.

Seine Jünger benötigten diese Ermutigung, weil sie durch das, was mit Ihm geschehen war, niedergeschlagen waren. Sie hatten geglaubt, dass Er der Messias war, der sein verheißenes Reich errichten würde. Doch statt zu regieren, musste Er jedoch leiden und ist schließlich gestorben. Sie dachten, dass alles vorbei war. Doch Er hat sich ihnen und auch vielen anderen lebend dargestellt.

Zusätzlich hat Er auch noch viele eindeutige Beweise gegeben, dass Er es wirklich war. Er erschien bei einer Reihe von Gelegenheiten und hat auch in Worten und Taten gezeigt, dass Er derselbe Herr war, der tot war, jetzt aber lebte. Wir können in den Evangelien lesen, wie Er sich den Emmaus-Jüngern zu erkennen gab, wie Er verschiedene Male seinen Jüngern erschien, wie Er Petrus wiederherstellte zu einem Dienst für Ihn und wie Er Maria Magdalene tröstete.

Es ist auch unsere Aufgabe, uns „lebend" darzustellen. Das bedeutet für uns, dass wir Christus in unserem Leben zeigen. Es geht darum, dass wir für Gott leben, dass die Menschen dies sehen und wir nicht den Toten gleichen (Eph 5,14).

Der Herr zeigte sich seinen Jüngern während 40 Tagen. Die Zahl 40 ist die Zahl der Erprobung. Israel war zum Beispiel 40 Jahre in der Wüste, und der Herr Jesus wurde 40 Tage in der Wüste versucht. Während dieser 40 Tage nach der Auferstehung hat der Herr mit ihnen über „die Dinge, die das Reich Gottes betreffen" gesprochen. Das Reich Gottes ist das Reich, über das Gott durch seinen Sohn regiert. Dieses Reich wurde im Alten Testament verheißen, doch als das Reich in der Person seines Königs erschien, wurde dieser verworfen.

Dadurch wurde das Reich, was seine öffentliche Erscheinungsform auf der Erde betrifft, aufgeschoben. Bis zu seiner Errichtung auf der Erde hat es eine verborgene Form. Darüber hat der Herr

Jesus seine Jünger in den Gleichnissen von Matthäus 13 belehrt. Das Reich Gottes wird seit der Himmelfahrt Christi in den Herzen von Menschen errichtet, die Ihn als ihren Herrn anerkennen. Seine Regierung in ihrem Leben wird sichtbar, wenn sie sich durch den Heiligen Geist leiten lassen. In einem solchen Leben wird Gerechtigkeit, Friede und Freude im Heiligen Geist offenbar (Röm 14,17).

Die Verheißung des Heiligen Geistes (1,4.5)

> 4 Und als er mit ihnen versammelt war, befahl er ihnen, sich nicht von Jerusalem zu entfernen, sondern auf die Verheißung des Vaters zu warten - die ihr, sprach er, von mir gehört habt; 5 denn Johannes taufte zwar mit Wasser, ihr aber werdet mit Heiligem Geist getauft werden nach nunmehr nicht vielen Tagen.

Der Herr gibt seinen Jüngern den Auftrag, in Jerusalem zu bleiben. Er gibt diesen Auftrag, während Er mit ihnen versammelt ist. Er kennt seine Jünger. Wenn es etwas zu lange dauert, werden sie wieder ungeduldig werden und wieder ihrer täglichen Arbeit nachgehen (vgl. Joh 21,3). Sie sollen jedoch geduldig auf die Verheißung des Vaters warten. Er erinnert sie daran, dass Er darüber schon bei einer früheren Gelegenheit zu ihnen gesprochen hat (Joh 14,16.17.26; 15,26).

Auch Johannes der Täufer hatte bereits über die Taufe mit dem Heiligen Geist gesprochen (Mt 3,11). Bei dieser Gelegenheit hat Johannes auch auf den Unterschied zwischen seiner Taufe mit Wasser und der Taufe mit dem Heiligen Geist hingewiesen, mit der der Herr Jesus tauft. Der Herr macht hier ebenfalls diesen Vergleich. Das Kommen des Heiligen Geistes ist auch eine Taufe, doch sie ist von ganz anderer Art als die des Johannes. Johannes taufte mit Wasser. Das war materielles Wasser, auf der Erde und von der Erde, in das jemand untergetaucht wurde.

Die Taufe mit dem Heiligen Geist findet zwar auf der Erde statt, kommt jedoch aus dem Himmel und verbindet mit dem Himmel. Es ist kein materielles Ereignis, obwohl es sichtbare Begleiterscheinungen gibt. Die Taufe mit dem Heiligen Geist ist vor allen Dingen ein inneres Geschehen: Der Heilige Geist kommt hernieder, um in den Gläubigen zu wohnen. Zugleich ist es auch ein äußeres Geschehen: Der Heilige Geist wird ausgegossen, wodurch die ganze Gemeinschaft von Menschen sozusagen in den Heiligen Geist eingetaucht wird. Nirgends ist die Rede davon, dass ein Einzelner mit dem Heiligen Geist getauft wird.

Der Herr nennt hier nicht die Taufe mit Feuer, von der Johannes der Täufer wohl spricht (Mt 3,11). Die Taufe mit Feuer steht nicht in Verbindung mit dem Kommen des Heiligen Geistes am Pfingsttag, sondern ist ein Bild des Gerichts, und das nur für die Ungläubigen. Dieses Gericht wird stattfinden, wenn der Herr auf die Erde zurückkommt.

Das Reich und seine Zeugen (1,6–8)

> 6 Sie nun, als sie zusammengekommen waren, fragten ihn und
> sagten: Herr, stellst du in dieser Zeit für Israel das Reich wieder
> her? 7 Er sprach aber zu ihnen: Es ist nicht eure Sache, Zeiten oder
> Zeitpunkte zu wissen, die der Vater in seine eigene Gewalt gesetzt
> hat. 8 Aber ihr werdet Kraft empfangen, wenn der Heilige Geist
> auf euch herabkommt; und ihr werdet meine Zeugen sein, sowohl
> in Jerusalem als auch in ganz Judäa und Samaria und bis an das
> Ende der Erde.

Ein Zusammensein mit dem Herrn ist eine schöne Gelegenheit, Fragen zu stellen. Die Jünger machen Gebrauch davon. Sie stellen keine Fragen über den Heiligen Geist, sondern über das Reich. Sie möchten gern wissen, ob Er jetzt das tut, worauf sie immer gewartet haben.

Ihre Frage zeigt, dass sie noch immer an ein irdisches Reich denken, vielleicht gerade deshalb, weil Er auferstanden ist. Mit seiner Auferstehung sind auch ihre alten Erwartungen wieder „auferstanden". Möglicherweise haben sie an Joel 3,1 gedacht, wo das Kommen des Geistes mit dem Kommen des Reiches verbunden wird. Von der christlichen Form des Reiches, der verborgenen Form, ist hier nicht die Rede.

Ihre Frage ist für den Herrn der Anlass, ihnen zu sagen, was geschehen wird und wie sehr sich die Situation im Vergleich zu der Zeit *vor* seinen Leiden verändert hat. Das Reich in seiner sichtbaren Form ist bis zu dem Zeitpunkt, den der Vater bestimmt hat, aufgeschoben. Der Herr Jesus hat für sie eine Aufgabe, die zu der neuentstandenen Situation passt. Sie brauchen sich weiter keine Sorgen über den Zeitpunkt der Wiederherstellung des Reiches zu machen. Auch wir brauchen nicht über die Dauer der neuen Zeitspanne zu spekulieren, die mit der Himmelfahrt des Herrn Jesus begonnen hat.

Dem Ausdruck „Zeiten oder Zeitpunkte" begegnen wir auch in 1. Thessalonicher 5,1 (vgl. Dan 2,21; Pred 3,1). Da geht es um die Frage, *was* nach Gottes Plan mit der Erde geschehen wird. Hier geht es um die Frage, wann das Reich aufgerichtet wird. Sowohl mit „Zeiten" als auch mit „Zeitpunkten" sind gewisse Zeitabschnitte gemeint. Es sind Synonyme, die einander ergänzen. Es gibt allerdings einen bemerkenswerten Unterschied.

Bei „Zeiten" geht es um die Zeitspanne, um das, was nach Verlauf einer Zeit geschieht. Im Griechischen wird das Wort *chronos* gebraucht. Wir finden das Wort in unserem Wort „Chronometer" wieder; das ist ein Gerät, mit dem früher die Zeit gemessen wurde. So lesen wir in Galater 4,4, dass Gott seinen Sohn sandte, als die „Fülle der Zeit [*chronos*]" gekommen war. Das bedeutet, dass der Herr Jesus auf die Erde gekommen ist, nachdem eine gewisse Zeit vergangen war und Gott die Zeit für geeignet erachtete, seinen Sohn zu senden.

Bei „Zeitpunkten" geht es nicht um die Dauer, sondern um das, was eine bestimmte Zeit kennzeichnet, um den Charakter dieser Zeit. Im Griechischen wird hier das Wort *kairos* gebraucht. So ist die Rede von einer Zeit, in der der Mensch ohne Gesetz lebte (Röm 5,13). Nach Verlauf einer Zeit gab Gott durch Mose seinem Volk das Gesetz, so dass sie unter Gesetz lebten (Joh 7,19). Die Nationen ließ er „in den Zeiten der Nationen" (Lk 21,24) ihren eigenen Weg gehen. Die verschiedenen Zeitspannen, die manchmal hintereinander liegen und manchmal gleichzeitig stattfinden, haben alle ihre eigenen Kennzeichen. Jede Zeit hat deutlich gemacht, wer der Mensch ist und dass er völlig darin versagt, Gott zu dienen. Alle diese unterschiedlichen Zeiten münden ein in die „Fülle der Zeiten" (Mehrzahl von *kairos*) (Eph 1,10), das ist die Zeit des tausendjährigen Friedensreiches. Diese Zeit wird eine Zeit des Friedens sein, weil dann der Friedefürst regieren wird. Dann werden „die Zeiten [Mehrzahl von *kairos*] der Erquickung kommen" (Apg 3,20).

Nachdem der Herr gesagt hat, womit sie sich nicht beschäftigen sollen, sagt Er nun, womit sie sich sehr wohl beschäftigen sollen: Sie sollen nämlich seine Zeugen sein. Bevor Er ihnen jedoch diesen Auftrag gibt, sagt Er ihnen zunächst zu, dass sie dafür die Kraft des Heiligen Geistes empfangen werden. Er hat ihnen das Kommen des Heiligen Geistes bereits in den Versen 4 und 5 verheißen, doch hier (in Vers 8) sagt Er, dass der Heilige Geist sie befähigen wird, ihren Auftrag zu erfüllen. Die Kraft des Heiligen Geistes ist nötig, um ein wirklich christliches Zeugnis geben zu können.

„Zeugen" ist ein Schlüsselwort in diesem Bibelbuch. Es kommt ungefähr dreißigmal vor. Wir haben nicht alle die Gabe eines Evangelisten, wir können aber alle Zeugen sein. Das Ergebnis ist, dass wir Menschen retten (Spr 14,25).

Der Herr sagt, dass sie mit ihrem Zeugnis in Jerusalem beginnen sollen, der Stadt, wo Er gekreuzigt wurde. Dann wird der Kreis größer und kommen auch Juda und Samaria unter den Einfluss des Wortes Gottes. Schließlich lässt Er das Licht seines Evangeliums bis an das Ende der Erde scheinen (Jes 49,6).

Praktisch bedeutet das für uns, dass wir zuallererst in dem Haus und in der Straße, wo wir wohnen, und an dem Arbeitsplatz, wo wir arbeiten, Zeugnis ablegen sollen (vgl. Lk. 8,39). Danach kann der Herr uns dann in einem größeren Kreis als seine Zeugen gebrauchen. Das Licht, das zu Hause am hellsten scheint, scheint auch am weitesten. Mit der Erwähnung des immer größer werdenden Kreises, in dem das Zeugnis für Ihn abgelegt wird, gibt der Herr uns zugleich eine Einteilung der Apostelgeschichte:

1. Das Zeugnis in Jerusalem haben wir in den Kapiteln 1–7.
2. Das Zeugnis in Judäa und Samaria reicht von Kapitel 8,1–9,31.
3. Das Zeugnis bis an die Enden der Erde sehen wir im Rest des Buches, in den Kapiteln 9,32–28,31.

Die Himmelfahrt (1,9–11)

> 9 Und als er dies gesagt hatte, wurde er emporgehoben, indem
> sie es sahen, und eine Wolke nahm ihn auf von ihren Augen weg.
> 10 Und wie sie unverwandt zum Himmel schauten, als er auffuhr,
> siehe, da standen zwei Männer in weißen Kleidern bei ihnen,
> 11 die auch sprachen: Männer von Galiläa, was steht ihr da und
> seht hinauf zum Himmel? Dieser Jesus, der von euch weg in den
> Himmel aufgenommen worden ist, wird ebenso kommen, wie ihr
> ihn habt auffahren sehen in den Himmel.

Mit dem Auftrag des Herrn an seine Jünger, seine Zeugen zu sein, ist seine Aufgabe auf der Erde erfüllt. Vor den Augen der Jünger wird Er aufgenommen. Ein spektakuläres Ereignis wird auf eine einfache und ruhige Art und Weise beschrieben. Nicht ein plötzliches Wegnehmen wie bei Henoch (Heb 11,5) oder das Abholen mit einem feurigen Wagen und mit feurigen Pferden wie bei Elia (2Kö 2,1.11). Die Wolke, die Ihn ihren Augen entrückt, wird die

Wolke gewesen sein, die einige Jünger auch gesehen haben, als sie auf dem Berg der Verklärung waren (Lk 9,34). Die Wolke ist das Symbol der Herrlichkeit Gottes.

Als sie den Herrn so in den Himmel auffahren sehen, war das sicher ein außergewöhnlicher Anblick. Sie schauen Ihm nach, bis die Wolke Ihn aufnimmt. Schauten sie traurig, anbetend oder erstaunt? Es wird wohl eine Mischung dieser Gefühle gewesen sein.

Während sie zum Himmel sehen, dem Herrn nachschauend, der von ihnen geht, stehen da zwei Männer bei ihnen. Es sind zwei Engel. Von einem Erstaunen der Jünger über die Erscheinung und die Worte der Engel lesen wir nichts. Die Engel rufen sie wieder zur Ordnung.

Die Worte „Was steht ihr da und seht hinauf zum Himmel?“ sind vielleicht als Ermahnung zu verstehen, die auch uns gilt. Es ist nicht die Absicht, dass wir, während der Herr jetzt im Himmel ist, mit verschränkten Armen auf seine Wiederkunft warten. Es gibt Arbeit zu tun. Sicher ist es wichtig, Ihn weiterhin zu erwarten, doch gerade eine lebendige Erwartung des Herrn wird uns zum Handeln führen.

Die Engel sprechen von der Wiederkunft des Herrn Jesus als einem Versprechen. Diese Wiederkunft betrifft nicht sein Kommen für die Gläubigen, um sie abzuholen (1Thes 4,15–18), sondern betrifft sein Wiederkommen auf die Erde. Er, der dann zurückkommt, ist *dieser* Jesus und niemand anders. Er wird an denselben Ort zurückkommen, von dem aus Er zum Himmel gegangen ist, dem Ölberg (Sach 14,4). Er wird *sichtbar* wiederkommen, Er wird *mit den Wolken* kommen, und Er wird *in Herrlichkeit* kommen (Mt 24,30). Das alles wird ihnen außer dem Auftrag in Vers 8 als Hoffnung vorgestellt.

Ausharren im Gebet (1,12–14)

12 Dann kehrten sie nach Jerusalem zurück von dem Berg, der Öl-
berg heißt, der nahe bei Jerusalem ist, einen Sabbatweg entfernt.
13 Und als sie hineingegangen waren, stiegen sie in den Obersaal
hinauf, wo sie blieben: sowohl Petrus als Johannes und Jakobus
und Andreas, Philippus und Thomas, Bartholomäus und Matthä-
us, Jakobus, der Sohn des Alphäus, und Simon, der Eiferer, und
Judas, der Bruder des Jakobus. 14 Diese alle verharrten einmütig
im Gebet mit einigen Frauen und Maria, der Mutter Jesu, und sei-
nen Brüdern.

Die Jünger tun das, was der Herr gesagt hat. Sie gehen nicht jeder wieder heim (Joh 20,10), sondern verlassen den Ölberg und gehen nach Jerusalem. Sie brauchen nicht weit zu gehen. Der Abstand wird entsprechend der jüdischen Maßeinheit angegeben, einen Sabbatweg. Das ist der Abstand, den die Juden am Sabbat zurücklegen durften, ungefähr 800 Meter. Alles atmet noch die Atmosphäre des Judentums.

Der Ort, den sie aufsuchen, ist ein bekannter Ort. In diesem Saal hat der Herr Jesus ihnen gezeigt, dass Er Gemeinschaft mit ihnen haben will und was die Voraussetzungen dazu sind (Joh 13). Dort hat Er auch vom Vaterhaus und vom Heiligen Geist gesprochen (Joh 14). Es ist „der Obersaal", das ist ein erhabener Ort. Es ist der Ort, wo Er seine Gedanken bekanntmacht.

Dort sind zuerst einmal die elf Apostel zusammen. Lukas nennt alle elf mit Namen. Petrus wird wieder als Erster der ganzen Gruppe erwähnt und folglich auch als Erster der ersten Vierergruppe, Philippus als Erster der zweiten Vierergruppe und Jakobus als Erster der dritten Gruppe, die jetzt nur noch aus drei Männern besteht, weil Judas Iskariot fehlt. Für Judas Iskariot wird ein anderer gewählt werden.

Als Erstes wird von den Aposteln erwähnt, dass sie im Gebet verharren. Ein schöner Anfang. Die erste Zusammenkunft nach der Himmelfahrt des Herrn Jesus ist dem Gebet gewidmet, bei dem alle Apostel anwesend sind. Sie beten beständig und auch einmütig. Das Wort „einmütig" kommt elfmal im Neuen Testament vor, zehnmal in der Apostelgeschichte: 1,14; 2,46; 4,24; 5,12; 7,57; 8,6; 12,20; 15,25; 18,12; 19,29. Das elfte Mal lesen wir es in Römer 15,6. Einmütigkeit ist die Praxis von Psalm 133. Jetzt kommt nicht die Frage bei ihnen auf, wer der Größte sei.

Diese Zusammengehörigkeit, die so eindrucksvoll im ausdauernden, gemeinsamen Beten erlebt wird, ist das Vorspiel für die Ausgießung des Heiligen Geistes. So sind sie zehn Tage zusammen, um unter anderem für das Kommen des Heiligen Geistes zu beten (Lk 11,13). Für uns ist das nicht anders, wenn wir sein kraftvolles Wirken erfahren wollen. Kein einziger Dienst gelingt, ohne dass diesem das Gebet vorausgeht[1].

---

[1] In der Apostelgeschichte kommt das Gebet oft vor. Es läuft wie ein roter Faden durch das Buch: 1,14.24; 2,42; 4,24; 6,4.6; 7,60; 8,15; 9,11.40; 10,2.9; 12,5; 13,3; 14,23; 16,13.25; 20,36; 21,5; 27,35; 28,8.

Bei diesem Gebet der Apostel sind auch einige Frauen anwesend, von denen Maria, die Mutter des Herrn, mit Namen genannt wird. Es ist das letzte Mal, dass sie im Neuen Testament erwähnt wird. Sie betet mit. Es wird also nicht zu ihr gebetet, so wie das in der römisch-katholischen Kirche sehr falsch gelehrt wird und auch geschieht. Sie wird „die Mutter Jesu" genannt und nicht die „Mutter Gottes", wie die römische Kirche sehr zu Unrecht lehrt.

Außer den Aposteln und den Frauen sind auch die Brüder des Herrn anwesend. Sie waren zunächst ungläubig (Mk 3,21; Joh 7,5), haben Ihn aber später als den Sohn Gottes angenommen. Es scheint so, dass sie davon durch seine Auferstehung überzeugt worden sind.

Das Ende von Judas (1,15–19)

> 15 Und in diesen Tagen stand Petrus in der Mitte der Brüder auf
> und sprach (es war aber eine Menge von etwa hundertzwanzig
> beisammen): 16 Brüder, die Schrift musste erfüllt werden, die der
> Heilige Geist durch den Mund Davids über Judas vorhergesagt
> hat, der denen, die Jesus griffen, ein Wegweiser geworden ist.
> 17 Denn er war zu uns gezählt und hatte das Los dieses Dienstes
> empfangen. 18 (Dieser nun hat sich zwar von dem Lohn der Ungerechtigkeit einen Acker erworben und ist, kopfüber gestürzt,
> mitten entzwei geborsten, und alle seine Eingeweide sind ausgeschüttet worden. 19 Und es ist allen Bewohnern von Jerusalem
> kundgeworden, so dass jener Acker in ihrer eigenen Mundart
> Akeldama, das ist Blutacker, genannt worden ist.)

Während der Zusammenkunft, bei der ungefähr 120 Personen anwesend sind, steht Petrus auf. Er steht „in der Mitte der Brüder" auf. Im Weiteren wird deutlich, dass damit vor allem die Apostel gemeint sind, denn an sie richtet er das Wort. Petrus ergreift nicht das Wort, um die Stille zu unterbrechen. Was er zu sagen hat, ist eine Botschaft aus der Schrift. Er lässt sich durch die Schrift leiten. Sein Verständnis ist geöffnet (Lk 24,45), und dadurch versteht er die Schriften, obwohl der Heilige Geist noch nicht ausgegossen ist. Er hat jedoch die Einsicht des neuen Menschen vom Herrn empfangen, als Er in ihn hauchte (Joh 20,22).

Er glaubt auch bedingungslos an die Inspiration des Alten Testaments durch den Heiligen Geist. Was David gesagt hat (Ps 41,10; Joh 13,18), schreibt Petrus dem Heiligen Geist zu, der den Mund

Davids gebraucht hat, um den Verrat des Judas vorherzusagen. Das heißt nicht, dass David sich bewusst war, dass er über Judas redete, sondern der Heilige Geist macht eine Anwendung, die weiterreicht, als die aktuelle Situation, die David zu seiner Aussage veranlasste. Was David sagte, sagte er über jemanden, der zunächst sein Freund war, auf den er vertraute, der jedoch später sein Gegner wurde. Durch die Einsicht desselben Heiligen Geistes wendet Petrus das, was David gesagt hat, auf die richtige Weise an und stellt deutlich fest, dass Judas der Hauptgegner des Herrn war. Er war der Anführer der Horde, die hinzutrat, um Ihn gefangen zu nehmen.

Es hat Petrus vielleicht Mühe bereitet, zu sagen, dass Judas „zu uns" gezählt war. Judas war gemeinsam mit ihnen dem Herrn gefolgt und hatte auch seinen Anteil an dem Dienst, den der Herr ihnen aufgetragen hatte. Sie haben als Apostel nie irgendeinen Argwohn gegen Judas gehegt. Dass er sich derart entpuppen würde, muss für die Apostel schockierend gewesen sein.

Es ist nicht klar, ob die Verse 18 und 19, die von dem dramatischen Ende des Judas handeln, Worte von Petrus sind oder eine Erklärung von Lukas. Wir lesen, dass dieser falsche Apostel sich durch Geld leiten ließ. Das Geld wird hier der „Lohn der Ungerechtigkeit" genannt. Es ist derselbe Lohn, den auch Bileam liebte (2Pet 2,15). Das ist der Lohn, den jemand verdient, wenn er den rechten Weg verlässt.

Für diesen Lohn hat Judas einen Acker erworben, ohne ihn in seinem Leben je besessen zu haben. Es ist der Acker, den die Hohenpriester von dem Geld kauften, das Judas mit seinem Verrat verdiente und das er in den Tempel warf (Mt 27,3–8). Es blieb jedoch sein Geld, und der Acker wurde sein Acker.

Judas, der falsche Apostel, kommt auf dramatische Weise zu seinem Ende. Er hat sich erhängt, ist kopfüber gestürzt, und durch seinen Fall auf die Felsen ist er mitten entzweigeborsten, wodurch seine Eingeweide ausgeschüttet wurden (Mt 27,3–8). Sein verdorbenes Inneres ist in diesem Gericht in all seiner Abscheulichkeit nach außen getreten. Das schreckliche Ende des Judas ist in ganz Jerusalem bekannt geworden.

In ihrer eigenen Sprache wird danach über diesen Acker als „Akeldama" gesprochen. Die Bedeutung ist: Blutacker. Noch zweimal ist die Rede von einem Ereignis, das uns an einen Blutacker erinnert, beide Male (bildlich) in Verbindung mit dem Blut Christi: in 1. Mose 4,8–15 und in 5. Mose 21,1–9.

Der Nachfolger des Judas wird erwählt (1,20-26)

> [20] Denn es steht im Buch der Psalmen geschrieben: „Seine Woh-
> nung werde öde, und es sei niemand, der darin wohne", und:
> „Sein Aufseheramt empfange ein anderer." [21] Es muss nun von
> den Männern, die mit uns gegangen sind in all der Zeit, in der der
> Herr Jesus bei uns ein- und ausging, [22] angefangen von der Taufe
> des Johannes bis zu dem Tag, an dem er von uns weg aufgenom-
> men wurde – von diesen muss einer mit uns ein Zeuge seiner Auf-
> erstehung werden. [23] Und sie stellten zwei dar: Joseph, genannt
> Barsabbas, mit dem Beinamen Justus, und Matthias. [24] Und sie
> beteten und sprachen: Du, Herr, Herzenskenner aller, zeige von
> diesen beiden den einen an, den du erwählt hast, [25] das Los dieses
> Dienstes und Apostelamtes zu empfangen, von dem Judas abge-
> wichen ist, um an seinen eigenen Ort zu gehen. [26] Und sie gaben
> ihnen Lose; und das Los fiel auf Matthias, und er wurde den elf
> Aposteln zugezählt.

Petrus weiß, dass die Worte aus den Psalmen (Ps 69,26; 109,8) auf Judas anzuwenden sind, obwohl sein Name dort nicht genannt wird. Das bedeutet auch, dass das, was mit Judas geschah, kein Sieg Satans ist. Judas wurde lediglich gebraucht, um das Wort Gottes zu erfüllen. Das nimmt von der eigenen Verantwortung, die Judas hatte, nichts weg. Er öffnete sich für Satan.

Das Zitat aus Psalm 69,26 kündigt sein Gericht an, während das Zitat aus Psalm 109,8 über die Nachfolge des frei gewordenen Platzes bei den Zwölfen redet. Bei ihrer Wahl eines Nachfolgers lassen sich die Apostel durch die Schrift leiten (siehe V. 16), und sie wollen ihr auch gehorsam sein. Sie glauben an die Inspiration der Schrift und an ihre praktische Anwendung in ihrer Situation.

Wie wichtig ist das auch für uns. Die Kraft der Schrift, um uns auch heute in allerlei Situationen in der Gemeinde zu führen, ist unvermindert vorhanden. Die Frage ist jedoch, ob wir das noch mit derselben Überzeugung glauben wie die Jünger damals. In Anbetracht unserer Kenntnis der Schrift und wie wir sie häufig nach eigenem Gutdünken auslegen, ist zu befürchten, dass wir weit von dem Glauben der ersten Jünger abgewichen sind.

Petrus hat nicht nur Einsicht in die Schriften, er weiß auch um die Voraussetzungen, denen der, der den Platz des Judas einnimmt, entsprechen muss. Er weiß um Männer, die auch mit dem Herrn als seine Jünger umhergezogen sind, außer den zwölf, die der Herr Jesus zu einem besonderen Dienst ausgewählt hatte. Solche Jünger haben Ihn auch kennengelernt als den, der unter ihnen „ein- und ausging". Das ist ein Hinweis auf den vertrauensvollen Umgang des Herrn mit seinen Jüngern

Die Zeit des öffentlichen Dienstes des Herrn Jesus hat mit der Taufe des Johannes begonnen und reicht bis zu seiner Himmelfahrt. Um ein Apostel werden zu können, musste jemand die ganze Zeit mit Ihm gegangen sein. Wenn jemand dieser Voraussetzung entsprach, war er auch ein Zeuge seiner Auferstehung, und darum geht es hauptsächlich.

Es ging nicht darum, dass jemand von dem Weg des Herrn auf der Erde zeugen konnte, sondern von seiner *Auferstehung*. Damit wird die Wichtigkeit der Auferstehung unterstrichen. Sie musste bezeugt werden können. Die Auferstehung nimmt in der Apostelgeschichte einen wichtigen Platz ein. Ohne die Auferstehung haben Predigt und Lehre keine Kraft oder Klarheit.

Zwei Männer sind da, die den Voraussetzungen entsprechen, um die Stelle des Judas einnehmen zu können. Es ist der bevorrechtigte Platz, von dem Judas abgefallen ist, weil er das Geld liebte. Seine Entscheidung für das Geld war eine fatale Wahl und ließ ihn zu seinem eigenen abscheulichen Ort im ewigen Verderben gehen (Joh 17,12). Die zwei Kandidaten werden dem Herrn vorgestellt. Vielleicht gehörten sie zu den 72 Jüngern, die von Ihm ausgesandt worden waren (Lk 10,1).

Die Apostel legen die Sache dem Herrn im Gebet vor, nachdem sie die Schrift befragt haben und sich durch sie leiten lassen und sie auf die Voraussetzungen anwenden. Das Lesen des Wortes Gottes und das Gebet gehören immer zusammen. Sie stützen sich auf die Schrift, bitten den Herrn, einen von beiden, die den Anforderungen entsprechen, zu bestimmen. Die Apostel bestimmen nicht selbst, wer die Stelle des Judas einnehmen soll. Sie überlassen die Entscheidung dem Herrn. So wie Er die Nacht im Gebet verbrachte, bevor Er die Zwölf aussandte (Lk 6,12.13), beten die Jünger hier ebenfalls für die richtige Entscheidung.

Sie reden den Herrn als den „Herzenskenner" aller an (vgl. Apg 15,8). Er allein kennt das Herz jedes Menschen und weiß, was sich darin für Ihn findet. Diese Haltung der Abhängigkeit und der Hingabe an seinen Willen ist für das Kennenlernen seines Willens von entscheidender Bedeutung. Sie sagen im Gebet auch, wie sie zu dem Gebet kommen. Sie verantworten sich sozusagen, indem sie auf die Ereignisse verweisen. Das weiß der Herr zwar alles, doch Er möchte gern, dass wir Ihm sagen, warum wir Ihn um eine

Entscheidung bitten. Für uns ist wichtig, dass wir unsere Motive für eine Bitte in Worte fassen.

Nachdem sie sich so im Gebet an den Herrn als Herzenskenner aller gerichtet haben, werfen sie das Los. Das ist zu dem Zeitpunkt noch ein erlaubtes Mittel, um den Willen Gottes kennenzulernen (Spr 16,33). Es ist zugleich das letzte Mal, dass wir in der Bibel etwas über den Gebrauch des Loses lesen. Nach dem Kommen des Heiligen Geistes ist keine Rede mehr davon, ein Los zu werfen. Nachdem der Heilige Geist gekommen ist, ist Er es, der den Willen Gottes deutlich macht (Apg 13,2).

Das Los fällt auf Matthias. Er wird den Elfen hinzugefügt. Dadurch kann man wieder von „den Zwölfen" sprechen (siehe Apg 2,14; 6,2). Durch den Gebrauch des Ausdrucks „die Zwölf" macht der Heilige Geist klar, dass die Wahl von Gott anerkannt ist.

Kapitel 2

Der Tag des Pfingstfestes (2,1)

1 Und als der Tag der Pfingsten erfüllt wurde, waren sie alle an einem Ort beisammen.

Die Gläubigen kommen noch immer im Obersaal zusammen. Dann bricht der Tag des Pfingstfestes an. An diesem Tag bekommen sie eine Antwort auf ihre Gebete, wobei sie unter anderem um den Heiligen Geist gebeten haben (Lk 11,13). Lukas sagt von diesem Tag, dass er „erfüllt wurde“. Dieser Tag des Pfingstfestes wurde nämlich im Alten Testament vorhergesagt (3Mo 23,15–21). Es war eins der „Feste des HERRN“. Das Pfingstfest fand 50 Tage nach dem Fest der Erstlingsgarbe statt (3Mo 23,9–14). Die Erstlingsgarbe spricht von der Auferstehung des Herrn Jesus, der der Erstling aus den Toten ist (1Kor 15,20).

Am Pfingstfest wurde ein „neues Speisopfer“ in Form von zwei Broten dargebracht. Diese zwei Brote symbolisieren Juden und Heiden, die durch das Kommen des Heiligen Geistes zu einer Einheit getauft wurden. So wie das Passahfest im Tod Christi erfüllt wurde, so wurde das Pfingstfest durch das Kommen des Heiligen Geistes erfüllt.

Vielleicht haben die Jünger während der Zeit, in der sie auf die Erfüllung der Verheißung warteten, miteinander über 3. Mose 23 gesprochen. An diesem Tag der Erfüllung der Verheißung sind sie alle miteinander versammelt. Sie sind versammelt, weil sie ein gemeinsames Interesse haben, das sie miteinander teilen wollen. Es ist ein besonderes Vorrecht, das für die Gemeinde kennzeichnend ist, dass man zusammenkommt, um den gemeinsamen Glauben an den Herrn Jesus miteinander zu teilen (1Kor 11,20; 14,23).

Das Kommen des Heiligen Geistes (2,2–4)

2 Und plötzlich kam aus dem Himmel ein Brausen, wie von einem daherfahrenden, gewaltigen Wind, und erfüllte das ganze Haus,
wo sie saßen. 3 Und es erschienen ihnen zerteilte Zungen wie von

Feuer, und sie setzten sich auf jeden Einzelnen von ihnen. [4] Und sie wurden alle mit Heiligem Geist erfüllt und fingen an, in anderen Sprachen zu reden, wie der Geist ihnen gab auszusprechen.

Der Heilige Geist ist nicht in sichtbarer, menschlicher Gestalt wie der Herr Jesus gekommen. Er hätte ungesehen und unbemerkt kommen können. Gott wollte jedoch, dass sein Kommen bemerkt wurde, und dazu gebrauchte Er äußerlich sichtbare Zeichen. Aus dem Himmel, das heißt von Gott, kommt ein Geräusch, wie von einem daherfahrenden, gewaltigen Wind.

Dieses Geräusch wird gehört, nicht gefühlt. Die Feststellung des Kommens des Heiligen Geistes beruht nicht auf Gefühlen, sondern auf der Wahrnehmung. Es wird etwas gehört (V. 2), etwas gesehen (V. 3), und es gibt ein Ergebnis (V. 4). Das ganze Haus wird erfüllt. Wir können uns dabei gut vorstellen, dass alle, die im Haus sind, untergetaucht werden und mit dem Heiligen Geist getauft werden.

In dem Erfüllen des ganzen Hauses (V. 2) sehen wir ein Bild der Wahrheit, dass der Heilige Geist in der gesamten Gemeinde wohnt (1Kor 3,16). In Vers 3 kommt Er auf jeden von ihnen zeichenhaft in zerteilten Zungen von Feuer. Darin sehen wir ein Bild der Wahrheit, dass der Heilige Geist auch in jedem einzelnen Gläubigen wohnt (1Kor 6,19).

Das Kommen des Heiligen Geistes, um in die Gemeinde einzuziehen und darin zu wohnen, ist ein einmaliges Ereignis. Das findet hier statt. Die Ausgießung des Heiligen Geistes ist einmalig, genauso wie das Werk Christi auf Golgatha einmalig ist. Das Einziehen des Heiligen Geistes in jeden einzelnen Gläubigen, indem Er den Körper des Gläubigen als Wohnort bezieht, geschieht in dem Augenblick, in dem jemand zum Glauben kommt (Eph 1,13), also immer dann, wenn Menschen sich bekehren.

Nachdem das Kommen des Geistes hörbar wahrgenommen wurde, wird nun etwas mit den Augen wahrgenommen. Die Anwesenden sehen Zungen wie von Feuer, die sich teilen und sich auf jeden von ihnen setzen. Hier findet die Taufe mit dem Heiligen Geist statt, auf die in 1. Korinther 12,13 Bezug genommen wird. Das ist nicht die Taufe mit Feuer, die bei Ungläubigen stattfinden wird. Als Johannes zu einer Gruppe von Menschen sprach, die aus Gläubigen und Ungläubigen bestand, nannte er beide Taufen (Mt 3,11.12; Lk 3,16.17).

Die Zungen, die sich auf jeden von ihnen setzen, sind Zungen „wie von Feuer". Es ist also kein Feuer, lässt aber daran denken.

Das Feuer ist ein Bild des Gerichts. Obwohl es nicht um eine Feuertaufe geht, die Gericht bedeutet, hat diese Taufe mit dem Heiligen Geist, mit der die Gläubigen getauft werden, in einem gewissen Sinn doch mit Gericht zu tun. Sie weist nämlich darauf hin, dass das Kommen des Heiligen Geistes das Gericht über das Fleisch bedeutet. Wohin der Heilige Geist kommt, darf das Fleisch nicht mehr zur Geltung kommen und muss im Tod gehalten werden. Die Zungen weisen auf unser Reden, auf unsere Äußerungen hin. Wenn der Heilige Geist in uns wohnt, muss sich das in unserem ganzen Verhalten zeigen.

Das Erfülltsein mit dem Geist[2] ist etwas anderes als die Ausgießung des Geistes oder die Taufe mit dem Heiligen Geist. Wenn jemand mit dem Heiligen Geist erfüllt ist, bedeutet das, dass er völlig unter der Wirksamkeit des Heiligen Geistes zur Erfüllung eines bestimmten Dienstes steht. Das Erfülltsein mit dem Geist kann also mehrmals geschehen. Wie schon gesagt, ist die Taufe mit dem Heiligen Geist ein einmaliges Ereignis bei der Entstehung der Gemeinde, genau wie das Empfangen des Heiligen Geistes ein einmaliges Ereignis ist, das stattfindet, wenn sich jemand bekehrt.

Eine weitere begleitende und wahrnehmbare Erscheinung ist das Reden in anderen Sprachen. Die unterschiedlichen Sprachen sind eine Folge der Sünde und haben Zerstreuung zur Folge. Die Sprachen, die vom Heiligen Geist gesprochen werden, heben die Folgen der Sünde auf. Die Gläubigen verstehen einander, und das hat Einheit zur Folge.

Hier wird das Gericht der Sprachenverwirrung aufgehoben, das Gott wegen des Turmbaus zu Babel verhängt hatte (1Mo 11,1–9). Dort wurde der stolze Bau eines menschlichen Bauwerks durch das Gericht der Sprachverwirrung beendet, während Gott hier den Anfang seines geistlichen Bauwerks zeigt. Bei Babel war Zerstreuung, hier ist Vereinigung.

Eins der Kennzeichen eines geisterfüllten Gläubigen ist, dass er über den Herrn Jesus spricht. Das geschieht hier auf überfließende und besondere Weise. Die Gläubigen reden in Sprachen über die großen Taten Gottes (V. 11). Für den Juden was es undenkbar, dass über Gott in einer anderen Sprache als Hebräisch geredet werden

---

[2] Erfülltsein mit dem Heiligen Geist kommt im Neuen Testament auch an folgenden Stellen vor: Lukas 1,15.41.67; Apostelgeschichte 4,8.31; 13,9. „Voll Heiligen Geistes" bezeichnet ein beständiges Erfülltsein mit dem Heiligen Geist. Wir sehen das beim Herrn Jesus (Lk 4,1), bei Stephanus und bei Barnabas (Apg 6,3.5; 7,55; 11,24).

konnte. Dass dies hier geschieht, bedeutet, dass Gott sich nicht mehr allein einem Volk bekanntmacht, sondern dass das Evangelium sich an die ganze Welt richtet.

Das Reden in anderen Sprachen (2,5–13)

> 5 Es wohnten aber in Jerusalem Juden, gottesfürchtige Männer, aus jeder Nation unter dem Himmel. 6 Als sich aber die Kunde hiervon verbreitete, kam die Menge zusammen und wurde bestürzt, weil jeder Einzelne sie in seiner eigenen Mundart reden hörte. 7 Sie gerieten aber alle außer sich und verwunderten sich und sagten: Siehe, sind nicht alle diese, die da reden, Galiläer?
> 8 Und wie hören wir sie, jeder in unserer eigenen Mundart, in der wir geboren sind? 9 Parther und Meder und Elamiter und die Bewohner von Mesopotamien, sowohl von Judäa als auch von Kappadozien, Pontus und Asien, 10 sowohl von Phrygien als auch von Pamphylien, Ägypten und dem Gebiet von Libyen gegen Kyrene hin, und die hier weilenden Römer, 11 sowohl Juden als auch Proselyten, Kreter und Araber: Wir hören sie die großen Taten Gottes in unseren Sprachen reden. 12 Sie gerieten aber alle außer sich und waren in Verlegenheit und sagten einer zum anderen: Was mag dies wohl sein? 13 Andere aber sagten spottend: Sie sind voll von süßem Wein.

Das Wunder des Kommens des Heiligen Geistes bleibt nicht auf den Obersaal in Jerusalem beschränkt. In Jerusalem wohnten damals Juden aus allen Völkern unter dem Himmel. Da sie näher als „gottesfürchtige Männer“ bezeichnet werden, werden sie wohl aus Liebe zur Stadt Gottes dorthin zurückgekehrt sein. Als dieses Wunder in der Stadt bekannt wird, zieht es die Menschenmengen an.

Nach all der Aufregung des Prozesses gegen den Herrn Jesus und seiner anschließenden Kreuzigung, wird jeder wieder zum täglichen Leben zurückgekehrt sein. Fünfzig Tage lang ist nichts Außergewöhnliches geschehen. Die Ansprüche Jesu, der Messias zu sein, sind mit Ihm ins Grab gesunken, wird man wohl gedacht haben. Die Soldaten haben die Lüge verbreitet, dass sein Leib gestohlen worden sei (Mt 28,12–15). Diese Lüge ist wohl im Allgemeinen geglaubt worden. Der Dienst im Tempel wird wieder seinen normalen Gang genommen haben.

Dann findet plötzlich dieses Ereignis statt und später sogar die Bekehrung von mehreren tausend Menschen. Jeder in der zusammengeströmten Menschenmenge, die sich aus allerlei Nationalitäten zusammensetzt, hört seine eigene Sprache sprechen. Das verwirrt sie. Über die Zungen wie von Feuer, die sich auf die Jünger niedergelassen hatten, wird nicht gesprochen. Es scheint so, dass die Menge sie nicht gesehen hat. Das Erstaunen ist in jedem Fall groß. Die armselige Handvoll ungelehrter Jünger, die als gebürtig aus dem rückständigen Galiläa erkannt werden, tritt aus der Verborgenheit und Vergessenheit an die Öffentlichkeit heraus und gibt mit unwiderstehlicher Kraft Zeugnis in Sprachen, die sie nicht gelernt haben.

Die versammelte Menge spricht darüber zueinander, dass jeder sie in seiner eigenen Mundart reden hört, mit der er aufgewachsen ist. Lukas zählt die Nationen auf, aus denen diese Juden stammen. Das vermittelt einen Eindruck vom Ausmaß der Zerstreuung. Dass nun Gott all diese Nationen mit seiner Größe und Majestät in der Sprache ihres Geburtslandes bekanntmacht, also in der Sprache, mit der sie aufgewachsen sind, ist ein großer Sieg der Gnade Gottes. Er musste sie wegen der Untreue seines Volkes zerstreuen. Nun fügt Er Menschen wegen der Größe des Werkes seines Sohnes zusammen.

Die Jünger sprechen diese verschiedenen Sprachen und sogar Dialekte, ohne dass sie diese gelernt haben. Es geht um ein Sprechwunder, nicht um ein Hörwunder. Die Jünger können sich auf perfekte Weise mit dem richtigen Zungenschlag in der Sprache jedes Landes ausdrücken, aus dem Emigranten gekommen sind.

Übrigens ist schon zweimal vorher die Rede vom Reden in einer Sprache, ohne dass jemand sie gelernt hat. Adam und Eva sind die Ersten, die eine Sprache sprachen, die sie nicht gelernt hatten. Der zweite Fall fand bei der bereits erwähnten Sprachverwirrung statt, die Gott aus Anlass des Turmbaus zu Babel bewirkte.

Noch einmal berichtet Lukas, was für einen enormen Eindruck dieses Ereignis auf die Menschenmengen machte (V. 12). Immer wieder weist er darauf hin, welche Wirkung das auf die Volksmenge hatte. Das Kommen des Heiligen Geistes auf die Erde ist ein Ereignis, das nicht in der Stille stattfindet, sondern mit den erforderlichen und passenden Begleiterscheinungen. Diejenigen, die beeindruckt sind, sind die, die aus anderen Ländern gekommen sind und hier die Sprache des Landes ihrer Herkunft sprechen hören.

Aber es gibt auch „andere". Sie gehören wahrscheinlich zu den einheimischen Juden, die diese Sprachen nicht verstehen. Sie offenbaren ihre mangelnde Gottesfurcht und verspotten das Geschehen. Für sie ist es das Lallen von Betrunkenen.

Petrus beginnt seine zweite Rede (2,14.15)

> 14 Petrus aber stand auf mit den Elfen, erhob seine Stimme und redete zu ihnen: Männer von Judäa und ihr alle, die ihr in Jerusalem wohnt, dies sei euch kund, und nehmt zu Ohren meine Worte! 15 Denn diese sind nicht betrunken, wie ihr meint, denn es ist die dritte Stunde des Tages.

Petrus, der in die Gemeinschaft mit seinem Herrn und mit seinen Mitbrüdern zurückgeführt ist, kann jetzt aufstehen und mit Freimütigkeit reden. Nicht nur Petrus steht auf, auch die elf anderen Apostel stehen mit ihm auf. Die Elf stehen neben ihm, um auf eine für alle sichtbare Weise sein Zeugnis zu unterstützen. Er spricht die Menge als jüdische Männer und Bewohner von Jerusalem an. Seine Zuhörerschaft besteht also aus Juden. Er richtet seine Ansprache auch gänzlich auf dieses Publikum aus. Er kennt das Denken und die Empfindungen dieser Menschen durch und durch, denn er selbst ist auch ein Jude. Doch dadurch, dass er bekehrt ist, glaubt und den Heiligen Geist besitzt, kann er das, was die Volksmenge wahrgenommen hat, richtig erklären.

Mit den Worten „dies sei euch kund, und nehmt zu Ohren meine Worte!" weckt er ihr Interesse und erbittet ihre ungeteilte Aufmerksamkeit. In seiner Ansprache, die also nur an jüdische Zuhörer gerichtet ist, gebraucht Petrus zum ersten Mal die Schlüssel, die der Herr Jesus ihm in Matthäus 16,19 gegeben hat, um den Juden das Reich der Himmel aufzuschließen.

Das ist die erste christliche Ansprache, obwohl sie sich nur an jüdische Zuhörer richtet und vom Alten Testament ausgeht. Die Kraft seines Zeugnisses besteht darin, dass er seine Rede auf die Schrift und auf Tatsachen gründet. Seine Zuhörer kennen die Schrift. Sie kennen auch die unleugbaren Fakten.

Zunächst entkräftet Petrus die törichte Unterstellung, dass sie betrunken seien. Er tut das durch die nüchterne Feststellung, dass es noch zu früh am Tag sei, um betrunken zu sein. Er sagt, was diese neue „Bewegung" nicht ist: Sie ist keine betrunkene Horde und daher auch kein vorübergehender Fall emotionaler Erregung. Dann beginnt er eine feurige Ansprache, in der er klarmacht, was diese Bewegung wirklich ist: Sie können sie in ihren eigenen Schriften wiederfinden.

Die Prophezeiung Joels (2,16–21)

16 Sondern dies ist es, was durch den Propheten Joel gesagt ist:
17 „Und es wird geschehen in den letzten Tagen, spricht Gott, dass ich von meinem Geist ausgießen werde auf alles Fleisch, und eure Söhne und eure Töchter werden weissagen, und eure Jünglinge werden Gesichte sehen, und eure alten Männer werden Träume haben.
18 Und sogar auf meine Knechte und auf meine Mägde werde ich in jenen Tagen von meinem Geist ausgießen, und sie werden weissagen.
19 Und ich werde Wunder geben in dem Himmel oben und Zeichen auf der Erde unten: Blut und Feuer und Rauchdampf;
20 die Sonne wird in Finsternis verwandelt werden und der Mond in Blut, ehe der große und herrliche Tag des Herrn kommt.
21 Und es wird geschehen: Jeder, der irgend den Namen des Herrn anruft, wird errettet werden."

Zur Erklärung des Geschehens, beruft sich Petrus auf den Propheten Joel, der über ein derartiges Ereignis geschrieben hat. Joel hat von der Ausgießung des Geistes Gottes „in den letzten Tagen" geschrieben. Das haben auch die Propheten Jesaja und Hesekiel getan (Jes 32,15; Hes 39,29). Jesaja und Hesekiel sprechen darüber in Verbindung mit den letzten Tagen, und zwar als ein Segen für Israel. Joel spricht auch über die letzten Tage, doch als ein Segen für „alles Fleisch". Damit überschreitet er die Grenzen Israels. Petrus weiß – unter der Leitung des Heiligen Geistes – das richtige Schriftwort zu zitieren. Er weiß auch, wo er mit seinem Zitat aufhören muss.

Es ist beachtenswert, dass Petrus Joel 3,1–5 zitiert, ohne zu sagen, dass dies die *Erfüllung* dieser Prophezeiung ist. Das war auch nicht so. Er weist auf Joel hin, weil das Ereignis am Pfingsttag *denselben Charakter* hat wie das, was Joel angekündigt hat. Die Ausgießung des Heiligen Geistes am Pfingsttag erinnerte an das, was Joel gesagt hatte. Wir könnten sagen, dass dies eine Vorerfüllung der Prophezeiung war, nicht die Erfüllung selbst. Die Erfüllung wird stattfinden, wenn das geschehen ist, was Joel in den vorhergehenden Versen prophezeit hat. Die Worte *Und danach,* mit denen Joel 3 beginnt, zeigen einen chronologischen Zusammenhang mit den vorhergehenden Versen.

Petrus verfolgt mit dem Zitat dieses Verses aus Joel hauptsächlich das Ziel, den Juden klarzumachen, dass dieses Wunder, das so plötzlich in ihrer Mitte stattfand, völlig durch das bestätigt wird, was Joel über die Ausgießung des Heiligen Geistes gesagt hat. Doch die Ausgießung, die nun stattgefunden hat, ist nicht die völlige Erfüllung des Ereignisses, das Joel angekündigt hat. Der Heilige Geist ist auf die Erde gekommen, und dadurch ist die Gemeinde entstanden, die Er weiterhin bilden wird, wie uns dieses Buch Apostelgeschichte zeigt. Diese Ausgießung hat stattgefunden, um ein Volk für den *Himmel* zu bilden. Dazu ist der Heilige Geist noch immer auf der Erde. Das, was Joel schreibt, wird in den letzten Tagen stattfinden, in zukünftigen Tagen, wenn die Feinde Israels geschlagen sind und das Volk selbst in seinem Land wohnt.

Wichtig ist auch der Ausdruck „alles Fleisch". Dieser Ausdruck bedeutet nicht: *alle dann lebenden Menschen*. Er deutet jedoch an, dass das Ausgießen des Heiligen Geistes kein Ereignis ist, das allein auf die Juden beschränkt ist. Auch dieser Aspekt der Ausgießung des Heiligen Geistes in den letzten Tagen trifft auf das zu, was am Pfingsttag geschehen ist.

Es ist nicht so, dass Gott jeden, der zum Glauben kam, in die Lage versetzte, die Sprache der Juden zu sprechen, sondern Er ließ seine Zeugen die Sprachen ihrer Volksgenossen sprechen, die unter die Heiden zerstreut waren. Dies ist ein besonderes Zeugnis der Gnade, die sich auch den Heiden zuwendet. Gläubige aus den Heiden werden nicht in das jüdische Volk eingefügt, sondern bekommen als Heiden Teil am Segen des Heiligen Geistes. Damit wird in gewisser Weise das Gericht aufgehoben, das Gott durch die Sprachverwirrung über die Menschheit gebracht hatte. Die Sprache stellt kein Hindernis mehr dar.

Die Ausgießung des Geistes auf alles Fleisch hat nach Joel zur Folge, dass prophezeit wird. Das geschieht auch hier durch Petrus. Seine Rede bewirkt, dass die Menschen in ihrem Herzen getroffen werden und dass viele sich bekehren (V. 37.41). Dies entspricht genau dem Ziel der Prophezeiung, denn prophezeien bedeutet ja, dass jemand aus der Gegenwart Gottes zum Herzen und Gewissen der Menschen redet.

Was die Ausgießung des Heiligen Geistes auf alles Fleisch betrifft, so gibt es noch einen bemerkenswerten Unterschied zum Alten Testament. Im Alten Testament scheint der Geist als Gabe nur führenden Personen wie Königen und Propheten vorbehalten zu sein. Dass das ganze Volk prophezeien würde, blieb damals bei einem Wunsch, den Mose einmal ausgesprochen hat (4Mo 11,29). Doch dieser Wunsch Moses ist bei Joel zu einer Verheißung des HERRN für alle Glieder seines Volkes geworden: „Eure Söhne und eure Töchter werden weissagen", ebenso wie „meine Knechte" und „meine Mägde". Das wird bei allen der Fall sein, die in das Friedensreich hineingehen.

Doch dieser Aspekt der Ausgießung des Heiligen Geistes ist auch am Pfingsttag und seitdem in der Gemeinde vorhanden. Der Geist ist auf alle Gläubigen gekommen, ohne Unterschied hinsichtlich Stand oder Rang. So empfängt auch jeder, der sich bekehrt, den Heiligen Geist der Verheißung, ohne Unterschied hinsichtlich Geschlecht oder Alter (für Gott gibt es keine Generationskluft) oder gesellschaftlichem Status.

Obwohl Petrus auch von Wundern und Zeichen spricht, die Joel in Verbindung mit dem Kommen des Heiligen Geistes nennt, folgen diese nicht direkt auf die Ausgießung des Geistes. Das liegt daran, dass Israel sich als Nation nicht bekehrt hat, sondern im Ungehorsam verharrte. Wenn sie sich bekehrt hätten, würde der „große und herrliche Tag des Herrn" unmittelbar angebrochen sein, begleitet von Zeichen und Wundern. Der HERR hätte dann seine Feinde sowohl innerhalb Israels als auch außerhalb zur Befreiung seines Volkes gerichtet. Sein Kommen wäre von den Erscheinungen begleitet gewesen, die hier genannt werden. Nun muss der Tag noch kommen. Deshalb sind auch die Erscheinungen noch zukünftig.

Nachdem die Gemeinde entrückt ist, werden diese Erscheinungen mit Sicherheit stattfinden. Wir finden das in Offenbarung 6,12–17. Unter dem sechsten Siegel, das dort beschrieben wird, finden Gerichte statt, die stark damit übereinstimmen, was Joel sagt und Petrus hier zitiert. Alle Gerichte, die ab Offenbarung 6 beschrieben werden, finden am großen und furchtbaren Tag des HERRN statt (vgl. Joel 3,4). Diese Gerichte bereiten den Weg für die Wiederkunft Christi auf die Erde, um sein Reich des Friedens und der Gerechtigkeit zu errichten. Der „große und herrliche Tag des Herrn" ist der Tag seiner Rückkehr auf die Erde und seiner Regierung, die sich daran anschließt. Der Tag ist *groß* wegen der *umfangreichen* Folgen, die sein Kommen und seine Regierung haben werden. Der Tag ist *herrlich* wegen der *herrlichen und segensreichen* Folgen, die sein Kommen und seine Regierung haben werden.

Wegen der angekündigten Gerichte und dem Segen, der darauf folgt, beendet Petrus sein Zitat mit dem Angebot der Rettung für jeden, der seine hoffnungslose Lage einsieht. Die Rettung ist nur dann möglich, wenn jemand den Namen des Herrn anruft. Wer in vertrauensvollem Glauben zu Ihm kommt, kommt nicht um, sondern wird errettet.

Paulus zitiert diesen Vers in Römer 10,13 und wendet ihn allgemein auf die Verkündigung des Evangeliums in der ganzen Welt an. Im Evangelium gibt es keinen Unterschied hinsichtlich des Gerichts und auch keinen Unterschied hinsichtlich der angebotenen Errettung. Es gilt für jeden. Während all der Jahrhunderte gibt es Errettung nur durch den Glauben an den Herrn Jesus.

Das Handeln Gottes und des Menschen (2,22–24)

> 22 Männer von Israel, hört diese Worte: Jesus, den Nazaräer, einen Mann, von Gott vor euch bestätigt durch mächtige Taten und Wunder und Zeichen, die Gott durch ihn in eurer Mitte tat, wie ihr selbst wisst – 23 diesen, hingegeben nach dem bestimmten Ratschluss und nach Vorkenntnis Gottes, habt ihr durch die Hand von Gesetzlosen an das Kreuz geschlagen und umgebracht. 24 Den hat Gott auferweckt, nachdem er die Wehen des Todes aufgelöst hatte, wie es denn nicht möglich war, dass er von ihm festgehalten wurde.

Petrus spricht sie als „Männer von Israel“ an und nicht als Männer von Jerusalem oder Judäa, denn es geht ihm um die allgemeine Hoffnung für das ganze Volk. Er legt nun dar, warum diese Taufe mit dem Heiligen Geist stattgefunden hat. Es war eine direkte Tat des Herrn Jesus, der jetzt zur Rechten Gottes erhöht ist.

Fünfzig Tage nach den Ereignissen während des Passahs, die sicher nicht mehr so gegenwärtig waren, konfrontiert Petrus das Volk plötzlich wieder mit dem Mann von Nazareth. Er erinnert sie daran, wie der Herr Jesus mächtige Taten und Wunder und Zeichen in ihrer Mitte getan hat. Das waren alles Beweise dafür, dass Gott in Ihm unter ihnen anwesend war. Gott tat das durch Ihn. Das wussten sie. Petrus spricht sie als völlig verantwortliche Menschen an, die wissen, dass Christus alles in der Kraft Gottes tat. Sie haben Gott in Ihm erkennen müssen.

Petrus hält ihnen dann vor, dass sie Ihn ermordet haben. Das haben sie zwar nicht selbst getan, denn sie haben die Heiden in der Person von Pilatus durch Manipulation gezwungen, die Todesstrafe an Ihm zu vollziehen, doch das macht sie nicht weniger schuldig. Im Gegenteil, sie sind sogar noch schuldiger als Pilatus (Joh 19,11), obwohl auch dieser vollständig am Tod des Herrn Jesus schuldig ist.

Dennoch ist der Tod Christi keine Überraschung, keine aus der Hand geglittene Sache. Er ist die vollkommene Erfüllung des Ratschlusses Gottes. Gott hatte vollkommene Vorkenntnis von dem, was mit seinem Sohn geschehen würde und wie sein Volk Ihn überliefern würde. In diesem Vers sehen wir, wie Gott die Wut des Menschen zu seiner Verherrlichung und zur Erfüllung seiner Ratschlüsse benutzen kann, was übrigens nichts an der Verantwortung des Menschen ändert. Das Böse, das der Mensch im Sinn hatte, hat Gott zum Guten gewendet (1Mo 50,20).

Petrus hält die Lüge über den gestohlenen Leib keiner Silbe wert. Er übergeht das völlig und predigt die Wahrheit, wie Gott den Herrn Jesus auferweckt hat. Damit bezeugt er das Wohlgefallen Gottes am Werk seines Sohnes und dessen völlige Annahme. Aufgrund der Vollkommenheit des Werkes war es unmöglich, dass Er von den Wehen des Todes festgehalten würde. Er hat für einen kurzen Augenblick den Tod geschmeckt (Heb 2,7–9), doch der Tod konnte Ihn nicht festhalten. Der Tod hatte Ihn nicht in der Gewalt. Er ging freiwillig in den Tod und hat ihn besiegt. Gott hat die Wehen des Todes, in denen Er sich für eine kurze Zeit befand, aufgelöst. Es wäre – mit Ehrfurcht gesagt – ungerecht von Gott gewesen, wenn Er das nicht getan hätte und seinen Sohn im Tod gelassen hätte.

Die Auferstehung durch David vorausgesagt (2,25–32)

[25] Denn David sagt über ihn: „Ich sah den Herrn allezeit vor mir;
denn er ist zu meiner Rechten, damit ich nicht wanke. [26] Darum
freute sich mein Herz, und meine Zunge frohlockte; ja, auch mein
Fleisch wird in Hoffnung ruhen; [27] denn du wirst meine Seele
nicht im Hades zurücklassen noch zugeben, dass dein Frommer
Verwesung sehe. [28] Du hast mir kundgetan Wege des Lebens; du
wirst mich mit Freude erfüllen mit deinem Angesicht. [29] Brüder, es
sei erlaubt, mit Freimütigkeit zu euch zu reden über den Patriarchen David, dass er sowohl gestorben als auch begraben ist, und
sein Grab ist unter uns bis auf diesen Tag. [30] Da er nun ein Prophet
war und wusste, dass Gott ihm mit einem Eid geschworen hatte,
von der Frucht seiner Lenden auf seinen Thron zu setzen, [31] hat er
voraussehend von der Auferstehung des Christus geredet, dass er

nicht im Hades zurückgelassen worden ist noch sein Fleisch Verwesung gesehen hat. [32] Diesen Jesus hat Gott auferweckt, wovon wir alle Zeugen sind.

Wieder zitiert Petrus die Schrift und beweist damit, was geschehen ist. Die vorige Schriftstelle diente dazu, das Kommen des Heiligen Geistes zu erklären. Dieses Mal dient die Schriftstelle dazu, die Auferstehung Christi zu erklären. David hat diesen Psalm tausend Jahre zuvor geschrieben. Er schreibt in der Ich-Form. Es ist klar, dass er nicht von sich selbst schrieb. Er ist gestorben, wurde begraben und ist immer noch nicht auferstanden. David ist daher hier ein Prophet und schrieb über einen anderen.

Niemand anderes als der Herr Jesus ist seinen Weg gegangen, ohne nur einen Augenblick sein Auge von Gott, seinem Vater, abzuwenden. Jederzeit sah Er Gott, seinen Vater, vor sich. Er wusste Ihn auch immer neben sich (Joh 8,29). Er fühlte sich völlig von Ihm unterstützt; deshalb wankte Er nicht. Die Gemeinschaft mit seinem Gott gab Ihm Freude ins Herz, was Er auch mit seinem Mund äußerte, sogar in der Zeit, als Er verworfen wurde (Mt 11,25).

Durch seine Gemeinschaft mit seinem Gott hatte Er Hoffnung in Bezug auf die Ruhe für sein Fleisch, das ist sein Leib. Er wusste, dass Er den Tod des Sünders sterben würde, doch Er ging dem Tod entgegen mit dem Vater, der vor und neben Ihm war, während Er auf die vor Ihm liegende Freude sah (Heb 12,2). Er wusste, dass seine Seele nicht dem Hades „überlassen" werden würde. Das bedeutet, dass Gott seine Seele nicht dem Totenreich preisgeben würde. Gott würde seine Seele nicht dorthin gehen lassen. Der Hades ist der Ort, wo die Seelen der im Unglauben gestorbenen Menschen hingehen (Lk 16,23). Doch Christus war *der Heilige* Gottes, der in vollkommener Absonderung vor Gott zu dessen Ehre gelebt hatte.

Die Qual des Todes, die jeder Ungläubige im Hades und schlussendlich ewig in der Hölle erleidet, hat Er für jeden, der an Ihn glaubt, in seiner Seele in den drei Stunden der Finsternis am Kreuz unter dem Gericht Gottes erlitten. Nachdem Er gestorben war, wurde Er ins Grab gelegt. Doch sein Leib sollte nicht durch das Verderben des Todes angetastet werden. Auch in seinem Tod war Er der *Heilige* Gottes. Daher wusste Er, dass es keine Verwesung geben würde. Nach einem kurzen Aufenthalt im Grab („eine kurze Zeit", Heb 2,7) wurde Er auferweckt.

Nachdem wir in dem Zitat den Herrn Jesus über seinen Tod und die sichere Bewahrung darin durch Gott haben reden hören,

hören wir nun, wie Er über Leben und Freude sprechen kann. Dies ist das Leben und die Freude, nachdem Er durch den Tod gegangen ist. Nach der Auferstehung werden Wege des Lebens geöffnet und bekanntgemacht.

Die Auferstehung des Herrn Jesus ist daher etwas völlig anderes als die anderen sechs Auferstehungen in der Bibel, denn die auferstandenen Gläubigen sind später alle wieder gestorben. Das Leben der Auferstehung ist ein Leben voller Freude; es ist das Leben, in dem das Auge auf das Angesicht Gottes gerichtet ist. In geistlicher Hinsicht gilt das heute für jeden Gläubigen, der den Herrn vor sich sieht (V. 25). So jemand geht immer auf dem Weg des Lebens, selbst wenn dieser möglicherweise durch den Tod führt.

Nach dem Zitat bittet Petrus seine Zuhörer erneut um Aufmerksamkeit, indem er sie als „Brüder" anspricht. Er sagt, man möge erlauben, dass er freimütig zu ihnen über David rede, den er einen „Patriarchen" nennt, im Sinn des Stammvaters des königlichen Geschlechts. Er kennt das große Interesse seines Publikums an diesem in ihren Augen unübertroffenen König. Doch wie groß David auch gewesen sein mochte, er ist gestorben *und* begraben worden. Das Grab Davids mit seinen Gebeinen war immer noch unter ihnen. Das bedeutete, dass er *sehr wohl* die Verwesung gesehen hat.

Damit ist klar, dass sich das vorhergehende Zitat nicht auf David beziehen kann. Der Psalm handelt daher auch nicht von David, sondern vom Messias. David war nicht nur König, sondern auch ein Prophet. Er hat über zukünftige Dinge geredet, weil Gott ihm auf die allerdeutlichste Weise einen Nachkommen für seinen Thron verheißen hat. Dieser Nachkomme würde die „Frucht seiner Lenden" sein, das heißt ein direkter Nachkomme von ihm. Der Nachkomme ist Christus, der Messias.

David hat der Zusage Gottes in Bezug auf einen Thronfolger geglaubt. Das ließ ihn vorausschauen. Wenn Gott ihm verheißen hat, dass ein Nachkomme auf seinem Thron sitzen würde, dann kann der Tod die Verheißung Gottes nicht aufheben. Deswegen konnte es nicht anders sein, als dass Christus, nachdem Er gestorben war, wieder aus den Toten auferstehen würde. Er würde nicht nur aus dem Tod auferstehen, sondern Er würde auferstehen, ohne dass irgendein Anzeichen des Todes an Ihm wäre. Alles, was zum Tod gehört, würde Ihn nicht berühren.

Gott hat Ihn nicht der Macht des Totenreiches überlassen, was bedeutet hätte, dass das Totenreich Macht über Ihn gehabt hätte.

Er ist freiwillig in das Totenreich eingegangen, um den Tod zu besiegen. Er ist als Sieger in den Tod gegangen. Dieser Sieg zeigt sich in seiner Auferstehung zu einem unverweslichen Leben. Daher hat sein Fleisch auch keine Verwesung gesehen, denn alles, was mit dem Tod zu tun hat, hat Er durch seinen Tod entkräftet, so dass dieser keine Macht über Ihn ausüben konnte.

Petrus lässt seine Zuhörer nicht über die Bedeutung dessen im Unklaren, was er über David und Christus gesagt hat. Der Sohn Davids und der Christus Gottes ist „dieser Jesus". Wieder hören wir das ausdrückliche „dieser" Jesus (Apg 1,11). Der Jesus, der von Gott auferweckt wurde, ist derselbe wie der, der in den Tod gegangen ist.

Petrus bekräftigt erneut seine Auferstehung, indem er sagt, dass sie alle Zeugen dieser Tatsache sind. Darüber bestand keinerlei Zweifel. Der Herr Jesus ist ihnen ja nach seiner Auferstehung 40 Tage lang erschienen und hat mit ihnen gesprochen (Apg 1,3).

Jesus zum Herrn und Christus gemacht (2,33–36)

> 33 Nachdem er nun durch die Rechte Gottes erhöht worden ist und die Verheißung des Heiligen Geistes vom Vater empfangen hat, hat er dies ausgegossen, was ihr seht und hört. 34 Denn nicht David ist in die Himmel aufgefahren; er sagt aber selbst: „Der Herr sprach zu meinem Herrn: Setze dich zu meiner Rechten, 35 bis ich deine Feinde hinlege als Schemel deiner Füße." 36 Das ganze Haus Israel wisse nun zuverlässig, dass Gott ihn sowohl zum Herrn als auch zum Christus gemacht hat, diesen Jesus, den ihr gekreuzigt habt.

Der Herr Jesus wurde nicht nur von Gott aus den Toten auferweckt, Er ist auch durch die Kraft Gottes erhöht worden. Petrus schreibt alles Gott zu, um damit zu zeigen, wie sehr Gott das Werk seines Sohnes wertschätzt und anerkennt. Auf der Erde mögen die Menschen Ihn verachtet und verworfen haben, für Gott ist Er der vollkommen Herrliche, dem Er mit Freuden den höchsten und herrlichsten Platz im Himmel gegeben hat. Als der Vater hat Er dem Herrn Jesus den Heiligen Geist gegeben, den Er verheißen hat, dass Er diesen ausgießen würde (Apg 1,4; Joh 14,16.17.26; 15,26). Nachdem der Herr Jesus verherrlicht im Himmel war, empfing Er zum zweiten Mal den Heiligen Geist. Bei seiner Taufe empfing Er den Heiligen Geist für sich selbst, nun empfängt Er den Geist, um Ihn über andere auszugießen.

Als Beweis dafür, dass Christus verherrlicht ist, zitiert Petrus wieder einen Vers aus den Schriften. Dieses Mal stammt der Beweis aus Psalm 110,1. Was er bereits über Psalm 16 gesagt hat, dass dieser Psalm nicht in erster Linie auf David zutrifft, sondern auf Christus (V. 31), sagt er hier wieder. So redet Psalm 110,1 ebenfalls nicht von David, sondern von dem Herrn Jesus. (Bei den verschiedenen Psalmen, die Petrus zitiert, haben wir ein herrliches Zeugnis der Reihe nach vom Tod, von der Auferstehung und der Himmelfahrt bis zur Verherrlichung Christi.)

David spricht in Psalm 110,1 über die Verherrlichung des Herrn Jesus als eine Tat des HERRN, das ist Gott. Der Herr Jesus ist durch die Rechte Gottes erhöht worden, und Gott hat Ihm einen Platz der Ehre zu seiner Rechten gegeben. Dieser Platz steht Ihm zu, weil Er diesen Platz verdient hat. David redet von Ihm und nennt Ihn „mein Herr". Der Herr Jesus ist als Mensch der Sohn Davids, doch Er ist auch der Herr Davids, weil Er auch der Sohn Gottes ist.

Mit diesem Ehrenplatz zur Rechten Gottes ist ein „bis" verbunden. Es kommt nämlich ein Augenblick, in dem der Herr Jesus diesen Platz verlassen wird, um auf die Erde zurückzukehren. Er wird dann die Feinde seines Volkes – denn die Feinde seines Volkes sind auch seine Feinde – richten. Er wird alle, die sich geweigert haben, sich zu bekehren und sich fortwährend voller Hass gegen Ihn und sein Volk gestellt haben, als besiegte Feinde zu seinen Füßen legen, so dass Er darauf ruhen kann. Dann hat sein Grimm angesichts allen Unrechts, das Ihm und seinem Volk angetan wurde, Ruhe gefunden. Bis zu diesem Augenblick bleibt Er in der Herrlichkeit. Die Ausgießung des Heiligen Geistes ist der Beweis dafür, dass Er jetzt dort diesen Platz einnimmt (Joh 16,8–11).

Petrus stellt dem ganzen Haus Israel die Zuverlässigkeit von dem vor, was Gott mit seinem Sohn getan hat. Er konfrontiert sie auch mit ihrer Missetat. Wieder spricht er von „diesem" Jesus. Der Gegensatz zwischen dem Platz, den Gott Ihm gibt, und dem, den der Mensch Ihm gibt, kann nicht größer sein. Der Mensch hat Ihn als nichtswürdig verworfen, misshandelt und ermordet. Gott hat Ihn hingegen zum Herrn gemacht, zum Machthaber, der alle Macht im Himmel und auf der Erde hat. Gott hat Ihn auch zum Christus gemacht, zum Träger und Verwalter all seiner Verheißungen.

Auch auf der Erde war der Herr Jesus *Herr* und *Christus*, allerdings war Er das da in Verbindung mit Israel und allen Verheißungen für Israel. Jetzt ist Er als Mensch im Himmel, und dort ist Er das im Hinblick auf Gottes ewige Ratschlüsse.

Die Auswirkung der Predigt (2,37–41)

> 37 Als sie aber das hörten, drang es ihnen durchs Herz, und sie sprachen zu Petrus und den übrigen Aposteln: Was sollen wir tun,
> Brüder? 38 Petrus aber spricht zu ihnen: Tut Buße, und jeder von euch werde getauft auf den Namen Jesu Christi zur Vergebung eurer Sünden, und ihr werdet die Gabe des Heiligen Geistes empfangen.
> 39 Denn euch gilt die Verheißung und euren Kindern und allen, die in der Ferne sind, so viele irgend der Herr, unser Gott,
> herzurufen wird. 40 Und mit vielen anderen Worten beschwor und ermahnte er sie, indem er sagte: Lasst euch retten von diesem
> verkehrten Geschlecht! 41 Die nun sein Wort aufnahmen, wurden getauft; und es wurden an jenem Tag etwa dreitausend Seelen hinzugetan.

Nun sind die Beweise aus der Schrift gegeben und von Petrus unter der Leitung des Heiligen Geistes - zusammen mit den anderen Aposteln - auf Herz und Gewissen der Zuhörer angewendet. Damit hat sich erfüllt, was der Herr Jesus in Bezug auf das Kommen des Heiligen Geistes gesagt hat: „Denn von dem Meinen wird er empfangen und euch verkündigen" (Joh 16,14). Nun ist der Heilige Geist gekommen und Er zeigt durch Petrus die Dinge, die den Herrn Jesus betreffen.

Die Zuhörer werden die Psalmen oft selbst gelesen oder beim Vorlesen zugehört haben. Sie werden dabei immer verstanden haben, dass diese Psalmen über den Messias sprechen. Doch jetzt hören sie, dass diese Psalmen in den vergangenen Wochen ihre Erfüllung gefunden haben. Sie sehen nun ihre Missetat. Sie haben den getötet, den die Psalmen als Messias bezeugen. Der Geist wirkt in ihren Herzen das Bewusstsein, in was für einer schrecklichen Situation sie sich befinden, auch wird klar, dass Er nicht im Tod geblieben ist, sondern auferweckt wurde. Deswegen rufen sie nach einem Ausweg, dem Gericht zu entkommen.

Ihr Ruf richtet sich an Petrus und die Elf, nicht an die Hohenpriester und Schriftgelehrten. Sie glauben, dass Petrus und die Seinen ihnen helfen können. Alle Vorbehalte gegen diese „Galiläer" sind verschwunden. Die Zuhörer stellen ihre Frage allen Aposteln, doch es ist Petrus, der sie als ihr Wortführer beantwortet.

Seine Antwort beginnt mit der Aufforderung: „Tut Buße". Zunächst müssen sie ihr Denken über den Herrn Jesus vollständig ändern. Sie müssen Ihn anerkennen, so wie Gott Ihn anerkannt hat. Das beinhaltet, dass sie ihre Tat der Verwerfung des Sohnes Gottes als völlig unrechtmäßig bekennen müssen und als eine Tat, durch die sie sich Gott gegenüber des Mordes schuldig gemacht haben.

Wenn die innere Reue über ihre Vergangenheit vorhanden ist, sollen sie sich nun taufen lassen. Dadurch nehmen sie auch äußerlich Abstand von dem Volk, zu dem sie gehören als einem Volk, das wegen des Todes seines Sohnes unter dem Gericht Gottes steht. Die Taufe ist einerseits das öffentliche Zeugnis, dass ein Bruch mit der Vergangenheit und der alten Umgebung stattgefunden hat, und andrerseits, dass sie einen neuen Weg einschlagen, den Weg, auf dem sie dem Herrn Jesus nachfolgen.

Die Taufe bedeutet eine öffentliche Verurteilung des jüdischen Volkes und den Bruch damit, andrerseits die Zugehörigkeit zu dem neuen christlichen Zeugnis, das durch die Ausgießung des Heiligen Geistes entstanden ist. Die Taufe muss daher im Namen Jesu Christi stattfinden, dem Namen, den sie zuvor verachtet haben, den sie jedoch nun durch die Taufe öffentlich als einziges Mittel zur Vergebung ihrer Sünden bekennen. Wenn sie diesen zwei Voraussetzungen entsprechen (Bekehrung und Taufe), werden sie den Heiligen Geist empfangen. Die Reihenfolge, die wir hier sehen, ist also:

1. Bekehrung,
2. Taufe,
3. Empfangen des Heiligen Geistes.

In Kapitel 8, wo es um die Samariter geht, haben wir dieselbe Reihenfolge, nur wird der Heilige Geist dort durch die Apostel gegeben. In Kapitel 10, wo es um die Heiden geht, ist die Reihenfolge anders. Dort ist die Reihenfolge:

1. Bekehrung,
2. Empfangen des Heiligen Geistes,
3. Taufe.

Diese Reihenfolge gilt seitdem und wird solange gelten, wie die Gemeinde auf der Erde ist.

Petrus legt mit Nachdruck dar, dass die Verheißung des Heiligen Geistes insbesondere für sie und für ihre Kinder ist. Er hat dafür den Beweis schon geliefert, indem er Joel 3 zitiert hat (V. 16). Nun ergänzt er noch, dass die Verheißung auch für die ist, die sich außerhalb des jüdischen Volkes befinden. Auch darüber hätten sie etwas aus ihren Schriften wissen können (Jes 57,19).

Gottes Verheißung der Gabe des Heiligen Geistes, kann nicht auf Israel beschränkt bleiben, denn diese Verheißung ist mit dem vollbrachten Werk Christi verbunden, das ebenfalls für die ganze Welt vollbracht wurde. Darum ergeht Gottes Ruf an alle Völker. Er ruft sie allerorts auf, an seinen Sohn zu glauben.

Petrus hat noch viel mehr gesagt als Lukas aufgeschrieben hat. Er hat das Evangelium mit vielen Worten gepredigt und zur Bekehrung aufgerufen. Er hat dazu aufgerufen, sich von „diesem verkehrten Geschlecht" retten zu lassen. Damit stellt er das Volk als ein Volk dar, das den Sohn Gottes getötet hat, als ein Volk, von dem man sich retten lassen muss, weil man sonst durch das Gericht, das über dieses Volk kommt, umkommen wird. Er setzt alles ein, damit das Volk dahin kommt, sich zu bekehren. Er predigt seine Botschaft voller Überzeugung.

So müssen auch wir Menschen überreden, sich durch das Werk Christi von einer Welt retten zu lassen, über der das Gericht schwebt (2Kor 5,11). Wir sind nur dann glaubwürdig, wenn wir selbst von der Wahrheit und dem Ernst des Gerichts überzeugt sind und auch Abstand von der Welt genommen haben, über die wir Gericht predigen.

Die Predigt des Petrus hat ein enormes Resultat. Viele nehmen sein Wort an. Wir wissen, dass Petrus das Wort Gottes gesprochen hat. Dennoch heißt es, dass sie „sein" Wort aufnahmen. Er ist sozusagen *eins* mit der Botschaft Gottes. Die, die sein Wort annehmen und ihre Schuld vor Gott wegen ihrer Verwerfung des Herrn Jesus bekennen, werden getauft. Durch die Taufe distanzieren sie sich öffentlich von dem schuldigen jüdischen Volk. Die ungefähr dreitausend Seelen, die getauft werden, sind ein Beweis für das Wort, das der Herr Jesus über die „größeren Werke" gesagt hat, die durch seine Apostel geschehen würden, wenn Er zu seinem Vater zurückgekehrt wäre (Joh 14,12).

Das erste Gemeindeleben (2,42–47)

> 42 Sie verharrten aber in der Lehre der Apostel und in der Gemein-
> schaft, im Brechen des Brotes und in den Gebeten. 43 Über jede See-
> le aber kam Furcht, und es geschahen viele Wunder und Zeichen
> durch die Apostel. 44 Alle aber, die glaubten, waren beisammen
> und hatten alles gemeinsam; 45 und sie verkauften die Besitztümer
> und die Habe und verteilten sie an alle, je nachdem einer irgend
> Bedarf hatte. 46 Und während sie täglich einmütig im Tempel ver-
> harrten und zu Hause das Brot brachen, nahmen sie Speise mit
> Frohlocken und Schlichtheit des Herzens, 47 lobten Gott und hat-
> ten Gunst bei dem ganzen Volk. Der Herr aber fügte täglich hinzu,
> die gerettet werden sollten.

Nach der Hinzufügung von ungefähr 3000 Gläubigen hat sich die Gemeinde schnell ausgebreitet. Trotz aller Unterschiede, die zwischen so vielen Gliedern der Gemeinde bestehen, besteht Einheit. Diese Einheit ist nicht durch menschliches Tun entstanden, und diese Einheit wird auch nicht durch menschliche Organisation aufrechterhalten. Die Herzen dieser Gläubigen sind einfach auf den Herrn Jesus ausgerichtet, und dadurch hat der Heilige Geist die Möglichkeit, dafür zu sorgen, dass die Gemeinde eine Einheit bleibt.

Dies geschieht durch die vier Aspekte, die hier genannt werden, die das Gemeindeleben vollständig durchziehen und in denen sie verharren. Diese Aspekte beziehen sich auch auf die Zusammenkünfte der Gläubigen und sind sozusagen die Höhepunkte der christlichen Gemeinschaft. Das ist allerdings nur dann der Fall, wenn diese Dinge das ganze Leben beherrschen.

An erster Stelle steht die „Lehre der Apostel". Belehrung über die Gedanken Gottes ist das Erste, was Jungbekehrte nötig haben. Nur so kann gesundes geistliches Leben wachsen. Das Verharren bedeutet nicht nur ein beständiges Hören auf das, was die Apostel sagen, sondern vor allem auch ein beständiges Umsetzen der Belehrungen der Apostel in die Praxis. Das Verharren in der Lehre der Apostel bezieht sich daher auf das ganze Leben der Gläubigen. Aufgrund dieser Unterweisung gibt es Gemeinschaft. Die Lehre der Apostel ist die schriftgemäße Grundlage für alle Formen der Gemeinschaft, die die Gemeinde kennt.

Das Erste, was die Gemeinde also nach ihrer Entstehung kennzeichnet, ist die Unterwerfung unter die Lehre des Heiligen Geistes durch die Apostel. Das ist heute die Lehre des ganzen Neuen Testaments. Das führt zum zweiten Aspekt des Gemeindelebens, und das ist die Gemeinschaft miteinander. Die Gemeinde ist eine Gemeinschaft von Menschen, die einander früher nicht kannten und völlig verschiedene Dinge taten. Was sie kennzeichnete, sind die Kennzeichen der Welt. Diese Menschen sind nun durch den Glauben an den Herrn Jesus eine Gemeinschaft geworden, in der Er ihr gemeinschaftliches „Interesse" ist (1Kor 1,9). Sie wollen über Ihn reden und an Ihn denken.

Dieses gemeinschaftliche Interesse kommt auf besondere Weise im dritten Aspekt zum Ausdruck, dem „Brechen des Brotes", das ist die gemeinsame Abendmahlsfeier. Im Ausdrücken der Gemeinschaft, im Brechen des Brotes, denken sie beständig an Ihn und werden die tiefsten Empfindungen für Ihn wachgehalten.

Schließlich sind sie sich bewusst, dass sie in sich selbst keine Kraft haben und dass sie in allem von Gott abhängig sind. Darum verharren sie auch „in den Gebeten".

Was diese Christen tun und wie sie leben, führt dazu, dass die, die kein Teil daran haben, sich fürchten. Die Ungläubigen nehmen Dinge wahr, die sie sich nicht erklären können und zu denen sie keinen Zugang haben. Die Kraft des Geistes wird durch beeindruckende und für Ungläubige wahrzunehmende Weise offenbar. Die Wunder und Zeichen werden hier nicht näher beschrieben, doch in den folgenden Kapiteln wird Lukas einige davon nennen. Die Wörter „Wunder und Zeichen" sind dieselben, die auch für den Herrn Jesus gebraucht werden (V. 22).

Während außerhalb der Gemeinschaft der Gläubigen Furcht entsteht, gibt es unter den Gläubigen ein starkes Empfinden der Zusammengehörigkeit. Sie sind zusammen, um die geistlichen Segnungen miteinander zu teilen, und sie teilen auch ihre ganzen Besitztümer miteinander. Was für ein Unterschied zu unserer Zeit, in der Gläubige aus allerlei Gründen voneinander getrennt sind und einander nicht einmal kennen. Viele, die einander doch kennen, leben dennoch voneinander getrennt, weil jeder für sich selbst lebt und nichts von seinem Wohlstand mit anderen teilt.

Ein echter Christ kann es nicht ertragen, viel zu haben, während andere zu wenig haben. Vielleicht war die Erwartung des baldigen Kommens des Herrn die Ursache dafür, denn die ersten Christen verkauften alles, was sie hatten und teilten es miteinander. Das taten sie übrigens völlig freiwillig, niemand zwang sie dazu.

Wie gesagt, ist ihre Zusammengehörigkeit sehr stark. Sie bleiben auch dann beieinander, nachdem das Pfingstfest vorüber ist. Ihr Leben besteht nicht mehr im Halten der Feste des Herrn, sondern in einer inneren Verbundenheit untereinander, die beständig ist. Um diese Verbundenheit miteinander erleben zu können, kommen sie im Tempel und in den Häusern zusammen.

Sie bauen keine Kirchen, die Geld verschlingen, sondern sind durch Einfalt und Gottvertrauen gekennzeichnet. Ein mit Juwelen behängtes Christuskind im Dom in Rom und hungrige Straßenkinder auf dem Vorplatz passen nicht zusammen. Die erste Gemeinde hatte nichts von alledem, was wir heute haben: weder Gebäude, Geld, politischen Einfluss, sozialen Status, und doch wurden viele Seelen gewonnen.

Einerseits halten diese Christen noch an den jüdischen gottesdienstlichen Formen fest, indem sie zum Tempel gehen. Andrerseits erleben sie in den Häusern echte christliche Gemeinschaft. Jeden Tag brechen sie das Brot zum Gedächtnis an ihren Herrn und genießen die gegenseitige Gemeinschaft während der Liebesmahlzeiten.

Bei alledem loben sie Gott. Ihre Freude und ihr Lobpreis sind nicht die Folge ihrer Erlösung, wie das beim Volk Israel in 2. Mose 15 der Fall war. Es ist die Freude der Gläubigen, die sie gemeinsam an der Liebe Gottes haben. Sie sind Teilhaber seiner Natur geworden und sind mit Gott als ihrem Vater in Verbindung gekommen. Außerdem hat der Heilige Geist Wohnung in ihnen genommen.

Ihre ganze Lebensweise nötigt dem Volk Respekt ab. Wenn Christen so leben, wie der Herr es beabsichtigt hat, ist das ein Segen für die Umgebung. Der Herr lässt sich bei einer derartigen Lebensweise nicht unbezeugt. Täglich[3] fügt Er der Gemeinschaft Menschen hinzu. Dadurch nimmt die Zahl derer, die errettet sind, beständig zu. Die Errettung ist für die Ewigkeit. Es kann auch sein, dass die Errettung, die hier gemeint ist, mit der Verwüstung zu tun hat, der Jerusalem im Jahr 70 als Gericht Gottes über das alte System anheimfallen wird. Wer sich bekehrte, entkam diesem Gericht.

[3] Was in der frühen Gemeinde „täglich“ geschah: einander begegnen (Apg 2,46); Seelen zur Bekehrung führen (Apg 2,47); an Zahl zunehmen (Apg 16,5); die Schriften untersuchen (Apg 17,11).

Kapitel 3

Petrus und Johannes gehen zum Tempel, um zu beten (3,1)

1 Petrus aber und Johannes gingen hinauf in den Tempel um die Stunde des Gebets, die neunte.

Zwei der Apostel, Petrus und Johannes, gehen gemeinsam zum Tempel. Obwohl sie durch die Taufe mit dem Heiligen Geist Christen sind, halten sie sich noch an bestimmte jüdische Gebräuche. Einer dieser Gebräuche besteht darin, um die Stunde des Gebets zum Tempel hinaufzugehen.

Die erste Zeit der Christenheit ist eine Übergangszeit. Durch den Dienst des Apostels Paulus, dessen Berufung später in der Apostelgeschichte beschrieben wird, wird die Wahrheit über das Christentum völlig entfaltet. Das wird die Herzen vom Judentum lösen, so dass sie sich mit dem verherrlichten Herrn im Himmel verbinden. Für alle, die dann noch Mühe damit haben, das Judentum loszulassen, wird Gott im Jahr 70 den endgültigen Bruch bewirken, indem Er Jerusalem der Verwüstung durch die Römer hingeben wird. Dadurch wird es nicht mehr möglich sein, den Tempel zu besuchen.

Sie gehen zum Tempel als einem Bethaus (Jes 56,7; Lk 19,46). Die Stunde des Gebets, die neunte (drei Uhr nachmittags nach unserer Zeit), war die Stunde, in der das Abendbrandopfer dargebracht wurde. Es ist die Stunde, in der Elia eine Antwort auf sein Gebet bekam (1Kön 18,36–38), und die Stunde, in der Daniel Jahrhunderte später Antwort auf sein Gebet bekam (Dan 9,21). Es ist auch die Stunde, in der der Herr Jesus keine Antwort bekam, als Er rief (Mt 27,46). Zu dieser Stunde gehen Petrus und Johannes zum Tempel hinauf, um dort vor den Augen der Volksmengen die Kraft des Namens des Herrn Jesus zu entfalten. Es ist schön zu sehen, dass das Wunder, das als Erstes beschrieben wird, in Verbindung mit Gebet stattfindet.

Heilung eines Gelähmten (3,2–7)

> [2] Und ein gewisser Mann, der von seiner Mutter Leib an lahm war,
> wurde getragen, den sie täglich an die Pforte des Tempels setzten,
> die „die Schöne" genannt wird, damit er von denen, die in den
> Tempel hineingingen, ein Almosen erbitte. [3] Als dieser Petrus und
> Johannes sah, wie sie in den Tempel eintreten wollten, bat er dar-
> um, ein Almosen zu empfangen. [4] Petrus aber blickte mit Johannes
> unverwandt auf ihn und sprach: Sieh uns an! [5] Er aber gab Acht
> auf sie, in der Erwartung, etwas von ihnen zu empfangen. [6] Petrus
> aber sprach: Silber und Gold habe ich nicht; was ich aber habe,
> das gebe ich dir: In dem Namen Jesu Christi, des Nazaräers, steh
> auf und geh umher! [7] Und er ergriff ihn bei der rechten Hand und
> richtete ihn auf. Sogleich aber wurden seine Füße und Knöchel
> stark.

Während die Gemeinde täglich einträchtig im Tempel zusammen war, wurde jeden Tag ein gelähmter Mann zur Pforte des Tempels, die „die Schöne" hieß, gebracht. Der Name der Pforte - ein symbolischer Ausdruck für den prächtigen Gottesdienst der Juden - steht in krassem Gegensatz zum Äußeren dieses verkrüppelten Mannes, der ein Bild des wahren Zustandes der Juden ist. Er konnte nichts tun und war abhängig von der Güte der Menschen, die ihn zum Tempel brachten. Und nachdem er dort hingesetzt worden war, war er von der Barmherzigkeit der Tempelbesucher abhängig. Wenn Menschen in einer religiösen Stimmung sind, sind sie oft freigiebiger. Der Platz, den er bei der Pforte des Tempels hat, ist also nicht schlecht gewählt. Er wird dort viele Jahre gesessen haben, denn er ist mehr als vierzig Jahre alt (Apg 4,22).

Dieser Mann erinnert an den Kranken am Teich Bethesda, der schon achtunddreißig Jahre mit seiner Krankheit behaftet war (Joh 5,5). Genau wie er, ist dieser Mann ein Bild von Israel unter Gesetz. Das Volk ist ungefähr vierzig Jahre unter Gesetz durch die Wüste gezogen und hätte aufgrund des Gesetzes niemals das verheißene Land mit dem verheißenen Segen erreicht. Allein die Gnade Gottes brachte sie in das Land. So wurde auch der Kranke bei Bethesda vom Herrn geheilt und so wird auch der Gelähmte hier im Namen des Herrn geheilt werden.

Dieser Mann ist so nah am heiligen Ort und doch so weit davon entfernt. Und ist der Herr Jesus nicht oft dort gewesen? Wird er Ihn denn nicht gesehen haben, wenn Er in die Tempelgebäude ging? In jedem Fall hat er Ihn nicht angesprochen.

Ohne dass der Mann sich dessen bewusst ist, ist das Ende seines Elends nahe, als Petrus und Johannes unter den Tempelbesuchern erscheinen. Als er sie sieht, wie sie im Begriff stehen, in den Tempel hineinzugehen, bittet er auch sie um ein Almosen. Ob er Petrus und Johannes, die doch schon so oft mit dem Herrn Jesus zusammen dort waren, nicht schon früher angesprochen hat? Wir wissen es nicht. Wir wissen aber wohl, dass seine Bitte um ein Almosen ihm dieses Mal viel mehr einbringt, als Gold und Silber einbringen können. Gott allein weiß, warum Menschen viele Jahre am Evangelium vorbeigehen und dann doch an einem bestimmten Tag gerettet werden.

Für Petrus und Johannes ist die Bitte um Almosen der Anlass, den mächtigen Namen Jesu Christi bekanntzumachen. Petrus schaut ihn unverwandt an. Er sieht jetzt nur auf den Gelähmten. Dabei sieht er nicht so sehr dessen Not, sondern vielmehr die Gelegenheit, den Herrn Jesus zu verherrlichen. Johannes tut dasselbe. Auch ihm geht es allein um die Verherrlichung Christi. Obwohl es Petrus ist, der spricht und handelt, ist Johannes eines Sinnes mit ihm. Ihre ganze Aufmerksamkeit gilt diesem Mann.

Petrus bittet ihn nun, sie anzusehen. Der Mann soll von allem um ihn herum wegsehen und nur die beiden Apostel anschauen, die im Namen des Herrn Jesus vor ihm stehen. Indem er sie ansieht, blickt er eigentlich auf Ihn. Das ist ihm nicht bewusst, doch Petrus und Johannes ist sehr wohl bewusst, dass sie in der Vollmacht des Herrn da stehen. Deshalb kann Petrus auch sagen: „Sieh uns an!“ Es geht nicht um sie, sondern um den, den sie repräsentieren.

Der Mann tut, was sie von ihm verlangen und sieht sie an. Das Einzige, was er erwartet, ist eine Gabe. Weiter gehen seine Gedanken nicht. Auch unsere Gedanken gehen oft nicht viel weiter. Wir sind eher auf die irdischen Reichtümer als auf himmlische Schätze ausgerichtet.

Dann spricht Petrus Worte, die davon zeugen, was er nicht hat und was er wohl hat. Er hat weder Silber noch Gold, stattdessen hat er die Vollmacht des Herrn Jesus, um zu heilen. Im Alten Testament waren Silber und Gold Mittel, die als Lösegeld dienen konnten. Petrus erinnert jedoch in seinem ersten Brief daran, dass die wirkliche Erlösung nicht durch Silber oder Gold geschieht, sondern durch das kostbare Blut Christi (1Pet 1,18.19). Der Name Christi ist das neue Mittel, das Wiederherstellung ermöglicht und auch die Kraft gibt, ins Heiligtum hineinzugehen, wie wir hier sehen.

Statt irdischem Vermögen besitzt Petrus eine Quelle des Glücks und der Kraft im Himmel, in Jesus Christus. Aus dieser Quelle schöpft er, um diesem Mann einen Segen zu geben, der weit über irdisches Wohlergehen hinausgeht. Im Namen Jesu Christi gibt er ihm den Auftrag, aufzustehen und umherzugehen. Petrus nennt den Herrn Jesus „den Nazaräer", was auf seine Herkunft aus dem verachteten Nazareth hindeutet. Dieser Name erklingt auf dem Tempelvorplatz, und zwar als der Name, der diese Kraft gibt, damit er geheilt wird. Die religiösen Führer glaubten, Ihn los zu sein, doch Er offenbart vom Himmel aus sogar eine größere Kraft als während der Zeit seines Lebens auf der Erde.

Eine derartige Äußerung der Kraft durch gesprochene Worte ist heutzutage selten. Viele aufrichtige Christen sind heute damit beschäftigt, Silber und Gold für das Werk des Herrn zu sammeln, während die Kraft des Namens des Herrn größtenteils ungenutzt bleibt. Viele derer, die „heilen", sprechen heutzutage mit viel Kraft den Namen Jesus aus, um zu heilen, können aber die ersten Worte von Petrus („Silber und Gold habe ich nicht") nicht nachsprechen.

Petrus spricht nicht nur Worte der Autorität im Namen des Herrn Jesus, sondern erfasst den Mann auch bei seiner rechten Hand und hilft ihm auf. Hier sehen wir wieder die eindrucksvolle Verbindung zwischen göttlichem und menschlichem Handeln. Gott tut, was wir nicht tun können (seine Füße und Knöchel stark machen), und wir müssen tun, was wir tun können (an die Hand nehmen und aufrichten).

Die Auswirkung der Heilung (3,8–11)

> [8] Und er sprang auf, stand da und ging umher; und er ging mit ihnen in den Tempel hinein, ging umher und sprang und lobte Gott.
> [9] Und das ganze Volk sah ihn umhergehen und Gott loben; [10] sie erkannten ihn aber, dass er der war, der wegen des Almosens an der Schönen Pforte des Tempels gesessen hatte; und sie wurden mit Erstaunen und Verwirrung erfüllt über das, was sich mit ihm ereignet hatte. – [11] Während er aber Petrus und Johannes festhielt, lief das ganze Volk voll Erstaunen zu ihnen zusammen in der Säulenhalle, die „Halle Salomos" genannt wird.

Das Ergebnis stellt sich unmittelbar ein. Die Wiederherstellung ist vollständig und nachweisbar. Es müssen keine ärztlichen Erklärungen formuliert werden. Der Mann springt auf, steht da und geht umher. Sein erster Gang führt ihn gemeinsam mit Petrus und Johannes in den Tempel. Er hat immer an der Pforte gesessen, doch jetzt geht er hinein. Er macht das zusammen mit anderen. Zugleich bekundet er persönlich seine Dankbarkeit. Er läuft und springt und lobt Gott. Gott bekommt die Ehre.

Was er tut, ist ein Zeugnis für das ganze Volk, das ihn dahergehen sieht und Gott loben hört. Das Volk kennt ihn. Er gehörte zum täglichen Anblick des Tempels, denn er saß dort jeden Tag und bettelte. Manche Menschen werden ihm wohl aus Mitleid etwas gegeben haben, doch niemand konnte ihn von seiner Lähmung befreien. Sie alle hatten sich natürlich mit dem Gedanken getröstet, dass ihm nicht zu helfen war. Doch gerade dieser für Menschen hoffnungslose Fall wird zu einem großen Zeugnis für den Namen des Herrn Jesus.

Der Geheilte hält Petrus und Johannes fest, so dass für jeden klar ist, durch wen er geheilt worden war. Das zeigt auch den verständlichen Wunsch eines Jungbekehrten, bei dem zu bleiben, durch den er zur Bekehrung gekommen ist. Zugleich ist das ein Beweis des neuen Lebens, wenn die Gemeinschaft mit anderen gesucht wird, die ihm geistlich eine Stütze sind und ihm helfen, als Christ zu wachsen. Der Mann will zu Petrus und Johannes gehören und bei ihnen bleiben.

Seine Heilung führt zu einem Volksauflauf. Das ganze Volk kommt zum Tempel, in die Säulenhalle Salomos. In der Säulenhalle Salomos ging der Herr umher, als Er gefragt wurde, ob Er der Christus sei (Joh 10,23), und dort trafen sich auch die Apostel (Apg 5,12). Es ist ein Ort der Begegnung. Das Volk ist voller Erstaunen über die Heilung. Es ist auch ein enormes Wunder, nun den umhergehen zu sehen, den sie mehr als 40 Jahre als einen Gelähmten in ihrer Mitte kannten.

Petrus predigt Christus (3,12–16)

12 Als aber Petrus es sah, antwortete er dem Volk: Männer von Israel, was verwundert ihr euch hierüber, oder was seht ihr unverwandt auf uns, als hätten wir aus eigener Kraft oder Frömmigkeit bewirkt, dass er gehen kann? 13 Der Gott Abrahams und der Gott Isaaks und der Gott Jakobs, der Gott unserer Väter, hat seinen Knecht Jesus verherrlicht, den ihr freilich überliefert und angesichts des Pilatus verleugnet habt, als dieser geurteilt hatte, ihn freizulassen. 14 Ihr aber habt den Heiligen und Gerechten ver-

leugnet und gebeten, dass euch ein Mann, der ein Mörder war, geschenkt würde; [15] den Urheber des Lebens aber habt ihr getötet, den Gott aus den Toten auferweckt hat, wovon wir Zeugen sind. [16] Und durch den Glauben an seinen Namen hat sein Name diesen, den ihr seht und kennt, stark gemacht; und der Glaube, der durch ihn ist, hat ihm vor euch allen diese vollkommene Gesundheit gegeben.

Petrus nutzt das Interesse an diesem Wunder, um die Aufmerksamkeit auf den zu richten, der es bewirkt hat, den Herrn Jesus. Im Blick auf Ihn ist dieses Wunder ja geschehen. Anders als bei Simon dem Zauberer, der von sich selbst sagte, dass er jemand Großes sei (Apg 8,9), weist Petrus alle Ehre von sich (siehe auch Apg 10,26; 14,13–15) und gibt diese dem Herrn Jesus (vgl. Off 19,10). Menschen sind schnell geneigt, eine sichtbare Person, ein Geschöpf, zu ehren und nicht den unsichtbaren Gott, den Schöpfer. Das ist das Wesen des Götzendienstes. Ehre kommt nur dem Sohn Gottes zu. So wie Gott Ihn ehrt, müssen auch wir Ihn ehren.

Petrus beginnt seine dritte Rede damit, dass er einen falschen Eindruck korrigiert. Damit begann er bereits in Kapitel 2 bei seiner zweiten Rede. Dort ging es um den falschen Eindruck, dass Männer betrunken waren. Hier widerspricht er dem falschen Eindruck, als hätten *sie* den Mann gesund gemacht. Petrus weist darauf hin, dass es nicht durch *ihre* Kraft geschehen ist, dass der Mann jetzt gehen kann.

Er fügt hinzu, dass auch ihre Gottesfurcht nicht die Ursache für die Heilung ist. Sie haben durch ihre Ehrfurcht Gott gegenüber nicht einen einzigen Vorteil bei Gott, als würde Gott ihnen dadurch ein wenig mehr Ehre zukommen lassen, die allein Ihm zusteht. Er sagt, dass nichts in ihnen auch nur etwas zur Genesung beigetragen hat. Es ist wirklich alles ausschließlich das Werk Jesu Christi, über den er im Folgenden spricht.

Er tut das, indem er hinweist auf die Wertschätzung, die Gott für Ihn hat. Er nennt Gott mit dem Namen, der an die Verheißungen erinnert, die Er jedem der Erzväter einzeln gegeben hat. Die Verheißungen haben als zentrales Thema, dass Er seinen Sohn, den Christus, senden würde, um alle Verheißungen zu erfüllen. Nun, Gott *hat* Ihn gesandt. Petrus nennt den Herrn Jesus „seinen Knecht Jesus" (siehe auch Jes 42,1). Das weist darauf hin, dass der Herr Jesus auf der Erde Gott gedient hat.

Doch was für ein Gegensatz besteht zwischen der Wertschätzung, die Gott für seinen Sohn hat, und der Wertschätzung, die das Volk für Ihn hat! Das Volk hat Ihn nicht als den Christus Gottes erkannt, sondern hat Ihn wie einen Verbrecher der Autorität der Obrigkeit überliefert. Pilatus, der Repräsentant dieser Autorität, hat mehrere Male bezeugt, dass er keine Schuld an Ihm fand und daher urteilte, dass Er freigelassen werden musste. Doch das Volk war für Argumente nicht zu haben. In blindem Hass haben sie ihren Messias, den Christus Gottes, in Gegenwart der Nationen in der Person von Pilatus, verleugnet. Sie wollten nichts mit Ihm zu tun haben und haben Ihn verworfen.

War jetzt alles verloren? Nein, denn Gott hat seinen Knecht Jesus, der Ihm so vollkommen gedient hat, auferweckt und verherrlicht (Jes 52,13). Auf diese Weise stellt Petrus Ihn hier noch einmal dem Volk vor.

Es ist bemerkenswert, wie Petrus das Volk zweimal beschuldigt, den Herrn Jesus verleugnet zu haben, während er selbst ein paar Wochen zuvor Ihn sogar dreimal verleugnet hat. Doch er hat seine Verleugnung mit Scham und unter Tränen bekannt und Vergebung vom Herrn dafür empfangen. Daher ist er frei vor Gott, jetzt das Volk mit dieser Sünde zu konfrontieren. Er tut das, damit das Volk zur Buße und zum Bekenntnis seiner Sünde kommt und genau wie Petrus mit Gott versöhnt wird.

Er spricht über den Herrn Jesus als „den Heiligen und Gerechten". Als der „Heilige" lebte Er auf der Erde vollkommen abgesondert von der Welt und für Gott. Er lebte nur für Gott. Dadurch war Er auch der „Gerechte". Er tat immer alles in völliger Übereinstimmung mit dem, was vor Gott und Menschen recht war.

Trotz seines Gott und den Menschen vollkommen hingegebenen Lebens, durch das nur Güte und Gnade für sie hervorgekommen ist, haben sie Ihm einen Mörder vorgezogen, jemanden, der anderen das Leben nimmt. Sie haben Pilatus gebeten, ihnen diesen Mann zu „schenken", während sie das große Geschenk Gottes in seinem Sohn verwarfen. Sie wollten lieber mit einem Mörder als mit dem Urheber des Lebens zusammenleben. Den Ursprung und Geber des Lebens haben sie getötet und damit für sich selbst jeden Weg zum Leben abgeschnitten.

Mit weit größerem Nachdruck als in Kapitel 2 stellt Petrus das Handeln des Volkes mit dem Sohn Gottes vor ihre Herzen und Gewissen. Petrus zeigt aber auch, dass Gott seinen eigenen Plan hat und dass Er über den Hass und die bösen Taten des Menschen triumphiert. Nicht der Mensch, sondern Gott hat das letzte Wort, und zwar auf eine Art und Weise, die den Menschen verstummen lässt.

Gott hat seinen Sohn aus den Toten auferweckt und stellt ihnen diesen erneut vor. Gott hat nicht nur ganz anders mit Ihm gehandelt als sie es getan haben, Er hat ihre Tat in gewisser Hinsicht ungeschehen gemacht und damit sogar besondere Folgen verbunden. Das ist eine große Gnade und ist ein Beweis der vollkommenen Güte Gottes. Petrus erläutert, dass er und Johannes seine Zeugen sind. Er schlägt sich bei seiner Beurteilung des Herrn Jesus öffentlich und bedingungslos auf die Seite Gottes.

Nachdem Petrus dem Volk so seine Sünde vorgehalten hat und beschrieben hat, was Gott mit seinem Sohn getan hat, weist er auf den Mann hin, der geheilt wurde. Sie sehen ihn, sie kennen ihn. Sie wissen, was er war, und sehen, wie er jetzt ist. Die Veränderung seiner Situation ist die Folge des Glaubens an den Namen des Herrn Jesus. Was sie sehen und worauf Petrus sie hinweist, bringt Petrus in direkten Zusammenhang mit dem Himmel und dem, der dort verherrlicht ist. Sie können über den Mann hinaus direkt nach oben sehen, denn dort ist Er, der das, was sie sehen, bewirkt hat.

Glaube ist der gewaltige Grundsatz, durch den der verherrlichte Christus sich auf der Erde bekanntmacht. Durch den Glauben an den Herrn Jesus hat der Mann „vollkommene Gesundheit" empfangen. Christus tut kein halbes Werk. Sie stehen alle dabei und sehen alle, dass der Mann vollständig durch den Namen Jesu Christi geheilt ist, den Namen dessen, den sie verleugnet und ermordet haben.

Aufruf zur Buße und Bekehrung (3,17–21)

> 17 Und jetzt, Brüder, ich weiß, dass ihr in Unwissenheit gehandelt
> habt, so wie auch eure Obersten. 18 Gott aber hat so erfüllt, was er
> durch den Mund aller Propheten zuvor verkündigt hat, dass sein
> Christus leiden sollte. 19 So tut nun Buße und bekehrt euch, damit
> eure Sünden ausgetilgt werden, 20 damit Zeiten der Erquickung
> kommen vom Angesicht des Herrn und er den euch zuvor bestimmten Christus Jesus sende, 21 den freilich der Himmel aufnehmen muss bis zu den Zeiten der Wiederherstellung aller Dinge, von denen Gott durch den Mund seiner heiligen Propheten von jeher geredet hat.

Die Anschuldigungen stehen fest. Das Gericht Gottes ist verdient. Doch dann weist Petrus auf einen Ausweg hin. Geleitet durch den Heiligen Geist kann er dem Volk sagen, dass sie ihre schreckliche

Tat „in Unwissenheit“ begangen haben (vgl. 1Kor 2,8), und deshalb kann er sie zu Buße und Bekehrung aufrufen. Petrus kann das sagen aufgrund der Fürbitte des Herrn Jesus am Kreuz: „Vater, vergib ihnen, denn sie wissen nicht, was sie tun“ (Lk 23,34). Auf dieser Grundlage hat auch Paulus Barmherzigkeit empfangen (1Tim 1,13).

Ihre Sünde wird als Totschlag gesehen, nicht als Mord. Jemand, der sich unter dem Gesetz des Totschlags schuldig gemacht hat, konnte durch den Bluträcher getötet werden. Wenn aber der Totschläger rechtzeitig eine Zufluchtsstadt erreichte, war er dort sicher (4Mo 35,9–34). So kann auch das Volk noch Zuflucht zum Herrn Jesus nehmen und dadurch dem Gericht entkommen. Statt des Gerichts würden sie dann den verheißenen Segen bekommen, wie Petrus das sogleich sagen wird. Doch zuvor redet er noch über den Ratschluss Gottes. Was sie in ihrer Bosheit mit Christus getan haben, benutzte Gott, um das zu erfüllen, worüber Er durch alle Propheten geredet hat. Alle Propheten haben darüber geredet, dass sein Christus leiden sollte.

Hier sehen wir wieder die beiden Seiten, die wir auch im vorigen Kapitel gesehen haben (Apg 2,22.23). Einerseits sehen wir, wie der Mensch seine völlige Verdorbenheit offenbart, indem er die Güte Gottes verwirft, die sich in Christus offenbart hat. Andrerseits entdecken wir, dass Gott dies zuvor wusste und in seine Pläne aufgenommen hat und sogar benutzt hat, um seine Pläne zu erfüllen. Wir können als Geschöpfe die beiden Seiten nicht zusammenbringen, doch genau deswegen ist Gott auch Gott, und wir bleiben Geschöpfe mit dem beschränkten Denkvermögen, das dazu gehört. Durch ihre sündige Tat hat Gott seinen Vorsatz in Bezug auf das Leiden Christi erfüllt.

Dass sie völlig für ihre Sünden verantwortlich sind, zeigt sich in der Aufforderung des Petrus an das Volk, Buße zu tun und sich zu bekehren. Er hat ihnen klar vor Augen geführt, worin sie sich schuldig gemacht haben. Das muss sie zur Buße bringen, zur Erkenntnis, dass sie gesündigt haben. Mit dieser Erkenntnis und dem entsprechenden Bekenntnis ist unlösbar die Bekehrung verbunden. Bekehrung ist eine Veränderung des Denkens in Bezug auf Gott und den Herrn Jesus. Buße ist die innere Überzeugung der eigenen Schuld, die Einsicht und die Erkenntnis, dass ich gesündigt habe.

Bekehrung ist eine Umkehr bezüglich meiner Bewertung dessen, was Gott gesagt hat. Zuerst lehnt jemand das ab, was Er in seinem Wort gesagt hat und was Er in Christus gegeben hat. Wer zur Buße, zur Erkenntnis und zum Bekenntnis seiner Sünden gekommen ist, wird dem Wort Gottes glauben und Gottes Gabe in Christus annehmen. Wer bereut und sich bekehrt, darf wissen, dass seine Sünden ausgetilgt sind. Alles, was zwischen ihm und Gott stand, ist weggetan. Die Barriere ist weggeräumt. Dadurch ist der Weg frei für ein Leben der Erquickung, das „vom Angesicht des Herrn" zu ihnen kommt, das heißt aus der Gegenwart des Herrn.

Was auf den Einzelnen angewandt werden kann, gilt hier in erster Linie für das gesamte Volk, denn zu ihm spricht Petrus. Er meint mit „Zeiten der Erquickung" die Zeit des 1000-jährigen Reiches, in dem sein Volk jeden Segen Gottes auf der Erde genießen wird. Dann richtet sich das Angesicht des Herrn nicht mehr im Zorn gegen sie (Ps 34,17), sondern sein Angesicht strahlt wie die Sonne (Mt 17,2). Sein Volk wird sich in der Wärme seiner Strahlen sonnen und den vollen Segen des Lebens nach seiner Verheißung im Friedensreich genießen können (Spr 16,15).

Die Rückkehr Christi Jesu, um das zu erfüllen, hing davon ab (und hängt immer noch davon ab), dass die Juden sich bekehrten. Petrus macht klar, dass Gott danach verlangt, seinen Christus zu senden, von dem Er sagt, dass es für sie der „zuvor bestimmte Christus" ist. Wir vernehmen hier die große Liebe Gottes zu seinem Volk.

Es war kein Versehen, dass Gott Christus zu seinem Volk sandte. Gott bietet ihnen hier noch einmal diesen für sie zuvor bestimmten Christus an, der niemand anderes ist, als der von ihnen verworfene „Jesus". Was für eine anhaltende Gnade Gottes, die dies trotz der Verwerfung seines Christus tut! Er kann das tun – wie gesagt – aufgrund der Fürbitte des Herrn Jesus am Kreuz.

Wir sehen, wie Gott alles Mögliche tut, um die Nation zur Umkehr zu bringen, um ihnen dann die verheißenen Segnungen geben zu können. Erst dann, wenn sie auch einen verherrlichten Herrn verwerfen, so wie sie Ihn auch in seiner Erniedrigung verworfen haben, kommt das Gericht Gottes über das Volk. Um das zu verhindern, sucht Gott in diesem Augenblick sozusagen noch nach einer Möglichkeit, seinen Sohn doch noch zu senden, damit die Zeiten der Wiederherstellung aller Dinge anbrechen können.

Christus ist in den Himmel aufgenommen. Verworfen von der Erde, *musste* der Himmel Ihn aufnehmen. Der Himmel tat das nicht widerwillig, sondern – hinsichtlich des Ziels, wofür Er auf die Erde gekommen war, nämlich um dort das Reich Gottes aufzurichten - schon vorzeitig.

Das ursprüngliche Ziel wird dennoch erreicht werden. Der Augenblick der Wiederherstellung aller Dinge weist auf das 1000-jährige Friedensreich hin. Während des Friedensreichs wird alles in der Schöpfung entsprechend der Situation wiederhergestellt, die Gott vor Augen hatte, als Er Himmel und Erde schuf. Über diese Situation hat Gott immer wieder durch den Mund seiner Propheten geredet. Darauf hat Er im Voraus hingewiesen.

Als sein Sohn kam, hätte diese Zeit anbrechen können, wenn Israel Ihn angenommen hätte. Doch Er wurde verworfen. Das heißt jedoch nicht, dass Gott seinen Plan nicht erfüllen wird. Durch den Mund des Petrus bietet Gott an, seinen Plan noch zu erfüllen. Das wird geschehen, wenn das Volk sich in seiner Gesamtheit doch noch bekehrt. Wir wissen, dass das Volk das nicht getan hat. Doch auch das hat nicht zur Folge, dass Gott seinen Plan nicht mehr ausführt. Er wurde erneut verschoben und wird in der Endzeit erfüllt werden.

Der Prophet durch Gott erweckt (3,22–26)

> 22 Mose hat schon gesagt: „Einen Propheten wird euch der Herr, euer Gott, aus euren Brüdern erwecken, gleich mir; auf ihn sollt ihr hören in allem, was irgend er zu euch reden mag. 23 Es wird aber geschehen, jede Seele, die irgend auf jenen Propheten nicht hört, wird aus dem Volk ausgerottet werden." 24 Aber auch alle Propheten, von Samuel an und der Reihe nach, so viele geredet haben, haben auch diese Tage verkündigt. 25 Ihr seid die Söhne der Propheten und des Bundes, den Gott euren Vätern festgesetzt hat, indem er zu Abraham sprach: „Und in deinem Nachkommen werden gesegnet werden alle Geschlechter der Erde." 26 Euch zuerst hat Gott seinen Knecht, als er ihn erweckte, gesandt, euch zu segnen, indem er einen jeden von seinen Bosheiten abwendet.

Dass Gott die Zeiten der Wiederherstellung aller Dinge anbrechen lassen wird, hat alles mit dem zu tun, auf den Petrus wieder hinweist, wenn er ein Zitat von Mose anführt, einem der „heiligen Propheten von alters her" (5Mo 18,15–19; Lk 1,70). So wie David, den Petrus in Kapitel 2 zitiert hat, bewunderten die Juden auch Mose sehr. Mose hat über einen Propheten geredet, den Gott auf dieselbe Weise erwecken würde, wie Gott ihn erweckt hatte.

Gott erweckte Mose als Prophet für sein Volk in einer Zeit, als das Volk in Sklaverei und in großer Not war. Das ist mit dem Herrn Jesus auch so geschehen. So wie Mose inmitten seiner Brüder erweckt wurde, so ist auch der Herr in die Mitte seiner Brüder gekommen, indem Er als Israelit geboren wurde. In dem Zitat ruft Mose dazu auf, auf Ihn zu hören. Das stellt Petrus seinen Zuhörern vor.

Neben den Übereinstimmungen, die es zwischen Mose und dem Herrn Jesus als Propheten gibt, gibt es auch einen großen Unterschied. Mose war ein Instrument, das Worte Gottes weitergegeben hat. Doch nicht alles, was Mose gesagt hat, waren Worte Gottes. Was der Herr Jesus allerdings sagen würde und auch gesagt hat, war alles *ausschließlich* Wort Gottes. Darum sagt Mose, dass das Volk auf Ihn hören sollte „in allem, was irgend er zu euch reden mag". Mose fügt auch die ernste Warnung hinzu, dass der, der nicht auf den Propheten hören würde, aus dem Volk ausgerottet werden würde. Dadurch sind alle diejenigen für immer von dem Segen abgeschnitten, der das Teil des Volkes sein wird, wenn Er regieren wird.

Und nicht nur Mose hat vom Kommen dieses Propheten, des Herrn Jesus, geredet. Seit Samuel, dem ersten von Gott berufenen Propheten in seinem Volk, hat Gott auf das Kommen seines Sohnes hingewiesen. Das haben danach alle Propheten getan, die nach Samuel gekommen sind. Petrus weist das Volk auf seine bevorrechtigte Stellung als Söhne der Propheten hin. Er will damit auch sagen, dass sie in den Wegen wandeln sollen, die diese Propheten ihnen aufgezeigt haben, weil sie nur auf diese Weise den Segen Gottes empfangen können. Dieser Weg ist immer der Weg der Buße und der Bekehrung.

Außerdem sind sie nicht nur Söhne der Propheten, sondern auch Söhne des Bundes, den Gott mit ihren Vätern machte und worin Er ihnen seinen Segen verhieß. In diesem Bund hat Gott den Segen für die leiblichen Nachkommen Abrahams angekündigt; das ist das Volk, das Petrus hier anspricht. Gleichzeitig hat Gott durch die Nachkommen Abrahams auch Segen für alle Nationen auf der Erde verheißen (1Mo 12,3; 18,18; 22,18; 26,4; Gal 3,8). Gottes Segen im Friedensreich breitet sich durch Israel auf die ganze Erde aus. Deswegen hat Gott den Herrn Jesus, den Petrus hier wieder den „Knecht" Gottes nennt (V. 13), in erster Linie zu ihnen gesandt.

Mit „erweckte" ist nicht die Auferstehung gemeint, sondern die Erweckung des Herrn Jesus als Mensch auf der Erde, seine Geburt. Wenn es um die Auferstehung aus dem Tod geht, lesen wir nicht, dass Gott Ihn erweckte, sondern dass Er selbst auferstanden ist. Wenn es um das Werk Gottes bei der Auferstehung geht, lesen wir, dass Gott Ihn „auferweckt" hat. „Erwecken" bezieht sich daher auf das erste Kommen des Herrn Jesus auf die Erde, auf seine Geburt und sein Leben, so wie wir das in den Evangelien beschrieben finden.

Der Segen, den Gott mit der Sendung des verherrlichten Christus geben will, besteht darin, das Volk von seinen Bosheiten abzuwenden. Die Bosheiten verhindern den Segen. Wenn sie diese Bosheiten bekennen, ist diese Verhinderung weggenommen. Das ist schon ein gewaltiger Segen, der gleichzeitig die Tür zu dem noch größeren Segen des Friedensreiches öffnet.

Kapitel 4

Petrus und Johannes gefangen genommen (4,1–4)

[1] Während sie aber zu dem Volk redeten, traten die Priester und
der Hauptmann des Tempels und die Sadduzäer auf sie zu, [2] weil
es sie verdross, dass sie das Volk lehrten und in Jesus die Aufer-
stehung aus den Toten verkündigten. [3] Und sie legten die Hände
an sie und setzten sie in Gewahrsam bis zum folgenden Tag, denn
es war schon Abend. [4] Viele aber von denen, die das Wort gehört
hatten, glaubten; und die Zahl der Männer wurde etwa fünftau-
send.

Der Bericht des vorigen Kapitels wird hier fortgesetzt. Wir bekommen es jetzt mit der ersten Christenverfolgung zu tun. Der Herr hat mehrmals vorausgesagt, dass die Seinen verfolgt werden würden (Mt 10,16–18; Mk 13,9; Joh 15,20). Diese Verfolgung geschieht durch drei Gruppen der religiösen Führer, die die Apostel angreifen.

Zuerst geschieht das durch die Priester. Sie haben großen Einfluss auf das Volk, weil nur sie berechtigt sind, Opfer zu bringen. Dazu kommt, dass auch der Hauptmann des Tempels mit von der Partie ist. Er befehligt die Tempelpolizei und ist daher für die Ordnung in und um den Tempel verantwortlich. Schließlich werden die Sadduzäer genannt.

Es kann sein, dass die Priester den geistlichen Zweig der Sekte der Sadduzäer bilden und die separat genannten Sadduzäer den politischen Zweig. Die Sadduzäer beherrschen das Synedrium, also den Rat (Apg 5,17). Die Anhänger dieser jüdischen Sekte glauben weder an eine Auferstehung, noch an Engel, noch an Geist (Mt 22,23; Apg 23,8). Die Predigt der Apostel über die Auferstehung des Herrn Jesus ist ihnen daher auch ein besonderer Dorn im Auge. Das trifft ihren eigenwilligen Gottesdienst ins Herz.

Gemeinsam mit den Priestern, der besonderen Klasse, die das Vorrecht zum Opfern hat, dessen sie sich auch rühmten, sowie dem Chef der Tempelpolizei, kommen sie drohend auf die beiden Apostel zu. Während des Lebens des Herrn Jesus waren seine Gegner vor allem die Pharisäer. Diese Menschen mit ihrer Selbstgerechtigkeit standen im Gegensatz zu dem Gerechten. Die Sadduzäer hielten sich mehr im Hintergrund auf. Jetzt treten sie hervor.

Es „verdross" sie, dass die Apostel das Volk „lehrten". Sie meinen, dass nur sie als Priester das Recht und die Tüchtigkeit dazu besitzen. Ebenfalls „verdross" es sie, dass die Apostel „in Jesus die Auferstehung aus den Toten verkündigten". Wunder waren schon schlimm genug in den Augen dieser Freidenker, denn sie brachten die Kraft Gottes zu nahe. Aber die Auferstehung aus den Toten und dann noch in der Person Jesu, ist unerträglich für sie.

Es geht um die Auferstehung „aus" den Toten, nicht um die Auferstehung der Toten. Die Auferstehung *der* Toten ist allgemein. Doch die Auferstehung *aus* den Toten ist etwas anderes. Dabei geht es darum, dass jemand oder eine Anzahl Gestorbener aufersteht, während die übrigen der Gestorbenen im Grab bleiben. Die Auferstehung „aus den Toten" zeigt, dass es nicht so etwas wie eine allgemeine, gemeinsame Auferstehung von Gläubigen und Ungläubigen gibt (1Kor 15,23; Off 20,5).

Diese Gegner der Wahrheit ergreifen die Apostel und setzen sie in Gewahrsam. Da es schon Abend war, sollten sie erst am nächsten Tag verhört werden. Die Tatsache, dass es Abend war, ist mehr als die Beschreibung einer Tageszeit. Es sagt auch etwas über die Zeit aus, in der Israel angekommen ist. Dies ist eine letzte Chance für das Volk, den verheißenen Segen zu empfangen, bevor die Nacht über dieses Volk kommt.

Inmitten all des Wütens des Feindes erwähnt der Geist etwas von dem Werk Gottes. Die Apostel können zwar gefangen genommen werden, doch das Wort ist nicht gebunden und tut sein Werk. Viele hören das Wort und kommen dadurch zum Glauben. Der Glaube ist aus der Verkündigung und die Verkündigung durch Gottes Wort (Röm 10,17). Durch das mächtige Wirken des Wortes wächst allein schon der Anteil der Männer auf ungefähr fünftausend an.

Verhör durch das Synedrium (4,5–7)

5 Es geschah aber am folgenden Tag, dass ihre Obersten und Ältesten und Schriftgelehrten sich in Jerusalem versammelten, 6 und Annas, der Hohepriester, und Kajaphas und Johannes und Alexander und so viele vom hohenpriesterlichen Geschlecht waren.
7 Und nachdem sie sie in die Mitte gestellt hatten, fragten sie: In welcher Kraft oder in welchem Namen habt ihr dies getan?

Die religiösen Führer versammeln sich am nächsten Tag in Jerusalem. Die ganze Führerschaft, der das Volk ausgeliefert ist („*ihre* Obersten, *ihre* Ältesten und *ihre* Schriftgelehrten"), macht sich auf, um die beiden Aufständischen zu verhören. Die Führer sehen ihre Autorität über das Volk in Gefahr. Das ist auch der Grund, warum sie den Herrn Jesus umgebracht haben.

Diese Gruppe wird von einer kleinen Gruppe von Hohenpriestern mit ihren Familien angeführt. Lukas nennt einige Namen. Von ihnen kennen wir Annas und Kajaphas. Kajaphas ist der Schwiegersohn von Annas. Er war Hoherpriester während des Prozesses gegen den Herrn Jesus (Joh 18,13.14). Johannes und Alexander kennen wir nicht. Man hat angenommen, dass sie Söhne von Annas waren, das kann man jedoch nicht mit Sicherheit sagen. Weiterhin sind noch einige vom hohenpriesterlichen Geschlecht zugegen, deren Namen Lukas nicht nennt. Sie lassen die Apostel zu sich rufen und stellen sie in ihre Mitte.

Da stehen nun Petrus und Johannes vor einer Gruppe, die sich sicher an den Tag erinnert hat, als der Herr Jesus vor ihnen stand. Sie dachten, dass sie mit Ihm die ganze Bewegung ausgerottet hatten, doch hier werden sie erneut durch seine Nachfolger mit Ihm konfrontiert.

Ihr Verhör ist nicht ausführlich, aber sehr speziell. Es geht ihnen nicht um die Tatsache des Wunders. Sie sind nicht prinzipiell gegen Wunder. Wunder können eine soziale Verbesserung bewirken. Ihre große Anklage richtet sich dagegen, dass dieses Wunder mit dem Namen des Herrn Jesus verbunden wird, und das verursacht großen Ärger.

Sie können das Wunder nicht leugnen, doch wie konnten diese einfachen Menschen dieses aufsehenerregende Wunder tun? Woher nahmen sie die Kraft und welcher Name steckt dahinter? Obwohl sie sehr genau wissen, wodurch die Apostel „dies" (das ist die Heilung des Gelähmten) getan haben, fragen sie doch nach. Möglicherweise möchten sie etwas hören, auf Grund dessen sie sie verurteilen können.

Petrus verantwortet sich (4,8–12)

[8] Da sprach Petrus, erfüllt mit Heiligem Geist, zu ihnen: Oberste
des Volkes und Älteste von Israel! [9] Wenn wir heute wegen einer
Wohltat an einem kranken Menschen verhört und gefragt werden,

durch wen dieser geheilt worden ist, 10 so sei euch allen und dem ganzen Volk Israel kund, dass in dem Namen Jesu Christi, des Nazaräers, den ihr gekreuzigt habt, den Gott auferweckt hat aus den Toten, dass durch ihn dieser gesund vor euch steht. 11 Dieser ist der Stein, der von euch, den Bauleuten, verachtet, der zum Eckstein geworden ist. 12 Und es ist in keinem anderen das Heil, denn es ist auch kein anderer Name unter dem Himmel, der unter den Menschen gegeben ist, in dem wir errettet werden müssen.

Hier hält Petrus seine vierte Rede in diesem Buch. Wieder ergreift er die Gelegenheit beim Schopf, den Namen des Herrn Jesus und das Evangelium zu predigen. Er wird dabei durch den Heiligen Geist geleitet (Lk 21,12–15). Hier steht ausdrücklich, dass er mit dem Heiligen Geist „erfüllt" ist.

Seine Zuhörerschaft ist nun eine Schar religiöser Hochwürden. Petrus verkennt ihre Würde nicht und verachtet auch nicht ihre Stellung, er macht aber unzweideutig klar, dass Jesus Christus weit über ihnen steht. Er hat nicht die geringste Scheu oder Angst. Unerschrocken konfrontiert er diese Leute mit demselben Herrn, den sie erst vor wenigen Wochen zum Tod verurteilt und getötet haben.

Petrus weist sie auf die Unsinnigkeit dieses Verhörs hin. Es ist doch zu komisch, dass sie wegen der Wohltat an einem kranken Menschen verhört werden. Das müsste doch ein Anlass großer Freude und Dankbarkeit sein und nicht eines Verhörs! Stattdessen fühlen sich die Fragenden in ihrer Stellung bedroht. Und er kennt den Hintergrund. Er weiß, dass ihr Widerstand dem gebrauchten Mittel gilt. Dieses Mittel wird nun ausführlich erörtert.

Mit klaren und deutlichen Worten berichtet Petrus seinen Zuhörern – und über ihre Köpfe hinweg dem ganzen Volk –, wer für die Gesundheit dieses Mannes verantwortlich ist. Das ist kein anderer als Jesus Christus, der Nazaräer. Darüber darf es keinerlei Missverständnis geben, das muss jeder erfahren. Dieser Name muss ihnen durch Mark und Bein gefahren sein.

Doch belässt Petrus es dabei nicht. Ohne Furcht vor diesem höchsten religiösen Gericht stellt er diesen Namen ihren Gewissen vor, indem er sie beschuldigt, dass *sie* ihn gekreuzigt haben. Unmittelbar danach sagt er, was *Gott* mit Ihm getan hat. Gott hat Ihn aus den Toten auferweckt. Auch in dieser Rede nimmt die Auferstehung des Herrn Jesus einen wichtigen Raum ein. Der Mann ist durch den Namen Christi gesundgeworden, den Christus, den Gott auferweckt hat.

Diese Darstellung stellt ihre ganze Erfahrungswelt auf den Kopf und erschüttert ihre Existenz in ihren Grundfesten. Dieser verachtete Name, diese Person, die sie derart hassen und hingerichtet haben, soll leben und noch auf der Erde wirken?

Petrus verteidigt sich weiterhin in Ruhe und mit Kraft. Er untermauert seine Behauptung wieder mit einem Zitat aus dem Wort Gottes, das sie so gut kennen. Auch in seinen vorherigen Reden zitierte er Verse aus dem Alten Testament und wandte sie auf Christus an. Am Pfingsttag führte er einige Vorhersagen Davids über den Tod, die Auferstehung und die Verherrlichung des Herrn Jesus an; damit bewies er, dass Gott Ihn zum Herrn und zum Christus gemacht hat. An der Pforte des Tempels, die „die Schöne" hieß, sprach er von einem Propheten wie Mose.

Geleitet durch den Heiligen Geist weiß er immer zum richtigen Zeitpunkt den richtigen Vers zu zitieren. Dieses Mal führt er Psalm 118,22 an. Er zitiert denselben Vers, den der Herr Jesus gegenüber den religiösen Führern erwähnt hatte (Mt 21,42; Mk 12,10; Lk 20,17). Durch die Leitung des Heiligen Geistes ist dies das richtige Zitat, um diesen Leuten deutlich zu machen, was sie getan haben.

Der Zusammenhang des Psalms zeigt, dass es um den Tempel geht, um das Haus Gottes. In Vers 20 lesen wir vom Tor des HERRN, durch das die Gerechten hineingehen. In Vers 26 geht es um das Haus des HERRN und in Vers 27 um den Altar. Die „Bauleute" sind die Führer, zu denen Petrus spricht. Sie haben den Eckstein, das ist Christus, verachtet und verworfen.

Der Eckstein ist der Stein, der auf das Fundament gelegt wird und auf den das Haus gebaut wird. Ausgehend von diesem Stein wird das ganze Gebäude errichtet. Christus ist der Eckstein des neuen Tempels, mit dem sie, die Führer, nichts anfangen können (Jes 28,16). Es ist auch der Eckstein des Gebäudes, das Gott nun baut, seine Gemeinde, das Haus Gottes in dieser Zeit (1Pet 2,4–7; 1Tim 3,15). Auf Ihm ruht das gesamte neue Gebäude, die Gemeinde.

Petrus beschließt seine Verteidigung mit dem Hinweis auf die Exklusivität des Namens des Herrn Jesus. Nur durch seinen Namen ist Errettung möglich. Der Unterschied zu seinen vorigen Reden besteht darin, dass er dort dem Volk Vergebung anbot, wenn sie sich bekehrten. Das tut er hier den Führern gegenüber nicht. Das Einzige ist, dass er über den Namen spricht, der allein erretten kann. Dieser Name kann nicht ersetzt werden. Ohne Ihn gibt es keine Rettung. Immer wieder geht es um den „Namen".

Die Behauptung, dass es außerhalb von Ihm keine Rettung gibt, bedeutet, dass der Herr Jesus beansprucht, Gott zu sein, denn Gott fordert im Alten Testament das exklusive Recht ein, der einzige Retter zu sein (Jes 43,11; 45,21). Der Messias ist für den ungläubigen Juden lediglich ein Mensch und nicht Gott. Petrus behauptet mit der Tatsache, dass es keine Rettung außerhalb von Ihm gibt, dass der Herr Jesus *Gott* ist. Das ist für den Juden verwerflich.

Wenn er jedoch sein eigenes Altes Testament gut lesen würde, würde er entdecken, dass darin steht, dass der Messias sowohl Gott als auch Mensch ist (Jes 9,5; Mich 5,1; Sach 12,10). Doch die religiösen Führer wollen das nicht anerkennen, da sie durch das Suchen ihrer eigenen Ehre blind sind. Das Synedrium verwirft Ihn, anstatt das Volk zu diesem Stein zu führen.

Es gibt jedoch kein Heil in einem anderen als in Ihm allein. Das Heil ist auch nicht auf Israel begrenzt. „Unter dem Himmel" bedeutet: auf der ganzen Erde. Es ist also kein anderer Name unter den Menschen gegeben, durch den sie errettet werden müssen, als der Name Jesu Christi, des Nazaräers. Da gibt es keine Möglichkeit der Wahl und auch keine Entschuldigung: Er ist es und kein anderer; Er ist es für jeden; Er ist absolut notwendig.

Beratung des Synedriums (4,13–17)

> 13 Als sie aber die Freimütigkeit des Petrus und Johannes sahen und merkten, dass es ungelehrte und ungebildete Leute waren, verwunderten sie sich; und sie erkannten sie, dass sie mit Jesus gewesen waren. 14 Und da sie den Menschen, der geheilt worden war, bei ihnen stehen sahen, hatten sie nichts dagegen zu sagen. 15 Nachdem sie ihnen aber befohlen hatten, aus dem Synedrium wegzugehen, überlegten sie miteinander 16 und sagten: Was sollen wir mit diesen Menschen tun? Denn dass wirklich ein offenkundiges Zeichen durch sie geschehen ist, ist allen offenbar, die in Jerusalem wohnen, und wir können es nicht leugnen. 17 Aber damit es nicht weiter unter dem Volk verbreitet werde, lasst uns ihnen ernstlich drohen, nicht mehr in diesem Namen zu irgendeinem Menschen zu reden.

Die Würdenträger staunen über die Freimütigkeit des Petrus und des Johannes. Diese beiden Männer kommen nicht aus hohen Kreisen. Dennoch lassen sie sich nicht von vornehmen Ratsmitgliedern beeindrucken. Die Ratsmitglieder stellen auch fest, dass sie „ungelehrte Leute" waren, nämlich keine theologische Ausbildung durch von ihnen anerkannte Rabbiner hatten.

In ihren Augen sind es Laien, Unkundige, denn das ist hier die Bedeutung von „ungebildet". Von dem Herrn Jesus sagte man während seines Lebens auf der Erde etwas Ähnliches (Joh 7,15; vgl. Mt 7,28.29). Doch die Kraft des Geistes kann sich gerade in denen klar offenbaren, die sich auf keinerlei weltlichen Vorteil berufen können.

Die Mitglieder des Synedriums sind erstaunt, dass sie das Wort Gottes so gut kennen, da sie doch nicht aus ihren Kreisen kommen oder anderweitig dafür bekannt sind, in den Schriften unterwiesen zu sein. Dann kommt die wahre Quelle ihrer Kenntnis ans Tageslicht. Das kann nicht verborgen bleiben. Sie erkennen, dass sie *mit Jesus* gewesen waren. Erkennen unsere Nachbarn uns auch daran, dass wir ein Leben mit dem Herrn Jesus führen?

Die studierten Herren würden nur zu gern diesen Ungebildeten eine Lektion erteilen, doch ihnen wird dadurch der Mund gestopft, dass sie einen sichtbaren Beweis haben, dass diese Laien recht haben. Wie ernst ist die Lage für Menschen, die einerseits die Wahrheit nicht leugnen können und sich andrerseits bewusst nicht davor beugen wollen. Sie lieben die Finsternis mehr als das Licht, weil ihre Werke böse sind (Joh 3,19).

Sie sind deutlich in Verlegenheit über diese Situation. Sie müssen sich darüber beraten. Das muss geschehen, ohne dass die beiden Apostel dabei sind. Sie werden also hinausgeschickt. Sie beraten sich, weil sie die Sache nicht zu packen kriegen. Die Kraft Gottes hat sich außerhalb von ihnen offenbart, und das bedeutet, dass die Autorität nicht länger auf ihrer Seite ist. Das wollen sie unter keinen Umständen zugeben. Sie können das aber auch nicht öffentlich zugeben, weil sie die öffentliche Meinung gegen sich haben.

Die Beratung findet hinter geschlossenen Türen statt, doch der Heilige Geist teilt mit, was sie geredet haben. Gott macht die verborgenen Überlegungen offenbar, wo und wann Er will. Er sieht in der Finsternis, denn bei Ihm wohnt das Licht (Dan 2,22). Er deckt das Werk eines verhärteten Gewissens auf.

Sie anerkennen, dass ein nicht zu leugnendes Wunder geschehen ist und nennen es sogar ein „Zeichen". Ein Zeichen macht mehr als ein Wunder deutlich, dass Gott damit etwas zu sagen hat. Das Wunder bedeutet etwas. Ein Zeichen weist auf eine höhere Wirklichkeit hin. So weist ein Schild mit dem Zeichen eines

Fluchtweges auf den Fluchtweg hin. Das Schild selbst ist nicht der Fluchtweg. Im Fall des geheilten Mannes bedeutet es, dass Gott im Blick auf die Herrlichkeit seines Sohnes handelt, den Messias, den sie verworfenen haben. Dieser Name wird in diesem Wunder sichtbar, deshalb ist es ein Zeichen. Der Name des Herrn Jesus sollte auch mehr in unserem Handeln sichtbar werden. Es ist unser großer Auftrag, von Ihm zu zeugen.

Sie können keinerlei Argument gegen die Botschaft des Petrus und des Johannes finden. Wenn Autoritäten keine Argumente haben, um ihre Macht zur Geltung zu bringen, sie aber dennoch Recht haben wollen, bleibt ihnen nichts anderes übrig, als autoritär aufzutreten. Es bleibt ihnen nichts anderes, als drohend zu gebieten, nicht mehr in dem Namen Jesu zu reden. Auf diese Weise wollen sie diese Sache langsam eingehen lassen. Wenn die Apostel ihren Mund halten, würde nach kurzer Zeit niemand mehr darüber reden. Allzu oft haben Christen geschwiegen, wo sie hätten reden sollen.

Befehl und Drohung des Synedriums (4,18–22)

> [18] Und als sie sie gerufen hatten, geboten sie ihnen, sich durchaus
> nicht in dem Namen Jesu zu äußern noch zu lehren. [19] Petrus aber
> und Johannes antworteten und sprachen zu ihnen: Ob es vor Gott
> recht ist, auf euch mehr zu hören als auf Gott, urteilt ihr; [20] denn
> uns ist es unmöglich, von dem, was wir gesehen und gehört haben,
> nicht zu reden. [21] Sie aber drohten ihnen noch mehr und ließen sie
> frei, da sie nicht fanden, auf welche Weise sie sie strafen sollten, wegen des Volkes; denn alle verherrlichten Gott über das, was geschehen war. [22] Denn der Mensch, an dem dieses Zeichen der Heilung
> geschehen war, war mehr als vierzig Jahre alt.

Die Apostel dürfen wieder hereinkommen und hören das Urteil. Ihnen wird verboten, im Namen Jesu zu reden oder zu lehren. Sie dürfen einfach nichts mehr über den Herrn Jesus sagen, und das, während Gott Ihn derart öffentlich und zu Recht ehrt. Die entsprechende Antwort des Petrus macht klar, dass die Führer Israels die Stellung als Ausleger des Willens Gottes verloren haben. Gott redet nicht mehr durch sie. Das macht Petrus durch seine Gegenüberstellung deutlich.

Die Apostel vertreiben die religiösen Führer nicht und greifen sie auch nicht an. Sie überlassen Gott das Urteil. Allerdings ignorieren sie die Autorität der Obersten in Verbindung mit dem Werk, das Gott ihnen aufgetragen hat. Das Zeugnis Gottes ist nun bei den Aposteln zu finden und nicht mehr bei den Obersten des Tempels. Gott wohnt in der Gemeinde und nicht mehr im Tempel.

Wir sehen an der Reaktion des Petrus und Johannes auch, dass das persönliche Gewissen über die Autorität gestellt wird, sofern die Autorität Beschlüsse fasst, die gegen das Wort Gottes sind. Das Gewissen ist an das Wort gebunden und dadurch steht es über formaler Autorität. In ihrer Antwort stellen Petrus und Johannes auch das Gewissen der Führer vor Gott, indem sie ihnen sagen, dass sie ihre Entscheidung Gott gegenüber verantworten müssen. Sie können jedenfalls Gott nicht ungehorsam sein, was auch immer die Konsequenzen sein mögen.

Diese Haltung sehen wir auch bei den Freunden Daniels und bei Daniel selbst, die sich entschieden weigerten, etwas zu tun, das Gott verboten hatte (Dan 3,18) oder etwas zu unterlassen, das Gott ihnen aufgetragen hatte (Dan 6,11). Sie haben die entsprechenden Konsequenzen erfahren müssen, zugleich aber auch die Rettung Gottes.

Petrus und Johannes erklären, dass sie nicht anders können als über das zu reden, was sie gesehen und gehört haben. Dafür sind die Dinge zu wichtig. Es geht um den Christus Gottes und um das Heil des Volkes. Wie kann man darüber schweigen?! Genauso kann auch Paulus später unmöglich schweigen. Er muss das Evangelium, das der Herr ihm aufgetragen hat, verkündigen (1Kor 9,16; vgl. Jer 20,9).

Das Synedrium fühlt sich gegenüber den überzeugten Aposteln machtlos. Sie können lediglich noch zähneknirschend ihre Drohungen verschärfen. Das beeindruckt jedoch überhaupt nicht. Die Apostel bleiben ruhig. Sie sagen und tun nichts, wodurch sie dem Synedrium eine Möglichkeit bieten würden, sie zu bestrafen. Die Bedrohungen des Synedriums sind Äußerungen der Schwachheit. So äußern sich Menschen, die das Volk mehr fürchten als Gott.

Die Apostel dürfen gehen. Das Synedrium kann nicht anders. Das bedeutet nicht, dass sie von der Unschuld der Apostel überzeugt wären, sondern weil sie Furcht haben, dass das Volk sich gegen sie stellt. Der Verlust der Gunst des Volkes ist das Letzte, was sie wollen. Wie Gott über die Sache denkt, ist für sie unwichtig. Dass das Volk Gott verherrlicht für das, was geschehen ist, kümmert sie nicht. Sie sehen nur, dass es durch den Einfluss der Apostel geschieht und dass diese wiederum unter dem Einfluss des

Namens des Herrn Jesus handeln. Diesen Namen hassen sie, und deshalb widersetzen sie sich.

Lukas erwähnt, dass das Zeichen der Heilung an jemandem geschehen ist, der seit seiner Geburt (Apg 3,2) mehr als vierzig Jahre krank war. Das schließt jede natürliche Heilung aus. Die Heilung ist auch nicht die Folge eines langsamen Heilungsprozesses, der sich einmal in Bewegung gesetzt hat und jetzt abgeschlossen ist. Der Mann wurde ja jeden Tag zur Pforte des Tempels getragen. Seine Heilung war genauso spontan wie unerwartet.

Die Ihren (4,23)

> 23 Als sie aber freigelassen waren, kamen sie zu den Ihren und berichteten alles, was die Hohenpriester und die Ältesten zu ihnen gesagt hatten.

Nachdem Petrus und Johannes entlassen sind, gehen sie direkt zu „den Ihren", zu ihren eigenen Leuten, mit denen sie verbunden sind, zu ihrer eigenen geistlichen Familie. Sie bilden eine Gemeinschaft, die vom Heiligen Geist zusammengebracht wurde und deren Mittelpunkt der Herr Jesus ist. Ihre Verbindungen befinden sich nicht mehr bei dem jüdischen Volk, das sich in Feindschaft „gegen den Herrn und gegen seinen Christus" gestellt hat (V. 26). Sie haben sich davon und von der Welt abgesondert.

Sie brauchten sich nicht zu fragen, wo ihre Geschwister zu finden sind. Die Gläubigen kamen sehr oft zusammen. Möglicherweise gingen Petrus und Johannes zum Obersaal, zu dem vertrauten Ort, wo wir die Gläubigen schon öfter versammelt gefunden haben (Apg 1,13; 2,1). Später sehen wir, dass Petrus, der wieder im Gefängnis gesessen hat und wieder freigelassen wurde, auch dann weiß, wo er Gläubige finden kann (Apg 12,12). Was für ein Segen, zu solch einer Gemeinschaft zu gehören, zu der man hingehen kann, wo man empfangen wird und wo man seine Erlebnisse teilen kann, weil dort ein herzliches Interesse daran besteht.

Petrus und Johannes berichten ausführlich all das, was die Hohenpriester und Ältesten zu ihnen gesagt haben. Von ihrem eigenen deutlichen und unerschrockenen Zeugnis hören wir nichts. Es gibt keine Berichte von einem mutigen Auftreten. Es geht den Aposteln vor allem um die Bedrohung, dass kein Zeugnis mehr gegeben werden soll. Das ist ihre Not, und die wollen sie ihnen mitteilen.

Die Not dem Herrn vorgelegt (4,24–28)

> 24 Sie aber, als sie es hörten, erhoben einmütig ihre Stimme zu Gott
> und sprachen: Herrscher, du, der du den Himmel und die Erde
> und das Meer gemacht hast und alles, was in ihnen ist; 25 der du
> durch den Mund deines Knechtes David gesagt hast: „Warum
> tobten die Nationen und sannen Eitles die Völker? 26 Die Könige
> der Erde traten auf, und die Obersten versammelten sich mitei-
> nander gegen den Herrn und gegen seinen Christus.“ 27 Denn in
> dieser Stadt versammelten sich in Wahrheit gegen deinen heiligen
> Knecht Jesus, den du gesalbt hast, sowohl Herodes als auch Pon-
> tius Pilatus mit den Nationen und den Völkern Israels, 28 um alles
> zu tun, was deine Hand und dein Ratschluss zuvor bestimmt hat,
> dass es geschehen sollte.

Die Reaktion der Jünger auf den Bericht des Petrus und Johannes zeigt die große Verbundenheit untereinander. Nachdem sie von den Ereignissen berichtet haben, wendet sich die ganze Versammlung in einer spontanen Gebetsstunde zu Gott. Jetzt ist es eine gemeinschaftliche Not geworden. Dieses Gebet kommt aus dem Zeugnis und dem Dienst für den Herrn hervor. Wenn wir mehr Zeugnis ablegten und die damit verbundenen Erfahrungen miteinander teilten, würden unsere Gebetsstunden mehr den Charakter der Gebetsstunde erhalten, die hier beschrieben wird. Sie beten einträchtig. Gott hört sozusagen *eine* Stimme.

Wenn sie sich an Ihn wenden, reden sie Ihn mit „Herrscher“ an, was wörtlich „Despot“ bedeutet, also absoluter Herrscher und souveräner Eigentümer und Besitzer von allem. In Verbindung mit ihrer Not ist das die richtige Anrede. Irdische Autoritäten haben sie bedroht, dass sie nicht mehr über den Herrn Jesus sprechen dürfen. Jetzt wenden sie sich an die allerhöchste Autorität und berufen sich auf sie als die höchste und absolute Macht.

In ihrem Gebet werden sie zur Schrift geführt, um sich auch auf die Autorität des Wortes zu berufen. Gott und sein Wort sind untrennbar miteinander verbunden. Die Lage, in der sie sich befinden, erinnert sie an Psalm 2. In der direkten Bedeutung beschreibt dieser Psalm die Situation in den letzten Tagen, doch sie zitieren den Psalm in ihrem Gebet, um ihn auf ihre Tage anzuwenden. So dürfen auch wir die Schrift in unseren Gebeten zitieren. Es gibt keine bessere Art und Weise, um zu Gott zu kommen als in Verbindung mit seinem Wort. Er möchte gern, dass wir auf diese Weise zu Ihm kommen.

Das bedeutet, dass wir vor Ihm auf dem Boden stehen, den Er selbst einnimmt.

Hier erfahren wir, dass Psalm 2 von David ist, was wir nicht im Psalm selbst erfahren. Auch hören wir wieder, dass David in diesem Psalm der Mund des Heiligen Geistes ist (vgl. Apg 1,16). Das Zitieren des Wortes Gottes hat nur dann eine Wirkung, wenn es im vollen Glauben an die Inspiration dieses Wortes geschieht. Sie sprechen zu Gott über David als „deinen Knecht", wodurch ein noch engerer Zusammenhang zu ihrer jetzigen Situation gelegt wird, in der sich der Widerstand gegen Gottes „heiligen Knecht Jesus" offenbart.

David stellt die Frage, warum die Nationen getobt haben und die Völker sich eitle Dinge ausgedacht haben. Ist es nicht töricht, sich gegen den Allerhöchsten zu erheben? Dennoch lehnen sich die Könige und Obersten - die Autoritäten der Welt - gegen den HERRN des Himmels und der Erde und gegen seinen Christus auf. Denn obwohl lediglich Petrus und Johannes tatsächlich von den religiösen Führern bedroht werden, ist es in Wirklichkeit so - wie es in diesem Psalm heißt -, dass sich die ganze Macht des Feindes gegen den Herrn Jesus versammelt hat. Den Aposteln schlägt es entgegen, doch der wahre Grund ist der Hass gegen Gottes „heiligen Knecht Jesus".

Christus ist auch im Himmel Gottes heiliger Knecht, der vom Himmel aus durch den Heiligen Geist mit seinem Werk auf der Erde zur Ehre Gottes fortfährt. Gott hat Ihn gesalbt, als Er auf der Erde war. Diese Salbung ruht noch immer auf Ihm. Für die Welt ist Er jedoch der verworfene und verachtete Jesus. Das war Er auf der Erde, und das ist Er immer noch.

Die Jünger nennen die Namen von Herodes und Pontius Pilatus als Personen, die exemplarisch stehen für die Feindschaft sowohl der abgefallenen religiösen Welt als auch der aufständischen politischen Welt. Sie haben den Herrn Jesus, als Er auf der Erde vor ihnen stand, verspottet, misshandelt und verurteilt. Das haben sie gemeinsam mit den Nationen und den Völkern Israels getan. Die Jünger reden über Israel als zur Welt der Heiden gehörend, weil sie gemeinsam mit den Heiden den wahren Knecht Gottes getötet haben, ja, sogar die Anstifter dazu waren.

So legen die Jünger die Handlungen der feindlichen Menschen in ihrem Gebet Gott vor. Zugleich wissen sie auch, dass Gott nichts aus der Hand geglitten ist. Die Feinde meinten zwar, dass sie ihre eigenen Pläne und ihr eigenes Vornehmen durchführen konnten, doch in Wirklichkeit haben sie nur das getan, was Gott wollte. Sie haben sein Werk ausgeführt.

Bitte an den Herrn und seine Antwort (4,29–31)

> 29 Und nun, Herr, sieh an ihre Drohungen und gib deinen Knechten, dein Wort zu reden mit aller Freimütigkeit, 30 indem du deine Hand ausstreckst zur Heilung und dass Zeichen und Wunder geschehen durch den Namen deines heiligen Knechtes Jesus. 31 Und als sie gebetet hatten, erbebte die Stätte, wo sie versammelt waren; und sie wurden alle mit dem Heiligen Geist erfüllt und redeten das Wort Gottes mit Freimütigkeit.

Es ist eindrucksvoll zu sehen, zu welcher Schlussfolgerung die Beter kommen. Sie haben ihr Herz vor dem Herrn ausgeschüttet (Ps 62,9) und Ihm ihre Not gebracht. Für sie ist es genug, dass sie seine Aufmerksamkeit im Blick auf die Drohungen erbeten haben. Sie bitten nicht, dass Er in seiner Macht eingreifen und die Feinde vertilgen oder die Drohungen wegnehmen möge. Sie vertrauen Ihm alles an, mit der Ruhe im Herzen, dass Er weiß, was nötig ist.

Sie bitten Ihn lediglich um Freimütigkeit zum Reden, trotz allen Widerstands. Es ist ihnen ja durch die religiöse Autorität unter Drohungen verboten, nicht mehr im Namen des Herrn Jesus zu reden oder zu lehren. Jetzt bitten sie die höchste Autorität um Freimütigkeit, um der anmaßenden Autorität dieser Menschen widerstehen zu können und sich von den Drohgebärden nichts anzuziehen. Das alles mit dem Ziel, „dein Wort zu reden". Die Jünger sind erfüllt mit dem Wort Gottes. Der Feind hingegen versucht, einen Damm aufzuschütten. Die Botschaft von der Errettung muss jedoch den Menschen verkündet werden.

Die Jünger bitten den Herrn um einen Beweis seiner Zustimmung zu ihrem Gebet. Sie würden gern sehen, dass Er sich weiter mit unwiderlegbaren Beweisen seiner Macht durch den Namen des Herrn Jesus offenbart. Sie bitten Ihn, dass Er den Namen seines „heiligen Knechtes Jesus" weiter verherrlichen möge, indem Er heilt und Zeichen und Wunder wirkt.

Während sie beten, antwortet Gott. Die Antwort ist allerdings anders als die, die sie erbeten hatten. Es gibt eine Offenbarung seiner Macht, die jedoch nur die betenden Gläubigen bemerken. Es ist keine Offenbarung seiner Macht gegenüber ihren Widersachern, sondern nur für sie selbst. Diese Offenbarung geschieht dadurch, dass sich die Stätte bewegt, wo sie sind. Sie spüren, wie der Ort bewegt wird.

Die Bitte um Freimütigkeit wird wohl erfüllt, wie sie es erbeten haben. Dazu werden sie mit dem Heiligen Geist erfüllt. Erfüllt sein mit dem Heiligen Geist bedeutet, dass es keinen Raum mehr für das Fleisch gibt, um zu wirken. Durch die Erfüllung mit dem Heiligen Geist reden sie nicht in Sprachen, sondern reden sie das Wort Gottes. Zwei Apostel hatten das Wort geredet, und das wurde ihnen verboten. Nachdem sie gebetet haben, reden die versammelten Gläubigen alle das Wort Gottes!

Eintracht als Gemeinde (4,32–35)

> 32 Die Menge derer aber, die gläubig geworden waren, war ein Herz und eine Seele; und auch nicht einer sagte, dass etwas von seiner Habe sein Eigen wäre, sondern sie hatten alles gemeinsam.
> 33 Und mit großer Kraft legten die Apostel das Zeugnis von der Auferstehung des Herrn Jesus ab; und große Gnade war auf ihnen allen. 34 Denn es war auch keiner unter ihnen bedürftig, denn so viele Besitzer von Feldern oder Häusern waren, verkauften sie und brachten den Erlös des Verkauften 35 und legten ihn zu den Füßen der Apostel nieder; es wurde aber jedem ausgeteilt, so wie einer irgend Bedarf hatte.

Hier finden wir ein weiteres Kennzeichen dieser neuen Gemeinschaft. Alles atmet die Anwesenheit dessen, der sich herabließ, auf die Erde zu kommen, um in den Gläubigen zu wohnen. Ohne Ihn wären alle diese Gläubigen nur einzelne Individuen geblieben. Doch nun gibt es eine Einheit. Diese Einheit betrifft nicht nur das neue Leben in der geistlichen Sphäre, sondern auch das ganze Leben im gesellschaftlichen und sozialen Bereich. Ihr Glaube verbindet sie untereinander, so dass sie ein Herz und eine Seele sind.

Wenn es eine derartige Einheit gibt, kann es nicht anders sein, als dass sie auch in der Praxis erlebt wird. Von innen heraus gibt es ein Verlangen, alles miteinander zu teilen. Das ist ganz anders als das Gesetz, das vorschreibt, bestimmte Dinge miteinander zu teilen. Dann ist Teilen eine Verpflichtung. Im Gesetz ist auch geregelt, dass jeder Israelit ein Stück Land hat, das ihm als ein Segen Gottes gegeben ist. Dass die Gläubigen dieses Stück Land aufgeben, zeigt die große Veränderung, die im Denken dieser ursprünglich jüdischen Menschen bereits stattgefunden hat.

Hier ist die Gnade der Ursprung aller Aspekte des Lebens. Die Liebe zu Christus geht Hand in Hand mit der Liebe für die Seinen. Die Liebe erweist sich im Geben. Sie sind sich bewusst, dass ihr eigentlicher Reichtum an anderer Stelle zu finden ist. Hier ist keine Rede von „christlichem Kommunismus", denn der Verkauf erfolgt völlig freiwillig. Kommunismus ist: „Alles was dein ist, ist mein"; Christentum ist: „Alles was mein ist, ist dein", und zwar auf der Grundlage der Freiwilligkeit. Das Recht auf Privatbesitz wurde nicht aufgegeben. Die Gemeinschaft verfügte nicht über das Geld, solange es nicht freiwillig zu den Füßen der Apostel niedergelegt worden war.

Das Teilen der irdischen Güter gibt dem Zeugnis der Apostel hinsichtlich der Auferstehung des Herrn Jesus besondere Kraft. Wer irdischen Besitz als unbedeutend erachtet, tut das nur deshalb, weil er sehr beeindruckt ist von der Auferstehung des Herrn Jesus. Durch seine Auferstehung hat sich nämlich ein Bereich geöffnet, der außerhalb dieser Welt liegt. Wer damit verbunden ist, weiß, dass alle seine Segnungen dort sind.

Diese Wahrheit bricht sich in den Anfangstagen des Christentums unaufhaltsam durch allen Widerstand hindurch Bahn. Der große Widerstand, den diese Wahrheit hervorruft, ist der Beweis ihrer großen Bedeutung. Die Folge davon ist nur, dass die Apostel mit großer Kraft von dieser Wahrheit Zeugnis ablegen.

Es braucht uns nicht zu verwundern, dass die Feindschaft gegenüber der Predigt der Auferstehung des Herrn Jesus groß ist. Die Auferstehung Christi bestätigt nämlich die völlige Verdorbenheit des Menschen. Für einen Menschen bleibt jetzt nur noch übrig, dass er das anerkennt - was ihm zugleich die volle Befreiung bringt, die Gott in Christus bewirkt hat–, oder dass er sich widersetzt und umkommt. Deswegen ist die Auferstehung in der Predigt ein fundamentaler Punkt. Wer die Auferstehung Christi anerkennt, wird sie als einen Beweis „großer Gnade" erkennen.

Es ist bemerkenswert, was in der Anfangszeit alles als „groß" bezeichnet wird: Es gab „große Kraft" und „große Gnade" (V. 33); es ist die Rede von „großer Furcht" (Apg 5,5.11); „großer Verfolgung" (Apg 8,1), „großer Freude" (Apg 8,8; 15,3); „einer großen Zahl", die glaubte (Apg 11,21).

Die „große Gnade" bezieht sich nicht nur auf das ewige Heil, sondern auch auf das irdische Leben der Gemeinde. Gott sorgt für die Ewigkeit, die Gläubigen sorgen während der Zeit auf der Erde füreinander. Das bedeutet nicht, dass die Gemeinde ein Club von Menschen ist, die gute Werke tun. Was sie füreinander tun, ist eine Auswirkung der großen Gnade, die über ihnen ist. Vielleicht können wir uns das so vorstellen, dass nur etwas verkauft wurde, wenn Not vorhanden war. Der Geist machte dann jemandem klar, was er verkaufen sollte, damit die Not anderer gelindert wurde. Es wurden keine Wünsche erfüllt, sondern es wurde das ausgeteilt, was jeder nötig hatte.

Von uns wird in der Regel nicht verlangt, unseren Besitz zu verkaufen. Die Reichen werden in der heutigen Zeit nicht aufgerufen, ihren Reichtum wegzugeben, sondern damit auf eine gute Art und Weise umzugehen und nicht ihre Hoffnung darauf zu setzen (1Tim 6,17.18). Auch lesen wir nirgends, dass wir unsere Gaben zu den Füßen von jemandem niederlegen sollen. Es ist allerdings wichtig, dass wir unseren Besitz für das Werk des Herrn und die Not von Mitgläubigen einsetzen.

Noch immer ist es wichtig, dass wir unseren Besitz als vom Herrn anvertraut betrachten und ihn so für Ihn verwalten. Die Art und Weise, wie wir damit umgehen, zeigt, ob wir auf den Herrn und die Seinen ausgerichtet sind oder ob wir für uns selbst leben. Wer sein Herz vor einem Bruder oder einer Schwester verschließt, die in Not sind, hat die Liebe Gottes nicht in sich (1Joh 3,17).

Barnabas (4,36.37)

> 36 Joseph aber, der von den Aposteln auch Barnabas genannt wurde (was übersetzt heißt: Sohn des Trostes), ein Levit, ein Zyprier von Geburt, 37 der einen Acker besaß, verkaufte ihn, brachte das Geld und legte es zu den Füßen der Apostel nieder.

Zu denen, die ihren Besitz verkaufen und den Erlös zu den Füßen der Apostel niederlegen, gehört auch Joseph, dem die Apostel den Beinamen Barnabas gegeben haben. Sein Name wird in der Apostelgeschichte mindestens 25-mal erwähnt und weitere fünfmal in den Briefen.

Lukas erläutert die Bedeutung seines Namens. Wörtlich bedeutet sein Name im Aramäischen: „Sohn [*Bar*] der Prophetie [*naba*]". Lukas erwähnt also nicht die wörtliche Übersetzung, sondern nennt die völlig korrekte spezifische Bedeutung von „Trost" (vgl. 1Kor 14,3). Und zwar deshalb, weil aus seinem späteren Auftreten ersichtlich wird, dass es seine besondere Gabe war, zu *trösten* oder zu *ermahnen* (Apg 11,23).

Barnabas ist ein gebürtiger Zyprier, der also in der Zerstreuung geboren war und später nach Israel gekommen war. Er ist außerhalb des Landes geboren, seiner Abstammung nach jedoch ein Levit. Dass er dennoch Land besaß, ist bemerkenswert, denn ein Levit sollte kein eigenes Land haben (4Mo 18,20; 5Mo 10,9). Wie Barnabas an das Land gekommen ist, ist uns nicht bekannt. Vielleicht hatte er ein Stück Land auf Zypern, wo das jüdische Gesetz nicht galt. Genau wie die anderen, die ihre Ländereien verkaufen, zeigt er damit, dass der Segen jetzt nicht mehr irdischer Natur ist, sondern dass er teilhat an den himmlischen, geistlichen Segnungen.

Kapitel 5

Der Betrug von Ananias und Sapphira (5,1.2)

> [1] Ein gewisser Mann aber, mit Namen Ananias, mit Sapphira, seiner Frau, verkaufte ein Grundstück [2] und schaffte von dem Erlös etwas beiseite, wovon auch die Frau wusste; und er brachte einen gewissen Teil und legte ihn zu den Füßen der Apostel nieder.

Die beiden Verse über Barnabas am Ende des vorigen Kapitels sind eine Einleitung zu den Ereignissen mit Ananias und Sapphira. Ananias bedeutet „Gott ist gnädig". Wir lernen hier allerdings, dass Gott auch heilig ist; Sapphira bedeutet „schön". Doch wir lernen hier, dass ihr Herz durch die Sünde beschmutzt ist.

Im vorigen Kapitel zeigt der Geist seine Kraft und Autorität außerhalb der Gemeinde, hier zeigt Er sie gegen das Böse innerhalb der Gemeinde. Gott kann Böses an dem Ort, wo Er wohnt, nicht ertragen. Satan ist immer darauf aus gewesen, seinen bösen Einfluss dort geltend zu machen, wo Gott wirkt und segnet. Er findet auch immer Menschen, die bereit sind, sich von ihm gebrauchen zu lassen.

Was Ananias und Sapphira tun, steht in krassem Gegensatz zum Verhalten von Barnabas. Möglicherweise waren Ananias und Sapphira eifersüchtig auf Barnabas. Angeregt durch die Freigebigkeit von Barnabas und anderen will Ananias nicht zurückstehen. Er überlegt zusammen mit seiner Frau, ebenfalls einen Teil des Eigentums zu verkaufen, was Ananias dann auch macht.

Genau wie bei Judas macht der Satan bei Ananias und Sapphira Gebrauch von der Geldsucht des Menschen. Ananias hat mit seiner Frau überlegt, nicht das ganze Geld des Verkaufs zu bringen, sondern nur einen Teil. Den ganzen Betrag zu geben, geht ihnen zu weit, sie wollen aber den Anschein erwecken, dass sie dies tun. Zu solch einem Verhalten kann jemand kommen, der möglicherweise ein echter Christ ist, der aber das Fleisch in sich wirken lässt.

Sie wollen den Eindruck einer vom Geist gewirkten Hingabe machen, ohne sich selbst zu verleugnen. Ihre Habsucht richtet sich sowohl auf Geld als auch auf Ehre. Das ganze Opfer zu bringen, übersteigt ihren geistlichen Zustand. Sie wollen die guten Taten anderer nachahmen, ohne dass ihr Herz völlig dem Herrn unterworfen ist. Wo Mann und Frau sich gegenseitig korrigieren sollten, bestärken Ananias und Sapphira sich gegenseitig im Bösen. Die Frau ist hier nicht die Hilfe für ihren Mann, die sie nach Gottes Plan sein sollte.

Der Betrug von Ananias wird gerichtet (5,3–6)

> 3 Petrus aber sprach: Ananias, warum hat der Satan dein Herz
> erfüllt, dass du den Heiligen Geist belogen und von dem Erlös
> des Feldes beiseite geschafft hast? 4 Blieb es nicht dein, wenn es
> so blieb, und war es nicht, nachdem es verkauft war, in deiner
> Gewalt? Was ist es, dass du dir diese Tat in deinem Herzen vorgenommen hast? Nicht Menschen hast du belogen, sondern Gott.
> 5 Als aber Ananias diese Worte hörte, fiel er hin und verschied.
> Und große Furcht kam über alle, die es hörten. 6 Die jüngeren
> Männer aber standen auf, hüllten ihn ein und trugen ihn hinaus
> und begruben ihn.

Als Ananias mit dem Geld zu Petrus kommt, stellt Petrus den Betrug des Ananias sofort an den Pranger, ohne dass wir hören, dass Ananias auch nur ein Wort sagt. Der Heilige Geist kann Petrus fehlerfrei klarmachen, dass hier ein Mann gekommen ist, der nicht aufrichtig ist und ihn belügt. Durch den Heiligen Geist kann Petrus den Geist unterscheiden, der in Ananias wirksam ist (1Kor 12,10). Ananias handelt nicht unter der Wirkung des Heiligen Geistes, sondern unter der Wirkung Satans, dem er in seinem Herzen Zugang gegeben hat und der sein ganzes Herz erfüllt hat. Wenn der Satan das Herz erfüllt, ist der Mensch zu einer dreisten Heuchelei in der Lage, ohne sich bewusst zu machen, dass Gott viel größer ist.

Petrus entlarvt das Werk Satans. Lügen ist das Werk Satans. Satan ist der Erzlügner, der Vater der Lüge (Joh 8,44; 1Mo 3,4.13). Ananias hätte durchaus etwas von dem Erlös zurückbehalten dürfen. Niemand verpflichtete ihn, alles zu geben. Doch dann hätte er nicht so tun dürfen, als hätte er alles gegeben. Das ist Leben in der Lüge und das Betrügen anderer mit dieser Lüge. Petrus macht klar, dass Ananias keinerlei Verpflichtung hatte, sein Eigentum zu verkaufen (vgl. 2Kor 9,7). Wenn jemand Christ geworden war, verlor er nicht sein Eigentum. Petrus sagte deshalb auch, dass das Geld nach dem Verkauf sein Eigentum blieb. Es gab keine Verpflichtung, es abzugeben.

Petrus sagt alles in fragender Form. Er macht das nicht, weil Ananias mit den Dingen der Gemeinde möglicherweise nicht vertraut war, sondern weil er sie sehr gut kannte und bewusst anders damit umging. Dann hält er Ananias die Frage vor, warum er sich diese Tat in seinem Herzen vorgenommen hat. Das kann keinen anderen Grund haben, als den Schein zu erwecken, Gott völlig treu zu sein und Ihm völlig zu vertrauen, wobei er in Wirklichkeit doch auf irdischen Besitz vertraut. Dieses Verhalten ist kein Lügen gegenüber Menschen, sondern ein Lügen gegenüber Gott.

Es ist ein Lügen gegenüber dem Heiligen Geist, den Petrus ausdrücklich „Gott" nennt. Der Heilige Geist ist Gott. Ananias und Sapphira wollten Lügen dort hineinbringen, wo Gott anwesend ist. Sie hatten seine Gegenwart vergessen und auch, dass vor Ihm nichts verborgen ist. Gott wohnt in der Mitte seines Volkes sowohl in Gnade als auch in Heiligkeit. Das ist eine äußerst wichtige Tatsache!

Die entsprechende Auswirkung sehen wir in dem Gericht, das Ananias und Sapphira trifft. Ohne dass Ananias die Chance hat, ein Wort zu seiner Verteidigung zu sagen oder etwa Einsicht zu formulieren, fällt er beim Hören der Worte des Petrus zu Boden und stirbt. Wir sehen hier, dass die Sünde in der Gemeinde ein neuer Anlass für die Offenbarung der Kraft Gottes ist.

Sofort, nachdem Ananias tot zu Boden gefallen ist, stehen die jungen Männer auf. Sie gehen vorsichtig mit dem Körper um und wickeln ihn in Tücher, tragen Ananias nach draußen und begraben ihn. Dass es junge Männer sind, ist ein Hinweis auf den frischen und kräftigen Anfang der Gemeinde.

Obwohl wir über das hinaus, was wir hier von Ananias und Sapphira lesen, nichts wissen, ist wohl viel über die Frage gesagt und geschrieben worden, ob sie errettet oder verloren sind.

Zu der Auffassung, dass wir sie im Himmel wiedersehen werden, können wir einiges sagen. Sie gehörten zur Gemeinde. Es gibt keinen Hinweis darauf, dass es zu der Zeit bereits Namenschristen gab. Der Herr selbst fügte täglich zur Gemeinde hinzu (Apg 2,47), und niemand anderes als echte Gläubige wagten es, sich der Gemeinde anzuschließen (Apg 5,13). Die Sünde, die Ananias und Sapphira begingen, war eine Sünde zum Tod (1Joh 5,16.17; vgl. 1Kor 11,29.30). Der Gemeinde wird nicht nur hinzugefügt, es wird auch weggetan, was nicht zu Gott gehört: die Sünde.

Zu der Auffassung, dass wir es nicht mit echten Christen zu tun haben, sondern mit Scheinchristen, ist auch etwas zu sagen. Petrus spricht zu Ananias mit Ausdrücken, die wenig Hoffnung geben, dass neues Leben vorhanden war. Ihre Tat war eine außergewöhnlich dreiste Tat. Die Überlegungen, die sie anstellten und ausführten, lässt kein Bewusstsein von Gottes Heiligkeit erkennen. Petrus sagt, dass der Satan ihr Herz erfüllt habe; es ist daher schwierig anzunehmen, dass der Heilige Geist Raum in ihren Herzen hatte. Ananias bekommt keine Gelegenheit, Buße über seine Tat auszusprechen, weil es keine Sünde aus Unwissenheit war, sondern eine Tat des bewussten Aufstandes gegenüber Gott.

Wir können auf die Frage, ob Ananias und Sapphira nun errettet waren oder nicht, nicht das letzte Wort sprechen. Das letzte Wort hat Gott. Für uns ist es wichtig, dass Ananias ein warnendes Beispiel ist, dass Gottes Heiligkeit nicht verkannt werden darf. Das gilt noch immer. Dass nicht mehr jede derartige Heuchelei mit dem Tod bestraft wird, zeigt, wie wenig der Heilige Geist noch in der Gemeinde wirken kann. Die Kraft des Heiligen Geistes wird durch die Verweltlichung der Gemeinde sehr eingeschränkt.

Wir sehen mehrere Male in der Schrift, dass immer dann, wenn Gott etwas Neues beginnt, der Mensch dies verdirbt und sich dann Gottes Heiligkeit in einem Gericht äußert. Das fängt schon bei Adam und Eva an, die sich von Satan verführen ließen und als Folge davon von Gott aus dem Paradies vertrieben wurden (1Mo 3,6.7.23). Wie Gott vorhersagt (1Mo 2,17), ist durch ihre Tat der Tod in die Welt gekommen (Röm 5,12). Auch die Priesterschaft ist kaum eingesetzt, und schon bringen zwei der ersten Priester fremdes Feuer. Gott muss Nadab und Abihu richten (3Mo 10,1.2). Nachdem Israel gerade das verheißene Land betreten hat und Achan sich an dem Verbannten vergreift, muss er sterben (Jos 7,25).

Der Betrug Sapphiras wird gerichtet (5,7–11)

> 7 Es geschah aber nach Verlauf von etwa drei Stunden, dass seine Frau hereinkam, ohne zu wissen, was geschehen war. 8 Petrus aber antwortete ihr: Sage mir, ob ihr für so viel das Feld verkauft habt? Sie aber sprach: Ja, für so viel. 9 Petrus aber sprach zu ihr: Was ist es, dass ihr übereingekommen seid, den Geist des Herrn zu versuchen? Siehe, die Füße derer, die deinen Mann begraben haben, sind an der Tür, und sie werden dich hinaustragen. 10 Sie fiel aber sogleich zu seinen Füßen nieder und verschied. Als aber die Jünglinge hereinkamen, fanden sie sie tot; und sie trugen sie hinaus und begruben sie bei ihrem Mann. 11 Und große Furcht kam über die ganze Versammlung und über alle, die dies hörten.

Nach etwa drei Stunden kommt „seine Frau" herein, die Frau, die ihm zur Hilfe gegeben war, die ihn jedoch in seiner bösen Absicht unterstützt hat. Nachdem eine Zeit vergangen war und er nicht mehr zurückkam, ist sie vielleicht unruhig geworden und wollte schließlich selbst einmal schauen. Während der ganzen Zeit ist kein Gerücht über das Geschehen zu ihr durchgedrungen. Sapphira weiß von nichts. Satan hält seine Sklaven immer im Dunkeln.

Wir lesen nicht, dass Sapphira Petrus eine Frage gestellt hätte, und doch antwortet Petrus ihr. Das scheint darauf hinzuweisen, dass sie eine Frage gestellt hat. Vielleicht hat sie gefragt, wo ihr Mann war. Sie sah ihn nicht unter den Versammelten. Die Antwort des Petrus besteht aus einer Frage, die er einleitet mit einem befehlenden „Sage mir". Er nennt ihr den Betrag, den ihr Mann als Erlös des Verkaufs des Grundstücks gebracht hat und fragt sie, ob das tatsächlich der Betrag ist, wofür das Land verkauft wurde. Diese Frage ist ein direkter Appell an ihr Gewissen.

Ihr Gewissen scheint jedoch nicht angesprochen zu sein. Die Abwesenheit ihres Mannes bringt sie nicht zum Nachdenken, und die direkte Frage von Petrus bringt sie nicht zur Besinnung. Sie erhält die Chance, ehrlich zu bekennen. Sie nutzt diese Chance jedoch nicht, sondern verharrt in der Sünde der Heuchelei. Sie sagt nicht nur „Ja", sondern wiederholt den Betrag, den Petrus als Verkaufserlös genannt hat. Dann kann Petrus nicht anders, als auch ihr das Gericht anzukündigen.

Bevor sie tot umfällt, sagt er ihr (und uns) den Grund für das Gericht. Sie hat gemeinsam mit ihrem Mann den Plan gefasst, den Geist des Herrn zu versuchen. Versuchen bedeutet, dass man etwas aus dem Geist des Unglaubens mit dem Ziel tut, zu prüfen, ob Gott zu seinen Worten steht (2Mo 17,2; 5Mo 6,16). Ich muss glauben, was Gott sagt, weil Er es ist, der es sagt.

Da Sapphira ihren Mann in seiner Untreue weiterhin unterstützt, teilt sie auch sein Los der Untreue. Es gibt allerdings einen Unterschied zum Tod ihres Mannes. Ananias starb direkt nach der Feststellung der Sünde, während Sapphira die Chance bekam, sie zu bekennen. Das zeigt, dass der Mann die Hauptverantwortung trägt.

Es gibt Furcht sowohl innerhalb als auch außerhalb der Versammlung (Gemeinde), und zwar bei jedem, der davon hört. Gottes Gegenwart ist wirklich eine ernste Sache, wie groß der Segen auch sein mag. Hier wird zum ersten Mal das Wort „Versammlung (Gemeinde)" gebraucht.

Zeichen und Wunder (5,12–16)

> [12] Durch die Hände der Apostel aber geschahen viele Zeichen
> und Wunder unter dem Volk (und sie waren alle einmütig in der
> Säulenhalle Salomos. [13] Von den Übrigen aber wagte keiner, sich
> ihnen anzuschließen, sondern das Volk rühmte sie. [14] Aber umso
> mehr Glaubende wurden dem Herrn hinzugetan, Scharen von
> Männern und auch Frauen), [15] so dass sie auch die Kranken auf
> die Straßen hinaustrugen und auf Betten und Lager legten, damit,
> wenn Petrus käme, auch nur sein Schatten einen von ihnen über-
> schatten möge. [16] Es kam aber auch die Menge der umliegenden
> Städte nach Jerusalem zusammen, und sie brachten Kranke und
> von unreinen Geistern Geplagte, die alle geheilt wurden.

Nachdem das Böse in der Gemeinde gerichtet ist, ist von einem starken Zeugnis die Rede. Wenn Sünde nicht gerichtet wird, ist sie immer eine Barriere für das Werk Gottes. Überall da, wo Sünde weggetan wird, sei es durch Selbstgericht oder durch das Wegtun aus der Gemeinde, wird der Weg für das Werk Gottes freigemacht.

In der Anfangszeit wurde diese Barriere durch die Kraft des Heiligen Geistes sofort offenbar gemacht. In den Tagen des Verfalls, in denen wir leben, gibt es viel heimliches Böses, weshalb der Geist in der Gemeinde nicht kräftig wirken kann. Wenn wir das Wort Gottes betend lesen, wird Er uns sicher zeigen, was wir wegtun müssen und uns auch die Kraft dazu geben, das zu tun.

Die Hände der Apostel sind segnend und in Gnade tätig. Alle Apostel, nicht nur Petrus (Apg 3,6.7), tun viele Zeichen und Wunder. All das sind Zeugnisse für den verworfenen Messias, der jetzt zur Rechten Gottes erhöht ist. Zeichen sind nicht immer Wunder, aber Wunder sind immer Zeichen. Zeichen weisen auf den hin, der die Macht über die seufzende Schöpfung hat. Die Wunder sind die Kräfte des zukünftigen Zeitalters (Heb 6,5) der Regierung des Herrn Jesus, das damals angebrochen wäre, wenn das Volk Ihn zu der Zeit noch angenommen hätte.

Es sind die Zeichen und Wunder der Anfangszeit. Später in der Apostelgeschichte kommen sie noch einige Male vor, jedoch immer weniger. Durch die konsequente Verwerfung des Herrn Jesus ist auch der Gebrauch der Zeichen und Wunder verschwunden.

Der Ort des Geschehens ist die Säulenhalle Salomos. Dort kommen die Gläubigen – noch immer in Eintracht – zusammen, da der

Obersaal wohl zu klein geworden ist. Obwohl es ein öffentliches Ereignis ist, ist die Gemeinschaft der Christen eine heilige Gemeinschaft, in der die Gegenwart Gottes zu merken ist. Daher wagt niemand derer, die kein Teil daran haben, sich ihnen anzuschließen. Es bleibt eine Distanz.

Außer Heiligkeit geht auch eine große Wohltätigkeit von dieser Gemeinschaft aus. Das gesamte Verhalten der ersten Christen ruft Achtung beim Volk hervor. Andrerseits ruft ein echter Nachfolger des Herrn Jesus Hass und Widerstand bei Menschen hervor, die neidisch sind und sich an ihrem eigenwilligen Gottesdienst festbeißen. Bei Menschen, die nicht viel mit Gottesdienst zu tun haben, gibt es oft Bewunderung und Anerkennung für die, die dem Herrn treu dienen.

Die Scheu, sich den Christen anzuschließen, beugt einer unkontrollierten Massenbewegung vor. In einem Zwischensatz stellt Lukas fest, dass das nicht bedeutet, dass die Gemeinde nicht wächst. Was ein oberflächlicher Zuschauer als schweren Schlag für die Gemeinde bewerten würde – das Gericht über das Böse und die Tatsache, dass sich ihnen niemand anzuschließen wagte –, gibt Gott gerade die Gelegenheit, in den Herzen ein tiefgehendes Werk zu tun. Um sich dieser Gemeinschaft anzuschließen, ist Glaube an Christus nötig und nicht die Anziehungskraft dieser Gemeinschaft. Es geht nicht darum, zu Menschen hinzuzufügen, nicht einmal zu den Aposteln, sondern zum Herrn.

Der Geist Gottes kann gerade durch das ausgeübte Gericht mächtig wirken, so dass viele zum Glauben kommen und Scharen dem Herrn hinzugetan werden. Zum ersten Mal erwähnt Lukas auch Frauen, die errettet werden. Frauen spielen eine wichtige Rolle in der apostolischen Gemeinde. Lukas erwähnt sie regelmäßig in der Apostelgeschichte.

Nach dem Zwischensatz (V. 14) setzt Lukas die Beschreibung der besonderen Dinge fort, die durch die Apostel geschehen. Jerusalem wird ein großes Krankenhaus, denn auf den Straßen liegen überall Kranke, die alle Heilung bei den Aposteln suchen. Die Kraft des Geistes ist so mächtig vorhanden, dass alle gesund werden. Anders als bei den heutigen Heilungszusammenkünften werden alle ohne Ausnahme geheilt. Es gibt keine Misserfolge oder nur teilweise Heilungen.

Von Petrus geht besondere Kraft aus. Er heilt mit seinen Händen und mit seinem Schatten. Der Schatten einer Person ist nicht die Person selbst, doch unlösbar mit der Person verbunden. Schatten werden durch den Lauf der Sonne verursacht. Petrus gibt lediglich das weiter, was der Herr Jesus – von dem die Sonne ein Bild ist – ihm gibt. Es werden nicht nur die kranken Einwohner Jerusalems geheilt, sondern auch alle, die aus den Städten um Jerusalem herbeigebracht werden. Jerusalem ist zu diesem Zeitpunkt noch das Zentrum der Taten der Apostel. Alle Kranken werden dort zu ihnen gebracht. Später werden die Apostel zerstreut.

Eine Kostprobe der Torheit heutiger Heiler, die meinen, dass sie alles nachäffen können, was die Apostel in der Anfangszeit taten, las ich einmal in einem Web-Forum, wo jemand folgenden Bericht weitergab: „Während einer Ansprache in der Pfingstgemeinde in Alkmaar (15.02.2014) sagte Jaroah Haumahu: Ich habe auch eine Bibelschule besucht und lernte dort über Petrus, dass Kranke, wenn sein Schatten auf sie fiel, geheilt wurden (Apg 5,15). Das beeindruckte mich. Eines Tages sah ich jemand auf der Straße im Rollstuhl sitzen und ich ging an der Sonnenseite daneben vorbei, so dass mein Schatten auf den Mann fiel. Leider wurde er nicht gesund. Nun, ich konnte es doch mal versuchen. Wenn man nichts versucht, kennt man auch das Ergebnis nicht." Die Person, die diesen Bericht weitergab, sprach das an. Sie bemerkte Folgendes: „Ich bin persönlich nie auf die Idee gekommen, und ich habe es nach der Ansprache auch nie getan. Dennoch traf mich das. Hast Du es schon mal versucht? Ich denke, dass Du es auch noch nie versucht hast, aber warum eigentlich nicht?" Einen Kommentar zu so viel Torheit abzugeben, ist meines Erachtens überflüssig.

Gefangen genommen und befreit (5,17–25)

[17] Der Hohepriester aber stand auf und alle, die mit ihm waren, das
ist die Sekte der Sadduzäer, und sie wurden von Eifersucht erfüllt;
[18] und sie legten die Hände an die Apostel und setzten sie in öffent-
lichen Gewahrsam. [19] Ein Engel des Herrn aber öffnete während
der Nacht die Türen des Gefängnisses und führte sie hinaus und
sprach: [20] Geht und stellt euch hin und redet im Tempel zu dem
Volk alle Worte dieses Lebens! [21] Als sie es aber gehört hatten, gin-
gen sie frühmorgens in den Tempel und lehrten. Der Hohepriester
aber kam und die, die mit ihm waren, und sie riefen das Synedri-
um und die ganze Ältestenschaft der Söhne Israels zusammen und
sandten in das Gefängnis, sie herbeizuführen. [22] Als aber die Diener
hinkamen, fanden sie sie nicht in dem Gefängnis; sie kehrten aber
zurück, berichteten [23] und sagten: Wir fanden das Gefängnis mit al-

ler Sorgfalt verschlossen und die Wachen an den Türen stehen; als wir aber aufgemacht hatten, fanden wir niemand darin. [24] Als aber sowohl der Hauptmann des Tempels als auch die Hohenpriester diese Worte hörten, waren sie ihretwegen in Verlegenheit, was dies doch werden möchte. [25] Es kam aber jemand und berichtete ihnen: Siehe, die Männer, die ihr ins Gefängnis gesetzt habt, sind im Tempel, stehen da und lehren das Volk.

Der Hohepriester und seine Gefährten, die Sadduzäer, stehen auf. Das ist nicht nur ein Hinweis auf eine veränderte Körperhaltung, sondern zeigt auch eine geistige Reaktion. Sie erheben sich gegen das Werk des Geistes. Ständig wechselt sich das, was der Geist wirkt, mit den Gegenaktionen Satans ab. Jetzt kommt der nächste Widerstand. In dieser Welt wirkt das Gute immer in der Gegenwart der Macht des Bösen.

Die religiösen Führer fürchten jede Bedrohung ihrer Position. Sie können nicht tatenlos zusehen, wie der Einfluss der Apostel ihren Einfluss unterwandert. Sie müssen sich anschließen oder angreifen. Da sie aber derart mit Neid erfüllt sind, kann von Anschließen keine Rede sein, daher entscheiden sie sich für den Angriff. Sie ergreifen dieses Mal nicht nur Petrus und Johannes, sondern alle Apostel und setzen sie in Gewahrsam.

Es scheint wieder am Ende des Tages zu sein, denn die Apostel werden nicht sofort verhört. Während sich die Nacht auf Jerusalem legt, ist das Auge Gottes auf das Gefängnis gerichtet. Er lacht über das Wüten der religiösen Führer (Ps 2,4). Er schickt einen Engel, um seine treuen Apostel zu befreien. Wir sehen hier die Ironie Gottes, dass Er gerade dort, wo die Sadduzäer als Gegner auftreten, die nicht an Engel glauben (Apg 23,8), einen Engel einsetzt.

Der Herr gibt seinen Aposteln nicht die Macht, sich selbst zu befreien. Der Engel tut, was Menschen nicht tun können. Er öffnet die Türen des Gefängnisses und geht vor ihnen her nach draußen. Es wird im Gefängnis sicher vollständig dunkel gewesen sein und unmöglich für die Apostel, den Weg nach draußen zu finden. Doch das Licht des Engels weist den Weg.

Als sie draußen sind, gibt der Engel den Aposteln einen Auftrag. Aus diesem Auftrag geht hervor, dass sie befreit sind, um ihre normale Tätigkeit wieder aufzunehmen und nicht zu fliehen. Er nennt ihnen den Ort, wo sie predigen sollen, und teilt ihnen mit, worüber sie reden sollen. Sie sollen sich wieder an ihren Platz im Tempel stellen und „zu dem Volk alle Worte dieses Lebens" reden.

Gottes Gnade für sein Volk geht weiter. Er will, dass das Volk „alle" Worte dieses Lebens hört. Es sind Worte von Ihm und über den Herrn Jesus, wodurch jeder, der sie hört und annimmt, errettet wird (Apg 13,26). Es ist auch unser Vorrecht, Worte dieses Lebens zu Menschen zu sagen, die Christus noch nicht kennen, damit sie errettet werden. Die Worte des Herrn Jesus „sind Geist und sind Leben" (Joh 6,63). Lasst uns diese Worte zu den Menschen reden und uns nicht in Wortstreit verlieren, der zum Verderben der Zuhörer führt (2Tim 2,14).

Die Apostel tun das, was der Engel gesagt hat, weil sie darin klar den Auftrag des Herrn erkennen. Sie werden diesen Auftrag gern und mit Überzeugung ausgeführt haben, nachdem sie durch diese bemerkenswerte Befreiung so ermutigt wurden. Statt ins Bett zu gehen, werden sie solange gebetet haben, bis sie morgens früh zum Tempel gehen konnten. Dort angekommen, erzählen sie nicht eine tolle Geschichte über ihre spektakuläre Befreiung, sondern lehren das Volk. Sie setzen ihre Belehrungen an das Volk unerschrocken fort, ohne Angst vor den religiösen Führern zu haben, die sie natürlich wohl erwarten. Diese lassen dann auch nicht lange auf sich warten.

Bevor es soweit ist, erwähnt Lukas noch, dass die Führer zusammengekommen sind, um die Apostel abzuurteilen. Es ist offensichtlich, dass niemand von ihnen die geringste Ahnung hat von dem, was sich in der Nacht abgespielt hat. In der Meinung, dass sie die Sache unter Kontrolle haben, schicken sie Diener, um die Apostel aus dem Kerker zu holen. Als die Diener dort ankommen, treffen sie die Apostel dort nicht mehr an. Das muss ein großes Erstaunen verursacht haben.

Sie kehren zu den Priestern zurück und berichten ihre Entdeckung. Detailliert erzählen sie, was sie vorgefunden haben, als sie dort ankamen. Im ersten Augenblick schien alles völlig in Ordnung zu sein. Die Kerkertüren standen nicht offen, sondern waren sehr sorgfältig verschlossen. Auch die Wächter standen auf ihren Posten. Nichts wies darauf hin, dass die Gefangenen nicht mehr dort wären. Doch als sie hineingegangen waren und auch die innersten Türen geöffnet hatten, um die Gefangenen zu holen, war niemand dort.

Dieser Bericht der Diener über all die Sorgfalt und die Wächter liefert einen zusätzlichen Beweis dafür, dass Gott am Werk war. Wie gut die Sicherung auch gewesen sein mag, für Gott spielt das keine Rolle. Er macht die Bewacher in der Zeit, die Er benötigt, einfach blind und taub.

Das erinnert uns an die Ereignisse in Verbindung mit dem Grab des Herrn Jesus und wird sicher auch die Hohenpriester daran erinnert haben. Damals hatten sie dafür gesorgt, dass das Grab durch einen versiegelten Stein gut verschlossen wurde, mit einer Wache davor, die das Grab zusätzlich sichern sollte (Mt 27,62-66). Alle ihre Maßnahmen konnten jedoch nicht verhindern, dass der Herr Jesus auferstand. Ihre Maßnahmen haben im Gegenteil einen zusätzlichen Beweis für seine Auferstehung geliefert. Diesen Beweis wollten sie insofern ungeschehen machen, als sie die Soldaten bestachen, eine Lüge zu verbreiten (Mt 28,11–15).

Hier nun sind der Hauptmann und die Hohenpriester um die Situation verlegen. Wo sind ihre Gefangenen?! Ihre Frage bleibt nicht lange unbeantwortet. Da kommt jemand mit der Nachricht, dass die Gefangenen im Tempel stehen und das Volk lehren. Die Apostel tun das, was der Herr Jesus auch getan hat. Sie belehren das Volk, indem sie ihm das Alte Testament auslegen, um zu beweisen, dass Jesus der Christus ist (vgl. Apg 28,23).

Zum zweiten Mal gefangen genommen (5,26–28)

> [26] Da ging der Hauptmann mit den Dienern hin und führte sie herbei, nicht mit Gewalt, denn sie fürchteten das Volk, sie könnten gesteinigt werden. [27] Sie führten sie aber herbei und stellten sie vor das Synedrium; und der Hohepriester befragte sie [28] und sprach: Wir haben euch streng geboten, in diesem Namen nicht zu lehren, und siehe, ihr habt Jerusalem mit eurer Lehre erfüllt und wollt das Blut dieses Menschen auf uns bringen.

Nachdem sie wissen, wo die Gefangenen sind, geht der Hauptmann mit den Dienern dorthin. Sie sind sich darüber im Klaren, dass das Volk die Apostel überaus schätzt. Die gebräuchliche Gewalt bei einer Gefangennahme lassen sie außen vor, denn dann würden sie sich den Zorn des Volkes aufhalsen. Sie tun daher ihr Bestes, die Apostel mit sanfter Hand dazu zu bewegen, mit ihnen zu gehen.

Die Apostel gehen mit, ohne sich zu wehren. Sie rufen auch das Volk nicht zur Hilfe, das klar zu ihnen steht. Nirgends werden Gläubige aufgerufen, sich zu wehren, wenn sie um des Glaubens willen gefangen genommen werden. Verantworten ist der Auftrag (1Pet 3,15).

Der Hauptmann und die Diener bringen die Apostel zum Synedrium. Der Hohepriester beginnt sogleich mit dem Verhör, das eine Beschuldigung enthält. Er beschuldigt die Apostel des Ungehorsams gegenüber der höchsten religiösen Autorität, die ihnen ernstlich befohlen hatte, nicht im Namen des Herrn Jesus zu lehren (Apg 4,18). Darauf haben sie also nicht gehört. Nein, sie müssen feststellen, dass die Apostel Jerusalem mit ihrer Lehre erfüllt haben.

Es ist für sie unerträglich, dass diese Menschen, die nicht zur anerkannten religiösen Autorität gehören, dem Volk die Schriften auslegen. Das Recht dazu beanspruchen sie nur für sich selbst, wobei alle die ausgeschlossen sind, die sie für nicht qualifiziert halten. Sie stellen fest, dass die Apostel nicht nur Jerusalem mit ihrer Lehre erfüllt haben, sondern darüber hinaus auch das Blut „dieses Menschen" (sie wollen den Namen des Herrn Jesus nicht aussprechen) über sie bringen.

Sie wissen sehr genau, was die Predigt von dem auferstandenen Christus bedeutet: Gott hat sie verurteilt, jemand zu Unrecht getötet zu haben. Damit würden sie in der Tat sein Blut über sich bringen. Das ist ja genau das, was sie getan haben und was sie übrigens sogar selbst im Prozess gegen den Herrn klar bezeugt haben (Mt 27,25). In Wirklichkeit nimmt Gott sie beim Wort.

Zeugnis von Petrus und den Aposteln (5,29–32)

> 29 Petrus und die Apostel aber antworteten und sprachen: Man
> muss Gott mehr gehorchen als Menschen. 30 Der Gott unserer
> Väter hat Jesus auferweckt, den ihr ermordet habt, indem ihr ihn
> an ein Holz hängtet. 31 Diesen hat Gott durch seine Rechte zum
> Führer und Heiland erhöht, um Israel Buße und Vergebung der
> Sünden zu geben. 32 Und wir sind Zeugen von diesen Dingen, und
> der Heilige Geist, den Gott denen gegeben hat, die ihm gehorchen.

Die Antwort des Petrus und der Apostel ist mehr eine Ankündigung eines festen Ziels als das Ablegen eines Zeugnisses. Es ist klar, dass die Obersten Gott gegenüber stehen. Dennoch gibt es bei den Aposteln keinen Trotz oder Eigenwillen. Es geht um den Gehorsam gegenüber Gott. Sie beginnen ihre Antwort mit Gehorsam (V. 29) und beenden sie damit auch (V. 32).

Die Hohenpriester und die Seinen sind für sie nicht mehr als „Menschen". Sie weisen die Anklage des Ungehorsams resolut von der Hand. Sie überlassen es nicht mehr dem Gewissen der Führer, zu entscheiden, wem sie mehr gehorchen müssen, sondern legen ganz allgemein dar, dass „man", also jeder, Gott mehr gehorchen muss als Menschen. Deswegen haben sie so gehandelt, wie sie gehandelt haben. Nicht mehr und nicht weniger.

Nun werden sie die Ankläger. Sie nehmen noch immer den Platz in der Mitte Israels ein, wenn sie „der Gott unserer Väter" sagen. Auf eindrucksvolle Weise und sehr kompakt, jedoch auch sehr eindringlich, stellen sie die Handlungsweise Gottes mit dem Herrn Jesus der Handlungsweise dieser Führer gegenüber. Gott hat Ihn auferweckt, wohingegen sie Ihn umgebracht haben, indem sie Ihn an ein Holz hängten. Der Kreuzestod ist die römische Form der Hinrichtung, doch schreiben sie diese Tat der jüdischen Gemeinschaft zu. Sie sprechen auch nicht von „kreuzigen", sondern davon, dass sie Ihn „an ein Holz hängten". Dadurch legen sie die Betonung darauf, dass sie Christus als einen von Gott Verfluchten abgestempelt haben (5Mo 21,22.23; Gal 3,13).

Doch dem, den sie so abstempelten und behandelten, hat Gott alle Ehre gegeben, die Ihm zukommt. Sie – als falsche Führer – verleugnen Ihn als Führer, doch für Gott ist Er der Anfänger, der oberste Führer (Apg 3,15; Heb 2,10; 12,2). Das Volk hatten sie bereits verflucht (Joh 7,49), nun verwerfen sie Ihn als Erlöser, doch für Gott ist Er der Heiland. Gott hat Ihn durch seine Rechte in den Himmel erhöht. Er lebt also, und zwar in der Herrlichkeit, wo das ganze Wohlgefallen Gottes auf Ihm ruht.

Gott hat Ihn erhöht, um Israel Buße und Vergebung der Sünden zu geben. Es wird also noch eine Zeit der Gnade der Zeit hinzugefügt, die schon vergangen ist, in der Israel von dieser Gnade keinen Gebrauch gemacht hat. Sowohl die Bekehrung als auch die Vergebung werden hier als Gabe Gottes gesehen und in diesem Augenblick dem Volk immer noch angeboten. Alle aus dem Volk, die zum Glauben an den Herrn Jesus gekommen sind, haben das auch bekommen. Das Volk in seiner Gesamtheit, vertreten durch seine Führer, hat Ihn jedoch erneut abgewiesen.

Petrus und die Apostel erzählen keine Dinge, die sie vom Hörensagen kennen, sondern haben es selbst mitgemacht und erlebt. Von Zeugen erwartet man nichts anderes, als dass sie die Wahrheit sagen (vgl. Joh 15,26.27). Die Apostel sind Zeugen und der Heilige Geist ist Zeuge. Das ist somit ein zweifaches Zeugnis. Der Heilige Geist zeugt also nicht nur mittels der Apostel.

Die Anwesenheit des Heiligen Geistes auf der Erde ist an sich schon ein Zeugnis (Joh 16,7–11). Diesen Heiligen Geist hat Gott jedem gegeben, der Ihm gehorcht. Hier wird die Gabe des Heiligen Geistes mit der Verantwortung des Menschen verbunden. Gehorsam ist nicht nur das Halten des Gesetzes, sondern der Gehorsam des Glaubens ist, dem Befehl Gottes Gehör zu schenken, sich zu bekehren und an den Herrn Jesus zu glauben (Apg 17,30; 16,31). Wer dem Evangelium seiner Errettung glaubt, empfängt den Heiligen Geist (Eph 1,13).

Der Rat Gamaliels (5,33–39)

> 33 Sie aber wurden, als sie es hörten, durchbohrt und beratschlag-
> ten, sie umzubringen. 34 Es stand aber einer in dem Synedrium
> auf, ein Pharisäer, mit Namen Gamaliel, ein Gesetzeslehrer, an-
> gesehen bei dem ganzen Volk, und befahl, die Leute eine kleine
> Zeit hinauszutun. 35 Und er sprach zu ihnen: Männer von Israel,
> seht euch vor wegen dieser Menschen, was ihr tun wollt. 36 Denn
> vor diesen Tagen stand Theudas auf und sagte, dass er selbst je-
> mand sei, dem sich eine Anzahl von etwa vierhundert Männern
> anschloss; der ist getötet worden, und alle, so viele ihm Gehör ga-
> ben, sind zerstreut und zunichte geworden. 37 Danach stand Judas
> der Galiläer auf, in den Tagen der Einschreibung, und machte das
> Volk abtrünnig sich nach; auch der kam um, und alle, so viele ihm
> Gehör gaben, wurden zerstreut. 38 Und jetzt sage ich euch: Steht
> ab von diesen Menschen und lasst sie (denn wenn dieser Rat oder
> dieses Werk aus Menschen ist, wird es zugrunde gehen; 39 wenn
> es aber aus Gott ist, werdet ihr sie nicht zugrunde richten können),
> damit ihr nicht gar als solche befunden werdet, die gegen Gott
> kämpfen. Sie hörten aber auf ihn.

Nachdem Petrus das klare Zeugnis von der Wertschätzung Gottes für Christus gegeben hat, ist das Maß für die Führer voll. Sie verstehen sehr gut, was das zu bedeuten hat. Sie sind in ihrem Gewissen angesprochen und des Mordes beschuldigt worden. Doch statt sich vor Gott zu beugen, zeigen sie, wie mordsüchtig ihr Herz immer noch ist, da sie sich absolut weigern, ihre Stellung des Ansehens unter dem Volk preiszugeben. Ihr Wutausbruch ist so groß, dass sie die Apostel töten wollen. Mord erfüllt ihre Herzen, eingegeben von Satan, dem Menschenmörder von Anfang an (Joh 8,44).

Allerdings gibt es im Synedrium jemand, der einen kühlen Kopf bewahrt. Es ist Gamaliel. Er ist ein Gesetzeslehrer, den das ganze

Volk verehrt. Er ist das nächste Instrument, das Gott in seiner Vorsehung gebraucht, um seinen Aposteln die Freiheit zurückzugeben, so wie er vorher den Engel gebrauchte (V. 19). Gamaliel bringt das Synedrium dazu, sich zu beruhigen. Er hat Autorität, denn er *befiehlt*, dass „die Menschen" für einen Augenblick aus dem Saal hinausgebracht werden sollen.

Dann beginnt er mit seiner Empfehlung an das Synedrium. Seine Empfehlung kommt nicht aus einem Umgang mit Gott hervor, sondern aus menschlicher Weisheit. Gott gebraucht diesen Rat jedoch, um zu seinem Ziel zu gelangen. Gamaliel spricht das Synedrium mit „Männer von Israel" an, also als Männer, die zu dem von Gott auserwählten Volk gehören. Er fordert sie dringend auf, zunächst gut nachzudenken, bevor sie sich an „diesen Menschen" vergreifen.

Um sie davon zu überzeugen, dass sie vorsichtig sein müssen und diese Menschen nicht übereilt verurteilen sollten, weist er auf zwei Personen aus ihrer jüngeren Geschichte hin, die sich ebenfalls als Führer präsentiert haben. Zunächst verweist er auf den uns ansonsten völlig unbekannten Theudas. Dieser Mann sagte von sich selbst, dass er sehr bedeutungsvoll sei. Bescheidenheit war nicht seine größte Tugend. Er erwarb sich eine Gefolgschaft von ungefähr vierhundert Mann, doch was ist aus ihm und seiner Bewegung geworden? Er wurde getötet. Damit zerstreuten sich zugleich alle seine Nachfolger. Aus all den großartigen Plänen und Versprechungen wurde nichts.

Dann gibt es noch diesen anderen Volksverführer, Judas, der Galiläer. Vor ungefähr 30 Jahren wollte sich diese Person als Führer profilieren. Das Volk war gar nicht abgeneigt, denn es war in den Tagen der Einschreibung. Diese Tage erinnern ausdrücklich an die Römische Besatzung. Damals war das Klima für einen Aufstand gegen die Römer reif. Auch ihm schlossen sich Nachfolger an, die von seinen Ideen beeindruckt waren. Doch die Römer schlugen seinen Aufstand nieder. Er kam um, und das war dann auch das Ende seiner Bewegung. Alle, die ihm gehorchten, wurden zerstreut.

Menschen wie Theudas und Judas, der Galiläer, sind Diebe und Räuber, von denen der Herr sprach, als Er über Menschen redete, die auf eine andere Weise als durch die Tür in den Hof der Schafe hineingehen (Joh 10,1). Indem Gamaliel die Sache auf diese Weise vorstellt, stellt er den Herrn auf eine Stufe mit ihnen.

Sein nüchterner, wenn auch verfinsterter Verstand, bringt ihn zu einer nüchternen Schlussfolgerung. Er sagt einfach, dass sie, wenn sie diese Sache auf sich beruhen lassen, immer richtig liegen. Dieser „Mensch“ könnte so ein Verführer sein, und dann würde das Christentum im Sande verlaufen. Unruhestifter kommen und gehen, und so wird es dieser neuen Bewegung auch ergehen. Sollte es sich allerdings um ein Werk Gottes handeln, würde alle menschliche Anstrengung vergeblich sein und würden sie sich als solche erweisen, die gegen Gott kämpfen. Diese Empfehlung Gamaliels wird den orthodoxen Juden heute noch gegeben, wenn sie mit messianischen Juden ins Gespräch kommen.

Gamaliel hätte besser daran getan, wenn er dem Synedrium vorgeschlagen hätte, die Sache anhand des Alten Testaments zu untersuchen. Niemals hat der Herr Jesus gesagt, dass Er jemand von Bedeutung sei, anders als Theudas und viele andere mit ihm. Im Lauf der Zeit sind ungefähr vierzig falsche Messiasse aufgestanden, von denen Bar Kochba sicher der bekannteste ist. Sie haben sich alle ausgegeben als Befreier Israels von der Sklaverei der Völker. Aber alle haben jämmerlich versagt und viele in ihren Untergang hineingezogen.

Der Einzige, der behaupten kann, dass Er der Messias ist, hat eine Botschaft, die in der ganzen Welt geglaubt wird und Millionen Nachfolger hat. Sie sind nicht zerstreut worden, sondern sind alle durch *einen* Geist zu *einem* Leib getauft worden.

Gegeißelt, freigelassen und weitergemacht (5,40–42)

> [40] Und als sie die Apostel herbeigerufen hatten, schlugen sie sie
> und geboten ihnen, nicht in dem Namen Jesu zu reden, und ließen
> sie frei. [41] Sie nun gingen vom Synedrium weg, voll Freude, dass
> sie gewürdigt worden waren, für den Namen Schmach zu leiden;
> [42] und jeden Tag, im Tempel und in den Häusern, hörten sie nicht
> auf, zu lehren und Jesus als den Christus zu verkündigen.

Das Synedrium ist überzeugt. Obwohl das Synedrium der Empfehlung Gamaliels folgt und damit zeigt, dass sie nicht gegen Gott kämpfen wollen, erweisen sie sich dennoch als Feinde Gott. Sie rufen die Apostel wieder herein, jedoch nicht, um sich zu entschuldigen. Ihre Mordpläne werden zwar nicht ausgeführt, doch ihr Hass ist nicht weniger geworden. Das zeigt sich daran, dass sie die Apostel schlagen. Außerdem befehlen sie ihnen, nicht mehr „in dem Namen Jesu“ zu reden. So lassen sie die Apostel dann gehen.

Doch es sind keine gebrochenen Männer, die nun den Gerichtssaal verlassen. Wir sind häufig ängstlich, ein Zeugnis zu geben, wenn wir einen abfälligen Blick oder ein spöttisches Lächeln erwarten. Das ist bei den Aposteln anders. Die Schläge, die die Apostel erlebt haben, führen einzig zu dem Ergebnis, dass sie sich freuen, würdig geachtet worden zu sein, für den Namen des Herrn Schmach zu ertragen (Mt 5,10–12; 1Pet 4,13).

Die Drohung, nicht mehr „in dem Namen Jesu" zu reden, bringt sie nur dazu, mit desto größerem Eifer das Wort Gottes zu lehren, sowohl öffentlich im Tempel als auch in den Häusern. Sie verkündigen, dass der Herr Jesus der verheißene Christus ist. Das Verbot, nicht mehr „im Namen Jesu zu reden", ist genauso töricht, wie der Sonne zu gebieten, nicht mehr zu scheinen.

Kapitel 6

Murren in der Gemeinde (6,1.2)

> [1] In diesen Tagen aber, als die Jünger sich mehrten, entstand ein Murren der Hellenisten gegen die Hebräer, weil ihre Witwen bei der täglichen Bedienung übersehen wurden. [2] Die Zwölf aber riefen die Menge der Jünger zu sich und sprachen: Es ist nicht recht, dass wir das Wort Gottes vernachlässigen, um die Tische zu bedienen.

Mit der Zunahme der Anzahl der Jünger nehmen auch die Gefahren zu, dass das sündige Fleisch, das jeder Gläubige in sich hat, wirkt. Im vorigen Kapitel ist es in zweien der Jünger in wohlüberlegter und daher durchtriebener Weise zum Ausdruck gekommen. Dementsprechend war das Gericht. Jetzt offenbart sich das sündige Fleisch in einer anderen Form als im vorigen Kapitel.

Es geht nicht um eine durchtriebene, wohlüberlegte Sünde, sondern es entsteht ein Geist des Unfriedens in der Gemeinde, der sich in Murren äußert. Es ist kein Aufstand, aber dennoch tödlich, wenn nicht auf die richtige Weise darauf reagiert wird (1Kor 10,10). Genau wie bei Ananias und Sapphira ist Geld der Anlass. Bei ihnen ging es darum, es abzugeben, hier geht es darum, dass es ausgeteilt wird, möglicherweise vor allem in Form von Gütern und dergleichen.

Das Murren entsteht durch die unterschiedlichen Lebensbedingungen der Jünger. Die Griechisch sprechenden Juden sind der Meinung, dass ihre Witwen bei der Verteilung der Güter, die die Gemeinde von ihren reicheren Gliedern bekam, nicht gleich behandelt werden mit denen der Hebräer. Wir sehen hier zwei Gruppen mit unterschiedlichem Hintergrund. Die Griechisch sprechenden Juden sind Juden, die aus der Zerstreuung kommen. Sie sprechen die griechische Sprache und sind mit der griechischen Kultur vertraut, was möglicherweise deutlich in ihrem Verhalten zu sehen war. Die Hebräer sind die Hebräisch oder Aramäisch sprechenden Juden. Sie haben ihre Wurzeln in Israel und sind durch das Gesetz geprägt.

Es sind also zwei Gruppen, die beide ihre Gefahren haben und lernen müssen, einander zu ertragen. Die Griechisch sprechenden laufen Gefahr, die weltliche Lebensweise in die Gemeinde einzuführen; die Hebräer laufen Gefahr, die Gesetzlichkeit in die Gemeinde einzuführen.

Der Prediger hat diese Gefahr bereits beobachtet und davor gewarnt (Pred 7,15–18). Er redet von dem Gegensatz zwischen dem Gerechten, der sich auf seine Gerechtigkeit beruft (jemand, der sich selbst als Norm sieht, diese Norm in Gesetze übersetzt und sie anderen auferlegt), und dem Gesetzlosen, der sich auf seine Freiheit beruft (er erkennt kein einziges Gesetz an). Die einzige Möglichkeit, weder in das eine noch in das andere Extrem zu verfallen, ist Gottesfurcht.

Der Gottesfürchtige hat Ehrfurcht vor dem Wort Gottes und fügt ihm nichts hinzu und nimmt nichts davon weg und entgeht dadurch beiden Gefahren. Der Herr Jesus hat auf dem schmalen Pfad gewandelt, mitten auf den Steigen des Rechts (Spr 8,20), weder rechts noch links davon. Wir müssen uns immer wieder an Ihm ausrichten (Jes 30,21). Wenn wir das nicht tun, wird es Satan gelingen, durch Unzufriedenheit und Neid Uneinigkeit unter die Gläubigen zu bringen.

Satan benutzt die kleinen Unterschiede, die es in der Gemeinde gibt, um sie gegeneinander auszuspielen. In diesem Fall geht es um irdische Güter. Wenn wir mit dem, was wir haben, zufrieden sind (Heb 13,5), werden wir nicht neidisch werden auf das, was andere haben oder tun können. Zufriedenheit ist untrennbar mit Gottesfurcht verbunden (1Tim 6,6).

Die Apostel - hier „die Zwölf" genannt - erkennen das Problem. Sie sehen sogar ein, dass sie an seiner Entstehung mitgewirkt haben. Sie haben Aufgaben übernommen, die nicht direkt ihre Aufgaben sind. Damit fordert man Probleme heraus. Eine Begleiterscheinung davon ist auch, dass sie ihre eigentliche Aufgabe nicht mehr umfassend ausüben konnten.

Wenn jemand mehr tut, als ihm aufgetragen ist, wird nichts mehr richtig gemacht. Die Apostel kommen nicht mehr dazu, ihrem eigentlichen Auftrag, das Wort Gottes zu predigen, nachzukommen; die Aufgabe, die sie sich zusätzlich aufgebürdet haben, das Bedienen der Tische, wird nicht gut ausgeführt. Das Bedienen der Tische bezieht sich auf das Verteilen von Geld und Gütern unter den Gläubigen.

Es ist auch für uns ein wichtiger Hinweis, uns an das zu halten, was der Herr uns als Aufgabe aufgetragen hat. Wenn wir, wie gut das auch immer gemeint sein mag, andere Aufgaben übernehmen, für die Er uns keinen Auftrag gegeben hat, geht das zu Lasten der eigentlichen Aufgabe. Auch die zusätzliche Aufgabe wird dann nicht befriedigend ausgeführt.

Die Apostel empfinden selbst, dass das unbefriedigend ist. Zum Glück sehen sie rechtzeitig ihren Irrtum ein. Sie hören die Signale der Unzufriedenheit aufgrund des Murrens und handeln, bevor es zum Tumult kommt. Dadurch können sie die Gefahr eindämmen und wegnehmen. Sie wollen wieder ihre ursprüngliche Aufgabe wahrnehmen. Der soziale Aspekt der Gemeinde, den es auch gibt und der sehr wichtig ist, muss anderen übertragen werden.

Anstellung der sieben Diakone (6,3–7)

> 3 Seht euch nun um, Brüder, nach sieben Männern von euch, von
> gutem Zeugnis, voll Heiligen Geistes und Weisheit, die wir über
> diese Aufgabe bestellen wollen; 4 wir aber werden im Gebet und
> im Dienst des Wortes verharren. 5 Und die Rede gefiel der ganzen
> Menge; und sie erwählten Stephanus, einen Mann voll Glaubens
> und Heiligen Geistes, und Philippus und Prochorus und Nikanor
> und Timon und Parmenas und Nikolaus, einen Proselyten aus An-
> tiochien, 6 die sie vor die Apostel stellten; und als sie gebetet hat-
> ten, legten sie ihnen die Hände auf. 7 Und das Wort Gottes wuchs,
> und die Zahl der Jünger in Jerusalem mehrte sich sehr; und eine
> große Menge der Priester wurde dem Glauben gehorsam.

Um den aufgekommenen Schwierigkeiten zu begegnen, schlagen die Apostel den Brüdern vor, dass sie sieben Männer auswählen, die ihnen diese Aufgabe (die Verteilung der Gelder und Güter) abnehmen können. Die Apostel wählen sie nicht aus, sondern geben nur Anweisungen, worauf die Gemeinde für die Ausführung dieser Aufgabe achten muss. Die beschriebenen Qualitäten, die solche Brüder besitzen müssen, zeigen die Bedeutung dieses Dienstes. Die Männer, die für dieses Werk in Betracht kommen könnten, müssen in ihrer Umgebung ein gutes Zeugnis haben. Auch muss der Heilige Geist frei in ihnen wirken können, und sie müssen mit Weisheit ihrer Aufgabe nachkommen können (vgl. 1Tim 3,8–13).

Obwohl es um praktische Dinge geht, müssen die Brüder, die diese Dinge ausüben, gewissen geistlichen Kennzeichen entsprechen. Es geht nicht um praktisch eingestellte Brüder, die z. B. gut buchhalten können, sondern um geistlich gesinnte Brüder, die die Not der Gläubigen empfinden und ihr mit Weisheit begegnen. Die

Gemeinde ist keine Organisation, kein System mit Regeln, wo man sieht, wie alles auf die beste Weise geregelt werden kann. Es ist der Geist Gottes, der in seiner Weisheit alle Nöte kennt und genau sagen kann, wo und wie ihnen begegnet werden muss und wie es zur Verherrlichung Christi gereicht.

Diese Männer werden von der Gemeinde gewählt (2Kor 8,19). Das funktioniert anders als mit den Gnadengaben der Gemeinde. Die werden nicht von der Gemeinde bestimmt, sondern vom Herrn gegeben und in der Gemeinde eingesetzt (1Kor 12,28). Die Gemeinde muss sie annehmen und als vom Herrn gegeben anerkennen (Eph 4,7.11). Kurzum: Die Gemeinde gehört dem Herrn, und deswegen wählt Er die Gaben aus und gibt die, die für die Auferbauung der Gemeinde nötig sind; allerdings verwaltet die Gemeinde treu das Geld und bestimmt die, die für die Verwaltung verantwortlich sein sollen.

Nachdem die Apostel ihren Vorschlag gemacht haben, sagen sie auch, wofür sie selbst sich einsetzen werden. Sie haben gesagt, dass sie das Wort Gottes vernachlässigt haben. Wenn sie aber nach Übertragung der Sorge für die praktischen Dinge ihre Hände dafür wieder frei haben, ist das Erste, was sie tun wollen: beten. Und das nicht nur einmal oder bei einer besonderen Gelegenheit, sondern sie wollen darin verharren. Dann fügen sie noch hinzu, dass sie auch im Dienst des Wortes verharren wollen.

Es ist bemerkenswert, dass die Apostel hier als erstes das Gebet als ihren Auftrag nennen und danach die Predigt. Ihr Kampf gegen die Macht des Bösen wird zunächst einmal im Gebet geführt. Im Gebet werden wir uns mehr als in anderen Diensten der Kraft Gottes bewusst, die für jeden anderen Dienst nötig ist. Es ist wichtig, zunächst mit Gott über Menschen zu reden und dann mit Menschen über Gott zu reden.

Der Vorschlag der Apostel findet bei der Menge der Gläubigen allgemeine Zustimmung. Sie wählen sieben Männer aus, die den gestellten Anforderungen entsprechen. Das bedeutet, dass auch die Gemeinde geistlich vorgegangen ist, und es hat sich gezeigt, dass sie in der Lage war, diese Voraussetzungen bei diesen Männern zu erkennen. Lukas nennt die Namen der sieben, die gewählt werden. Bei Stephanus erwähnt er noch das zusätzliche Kennzeichen, dass er „voll Glaubens und Heiligen Geistes" ist. Er vertraut völlig auf Gott, so dass der Heilige Geist ohne Hindernis in ihm wirken kann.

Soweit man sehen kann, sind alle Namen der sieben, die genannt werden, Griechen. Das ist sicherlich ein liebevolles Entgegenkommen gegenüber der Gruppe der Gläubigen, die sich beklagt hat. Aus dieser Gruppe kann kein Vorwurf der Bevorzugung mehr kommen. Wenn die Liebe Gottes die Herzen erfüllt, überwindet sie Selbstsucht und Engherzigkeit. Die heutige Kirche wird auf der Basis der Demokratie gesteuert, wobei jede Gruppierung fordert, dass ihre Vertreter in jeder Kommission sind, die man meint, ins Leben rufen zu müssen.

Nach dem bekannten Bibelausleger F. W. Grant (1834–1902) haben die Namen folgende Bedeutung:

1. Stephanus - Krone
2. Philippus - Pferdeliebhaber, Schnellläufer
3. Prochorus - Leiter des Lobgesangs
4. Nikanor - Überwinder
5. Timon - ehrbar
6. Parmenas - bleibend
7. Nikolaus - Überwinder des Volkes.

Von diesen Männern stechen zwei hervor, denen wir noch mehrmals in diesem Buch begegnen werden: Stephanus und Philippus.

Die Gemeinde stellt diese sieben Männer vor die Apostel. Bevor die Apostel sich durch das Auflegen der Hände mit der Wahl der Gemeinde einsmachen (vgl. 3Mo 3,2; 4Mo 27,18; 5Mo 34,9), beten sie. Sie werden sicher für diese Männer gebetet haben, dass ihnen der Herr Gnade und Weisheit gebe, um diese wichtige Aufgabe recht ausführen zu können. Es geht schließlich um das Wohlergehen der Gemeinde.

Es scheint so, dass der vermehrte oder zunehmende Einfluss des Wortes auf das Leben der Gläubigen, worüber Lukas in Vers 7 spricht, ein Ergebnis der Wahl der Diakone ist. Dadurch sind die Apostel ja wieder frei, das Wort zu predigen, was nicht ohne Folgen bleibt. Das geistliche Leben der Gläubigen wächst dadurch. Und nicht nur das. Wir lesen auch, dass die Anzahl der Jünger in Jerusalem sehr zunimmt. Es kommen also auch Menschen durch die Predigt des Wortes zum Glauben. Unter diesen Menschen befindet sich eine große Menge Priester. Sie werden dem Glauben gehorsam. Das steht im Gegensatz zu ihrem bisherigen Leben, denn das stand unter dem Zeichen des Gehorsams gegenüber dem Gesetz.

Übrigens kann man Vers 7 als einen Vers sehen, der zwei Teile miteinander verbindet. Wir finden ähnliche Verse auch in Kapitel 9,31; 12,24; 16,5; 19,20 und 28,30.31. Dadurch teilt sich das Buch in sechs Teile ein.

Das Auftreten des Stephanus unter dem Volk (6,8–10)

> 8 Stephanus aber, voll Gnade und Kraft, tat Wunder und große Zeichen unter dem Volk. 9 Es standen aber einige auf von der so genannten Synagoge der Libertiner und der Kyrenäer und der Alexandriner und derer von Zilizien und Asien und stritten mit Stephanus. 10 Und sie vermochten der Weisheit und dem Geist, womit er redete, nicht zu widerstehen.

Nachdem wir erfahren haben, dass Stephanus einer der sieben Diakone ist (V. 5), hören wir nun mehr von ihm. Wie gesagt, bedeutet Stephanus (abgeleitet von *stefanos*) „Krone". Mit diesem Namen ist die Krone eines Siegers gemeint. Es gibt noch ein Wort für Krone (*diadema* = Diadem). Das ist die königliche Krone. Das *Diadem* kann jemand erben, die *Stefanos* muss verdient werden.

Wir sehen, dass das Werk des Stephanus nicht auf „die tägliche Bedienung" (V.1) beschränkt blieb. Er tut „Wunder und große Zeichen unter dem Volk". Das tut er „voll Gnade und Kraft". In ihm wird die gnädige Kraft Gottes offenbar. Er zeigt die machtvolle Wirksamkeit der Gnade, indem er Wunder ausübt, die für das Volk eine Wohltat sind. Die Wunder, die er tut, sind große Zeichen, weil sie alle auf den Herrn Jesus im Himmel hinweisen.

Bei Stephanus sehen wir das freie Wirken des Geistes (1Ko 12,11). Niemand der Apostel hat ihm dieses Werk aufgetragen. Es ist nicht die Rede davon, dass die Gemeinde ihn angestellt hätte, um dieses Werk zu tun. Wer eine Gabe hat, muss nicht nur frei sein, sie auszuüben, sondern ist dem Herrn gegenüber sogar dazu verpflichtet.

Stephanus ist ein Mann „voll Geistes" und „voll Weisheit" (V. 3), „voll Glaubens" (V. 5) und „voll Gnade und Kraft" (V. 8). „Voll sein" bedeutet, dass von Menschen gesagt werden kann, dass sie davon kontrolliert werden. Es gibt nur *Einen*, von dem gesagt werden kann, dass Er „voll Gnade und Wahrheit" ist (Joh 1,14).

In der Ausübung von Wundern und Zeichen tut Stephanus etwas, was wir bisher nur bei den Aposteln gesehen haben. Seine Wunder werden jedoch nicht beschrieben, denn unsere Aufmerksamkeit soll sich nicht auf seine Wunder richten, sondern ganz und gar auf sein Predigen.

Sein Auftreten in der Fülle des Glaubens, der Gnade und Kraft ruft Widerstand hervor. Der Widerstand kommt dieses Mal aus der Synagoge. Verschiedene Gruppen protestieren gegen ihn und führen Streitgespräche mit ihm. Doch Stephanus hat keine Angst vor ihnen. Er steht dort als einsamer Zeuge der Wahrheit einer Überzahl von Widersachern der Wahrheit gegenüber.

Was immer sie auch versuchen, um ihn klein zu kriegen, es gelingt ihnen nicht. Stephanus wird kräftig vom Heiligen Geist gestützt. Gemäß der Verheißung des Herrn legt er eine Weisheit und einen Geist an den Tag, die seine Widersacher verstummen lassen (Lk 21,15; 12,12). Für uns gilt, dass wir jederzeit bereit sein sollen, von der Hoffnung, die in uns ist, Zeugnis zu geben (1Pet 3,15).

Gefangennahme des Stephanus (6,11–15)

> [11] Da schoben sie heimlich Männer vor, die sagten: Wir haben ihn Lästerworte reden hören gegen Mose und Gott. [12] Und sie hetzten das Volk und die Ältesten und die Schriftgelehrten auf; und sie fielen über ihn her und rissen ihn mit sich fort und führten ihn vor das Synedrium. [13] Und sie stellten falsche Zeugen auf, die sagten: Dieser Mensch hört nicht auf, Worte zu reden gegen diese heilige Stätte und das Gesetz; [14] denn wir haben ihn sagen hören: Dieser Jesus, der Nazaräer, wird diese Stätte zerstören und die Gebräuche verändern, die uns Mose überliefert hat. [15] Und alle, die in dem Synedrium saßen, schauten unverwandt auf ihn und sahen sein Angesicht wie das Angesicht eines Engels.

Die Widersacher des Stephanus bekommen es nicht verdaut, dass sie ihn nicht mit Worten besiegen können. Deswegen nehmen sie zu falschen Beschuldigungen Zuflucht. Diese äußern sie nicht einmal selbst, sondern schieben heimlich Männer vor, die behaupten sollen, dass sie Stephanus lästernde Worte gegen Mose und Gott haben reden hören.

Es ist bemerkenswert, dass sie Mose *vor* Gott stellen. In ihrem Traditionalismus und Formalismus ist ihre Auffassung über das Gesetz Moses der Filter, durch den sie Gott beurteilen und damit menschlich über Gott reden. Wenn andere Menschen Dinge sagen, die nicht mit ihrer Sicht auf Mose übereinstimmen, sind sie verwerflich, wie sehr sie auch die Gedanken Gottes wiedergeben mögen.

Sie behandeln Stephanus, wie sie auch den Herrn Jesus behandelt haben. Das Volk, das die Apostel zunächst hoch achtete, lehnt sich hier, unter dem Einfluss von Lästerrede, gegen Stephanus auf.

So wetterwendisch ist die Volksgunst. In den Ältesten und Schriftgelehrten finden diese Lästerer dankbare Anhänger.

Die ganze Runde greift Stephanus an. Sie ergreifen ihn und bringen ihn vor das Synedrium. Das weiß, so denken sie, schon mit ihm umzugehen. Sie bringen falsche, frevelhafte Zeugen vor (Ps 35,11). Sie beschuldigen ihn der Lästerung, weil er gegen den Tempel und das Gesetz geredet haben soll.

Stephanus hat jedoch, so wie der Herr, die Wahrheit zu ihren Gewissen gesprochen. Weil sie sich nicht vor der Wahrheit beugen wollen, verbiegen sie die Wahrheit und verkehren sie in Lüge. Sie wollen an ihrer eigenen Wahrheit über den Tempel und das Gesetz festhalten, da diese ihnen Ansehen unter den Menschen verleiht. Darum muss er wegen des Redens gegen den Tempel und das Gesetz beschuldigt werden.

Ihre Anklage macht klar, dass Stephanus ihnen die Konsequenzen ihres Unglaubens vorgehalten hat. Er hat in seiner Predigt auf den Herrn Jesus als den hingewiesen, der vorhergesagt hat, dass der Tempel verwüstet würde (Lk 21,6.20). Er wird auf die inhaltliche Leere des Tempeldienstes wegen der Verwerfung Christi hingewiesen haben. Auch wird er darauf hingewiesen haben, dass das Gesetz als Mittel der Rechtfertigung nicht ausreicht. Doch sie wollten nicht hören. Mit unverhohlener Geringschätzung reden sie über diesen „Jesus, den Nazaräer".

Nach diesen Anklagen sehen sie das Gesicht des Stephanus nicht als Gesicht eines Dämons, sondern als das eines Engels. Sie sehen im Glanz seines Gesichts die Wiederspiegelung der Herrlichkeit des Himmels. Vielleicht haben einige sogar an das Gesicht Moses gedacht, das strahlte (2Mo 34,30). Es ist so, als würde Gott sagen: Dieser Mann ist nicht *gegen* Mose, sondern er ist *wie* Mose, einer meiner treuen Diener.

Im nächsten Kapitel hören wir die beeindruckende Rede des Stephanus. Da sehen wir, dass die Rollen vertauscht werden. Da ist nicht das Synedrium der Gerichtshof, vor den Stephanus geladen ist, sondern Stephanus ist der Gerichtshof, vor den das Synedrium geladen ist.

Kapitel 7

Einleitung zur Rede des Stephanus (7,1)

1 Der Hohepriester aber sprach: Ist dies so?

Der Hohepriester hat sich die Beschuldigungen angehört und gibt Stephanus Gelegenheit, sich zu verantworten. Die Rede, die er hält, ist keine Verteidigung, sondern eine Anklage. Er hält den Juden ihre eigene Geschichte vor, die sie sehr gut kennen. Doch die Geschichte kennen und die entsprechenden Lehren daraus ziehen, sind zwei unterschiedliche Dinge. Stephanus macht klar, dass sie durch ihre eigene Geschichte voll und ganz verurteilt werden. Sie tun genau das, was ihre Väter getan haben.

Stephanus versucht nicht, sich selbst zu verteidigen. Er ist hier der Richter, der das Urteil spricht. Er ist das Gedächtnis des Volkes, durch das sie in die Gegenwart Gottes gebracht werden. In Verbindung mit der Güte Gottes im Blick auf Israel werden Joseph und Mose in den Vordergrund gestellt. Israel hatte beide verworfen. Joseph hatten sie den Nationen überliefert, und Mose hatten sie als Richter und Führer verworfen. Das ist genau das, was sie auch mit dem Herrn Jesus getan haben, was er ihnen am Schluss mit den deutlichsten Worten vorhält.

Stephanus gibt einen Überblick über die 2000-jährige Geschichte des Volkes Gottes, von Abraham an bis zur damaligen Zeit. Aus seiner Übersicht wird klar, dass die Heilsgeschichte ein beständiger Wechsel von Ereignissen und Orten ist. Geschichte ist nicht statisch. Es ist nicht alles geblieben, wie es war. So wird es auch mit dem Tempel gehen, von dem sie dachten, dass er für immer erhalten bleiben würde.

Mit seiner Übersicht ihrer Geschichte will er ihnen deutlich machen, dass mit dem Kommen und der Verwerfung Christi eine neue Veränderung ihrer Geschichte stattgefunden hat. Sie haben jedoch keine Ohren für diese Veränderung. Am Ende halten sie sich die Ohren zu und steinigen Stephanus.

Gottes Weg mit Abraham (7,2–8)

> 2 Er aber sprach: Brüder und Väter, hört! Der Gott der Herrlich-
> keit erschien unserem Vater Abraham, als er in Mesopotamien
> war, ehe er in Haran wohnte, 3 und sprach zu ihm: „Geh aus
> deinem Land und aus deiner Verwandtschaft und komm in das
> Land, das ich dir zeigen werde.“ 4 Da ging er aus dem Land der
> Chaldäer und wohnte in Haran; und von dort siedelte er ihn um,
> nachdem sein Vater gestorben war, in dieses Land, in dem ihr
> jetzt wohnt. 5 Und er gab ihm kein Erbe darin, auch nicht ei-
> nen Fußbreit; und er verhieß, es ihm zum Besitztum zu geben
> und seiner Nachkommenschaft nach ihm, als er kein Kind hatte.
> 6 Gott aber sprach so: „Seine Nachkommen werden Fremde sein
> in fremdem Land, und man wird sie knechten und misshandeln
> vierhundert Jahre. 7 Und die Nation, der sie dienen werden, wer-
> de ich richten“, sprach Gott, „und danach werden sie ausziehen
> und mir an diesem Ort dienen.“ 8 Und er gab ihm den Bund der
> Beschneidung; und so zeugte er den Isaak und beschnitt ihn am
> achten Tag, und Isaak den Jakob, und Jakob die zwölf Patriar-
> chen.

Stephanus spricht sie mit „Brüder und Väter“ an, da er noch zu demselben Volk gehört. Er beginnt seine Rede mit dem „Gott der Herrlichkeit“ und endet damit, dass er die „Herrlichkeit Gottes“ sieht (V. 55.56). Und während der ganzen Zeit strahlt sein Gesicht mit derselben Herrlichkeit (Apg 6,15).

Er beginnt mit Abraham, dem Vorvater, dessen sie sich so rühmten, seine Nachkommen zu sein. Ihr Hochmut ist völlig fehl am Platz, denn sie sollten bedenken, dass Abraham ursprünglich ein Götzendiener in Mesopotamien war (Jos 24,2). In diesem Land erschien ihm der Gott der Herrlichkeit, und nicht in dem Land, in dem sie jetzt wohnen.

Dort hat Gott auch zu ihm geredet, ihm den Auftrag gegeben, sein Land und seine Verwandtschaft zu verlassen, und ihn eingeladen, in das Land zu kommen, das Er ihm zeigen würde (1Mo 12,1.2). Er musste sein Land verlassen und in das Land gehen, das Gott ihm zeigte. Er musste seine Familie verlassen, um eine neue Familie zu gründen. Er musste sogar das Haus seines Vaters verlassen, zu dem er noch gehörte, um selbst zum Vater vieler Völker zu werden. Die Berufung Gottes ist immer persönlich. Der Weg Gottes ist immer mit dem Einzelnen. Gott rief Abraham als „den Einen“ (Jes 51,2).

Anfänglich gehorchte Abraham, doch sein Gehorsam war nicht vollständig. Der Grund dafür war, dass nicht *er*, sondern sein Vater Tarah die Initiative ergriff, um fortzuziehen (1Mo 11,31). Dadurch kam er in der Etappe nicht weiter als Haran, wo er nun wohnte. Erst nachdem sein Vater gestorben war, zog er weiter zu diesem Land.

Hier wird schon klar, worum es Stephanus in seiner Rede geht. Er zeigt, dass jede Veränderung immer Widerstand hervorgerufen hat. Das fing schon bei Abraham an. Er ist nicht den ganzen Weg gegangen, den Gott ihn zu gehen hieß. Er ist bis Haran gegangen und blieb dort, bis sein Vater gestorben war, der überhaupt nicht hätte mitgehen sollen. Der Widerstand Abrahams hatte mit seinen Verwandtschaftsbeziehungen zu tun. Die zählten bei ihm mehr als der Auftrag Gottes. Erst als Gott dieser Verbindung durch den Tod seines Vaters ein Ende setzte, war er frei, weiterzuziehen.

Es war mehr eine Sache Gottes als Abrahams, dass er weiterzog. Stephanus drückt es so aus, dass Gott Abraham in das Land umsiedelte, in dem sie jetzt wohnten. Es ist also reine Gnade, dass sie dort wohnen, und alles ist das Werk Gottes. Gott hat Abraham zwar in das Land umgesiedelt, doch ihm darin kein Erbteil gegeben, nicht einmal das kleinste Stückchen, von dem er hätte sagen können, dass es sein Eigentum war. Stattdessen bekam er die Verheißung, dass er es einmal besitzen würde, genauso wie seine Nachkommen nach ihm. Gott gab ihm diese Verheißung bereits zu der Zeit, als er nicht einmal ein Kind hatte.

Das veränderte allerdings nichts an seinem Glauben, wohl aber seinen Aufenthalt in diesem Land. Das machte das Land der Verheißung zu einem fremden Land und ihn zu einem Fremden in diesem Land (Heb 11,9). Er beanspruchte also nichts für sich, was Gott für die Zukunft bestimmt hatte. Seine Nachkommen besaßen es nun, doch er selbst wartet noch auf die Erfüllung der Verheißung. Stephanus will hiermit deutlich machen, dass sie nichts zu beanspruchen haben.

Doch nicht nur Abraham bekam nicht sofort die Verfügung über das verheißene Land. Auch seine Nachkommenschaft würde die erforderliche Zeit abwarten müssen und alles Mögliche erleben, bevor sie das verheißene Land betreten könnten. Gott ließ Abraham wissen, dass seine Nachkommen erst einmal in Sklaverei leben würden, statt Segen zu erben. Sie würden in einem fremden Land Beiwohner sein und dort zu Sklaven gemacht und misshandelt werden. Das würde vierhundert Jahre andauern

(1Mo 15,13.14). Gleichzeitig sprach Gott jedoch auch Worte der Hoffnung. Er verhieß, dass Er das Volk, das sie in Sklaverei halten würde, richten wird. Danach würden sie ausziehen können, um Gott „an diesem Ort", womit Stephanus das Land Kanaan meinte, zu dienen (vgl. 2Mo 3,12).

Alles, was Stephanus über Abraham sagte, war dazu bestimmt, den geringen und sogar erniedrigenden Ursprung des Volkes hervorzuheben, weil seine Zuhörer sich dessen so rühmten (vgl. 5Mo 7,7). Nebenbei erwähnt er die Beschneidung Abrahams als Zeichen des Bundes, den Gott mit ihm und seinen Nachkommen geschlossen hatte (1Mo 17,10–14). Auch das war eine Sache, derer sich die Israeliten sehr rühmten.

Sie, und nur sie, waren das Volk des Bundes (Röm 9,4). Auch auf diesen Status waren sie stolz. Er erwähnt auch, dass Abraham als Beschnittener Isaak zeugte, den er am achten Tag ebenfalls beschnitt. Von Isaak stammt Jakob ab und von Jakob die zwölf Erzväter, aus denen das Volk des Bundes hervorgehen sollte. Doch wie hat das Volk des Bundes sich zu Beginn seiner Entstehung verhalten?

Verwerfung und Herrschaft Josephs (7,9–16)

> [9] Und die Patriarchen, neidisch auf Joseph, verkauften ihn nach
> Ägypten. Und Gott war mit ihm [10] und rettete ihn aus allen sei-
> nen Drangsalen und gab ihm Gunst und Weisheit vor dem Pharao,
> dem König von Ägypten; und er setzte ihn zum Verwalter über
> Ägypten und über sein ganzes Haus. [11] Es kam aber eine Hun-
> gersnot über ganz Ägypten und Kanaan, und eine große Drangsal,
> und unsere Väter fanden keine Nahrung. [12] Als aber Jakob hörte,
> dass in Ägypten Getreide sei, sandte er unsere Väter zum ersten
> Mal aus. [13] Und beim zweiten Mal wurde Joseph von seinen Brü-
> dern wiedererkannt, und dem Pharao wurde die Herkunft Jose-
> phs offenbar. [14] Joseph aber sandte hin und ließ seinen Vater Jakob
> holen und die ganze Verwandtschaft, an fünfundsiebzig Seelen.
> [15] Und Jakob zog nach Ägypten hinab und starb, er und unsere
> Väter; [16] und sie wurden nach Sichem hinübergebracht und in die
> Grabstätte gelegt, die Abraham für eine Summe Geld von den
> Söhnen Hemors, des Vaters Sichems, gekauft hatte.

Die Erzväter haben bereits ihr wahres Wesen gezeigt. Neid trieb sie, Joseph zu verwerfen. Ihr Neid war die Folge der Offenbarung, die Joseph bekommen und ihnen erzählt hatte. Es ging bei der Offenbarung um seine zukünftige Verherrlichung, wenn sie sich vor ihm niederbeugen würden (1Mo 37,5–11). Das wollten sie jedoch niemals tun! Deshalb sorgten sie dafür, dass aus seinen Träumen nichts werden würde und verkauften ihn nach Ägypten. Die Parallelen zwischen Joseph und dem Herrn Jesus sind überdeutlich. Jemand hat einmal gezählt, dass man etwa dreihundert Parallelen zwischen der Geschichte Josephs und der des Herrn Jesus ziehen kann.

Alles, was Stephanus aus der Geschichte über Joseph vorträgt, muss seine Zuhörer an das erinnert haben, was sie mit Christus getan hatten. Erinnerten sie sich vielleicht an die 30 Silberstücke (Mt 26,15.16)? So sehr die Brüder Joseph auch verabscheuten und ihn ablehnten, Gott war mit ihm. Nachdem er verworfen war, erlöste Gott ihn aus all seinen Bedrängnissen und sorgte dafür, dass Pharao, der König von Ägypten, ihn begünstigte. Joseph offenbarte die Weisheit Gottes, indem er dem Pharao vorschlug, wie das Land gerettet werden könnte.

Die Folge war, dass der Pharao Joseph zum mächtigsten Mann Ägyptens machte und ihm sogar die Verwaltung über sein Haus übertrug (1Mo 41,40–44; Ps 105,21). Stephanus spricht über den „Verwalter" (wörtl. Führer), was die Zuhörer erneut an den Herrn Jesus erinnert haben muss. So hat Petrus Ihn kürzlich auch genannt, als er vor demselben Synedrium stand (Apg 5,31).

Die Brüder hatten vom Handeln Gottes mit Joseph keine Ahnung. Doch Gott sorgte dafür, dass sie Auge in Auge Joseph gegenübergestellt wurden, dem mächtigen Herrscher über Ägypten. Dazu benutzte Er eine Hungersnot, die Er über ganz Ägypten und Kanaan kommen ließ (1Mo 41,54; 42,5). Stephanus nennt das eine „große Drangsal", was an die Zeit erinnert, von der der Herr Jesus sprach und wofür Er denselben Ausdruck gebrauchte (Mt 24,21; vgl. Jer 30,7). Der Herr bezeichnete damit eine zukünftige Zeit, in der das Volk schwer gezüchtigt werden und aus der ein Überrest errettet werden würde, nachdem sie Ihn als den Messias erkannt haben werden. Gottes Ziel mit der Hungersnot war dasselbe. Er wollte die Brüder zu Joseph führen und zu der Erkenntnis, dass Er ihr Retter ist. Dazu war ein langer Weg nötig.

Stephanus spricht über „unsere Väter", die keine Nahrung finden konnten. Er verbindet sich noch immer mit seinen Zuhörern. Er führt sie weiter durch die Geschichte der Brüder und berichtet, wie sie zu Joseph geführt werden. Als Jakob hörte, dass es in

Ägypten Getreide gab, sandte er „unsere Väter zum ersten Mal aus" (vgl. 1Mo 42,1.2). Stephanus übergeht, was sich bei dieser ersten Gelegenheit alles abgespielt hat und fügt sofort hinzu, dass sie ein zweites Mal gingen. Bei diesem zweiten Mal gab Joseph sich seinen Brüdern zu erkennen (1Mo 45,3.4).

Hier finden wir in der Rede des Stephanus einen Hoffnungsschimmer für Israel. Der Herr Jesus wird ebenfalls ein zweites Mal zu seinem Volk kommen und sich ihm zu erkennen geben. Dann werden sie *den* sehen, den sie durchstochen haben (Sach 12,10), und Er wird den reuigen Überrest zum Segen führen. Das hat Joseph ebenfalls bei seinen Brüdern getan, nachdem er sich ihnen zu erkennen gegeben hatte. Dann wird Er sozusagen auch seine Herkunft als wahrer Mensch Gott gegenüber zum Ausdruck bringen mit den Worten: „Siehe, ich und die Kinder, die Gott mir gegeben hat" (Heb 2,13). Denn nur als wahrer Mensch konnte Er Menschen mit sich verbinden.

Nachdem er sich seinen Brüdern zu erkennen gegeben hat, sendet Joseph seine Brüder fort, um seinen Vater Jakob und alle seine Verwandten zu holen. Sie dürfen bei Joseph in Ägypten wohnen. So hat Gott alles, was die Brüder an Bösem ausdachten, zum Guten gewendet (1Mo 50,20).

Doch all das endete einmal. Jakob und „unsere Väter" starben. Ihre Leiber wurden in das Land Kanaan zurückgebracht und im Grab bestattet, das Abraham gekauft hatte. Sie besaßen das verheißene Land noch nicht, wollten aber im Blick auf die Erfüllung der Verheißung in dem Grab begraben werden, in dem auch Abraham begraben worden war (1Mo 49,29.30; 50,13; Jos 24,32).

Moses Geburt und Erziehung (7,17–22)

17 Als aber die Zeit der Verheißung näher kam, die Gott dem Abraham zugesagt hatte, wuchs das Volk und mehrte sich in Ägypten,
18 bis ein anderer König über Ägypten aufstand, der Joseph nicht
kannte. 19 Dieser handelte mit List gegen unser Geschlecht und
behandelte die Väter schlecht, indem er ihre Kinder aussetzen ließ,
damit sie nicht am Leben blieben. 20 In dieser Zeit wurde Mose
geboren, und er war schön für Gott; und er wurde drei Monate
im Haus des Vaters aufgezogen. 21 Als er aber ausgesetzt worden
war, nahm ihn die Tochter des Pharaos zu sich und zog ihn auf,
sich zum Sohn. 22 Und Mose wurde unterwiesen in aller Weisheit
der Ägypter; er war aber mächtig in seinen Worten und Werken.

Stephanus kommt nun zum dritten und längsten Abschnitt seiner Rede, in dem Mose als Bild des Herrn Jesus im Mittelpunkt steht. Er war beschuldigt worden, lästerliche Worte über Mose gesagt zu haben (Apg 6,11). Was er über Mose sagt, zeigt, wie falsch diese Beschuldigung ist.

Stephanus setzt die Geschichte über das Volk Gottes fort und kommt nun auf die Erfüllung der Verheißungen Gottes zu sprechen. Er legt seinen Zuhörern anhand dieser Geschichte dar, dass sich eine erneute Veränderung anbahnte. Die Situation des Volkes in Ägypten blieb nicht so. Die Zeit der Verheißung kam näher, das heißt die Zeit, in der sich die Verheißung erfüllte, dass Gott sie nach Kanaan bringen würde. Dazu musste Er sein Volk aus Ägypten herausführen. Die Umstände, die er dazu benutzte, sind erneut demütigend für seine Zuhörer.

Zu Beginn der Zeit ihres Aufenthalts in Ägypten schien es so, dass das Volk besonders gesegnet war. Es wuchs und vermehrte sich in Ägypten (2Mo 1,7). Das war überhaupt kein Problem, solange das Volk von Königen regiert wurde, die Joseph gekannt hatten. Sie waren sich bewusst, dass sie den Fortbestand ihres Landes ihm zu verdanken hatten. Als Zeichen der Wertschätzung durfte das Volk weiterhin in Ägypten wohnen. Doch dann stand ein König auf, der Joseph nicht kannte (2Mo 1,8). Er hatte überhaupt keine Beziehung zu ihm, es fehlte auch jegliche Dankbarkeit.

Dieser König sah in dem Volk, das immer größer wurde, eine Bedrohung seiner eigenen Stellung. Um die Ausbreitung „unseres Geschlechts" einzudämmen, nahm er Zuflucht zu einer List (2Mo 1,16) und begann, „unsere Väter" schlecht zu behandeln und zu unterdrücken (2Mo 1,11.12). Als das nicht half, das Wachstum des Volkes zu bremsen, befahl er, dass die kleinen Kinder nicht bei ihren Eltern bleiben, sondern in den Nil geworfen werden sollten (2Mo 1,22).

Während das Volk unter der grausamen Herrschaft seufzte, begann Gott damit, seine Verheißung zu erfüllen: Mose wurde geboren. Stephanus sagt von ihm, dass er „schön" war, das heißt schön für Gott (2Mo 2,2; Heb 11,23). Seine Eltern haben ihn nicht direkt zum Nil gebracht, wie der Pharao das geboten hatte, sondern zogen ihn drei Monate „im Haus seines Vaters" auf. Danach musste er das Los jedes kleinen Jungen teilen. Er wurde zum Nil gebracht und dort ausgesetzt. Doch die Tochter Pharaos fand ihn und erzog ihn als ihren eigenen Sohn. Später weigerte Mose sich, „ein Sohn der Tochter Pharaos zu heißen" (Heb 11,24).

Die Erziehung seiner gottesfürchtigen Eltern verfehlte ihr Ziel nicht. Gott benutzte den verbrecherischen Befehl Pharaos, um Mose an dessen Hof zu bringen. Indem Er dies durch die Tochter des Pharao tat, spottete Er aller Macht des Pharao. Das ist die Weisheit Gottes. Gottes Plan mit seinem Volk wurde nicht nur trotz des Pharao erfüllt, sondern sogar durch sein Mitwirken, ohne dass er das wollte oder sich dessen bewusst war. Am Hof wurde Mose in aller Weisheit der Ägypter unterwiesen. Mose *wurde* weise, doch er *war* mächtig in seinen Worten und Werken. Weisheit erwarb er durch Belehrung, Macht empfing er als besondere Gabe Gottes. Beide Qualitäten offenbarte er in Ägypten. Gott gegenüber redete er vom Gegenteil (2Mo 4,10) und empfand seine Unfähigkeit.

Mose besucht seine Brüder und flieht (7,23–29)

> [23] Als er aber ein Alter von vierzig Jahren erreicht hatte, kam es
> in seinem Herzen auf, sich nach seinen Brüdern, den Söhnen Is-
> raels, umzusehen. [24] Und als er einen Unrecht leiden sah, vertei-
> digte er ihn und rächte den Unterdrückten, indem er den Ägypter
> erschlug. [25] Er meinte aber, seine Brüder würden verstehen, dass
> Gott ihnen durch seine Hand Rettung gebe; sie aber verstanden
> es nicht. [26] Und am folgenden Tag zeigte er sich ihnen, als sie sich
> stritten, und drängte sie zum Frieden, indem er sagte: Männer,
> ihr seid Brüder, warum tut ihr einander unrecht? [27] Der aber dem
> Nächsten unrecht tat, stieß ihn weg und sprach: „Wer hat dich
> zum Obersten und Richter über uns gesetzt? [28] Willst *du* mich
> etwa umbringen, wie du gestern den Ägypter umgebracht hast?"
> [29] Mose aber floh bei diesem Wort und wurde ein Fremder im
> Land Midian, wo er zwei Söhne zeugte.

Die erste Zeitspanne des Lebens Moses am Hof des Pharao dauerte vierzig Jahre. Doch alle Pracht und aller Prunk am Hof des Pharao konnten nicht verhindern, dass das Herz Moses für seine Brüder in ihrer Bedrängnis schlug. Eines Tages suchte er sie auf. Sein Herz brannte in Liebe zu seinem Volk. Er kam nicht, um ihnen vorzustellen, was sie alles falsch machten, sondern um ihre „Lastarbeiten" anzusehen (2Mo 2,11). Der Herr Jesus kam auch nicht, um zu richten, sondern um zu erretten (Joh 3,17).

Als Mose einen seiner Brüder zu Unrecht leiden sah, verteidigte er ihn. Er nahm ihn in Schutz und rächte den Unterdrückten, indem er den Ägypter erschlug. Zu der Zeit wohnte er noch am

Hof. Als er so klar für das Volk eintrat, meinte er, dass seine Brüder sehr wohl in ihm den Befreier sehen würden, durch dessen Hand Gott ihnen Errettung und Befreiung geben würde. Daran dachten sie jedoch keinesfalls. Im Gegenteil. Als er sich am folgenden Tag wieder seinen Brüdern zeigte, wurde deutlich, dass sie seine Einmischung überhaupt nicht gut fanden.

Erneut stellte Mose fest, dass Unrecht geschah. Dieses Mal ging es allerdings nicht um einen Ägypter, der einem Israeliten Unrecht tat, sondern um zwei Israeliten, die einander Unrecht taten. Als er sie miteinander versöhnen wollte, fragte er den einen, warum er seinen Nächsten schlage, doch dieser wandte sich gegen ihn. Er machte Mose den Vorwurf, sich etwas anzumaßen und sich zum „Obersten und Richter" aufzuspielen.

Hier sehen wir, dass seine Autorität seit seinem ersten Auftritt für sein Volk verworfen wurde, wie das bei Joseph der Fall war. Es erging Mose so, wie es Joseph früher ergangen war, als er sich nach dem Wohlergehen seiner Brüder erkundigte: Er wurde von den Seinen verworfen (1Mo 37,14.18).

Ebenso wie Joseph ist Mose in dieser Hinsicht ein Bild von Christus, der ebenfalls nicht von den Seinen angenommen wurde (Joh 1,11). Die Angehörigen seines Volkes hassten Christus, verwarfen, verleugneten und töteten Ihn sogar. Es war daher prophetisch gesehen auch die Schmach des Christus, die Mose ertrug, als er nach seinen Brüdern sah und ihr Los teilen wollte (Heb 11,26).

Die Verwerfung Moses kam klar in den Worten des Israeliten zum Ausdruck, der seinem Nächsten Unrecht tat: „Wer hat dich zum Obersten und Richter über uns gesetzt?" (2Mo 2,14). Der Mann fügte noch hinzu, dass er in ihm keinen Befreier sah, sondern eine Bedrohung für sein Leben. Das zeigt, dass das Volk lieber in der Sklaverei blieb als einen Befreier anzuerkennen. Das Volk wollte keinen Obersten und Richter akzeptieren. Der Vorwurf, dass Mose sich dazu aufspielte, wird zweimal von Stephanus erwähnt (V. 27.35); dadurch betont er die Schwere dieses Vorwurfs. Nachdem so deutlich geworden war, dass sein Volk ihn nicht wollte, floh Mose.

Was Stephanus entsprechend dem Bericht in 2. Mose 2 eine Flucht nennt, wird in Hebräer 11,27 als eine Tat des Glaubens bezeichnet. So wurde der Herr Jesus einerseits von seinem Volk verworfen, während Er andrerseits zum Himmel zurückgekehrt ist, um dort eine Zeit lang zu warten, bis sein Volk Ihn als seinen Erlöser annehmen wird.

Während der Zeit Moses in Midian, bekommt er eine heidnische Frau und von ihr zwei Söhne (2Mo 2,21.22; 18,3.4). Das kann man mit dem Herrn Jesus vergleichen, der in dieser Zeit die Gemeinde als Braut erwirbt. An den Namen, die Mose seinen Söhnen gibt, erkennt man, dass er auch im fremden Land sein Volk nicht vergaß, so wie der Herr Jesus, der nun im Himmel ist, sein irdisches Volk nicht vergisst.

Gott erscheint Mose (7,30–35)

> 30 Und als vierzig Jahre verflossen waren, erschien ihm in der
> Wüste des Berges Sinai ein Engel in der Feuerflamme eines Dorn-
> busches. 31 Als aber Mose es sah, wunderte er sich über das Ge-
> sicht; während er aber hinzutrat, um es zu betrachten, erging die
> Stimme des Herrn: 32 „*Ich* bin der Gott deiner Väter, der Gott Ab-
> rahams und Isaaks und Jakobs." Mose aber erzitterte und wagte
> nicht, es zu betrachten. 33 Der Herr aber sprach zu ihm: „Löse die
> Sandale von deinen Füßen, denn der Ort, auf dem du stehst, ist
> heiliges Land. 34 Gesehen habe ich die Misshandlung meines Vol-
> kes, das in Ägypten ist, und ihr Seufzen habe ich gehört, und ich
> bin herabgekommen, um sie herauszureißen. Und nun komm, ich
> will dich nach Ägypten senden." 35 Diesen Mose, den sie verleug-
> neten, indem sie sagten: „Wer hat dich zum Obersten und Richter
> gesetzt?", diesen hat Gott sowohl zum Obersten als auch zum Ret-
> ter gesandt mit der Hand des Engels, der ihm in dem Dornbusch
> erschienen war.

Mose war vierzig Jahre alt, als er floh. In der Wüste werden vierzig Jahre erfüllt. Vierzig ist die Zahl der Erprobung. Im besten Mannesalter formte Gott ihn in der Wüste. Wer würde solch eine Ausbildung in der Einsamkeit der Wüste wählen, wenn alle Herausforderungen des Lebens vor einem liegen? Doch Gott hat ihn dort Lektionen gelehrt, die er auf andere Weise nicht hätte lernen können.

Mose wird mit 80 Jahren vom Herrn berufen. Das geschah am Ende seines natürlichen Lebens, wie er selbst in Psalm 90,10 sagt. Bevor der Herr jemand gebrauchen kann, muss ein Mensch lernen, nicht auf seine natürlichen Fähigkeiten zu vertrauen. Das hat Mose gelernt. Es reicht jedoch nicht aus, nicht auf eigene Fähigkeiten zu vertrauen, sondern er muss auch lernen, auf die Kraft Gottes zu vertrauen.

Mose ist nun so weit, dass Gott ihm erscheinen kann. Das tut Er in Gestalt eines Engels in der Feuerflamme des Dornbusches. Moses Aufmerksamkeit wird dadurch geweckt: Der Dornbusch brennt zwar, aber er verbrennt nicht (2Mo 3,3). Der Dornbusch ist ein Bild des sündigen Menschen, so wie er von Natur aus ist. Wir sehen darin auch das ganze Volk Israel, das im Feuerofen Ägyptens ist. Zugleich sehen wir, dass Gott im Feuer ist. Deswegen verbrennt der Dornbusch nicht.

Gott benutzt das Feuer der Erprobung, um sein Volk zu läutern. Und so läutert Er auch uns. Was nicht mit Ihm übereinstimmt, wird vom Feuer verzehrt. Dadurch entsprechen wir immer mehr seinem Ziel mit uns, das darin besteht, dass wir dem Herrn Jesus ähnlicher werden. Außerdem ist Er in der Erprobung bei uns (Dan 3,23–25; Jes 63,9).

Der HERR sieht, wie Mose dem Busch näherkommt, um die wundersame Erscheinung zu besehen. Er macht sich Mose bekannt als der Gott des Bundes mit den Erzvätern: mit Abraham (1Mo 15,13.14), Isaak (1Mo 26,3) und Jakob (1Mo 46,4). Das ist die Grundlage, auf der Er handelt. Es erfreut Ihn, dass Mose Interesse an seiner Offenbarung zeigt. Zugleich aber handelt Er entsprechend seiner Heiligkeit.

Mose ist zutiefst von der Erscheinung Gottes und seinen Worten beeindruckt. Er fängt an sehr zu zittern und wagt es nicht, die Sache weiter zu untersuchen. Er weiß, dass er sich in der Gegenwart des heiligen Gottes befindet. Wo Gott ist, ist Heiligkeit. Gott macht ihm klar, dass er auf heiligem Boden steht. Deshalb soll er seine Schuhe ausziehen (vgl. Jos 5,15). Das Bewusstsein, auf heiligem Boden zu stehen, fehlte dem Synedrium, dem Stephanus gegenüberstand, völlig, obwohl sie behaupteten, im Heiligen Land zu wohnen.

Nachdem Mose den rechten Platz vor Gott eingenommen hat, sagt Gott ihm, was Er selbst gesehen hat und was Er tun will. Gott sagt ihm, dass Er *gesehen* habe, was seinem Volk angetan worden ist und dass Er *gehört* hat, wie sehr sie seufzen. Er *kennt* ihr Leid. Das veranlasst Ihn, zu handeln. Er ist *herabgekommen*, um sie zu erlösen und in ein Land zu bringen, das Er für sie ausgesucht hat. Mose ist der Mann, den Er gebrauchen will, um seinen Plan auszuführen.

Der Herr Jesus ist auf die Erde herabgekommen, um Menschen, die unter dem Joch der Sünde seufzen, zu erlösen. Ebenso wie bei Israel sprach Er nicht vom Himmel aus, sondern kam selbst aus dem Himmel auf die Erde herab. Wie ergreifend ist es, zu lesen, dass Gott dieses elende Sklavenvolk in Ägypten „mein Volk" nennt! Er ist wie der Vater, der seinem verlorenen Sohn um den Hals fällt, als dieser noch in seinen schmutzigen Kleidern steckt (Lk 15,20).

Nachdem Stephanus auf beeindruckende Weise die Offenbarung Gottes an Mose und seinen Auftrag, nach Ägypten zu gehen, um sein Volk zu befreien, beschrieben hat, wiederholt er, wie Mose als Oberster und Richter verworfen wurde (V. 27). Er redet in der Mehrzahl („sie") und macht damit die Sünde des einen Mannes zu einer kollektiven Sünde, das heißt zur Sünde des ganzen Volkes.

Um den Ernst der Sache noch weiter zu unterstreichen, spricht Stephanus davon, dass sie Mose verleugneten, obwohl Gott Mose erschienen war und Er ihn als Obersten und Erlöser zu ihnen gesandt hatte. Das ist eine beeindruckende Illustration der Verwerfung Christi seitens des jüdischen Volkes. Er war doch der Führer zum Leben (vgl. Apg 3,14.15; 4,10–12).

Mose wird verworfen – Götzendienst – das Gericht Gottes (7,36–43)

> 36 Dieser führte sie heraus, indem er Wunder und Zeichen tat im
> Land Ägypten und im Roten Meer und in der Wüste, vierzig Jahre.
> 37 Dieser ist der Mose, der zu den Söhnen Israels sprach: „Einen
> Propheten wird euch Gott aus euren Brüdern erwecken, gleich
> mir." 38 Dieser ist es, der in der Versammlung in der Wüste mit
> dem Engel, der auf dem Berg Sinai zu ihm redete, und mit unse-
> ren Vätern gewesen ist; der lebendige Aussprüche empfing, um
> sie uns zu geben; 39 dem unsere Väter nicht gehorsam sein wollten,
> sondern sie stießen ihn von sich und wandten sich in ihren Her-
> zen nach Ägypten zurück 40 und sagten zu Aaron: „Mache uns
> Götter, die vor uns herziehen sollen; denn dieser Mose, der uns
> aus dem Land Ägypten geführt hat – wir wissen nicht, was ihm
> geschehen ist." 41 Und sie machten ein Kalb in jenen Tagen und
> brachten dem Götzenbild ein Schlachtopfer dar und erfreuten sich
> an den Werken ihrer Hände. 42 Gott aber wandte sich ab und gab
> sie hin, dem Heer des Himmels zu dienen, wie geschrieben steht
> im Buch der Propheten: „Habt ihr mir etwa vierzig Jahre in der
> Wüste Opfertiere und Schlachtopfer dargebracht, Haus Israel? 43
> Ja, ihr habt die Hütte des Moloch getragen und das Gestirn eures
> Gottes Raiphan, die Bilder, die ihr gemacht hattet, um sie anzube-
> ten; und ich werde euch verpflanzen über Babylon hinaus."

Nachdem Stephanus mit großem Nachdruck die besondere Erziehung, Bildung und Berufung Moses seinen Zuhörern vorgestellt hat, fährt er ebenso eindrucksvoll mit Moses Dienst der Befreiung fort. Immer wieder weist er darauf hin, was Mose getan oder gesagt hat. Dieser und kein anderer hat sie aus Ägypten geführt. Und auf welche Weise! Indem er Zeichen und Wunder tat. Hat sich nicht auch der Herr Jesus so in der Mitte seines Volkes offenbart? Sind die Apostel nicht auch auf diese Weise unter dem Volk tätig, und ist Stephanus nicht auch so tätig gewesen?

Mose hat sie nicht nur aus Ägypten befreit, sondern auch durch das Rote Meer in die Wüste geführt. Dort hat er ihnen vierzig Jahre lang den Weg gewiesen. Es ist der Mose, der zu den Kindern Israel sagte - und die, die im Synedrium saßen, beriefen sich doch darauf?! -, dass Gott ihnen einen Propheten erwecken würde, wie Er Mose erweckte. Für das Synedrium war klar, dass damit der Messias gemeint war, der genau wie Mose als Retter und Richter auftreten würde.

Stephanus gibt Mose noch mehr Ehre. Er weist auf Mose hin und sagt, dass er derjenige war - und kein anderer -, der in der Wüste das Gesetz durch die Vermittlung von Engeln empfangen hat. Das Gesetz bestand aus den Worten Gottes. Es waren also lebendige Worte. Gott hatte sie Mose auf dem Berg Gottes gegeben. Mose war der Mittler, denn er war mit dem Engel in der Wüste und auf dem Berg, und er war mit „unseren Vätern".

Er hat „uns" die lebendigen Worte gegeben, damit ist Israel damals und heute gemeint. Doch was haben „unsere Väter" mit alldem getan, was Gott ihnen durch Mose gegeben und zu ihnen gesagt hatte? Sie waren Ihm mutwillig ungehorsam. Sie *wollten* ihm nicht gehorchen. Sie stießen ihn von sich weg. Sie wollten ihn nicht mit seinem Gerede über den Gehorsam gegenüber Gott.

Sie kehrten in ihren Herzen wieder nach Ägypten zurück. Dort konnten sie zumindest tun, worauf sie Lust hatten. Dass sie dort in Sklaverei und Bedrängnis lebten, daran dachten sie nicht mehr. All das war besser als der beklemmende Gehorsam Gott gegenüber. Und übrigens, wo war Mose geblieben? Er war schon so lange weg, dass er wohl nie wieder zurückkommen würde.

Darum forderten sie Aaron auf, ihnen Götzen zu machen, die sie sehen und denen sie folgen konnten. Deshalb machten sie während der Abwesenheit Moses ein Kalb. Diesem Götzen brachten sie Opfer und erfreuten sich an den Werken ihrer Hände. An die Ehre und das Werk Gottes dachten sie nicht mehr. Daher wandte

Gott sich ab. Er entzog sich ihnen und gab sie im Gericht dem Götzendienst hin (vgl. Röm 1,23–26.28).

Stephanus hält dem Synedrium vor, dass das Volk während seiner ganzen Geschichte nichts anderes tat, als den Götzen zu dienen. Abraham diente ihnen, bevor Gott ihn berief (Jos 24,2), das Volk diente ihnen in Ägypten (Jos 24,14), und sie dienten ihnen in der Wüste (Amos 5,25–27).

Stephanus zitiert den Propheten Amos mitsamt dem Gericht, das die Babylonier ausführen würden, indem sie das Volk in die Gefangenschaft führen würden. Es geht also um ein zweifaches Gericht. Es gibt das Gericht Gottes, wodurch Er sie dem Götzendienst hingibt, *und* das Gericht Gottes, sie in die Gefangenschaft wegzuführen, weg aus ihrem Land.

Immer wieder klingt in der Rede des Stephanus durch, dass Gott sich seinem Volk jeweils anders nähert, weil sein Volk sich immer wieder von Ihm abwendet und Ihm untreu wird. Alles was Er gab, haben sie stets verworfen und stattdessen die Götzen gewählt.

Der Wohnort Gottes (7,44–50)

> 44 Unsere Väter hatten die Hütte des Zeugnisses in der Wüste, so wie der, der zu Mose redete, befahl, sie nach dem Muster zu machen, das er gesehen hatte; 45 die unsere Väter auch übernahmen und mit Josua einführten bei der Besitzergreifung des Landes der Nationen, die Gott vertrieb von dem Angesicht unserer Väter weg, bis zu den Tagen Davids, 46 der vor Gott Gnade fand und eine Wohnstätte zu finden begehrte für den Gott Jakobs. 47 Salomo aber baute ihm ein Haus. 48 Aber der Höchste wohnt nicht in Wohnungen, die mit Händen gemacht sind, wie der Prophet spricht: 49 „Der Himmel ist mein Thron und die Erde der Schemel meiner Füße. Was für ein Haus wollt ihr mir bauen, spricht der Herr, oder welches ist der Ort meiner Ruhe? 50 Hat nicht meine Hand dies alles gemacht?“

Jetzt kommt Stephanus zu einem neuen Abschnitt in seiner Rede. Nachdem er ausführlich seine Ehrerbietung in Bezug auf Mose zum Ausdruck gebracht hat, die im Gegensatz zu ihrer Beschuldigung steht, dass er Mose lästern würde, spricht er über die Wohnung Gottes. Sie hatten Stephanus ja auch beschuldigt, Worte gegen den Tempel geredet zu haben, indem er auf die Verwüstung hinwies (Apg 6,14). Stephanus wird jetzt zeigen, dass Gottes frühere Wohnungen vorübergehende Wohnungen waren und nicht einmal wirkliche Wohnungen.

Er nennt zuerst die Stiftshütte, die er mit dem ausführlichen Namen „Hütte des Zeugnisses in der Wüste" nennt. Es ist das Zelt, von dem aus Gott sich bezeugte und zu seinem Volk sprach. Doch was war das für ein Zelt? Es war ein angefertigtes Zelt, von Mose auf Befehl Gottes hergestellt, nach dem Muster, das er auf dem Berg gesehen hatte (2Mo 25,40). Stephanus macht klar, dass die Stiftshütte eine zeitliche Wohnung Gottes war und dass diese auf eine höhere Wirklichkeit hinwies, nämlich den Himmel. Die Stiftshütte würde nicht für immer die Wohnung Gottes bleiben.

Als „unsere Väter" mit Josua in das Land hineingezogen waren, nahmen sie die Stiftshütte mit (Jos 3,14–17). Stephanus nennt Josua mit Namen. Dies ist der hebräische Name für den griechischen Namen „Jesus". Er sagt also eigentlich, dass das Volk mit „Jesus" das Land in Besitz genommen hat. Gott befreite das Land von den ursprünglichen Bewohnern (Jos 23,9; 24,18), die alle Götzendiener waren. Dort bekam die Stiftshütte ihren Platz bis zur Zeit Davids.

Mit David kommt es zu einer Änderung. Die Änderung hat mit der Art des Gottesdienstes zu tun, nicht mit dem Grundsatz, dass Gott gedient wird. Gott möchte zu jeder Zeit, dass Menschen Ihm dienen, doch Er ändert schon mal die Art und Weise, wie Gottesdienst ausgeübt werden soll. Zunächst geschah das in der Stiftshütte, und unter David geschah das im Blick auf den Tempel.

Auch ist Gott frei, den jeweiligen Erbauer zu bestimmen. Obwohl David Gnade in den Augen Gottes fand und danach verlangte, Gott eine Wohnung zu bauen (Ps 132,5), durfte er das nicht tun (2Sam 7,2–17). Gott hatte Salomo dazu bestimmt, den Tempel zu bauen (1Kön 6,1.14; 8,19.20).Doch wie prächtig der Tempel auch war, das war nicht der wirkliche Wohnort Gottes.

Die Zuhörer des Stephanus beanspruchten Gott für sich, indem sie auf den Tempel als den Wohnort Gottes hinwiesen. Für sie war der Tempel der unerschütterliche Beweis der Gegenwart Gottes. Wer zum Tempel kam, kam zu Gott. Stephanus bringt diese Vorstellung zum Einsturz, indem er darauf hinweist, dass Gott nicht in einem Tempel wohnt, der mit Händen gemacht ist. Er bekräftigt seine Worte, indem er zitiert, was Gott selbst durch den Mund des Propheten Jesaja darüber gesagt hat (Jes 66,1.2; vgl. 1Kön 8,27).

Die Anklage des Stephanus (7,51–53)

> 51 Ihr Halsstarrigen und Unbeschnittenen an Herz und Ohren! *Ihr*
> widerstreitet allezeit dem Heiligen Geist; wie eure Väter, so auch
> ihr. 52 Welchen der Propheten haben eure Väter nicht verfolgt?
> Und sie haben die getötet, die die Ankunft des Gerechten zuvor
> verkündigten, dessen Verräter und Mörder *ihr* jetzt geworden
> seid, 53 die ihr das Gesetz durch Anordnung von Engeln empfan-
> gen und nicht beachtet habt.

An diesem Punkt seiner Ausführungen scheint Stephanus dem Synedrium anzumerken, dass sie verstehen, dass er von ihnen redet. Er hat in seiner Rede die Pfeile, die auf ihn gerichtet waren, in ihre Richtung umgelenkt. Er hat alle Argumente für seine Verurteilung zu ihrer Verurteilung umgemünzt. Nun sind sie die Angeklagten.

Anstatt unter ihren drohenden Blicken seinen Ton etwas zurückzunehmen und einzulenken, erhebt Stephanus seine Stimme und ruft ihnen zu, wie es um sie steht. Er nennt sie „Halsstarrige", weil sie ihren Nacken nicht vor Gott beugen wollen. So hat Gott auch zu Mose über sein Volk geredet (2Mo 33,5).

Er nennt sie außerdem „Unbeschnittene an Herz und Ohren". Sie mögen zwar durch die äußere Beschneidung zum Volk Gottes gehören, innerlich sind sie jedoch wie die unbeschnittenen Heiden, deren Herz nicht auf Gott ausgerichtet ist und die nicht auf Gott hören (Jer 9,25; Röm 2,25). In ihrer Abkehr von Gott widerstanden sie dem Wirken des Heiligen Geistes. Das machten sie nicht nur einmal, sondern *beständig* (Jes 63,10; vgl. Ps 106,33).

Stephanus hat bis jetzt immer von *„unseren* Vätern" gesprochen, doch an dieser Stelle seiner Rede distanziert er sich von ihnen und spricht über *„eure* Väter". Ihre Väter und sie taten dasselbe, indem sie dem Heiligen Geist widerstanden. Sie taten das sogar noch offensichtlicher als ihre Väter, denn der Geist war gekommen und wirkte deutlich in einem Mann wie Stephanus (Apg 6,5.10).

Er hält ihnen durch eine rhetorische Frage vor, welchen der Propheten ihre Väter nicht verfolgt hätten. Sie können keine Ausnahme nennen, denn jeder Prophet, der von Gott gesandt war, um sein Volk auf seine Sünden hinzuweisen und sie zur Bekehrung aufzurufen, wurde von ihnen verworfen (2Chr 36,16; Jer 2,30; Mt 23,31). Alle diese Propheten haben auch auf das Kommen des Gerechten hingewiesen, auf den Herrn Jesus. Und was haben sie, das Synedrium, mit Ihm gemacht? Sie haben Ihn verraten und ermordet.

Auch Petrus hat diese Beschuldigung bereits geäußert (Apg 3,14.15). Doch während Petrus noch ihre „Unwissenheit" als mildernde Umstände berücksichtigt, macht Stephanus diese Gruppe religiöser Führer völlig verantwortlich für dieses größte Verbrechen aller Zeiten. Jede neue Offenbarung Gottes haben sie verworfen, bis hin zum Sohn Gottes.

Die letzten Worte, die Stephanus äußern kann, beziehen sich auf die Art und Weise, wie sie das Gesetz bekommen haben, und auf die Tatsache, dass sie das Gesetz nicht gehalten haben. Sie hatten ihn beschuldigt, gegen das Gesetz gesprochen zu haben (Apg 6,11.13), doch hier gibt er dem Gesetz die höchste Ehre und sagt, wie man das Gesetz richtig gebrauchen muss. Er anerkennt den erhabenen Ursprung des Gesetzes (Gal 3,19; Heb 2,2) und wendet die völlige Autorität auf die Mitglieder des Synedriums an.

Stephanus wird gesteinigt (7,54–60)

> [54] Als sie aber dies hörten, wurden ihre Herzen durchbohrt, und
> sie knirschten mit den Zähnen gegen ihn. [55] Als er aber, voll Hei-
> ligen Geistes, unverwandt zum Himmel schaute, sah er die Herr-
> lichkeit Gottes, und Jesus zur Rechten Gottes stehen; [56] und er
> sprach: Siehe, ich sehe die Himmel geöffnet und den Sohn des
> Menschen zur Rechten Gottes stehen! [57] Sie schrien aber mit lauter
> Stimme, hielten sich die Ohren zu und stürzten einmütig auf ihn
> los. [58] Und als sie ihn aus der Stadt hinausgestoßen hatten, steinig-
> ten sie ihn. Und die Zeugen legten ihre Kleider ab zu den Füßen
> eines Jünglings, genannt Saulus. [59] Und sie steinigten Stephanus,
> der betete und sprach: Herr Jesus, nimm meinen Geist auf! [60] Und
> niederkniend rief er mit lauter Stimme: Herr, rechne ihnen diese
> Sünde nicht zu! Und als er dies gesagt hatte, entschlief er.

Als er sagt, dass sie Gesetzesübertreter seien, ist für sie das Maß voll. Alle angestaute Wut entlädt sich. Sie können Stephanus überhaupt nichts erwidern. Seine Beweisführung ihrer Schuld ist unwiderlegbar. Statt dass seine Worte ihre Herzen treffen und sie fragen, was sie tun sollen (vgl. Apg 2,37), wird seine Rede je länger je mehr für sie eine Qual, eine Folter für ihren Geist. Sie knirschen mit den Zähnen gegen ihn. Das zeigt ihre Qual, die kennzeichnend ist für die Hölle, mit der sie in Verbindung stehen (Lk 13,28; Ps 35,16).

Während ihre Wut im Verlauf der Rede des Stephanus zunimmt, was in ihren Gesichtern abzulesen ist, strahlt Stephanus zunehmend die Herrlichkeit des Himmels wider. Sie sind voller Wut, er ist voll Heiligen Geistes. Sie sehen in ihrer Wut einen Mann vor sich, den sie töten wollen. Er sieht die wütende Menge nicht, sondern ist völlig vom Heiligen Geist und von dem ergriffen, was er im Himmel sieht: die Herrlichkeit Gottes und Jesus, der zur Rechten Gottes steht.

Die Herrlichkeit Gottes war aus dem Tempel gewichen (Hes 10,18; 11,23) und zum Himmel zurückgekehrt. Diese Herrlichkeit war in Christus wieder auf der Erde erschienen, wurde jedoch erneut verworfen und ist zum Himmel zurückgekehrt. Nun sieht Stephanus diese Herrlichkeit, und das bedeutet, dass die Herrlichkeit sichtbar ist für Christen, die den Geist Gottes besitzen.

Nach seinem messerscharfen Urteil spricht er nun über den Himmel, den er geöffnet sieht und wo er den Herrn Jesus als Sohn des Menschen zur Rechten Gottes stehen sieht. So wie der Anblick der Herrlichkeit Gottes ist auch der Anblick des geöffneten Himmels ein Kennzeichen für das Christentum. Im Judentum war der Zugang zu Gott verschlossen, denn Gott war hinter dem Vorhang verborgen.

Nachdem das Synedrium all das gehört hat, explodieren sie. Sie fangen an zu schreien, so dass sie kaum noch hörten, was Stephanus vielleicht noch sagte. Und sollte dennoch ein Wort dieses - in ihren Augen - schrecklichen Missetäters durch ihr Geschrei hindurch ihre Ohren erreicht haben, hätten sie es doch nicht hören können, weil sie ihre Ohren zuhielten (Ps 58,5.6).

Sie können nicht ertragen, was Stephanus sagt. Er bezeugt nicht die Herrlichkeit Gottes (was für den Himmel normal wäre), sondern den Sohn des *Menschen* in der Herrlichkeit. Es ist ihnen völlig klar, was er damit sagt. Er sagt nicht mehr und nicht weniger, als dass er den Messias sieht, den sie verworfen haben, und dass dieser der Sohn Gottes ist (Dan 7,13).

Doch Stephanus sagt noch etwas anderes. Er sagt auch, dass er sieht, dass der Sohn des Menschen „steht". Das zeigt, dass die Verwerfung des Herrn Jesus noch nicht abgeschlossen ist und dass Er gleichsam bereit ist, zurückzukehren, falls sich das Volk doch noch bekehrt. Dazu kommt es jedoch nicht. Im Gegenteil. Indem sie Stephanus steinigen, schicken sie dem Herrn Jesus eine Gesandtschaft hinterher. Dadurch machen sie deutlich, dass sie Ihn nicht als König haben wollen (Lk 19,14).

Mit dem Tod des Stephanus wird auch das Zeugnis des Heiligen Geistes ihrerseits verworfen. Wo man dem Herrn einen

Scheinprozess machte, wird Stephanus ohne irgendeine Form des Prozesses aus der Stadt hinausgeführt und gesteinigt. Er erleidet damit das Schicksal eines Gotteslästerers (3Mo 24,16). Falsche Zeugen führen die Steinigung aus (Apg 6,13).

Sie legen ihre Kleider zu den Füßen eines jungen Mannes namens Saulus nieder, damit sie beim Steinewerfen nicht behindert werden. Später wird Saulus, dann als Paulus, seine Beteiligung und dieses Aufpassen auf die Kleider der Steinewerfer als eine sehr beklagenswerte Sache anführen (Apg 22,20). Hier wird er zum ersten Mal erwähnt. Er war mit der Steinigung dieses „Gotteslästerers" völlig einverstanden.

Während Stephanus gesteinigt wird, ruft er zum Herrn, seinen Geist aufzunehmen. Der Himmel musste nicht nur den Herrn Jesus bis zu den Zeiten der Wiederherstellung aufnehmen (Apg 3,20.21), sondern auch die Seelen der Seinen, die an Ihn glauben. Durch den Anblick des verherrlichten Christus im Himmel wird Stephanus, und auch jeder andere Gläubige, verändert und wird Ihm ähnlich. Das zeigt sich an seinen letzten Worten.

Seine letzten Worte sind nicht mehr an das Volk gerichtet – ihnen hatte er nichts mehr zu sagen –, sondern an seinen Herrn. Während die Steine auf ihn niederprasseln, kniet er ruhig nieder, um dann mit lauter Stimme, so dass sie alle es hören, für seine Mörder um Vergebung zu bitten (vgl. Lk 23,34).

Die Tatsache, dass er den Herrn Jesus sieht, gibt ihm in diesen Umständen diese Ruhe. Diese Ruhe sehen wir auch in der Art und Weise, wie der Tod des Stephanus beschrieben wird: er entschlief. Das Entschlafen bezieht sich auf den Leib, nicht auf die Seele oder den Geist. Stephanus wird im besten Mannesalter aus diesem Leben weggenommen, das ein Zeugnis war.

Jim Elliot, der mit 28 Jahren durch die Speere der Auca-Indianer getötet wurde, denen er das Evangelium verkündigen wollte, schrieb: „Ich suche kein langes Leben, sondern ein erfülltes Leben." Und: „Gott will die Ewigkeit bevölkern, und ich will Ihn dabei nicht auf alte Menschen beschränken."

Kapitel 8

Verfolgung – Stephanus begraben (8,1–4)

[1] Saulus aber willigte in seine Tötung mit ein. Es entstand aber an jenem Tag eine große Verfolgung gegen die Versammlung, die in Jerusalem war; und alle wurden in die Landschaften von Judäa und Samaria zerstreut, ausgenommen die Apostel. [2] Gottesfürchtige Männer aber bestatteten Stephanus und stellten eine große Klage über ihn an. [3] Saulus aber suchte die Versammlung zugrunde zu richten, indem er der Reihe nach in die Häuser ging und sowohl Männer als Frauen fortschleppte und ins Gefängnis überlieferte. [4] Die Zerstreuten nun gingen umher und verkündigten das Wort.

Als Stephanus gesteinigt wurde, hatte Saulus sich daran beteiligt, indem er die Kleider verwahrte (Apg 7,58). Nun erwähnt Lukas, dass er mit der Steinigung einverstanden war. Sofort danach erwähnt Lukas die erste große Verfolgung der Gemeinde. Mit dem Tod des Stephanus bricht der Damm. Der Geist des Hasses der religiösen Führer nimmt völlig Besitz von ihnen und kommt zur vollen Entfaltung.

Mit dem Tod des Stephanus kommt auch das zusätzliche Jahr der Gnade zu Ende, das Gott Israel gegeben hat, um Frucht für Ihn zu bringen (Lk 13,6–9). Nachdem Stephanus verworfen ist und damit auch das zweite Angebot der Gnade, erstreckt sich das Heil zu den Nationen. Dazu wird Gott den Mann gebrauchen, der jetzt noch damit beschäftigt ist, sich zum größten Verfolger der Christen zu entwickeln.

Doch zuvor erreicht das Evangelium noch die Landstriche von Judäa und Samaria. Dorthin wird die Gemeinde zerstreut. Es sind die Landstriche, die der Herr Jesus genannt hat, als er seinen Jüngern den Auftrag gab, dort das Evangelium zu verkündigen (Apg 1,8). Sie waren diesem Auftrag bis jetzt noch nicht nachgekommen. Der Herr gebraucht die Verfolgung, um das zu bewirken (V. 4). Dadurch werden sie gleichsam in die Ernte ausgesandt (Lk 10,2). Die Apostel bleiben in Jerusalem. Waren sie dadurch ihrem Auftrag ungehorsam? Es kann sein, dass es sehr mutig war, gerade jetzt in Jerusalem zu bleiben und dass Gott es so wollte.

Nachdem das Synedrium seine Wut durch die Steinigung des Stephanus abgekühlt hatte, wird dieser erste Glaubensmärtyrer von gottesfürchtigen Männern bestattet. Die große Klage, die sie anstellen, passt dazu. Sie waren betrübt, jedoch nicht so wie Ungläubige, die keine Hoffnung haben (1Thes 4,13.14).

Danach richtet Lukas unsere Aufmerksamkeit wieder auf Saulus. Dieser hat mit Freude gesehen, dass Stephanus getötet wurde. Dieses Ereignis hat in ihm die versteckten Hassgefühle entfesselt, die bewirkten, dass er die Gemeinde verfolgte (vgl. Ps 83,5). Dabei ging er sehr präzise vor. Er ging in jedes Haus, in dem er Christen vermutete, die dort wohnten oder zusammenkamen (Apg 2,46; 5,42).

Wenn er sie fand, fesselte er sie und überlieferte sie ins Gefängnis (Apg 22,4), wo er sie unter Folter zur Lästerung zwingen wollte (Apg 26,9–11). Er unterscheidet dabei keineswegs zwischen Männern und Frauen. Menschen, die vom Hass getrieben werden, achten nicht auf unterschiedliche Belastbarkeit. Gerade Schwächere sind für sie eine willkommene Zielscheibe.

Der ganze Hass, der sich entlädt, führt doch dazu, dass der Wille Gottes erfüllt wird, denn durch die Zerstreuung, die dadurch entsteht, dringt das Evangelium zu vielen Orten vor. Die Verfolgung ist wie ein unangenehmer Wind, der die Saat an andere Orte trägt, mit der segensreichen Folge, dass sie dort aufkeimt. Der Hass, der sie vertrieb, ängstigt sie nicht, sondern macht sie im Gegenteil zu mutigen Zeugen.

Die Verkündigung des Wortes geschah durch jeden der zerstreuten Gläubigen. Die Verkündigung des Evangeliums hängt hier also offenbar nicht von einer Gabe ab, sondern von einem Herzen, das vom Herrn erfüllt ist. Was vom Feind gedacht ist, um auszurotten, das gebraucht Gott zur Ausbreitung seines Werkes.

Wir finden hier eine schöne Anwendung des Rätsels von Simson: „Aus dem Fresser kam Fraß, und aus dem Starken kam Süßigkeit" (Ri 14,14). Der Fresser und der Starke ist der Feind, der als brüllender Löwe umhergeht und sucht, wen er verschlingen kann (1Pet 5,8). Doch anstatt dass die Gläubigen verschlungen werden, entsteht neues Leben als Folge des Glaubens an das gepredigte Evangelium. Dazu haben wir ein schönes Beispiel im Gebiet Samarias, wovon Lukas im nächsten Abschnitt berichtet.

Die Predigt des Philippus in Samaria (8,5–8)

[5] Philippus aber ging hinab in eine Stadt Samarias und predigte
ihnen den Christus. [6] Die Volksmengen aber achteten einmütig
auf das, was von Philippus geredet wurde, indem sie zuhörten
und die Zeichen sahen, die er tat. [7] Denn von vielen, die unreine
Geister hatten, fuhren sie aus, mit lauter Stimme schreiend; und
viele Gelähmte und Verkrüppelte wurden geheilt. [8] Es entstand
aber große Freude in jener Stadt.

Wir sind Philippus schon früher begegnet: Er war einer der sieben Diakone (Apg 6,5). Er hat sich treu seiner Aufgabe als Diakon gewidmet und dadurch viel Freimütigkeit im Glauben erworben (1Tim 3,13). Das hatte dazu geführt, dass er jetzt als Evangelist tätig war (Apg 21,8). Er predigte in Samaria.

Die Bewohner Samarias, die Samariter, sind eine Vermischung aus Juden und Heiden, die seit der assyrischen Wegführung der 10 Stämme in Israel wohnen (2Kö 17,24–41). Sie waren zuerst Götzendiener, doch begannen dann auch, den HERRN zu verehren. Sie hielten sich aber nur an die fünf Bücher Mose. Wegen dieser Vermischung verachteten die echten Juden sie. Als Ort der Anbetung hatten sie den Berg Gerisim im Gegensatz zu den Juden, die Jerusalem als Ort der Anbetung hatten (Joh 4,20). Durch die Verkündigung des Christus kommt auch für sie die neue Art der Anbetung, losgelöst von Jerusalem und dem Berg Gerisim (Joh 4,21–24).

Philippus predigte nicht eine Lehre, sondern eine Person: Christus. Im weiteren Verlauf des Kapitels lesen wir, dass er dem Kämmerer *Jesus* predigte, weil er an das anknüpfte, was der Kämmerer las. Dieser las Jesaja 53, und darin wird der Herr Jesus in seiner Erniedrigung beschrieben (V. 35). Indem er in Samaria *Christus* predigte, knüpfte Philippus an die Auferstehung und Verherrlichung des Herrn an (Apg 2,36).

Die Predigt des Philippus hat großen Erfolg. Eine der Ursachen dafür ist, dass der Herr selbst bereits in Samaria gewirkt hatte und dass viele Ihn dort kannten, die ihrerseits auch Zeugen geworden waren (Joh 4,39). Dort war bereits gesät worden, und nun konnte geerntet werden (Joh 4,35–38). Der Same der Predigt fällt auf vorbereiteten Boden. Außerdem gab es Glauben an das Kommen des Messias (Joh 4,25). Philippus konnte Ihn als den predigen, der bereits gekommen war.

Seine Predigt bewirkt unter der Volksmenge eine Einheit. Gehorsam auf das Wort Gottes achten, das bewirkt Eintracht. Sie hören nicht nur auf die Predigt, was als erstes genannt wird, sondern sehen auch die Zeichen, die er tat. Übrigens sehen wir, dass in der Apostelgeschichte Zeichen und Wunder außer von den Aposteln nur noch von Stephanus (Apg 6,8) und Philippus (hier) getan werden. Die Zeichen, die Philippus tat, bestehen aus den wunderbaren Befreiungen von Menschen aus geistlicher und körperlicher Gefangenschaft.

Sie werden nicht Wunder genannt, sondern Zeichen, weil alle diese Heilungen Hinweise auf den verherrlichten Herrn sind, der dadurch das gepredigte Wort unterstrich und bestätigte (Mk 16,20). Der Christus, den Philippus predigte, bewies durch diese Wunder seine befreiende und wiederherstellende Macht. Alle diese Wunder sind *Zeichen* der Macht zur Befreiung und Wiederherstellung. Sie waren ein Vorgeschmack der Wunderwerke des zukünftigen Zeitalters (Heb 6,5). Dass die unreinen Geister laut schreiend ausfuhren, beweist, dass sie völlig widerwillig ihre Opfer verließen, es aber durch die größere Macht des Herrn Jesus tun mussten.

Die Befreiung aus der Macht der Sünde durch das Werk Christi, begleitet von der wohltuenden Befreiung der Folgen der Sünde, bewirkt große Freude. Die Wirkung der Predigt des Philippus beim Kämmerer ist ebenfalls Freude (V. 39). Freude ist untrennbar mit dem Evangelium verbunden. Der Engel, der die Geburt des Herrn Jesus ankündigte, sprach in Verbindung mit dem Kommen des Herrn Jesus von „großer Freude, die für das ganze Volk sein wird“ (Lk 2,10). Überall wo der Herr Jesus aufgenommen wird, folgt auf die Traurigkeit über die Sünden die Freude über die Vergebung (1Thes 1,6). Freude gehört zum Reich Gottes (Röm 14,17) und ist ein Teil der Frucht des Geistes (Gal 5,22).

Simon der Zauberer (8,9–13)

9 Ein gewisser Mann aber, mit Namen Simon, befand sich vorher in der Stadt, der Zauberei trieb und das Volk von Samaria außer sich brachte und von sich selbst sagte, dass er jemand Großes sei; 10 dem alle, vom Kleinen bis zum Großen, anhingen und sagten: Dieser ist die Kraft Gottes, die „die Große“ genannt wird. 11 Sie hingen ihm aber an, weil er sie lange Zeit mit den Zaubereien außer sich gebracht hatte. 12 Als sie aber Philippus glaubten, der das Evangelium von dem Reich Gottes und dem Namen Jesu Christi verkündigte,

wurden sie getauft, sowohl Männer als Frauen. [13] Aber auch Simon selbst glaubte, und als er getauft war, hielt er sich zu Philippus; und als er die Zeichen und großen Wunderwerke sah, die geschahen, geriet er außer sich.

Bevor Philippus in Samaria ankam, wirkte dort ein Mann, der das Volk in Ekstase versetzte. Er benutzte dazu Zauberei. Er trat nicht bescheiden auf, sondern gab sich als „jemand Großes" aus, er war ein Angeber. (Beim erneuten Lesen dieses Kommentars finde ich eine Karte im Briefkasten, die zeigt, dass Menschen wie Simon noch immer quicklebendig sind. Auf der Karte steht: „Ich bin ein großes afrikanisches Medium und kann Hellsehen ... Ich biete Ihnen eine Lösung all Ihrer Probleme ... und Schutz vor schlechten Einflüssen ... Ich helfe Ihnen ... Ich bringe Erfolg." Dieser Diener des Teufels leidet durchaus nicht an einem Minderwertigkeitskomplex.)

Mit seinen Zauberkünsten richtete Simon die Aufmerksamkeit auf sich selbst, und das mit Erfolg. Er schaffte es, dass alle ihn beachteten. Er übte eine große Anziehungskraft auf alle aus; er sprach Alt und Jung an. Jeder ließ sich von ihm beeindrucken und schrieb ihm göttliche Kraft zu. Seine Zaubereien waren Wunder der Lüge (2Thes 2,9). Es war nicht ein vorübergehender Rummel. Er war kein Stern, der erschien und genauso plötzlich wieder verschwand. Im Gegenteil. Er brachte das Volk „lange Zeit" außer sich. Doch das, was der Teufel zu bieten hat, besteht immer nur für eine begrenzte Zeit und befriedigt niemals ganz.

Das Evangelium hingegen hat bleibende Folgen. Das entdecken die Menschen, die Philippus aufmerksam zuhören und auf seine Predigt achten. Als sie es noch nicht besser wussten, waren sie im Bann der Zaubereien Simons. Doch als sie die Wunder des Philippus sahen, bemerkten sie deutlich den Unterschied zwischen Nachahmung und Echtem und dass Echtes und Nachahmung nichts miteinander zu tun haben. „Was hat das Stroh mit dem Korn gemeinsam?" (Jer 23,28). Simon predigte sich selbst, Philippus predigte das Reich Gottes und den Namen Jesu Christi.

Das Reich Gottes ist der Bereich, in dem die Herrschaft des Herrn Jesus anerkannt wird. Es ist der Glaube an den Namen des Herrn Jesus, durch den man in diesen Bereich hineinkommt. Deshalb folgt auch sofort die Taufe als äußerer Beweis dafür, dass jemand dem Herrn angehören und Ihm folgen möchte. Die Taufe wird an Männern und Frauen vollzogen. Im Alten Testament wurden nur die Männlichen beschnitten. Im Neuen Testament gibt es im Blick auf das Heil und die Nachfolge Christi vor Gott keinen Unterschied mehr zwischen Männern und Frauen (Gal 3,27.28).

Vom Empfang des Heiligen Geistes, wie das in Kapitel 2,38 berichtet wird, ist hier allerdings noch keine Rede. Die Samariter empfangen den Heiligen Geist erst, nachdem Petrus und Johannes aus Jerusalem gekommen sind und sich durch das Auflegen der Hände mit ihnen einsgemacht haben. Gott tut das bewusst auf diese Weise. Es bestand nämlich eine religiöse Rivalität zwischen Jerusalem und Samaria, die hierdurch keine Nahrung erhielt, ein zerstörerisches Werk zu tun.

Simon glaubte ebenfalls und wurde auch getauft. Er sah in Philippus keinen Konkurrenten, sondern jemanden, der ihm an Kraft überlegen war. Simon bleibt beständig in der Nähe des Philippus, als hätte er seine Hoffnung auf ihn gesetzt. Beim Kämmerer verlief das anders (V. 39). Der Glaube Simons ist von der Art, wie er in Johannes 2,23 genannt wird. Philippus lässt sich von Simon täuschen und tauft ihn (oder lässt ihn taufen).

Was Simon wirklich dazu trieb, waren die Zeichen und großen Wunderkräfte, die Philippus tat. So gibt es auch heute viele, die vom christlichen Glauben wegen der aufsehenerregenden Dinge wie Heilungen und sogenannte Prophezeiungen angetan sind, die sie bei bestimmten Gelegenheiten wahrnehmen.

Petrus und Johannes in Samaria (8,14–17)

> 14 Als aber die Apostel in Jerusalem gehört hatten, dass Samaria das Wort Gottes angenommen habe, sandten sie Petrus und Johannes zu ihnen; 15 die, als sie hinabgekommen waren, für sie beteten, damit sie den Heiligen Geist empfingen; 16 denn er war noch auf keinen von ihnen gefallen, sondern sie waren nur getauft auf den Namen des Herrn Jesus. 17 Dann legten sie ihnen die Hände auf, und sie empfingen den Heiligen Geist.

Die Apostel in Jerusalem hören, dass Samaria das Wort Gottes angenommen hat. Das lässt sie nicht neidisch werden, sondern veranlasst sie, Petrus und Johannes dorthin zu senden, um mit Samaria Kontakt aufzunehmen. Dort angekommen, machen sie den Gläubigen keinen Vorwurf, dass sie mit ihnen oder der Gemeinde in Jerusalem keinen Kontakt aufgenommen haben, sondern anerkennen, dass Gott hier am Werk ist. Deshalb wird Petrus zum zweiten Mal die Schlüssel gebrauchen, das Reich der Himmel zu öffnen (Mt 16,19), dieses Mal für die Samariter. Das Reich der Himmel ist nicht das Himmelreich, sondern ein Reich, das von einem König regiert wird, der nach himmlischen Grundsätzen regiert. In Kapitel 2 hat Petrus das Reich für die Juden geöffnet. Später wird er die Schlüssel noch einmal für die Heiden gebrauchen (Apg 10,48).

Durch die Anerkennung dieses Werkes Gottes in Samaria wird gleichzeitig die praktische Verbindung zwischen Samaria und Jerusalem anerkannt. Örtliche Gemeinden sind nicht losgelöst voneinander, sondern gehören zusammen, übrigens ohne dass es dazu eine offizielle Mitteilung an andere Gemeinden gab oder dass dies die Einschreibung auf einer Liste der „anerkannten Gemeinden" mit sich brachte. Hier gibt es keine Feindschaft oder Konkurrenz mehr (Joh 4,9). Petrus und Johannes kommen von Jerusalem herab; das ist mehr als nur ein geografischer Hinweis. Die geistliche Anwendung ist sicher erlaubt, dass die Apostel nicht aus einer erhabenen Stellung ihre Zustimmung geben, sondern sich mit ihnen verbinden.

Sie zeigen ihre Abhängigkeit von Gott, indem sie ins Gebet gehen und Ihn bitten, den zum Glauben gekommenen Samaritern den Heiligen Geist zu geben. Der Heilige Geist war noch nicht auf sie gekommen, weil es sich um eine Gemeinschaft handelte, die in gewissem Sinn mit dem Judentum verbunden war. Sie mussten zunächst vollständig von den bekehrten Juden anerkannt werden, damit die Einheit bewahrt blieb. Dem Empfang des Heiligen Geistes gehen hier also die Taufe und das Auflegen der Hände der Apostel voraus.

Bei den bekehrten Juden ist keine Rede vom Auflegen der Hände. Allerdings werden sie zuerst getauft und empfangen erst danach den Heiligen Geist (Apg 2,38). Bei der Bekehrung der Heiden sehen wir, dass der Heilige Geist aufgrund des Glaubens empfangen wird und dass danach die Taufe stattfindet (Apg 10,44; Eph 1,13). Das ist auch heute immer noch die Reihenfolge.

In Samaria wird durch das Auflegen der Hände der Apostel Petrus und Johannes die Verbindung zwischen den Gläubigen in Jerusalem und Samaria besiegelt und die zum Glauben gekommenen Samariter empfangen den Heiligen Geist. Das verhindert den Gedanken an zwei voneinander getrennt existierende Gemeinden, einer jüdischen und einer samaritischen. Das Auflegen der Hände zeigt Einsmachung und Anerkennung. Das war deshalb so wichtig, weil es zwischen Juden und Samaritern keine praktische Verbindung gab, sondern gegenseitigen Hass. Wir finden hier keine Erwähnung äußerlich wahrnehmbarer Begleiterscheinungen, wie es sie bei der Ausgießung des Heiligen Geistes zu Pfingsten gab.

Petrus durchschaut Simon (8,18–25)

> 18 Als aber Simon sah, dass durch das Auflegen der Hände der
> Apostel der [Heilige] Geist gegeben wurde, bot er ihnen Geld an
> 19 und sagte: Gebt auch mir diese Gewalt, damit jeder, dem irgend
> ich die Hände auflege, den Heiligen Geist empfange. 20 Petrus aber
> sprach zu ihm: Dein Geld fahre samt dir ins Verderben, weil du
> gemeint hast, dass die Gabe Gottes durch Geld zu erwerben sei!
> 21 Du hast weder Teil noch Anrecht an dieser Sache, denn dein
> Herz ist nicht aufrichtig vor Gott. 22 Tu nun Buße über diese dei-
> ne Bosheit und bitte den Herrn, ob dir etwa der Anschlag deines
> Herzens vergeben werde; 23 denn ich sehe, dass du in Galle der
> Bitterkeit und in Fesseln der Ungerechtigkeit bist. 24 Simon aber
> antwortete und sprach: Betet *ihr* für mich zum Herrn, damit nichts
> über mich komme von dem, was ihr gesagt habt. 25 Nachdem sie
> nun das Wort des Herrn bezeugt und geredet hatten, kehrten sie
> nach Jerusalem zurück und verkündigten das Evangelium vielen
> Dörfern der Samariter.

Das einzige äußere Zeichen ist das Auflegen der Hände seitens der Apostel. Das sah Simon. Er verstand, dass es dabei um etwas ging, das er nicht tun konnte, was er aber wegen seiner spirituellen Veranlagung auch gern tun wollte. Er war bereit, etwas dafür zu bezahlen und bot Petrus und Johannes Geld an, damit sie ihm diese Macht verliehen.

Daher stammt der Ausdruck „Simonie". Er bedeutet, dass jemand in geistlichen Dingen einen finanziellen Vorteil sucht oder Ämter kauft. Solche Menschen meinen, dass die Gottseligkeit ein Mittel zum Gewinn sei (1Tim 6,5). Das umfasst alle Formen von Handel in geistlichen Dingen. Das ist das dritte Mal, dass Böses in der Gemeinde auftaucht, und jedes Mal hat es mit Geld zu tun.

Simon hatte innerlich kein Teil am neuen Leben. Das zeigen die Worte des Petrus, die er zu Simon spricht. Es erschien ihm großartig, Menschen die Hände aufzulegen und ihnen so den Heiligen

Geist vermitteln zu können. Dadurch würde er seine Macht über die Menschen wieder zurückbekommen. Was Philippus nicht erkannte, stellte Petrus aufs Schärfste an den Pranger. Simon ist ein verdorbener Mensch.

Wer glaubt, dass geistliche Gaben oder sogar der Heilige Geist Gottes durch Geld erlangt werden können, macht das Werk Christi wertlos. Es ist die größte Unehre, die man Gott und Christus antun kann, und es ist nichts anderes als das Werk Satans. Das scharfe Urteil des Petrus ist die einzig richtige Reaktion. Simon war ein äußerer Mitläufer, in seinem Herzen war er jedoch auf andere Dinge bedacht. Er war noch immer mit sich selbst beschäftigt.

Petrus zieht aus der Frage Simons den Schluss, dass sein Herz vor Gott nicht aufrichtig ist. Nachdem Petrus sein Urteil gesprochen hat, weist er Simon auf den Weg zur Errettung hin. Dazu ist es notwendig, dass er seine Bosheit bereut. Er muss die böse Begierde nach Macht und Ansehen radikal vor Gott verurteilen und ihr den Rücken zukehren. Zugleich muss er den Herrn wegen dieses Anschlags seines Herzens um Vergebung bitten. Hier sehen wir, dass nicht nur Taten gerichtet werden, sondern auch die Motive des Herzens. Das bezieht sich auf das Sinnen seines Herzens und das Trachten nach Bösem, noch bevor es tatsächlich geschehen ist. Noch gab es für Simon Hoffnung, falls er sich bekehrte.

Petrus erkennt durch den Heiligen Geist, welcher Geist Simon beseelt (1Kor 12,10) und sieht, worin er gefangen ist. Er ist in „Galle der Bitterkeit", weil er seinen Einfluss auf die Samariter, die dem Evangelium geglaubt haben, verloren hat. Er befindet sich auch in „Fesseln der Ungerechtigkeit", denn er sucht nicht das Recht Gottes, sondern sein eigenes Recht.

Simon ist mehr über das entsetzt, was Petrus gesagt hat - also über die Folgen des Bösen -, als über seine Tat selbst. Es sieht nicht wirklich nach Reue aus, umso mehr, da er einen menschlichen Mittler sucht. Statt selbst zu beten, bittet er Petrus, für ihn zum Herrn zu beten, um ihn vor den schrecklichen Folgen zu bewahren, die Petrus ihm angekündigt hat.

Das ist mit der Reue Pharaos vergleichbar, der Mose bat, für ihn zu beten, damit die Plagen aufhören würden, der jedoch danach wieder sein Herz verhärtete (2Mo 8,8.15). Auch bei ihm fand sich keine Spur von echter Reue, sondern lediglich der Wunsch, von den Plagen befreit zu werden. Wir lesen nichts von einer Antwort des Petrus auf die Bitte Simons.

Petrus und Johannes scheinen nicht lange bei Philippus geblieben zu sein. Doch haben sie noch das Wort des Herrn bezeugt und gesprochen, bevor sie nach Jerusalem zurückkehren. Im ganzen Gebiet Samarias finden sie ein offenes Ohr für das Wort des Herrn. Als der Herr Jesus ein Dorf der Samariter besuchen wollte, wollten sie Ihn nicht aufnehmen (Lk 9,52.53). Petrus und Johannes waren damals dabei, und Johannes ist einer der Jünger, die wegen der Weigerung Feuer vom Himmel herabkommen lassen wollten, damit sie verzehrt würden (Lk 9,54). Zum Glück hat der Herr das verboten. Johannes ist trotz seines damaligen Wunsches wieder hierhergekommen. Jetzt darf er gemeinsam mit Petrus auf dem Rückweg nach Jerusalem vielen Dörfern der Samariter das Evangelium verkündigen.

Ein neuer Auftrag für Philippus (8,26–29)

> [26] Ein Engel des Herrn aber redete zu Philippus und sprach: Steh auf und geh nach Süden auf den Weg, der von Jerusalem nach Gaza hinabführt; dieser ist öde. [27] Und er stand auf und ging hin. Und siehe, ein Äthiopier, ein Kämmerer, ein Gewaltiger der Kandaze, der Königin der Äthiopier, der über ihren ganzen Schatz gesetzt war, war gekommen, um in Jerusalem anzubeten; [28] und er war auf der Rückkehr und saß auf seinem Wagen und las den Propheten Jesaja. [29] Der Geist aber sprach zu Philippus: Tritt hinzu und schließe dich diesem Wagen an.

In dem Abschnitt, der jetzt folgt (Apg 8,26–10,48), beschreibt Lukas die Bekehrungsgeschichte von drei Personen: des Kämmerers (Apg 8), des Saulus (Apg 9) und des Kornelius (Apg 10). Sie alle sind Nachkommen der drei Söhne Noahs: Sem, Ham und Japhet (1Mo 9,18), die die ganze Welt bevölkert haben (1Mo 9,19; 10,1–32). Der Kämmerer, der Äthiopier, stammte von Ham ab (Äthiopier oder Kusch (= schwarz), 1Mo 10,6). Saulus, der Jude, stammte von Sem und Kornelius, der Römer, von Japhet ab. Die Hamiten bevölkern Afrika, die Semiten Asien und die Japhetiten Europa. Diese drei Kontinente begegnen sich in Jerusalem. Jerusalem ist daher auch der strategisch günstigste Ort, damit von dort aus das Evangelium in die Welt hinausgeht. Der Kämmerer, Saulus und Kornelius repräsentieren zusammen also die ganze menschliche Rasse.

Alle drei waren moralisch aufrichtige Menschen, und doch mussten sie sich bekehren. Sie gehörten in gesellschaftlicher Hinsicht zu den am schwierigsten für das Evangelium erreichbaren Menschen. Der Kämmerer war ein Politiker, Saulus ein Theologe und Kornelius ein Soldat. Zwei von ihnen verlangten bereits nach dem Evangelium. Sowohl der Kämmerer als auch Kornelius waren suchende Menschen. Gott wirkte bereits an ihnen. Bei Saulus war das völlig anders. Dieser Mann war nicht auf der Suche nach Frieden, sondern nach Opfern, denen er diesen Frieden missgönnte.

Der Herr hat für jeden von ihnen einen speziellen Botschafter. Für den Kämmerer ist das Philippus, für Saulus ist das Ananias und für Kornelius ist es Petrus. Auch die Art und Weise, wie der Herr sich an sie richtet, ist unterschiedlich. Der Kämmerer wird mit *dem Wort* erreicht, Saulus vom *Herrn selbst* und Kornelius von *einem Engel* in einer Vision. Die Umstände, in denen sie sich befanden, als sie zur Bekehrung kamen, sind ebenso unterschiedlich. Der Kämmerer war auf dem Weg nach Hause, Saulus kam von zu Hause und Kornelius war zu Hause.

Philippus musste ein Arbeitsgebiet verlassen, wo es sehr viel Arbeit gab, um einem einzigen Menschen zu dienen. Das tat der Herr auch: Er musste durch Samaria ziehen, um beim Brunnen Jakobs einer einzigen Frau das Evangelium zu bringen (Joh 4,4.7.8). Philippus wird gebraucht, damit das Evangelium seinen Weg zu den Nationen findet. Um Philippus den Weg zu zeigen, gebraucht Gott einen Engel. Doch das Evangelium muss Philippus selbst verkündigen. Er bekommt genaue Anweisungen, wohin er gehen soll, wusste aber nicht im Voraus, was er dort zu tun hatte.

Es gab zwei Wege, die von Jerusalem nach Gaza hinabführten. Er sollte den öden Weg nehmen. Ein Evangelist würde nie den öden Weg gewählt haben. Philippus stellt jedoch keine Fragen, sondern geht. Um Ananias zu Saulus zu senden und Petrus zu Kornelius, musste Gott mehr Mühe aufwenden. Bei Ananias führte Ängstlichkeit zum Einwand und bei Petrus verhinderten seine jüdischen Vorurteile einen sofortigen Gehorsam. Der Herr entfernte beide Hindernisse, so dass beide schließlich gingen.

Bei Philippus sehen wir ein Beispiel von unmittelbarem und bedingungslosem Gehorsam in Einfalt des Herzens. Er denkt nicht an den Unterschied zwischen Samaria, wo er beachtet und geliebt wurde, und dem Weg nach Gaza, der öde ist. Er vertraut seinem Meister, der ihn im Blick auf einen Kämmerer gebrauchen will, der in Jerusalem war, um dort anzubeten und sich nun auf der Rückreise in sein Land befindet.

Das Wort für *Kämmerer* bedeutet wörtlich *Eunuch* oder *Kastrierter,* also ein Entmannter. Außer der Tatsache, dass er ein Fremder war, hätte er auch als Eunuch nie zum Volk Gottes zugefügt werden können (5Mo 23,2). Dennoch hatte er eine Reise von ungefähr zweitausend Kilometern nach Jerusalem unternommen. Es gab nämlich auch für den Fremden und den Entmannten Errettung (Jes 56,3). Seine Bekehrung und der Glaube an den Herrn Jesus sind daher eine Vorerfüllung dessen, was wir in Psalm 68,32 lesen. Seitdem haben viele Äthiopier ihre Hände zu Gott ausgestreckt.

Gott gebraucht sein Wort und seinen Diener Philippus, um den Kämmerer auf den Weg des Heils zu führen. Was der Kämmerer in Jerusalem durch Erfüllung von Pflichten und Zeremonien des Gesetzes gesucht hatte, hat er dort nicht gefunden. Er war in Jerusalem, um den wahren Gott anzubeten, doch er fand dort nur einen kalten Formalismus. Trotz seines suchenden Herzens hat der Herr niemanden von den Aposteln seinen Weg kreuzen lassen. Der Kämmerer hat in Jerusalem keinen Frieden gefunden, aber er hat etwas anderes aus Jerusalem mitgenommen, und zwar einen Teil des Wortes Gottes. Er saß auf seinem Wagen und las darin. Damit hat er einen größeren Schatz bei sich als alle Schätze, die er für die Königin verwaltete.

Nun wird die Begegnung zwischen Philippus und dem Kämmerer durch den Geist vorbereitet. Er sagt zu Philippus, dass er auf „diesen" Wagen zugehen soll, den Wagen des Kämmerers, und in der Nähe bleiben soll. Nun geht es um die Predigt des Evangeliums, und da kommt nicht ein Engel zu Philippus (V. 26), sondern es ist der Geist (V. 29), der Philippus leitet. Der Geist macht genau deutlich, wohin er gehen und was er tun soll.

So bekamen später auch Ananias (in Verbindung mit Saulus) und Petrus (in Verbindung mit Kornelius) genaue Anweisungen, um sie aufzusuchen und ihnen die Botschaft Gottes zu bringen (Apg 9,11; 10,19.20). So will der Herr auch uns seinen Willen klarmachen, wohin wir gehen, was wir tun und sagen sollen.

Philippus verkündigt dem Kämmerer Jesus (8,30–35)

30 Philippus aber lief hinzu und hörte ihn den Propheten Jesaja lesen und sprach: Verstehst du auch, was du liest? 31 Er aber

sprach: Wie könnte ich denn, wenn mich nicht jemand anleitet?
Und er bat Philippus, aufzusteigen und sich zu ihm zu setzen.
32 Die Stelle der Schrift aber, die er las, war diese: „Er wurde wie
ein Schaf zur Schlachtung geführt, und wie ein Lamm stumm ist
vor seinem Scherer, so tut er seinen Mund nicht auf. 33 In seiner
Erniedrigung wurde sein Gericht weggenommen; wer [aber] wird
sein Geschlecht beschreiben? Denn sein Leben wird von der Erde
weggenommen." 34 Der Kämmerer aber antwortete Philippus und
sprach: Ich bitte dich, von wem sagt der Prophet dieses, von sich
selbst oder von einem anderen? 35 Philippus aber tat seinen Mund
auf, und anfangend von dieser Schrift verkündigte er ihm das
Evangelium von Jesus.

Nachdem Philippus nun den Ort weiß, den er aufsuchen soll, hören wir nicht, dass der Geist weitere Anweisungen gibt. Er erfährt nicht, wann er auf den Kämmerer zugehen soll noch was er dem Kämmerer sagen soll. Für einen Evangelisten wie Philippus ist das auch nicht schwierig. Er weiß sich durch den Geist geleitet und findet schon bald einen Anlass für ein Gespräch. Sein ganzes Verhalten enthält viel Belehrung für jeden, der Menschen das Evangelium weitersagen will.

Nach den Anweisungen des Geistes sehen wir, dass Philippus schnell dorthin läuft. Ananias ist später sehr zurückhaltend, Saulus aufzusuchen (Apg 9,10–17), und Petrus weigert sich anfangs sogar entschieden, einen Heiden aufzusuchen (vgl. Apg 10,14). Doch Philippus sehnt sich danach, diesem Mann das Evangelium zu verkündigen. Die Liebe des Christus drängt ihn (2Kor 5,14). Er geht wohlüberlegt an die Sache heran. Er stellt zunächst fest, womit die Person beschäftigt ist, denn er hört, wie er den Propheten Jesaja liest. Der Kämmerer las also laut, was zu der Zeit üblich war.

Philippus kennt seine Bibel; er merkt, dass der Kämmerer im Propheten Jesaja liest. Er eröffnet das Gespräch mit der freundlichen Frage: „Verstehst du auch, was du liest?" Durch seine Frage zeigt er Interesse an den Fragen, die der Kämmerer möglicherweise hat. Kennen wir die Fragen, die die Menschen bewegen? Können wir uns in sie hineinversetzen? Die Antwort des Kämmerers zeigt ein demütiges Herz, das auf jemand wartet, der ihm hilft.

Er lädt Philippus ein, sich neben ihn zu setzen. Hier haben wir einen wichtigen Hinweis, wie wir das Wort weitergeben können. Es ist hier keine Rede von Rassenunterschieden, sondern von dem

Einnehmen eines Platzes auf dem Niveau des anderen. So wie Philippus sich neben den Kämmerer setzt, so müssen auch wir uns neben die Menschen setzen. Die Verkündigung des Evangeliums darf nicht von oben herab geschehen. Wenn wir uns bewusst sind, dass wir von Natur aus genauso sind wie die, denen wir das Evangelium verkündigen, nehmen wir neben ihnen Platz.

Lukas zitiert die Schriftstelle, die der Kämmerer las. Es ist bezeichnend, dass genau in dem Augenblick, wo der Kämmerer diese Stelle las, der Geist Philippus aufforderte, sich in die Nähe des Wagens zu begeben. Zur richtigen Zeit begegnet der Kämmerer Philippus. Dieses Timing kommt vom Herrn, denn diese Schriftstelle spricht besonders von dem Herrn Jesus.

Die Schriftstelle ist diese: „Er wurde wie ein Schaf zur Schlachtung geführt, und wie ein Lamm stumm ist vor seinem Scherer; so tut er seinen Mund nicht auf. In seiner Erniedrigung wurde sein Gericht weggenommen; wer aber wird sein Geschlecht beschreiben? Denn sein Leben wird von der Erde weggenommen" (Jes 53,7.8, zitiert aus der Septuaginta, der griechischen Übersetzung des Alten Testaments). Diese Verse beschreiben die Leiden, den Tod und das Begräbnis des Herrn Jesus und die entsprechenden Folgen.

Er war wie ein Schaf, das zur Schlachtbank geführt wurde, doch Er tat seinen Mund nicht auf, Er beugte sich darunter und Er litt willig. Der Prophet Jeremia vergleicht sich selbst auch mit einem Lamm, doch er hielt seinen Mund nicht, sondern rief um Rache (Jer 11,19.20; 12,1–4). Für den Herrn Jesus war der Weg zur Schlachtbank viele Male schlimmer. Ihm war völlig bewusst, wohin Er ging, aber Er tat seinen Mund nicht auf. Das unterstreicht die freiwillige Hingabe Christi. Das Scheren bedeutet, dass all das, was einem Menschen wichtig ist, weggenommen wird. Er protestierte jedoch nicht gegen die menschenunwürdige Behandlung, die man Ihm antat.

Alles bringt seine freiwillige Hingabe auf eine Art zum Ausdruck, die einzigartig ist. Niemand ist mit Ihm zu vergleichen. Er wurde erniedrigend behandelt, und sein Gericht wurde weggenommen, was darauf hinweist, dass Er nicht einmal eine gerechte Verurteilung empfing, denn sein Urteil stand im Vorhinein fest: Er musste sterben.

Doch wer denkt an „sein Geschlecht", um darüber etwas zu berichten? Er wurde für derart wertlos geachtet, dass man sich darüber hinaus überhaupt nichts bei Ihm vorstellen kann. Doch wer Ihn beachtet, indem er wie der Kämmerer belehrt wird, entdeckt, wer sein Geschlecht ist. „Sein Geschlecht“ kann sich auf die Folgen seines Todes beziehen, durch die eine große geistliche Nachkommenschaft hervorgebracht wurde. „Sein Geschlecht“ kann sich auch auf seine Herkunft beziehen, wobei wir an seine Existenz als der ewige Sohn denken dürfen und an seine niedrige Abstammung als Mensch aus der Zimmermannsfamilie Josephs. Doch darüber denkt niemand seiner Zeitgenossen nach. Für sie wurde Er von der Erde weggenommen und ist sein Leben vorbei: Er existiert nicht mehr.

Die Aussage dieser Verse ist nicht leicht, doch der Kämmerer hat nachgedacht über das, was er gelesen hat. Er versteht, dass es um eine Person geht. Seine Frage ist für Philippus ein guter Anknüpfungspunkt, ihm *Jesus* zu verkündigen. In Samaria hatte er *Christus* gepredigt (V. 5). Die Samariter sollten wissen, dass *Christus* gekommen war. Der Kämmerer sollte wissen, dass *Jesus* der Messias war.

Philippus tauft den Kämmerer (8,36–39)

> 36 Als sie aber auf dem Weg fortzogen, kamen sie an ein gewisses Wasser. Und der Kämmerer spricht: Siehe, da ist Wasser; was hindert mich, getauft zu werden? 37 [als nicht authentisch weggelassen] 38 Und er befahl, den Wagen anzuhalten. Und sie stiegen beide in das Wasser hinab, sowohl Philippus als auch der Kämmerer; und er taufte ihn. 39 Als sie aber aus dem Wasser heraufstiegen, entrückte der Geist des Herrn den Philippus; und der Kämmerer sah ihn nicht mehr, denn er zog seinen Weg mit Freuden.

Wir wissen nicht, was sie sonst noch auf dem Weg besprochen haben. Wir sehen jedoch das Ergebnis. Der Kämmerer hat den Herrn Jesus im Glauben als Messias angenommen und ist dadurch aus Gott geboren worden (1Joh 5,1). Als sie zu einem Wasser kommen, bittet er, getauft zu werden. Philippus wird wohl über die Taufe gesprochen haben, aber der Wunsch geht vom Kämmerer selbst aus.

Die Taufe wird aufgrund des Bekenntnisses des Glaubens durchgeführt. Hier ist keine Rede von einer Zeit der Bewährung. Philippus braucht auch nicht die Zustimmung der Apostel oder der Gemeinde in Jerusalem einzuholen. Er tut es unmittelbar. Sie gehen beide in das Wasser hinab. Das zeigt, dass die Taufe durch Untertauchen stattfand.

Die Taufe ist eine persönliche Sache, mit der die Gemeinde nichts zu tun hat. Der Herr hat seine Jünger (und nicht die Gemeinde) ausgesandt, um zu taufen. Dafür sind sie Ihm gegenüber genauso verantwortlich wie für die Predigt des Wortes, was auch nicht durch die Gemeinde geschieht (die Kirche lehrt nicht).

Nachdem die Taufe stattgefunden hat und sie wieder aus dem Wasser heraufgestiegen sind, ist die Aufgabe des Philippus bezüglich des Kämmerers erfüllt. Philippus wird durch den Geist des Herrn entrückt und an einen anderen Ort gebracht. Zeit und Raum grenzen Gott nicht ein. Dieses übernatürliche Entrücken gehört zur Anfangszeit, die voller Wunder und Zeichen war.

Ohne sich über das plötzliche Verschwinden seines Begleiters zu wundern, zieht der Kämmerer seinen Weg weiter mit Freuden über die Erlösung, die er in Jerusalem vergeblich gesucht hatte. Was er suchte, hat er im Wort Gottes gefunden und in Jesus Christus. Wenn jemand Christus wirklich gefunden hat, verschwindet der Diener aus seinem Blickfeld. Dann ist Christus alles.

Der Kämmerer und Philippus haben einander auf der Erde nicht wiedergesehen. Das war auch nicht nötig. Der Kämmerer konnte als selbstständiger Christ auf eigenen Füßen stehen. Diener dürfen niemand an sich selbst binden. Der Kämmerer ist in sein Land zurückgekehrt. Er hat vermutlich seine tägliche Arbeit wieder aufgenommen und blieb in der Stellung, die er hatte, als er durch das Evangelium berufen wurde (1Kor 7,24).

Der weitere Dienst des Philippus (8,40)

> 40 Philippus aber wurde in Asdod gefunden; und während er hindurchzog, verkündigte er das Evangelium allen Städten, bis er nach Cäsarea kam.

Philippus wurde nicht vom Geist nach Samaria zurückgeführt, um dort zum Beispiel ein „Hirte der Herde“ zu werden. Er geht dorthin, wohin der Geist ihn führt und wird deshalb in Asdod, einer Philisterstadt, gefunden. Dort verkündigt er das Evangelium ebenso wie in den anderen Städten in der ganzen Gegend von Gaza, dem Landstrich am Meer (Zeph 2,4.5). Von dort aus hat er das Land durchzogen, bis er schließlich nach Cäsarea kam, wo er offensichtlich dann wohnte (Apg 21,8).

Kapitel 9

Die Bekehrung des Saulus (9,1–9)

1 Saulus aber, noch Drohung und Mord gegen die Jünger des
Herrn schnaubend, ging zu dem Hohenpriester 2 und erbat sich
von ihm Briefe nach Damaskus an die Synagogen, damit, wenn er
einige fände, die des Weges wären, sowohl Männer als Frauen, er
sie gebunden nach Jerusalem führe. 3 Als er aber hinzog, geschah
es, dass er sich Damaskus näherte. Und plötzlich umstrahlte ihn
ein Licht aus dem Himmel; 4 und er fiel auf die Erde und hörte
eine Stimme, die zu ihm sprach: Saul, Saul, was verfolgst du mich?
5 Er aber sprach: Wer bist du, Herr? Er aber sprach: *Ich* bin Jesus,
den *du* verfolgst. 6 Steh aber auf und geh in die Stadt, und es wird
dir gesagt werden, was du tun sollst. 7 Die Männer aber, die mit
ihm reisten, standen sprachlos da, weil sie wohl die Stimme hör-
ten, aber niemand sahen. 8 Saulus aber stand von der Erde auf. Als
aber seine Augen aufgetan waren, sah er nichts. Sie leiteten ihn
aber an der Hand und führten ihn nach Damaskus. 9 Und er konn-
te drei Tage nicht sehen und aß nicht und trank nicht.

Saulus verhielt sich wie ein Rasender gegenüber der neuen Sekte, für die man das Christentum in der Anfangszeit hielt. Er meinte, Gott damit einen Dienst zu erweisen (Joh 16,2.3). Der Herr ließ das geschehen, weil Er diesen größten Feind der Gemeinde zum größten Zeugen und Apostel seiner souveränen Gnade in der Gemeinde machen wollte. Seine Bekehrungsgeschichte wird in der Apostelgeschichte dreimal erwähnt, einmal von Lukas (in diesem Kapitel) und zweimal von dem bekehrten Paulus selbst (Kapitel 22 und 26).

Der Tod des Stephanus hatte die feste Absicht des Saulus, die Gemeinde zu verwüsten, noch verstärkt. Dass er Drohung und Mord „schnaubte", deutet an, dass er sie ausatmete. Das kam von innen heraus. Wohin immer er kam, bewirkte er den Tod der Christen und er spie ihnen in seiner Wut das Gift entgegen. In seinem unersättlichen Durst nach dem Blut dieser Feinde der Religion der Väter beschränkte er sich bei ihrer Verfolgung nicht auf Jerusalem und die Umgebung. Er suchte sie auch in ausländischen Städten auf (Apg 26,11). Damaskus stand ebenfalls auf seiner Liste.

Damaskus hatte eine große jüdische Gemeinschaft mit mehreren Synagogen. Unter ihnen konnte es solche geben, die Christen geworden waren, da sie noch nicht von den Juden getrennt waren. Über diese Synagogen hatte der Hohepriester in Jerusalem noch geistliche Autorität. Die Rechtsprechung des Synedriums galt auch für die Synagogen in ausländischen Städten. Die Obrigkeiten dieser Länder gewährten ihnen eine gewisse Befugnis, weil sie dachten, dass dies der Ruhe ihres Landes dienlich wäre.

Die neue Bewegung, das Christentum, wird hier „der Weg" genannt (19,9.23; 22,4; 24,14). Das zeigt die Dynamik des Christentums, wie es sich entwickelte. Es weist vor allen Dingen auf den Herrn Jesus hin, der gesagt hat: „Ich bin der Weg" (Joh 14,6). Saulus verfolgte mit seiner Reise nach Damaskus das Ziel, dort Männer und Frauen zu fesseln, die „des Weges" waren, und sie nach Jerusalem zu bringen. Dort sollten sie vor das Synedrium gestellt werden, um verurteilt zu werden.

Doch unterwegs nach Damaskus geschieht das für ihn völlig Unvorhersehbare und auch völlig Unerwünschte, ja, sogar überaus Gehasste. Plötzlich umstrahlte ihn ein Licht aus dem Himmel, so dass er auf die Erde fiel. Saulus wird zu Fuß unterwegs gewesen sein. Dass er als Pharisäer mit dem Pferd ritt, ist sehr unwahrscheinlich. Die Entfernung zwischen Jerusalem und Damaskus beträgt ungefähr zweihundert Kilometer. Die Reise wird daher mehrere Tage gedauert haben. Daher ist auch verständlich, dass die Nachricht von seinem Kommen vorausgeeilt ist und die Christen in Damaskus davon Kenntnis hatten (V. 14). In dem Licht, das ihn umstrahlt, erscheint der Herr Jesus diesem Sohn Abrahams (V. 17; vgl. Apg 7,2).

Die Worte, die der Herr Jesus bei seiner Erscheinung zu Saulus spricht, zeigen, dass Er sich mit den Seinen auf der Erde einsmacht. Indem Saulus die Seinen auf der Erde verfolgt, verfolgt er Ihn. Die völlige Einheit des verherrlichten Herrn im Himmel mit der Gemeinde auf der Erde wird der Inhalt des Dienstes des Saulus, des späteren Paulus, sein. Ihm ist das Geheimnis des Christus offenbart worden, das heißt die Einheit der Gemeinde als ein himmlisches Volk mit dem im Himmel verherrlichten Christus (Eph 3,3–11).

Die Autorität der Person, die redet, ist nicht zu leugnen. Saulus spricht sie unmittelbar mit „Herr" an, obwohl er noch gar nicht wusste, wer Er war. Deshalb fragt er Ihn anschließend, wer Er sei. Das sind die ersten Worte eines zum Stehen gebrachten und niedergeworfenen Saulus. Die Antwort, die der Herr ihm gibt, wirft ihn auch geistlich völlig zu Boden. „Jesus" sprach zum ihm!

Der tot geglaubte Jesus schien zu leben und der Herr der Herrlichkeit zu sein. Was für eine schockierende Entdeckung! Dazu kommt, dass Jesus nicht nur der Herr der Herrlichkeit war, sondern Er anerkannte auch die Jünger, die Saulus gefangen nehmen wollte, als *eins* mit Ihm. Die wehrlosen Schafe, die er verfolgte, hatten in dem Herrn Jesus einen Verteidiger und Beschützer. Darüber hinaus kam er zu der Erkenntnis, dass Eifer für das Judentum Eifer gegen den Herrn bedeutete.

Die Bekehrung des Paulus ist ein Beispiel für die Bekehrung Israels, wenn sie Auge in Auge dem gegenüberstehen werden, den Sie verworfen haben (Sach 12,10). Seine Bekehrung ist auch ein Beispiel für alle anderen Menschen: Wenn der größte Sünder (1Tim 1,15) gerettet wird, gibt es Hoffnung für jeden anderen Sünder, der zwangsläufig ein kleinerer Sünder sein muss.

Der Herr Jesus hat damit begonnen, ein Werk zu tun, das den größten Gegner des christlichen Glaubens zum feurigsten Verfechter dieses Glaubens machte. Um damit fortzusetzen, gibt Er Saulus den Auftrag, aufzustehen und in die Stadt zu gehen. Dort wird ihm gesagt werden, was er tun soll. Der Herr hat ihm persönlich Einhalt in seinem Wüten gegen Ihn geboten. Er wird nun andere dazu gebrauchen, Saulus weiterhin zu formen.

Saulus reiste nicht allein. Es waren Männer bei ihm, von denen wir annehmen können, dass sie ihm bei der Ausführung seines Auftrags halfen. Es liegt auf der Hand, dass es Polizeidiener des Synedriums waren. Auch diese Männer waren durch das plötzliche Licht, das auch sie umstrahlte, zu Boden gefallen (Apg 26,13.14). Sie hörten zwar die Stimme, sahen aber niemand. Das war für sie eine unerklärliche Erscheinung, die sie nicht beschreiben konnten.

Sie teilten alle äußeren Kennzeichen, die die Begegnung ihres Anführers mit dem Herrn der Herrlichkeit begleiteten, doch an der eigentlichen Sache hatten sie keinen Anteil. Der Herr Jesus erschien ihnen nicht, auch verstanden sie seine Worte an Saulus nicht. Sie waren blind und taub für Ihn und seine Worte.

Die Auswirkung der Begegnung ist für Saulus dafür umso beeindruckender. Es gibt kein einziges Widerwort, sein Wille ist gebrochen, sein Herz überwältigt und sein Geist zerschlagen. Er unterwirft sich völlig der Stimme, die zu ihm redete. In der Gegenwart Gottes gibt es weder eine Entschuldigung noch eine Rechtfertigung. Wie ganz anders hatte er sich seine Ankunft in Damaskus vorgestellt. Sein Plan wurde völlig vereitelt.

Ohne dass er etwas dagegen einzuwenden hat, wird er an die Hand genommen und nach Damaskus geführt, um dort einer Gemeinschaft zugefügt zu werden, die er auszurotten suchte. Der, der die Gemeinde hasste und verwüstete, ist wie ein zahmes Lamm geworden, das sich willenlos leiten lässt. Er konnte nicht anders, als sich der Führung anderer zu übergeben, denn er war blind. In diesem Zustand der Blindheit konnte sein Geist durch nichts abgelenkt werden. Seine Blindheit machte ihm auch deutlich, dass er von nun an kein Auge mehr haben sollte für die Pracht und den Glanz des jüdischen Gottesdienstes, der ja auf das Äußere gerichtet war.

Im Licht der Not seiner Seele verschwinden auch die Bedürfnisse des Körpers. Er aß und trank nichts. In diesen Tagen wird ihm wohl das Schreckliche seines Wütens gegen den Herrn bewusst geworden sein (1Tim 1,12–17). Wir lesen nichts davon, dass seine Mitstreiter ihn besuchten und trösten wollten. Doch der Herr beschäftigte sich mit ihm.

Das Gespräch zwischen dem Herrn und Ananias (9,10–16)

> [10] Es war aber ein gewisser Jünger in Damaskus, mit Namen Ananias; und der Herr sprach zu ihm in einem Gesicht: Ananias! Er aber sprach: Siehe, hier bin ich, Herr! [11] Der Herr aber sprach zu ihm: Steh auf und geh in die Gasse, die „die Gerade" genannt wird, und frage im Haus des Judas nach jemand mit Namen Saulus, von Tarsus, denn siehe, er betet; [12] und er hat in einem Gesicht einen Mann, mit Namen Ananias, gesehen, der hereinkam und ihm die Hände auflegte, damit er wieder sehend werde. [13] Ananias aber antwortete: Herr, ich habe von vielen über diesen Mann gehört, wie viel Böses er deinen Heiligen in Jerusalem getan hat. [14] Und hier hat er Gewalt von den Hohenpriestern, alle zu binden, die deinen Namen anrufen. [15] Der Herr aber sprach zu ihm: Geh hin; denn dieser ist mir ein auserwähltes Gefäß, meinen Namen zu tragen sowohl vor Nationen als Könige und Söhne Israels. [16] Denn *ich* werde ihm zeigen, wie viel er für meinen Namen leiden muss.

Nach seinem eigenen Werk, das kein Mensch tun konnte, gebraucht der Herr nun Jünger, um Saulus weiter zu formen. Nicht Petrus wird zu Saulus geschickt, sondern ein einfacher uns bis jetzt unbekannter Jünger. Alles, was der Herr mit Saulus tut, geschieht außerhalb von Jerusalem. *Ananias* bedeutet: „der Herr ist gnädig". Das zeigt sich in seinem ganzen Handeln mit Saulus.

Wir hätten niemals etwas von Ananias gehört, wenn Gott ihn nicht in Verbindung mit Saulus gebraucht hätte. Er war ein gewöhnlicher Jünger, unauffällig für Menschen, aber in dem Augenblick für Gott brauchbar, als Er ihn nötig hatte. So wurden schon viele verborgene Jünger von Gott gebraucht. Sie stehen im Hintergrund vieler herausragender Diener und haben so mitgewirkt an ihrem Dienst und dessen Vorbereitung. Der Herr redet mit Ananias wie ein Mann mit seinem Freund redet. Sobald Er zu ihm spricht, ist er sofort bereit, zuzuhören. Er antwortet mit „Siehe, hier bin ich, Herr" und stellt sich dem Herrn unmittelbar zur Verfügung. Er erschrickt nicht vor der Stimme des Herrn, sondern ist an einen persönlichen Umgang mit dem Herrn gewöhnt.

Der Herr erklärt Ananias, wohin er gehen soll und nach wem er fragen soll. Er bekommt eine Adresse und den Namen des Hauseigentümers. Dort soll er den Mann aufsuchen, der von Tarsus kommt und auf den Namen Saulus hört. Da er in diesem Haus fragen soll, war das Haus des Judas wahrscheinlich eine Herberge mit mehreren Gästen. Der Name der Straße, die *Gerade*, bildet einen Gegensatz zu dem krummen Weg, den Saulus bis dahin gegangen war. Es schien ihm zwar ein gerader Weg zu sein, doch sein Ende würde zum Tod führen (Spr 14,12; 16,25).

Ananias bekommt noch eine zusätzliche Beschreibung an die Hand, damit er Saulus erkennen kann, das ist, womit Saulus beschäftigt ist: Er betet. Er braucht sich also nicht vor einer drohenden Haltung des Saulus zu fürchten. Er ist so zahm wie ein Lamm. Es ist die erste Äußerung des neuen Lebens, die wir von Saulus hören. Die Abhängigkeit, die im Gebet zum Ausdruck kommt, wird seinen ganzen Dienst kennzeichnen. Der Herr sagt Ananias auch, dass Er Saulus auf sein Kommen vorbereitet hat. Er hat Saulus in einem Gesicht über die Person informiert, die ihn aufsuchen wird, was sie mit ihm tun wird und dass er wieder sehen wird.

Nach dem Erhalt des Auftrags und der ausführlichen Information dazu hat Ananias doch noch Bedenken. Mit auffallender Freimütigkeit spricht er völlig vertraulich und offen mit dem Herrn über Saulus. Der Herr lässt ihn seine Bedenken äußern, ohne ihm ins Wort zu fallen. Mit gebührender Ehrfurcht spricht Ananias Ihn als „Herrn" an und sagt Ihm, was er über Saulus gehört hat.

Aus zuverlässiger Quelle hat er vernommen, wie viel Böses dieser Mann den Gläubigen in Jerusalem angetan hat. Er spricht zum Herrn über die Gläubigen und nennt sie „deine Heiligen". Es geht um eine Gemeinschaft, die Christus angehört, die Er für sich selbst von der Welt abgesondert hat (1Kor 6,11).

Ananias weiß auch, dass Saulus eine Vollmacht von den Hohenpriestern hat, alle zu binden, die zum Herrn Jesus als zu Gott beten. Das ist das große Ärgernis der Juden, dass Christen den Messias als Gott anerkennen. Es ist für sie ohnehin ein Ärgernis, in dem verachteten Jesus den Messias zu sehen, aber es ist noch viel schlimmer, wenn jemand den Messias auch noch als Gott betrachtet. Für den orthodoxen Juden ist der Messias ein Mensch, zwar ein besonderer Mensch, aber doch nicht mehr als ein Mensch.

Der Herr reagiert auf die Bedenken des Ananias nicht mit strenger Autorität, sondern gibt ihm eine geduldige Erklärung, obwohl Ananias natürlich gehorchen muss. Der Herr redet mit ihm als mit jemandem, der sein Vertrauen wert ist und erklärt ihm, was Er mit Saulus vorhat. Saulus ist ein vom Herrn „auserwähltes Gefäß". Mit dem Wort „Gefäß" macht der Herr deutlich, dass Er Saulus als ein Instrument in seinem Dienst gebrauchen will. Er wird dieses „Gefäß" mit seinen Aufträgen füllen.

Das Erfüllen dieser Aufträge wird Saulus zu einem Zeugen für den Namen des Herrn Jesus machen, sowohl vor den Nationen, das sind die Menschen im Allgemeinen, als auch vor Königen, das sind die höhergestellten Menschen. Er wird den Namen des Herrn Jesus auch zu den Söhnen Israels tragen. Es ist bemerkenswert, dass diese hier zuletzt genannt werden.

Er wird diese Aufträge nicht so wie von selbst ausführen, ohne Mühe, sondern er wird viel für diesen Namen leiden. Diese Leiden begannen bereits bei seiner ersten Predigt (V. 23.29).

Ananias bei Saulus (9,17–19)

> [17] Ananias aber ging hin und kam in das Haus; und er legte ihm die Hände auf und sprach: Bruder Saul, der Herr hat mich gesandt, Jesus, der dir erschienen ist auf dem Weg, den du kamst, damit du wieder siehst und mit Heiligem Geist erfüllt wirst. [18] Und sogleich fiel es wie Schuppen von seinen Augen, und er sah wieder und stand auf und wurde getauft. [19] Und nachdem er Speise zu sich genommen hatte, wurde er gestärkt.

Nach der Erklärung des Herrn, was mit Saulus geschehen wird, geht Ananias zu dem Haus, wo Saulus ist. Nachdem er bei ihm eingetreten ist, legt er ihm die Hände auf. So hat der Herr es ihm indirekt aufgetragen, als Er ihm das Gesicht mitteilte, das Saulus gesehen hatte (V. 12). Durch das Kommen des Ananias wird der Glaube des Saulus gestärkt, denn Ananias kann ihm sagen, obwohl er nicht außerhalb der Stadt gewesen ist, was mit ihm geschehen ist.

Ananias wohnte in Damaskus und stand daher auch auf der Liste derer, die Saulus umbringen wollte. Nun legt Ananias ihm die Hände auf, nennt ihn „Bruder“ und vergilt ihm so Böses mit Gutem. Er legt ihm nicht die Hände auf, um ihn für seinen Dienst zu weihen, auch nicht, um ihm die Gaben des Geistes zu vermitteln. Er legt ihm die Hände auf, um ihn als Bruder anzuerkennen und sich mit ihm im Glauben einszumachen.

Das ist auch ein Beweis dafür, dass Christsein keine Einzelangelegenheit ist. Christen suchen einander auf und haben ein Verlangen nach Gemeinschaft. Hier treffen sich zwei Männer, die sich niemals zuvor gesehen haben. Sie werden jedoch vom Herrn zusammengeführt, nachdem jeder von ihnen zuvor vom Herrn über den anderen informiert worden war.

Ein einfacher Jünger erbarmt sich über jemanden, der der große Apostel werden soll und lässt ihn die erste Gemeinschaft erfahren, die für Christen kennzeichnend ist. Durch die Hände dieses einfachen Jüngers, nicht durch einen der Apostel, erhält Saulus auf diese Weise auch sein Sehvermögen zurück und wird mit dem Heiligen Geist erfüllt. Gott ist souverän, den zu gebrauchen, den Er will. So wird jeder menschlichen Anmaßung hinsichtlich der Berufung dieses besonderen Dieners vorgebeugt.

Seine ersten Tage als Christ bringt Saulus bei den Jüngern in Damaskus zu. Er hält sich zu ihnen und legt öffentlich Zeugnis davon ab, dass er das glaubt, was sie glauben. Er wird auch sicherlich von ihnen versorgt worden sein, so dass er die ersten Wohltaten dieser neuen Gemeinschaft genießen konnte, der er nun angehört. Er macht dankbar Gebrauch von der Speise, die sie ihm geben. So kommt er wieder zu Kräften, die er von nun an einsetzt, um einem anderen Herrn zu dienen.

Predigt des Saulus und ein Anschlag (9,20–25)

> [20] Und sogleich predigte er in den Synagogen Jesus, dass dieser der Sohn Gottes ist. [21] Alle aber, die es hörten, gerieten außer sich und sagten: Ist dieser nicht der, der in Jerusalem die zugrunde richtete, die diesen Namen anrufen, und dazu hierhergekommen war, sie gebunden zu den Hohenpriestern zu führen? [22] Saulus aber erstarkte umso mehr und brachte die Juden, die in Damaskus wohnten, in Verwirrung, indem er bewies, dass dieser der Christus ist. – [23] Als aber viele Tage verflossen waren, beratschlagten die Juden miteinander, ihn umzubringen. [24] Ihr Anschlag wurde aber Saulus bekannt. Sie bewachten aber auch die Tore, sowohl bei Tag als auch bei Nacht, damit sie ihn umbrächten. [25] Die Jünger aber nahmen ihn bei Nacht und ließen ihn durch die Mauer hinab, indem sie ihn in einem Korb hinunterließen.

Das Kennzeichen einer echten Bekehrung ist, dass jemand sofort den Herrn Jesus bekennt (Röm 10,9.10). Saulus predigt unmittelbar Jesus als den Sohn Gottes, Ihn in seiner persönlichen Herrlichkeit. Wegen des Bekenntnisses dieser Wahrheit wurde der Herr Jesus zum Tod verurteilt (Mt 26,63–66). Petrus predigte den Herrn Jesus bereits als Herrn und Christus, also als den Messias. Saulus predigt ihn jetzt als den Sohn Gottes.

Von einer echten Bekehrung kann keine Rede sein, solange es kein Bekenntnis gibt, dass Jesus der Sohn Gottes ist (1Joh 4,15; 5,12). Juden glauben zwar an den Messias, nicht aber, dass Er Gott ist. Der Messias ist für sie nicht mehr als ein Mensch, wenn auch ein außergewöhnlicher Mensch. Das hatte Saulus bis zu diesem Augenblick geglaubt, und er hatte mit aller Gewalt das Bekenntnis bekämpft, dass dieser der Sohn Gottes ist.

Saulus wurde von Gott berufen, den Herrn Jesus als Sohn Gottes zu predigen. Gott wollte seinen Sohn in ihm offenbaren (Gal 1,16). Dort heißt es nicht: „*gegen*über ihm", sondern: „*in* ihm". Das weist auf die innere und innige Verbindung hin, die bei der Bekehrung zwischen dem Gläubigen und dem Herrn Jesus entsteht und fortan bestehen bleibt. In der Bezeichnung *Sohn* ist der ganze Reichtum des Evangeliums enthalten. Das ist der Inhalt seiner allerersten Predigt. Er verkündigt eine Person, nicht eine Lehre. Diese Person ist der ewige Sohn.

Er predigte Ihn in den Synagogen. Das zeigt, was wir in seinem Dienst beständig wiederfinden werden: Zuerst richtet er sich an die Juden und danach erst an die Heiden. Später sehen wir immer wieder, dass er so handelt, denn wenn er in eine Stadt kommt, sucht er immer zuerst die Synagoge auf.

Die Veränderung, die bei Saulus stattgefunden hat, ruft allgemeines Erstaunen hervor. So wird jede aufrichtige Bekehrung Erstaunen über die Veränderungen hervorrufen. Die Veränderung muss bemerkt werden, sie kann nicht verborgen bleiben. Die Veränderung bei Saulus war, dass er sich den Christen anschloss, die er zuvor verfolgte, und dass er den Juden die Botschaft brachte, die er zunächst auszurotten suchte.

Nach einem anfangs zögerlichen und vorsichtigen Auftreten wird Saulus immer entschiedener in seinem Auftreten. Möglicherweise hat er sich in der Zwischenzeit drei Jahre in Arabien aufgehalten (Gal 1,17); dort wurde er von Gott unterwiesen und kehrte dann nach Damaskus zurück. Er setzt seine Predigt fort, aber fügt ihr auch hinzu, dass Jesus der *Christus* ist. Das predigt er nicht nur, sondern er beweist es auch.

Mit seiner gediegenen Kenntnis des Alten Testaments und der Erleuchtung durch den Heiligen Geist ist er in besonderer Weise befähigt, diese Beweise zu liefern. Das bringt die Juden in Damaskus in Verwirrung. Sein öffentliches Bekenntnis lässt ihn an Kraft zunehmen. Das öffentliche Bekennen des Glaubens ist auch heute eine der Voraussetzungen, im Glauben zu wachsen.

Nachdem Saulus das viele Tage tut, nimmt auch der Widerstand zu. Die Juden, die er zu überzeugen sucht, sind sehr erbost und überlegen miteinander, ihn zu töten. Sie hassen Saulus mehr als irgendeinen anderen Christen, weil er in ihren Augen ein abgefallener Jude ist. In seinem zweiten Brief an die Korinther können wir nachlesen, dass die Juden den Statthalter zu ihrem Bundesgenossen machen konnten, vermutlich dadurch, dass sie Saulus als eine große Gefahr für das gesellschaftliche Leben bezeichneten (2Kor 11,32.33).

So teilt er bereits sehr schnell das Los des Herrn Jesus. Das ist eine schnelle Erfüllung der Worte, die der Herr Jesus zu Ananias über sein Leiden für den Namen des Herrn sprach (V. 16). Er bekam jedoch Wind von dem geplanten Anschlag. Wie das geschah, teilt Lukas uns nicht mit. Das ist für ihn ein Grund, zu fliehen. Während der Statthalter die Tore bewachen lässt, entkommt Saulus ihrem Anschlag.

Die Flucht geschieht nicht auf spektakuläre Weise. Der Herr hätte die Bewacher mit Blindheit schlagen und die Tore öffnen können, so wie Er das zuvor bei der Befreiung des Petrus und des Johannes aus dem Gefängnis getan hat (Apg 5,19). Saulus entkommt auf klassische Weise. Er hat inzwischen einige Jünger. Diese nehmen ihn während einer Nacht mit zu einer Öffnung in der Stadtmauer, durch die sie ihn in einem Korb herablassen. So baumelt der große Apostel, abhängig von seinen Jüngern, in einem Korb die Stadtmauer herunter. Sie lassen den Korb an einem Seil herab, bis er schließlich sicher unten an der Mauer landet und sich aus dem Staub machen kann, vermutlich in Richtung Jerusalem.

Saulus in Jerusalem (9,26–30)

> 26 Als er aber nach Jerusalem gekommen war, versuchte er, sich
> den Jüngern anzuschließen; und alle fürchteten sich vor ihm, da
> sie nicht glaubten, dass er ein Jünger sei. 27 Barnabas aber nahm
> sich seiner an, brachte ihn zu den Aposteln und erzählte ihnen,
> wie er auf dem Weg den Herrn gesehen habe und dass dieser zu
> ihm geredet habe und wie er in Damaskus freimütig im Namen
> Jesu gesprochen habe. 28 Und er ging mit ihnen aus und ein in
> Jerusalem und sprach freimütig im Namen des Herrn. 29 Und er
> redete und stritt mit den Hellenisten; sie aber suchten ihn umzu-
> bringen. 30 Als die Brüder es aber erfuhren, brachten sie ihn nach
> Cäsarea hinab und sandten ihn weg nach Tarsus.

Nachdem Saulus in Jerusalem angekommen ist, sucht er nicht seine alten Freunde auf, die Pharisäer und Hohenpriester, sondern will sich seinen neuen Freunden, den Jüngern, anschließen. Diese sind allerdings sehr argwöhnisch, so dass er nicht leicht Anschluss findet. Sie kennen ihn als Verfolger und haben Furcht, dass er versucht, sich mit einem Trick bei ihnen anzuschließen, um sie anschließend alle in Fesseln zu legen. Sie glauben einfach nicht, dass er ein Jünger geworden ist. Es scheint so, dass sie von seiner Bekehrung nichts gehört haben. Und sollten sie doch etwas davon gehört haben, haben sie dennoch Bedenken. Saulus nimmt ihnen diese Haltung nicht übel.

Der Herr bewirkt einen Ausweg durch einen seiner Diener, Barnabas, von dem wir schon früher etwas gehört haben (Apg 4,36.37). Er ist ein echter Sohn des Trostes, der Menschen zusammenbringt. Bei Problemen ist er immer zur Stelle und sorgt für eine Lösung. Er hat ein Auge für das Werk Gottes und auch für das Werk des Feindes.

Barnabas nimmt Saulus mit und bringt ihn zu den Aposteln. Er berichtet ihnen von der Bekehrung des Saulus, wie er dem Herrn begegnet ist und der Herr zu ihm geredet hat. Barnabas erwähnt auch die Beweise seiner Bekehrung: Er berichtet, wie Saulus in Damaskus freimütig im Namen Jesu gesprochen hat. Danach nehmen sie Saulus in ihrer Mitte auf.

Es wird uns nicht berichtet, woher Barnabas seine Informationen hatte, doch er ist ein vertrauenswürdiger und „guter Mann", daher schenkt man seinem Zeugnis Glauben. Wir lernen daraus, dass kein Gläubiger aufgrund seines eigenen Zeugnisses zugelassen werden kann, sondern aufgrund eines glaubwürdigen Zeugnisses eines anderen, der eine Begegnung mit dem Herrn bezeugen und die Beweise dafür nennen kann. Das kann – wie hier – mündlich geschehen oder auch schriftlich (Apg 18,27; 2Kor 3,1). Später wird Paulus einmal einen ganzen Brief schreiben, den Brief an Philemon, in dem er andere ermuntert, einen Jungbekehrten aufzunehmen, für den es ebenfalls keine warmherzigen Empfindungen gab (Phlm 10–17).

Die Aufnahme des Saulus in die Gemeinde in Jerusalem bedeutet weitaus mehr, als nur mit ihnen das Abendmahl feiern zu können. Er geht „mit ihnen aus und ein". Das weist darauf hin, dass er nicht nur die Zusammenkünfte der Christen besuchte, sondern am gesamten Gemeindeleben teilnahm. Wie wichtig ist es doch, dass unsere Gemeinschaft als Christen nicht auf einige Zusammenkünfte beschränkt ist, sondern dass wir sie beständig erleben. Saulus macht sich völlig mit ihnen *eins*, während er zugleich seinen eigenen besonderen Auftrag erfüllt. Einheit ist keine Uniformität.

Das Zeugnis des Barnabas über die Freimütigkeit, mit der Saulus in Damaskus geredet hat, wird durch das Auftreten des Saulus in Jerusalem bestätigt. Trotz der Mordlust der Juden in Damaskus, die dazu führte, dass er aus dieser Stadt fliehen musste, redet Saulus auch in Jerusalem freimütig im Namen des Herrn.

Aufgrund seiner früheren Erfahrung wusste er, dass seine Botschaft in Jerusalem auf noch größeren Widerstand stoßen würde. Das geschieht nun auch. Er richtet sich besonders an die Juden, die Griechisch sprechen. Er spricht mit ihnen und streitet mit ihnen. Auf alle Weise will er versuchen, sie von dem Namen des Herrn zu überzeugen. Doch die Wahrheit macht den Hass der Herzen offenbar. Sie versuchen, ihn zu töten. Bevor sie ihren Plan jedoch ausführen können, macht der Herr ihm ihren Plan bekannt (Apg 22,17–21) und sagt ihm auch, dass er Jerusalem verlassen soll.

So wie in Damaskus gibt es auch in Jerusalem Gläubige, die ihm zur Flucht verhelfen. Wieder werden gewöhnliche Mittel gebraucht, um einem Anschlag zu entkommen. Dass sie ihn gerade in Jerusalem umbringen wollten, muss eine große Enttäuschung für ihn gewesen sein. Doch der Herr führt seinen Plan mit ihm aus, und dabei gebraucht Er auch die Feinde des Evangeliums. Während sich Jerusalem der Anwesenheit des Predigers Christi entledigen will, sowie sie sich auch Christi selbst entledigt haben, gebraucht Gott das, ihn zu den Nationen zu senden.

Jerusalem verliert damit den Status als Zentrum der Weltevangelisation. Dieses Zentrum wird nach Antiochien verlagert, wie wir später sehen werden (Apg 13,1-3). Begleitet von den „Brüdern" (ein herrliches Wort der Gemeinschaft), kommt er nach Cäsarea, von wo aus sie ihn nach Tarsus senden. Gott gebraucht die Brüder, um ihn zur nächsten Station seines Dienstes für seinen Herrn zu bringen. So lässt Saulus sich leiten vom Herrn und von seinen Brüdern.

Die Gemeinde hat Frieden und vermehrt sich (9,31)

> 31 So hatte denn die Versammlung durch ganz Judäa und Galiläa und Samaria hin Frieden und wurde erbaut und wandelte in der Furcht des Herrn und mehrte sich durch die Ermunterung des Heiligen Geistes.

Nach den Verfolgungen brach in ganz Judäa, Galiläa und Samaria eine Zeit des Friedens in der Gemeinde an. Das Evangelium wurde verkündigt und hatte zur Folge, dass eine Reihe Gemeinden entstanden. Dennoch spricht Lukas von der „Versammlung" und nicht von „Versammlung*en*". (Dass Lukas das hier nicht tut, bedeutet nicht, dass dieser Begriff nicht vorkommt; siehe Gal 1,22; 1Thes 2,14.)

Er betont damit die Einheit der *einen* Gemeinde, wenn wir auch sehen, dass es in der Praxis mehrere örtliche Gemeinden gibt. Jede örtliche Gemeinde ist (so sollte es zumindest sein) eine Widerspiegelung der gesamten Gemeinde.

Nach dem Wort des Herrn Jesus (Apg 1,8) wurde in diesen Gegenden, nun einschließlich Galiläa, das Evangelium verkündigt und die Gemeinde dort gegründet. Bevor wir dieses Gebiet verlassen, um das Werk des Geistes bis zu den Enden der Erde zu verfolgen, berichtet Lukas uns einige schöne Kennzeichen der Gemeinde in diesen Gegenden. Wir können dafür beten, dass der Herr solche Kennzeichen auch heute in der örtlichen oder überörtlichen Gemeinde bewirken möge. Der Friede der Gemeinden war wohl die Folge der Bekehrung des Saulus, wodurch der Motor der Verfolgung zum Stillstand gebracht worden war.

Der Friede wird sich nicht nur auf die äußeren Umstände beziehen, sondern auch auf das Innere, auf den Frieden der Herzen der Gläubigen. Diese Zeit und Gesinnung des Friedens bewirkt die Voraussetzung zu geistlichem Wachstum, zur Erbauung durch die Belehrungen aus dem Wort Gottes.

Gläubige sollten auch heute Zeiten des Friedens gut nutzen, um sich selbst im Glauben zu erbauen (Jud 20). Belehrung, die wirklich mit dem Herzen aufgenommen wird, wird sozusagen automatisch zu einem Wandel in der Furcht des Herrn führen. Ein Leben in der Furcht des Herrn ist kein Wandel in Angst vor dem Herrn, sondern in Ehrfurcht vor dem Herrn.

Das wiederum hat zur Folge, dass die Gemeinde wächst. Ein Wandel in Ehrfurcht vor dem Herrn zieht Menschen an. Wenn Menschen zur Bekehrung kommen und der Gemeinde hinzugefügt werden, ist das das Werk des Heiligen Geistes. Dieses Werk wird hier eine „Ermunterung“ genannt.

Die Heilung des Äneas (9,32-35)

> 32 Es geschah aber, als Petrus überall hindurchzog, dass er auch
> zu den Heiligen hinabkam, die in Lydda wohnten. 33 Er fand dort
> aber einen gewissen Menschen, mit Namen Äneas, der seit acht
> Jahren zu Bett lag und gelähmt war. 34 Und Petrus sprach zu ihm:
> Äneas! Jesus Christus heilt dich; steh auf und mache dir selbst das
> Bett! Und sogleich stand er auf. 35 Und es sahen ihn alle, die in
> Lydda und Saron wohnten, die sich zu dem Herrn bekehrten.

Nachdem Lukas, geleitet vom Heiligen Geist, die Bekehrung des Saulus und seine ersten Aktivitäten als Christ beschrieben hat, richtet er unsere Aufmerksamkeit jetzt wieder auf Petrus und seinen Dienst. Die zwei Begebenheiten, die den Schluss dieses Kapitels bilden, stehen zwischen der Bekehrung des Saulus und der des Kornelius. Die Bekehrung des Saulus ist der Beginn der großen Ernte, die unter den Nationen eingebracht wird, wovon Kornelius der Anfang ist. Da könnte die Frage aufkommen: Ist es mit Israel vorbei? Die Antwort darauf finden wir in den beiden Wundern des Petrus. Daraus können wir lernen, dass Gott sein Volk nicht für immer verstoßen hat.

Petrus reist überall umher, um die neuen Gemeinden zu stärken und zu ermutigen. Auf seiner Rundreise kommt er auch zu den Heiligen, die in Lydda wohnen. Möglicherweise ist die Gemeinde dort durch das Wirken des Evangelisten Philippus entstanden, der ja das Land von Asdod aus bis nach Cäsarea durchzog und dabei allen Städten das Evangelium verkündigte (Apg 8,40). Hier werden die Gläubigen wieder „Heilige“ genannt (auch in V. 13 und 41). Die Heiligen sind die besondere Gruppe von Menschen, die nicht mehr zur Welt gehören, sondern dem Herrn Jesus angehören. Sie bilden in der Welt eine neue und abgesonderte Gemeinschaft, die einen neuen Gegenstand der Liebe besitzt: den verherrlichten Christus.

Bei diesen Heiligen trifft Petrus einen Mann an, namens Äneas, der schon acht Jahre gelähmt ans Bett gefesselt ist. Wir können in ihm ein Bild des Judentums sehen, das aus sich selbst keine Kraft hat, um das zu tun, was Gott in seinem Wort sagt. Petrus spricht zu dem Gelähmten, wie er das bei dem Gelähmten an der Pforte des Tempels getan hat (Apg 3,6).

Er nennt seinen Namen und weist ihn auf Jesus Christus hin, der ihn gesund macht. Petrus hat keinerlei Macht, jemanden gesund zu machen. Das kann nur der Herr Jesus tun. Petrus sagt nicht: „*wird* dich gesund machen“, sondern „*macht* dich gesund“. Petrus ist einfach nur das Instrument der Macht des Herrn. Die Kraft kommt durch Jesus Christus, durch Jesus, den Messias. Der Herr Jesus bewirkt eine unmittelbare und vollkommene Gesundheit.

Petrus befiehlt ihm, aufzustehen und selbst sein Bett zu machen. Äneas gehorcht sofort und steht auf. Seine Heilung ist ein klares Zeugnis für den Namen des Herrn. Die Folge ist dann auch, dass alle, die in Lydda und Saron wohnen und Äneas sehen, sich zum Herrn bekehren. Das Wunder bewirkt, dass die Herzen auf den Herrn ausgerichtet werden und nicht auf Menschen.

Saron war ein fruchtbarer Küstenstreifen, der sich von Lydda bis zum Berg Karmel erstreckte. Die Fruchtbarkeit scheint sich nicht nur auf die Bodenbeschaffenheit zu beziehen, sondern auch auf die geistliche Frucht, die jetzt durch die Bekehrung zum Herrn entsteht. Hier finden wir eine geistliche Vorerfüllung der

Worte Jesajas: „Saron wird zu einem Weideplatz der Schafe werden“ (Jes 65,10).

Auferweckung der Dorkas (9,36–43)

> 36 In Joppe aber war eine gewisse Jüngerin, mit Namen Tabitha,
> was übersetzt heißt: Dorkas; diese war reich an guten Werken und
> Almosen, die sie übte. 37 Es geschah aber in jenen Tagen, dass sie
> krank wurde und starb. Als sie sie aber gewaschen hatten, legten
> sie sie in ein Obergemach. 38 Da aber Lydda nahe bei Joppe war,
> sandten die Jünger, als sie gehört hatten, dass Petrus dort sei, zwei
> Männer zu ihm und baten: Zögere nicht, zu uns herüberzukom-
> men. 39 Petrus aber stand auf und ging mit ihnen; und als er ange-
> kommen war, führten sie ihn in das Obergemach. Und alle Wit-
> wen traten weinend zu ihm und zeigten ihm die Unterkleider und
> Gewänder, die Dorkas gemacht hatte, während sie noch bei ihnen
> war. 40 Petrus aber schickte alle hinaus, kniete nieder und betete.
> Und er wandte sich zu dem Leichnam und sprach: Tabitha, steh
> auf! Sie aber schlug ihre Augen auf, und als sie Petrus sah, setzte
> sie sich auf. 41 Er aber gab ihr die Hand und richtete sie auf; er rief
> aber die Heiligen und die Witwen und stellte sie lebend dar. 42 Es
> wurde aber durch ganz Joppe hin bekannt, und viele glaubten an
> den Herrn. 43 Es geschah aber, dass er viele Tage in Joppe blieb, bei
> einem gewissen Simon, einem Gerber.

In Joppe, ungefähr neunzehn Kilometer von Lydda entfernt, war auch eine Gemeinde. Diese Gemeinde besaß das Vorrecht, Schwester Tabitha in ihrer Mitte zu haben. Ihr aramäischer Name bedeutet „Gazelle“, was im Griechischen *Dorkas* heißt. Sie war eine Jüngerin, also eine Nachfolgerin des Herrn Jesus. Dass sie es wirklich wert war, diesen Namen zu tragen, zeigt sich an dem Zeugnis, das von ihr gegeben wurde. Bei ihr finden wir „Bemühungen der Liebe“ (1Thes 1,3). Das waren Werke des Glaubens, der Beweis, dass sie Glauben besaß. Sie war das Gegenteil von Äneas.

Während sie ihre „Bemühungen der Liebe“ ausübte, wurde sie krank und starb. Beschäftigt sein mit Dingen, die dem Herrn wohlgefällig sind, bedeutet nicht, dass man gegen Krankheit und Tod immun ist. Was ein Schlag zu sein schien für die Gemeinde und für die, denen sie mit ihren guten Werken und Wohltaten diente, wird zu einem Zeugnis für den Herrn.

Als erstes sehen wir Glauben bei denen, die sich über sie erbarmen, nachdem sie gestorben war. Sie waschen sie und legen sie anschließend in ein Obergemach. Normal wäre gewesen, dass sie, nachdem sie gewaschen war, gesalbt und sofort danach begraben worden wäre. Doch sie tun das nicht, sondern legen sie in ein Obergemach. Vielleicht haben sie an die beiden Auferweckungen im Alten Testament gedacht, wo die Verstorbenen ebenfalls in ein Obergemach gelegt wurden (1Kön 17,19; 2Kön 4,21).

Jedenfalls rechnen sie im Glauben mit der Möglichkeit, dass Tabitha auferweckt wird, denn die Jünger senden zwei Männer nach Lydda, um Petrus zu holen. Es sind *zwei* Männer, damit die Sache zuverlässig bestätigt wird (vgl. 2Kor 13,1). Sie werden mit der Botschaft zu Petrus geschickt, dass er sofort kommen möge.

Lukas berichtet nicht, dass sie Petrus den Grund ihrer Bitte sagen sollten, doch wir wissen, dass der Grund nicht der war, dass er der Beerdigung beiwohnen sollte, sondern dass sie verhindert würde. Wir lesen auch nicht, dass Petrus erst mit dem Herrn darüber geredet hätte. Er sieht in der Bitte eine deutliche Aufforderung des Herrn, mit ihnen zu gehen. Das tut er dann auch.

Sobald er dort angekommen ist, wird er zum Obergemach geführt. Dort stehen bereits die Witwen, denen Tabitha gedient hatte. Sie haben durch ihren Tod einen großen Verlust erlitten. Was sie Petrus zeigen, sind die Beweise wahren Gottesdienstes (Jes 58,7). Das ist das Gegenteil von einem frommen Gerede, das der Not nicht abhilft (Jak 2,15.16). Indem die Witwen die Werke Tabithas zeigen, sehen wir, dass ihre Werke ihr nachfolgen (vgl. Off 14,13).

Petrus weiß, was er zu tun hat. Dazu muss er jedoch mit dem Herrn allein sein, ohne dass ihn etwas ablenkt. Allein mit dem Leichnam und dem Herrn, kniet Petrus nieder und betet. Auf diese Weise bekommt er die Überzeugung, was Gott will. So richtet er das Wort der Vollmacht an Tabitha, dass sie aufsteht. Er wendet sich dem Leichnam zu. Nachdem er ihr befohlen hat, aufzustehen, öffnet Tabitha die Augen. Sie sieht Petrus an und setzt sich auf. Tabitha wird durch das Gebet und das Wort der Kraft auferweckt.

Nachdem sie sich gesetzt hat, gibt Petrus ihr die Hand und hilft ihr beim Aufstehen. Danach ruft er die Heiligen und die Witwen und stellt ihnen Tabitha lebend dar. Durch die Auferstehung ist sie wieder in der Lage, zu dienen. Das ist ein Hinweis darauf, dass unsere Möglichkeiten, Gott zu dienen, nicht auf dieses Leben beschränkt sind, sondern dass wir das auch nach der Auferstehung bis in Ewigkeit tun werden (Off 22,3–5). Das ist das Resultat der

Auferstehung des Herrn Jesus. Die Ewigkeit ist voller Aktivität, Langeweile wird es dann nicht geben.

Die Auferweckung Tabithas führt dazu, dass „viele" in Joppe zum Glauben an den Herrn kommen. In Lydda und Saron bekehrten sich nach einem kleineren Wunder „alle", die dort wohnten. Das Wunder der Auferweckung Tabithas ist größer, doch die Anzahl der Bekehrten geringer, denn hier ist nicht die Rede von „allen", sondern von „vielen".

Nach der Auferweckung Tabithas kehrt Petrus nicht nach Lydda zurück, sondern bleibt längere Zeit in Joppe. Diener müssen nicht immer unterwegs sein. Nach einem „gesegneten" Dienst ist es nötig, mit dem Herrn allein zu sein, um nachzudenken, zu beten und auf neue Anweisungen des Herrn zu warten.

Petrus, der große Apostel der Beschneidung, wohnt in Joppe bei einem einfachen Mann, einem Gerber. Die Juden betrachteten den Beruf eines Gerbers als unrein. Er gerbte Häute, um daraus hauptsächlich lederne Wasserbehälter herzustellen. Der Aufenthalt des Petrus bei diesem Mann ist möglicherweise ein Hinweis darauf, dass Gott aus Unreinem etwas Reines machen kann, so wie ein lederner Behälter reines Wasser enthalten kann.

Kapitel 10

Ein Engel besucht Kornelius (10,1–8)

[1] Ein gewisser Mann aber in Cäsarea, mit Namen Kornelius - ein Hauptmann von der so genannten italischen Schar, [2] fromm und gottesfürchtig mit seinem ganzen Haus, der dem Volk viele Almosen gab und allezeit zu Gott betete –, [3] sah in einem Gesicht ungefähr um die neunte Stunde des Tages deutlich, wie ein Engel Gottes zu ihm hereinkam und zu ihm sagte: Kornelius! [4] Er aber sah ihn unverwandt an und wurde von Furcht erfüllt und sagte: Was ist, Herr? Er sprach aber zu ihm: Deine Gebete und deine Almosen sind hinaufgestiegen zum Gedächtnis vor Gott. [5] Und jetzt sende Männer nach Joppe und lass einen gewissen Simon holen, der auch Petrus genannt wird; [6] dieser hält sich bei einem gewissen Simon auf, einem Gerber, dessen Haus am Meer ist. [7] Als aber der Engel, der mit ihm redete, weggegangen war, rief er zwei von den Hausknechten und einen frommen Soldaten von denen, die ständig bei ihm waren; [8] und als er ihnen alles dargelegt hatte, sandte er sie nach Joppe.

In diesem Kapitel wird zum ersten Mal klar, dass das Heil sich zu den Nationen wendet. In Kapitel 8 ist das Werk Gottes unter den Samaritern bereits vorausgegangen. Die Samariter waren auch keine Juden, doch waren sie - wenn auch vermischt - mit ihnen verbunden. Der Kämmerer ist ein weiteres Beispiel eines Menschen, der nicht zu den Juden gehörte, ein echter Heide. Er hatte jedoch eine gewisse Verbindung mit Jerusalem. Er sympathisierte mit dem jüdischen Gottesdienst, deshalb hatte er die Stadt besucht.

Doch jetzt sehen wir, wie die Geschichte der Kirche weitergeführt wird, indem sie sich für die Völker öffnet, die keinerlei Verbindung zum jüdischen Volk hatten. Das deutlichste Kennzeichen dieser neuen Entwicklung ist, dass die Nationen in der Gemeinde Jesu Christi aufgenommen werden, ohne beschnitten zu werden.

Obwohl Saulus als Apostel der Nationen bereits zur Bekehrung gekommen war, wird Petrus noch gebraucht, um das Heil auch für die Nationen zu öffnen. Nach der Bekehrung der Samariter und des Kämmerers ist die Bekehrung des Kornelius der Beweis dafür, dass nun alle Völker in völliger Weise zum Heil zugelassen sind. Kornelius kommt völlig getrennt von Jerusalem zur Bekehrung. Seine Bekehrung findet in Cäsarea statt, wo er von Petrus aufgesucht wird und das Evangelium hört. Der Name *Cäsarea* erinnert an den römischen Kaiser. Kornelius gehörte zum römischen Heer.

Hier zeigt sich völlig, dass die Gunst Gottes nicht auf die Juden beschränkt war und auch, dass es nicht nötig war, ein Jude zu werden, um an der Errettung teilhaben zu können, die in Christus ist. Durch die Bekehrung des Kornelius kam allerdings noch nicht die Wahrheit über die Gemeinde, dass sie als *ein* Leib mit dem Haupt im Himmel vereinigt ist, ans Licht. Seine Bekehrung war aber bereits die Vorbereitung darauf, da jemand aus den Nationen zugelassen wurde, ohne zuvor ein Jude zu werden.

Von Kornelius wird ein schönes Zeugnis gegeben. Was von ihm gesagt wird, ist für einen Nicht-Juden eine Seltenheit. Dazu kommt noch, dass er sich in einer beruflichen Position befand, im Heer, wo die Gottlosigkeit auf gröbste Weise verübt wurde. Er war kein Proselyt, sympathisierte aber sehr mit dem jüdischen Gottesdienst. Seine ganze Haltung zeigt, dass er bereits bekehrt war; er hatte jedoch noch nicht die Sicherheit der Errettung. So führt Petrus das später in seinem Bericht in Jerusalem aus (Apg 11,13.14).

Sein ganzes Haus befand sich unter dem Einfluss seiner Gottesfurcht. Persönlich war er fromm. Gott gegenüber war er voller Ehrfurcht. Außerdem liebte er das irdische Volk Gottes, was an den Almosen deutlich wird, die er dem Volk gab. Sein Leben stand im Zeichen der Abhängigkeit von Gott, was daran zu erkennen ist, dass er allezeit zu Gott betete.

Auf solch eine Haltung und auf solch ein Gebetsleben antwortet Gott. Er begegnet Menschen, die beten. Er gebraucht eine Vision, um sich an Kornelius zu richten. Gott tut das zur neunten Stunde, das ist die Stunde des Gebets und des Abendbrandopfers (siehe die Auslegung zu Kapitel 3,1). Kornelius sieht zu dieser Stunde *deutlich*, also nicht unbestimmt, einen Engel Gottes zu sich hereinkommen. Der Engel grüßt ihn und nennt seinen Namen. Damit sagt er gewissermaßen, dass Gott ihn kennt. Voller Furcht sieht Kornelius den Engel an. Diese Furcht sehen wir öfter bei Menschen, die Engel gesehen haben (z. B. Lk 1,12; 2,9.10).

Dann stellt er die bange Frage nach dem Grund seines Kommens. Der Engel beruhigt ihn jedoch. Nicht nur sein Name ist Gott bekannt, sondern auch seine Gebete und seine Almosen. Diese sind beständig vor Gott. Sie sind in seinen Gedanken, und zu seiner Zeit antwortet Er darauf. Gott vergisst nie etwas, was jemand Ihm aufrichtig sagt oder für Ihn tut. Zu seiner Zeit wird Er darauf reagieren. Für Kornelius ist die Zeit nun gekommen.

Gott teilt Kornelius durch den Engel mit, dass er nun Männer nach Joppe senden soll, um Petrus einzuladen. Der Engel kann zwar eine Anweisung geben, etwas zu tun, aber er kann nicht evangelisieren. Ein Engel kann nicht die Botschaft der Gnade verkündigen. Das kann nur ein Mensch tun, der selbst die Gnade empfangen hat. Der Engel sagt, wo er Petrus findet, und zwar im Haus eines gewissen Simon. Er teilt ihm den Beruf Simons mit und wo das Haus steht.

Das Anwesen eines Gerbers ist keine luxuriöse Unterkunft. Dort riecht es übel. Über die symbolische Bedeutung des Berufs eines Gerbers wurde bereits einiges in den Ausführungen zu Kapitel 9,43 gesagt. Hier wird noch etwas hinzugefügt, das ebenfalls eine symbolische Bedeutung hat. Von dem Haus heißt es, dass es sich am Meer befindet. Das Meer ist ein Symbol für das Völkermeer. Das ist ein Hinweis darauf, dass das Evangelium für die Nationen bestimmt ist und dass Petrus das Werkzeug ist, das Evangelium für die Nationen zu öffnen.

Nachdem der Engel weggegangen ist, handelt Kornelius sofort. Er braucht nicht erst darüber nachzudenken. Der Auftrag ist klar. Er ruft zwei Knechte und einen gottesfürchtigen Soldaten. Kornelius muss als Chef ein sehr liebenswerter Mensch gewesen sein, der einen vertrauensvollen Umgang mit seinem Personal pflegte. Er informiert sie über den Besuch des Engels und was dieser zu ihm gesagt hat. Die Männer ziehen los, ohne Fragen zu stellen. Kornelius handelt im Gehorsam gegenüber Gott, und seine Männer handeln im Gehorsam gegenüber Kornelius.

Die Vision des Petrus (10,9–16)

[9] Am folgenden Tag aber, während jene reisten und sich der Stadt
näherten, stieg Petrus um die sechste Stunde auf das Dach, um zu
beten. [10] Er wurde aber hungrig und wünschte zu essen. Während
sie aber etwas zubereiteten, kam eine Verzückung über ihn. [11] Und
er sieht den Himmel geöffnet und ein gewisses Gefäß, gleich einem
großen Leinentuch, herabkommen, an vier Zipfeln [gebunden und]
auf die Erde herabgelassen, [12] in dem allerlei vierfüßige und krie-
chende Tiere der Erde waren und Vögel des Himmels. [13] Und eine

> Stimme erging an ihn: Steh auf, Petrus, schlachte und iss! [14] Petrus aber sprach: Keineswegs, Herr! Denn niemals habe ich irgendetwas Gemeines oder Unreines gegessen. [15] Und wieder erging die Stimme zum zweiten Mal an ihn: Was Gott gereinigt hat, halte *du* nicht für gemein! [16] Dies aber geschah dreimal; und sogleich wurde das Gefäß hinaufgenommen in den Himmel.

Die Zuhörer waren von Gott vorbereitet, nun muss der Prediger noch vorbereitet werden. Es gab nicht nur jemand, der betend etwas suchte, es gab auch einen betenden Diener. Petrus sucht das Alleinsein mit Gott. Er widmete sich dem Gebet, um danach mit dem Wort Gottes dienen zu können (Apg 6,4). Petrus sieht ebenfalls ein Gesicht; dadurch wird er auf den Besuch der Männer des Kornelius vorbereitet. Er bekommt das Gesicht, als er hungrig ist und zu essen wünscht. Dieses praktische Bedürfnis gebraucht Gott, um ihn für die Botschaft empfänglich zu machen, die Er für Petrus hat.

Während der Zubereitung des Essens, sieht Petrus den geöffneten Himmel. Er sieht, wie etwas von dort herabkommt, das ihn an ein großes Laken erinnert. Er sieht, wie das Laken an den vier Ecken auf die Erde herabgelassen wird. Dann sieht er in dem Laken allerlei vierfüßige und kriechende Tiere der Erde und Vögel des Himmels. Die Fische fehlen. Es sind alles Tiere, die auch mit Noah in die Arche gingen. Damals fehlten ebenfalls die Fische (1Mo 7,14). All diese Tiere kamen in die rettende Arche und wurden vor der Sintflut bewahrt.

Noah hatte reine und unreine Tiere in der Arche. Gott hat alle diese Tiere gerettet. Hier spannt Gott einen großen zeitlichen Bogen, indem Er die Geschichte der Sintflut mit dieser Zeit verknüpft, in der das Evangelium für alle Menschen, Juden und Nicht-Juden, als rettendes Evangelium geöffnet wird. So wie alle Tiere in der Arche gerettet werden, so gibt es ebenso Rettung für alle, die in Christus sind. Das bekommt Petrus in dem Gesicht zu sehen.

Dieses Gesicht umfasst verschiedene Hinweise bezüglich des Evangeliums, wodurch die Gemeinde sich ausbreitet. So sehen wir, dass es aus dem Himmel herabkommt, was auf den Ursprung des Evangeliums und auch der Gemeinde hinweist. Auch wird die Aufmerksamkeit auf die Tatsache gelenkt, dass das Laken groß ist, dass es an den vier Ecken herabgelassen wird und dass die Erde das Gebiet ist, auf das es herabgelassen wird. Das große Laken weist auf den Umfang der Gemeinde hin: Darin ist für jeden Platz. Die vier Ecken weisen auf die Reichweite des Evangeliums hin: Es richtet sich an jeden, an alle Ecken der Erde. Die ganze Erde ist das Gebiet, wo es gepredigt wird. Die Vermischung von reinen und unreinen Tieren und Vögeln zeigt, dass der Unterschied zwischen rein und unrein verschwunden ist. Bei Gott gibt es kein Ansehen der Person (Röm 10,12.13).

Der Auftrag an Petrus kommt aus dem Himmel. Ihm wird befohlen, aufzustehen, zu schlachten und zu essen. Petrus reagiert geschockt. Wie hungrig er auch ist, er wagt sich nicht daran. Er hielt sich als frommer Jude immer noch an die Speisegesetze, die den Verzehr unreiner Tiere verboten (3Mo 11,46.47; 5Mo 14,3–21). Sie sollten die Speisegesetze beachten, um sich von den Nationen rein zu erhalten. Nahrung bildet einen Menschen. Wenn er die Nahrung der Nationen essen würde, würde er ihnen gleich werden.

Doch nun kommt das Laken aus dem *Himmel* herab. Alle diese Tiere im Laken sind zusammen bildlich gesprochen die Gemeinde, die aus allen Menschen besteht, die zum Glauben gekommen sind, sowohl aus den Juden als auch aus den Heiden. Die Trennwand ist aufgehoben, die Speisegesetze gelten nicht für die Gemeinde (Kol 2,20.21), denn die Gemeinde ist *vom* Himmel und *für* den Himmel. Die Speisegesetze waren für die Erde und für ein irdisches Volk.

Petrus muss lernen, das Neue zu sehen als etwas, das vom Herrn kommt. Das kostet ihn Mühe. Alte Vorurteile sterben nur langsam, besonders dann, wenn es um Dinge geht, die immer einen Teil des wahren Gottesdienstes ausmachten. Das war ein Problem seines Gewissens. Wir können ebenfalls eine bestimmte Überzeugung haben, dass etwas gut ist, und uns trotzdem nicht trauen, es umzusetzen, weil unser Gewissen dagegen spricht. Der Herr versteht das und sorgt dafür, dass wir nicht etwas mit einem schlechten Gewissen tun müssen. Es kann allerdings sein, dass wir dadurch „päpstlicher als der Papst“ werden. Wenn Gott sagt, dass wir essen können oder sollen, dürfen wir nicht aus Gewissensgründen „nein“ sagen. Petrus erfährt nun, dass Gott die früheren Vorschriften ändert.

Das Kreuz hat alles verändert und den Unterschied zwischen Juden und Heiden weggenommen. Für die Christen haben die Speisegesetze überhaupt keine Bedeutung mehr. Gott kann das Gesetz bezüglich reiner und unreiner Tiere geben, Er kann es auch für eine bestimmte Gruppe von Menschen aufheben. Diese Gruppe von Menschen besteht aus allen, die in Christus sind, für die es daher keine Verdammnis mehr gibt (Röm 8,1), so wie es auch für alle, die in der Arche waren, kein Gericht gab.

Damit Petrus gut die Bedeutung des Gesichtes versteht, hört er dreimal, dass er das, was Gott geheiligt hat, nicht für unheilig halten soll. Es gibt noch mehr Dinge, die im Leben des Petrus dreimal vorgekommen sind: dreimal verleugnete er den Herrn, und dreimal fragte der Herr ihn, ob er Ihn lieben würde.

Nachdem es dreimal zu ihm gesagt worden ist, wird das Laken wieder in den Himmel hinaufgezogen. Darin sehen wir das Bild von der Gemeinde bestätigt. Das Laken kommt aus dem Himmel herab: Die Gemeinde ist himmlischen Ursprungs; das Laken wird wieder dorthin hinauf gezogen: Die Bestimmung der Gemeinde ist ebenfalls himmlisch.

Die Gesandten des Kornelius melden sich bei Petrus (10,17–23)

> 17 Als aber Petrus bei sich selbst in Verlegenheit war, was doch
> das Gesicht sein möchte, das er gesehen hatte, siehe, da stan-
> den die Männer, die von Kornelius gesandt waren und das Haus
> Simons erfragt hatten, vor dem Tor; 18 und als sie gerufen hat-
> ten, fragten sie, ob Simon, der auch Petrus genannt wird, sich
> dort aufhalte. 19 Während aber Petrus über das Gesicht nachsann,
> sprach der Geist zu ihm: Siehe, drei Männer suchen dich. 20 Steh
> aber auf, geh hinab und zieh mit ihnen, ohne irgend zu zweifeln,
> denn *ich* habe sie gesandt. 21 Petrus aber ging zu den Männern
> hinab und sprach: Siehe, *ich* bin es, den ihr sucht. Was ist die
> Ursache, weshalb ihr hier seid? 22 Sie aber sprachen: Kornelius,
> ein Hauptmann, ein gerechter und gottesfürchtiger Mann, der
> auch ein gutes Zeugnis hat von der ganzen Nation der Juden, ist
> von einem heiligen Engel göttlich gewiesen worden, dich in sein
> Haus holen zu lassen und Worte von dir zu hören. 23 Als er sie
> nun hereingerufen hatte, beherbergte er sie. Am folgenden Tag
> aber machte er sich auf und zog mit ihnen fort, und einige der
> Brüder von Joppe gingen mit ihm.

Das Gesicht, das er soeben gesehen hatte, war ihm nicht sofort klar, doch das wird sich bald ändern. Während er darüber nachdenkt, melden sich die Männer des Kornelius. Wieder so eine großartige Zeitplanung des Herrn, wie wir das auch bei Philippus gesehen haben, der ebenfalls genau zur richtigen Zeit auf den Kämmerer zutrat (Apg 8,29.30). Der Geist führt Petrus weiter. Er erklärt ihm das Gesicht auch nicht, sondern bereitet ihn weiter auf seine Bedeutung vor. Er sagt Petrus, dass drei Männer ihn suchen und befiehlt ihm, aufzustehen, nach unten zu gehen und ohne zu zweifeln mit ihnen zu gehen. Als zusätzliche Sicherheit sagt ihm der Geist noch, dass *Er* sie geschickt hat.

Die Erwähnung, dass Petrus hinunter gehen soll, können wir so anwenden, dass Petrus von seinen Vorurteilen wegkommen und sich auf das Niveau der Heiden begeben soll. Er soll auch nicht weiter darüber nachdenken, ob er mitgehen soll oder nicht, sondern soll ohne zu zweifeln mit ihnen gehen. Das ist wirklich ein Auftrag des Geistes Gottes. Dann gehorcht Petrus und geht hinunter.

Er sagt den Männern, dass sie den gefunden haben, den sie suchen. Er möchte allerdings gern wissen, was der Grund ihres Kommens ist. Das war ihm immer noch nicht bekannt. Das hatte der Geist ihm nicht mitgeteilt. Die Männer des Kornelius nennen Petrus den Grund ihres Kommens. Sie legen ein schönes Zeugnis über Kornelius ab. Es ist dasselbe Zeugnis wie das, das der Heilige Geist in Vers 2 von ihm gegeben hat. Seine Umgebung kannte ihn ebenfalls so. Es ist schön, wenn wir auch solche Zeugnisse von Mitgläubigen an andere weitergeben können.

Nachdem die Männer den Grund ihres Besuches genannt haben, lädt Petrus sie ein und gewährt ihnen Unterkunft. Simon wird ihm erlaubt haben, über sein Haus zu verfügen. Nachdem sie übernachtet haben, gehen die Männer mit Petrus zurück zu Kornelius. Außerdem gehen noch einige Brüder von Joppe mit (sechs an der Zahl, siehe Kap 11,12). Sicher hat es Petrus gut getan, dass die Gläubigen am Ort so sehr ihr Interesse an diesem Werk zeigten, dass sie eine Delegation mitschickten. Er handelt in Gemeinschaft mit seinen Brüdern. Es war eine Sache der Gemeinde.

Petrus kommt zu Kornelius (10,24–27)

> 24 Am folgenden Tag aber kamen sie nach Cäsarea. Kornelius aber,
> der seine Verwandten und nächsten Freunde zusammengerufen
> hatte, erwartete sie. 25 Als es aber geschah, dass Petrus hereinkam,
> ging Kornelius ihm entgegen, fiel ihm zu Füßen und huldigte ihm.
> 26 Petrus aber richtete ihn auf und sprach: Steh auf! Auch *ich* selbst
> bin ein Mensch. 27 Und sich mit ihm unterredend, ging er hinein,
> und er findet viele versammelt.

Als Petrus zu Kornelius kommt, scheint dieser sozusagen schon Ausschau zu halten. Voll Verlangen erwartet er die Ankunft des Petrus. Er hat bereits andere eingeladen, um die Worte zu hören, die Petrus sagen wird. Es betrifft seine Familie und Freunde, mit denen er vertraulich über die Dinge Gottes redete, weil diese Dinge auch ihr Interesse fanden. Das ist eine Äußerung des neuen Lebens, denn die, die es besitzen oder Interesse daran haben, werden von den Dingen Gottes angezogen.

Sie werden wohl das eine und andere von Petrus gehört haben und von diesem besonderen Knecht Gottes beeindruckt gewesen sein. Sobald Petrus nämlich hereinkommt, geht Kornelius auf ihn zu, fällt zu seinen Füßen nieder und huldigt ihm. Was Kornelius tat, war nicht gut, zeigt aber seine Gesinnung, da er als römischer Hauptmann zu den Füßen eines einfachen Fischers aus Galiläa niederfällt. Petrus nimmt jedoch keine Huldigung von einem Menschen entgegen (siehe auch Off 19,10). Verehrung geziemt allein Gott. Menschen sind lediglich Diener.

Was Petrus zu Kornelius sagt, ist eine Verurteilung des Papsttums. Der Papst lässt sich wohl verehren und beruft sich darauf, den Fußstapfen von Petrus zu folgen, denn er meint, der Nachfolger des Petrus zu sein, der nach seiner Meinung der erste Papst war. Diese grauenvolle Anmaßung wird Gott richten (Off 17; 18).

Danach geht Petrus mit Kornelius hinein. Dort trifft er die ganze Gesellschaft, die Kornelius eingeladen hat. In Vers 22 war nur die Rede davon, dass Kornelius Worte hören sollte. Er wollte jedoch diese Worte nicht als Einziger hören. Er hatte viele eingeladen. Das bedeutet, dass er mit anderen darüber gesprochen hatte und sich nicht des Namens Gottes schämte. Zugleich ist das ein zusätzlicher Beweis seines festen Vertrauens auf das, was Gott über das Kommen des Petrus gesagt hat.

Petrus berichtet, warum er gekommen ist (10,28.29)

> 28 Und er sprach zu ihnen: *Ihr* wisst, wie unerlaubt es für einen jüdischen Mann ist, sich einem Fremden anzuschließen oder zu ihm zu kommen; und mir hat Gott gezeigt, keinen Menschen gemein oder unrein zu nennen. 29 Darum kam ich auch ohne Widerrede, als ich geholt wurde. Ich frage nun: Aus welchem Grund habt ihr mich holen lassen?

Petrus sagt als erstes, dass sie wüssten, dass es ihm als Juden nicht gestattet war, sich einem Fremden anzuschließen, sondern dass er von den Nationen abgesondert bleiben müsse. Dieses Gebot gründet sich auf das Gesetz (5Mo 7,1–4.6; vgl. Joh 18,28). Wenn wir diesen Abschnitt im Gesetz lesen, lesen wir zwar vom Verbot, sich mit den Nationen zu verbinden, doch es steht nirgends, dass der Kontakt mit den Nationen verboten war. Das hat zu tun mit der übertriebenen Auslegung der Rabbiner.

Um einer Katastrophe wie der Wegführung nach Babel vorzubeugen, die die Folge der Vermischung Israels mit den Völkern war, haben die Rabbiner einen Zaun um das Gesetz gemacht. Sie haben das Gebot verschärft, um zu verhindern, dass das Gesetz übertreten wurde. Damit haben sie das Gesetz enger gemacht, als Gott es gegeben hatte. Man wollte das Gesetz Gottes wirklich ernstnehmen, doch dabei ging man in seinem Eifer zu weit.

Sogar Petrus war darin gefangen; Gott musste ihm das klarmachen. Das berichtet Petrus, wenn er sagt, dass Gott ihm gezeigt habe, keinen Menschen unheilig oder unrein zu nennen. Petrus wendet nun das an, was Gott ihm selbst durch das große Tuch gezeigt hat. Er hat verstanden, was Gott damit meinte, und hat die Belehrung auch zu Herzen genommen. Er hat verstanden, wenn Gott Menschen als rein betrachtet, dann muss er das auch tun. Deshalb ist er der Einladung gefolgt und ohne weitere Widerrede zu Kornelius gekommen.

Übrigens bedeutet das Aufheben des Unterschieds zwischen rein und unrein nicht, dass nun ein ungehinderter Umgang mit der Welt stattfinden kann. Freundschaft mit der Welt ist immer noch verboten. Licht und Finsternis vertragen sich nicht, und Freundschaft mit der Welt ist Feindschaft gegen Gott (2Kor 6,14; Jak 4,4). Unseren Kontakt mit der Welt können wir nicht vermeiden (1Kor 5,9.10), aber wir dürfen mit ihr keine Freundschaft schließen.

Es geht um die innere Haltung zur Welt, von der wir wissen, dass sie den Herrn Jesus verworfen hat und immer noch verwirft. Der Herr Jesus war bekannt als ein Freund der Zöllner und Sünder (Mt 11,19), aber es waren die Zöllner und Sünder, die ein aufrichtiges Interesse an Ihm hatten. Er machte in gar keinem Fall eine gemeinsame Sache mit ihren falschen Praktiken. Die Pharisäer hatten solch einen Kontakt nicht und verurteilten deshalb den Herrn. Er war ein Freund der Zöllner und Sünder, aber ein Feind der Welt.

Petrus wusste jedoch immer noch nicht, warum er Kornelius aufsuchen sollte. Deshalb fragt er ihn auch danach. Es ist wichtig, dass Kornelius selbst sagt, was er nötig hat. Wir müssen auch zunächst Fragen stellen und lernen, auf das zu hören, was die Menschen beschäftigt. So trat Philippus ebenfalls mit einer Frage auf den Kämmerer zu (Apg 8,30).

Kornelius erläutert, warum er Petrus eingeladen hat (10,30–33)

> 30 Und Kornelius sprach: Vor vier Tagen [fastete ich] bis zu dieser Stunde, [und] um die neunte betete ich in meinem Haus; und siehe, ein Mann stand vor mir in glänzendem Gewand
> 31 und spricht: Kornelius, dein Gebet ist erhört, und deiner Almosen ist gedacht worden vor Gott.
> 32 Sende nun nach Joppe und lass Simon holen, der auch Petrus genannt wird; dieser hält sich im Hause Simons auf, eines Gerbers, am Meer; [der wird, wenn er hierhergekommen ist, zu dir reden].
> 33 Sofort nun sandte ich zu dir, und *du* hast wohl getan, dass du gekommen bist. Jetzt sind *wir* nun alle vor Gott gegenwärtig, um alles zu hören, was dir von Gott befohlen ist.

Kornelius erklärt, dass der Ursprung seiner Bitte ein Gebet war. Kornelius war ein Mann, der anhaltend zum Herrn gefleht hatte. Er bat nicht gelegentlich für eine Sache, sondern beständig. Er unterstrich die Intensität seines Gebetes dabei mit Fasten.

Gott will gebeten werden. Er wird darauf antworten. Die Antwort kam für Kornelius aus dem Himmel in Gestalt eines Mannes, der ein glänzendes Gewand anhatte. Die Antwort Gottes strahlt Schönheit aus. Kornelius wiederholt, was der Engel in Vers 4 gesagt hatte. In Vers 2 ist die Reihenfolge noch: Almosen und Gebet. So wird es für Kornelius gewesen sein. Aber Gott nennt das Gebet des Kornelius zuerst und spricht danach von den Almosen.

Kornelius ist ein wiedergeborener Mann. Nur wiedergeborene Menschen suchen Gott in Wahrheit. Er ist zugleich auch ein Mensch, der das Evangelium der Errettung noch nicht kennt (Apg 11,14). Er hat Leben aus Gott, jedoch noch nicht die Sicherheit der Errettung; die bekommt jemand, wenn er den Heiligen Geist als Unterpfand der Errettung empfängt (Eph 1,13). Petrus musste diese Worte der Errettung predigen. Deswegen musste Kornelius Petrus aus Joppe rufen lassen. Der Engel hatte Kornelius genau mitgeteilt, wen er rufen sollte, wo sich diese Person befand und auch warum er ihn rufen lassen sollte. Er hatte auch die Gewissheit bekommen, dass Petrus kommen würde.

Kornelius berichtet weiter, wie er das sofort getan hat, was der Engel sagte und Petrus eine Botschaft gesandt hat. Er lobt Petrus, dass er gekommen ist. Dies ist ein heiliger Augenblick und ein heiliger Ort. Die Anwesenheit des Petrus und der sechs Brüder aus der Gemeinde in Joppe gibt allen das Empfinden, dass sie in der Gegenwart Gottes sind. So drückt Kornelius es aus. Das ist die richtige Atmosphäre, um Worte des Herrn zu hören. Petrus darf weitergeben, was ihm vom Herrn befohlen wurde. Etwas anderes erwarten Kornelius und die anderen nicht.

Die Predigt des Petrus (10,34–43)

> 34 Petrus aber tat den Mund auf und sprach: In Wahrheit begreife
> ich, dass Gott die Person nicht ansieht, 35 sondern dass in jeder Na-
> tion, wer ihn fürchtet und Gerechtigkeit wirkt, ihm angenehm ist.
> 36 Das Wort, das er den Söhnen Israels gesandt hat, Frieden ver-
> kündigend durch Jesus Christus – dieser ist aller Herr –, 37 kennt
> *ihr*: das Zeugnis, das, angefangen von Galiläa, durch ganz Judäa
> hin ausgebreitet worden ist, nach der Taufe, die Johannes gepre-
> digt hatte: 38 Jesus, den von Nazareth, wie Gott ihn mit Heiligem
> Geist und mit Kraft gesalbt hat, der umherging, wohltuend und
> alle heilend, die von dem Teufel überwältigt waren; denn Gott
> war mit ihm. 39 Und wir sind Zeugen alles dessen, was er sowohl
> im Land der Juden als auch in Jerusalem getan hat; den sie auch
> umgebracht haben, indem sie ihn an ein Holz hängten. 40 Diesen
> hat Gott am dritten Tag auferweckt und ihn sichtbar werden las-
> sen, 41 nicht dem ganzen Volk, sondern den von Gott zuvor er-
> wählten Zeugen, uns, die wir mit ihm gegessen und getrunken
> haben, nachdem er aus den Toten auferstanden war. 42 Und er hat
> uns befohlen, dem Volk zu predigen und ernstlich zu bezeugen,
> dass dieser der von Gott bestimmte Richter der Lebenden und der
> Toten ist. 43 Diesem geben alle Propheten Zeugnis, dass jeder, der
> an ihn glaubt, Vergebung der Sünden empfängt durch seinen Na-
> men.

Petrus beginnt nun seine Evangelisationsansprache, die der Schlüssel ist, mit dem die Tür des Evangeliums für die Nationen geöffnet wird. Es ist eine völlig andere Ansprache als die in Kapitel 2. Er weiß, dass es sich hier um eine andere Zuhörerschaft handelt und berücksichtigt das in seiner Ansprache.

In seinen ersten Worten anerkennt er die Souveränität Gottes: Er nimmt jeden Unterschied zwischen den Menschen weg. Es geht nicht darum, ob jemand durch Geburt zum richtigen Volk gehört, sondern ob jemand Gott fürchtet und das zeigt, indem er tut, was Gott wohlgefällt. Das sind ungewöhnliche Worte aus dem Mund eines jüdischen Mannes, doch es sind die Gedanken Gottes. Petrus fängt an, die Lektion zu begreifen. Kornelius ist solch ein Mann, der Gott fürchtet und Gerechtigkeit wirkt. Petrus anerkennt, dass er vor Gott angenehm ist.

In seiner Predigt spricht Petrus über die großen Heilstatsachen in Verbindung mit dem Herrn Jesus. Er spricht über sein Leben, seinen Tod, seine Auferstehung und seine Verherrlichung. Als Gott den Söhnen Israels das Wort sandte, tat Er das, Frieden verkündigend durch Jesus Christus. Doch das Kommen Jesu Christi ist nicht nur wichtig für Israel. Das macht Petrus schon gleich deutlich, indem er über Ihn als „aller Herr" spricht. Er ist also nicht nur der Herr der Israeliten (Apg 2,36), sondern Er ist Herr über alle Völker.

Danach knüpft Petrus an das an, was sie über Johannes den Täufer wissen. Von diesem Augenblick an nimmt er seine Zuhörer mit zu Jesus Christus, genau wie Johannes der Täufer auf Ihn hingewiesen hat. Es ist wichtig, immer wieder die großen Wahrheiten über das Leben und das Werk des Herrn Jesus in den Vordergrund zu stellen.

Petrus spricht über Ihn als „Jesus von Nazareth". Das ist Er durch seine Geburt und die Jahre, die Er in Nazareth gelebt hat, also von dem Augenblick an, wo Er dort wohnte, bis zu seinem öffentlichen Auftreten unter dem Volk. Dieser Name ruft bei den Menschen Verachtung hervor (Joh 1,46). Doch für Gott ist Er der auserwählte und geliebte Sohn. Er hat Ihn gesalbt. Die Salbung drückt Gottes Wohlgefallen und seine Erwählung aus. Gott war mit Ihm, denn Er tat allezeit, was Gott wohlgefällig war.

Seine Salbung geschah auch im Hinblick auf seinen Dienst. Der Heilige Geist hat Ihm die Kraft für seinen Dienst gegeben. Er ist mit Kraft angetan worden, die auf Ihn gekommen ist, so wie das später bei den Jüngern der Fall war (Lk 24,49). Auch wir sind gesalbt (2Kor 1,21), denn auch wir brauchen die Salbung für unseren Dienst. Der Dienst des Herrn Jesus umfasste, dass Er Gutes tat, heilte und die Macht des Teufels brach. Bei allem, was Er tat, war Gott mit Ihm, denn alles, was Er tat, war eine Freude für das Herz Gottes.

Von all diesem kann Petrus sich selbst und die anderen Apostel als Zeugen nennen. Er hat gesehen, was der Herr Jesus im Land der Juden, in Judäa und in Jerusalem getan hat, also im Herzen des jüdischen Gottesdienstes. Dort erlebte Er daher auch den größten Widerstand gegen seinen Dienst, und dort haben sie Ihn schließlich getötet, indem sie Ihn an ein Holz hängten. Dort wurde die Grundlage gelegt für alles Wohltun, für Heilungen und die Zerstörung der Macht des Teufels. Dort gab Gott seinen Sohn, um die Sünde zunichtezumachen, und zwar für alle, die an Ihn glauben.

Sein Tod war jedoch nicht sein Ende. Wie sollte das auch der Fall sein! Menschen mögen Ihn als verächtlich verwerfen und meinen, sich seiner entledigt zu haben, doch Gott sieht die Sache anders. Gerade in seiner Verwerfung hat Gott den größten Anlass für sein Wohlgefallen gefunden. Gerade in seiner Verwerfung hat der Herr Jesus alles erfüllt, was Gott von Ihm forderte. Darum hat Gott sein volles Wohlgefallen in Ihm und seinem Werk gezeigt, indem Er Ihn am dritten Tag auferweckte. Dadurch gab Er Ihm die Gelegenheit, sich nach seiner Auferweckung verschiedenen Personen zu offenbaren.

Dabei ist Er nicht dem ungläubigen Volk Israel erschienen, sondern den Gläubigen. Er ist vielen erschienen, um damit das unleugbare Zeugnis seiner Auferstehung zu geben. In der Auferstehung kann es nur Gemeinschaft mit denen geben, die Ihn als ihr Leben haben, die also sein Auferstehungsleben teilen. Wir leben in der Zeit des Glaubens, nicht des Schauens (2Kor 5,7), doch die Auferstehung ist belegt als eine Tatsache, die viele mit den Augen gesehen haben. Petrus und die anderen Apostel hatten den Auftrag, von dem auferstandenen Christus auf der Erde zu zeugen (Apg 1,22). Paulus sollte der Zeuge des verherrlichten Herrn im Himmel werden, den er auf seinem Weg nach Damaskus gesehen hatte.

Petrus ist in seiner Ansprache bis jetzt immer noch nicht darauf eingegangen, dass das Heil auch für die Heiden ist. Bis jetzt ist es nur ein Christus für Israel. Der Befehl, Ihn zu predigen, ist im Hinblick auf das irdische Volk Gottes gegeben worden. Um seine Ansprache abzurunden, stellt Petrus Ihn deswegen als den von Gott bestimmten Richter der Lebenden und der Toten vor. Das ist der Schlusspunkt des Kommens Christi für sein Volk.

Danach stellt Petrus vor, dass das Zeugnis nicht auf Israel beschränkt ist, sondern dass es für jeden, der an Christus glaubt, Vergebung von Sünden durch seinen Namen gibt. Das Vorhergehende war nötig, um zu diesem Punkt zu kommen. Es geht um den Glauben an Ihn. Darauf haben alle Propheten hingewiesen. Die Propheten haben auch darauf hingewiesen, dass es für jeden, der an Ihn glaubt, Vergebung gibt. An diesem Punkt geschieht der Durchbruch.

Die Folgen der Ansprache (10,44–48)

> 44 Während Petrus noch diese Worte redete, fiel der Heilige Geist auf alle, die das Wort hörten. 45 Und die Gläubigen aus der Beschneidung, so viele mit Petrus gekommen waren, gerieten außer sich, dass auch auf die Nationen die Gabe des Heiligen Geistes ausgegossen worden war; 46 denn sie hörten sie in Sprachen reden und Gott erheben. Dann antwortete Petrus: 47 Könnte wohl jemand das Wasser verwehren, dass diese nicht getauft würden, die den Heiligen Geist empfangen haben wie auch wir? 48 Er befahl aber, dass sie getauft würden in dem Namen des Herrn. Dann baten sie ihn, einige Tage zu bleiben.

Noch während der Ansprache fällt plötzlich der Heilige Geist auf alle, die das Wort der Errettung hören. Die Gabe des Heiligen Geistes, das Siegel des christlichen Segens unter den Juden und die Frucht des Erlösungswerkes, das der Herr Jesus vollbracht hat, wird den Nationen genauso wie den Juden geschenkt. Wir finden also hier die Reihenfolge: das Hören und den Glauben an das Wort, dann das Empfangen des Heiligen Geistes und danach die Taufe (V. 48).

Der Geist wird hier nach dem Zeugnis über die Auferstehung des Herrn Jesus gegeben, von der sie offensichtlich nichts gehört hatten. Sie wussten zwar von seinem Leben und Sterben. Ohne zunächst getauft zu werden (wie bei der Bekehrung der Juden in Kapitel 2) und ohne Auflegen der Hände (wie bei der Bekehrung der Samariter in Kapitel 8), kommt der Heilige Geist auf die, die das Wort hörten. Hier sehen wir, wie Heiden durch das Evangelium der Gemeinde Gottes hinzugefügt werden. Das ist noch immer die Weise, wie Gott handelt (Eph 1,13).

Die gläubigen Juden, die hier ausdrücklich „die Gläubigen aus der Beschneidung" genannt werden, sind verdutzt. Sie können nicht begreifen, was da geschieht. Es war schwierig für Juden zu akzeptieren, dass die Nationen in dasselbe Verhältnis zu Gott kamen wie sie, das auserwählte Volk, und dann noch auf einfachere Weise, denn die Juden mussten zunächst getauft werden.

Gott stand im Begriff, die Grenzen um Israel herum abzubrechen. Er bewies, dass er die Nationen annahm. Er unterstreicht das, indem Er, genau wie in Kapitel 2, das Wunder der Gabe des Heiligen Geistes mit dem Zeichen des Redens in Sprachen verknüpft. Auch hier ist es das Zeichen, dass Gott sich an alle Völker richtet. Dies war ein Zeichen für gläubige Juden, die in gewisser Hinsicht doch noch ungläubig waren, denn sie konnten nicht glauben, dass die Heiden auch von Gott angenommen wurden (vgl. 1Kor 14,21.22).

Die Heiden empfingen den Heiligen Geist, ohne zunächst Juden zu werden. Gott verlangte nicht, dass sie ihre Unreinheit als Heiden bekannten, sondern nahm sie an ohne Bedingungen. Sie dürfen sogar nicht einmal zum Judentum geführt werden. Sie sind die neue Herde außerhalb des Hofes des Judentums (Joh 10,16). Sie gehören nun zur Gemeinde. Für das Empfangen des Heiligen Geistes reicht allein der Glaube aus. Wenn Gott keine weiteren Bedingungen daran knüpft, dürfen Menschen das auch nicht tun, indem sie ihnen auferlegen, das Gesetz oder Teile davon zu halten.

Wenn Gott sie ausschließlich auf der Grundlage des Glaubens durch die Gabe des Heiligen Geistes zum Leib hinzufügt, dürfen Menschen ihnen nicht den Zugang zum Kreis der Gläubigen auf der Erde verweigern, der durch die Taufe mit Wasser stattfindet. Früher bedeutete die Taufe, dass jemand sich taufen ließ, um zum jüdischen Volk zu gehören: die Proselytentaufe. Hier bedeutet die Taufe den Zutritt zum Christentum. So werden Kornelius und die Seinen im Namen Jesu Christi getauft.

Nachdem Kornelius und die Seinen getauft sind, ist der Dienst des Petrus erfüllt. Sie verlangen danach, weitere Unterweisungen zu bekommen und bitten ihn daher, noch ein paar Tage zu bleiben. Diesen Wunsch wird Petrus sicherlich erfüllt haben.

Kapitel 11

Petrus wird angeklagt (11,1–3)

> [1] Die Apostel aber und die Brüder, die in Judäa waren, hörten, dass auch die Nationen das Wort Gottes angenommen hatten. [2] Als Petrus aber nach Jerusalem hinaufkam, stritten die aus der Beschneidung mit ihm [3] und sagten: Du bist bei Männern eingekehrt, die Vorhaut haben, und hast mit ihnen gegessen.

Im ersten Teil dieses Kapitels berichtet Petrus noch einmal ausführlich, was im Haus des Kornelius alles geschehen ist und was dem vorausging. Wir haben zu Beginn von Kapitel 10 den Bericht des Lukas über alles, was Kornelius und Petrus erleben. Später in diesem Kapitel, während der Begegnung zwischen Petrus und Kornelius, werden einige Dinge aus diesem Bericht noch einmal wiederholt in dem, was Petrus zu Kornelius sagt.

Wir haben zwei ausführliche Berichte; einige Einzelheiten werden sogar dreimal erwähnt. Das hat seinen Grund. Der Heilige Geist legt offensichtlich besonderen Nachdruck auf diese Geschichte, so wie auch der Bericht von der Bekehrung des Saulus dreimal in diesem Buch erwähnt wird. Das sind Ereignisse, die in diesem Buch eine Schlüsselrolle spielen. Sie haben alle mit dem großen Werk Gottes unter den Nationen zu tun. Wie bereits erwähnt, gebraucht Petrus hier zum dritten Mal die Schlüssel, die der Herr ihm für das Reich der Himmel gegeben hat.

Wir sehen bei Kornelius, dass die Heiden als Gruppe zur Gemeinde Gottes hinzugefügt werden. Dadurch, dass Gott diese Zulassung in die Hände des Führers der Gläubigen aus der Beschneidung gelegt hat, sorgt Gott dafür, dass die Einheit zwischen den Gläubigen aus der Beschneidung und den Gläubigen aus den Heiden bewahrt und untermauert wird. Um das zu erreichen, gibt Petrus einen Bericht vor den Aposteln und der Gemeinde in Jerusalem. Sie hatten nämlich davon gehört, dass auch die Nationen das Wort Gottes angenommen hatten.

Das bewirkte zuerst einmal bei diesen Gläubigen einen großen Schock, genauso wie auch Petrus zunächst nichts davon wissen wollte. In ihrem Denken gab es noch immer keinen Raum für einen separaten Platz für Christen. Für sie war das Christentum eine neue jüdische Bewegung. Für sie stand alles im Christentum noch in Verbindung mit dem Judentum. Doch was in Cäsarea geschehen war, war außerhalb des Judentums geschehen. Es war für sie allerdings zunächst noch unmöglich, dies als eine Sache Gottes zu akzeptieren.

Um diese neue Entwicklung zu erläutern, geht Petrus nach Jerusalem. Dort kommt er in Konflikt mit denen „aus der Beschneidung", also Christen aus dem Judentum, die noch immer in ihrer jüdischen Denkweise gefangen waren. So glaubten sie zum Beispiel, dass ein Heide beschnitten werden musste, um den vollen Segen empfangen zu können. Wir werden das in Kapitel 15 ausführlich betrachten.

Statt sich zu freuen, kritisieren sie, was Petrus getan hat. Sie haben gehört, was er getan hat und ihre Schlussfolgerungen daraus gezogen. Petrus wird beurteilt und verurteilt wegen seines Einkehrens bei einem Heiden, und sie gehen davon aus, dass er auch mit ihnen gegessen hat.

Das ist eine Warnung für uns, darauf zu achten, dass wir jemand nicht nur nach seinem Äußeren beurteilen. Lasst uns erst um eine Erklärung bitten. Der Herr kann jemanden senden und handeln lassen, so wie Er es für richtig hält. Allerdings ist ihre Reaktion verständlich, denn wir erinnern uns, wie schwer es für Petrus war, diese Schwelle zu übertreten. Er war genau wie sie gewesen.

Ihre Bemerkung hinsichtlich des Essens bei Kornelius geht jedoch weiter als die Wahrnehmung, dass Petrus bei Kornelius eingekehrt war. So geht es mit Gerüchten. Sie haben vom Einkehren gehört und fügen hinzu, dass er dort auch gegessen hat. Sie gehen von dem aus, was sie für eine Tatsache halten. Für sie kann es nicht anders sein, als dass er auch mit diesen Heiden gegessen hat. Das bedeutet wiederum, dass er Dinge gegessen hat, die einem Juden verboten sind oder dass er Dinge gegessen hat, die auf eine verkehrte Weise zubereitet wurden.

So könnte es zum Beispiel gewesen sein, dass er Fleisch gegessen hat, das in Milch gekocht wurde, was bei den Heiden üblich war. Im Gesetz war das Kochen von Fleisch in Milch in bestimmten Fällen verboten, wie das Kochen eines Böckchens in der Milch seiner Mutter (5Mo 14,21). Um zu verhindern, dass das geschah, wurden die Zubereitung von Milch und die Zubereitung von Fleisch streng getrennt. Hier haben wir ein weiteres Beispiel dafür, wie ein Zaun um das Gesetz errichtet wurde. Es ist wieder die Überspitztheit, um das Gesetz nur ja nicht zu brechen, wodurch aber das Gebot schwerer wird, als Gott es gemeint hat. Aber, wie gesagt, es war hier auch nur eine Unterstellung.

Petrus verantwortet sich (11,4–18)

> 4 Petrus aber fing an und setzte es ihnen der Reihe nach auseinander und sprach: 5 Ich war in der Stadt Joppe im Gebet, und ich sah in einer Verzückung ein Gesicht, wie ein gewisses Gefäß herabkam, gleich einem großen Leinentuch, an vier Zipfeln aus dem Himmel herabgelassen; und es kam bis zu mir. 6 Als ich es unverwandt anschaute, bemerkte und sah ich die vierfüßigen Tiere der Erde und die wilden Tiere und die kriechenden und die Vögel des Himmels. 7 Ich hörte aber auch eine Stimme, die zu mir sagte: Steh auf, Petrus, schlachte und iss! 8 Ich sprach aber: Keineswegs, Herr! Denn niemals ist Gemeines oder Unreines in meinen Mund gekommen. 9 Die Stimme aber antwortete zum zweiten Mal aus dem Himmel: Was Gott gereinigt hat, halte *du* nicht für gemein! 10 Dies aber geschah dreimal; und alles wurde wieder in den Himmel hinaufgezogen. 11 Und siehe, sogleich standen vor dem Haus, in dem ich war, drei Männer, die von Cäsarea zu mir gesandt waren. 12 Der Geist aber sagte mir, ich solle mit ihnen gehen, ohne irgend zu zweifeln. Es kamen aber auch diese sechs Brüder mit mir, und wir kehrten in das Haus des Mannes ein. 13 Er erzählte uns aber, wie er in seinem Haus den Engel gesehen habe, der dastand und sagte: Sende nach Joppe und lass Simon holen, der auch Petrus genannt wird; 14 der wird Worte zu dir reden, durch die du errettet werden wirst, du und dein ganzes Haus. 15 Als ich aber zu reden begann, fiel der Heilige Geist auf sie, so wie auch auf uns im Anfang. 16 Ich dachte aber an das Wort des Herrn, wie er sagte: Johannes taufte zwar mit Wasser, *ihr* aber werdet mit Heiligem Geist getauft werden. 17 Wenn nun Gott ihnen die gleiche Gabe gegeben hat wie auch uns, die wir an den Herrn Jesus Christus geglaubt haben, wer war *ich,* dass ich vermocht hätte, Gott zu wehren? 18 Als sie aber dies gehört hatten, beruhigten sie sich und verherrlichten Gott und sagten: Also hat Gott auch den Nationen die Buße gegeben zum Leben.

Petrus reagiert sehr ruhig auf die Beschuldigungen. Eine milde Antwort wendet ja den Grimm ab (Spr 15,1). Die Bemerkungen der Brüder aus der Beschneidung geben Petrus die Gelegenheit, darzulegen, welche besonderen Dinge Gott in dem Haus dieses Heiden getan hatte! Seine geordnete Erklärung zeigt, dass er sich beherrscht und nicht unter dem Druck der Vorwürfe eine zusammenhanglose Beschreibung gibt.

Lukas erwähnt den Bericht des Petrus in diesem Kapitel noch einmal, obwohl er ihn bereits unter der Leitung des Heiligen Geistes in Kapitel 10 erwähnt hat. Dadurch bekommt das, was im Haus des Kornelius geschehen ist, eine besondere Bedeutung. Es geht tatsächlich um ein Ereignis, das eine neue Zeit einläutet, wofür die geistigen Augen der Herzen der Juden geöffnet werden sollen, oder anders ausgedrückt, wodurch ihre Blindheit weggenommen werden soll.

Petrus will durch seinen Bericht klarmachen, dass es ein Werk Gottes ist und dass er sich nicht dagegen wehren durfte. Auch sie dürfen das jetzt nicht tun. Das Ergebnis dieses Berichtes ist dann auch, dass die Apostel und die Gläubigen Gott verherrlichen (V. 18). Petrus kann seinen Bericht geben, ohne dass er unterbrochen wird. Er berichtet in Einzelheiten, was alles nötig war, um ihn so weit zu bringen. Sie sollen nicht meinen, dass er so ohne weiteres zu den Heiden eingekehrt war. Es hat den Herrn viel Mühe gekostet, ihn so weit zu bekommen.

Er berichtet zuerst, wo er sich befand und was er sah, als er in Verzückung geriet. Wo er war und was er sah, kennen wir aus dem vorigen Kapitel. Hier fügt er allerdings hinzu: „ein gewisses Gefäß ... *kam bis zu mir*“. Er hat das Gesicht als ein speziell für ihn bestimmtes Gesicht erfahren. Auch fügt er hier hinzu, dass er es „unverwandt anschaute“. Er nahm alles gut in sich auf. Dadurch kann er es nun berichten, als sei es in seine Erinnerung eingraviert. Es war kein flüchtiger Anblick.

Er kann auch die Worte, die aus dem Himmel zu ihm gesprochen wurden, wörtlich wiederholen. Er wiederholt seine Antwort, geht jedoch dabei etwas weiter als beim Geschehen. Damals sagte er, dass er noch nie etwas Unheiliges oder Unreines gegessen hatte. Hier sagt er, dass etwas Unheiliges oder Unreines noch nie in seinen Mund gekommen ist. Er erklärt, dass das dreimal hintereinander geschah. Dadurch unterstreicht er nochmals die Bedeutung dieses Ereignisses. Jeder Zweifel an der Echtheit ist unbegründet.

Danach berichtet Petrus, wie sich unmittelbar im Anschluss an das Gesicht die drei Männer bei ihm melden, die Kornelius gesandt hat. Ohne weiter etwas über das Gespräch mit diesen Männern zu sagen, berichtet er, dass der Geist ihn aufforderte, ohne zu zweifeln mit ihnen zu gehen. Drei Ereignisse nacheinander überzeugten Petrus davon, dass Gott ihn gebrauchen wollte, um einen Heiden aufzusuchen: das Gesicht, die drei Männer, die ihn abholten, und der Geist, der ihm befahl mitzugehen. Diese Zeugnisse müssen auch seine Zuhörer überzeugen.

Dann bezieht er die sechs Brüder in seinen Bericht mit ein, die mit ihm zu Kornelius gegangen und auch dort eingekehrt sind. Er nennt sie „diese sechs Brüder", während er auf sie zeigt. Sie sind also auch mit ihm nach Jerusalem gekommen, um sein Zeugnis über die Ereignisse bei Kornelius zu bestätigen. Die Apostel und die Brüder in Jerusalem haben also insgesamt sieben Zeugen vor sich.

Petrus berichtet weiterhin, wie Kornelius darlegte, was er gesehen hatte und dass er den Auftrag bekommen hatte, nach Joppe zu senden, um Petrus einzuladen. Von ihm würde er nämlich Worte hören, durch die er errettet werden würde. Diese Worte sind nicht in Kapitel 10 aufgezeichnet. Sie sind jedoch von großer Bedeutung. Sie zeigen, dass Kornelius die Errettung noch nicht kannte, obwohl er bereits bekehrt war.

Die Errettung geschieht durch Glauben an das vollbrachte Werk des Heilands. Siehe auch das Gleichnis vom verlorenen Sohn, der in dem Augenblick bekehrt war, als er aufstand und zu seinem Vater ging. Doch erst als sein Vater ihn umarmte, wusste er, dass er errettet war, Vergebung seiner Sünden hatte und angenommen war (Lk 15,17–20). Das alles erwartete ihn, doch er besaß es noch nicht, als er aufstand. Gott führt sein Werk zu Ende, das Er in einer Seele begonnen hat.

Als Kornelius und die Seinen das Evangelium ihrer Errettung hörten und glaubten, kam der Heilige Geist auf sie. Petrus fügt ausdrücklich hinzu: „so wie auch auf uns im Anfang". Er macht seinen Zuhörern klar, dass die Gabe des Heiligen Geistes nicht auf die Gläubigen aus der Beschneidung beschränkt blieb, sondern dass Gott diese Gabe auf dieselbe Weise den Gläubigen aus den Nationen gegeben hat.

In seinem Bericht erwähnt Petrus nicht das Reden in Sprachen. Er spricht von der Gabe des Geistes als einem Ereignis, auf das er keinerlei Einfluss ausgeübt hat. Es geschah plötzlich als eine Tat Gottes. Um das zu unterstreichen erwähnt er, dass er sich eines Wortes des Herrn erinnerte (Apg 1,5). Petrus bewertet das Ereignis anhand des Wortes des Herrn; das ist sein Leitfaden und Prüfstein.

An dieser Stelle seiner Darlegung legt er ihnen eine Frage vor, auf die sie nur eine Antwort geben können: Wenn Gott wirkt, konnte er das dann verhindern? Petrus spricht von ihrem Glauben an den Herrn Jesus Christus als etwas, das erst am Pfingsttag begann. Sie glaubten zwar schon länger an Ihn, doch seit Pfingsten glaubten sie auch an seine Verherrlichung. Das ist der Grund, warum sie von Gott die Gabe des Heiligen Geistes empfangen haben. Wer kann nun andere davon ausschließen, denen Gott diese Gabe auch gegeben hat?

Der Bericht des Petrus überzeugt sie. Sie haben nichts mehr dagegen zu sagen, im Gegenteil, sie verherrlichen Gott. Die Gabe des Heiligen Geistes war der Beweis, dass Gott selbst wirkte (V. 17). Das überzeugt die Zuhörer, so dass sie Gott verherrlichen. Ihre Schlussfolgerung ist einleuchtend und herrlich. Sie anerkennen und stimmen zu, dass Gott sich nicht mehr auf sie beschränkt, sondern dass auch die Nationen teilhaben an dem Leben, das ihnen durch die Bekehrung geschenkt wird. Damit ist die drohende Gefahr einer Scheidung der Geister in der jungen Gemeinde abgewendet.

Die Predigt der Zerstreuten (11,19–21)

> [19] Die nun zerstreut waren durch die Drangsal, die wegen Stephanus entstanden war, zogen hindurch bis nach Phönizien und Zypern und Antiochien und redeten zu niemand das Wort als nur
> zu Juden. [20] Einige Männer von ihnen aber waren von Zypern und Kyrene, die, als sie nach Antiochien kamen, auch zu den Griechen redeten und das Evangelium von dem Herrn Jesus verkündigten.
> [21] Und die Hand des Herrn war mit ihnen, und eine große Zahl glaubte und bekehrte sich zu dem Herrn.

Mit Vers 19 kehren wir kurz zu der Situation zurück, die Lukas in Kapitel 8,1–4 beschrieben hat. Dort hat er über eine große Verfolgung gesprochen. Lukas nimmt hier den Faden wieder auf, um uns zu berichten, was den Zerstreuten geschehen ist. Sie befanden sich in Kapitel 8 in Judäa und Samaria. Inzwischen sind sie weitergezogen. Sie sind durch das Land gezogen bis nach Phönizien im Norden, dem heutigen Libanon. Danach sind sie zur Insel Zypern im Mittelmeer gelangt und von dort nach Antiochien in Syrien.

Antiochien tritt jetzt als das große Zentrum der Gemeinde unter den Heiden in den Vordergrund. Das ist nun möglich, nachdem die

Tür für die Heiden in der Person von Kornelius geöffnet ist. Von Antiochien aus wird Paulus seine Missionsreisen beginnen. Dorthin kehrt er am Ende der ersten beiden Reisen auch zurück. Die Zerstreuten *predigten* nicht das Wort, sondern *redeten* das Wort. Das weist darauf hin, dass es durch persönliche Kontakte geschah.

Sie beschränkten sich dabei allerdings auf die Juden, die schon viel früher durch die Wegführung der zehn Stämme zerstreut wurden. Sie richteten sich nur an ihre Landsleute, an die verlorenen Schafe des Hauses Israel (Mt 10,6), möglicherweise aus Angst vor Kontakten mit den unreinen Nationen. Auch sie mussten davon noch befreit werden. Von Wundern ist hier keine Rede. Wunder geschahen nur im Land Israel unter den Juden und Samaritern.

Doch nicht alle Juden hatten Furcht vor Verunreinigung durch Kontakte mit den Nationen. Unter denen, die zerstreut wurden, waren einige zyprische und kyrenische Männer. Das waren Juden, die nicht im Land Israel aufgewachsen waren, sondern in der Griechisch sprechenden Welt. Sie waren jüdischer Herkunft, sprachen aber Griechisch und redeten in dieser Sprache zu Menschen, die Griechisch sprachen. Das sind nicht die Griechisch sprechenden Juden in Kapitel 6, sondern die Griechisch sprechenden Heiden, mit denen sie durch die Zerstreuung in Kontakt kamen.

Diese ursprünglich ausländischen Juden hatten nicht die innere Barriere im Blick auf Kontakte mit den Heiden. Das führte sie dazu, den Heiden spontan das Evangelium zu verkündigen. Zugleich brachte dies die Gefahr mit sich, dass sie sich leichtfertig den heidnischen Gewohnheiten anpassten. Sie sprachen zu ihnen über den Herrn Jesus, sie verkündigten Ihn und stellten Ihn als die frohe Botschaft vor.

Es ist auffallend, wie wenig Offizielles mit diesem Werk verbunden ist. Es ist keine Rede von irgendeiner Anstellung zum Predigen. Es gibt keine einzige Rücksprache mit den Aposteln in Jerusalem. Hier wird kein einziger Name dieser Menschen erwähnt, die am Werk des Herrn teilnahmen. Der Herr Jesus wurde verkündigt. Auffallend ist, wie in diesen Versen die Tatsache betont wird, dass Er „Herr" ist. Das bestätigt, dass Er alle Macht empfangen hat. Der Herr segnet ihre Predigt mit einer großen Zahl, die gläubig wird. Immer wieder ist die Rede von „dem Herrn". Er geht mit den Verkündigern, und die Menschen bekehren sich zu Ihm.

Barnabas und die Gemeinde in Antiochien (11,22–24)

> 22 Die Kunde über sie kam aber zu den Ohren der Versammlung, die in Jerusalem war, und sie sandten Barnabas aus, dass er hindurchzöge bis nach Antiochien; 23 der, als er hingekommen war und die Gnade Gottes sah, sich freute und alle ermahnte, mit Herzensentschluss bei dem Herrn zu verharren. 24 Denn er war ein guter Mann und voll Heiligen Geistes und Glaubens; und eine zahlreiche Menge wurde dem Herrn hinzugetan.

Noch befindet sich in Jerusalem das Zentrum der neuen Bewegung, die auch von dort gesteuert wird. Durch die Verfolgung sind viele aus Jerusalem geflohen, doch die Gemeinde in Jerusalem hat dadurch nicht aufgehört, zu bestehen (siehe auch V. 1). Die Gemeinde scheint „Ohren" zu haben, denn es kommt der Gemeinde „zu Ohren", dass woanders ein Werk des Herrn entstanden ist. Das Werk geschieht nicht durch sie, sondern durch andere. Dieses Mal ist auch Petrus nicht beteiligt wie im Fall von Kornelius, sondern das Werk geschieht durch Gläubige, deren Namen nicht genannt werden.

Dennoch macht sich kein Apostel auf den Weg, um sich mit seiner Autorität nach der Lage der Dinge zu erkundigen, sondern in ihrer Weisheit senden sie Barnabas, einen Menschen mit besonderen Fähigkeiten, andere zu trösten. Es ging nicht um die Ausübung von Autorität, sondern um Fürsorge für eine junge Gemeinde. Dafür ist Barnabas hervorragend geeignet. Er war ein selbstloser Mann, der auf sein Eigentum verzichtet hatte. Der Trend in der Welt und auch unter Christen ist Egoismus und Selbstliebe, doch Barnabas ist auf andere bedacht (Apg 4,36; 9,27). Er ist geeignet, bei Problemen zu helfen.

Barnabas gehörte nicht zu den exklusiv denkenden inländischen Juden, sondern war ein ausländischer Jude (er kam von Zypern); er wusste, dass Gott nicht nur auf eine bestimmte, sondern auf unterschiedliche Weise wirken kann. Er war nicht von dem Gedanken beseelt, dass er der Beste war. Wer keinen Kontakt mit anderen hat, hat schnell für sich den Eindruck, der Beste zu sein.

Barnabas ist der richtige Mann, auch um zu beurteilen, ob etwas vom Herrn war oder nicht. Was er bei seiner Ankunft sieht, ist genau das, was er in seinem Umgang mit Gott erlebt: Gnade. Er sieht nicht zuerst einmal Probleme, sondern die Gnade Gottes. Er erkennt, dass das, was Gott unter den Nationen wirkt, ein Werk seiner Gnade ist.

Das erfreut ihn. Bei ihm merkt man nichts von Neid, keinerlei Kritik am Werk Gottes, im Gegenteil, er erfreut sich daran. Es gibt keinerlei Vorwurf, dass sie mit Jerusalem als „Mutterkirche" oder mit den Aposteln als Gottes besondere Diener hätten Kontakt aufnehmen müssen.

Er erkennt das Werk Gottes, anerkennt es und schließt sich ihm an. Er nimmt seinen Platz in diesem Werk ein mit dem Beitrag, den der Herr ihm gegeben hat. Dieser Beitrag besteht darin, sie anzuspornen, mit Herzensentschluss bei dem Herrn zu verharren. Barnabas hält ihnen keine Regeln vor, die sie einzuhalten haben, sondern er verbindet ihre Herzen mit dem Herrn. Er ermutigt sie, sich in ihren Herzen vorzunehmen, bei dem Herrn zu verharren, so dass sie im Glauben wachsen können.

Das tut er im Hinblick auf die Gefahren, die da sind, Kräfte, die es darauf anlegen, die Gläubigen von dem Herrn zu lösen. Das kann vor allen Dingen durch Uneinigkeit unter den Gläubigen geschehen, indem man die Unterschiede betont und die eigene Sichtweise anderen aufzwingt.

Das ganze Auftreten des Barnabas und sein Dienst an diesen Gläubigen ist völlig losgelöst von Jerusalem. Die Gläubigen dort müssen sich gegenüber Jerusalem nicht verantworten. Jerusalem ist nicht mehr die Zentrale, wie das im Alten Testament und auch im Anfang der Apostelgeschichte war (vgl. Joh 4,20–24).

Die Kennzeichen des Barnabas sind besonders geeignet für einen Dienst unter jungen Gläubigen. Er war ein guter Mann; von ihm ging Güte aus. Es war keine süßliche Güte, sondern ein Güte, die vom Heiligen Geist kam. Er war auch voll Glaubens, voller Vertrauen auf den Herrn. Seine Anwesenheit wird sicher dazu beigetragen haben, dass eine ansehnliche Menge dem Herrn hinzugefügt wurde.

Barnabas und Saulus in Antiochien (11,25.26)

> 25 Er zog aber aus nach Tarsus, um Saulus aufzusuchen; 26 und als er ihn gefunden hatte, brachte er ihn nach Antiochien. Es geschah ihnen aber, dass sie auch ein ganzes Jahr in der Versammlung zusammenkamen und eine zahlreiche Menge lehrten und dass die Jünger zuerst in Antiochien Christen genannt wurden.

Als Barnabas in Antiochien ist, erinnert er sich an Saulus. Möglicherweise sucht er ihn auf, weil er die Arbeit allein nicht schafft. Es geht um eine Gemeinde aus den Heiden, und er weiß von dem Willen des Herrn bezüglich Saulus (Apg 9,15). Er wird auch seine besonderen Qualitäten erkannt haben.

Er wendet viel Mühe auf, ihn in Tarsus (heutige Türkei) aufzusuchen, wo er aufgewachsen war. Vor einigen Jahren wurde Saulus von den Brüdern wieder dorthin gesandt (Apg 9,30), um dort Zeugnis abzulegen und weiter vom Herrn unterwiesen zu werden. Früher war Saulus von seinen Eltern nach Jerusalem gesandt worden, um dort eine religiöse Ausbildung zu erhalten, die ihn außergewöhnlich religiös machte. Saulus war also sowohl ein in den Schriften bewanderter Hebräer als auch ein Hellenist, so war er auch dadurch die geeignete Person für Antiochien. Was Barnabas mit Saulus macht, ist ein Vorbild dafür, wie junge Gläubige von älteren Gläubigen in die Gemeinde eingeführt und belehrt werden, ihre Aufgabe auszuführen.

Barnabas kümmerte es nicht, den zweiten Platz einzunehmen. Selbstlos und mit Blick auf das Wohlergehen der Gemeinde suchte er Saulus auf, den er acht oder neun Jahre zuvor in die Gemeinde in Jerusalem eingeführt hatte. Eine solch junge Gemeinde in Antiochien hatte noch keinen eigenen Lehrer in ihrer Mitte. Für die Unterweisung der Gemeinde in Antiochien wandte sich Barnabas nicht an die Apostel in Jerusalem. Selbst sah er sich wohl dazu nicht in der Lage.

Barnabas kannte seine Grenzen. Er verstand, dass Tröstung und Ermahnung nicht ausreichend sind, und dass es auch Belehrung geben muss. Er war sich bewusst, dass das geeignete Werkzeug dazu Saulus war. Es wird also evangelisiert (V. 20), ermahnt und getröstet (V. 23) und jetzt gelehrt (V. 26). Wir sehen Evangelisten, Hirten und Lehrer, die alle ihren Dienst tun, ohne dass sie dazu von den Aposteln angestellt wurden. Der Herr gibt die Gaben. In Vers 27 wird auch noch prophezeit. So wirken die verschiedenen Gaben zusammen und ergänzen einander.

Saulus hat den Auftrag, den Dienst der Unterweisung im Wort Gottes auszuüben, damit sie in der Lehre des Wortes Gottes befestigt werden. Dies hat diese junge Gemeinde nötig, während sie gleichzeitig als Gemeinde funktioniert. Sie hat keine Belehrung nötig, um zu einem bestimmten Zeitpunkt nach ausreichender Belehrung als Gemeinde funktionieren zu können. Für Saulus war dieser Dienst der Belehrung eine Vorbereitung für seinen Dienst, durch den viele Gemeinden gegründet werden sollten.

Zum ersten Mal wird hier die Gesamtheit der Gläubigen an einem Ort „die Gemeinde" genannt, wodurch sie von der Gemeinde in Jerusalem unterschieden wird. Es ist eine Gemeinde, die hauptsächlich aus Gläubigen aus den Nationen bestand, zu der allerdings auch gläubige Juden gehörten. Auch der Name „Christen" wird hier zum ersten Mal als Bezeichnung für die Gläubigen gebraucht (weiterhin nur noch in Kapitel 26,28 und 1Pet 4,16). Die Bezeichnung *Christ* ist von *Christus* abgeleitet, was *Gesalbter* bedeutet. Ein Christ ist ein Anhänger des verherrlichten Christus.

Der Name *Christ* wurde den Gläubigen von der Welt um sie herum gegeben. Sie nannten sie nach dem Mann, den sie verkündigten. Das geschieht, wenn Christen in ihrem Leben ihre Verbindung mit dem Herrn Jesus als Herrn zeigen. Dieser Name wird immer noch gebraucht, doch leider versteht man darunter nicht mehr nur wahre Gläubige. Die Welt weiß nicht mehr, wer ein echter und wer ein unechter Christ ist. Leider bekommt die Welt durch das falsche Verhalten von Namenschristen und leider noch mehr auch von wahren Christen einen falschen Eindruck von dem Herrn Jesus. Aber das war damals noch nicht so.

Agabus prophezeit eine Hungersnot (11,27–30)

> 27 In diesen Tagen aber kamen Propheten von Jerusalem nach
> Antiochien herab. 28 Einer aber von ihnen, mit Namen Agabus,
> stand auf und zeigte durch den Geist eine große Hungersnot an,
> die über den ganzen Erdkreis kommen sollte, die unter Klaudi-
> us eintrat. 29 Sie beschlossen aber, dass jeder von den Jüngern, je
> nachdem einer von ihnen begütert war, den Brüdern, die in Judäa
> wohnten, etwas zur Hilfeleistung senden solle; 30 was sie auch ta-
> ten, indem sie es durch die Hand des Barnabas und Saulus an die
> Ältesten sandten.

Nach Barnabas kommen aus Jerusalem noch einige Propheten nach Antiochien. Propheten sind Gaben für die ganze Gemeinde. Sie können in Jerusalem aktiv sein, aber genauso gut nach Antiochien kommen, um dort ihren Dienst auszuüben. Jerusalem ist kein Zentrum, doch es gibt eine Verbindung. Hier werden zum ersten Mal im Neuen Testament Propheten genannt. Wir lesen in

1. Korinther 14 ein ganzes Kapitel über ihren Dienst. Sie geben das Wort Gottes aus der Gegenwart Gottes weiter. Sie reden zur Erbauung, Ermahnung und Tröstung der Gemeinde (1Kor 14,3). Sie machen hier also keine Voraussagen über zukünftige Ereignisse, sondern wenden das Wort Gottes auf Herz und Gewissen an.

Doch es gibt einen Propheten unter ihnen, der ausnahmsweise doch eine Vorhersage macht: Agabus. Wir lesen von ihm, dass er aufstand und durch den Geist bekanntgab, dass eine große Hungersnot über den ganzen Erdkreis kommen würde. Hier ergreift also nicht jemand das Wort, der sich anmaßt, ein Prophet zu sein. Dass seine Prophetie echt war, zeigte sich an ihrer Erfüllung unter Klaudius, der ab dem Jahr 41 regierte. Die Hungersnot würde über die ganze Erde kommen, also auch über sie.

Obwohl die Prophezeiung erst später unter einem späteren Kaiser in Erfüllung gehen würde, führte die Prophezeiung dazu, dass die Gläubigen in Antiochien ihre Verbundenheit mit den Gläubigen in Jerusalem durch eine Hilfeleistung zum Ausdruck brachten. Die Gläubigen konnten die Hungersnot nicht verhindern, doch sie konnten das Nötige tun, um die Not zu lindern. Die Prophezeiung hatte also eine Auswirkung auf die Zuhörer, und das ist die Absicht jedes prophetischen Dienstes. Indem sie die Prophezeiung zu Herzen nahmen, konnten die Gläubigen gleichzeitig ihre Dankbarkeit für die geistlichen Segnungen äußern, die sie von den Gläubigen aus der Beschneidung erfahren hatten. Nachdem die Nationen von Jerusalem an den geistlichen Segnungen Anteil bekommen hatten, wollten sie ihnen nun mit ihren materiellen Gütern dienen (Gal 6,6; Röm 15,23–28).

Was hier steht, ist das Muster für das christliche Geben und nicht so sehr das, was wir in den Kapiteln 2 und 4 gefunden haben, wo es um die Beziehungen der Juden untereinander ging. Das Geben geschah gemäß der jeweiligen Möglichkeiten (2Kor 8; 9). Es wurde aus dem Bewusstsein heraus gegeben, *ein* Leib zu sein. Prophezeiung fordert zum direkten Handeln auf, noch bevor es Beweise dafür gibt, dass es gut ist. Das ist ein Werk des Geistes Gottes in den Herzen. Die Propheten in den Tagen Esras forderten zum Wiederaufbau des Tempels auf, bevor der König sie dazu in die Lage versetzte und dem Widerstand Einhalt gebot (Esra 5,1.2). Es ist gesegnet, in irdischen Dingen aufgrund himmlischer Motive zu handeln.

Das Handeln der Gläubigen in Antiochien muss für die Gläubigen in Jerusalem eine große Ermutigung im Erleben der Einheit gewesen sein. Das Geld ging an die Ältesten (hier erstmalig in Verbindung mit der Gemeinde genannt; wie sie benannt wurden, wird hier nicht erwähnt), also die verantwortlichen Brüder der Gemeinde, die es dann weiterverteilen konnten. Hiermit wird die Verbundenheit auf praktische Weise zum Ausdruck gebracht, wie früher schon auf geistliche Weise (V. 22).

Barnabas und Saulus nahmen die Gabe mit. Sie hielten sich dafür nicht zu fein; sie meinten auch nicht, dass geistliche Arbeit wichtiger sei. Es war ihr Verlangen, jeder Not zu begegnen. Wir sehen hier wieder, dass Barnabas eingeschaltet wird, denn ein Auftrag mit Geld erfordert verlässliche Brüder. Barnabas hatte schon gezeigt, dass er keinen Wert auf irdischen Besitz legte (Apg 4,36.37).

Kapitel 12

Herodes tötet Jakobus (12,1.2)

> [1] Um jene Zeit aber legte Herodes, der König, die Hände an einige derer von der Versammlung, um sie zu misshandeln; [2] er ließ aber Jakobus, den Bruder des Johannes, mit dem Schwert töten.

Kapitel 12,1-24 ist eine Einschaltung. Ab Vers 25 wird der Faden mit Barnabas und Saulus wieder aufgenommen, von denen wir im letzten Vers des vorigen Kapitels gelesen haben. In dieser Einschaltung berichtet Lukas, wie Herodes Jakobus tötet, auch beschreibt er, wie Herodes Petrus gefangen nimmt, wie er aus dessen Hand befreit wird und wie Herodes stirbt.

Der tiefere Sinn dieses Zwischenabschnitts scheint in der typologischen Bedeutung zu liegen. Wir hatten in den Kapiteln 10 und 11 das Werk des Geistes Gottes vor uns, das Er unter den Nationen begonnen hat. Das bedeutet, dass die Bindungen zum Judentum gelöst werden. Der Schwerpunkt verlagert sich auf das Christentum unter den Nationen.

Bevor diese Verschiebung hin zu den Völkern näher beschrieben wird, sehen wir in diesem Abschnitt, wie Gott den Faden mit Israel - wenn die Haushaltung der Nationen vorbei ist - wieder aufnimmt. Darum werden wir hier für einen Augenblick nach Jerusalem zurückgeführt, um diesen Ort dann (bis auf ein besonderes Ereignis dort) für immer zu verlassen. Dort treffen wir Herodes an, der ein Bild des Antichrists ist, der den treuen Überrest in Jerusalem verfolgt.

Wir finden sowohl in Jakobus als auch in Petrus ein Bild vom gläubigen Überrest. Genauso wie bei diesen beiden Aposteln sehen wir auch beim Überrest, dass während der großen Drangsal ein Teil getötet und ein Teil verschont wird.

Der Herodes, der in diesem Abschnitt die Hauptrolle spielt, ist der dritte Herodes, der im Neuen Testament genannt wird. Der erste wollte den Herrn ermorden, der zweite ließ Johannes den Täufer enthaupten und dieser ist also für den Tod des Jakobus verantwortlich. Jakobus wurde auf dieselbe Weise umgebracht wie viele alttestamentliche Märtyrer (Heb 11,37).

Es gibt noch einen Aspekt, den wir bei Herodes feststellen können und der in Verbindung mit dem Evangelium steht. Im Blick auf die Verkündigung des Evangeliums sehen wir in Herodes das politische Hindernis für die Verkündigung des Evangeliums, ein Hindernis, das durch das Gebet überwunden wird. Bei Petrus waren Reinheitsgesetze ein Hindernis für das Evangelium, also ein religiöses Hindernis, doch auch das hat Gott überwunden. Sowohl religiöse als auch politische Autoritäten sind immer wieder Instrumente in der Hand Satans gewesen, um den Lauf des Evangeliums aufzuhalten, jedoch immer vergeblich.

Es scheint so, als habe Herodes mit seiner Kampagne gegen die Christen Erfolg. Manche aus der Gemeinde bekommt er zu packen, um ihnen Böses zu tun. Als er Jakobus zu packen bekommt, hat er damit einen der Führer der neuen Bewegung in Händen. Er lässt Jakobus mit dem Schwert töten, was darauf schließen lässt, dass er ihn enthaupten lässt. Es geht um den Jakobus, der beschrieben wird als „der Bruder des Johannes". Das geschieht, damit er nicht mit Jakobus, dem Bruder des Herrn, verwechselt wird.

Er und Johannes und Petrus sind bei dem Herrn gewesen während seiner Verherrlichung auf dem Berg, und sie waren Augenzeugen der Herrlichkeit des Herrn (Lk 9,28.32). Die Erfahrung auf dem Berg war die Bestätigung der alttestamentlichen Verheißungen über das Kommen Christi in Herrlichkeit. Sie waren drei Zeugen, die das gesehen haben. Herodes fängt an, diese Zeugen umzubringen. Jakobus hat er getötet, Petrus will er töten, und wer kann sagen, dass danach nicht auch noch Johannes auf seiner Liste stand. Der Teufel will immer Zeugen ausschalten.

Jakobus ist der erste der Apostel, der als Märtyrer stirbt. Er wird nicht als Apostel ersetzt, anders als Judas damals (Apg 1,20–26).

Petrus wird gefangen genommen (12,3–6)

> 3 Als er aber sah, dass es den Juden gefiel, fuhr er fort, auch Petrus festzunehmen (es waren aber die Tage der ungesäuerten Brote). 4 Den setzte er auch, nachdem er ihn ergriffen hatte, ins Gefängnis und überlieferte ihn zur Bewachung an vier Abteilungen von je vier Soldaten, da er gewillt war, ihn nach dem Passah dem Volk vorzuführen. 5 Petrus nun wurde in dem Gefängnis bewacht; aber von der Versammlung wurde anhaltend für ihn zu Gott gebetet. – 6 Als aber Herodes ihn vorführen wollte, schlief Petrus in jener Nacht zwischen zwei Soldaten,

gefesselt mit zwei Ketten, und Wächter vor der Tür bewachten das Gefängnis.

In den nachfolgenden Versen lenkt Lukas noch einmal ausführlich die Aufmerksamkeit auf Petrus, bevor er, mit Ausnahme seines Auftritts in Kapitel 15, für uns von der Bildfläche verschwindet. Die Juden haben noch nichts von ihrem Hass gegenüber den Christen verloren. Sie reagierten erfreut auf den Tod des Jakobus. Als Herodes das bemerkt, will er daraus politisches Kapital schlagen. Um die Juden noch günstiger zu stimmen, setzt er seine Säuberungskampagne fort. Er nimmt auch Petrus gefangen, der damit zum dritten Mal gefangen genommen wird.

Wie Pilatus handelt auch Herodes mit Blick auf die Gunst des Volkes. Gemeinschaftliche Hassgefühle bringen Herodes und die Juden zusammen. Der Hass der Juden betraf die Anbetung des Herrn Jesus als Gott. Nach ihrer Meinung ist das der Abfall von Gott, denn Er ist für sie lediglich ein Mensch, und auf Anbetung eines Menschen stand die Todesstrafe.

Wegen des Festes findet die Hinrichtung nicht sofort statt. Der Hinweis auf die Tage der ungesäuerten Brote bedeutet, dass das Passah gefeiert wurde. Dabei erinnerte man sich an die Zeit, als das Volk unter fremder Herrschaft stand, aus der Gott aber sein Volk befreit hat. Hier wird das christliche Volk Gottes von der politischen Macht unterdrückt, so wie das auch in der Endzeit mit dem gläubigen Überrest geschehen wird. Doch so wie Gott seinerzeit sein Volk befreite, damit es Ihm dienen würde, so befreit Er die Seinen jetzt und auch in Zukunft. In allen Zeiten haben politische Mächte versucht, den Dienst für Gott zu verhindern.

Im Blick auf Petrus überlässt Herodes nichts dem Zufall. Er wird sicher von den vorherigen Gefangennahmen des Petrus gehört haben und auch, wie er beide Male daraus befreit wurde. Das wird ihm nicht geschehen. Er wird daher diese schwachen Christen mit seinen Sicherheitsmaßnahmen von Befreiungsplänen abhalten. Doch die Frage ist nicht, was Herodes tut; es geht darum, was Gott tun kann.

Die Sicherheitsmaßnahmen des Herodes haben es in sich. Petrus wird durch vier mal vier Soldaten bewacht. Das bedeutet, dass er jeweils von vier Soldaten bewacht wird, die alle drei Stunden entsprechend den vier Nachtwachen abgelöst werden. Zwei von jeweils vier Soldaten waren an Petrus angekettet, und zwei Soldaten standen an der Tür Wache. Die Bewachung war also äußerst sicher.

Doch auf einem anderen Gebiet wird ein Kampf geführt, der alle möglichen Sicherheitsmaßnahmen zunichtemacht. Das ist der Kampf des Gebets. Die Gemeinde betete. Sie war in der Atmosphäre des Gebets entstanden (Apg 1,14; 2,42) und harrte in dieser Haltung aus. Die Verzögerung der Hinrichtung des Petrus wird von der Gemeinde genutzt, um für Petrus zu beten.

Das war wirklich eine Gebetsstunde! Die Gefangennahme des Petrus brachte die Gemeinde – die den schrecklichen Tod des Jakobus frisch im Gedächtnis hatte – zu anhaltendem Gebet. Die Macht des Gebets ist größer als die Macht des Herodes, ja, sogar als die Macht der Hölle. Es wurden mehrere Tage im Gebet verbracht, mit nur einem Anliegen: Petrus. Es war ein brennendes gemeinschaftliches Gebet, es richtete sich an Gott, und es war ein konkretes Gebet, nämlich für Petrus (Heb 13,3; Off 5,8).

Eine erste Wirkung des Gebets können wir in der Ruhe sehen, die Petrus ausstrahlte. Obwohl er wusste, was Herodes mit ihm vorhatte, war er nicht unruhig und aufgewühlt, sondern schlief. Dieser Schlaf war ein Sieg des Glaubens. Er schlief den Schlaf des Gerechten. Einerseits wusste er, was mit seinem guten Freund Jakobus geschehen war, andrerseits hatte er schon früher die Erfahrung gemacht, dass der Herr ihn aus dem Gefängnis befreit hatte. Aber er hatte alles in die Hand des Herrn gelegt. Was Er beschließt, ist gut, und das gab ihm die Ruhe, schlafen zu können. Wohl hatte er auch einst geschlafen bei Gelegenheiten, wo er eigentlich hätte wach bleiben sollen, wie bei der Verherrlichung des Herrn auf dem Berg (Lk 9,32) und beim Gebet des Herrn in Gethsemane (Mt 26,40), doch nun schlief er in Frieden (Ps 4,9; 3,6.7).

Petrus wird befreit (12,7–11)

> 7 Und siehe, ein Engel des Herrn trat hinzu, und ein Licht leuchte-
> te in dem Raum; er schlug aber Petrus an die Seite, weckte ihn und
> sagte: Steh schnell auf! Und die Ketten fielen ihm von den Händen
> ab. 8 Der Engel aber sprach zu ihm: Gürte dich und binde dei-
> ne Sandalen unter. Er aber tat es so. Und er spricht zu ihm: Wirf
> dein Oberkleid um und folge mir. 9 Und er ging hinaus und folgte
> ihm, und er wusste nicht, dass es Wirklichkeit war, was durch
> den Engel geschah; er meinte aber, ein Gesicht zu sehen. 10 Als
> sie aber durch die erste und die zweite Wache hindurchgegangen
> waren, kamen sie an das eiserne Tor, das in die Stadt führte, das
> sich ihnen von selbst öffnete; und sie traten hinaus und gingen

eine Gasse entlang, und sogleich schied der Engel von ihm. [11] Und als Petrus zu sich selbst kam, sprach er: Nun weiß ich in Wahrheit, dass der Herr seinen Engel gesandt und mich gerettet hat aus der Hand des Herodes und aller Erwartung des Volkes der Juden.

Lukas weist in Vers 6 noch einmal auf die gute Bewachung des Petrus hin, doch nun sehen wir, wie der Herr damit Spott treibt. Er schickt einen seiner Engel zu der Zelle, in der Petrus schläft. Mit dem Engel bringt Er himmlisches Licht in die Zelle. Petrus wird davon nicht wach, so dass der Engel ihn anstoßen muss (vgl. 1Kön 19,5).

Dann bekommt er den Auftrag, „schnell" aufzustehen. Die Tatsache der übernatürlichen Befreiung bedeutet nicht, dass Petrus nicht das Nötige selbst tun muss, und dann auch noch schnell. Gott hat für die Befreiung eine bestimmte Zeit eingeplant, und innerhalb dieser Zeit muss das geschehen. Das Eingreifen Gottes und das, was der Mensch tun muss, kommen hier wieder zusammen.

Die Ketten fallen von seinen Händen, damit er schnell aufstehen kann. Fesseln stellen für Gott kein Problem dar, genauso wenig wie geschlossene Türen oder Gräber. Das Herabfallen der Ketten wird sicher Lärm verursacht haben. Wir können davon ausgehen, dass Gott die Wächter in einen tiefen Schlaf versetzt hat. So wie die Wache, die das Grab des Herrn Jesus bewachen sollte, ausgeschaltet wurde, schaltete Gott auch diese Wache aus. Beim Grab Jesu wurden die Wächter, als ein Engel erschien „wie tot" (Mt 28,4), hier bemerken sie nichts. Gott behandelt sie, als wären sie nicht da. Sie werden weder von dem Licht noch von dem Lärm wach.

Der Engel gibt Petrus anschließend Hinweise für seine Flucht. Der Engel hatte die Fesseln des Petrus gelöst, seine Kleider und seine Schuhe musste er selbst anziehen. Um seine Schuhe anziehen zu können, musste er sich bücken, und danach konnte er gehen. Wird Petrus sich nicht jedes Mal, wenn er sich seine Schuhe anzog, an diese außergewöhnliche Befreiung erinnert haben? Wird sein Vertrauen auf den Herrn dadurch nicht ermutigt worden sein?

Petrus tut das, was der Engel sagt und folgt ihm nach draußen. Mehr braucht er in diesem Augenblick nicht zu tun. Es ergeht ihm wie im Traum. Das erinnert an die Erfahrung, die auch der gläubige Überrest machen wird, wenn er vom HERRN in den letzten Tagen aus der größten Not befreit wird (Ps 126,1).

Auf seinem Weg in die Freiheit hinter dem Engel her kommen beide an zwei Wachen vorbei, die jedoch keinen Alarm schlagen. Die eiserne Tür, die ein letztes Hindernis auf dem Weg in die Freiheit darstellt, öffnet sich von selbst. Es ist der mächtige Arm Gottes, der den Weg in die Freiheit öffnet. Als sie hindurchgegangen sind, befinden sie sich in der Stadt. Der Engel geht noch *eine* Straße mit. Damit ist sein Dienst beendet. Er verschwindet ohne noch etwas zu sagen und kehrt in den Himmel zurück, um sich dort vor den Herrn zu stellen, bereit, um zum nächsten Dienst ausgesandt zu werden.

So steht Petrus dort nun allein. Dann kommt er zu sich selbst. Petrus wird sich bewusst, dass er frei ist und dass aus den Erwartungen des Herodes und des Volkes nichts wird (vgl. Röm 15,31). Wir sehen, dass Petrus sich auch der engen Verbindung zwischen diesen Feinden des Christentums bewusst ist. Wie bereits gesagt, ist diese enge Verbindung zwischen Herodes und dem Volk der Juden ein Bild der Verbindung zwischen dem Antichrist und der abgefallenen Menge des jüdischen Volkes. Seine Befreiung macht ihn nicht unvorsichtig. Er weiß, dass er diesen Ort verlassen muss.

Nachdem wir nun den Tod des Jakobus und die Befreiung des Petrus überdacht haben, drängt sich die Frage auf: Warum wird Jakobus getötet, und warum wird Petrus aus dem Gefängnis befreit? Diese Fragen kommen auf, doch wir können sie nicht beantworten. Das sind die Regierungswege Gottes, die wir nicht ergründen können. Hier geziemt es sich für uns, Gott völlig zu vertrauen, dass Er sich nicht irrt.

Petrus geht zur Gemeinde (12,12–17)

> 12 Und als er sich bedachte, kam er an das Haus der Maria, der
> Mutter des Johannes, der auch Markus genannt wird, wo viele
> versammelt waren und beteten. 13 Als er aber an die Tür des Hof-
> tores klopfte, kam eine Magd, mit Namen Rhode, herbei, um zu
> horchen. 14 Und als sie die Stimme des Petrus erkannte, öffnete sie
> vor Freude das Hoftor nicht; sie lief aber hinein und berichtete, Pe-
> trus stehe vor dem Hoftor. 15 Sie aber sprachen zu ihr: Du bist von
> Sinnen. Sie aber beteuerte, dass es so sei. Sie aber sprachen: Es ist
> sein Engel. 16 Petrus aber fuhr fort zu klopfen. Als sie aber geöffnet
> hatten, sahen sie ihn und gerieten außer sich. 17 Er aber winkte
> ihnen mit der Hand, zu schweigen, und erzählte ihnen, wie der
> Herr ihn aus dem Gefängnis herausgeführt hatte; und er sprach:
> Berichtet dies Jakobus und den Brüdern. Und er ging hinaus und
> zog an einen anderen Ort.

Nachdem Petrus nun frei ist, weiß er, wohin er gehen muss. Er weiß, dass die Gläubigen im Haus der Maria zusammenkommen, die näher beschrieben wird als die Mutter von Johannes, der auch Markus genannt wird. Von diesem Johannes Markus werden wir noch mehr hören. Was die Zusammenkunft betrifft, die dort abgehalten wurde, sehen wir, dass *viele* versammelt waren. Niemand wird aufgrund mangelnden Interesses gefehlt haben. Durch den Druck von außen wurden die Gläubigen zusammengebracht; sie suchten gemeinsam das Angesicht Gottes.

Dass es viele waren, muss nicht heißen, dass die ganze Gemeinde dort anwesend war. Wir lesen ja weiter, dass Petrus die Nachricht seiner Befreiung an Jakobus und die Brüder überbringen lässt (V. 17). Diese waren also offensichtlich nicht dabei.

Nachdem Petrus dort angekommen ist, muss er wie üblich an die Tür klopfen. Diese Tür öffnete sich nicht von selbst wie die Tür des Gefängnisses. Auf sein Klopfen hin kommt eine Magd herbei. Lukas erwähnt ihren Namen: Sie heißt Rhode. Er sagt nichts über ihr Alter, doch es ist offensichtlich, dass dieses Mädchen eine wichtige Aufgabe in der Gemeinde hat. Es wird von ihr erwartet, dass sie die kennt, die hereinkommen wollen, und dass sie warnt, wenn sie vermutet, dass jemand mit falschen Motiven kommt. Sie ist eine echte Dienerin der Gemeinde.

Petrus hat offensichtlich nicht nur geklopft, sondern auch leise gerufen, denn sie erkennt die Stimme des Petrus. Auch das weist auf ihr großes Interesse an den Dingen des Herrn hin. Sie wird ihn häufig reden gehört haben. Früher ist Petrus schon einmal von einer Magd erkannt worden, doch bei der Gelegenheit wollte er nicht erkannt werden und er verleugnete seinen Herrn (Lk 22,56.57).

In ihrer Begeisterung über das plötzliche Erscheinen des Petrus läuft sie hinein und berichtet, dass Petrus vor dem Tor steht. Dabei vergisst sie, die Tür zu öffnen. Diese Vergesslichkeit ist der Anlass, dass der Unglaube der Gemeinde offenbar wird. Obwohl Petrus schon früher durch göttliches Eingreifen befreit worden war (Apg 5,19), glaubten sie nicht, dass das wahr war, was Rhode sagte.

Wir brauchen ihnen das nicht zu verübeln, denn wie oft zweifeln wir selbst auch, während die Antwort bereits vor der Tür steht. Andrerseits macht ihre Reaktion deutlich, dass wunderbare Befreiungen und Wunder im Allgemeinen keine alltäglichen Ereignisse waren. Das Leben des Gläubigen ist keine Kette von allerlei Wundern, die ihn aus misslichen Lagen oder von unangenehmen Krankheiten befreien.

Ihre erste Reaktion ist, das Rhode von Sinnen sei. Rhode zweifelt jedoch nicht. Sie versichert den Gläubigen, dass es wirklich Petrus sei, der am Tor steht. Die Gläubigen wollen es aber nicht glauben. Dann wird es wohl, wie sie meinen, sein Engel sein. Damit meinen sie nicht seinen Schutzengel, sondern dass sein Geist sich ihr gezeigt hat, dass sie also ein übernatürliches Wesen gehört hat, das Petrus repräsentiert. Aufgrund des Alten Testamentes waren sie mit dem Gedanken vertraut, dass Engel den Menschen erscheinen können. Engel haben eine beschützende, bewahrende und dienende Funktion (Ps 91,11.12; Heb 1,14).

Während sich all das drinnen abspielt, klopft Petrus weiter. Als sie dann gemeinsam zum Tor kommen und öffnen, sehen sie ihn. Sie meinen, ihren Augen nicht trauen zu können und geraten außer sich. Sie waren wahrscheinlich doch mehr unter dem Eindruck der Macht des Herodes gewesen, als der Macht Gottes. Sie werden Petrus mit Fragen bombardiert haben.

Doch Petrus beruhigt sie, indem er mit der Hand winkt, scheinbar ohne etwas zu sagen. Seine Befreiung macht ihn nicht unvorsichtig. Er ermahnt sie, ruhig zu sein. Der Lärm, den sie machen, dringt weit in die Stille der Nacht und könnte verraten, wo er sich befindet. Er berichtet ihnen, wie seine Befreiung geschehen ist. Nicht ein Engel bekommt die Ehre, ihn befreit zu haben, sondern der Herr.

Er bittet sie, Jakobus und den Brüdern seine Befreiung mitzuteilen, die sicher auch gebetet haben und gespannt sind auf den weiteren Verlauf. Er nennt besonders Jakobus, denn wahrscheinlich war er gemeinsam mit Petrus für die Gemeinde in Jerusalem verantwortlich. Dieser Jakobus ist der Bruder des Herrn (Mk 6,3), von dem wir später lesen, dass er ein Führer in der Gemeinde in Jerusalem war (Apg 15,13; 21,18). Paulus betrachtet Jakobus, zusammen mit Petrus und Johannes, als eine der drei Säulen der Gemeinde (Gal 2,9).

Nachdem Petrus befreit ist, geht er nicht wieder in die Stadt, wie in Kapitel 5,20, sondern er geht an einen anderen Ort. Lukas teilt uns den Ort nicht mit. Damit ist die Geschichte des Petrus eigentlich zu Ende. In Kapitel 15 treffen wir ihn noch einmal in der Apostelgeschichte. Weiter lesen wir nichts mehr davon, wo und wie er gewirkt hat. Die römisch-katholische Kirche behauptet, dass er nach Rom gegangen sei, um dort seine 45-jährige Regierung als Papst zu beginnen, doch das ist lediglich ein törichter Gedanke.

Petrus zog ungefähr im Jahr 44 weg. Er hat seine Briefe in der Mitte der sechziger Jahre geschrieben.

Die Reaktion des Herodes auf das Verschwinden des Petrus (12,18.19)

> 18 Als es aber Tag geworden war, war eine nicht geringe Bestürzung unter den Soldaten, was doch aus Petrus geworden sei. 19 Als aber Herodes ihn zu sich forderte und ihn nicht fand, verhörte er die Wächter und befahl, sie abzuführen; und er ging von Judäa nach Cäsarea hinab und verweilte dort.

Obwohl Petrus von der Bildfläche verschwunden ist, ist die Geschichte damit noch nicht zu Ende. Lukas teilt uns noch mit, wie Herodes darauf reagierte und schließlich berichtet er uns noch sein Ende. Das scheint, wie bereits gesagt, darauf hinzuweisen, dass es um die vorbildliche Bedeutung dieser ganzen Geschichte geht. Nach der Befreiung des Petrus als Bild des Überrestes folgt noch das Gericht über Herodes als Bild des Antichrists. Dieses Gericht trifft ihn, weil er sich als Gott verehren ließ, und das wird der Antichrist ebenfalls tun.

Was das Verschwinden von Petrus betrifft, ist es verständlich, dass es unter den Soldaten große Bestürzung auslöst. Sie waren dabei, als Petrus verschwand, doch sie haben nicht daran mitgewirkt, sie haben überhaupt nichts davon gemerkt und konnten es daher auch nicht verhindern. Das ist die Verwirrung von Menschen, die meinen, alles unter Kontrolle zu haben, obwohl gleichzeitig Dinge, an denen sie aufs Engste beteiligt sind, ohne ihr Zutun geschehen. Das ist die Blindheit der Menschen, die nicht mit Gott rechnen. Das gilt auch für Herodes.

Zunächst hat er einige Zeit nach Petrus gesucht, ihn aber nicht gefunden (vgl. Jer 36,26). Danach verhört er die Wächter. Diese können natürlich keine befriedigende Antwort auf das Verschwinden von Petrus geben. Dann befiehlt er, dass die Wächter abgeführt werden, und zwar, um hingerichtet zu werden. Sie müssen das Entwischen des Petrus mit dem eigenen Leben bezahlen, denn sie waren dafür verantwortlich (vgl. 1Kön 20,39). Nicht Petrus starb an diesem Tag, sondern eine Reihe Soldaten starb an seiner Stelle (Spr 11,8).

Der Tod des Herodes (12,20–23)

> [20] Er war aber sehr ergrimmt gegen die Tyrer und Sidonier. Sie kamen aber einmütig zu ihm, und als sie Blastus, den Hofbeamten des Königs, überredet hatten, baten sie um Frieden, weil ihr Land von dem königlichen ernährt wurde. [21] An einem festgesetzten Tag aber hielt Herodes, nachdem er ein königliches Gewand angelegt und sich auf den Thron gesetzt hatte, eine öffentliche Rede an sie. [22] Das Volk aber rief ihm zu: Eines Gottes Stimme und nicht eines Menschen! [23] Sogleich aber schlug ihn ein Engel des Herrn dafür, dass er nicht Gott die Ehre gab; und von Würmern zerfressen, verschied er.

Lukas beschreibt den Tod des Herodes. Die Ereignisse, die der Anlass für seinen Tod sind, hängen mit seiner Beziehung zu den Tyrern und Sidoniern zusammen. Aus unbekannten Gründen war Herodes erzürnt über die Tyrer und Sidonier, die Bewohner zweier Handelsstädte am Mittelmeer. Diese Städte waren bezüglich ihrer Versorgung mit Nahrungsmitteln von Israel abhängig. Wegen des Zornes von Herodes war nun diese Versorgung unterbrochen. Um sie wieder in Gang zu bringen, versuchten sie, sich bei Herodes einzuschmeicheln.

Zur Wiederherstellung der diplomatischen Beziehungen hatten sie mit einem der engsten Diener des Herodes Kontakt aufgenommen, und zwar mit dem Hofbeamten Blastus. Sie hatten ihn so weit bekommen - vielleicht durch Schmiergelder -, dass er für sie bei Herodes vermitteln wollte. Sie baten um Frieden, das heißt, dass sie Herodes baten, dass er sich wieder mit ihnen versöhnte. Herodes geht auf die Bitte ein und legt einen Tag fest, an dem er vor der Gesandtschaft und dem Volk von Cäsarea eine Rede halten will. Nach dem jüdischen Geschichtsschreiber Josephus Flavius war das der zweite Tag eines Festes, das Herodes organisiert hatte, um einen Sieg von Kaiser Claudius zu feiern.

Josephus spricht ebenfalls von dem königlichen Gewand, das Herodes anzog. Er sagt dazu, dass es ein ganz aus Silber gewobenes Gewand war. Herodes tritt hier mit allem Nachdruck als König auf und lenkt damit alle Aufmerksamkeit auf sich selbst. In dieser Eigenschaft und mit dem überwältigenden Glanz des Prunks setzt er sich auf den Richterstuhl, um von dort aus seine Ansprache zu halten. Herodes präsentiert sich zuerst einmal als König; er maßt sich diese Stellung als ein Edomiter an. Und dabei bleibt es nicht. Er wächst in dieser Position, während er redet, zu einem Gott heran.

Er nimmt mit großem Wohlgefallen zur Kenntnis, wie das Volk ihm zuruft (wie geheuchelt es auch sein mag, weil sie ihn wieder auf ihre Seite bekommen wollen), dass seine Stimme die eines Gottes sei und nicht die eines Menschen. Sie bringen ihm göttliche Verehrung dar, die er ohne Zögern annimmt. Auch da sehen wir wieder in ihm ein Bild vom Antichrist, denn auch dieser Gottlose wird sich als Gott anbeten lassen (2Thes 2,4).

Durch diese Verehrung, die er von Menschen entgegennimmt, zieht er den Zorn Gottes auf sich; er bekommt ihn sofort danach zu spüren. Was bei den Heiden die Regel ist und von Gott längst nicht immer sofort gerichtet wird, das richtet Gott bei Herodes doch unverzüglich. Herodes wusste es besser und hätte diese Ehre nicht akzeptieren dürfen.

Gott macht hier deutlich, dass Er der Herrscher der Welt ist, wie groß der Stolz des Menschen auch sein mag. Weil Herodes sich diese Verehrung gefallen ließ, schlug Gott ihn durch einen Engel (vgl. Dan 4,30.31; Hiob 40,11.12). Hier gibt Gott ein Zeugnis davon, dass Er der wahre Herrscher ist und nicht der Mann, der die Christen verfolgt.

Damit endet die Einschaltung in diesem Kapitel. Wir haben uns mit dem Wirken des Petrus beschäftigt, einschließlich der sieben Ansprachen, die er gehalten hat. Danach beginnt das Wirken des Paulus; auch hier werden wir sieben Ansprachen finden.

Der Übergang zum Dienst des Paulus (12,24.25)

> 24 Das Wort Gottes aber wuchs und mehrte sich. 25 Barnabas aber und Saulus kehrten, nachdem sie den Dienst erfüllt hatten, von Jerusalem zurück und nahmen Johannes mit, der auch Markus genannt wurde.

Herrscher mögen kommen und gehen, das Wort Gottes nimmt zu und mehrt sich. Der Tod des Jakobus und der Weggang des Petrus sind kein Hinderungsgrund für das Wachsen des Wortes und die Zunahme der Gemeinde. Das Wachstum und die Mehrung des Wortes Gottes zeigen sich in der Bekehrung der einzelnen Seelen. Im Leben jeder bekehrten Seele hat das Wort Gottes wieder ein Stück an Terrain gewonnen. Das Wort vermehrt seine Anwesenheit auf der Erde in jedem Gläubigen, der sich der Herrschaft des Wortes unterwirft.

Zu Beginn dieses Kapitels drohte Herodes damit, die Gemeinde zu verwüsten. Der Schluss dieses Kapitels beschreibt, wie Herodes selbst verwüstet wird und wie die Gemeinde wächst. Das ist zugleich der Übergang zu einem neuen Abschnitt in diesem Buch, der Beschreibung des Dienstes des Paulus. Barnabas und Saulus (ab Kapitel 13,9 wird Lukas für ihn den Namen *Paulus* gebrauchen) kehren nach Antiochien zurück, nachdem sie den Dienst, der ihnen in Kapitel 11,30 aufgetragen worden war, in Jerusalem erfüllt hatten. Markus ist bei ihnen. Er wird erwähnt, weil er dabei ist, als Paulus seine erste Missionsreise beginnt.

Kapitel 13

Barnabas und Saulus werden berufen (13,1–3)

[1] Es waren aber in Antiochien, in der dortigen Versammlung, Propheten und Lehrer: Barnabas und Simeon, genannt Niger, und Luzius von Kyrene und Manaen, der mit Herodes, dem Vierfürsten, großgezogen worden war, und Saulus. [2] Während sie aber dem Herrn dienten und fasteten, sprach der Heilige Geist: Sondert mir nun Barnabas und Saulus zu dem Werk aus, zu dem ich sie berufen habe. [3] Da entließen sie sie, nachdem sie gefastet und gebetet und ihnen die Hände aufgelegt hatten.

Nachdem wir im ersten Teil der Apostelgeschichte (Kapitel 1–12) dem Wirken des Petrus gefolgt sind, wird Lukas ab Kapitel 13 hauptsächlich das Wirken des Paulus beschreiben. Wir sehen ab diesem Kapitel, wie sich eine kleine jüdische Sekte immer weiter zu einer weltumspannenden Bewegung entwickelt. Die Vorbereitungen dazu haben wir bereits in der Bekehrung des Saulus gesehen (Kap 9), in der Bekehrung des Kämmerers (Kap 8) und der des Kornelius (Kap 10). Gott hat mit dieser Entwicklung bereits begonnen, als die Gläubigen zerstreut wurden.

Im vorhergehenden Teil war Jerusalem das Zentrum des – damals vor allem noch jüdischen – Christentums. Im Dienst des Paulus wird dieser Platz durch Antiochien als Zentrum des nicht-jüdischen Christentums ersetzt werden. Übrigens bleibt das Band mit Jerusalem bestehen. Nach Verlauf einer Zeit ist auch nicht mehr von Antiochien als Zentrum die Rede. Das Christentum hat kein geografisches Zentrum.

Lukas richtet zu Anfang von Kapitel 13 unsere Aufmerksamkeit auf Antiochien als einen Ort, wo eine Gemeinde ist. Er erwähnt auch, dass es dort Propheten und Lehrer gibt. Von irgendeiner Anstellung durch Menschen ist keine Rede. Es ist offensichtlich, dass dort auch nicht von einem Ein-Mann-Dienst die Rede ist. Der Herr Jesus hat den Propheten und Lehrern diese Aufgabe gegeben und sie in seine Gemeinde gestellt (Eph 4,11).

Es scheint so, dass die fünf genannten Brüder sowohl Propheten als auch Lehrer waren. Die fünf bildeten ein gutes Team. Sie dienten gemeinsam mit Fasten dem Herrn. Das ist die Atmosphäre, in der der Geist reden und seinen Willen kundtun kann. Der Heilige Geist redet zu dieser Gruppe von Brüdern. Er hätte sich auch direkt an Barnabas und Saulus wenden können, das tut Er aber nicht. Obwohl Er aussendet - und nicht die Gemeinde -, ist seine Sendung nicht von der Gemeinde losgelöst. Der Dienst derer, die ausgesandt werden, findet auf dem Gebiet der Gemeinde statt. In ihrem Dienst fügen sie durch die Predigt des Evangeliums der Gemeinde hinzu, während sie durch ihre Unterweisungen die Gemeinde erbauen.

Sie werden nicht von der Gemeinde ausgesandt, sondern für ihren Dienst dem Herrn anbefohlen. Wenn sie später mit ihrem Bericht nach Antiochien zurückkehren, geschieht das nicht, um sich zu verantworten, sondern um zu berichten, was der Herr durch sie unter den Nationen gewirkt hat (Apg 14,27). Wir haben hier nicht einen Christus auf der Erde, der seine Jünger aussendet. Die Aussendung des Paulus (hier noch Saulus) und Barnabas findet unter der direkten Einwirkung des Heiligen Geistes statt.

Hier wird auch deutlich, dass der Heilige Geist eine Person ist. Zweifellos wird der Heilige Geist den Mund von einem der Propheten benutzt haben, um seinen Willen kundzutun. Die Aussendung geschieht von einer syrischen Stadt aus und nicht von Jerusalem aus. Der Heilige Geist wirkt ohne die Apostel, unabhängig wie immer. Sein Ausgangspunkt ist ein verherrlichter Christus im Himmel.

Als sie zu ihrem Dienst berufen wurden, hatten sie schon mehrere Jahre für den Herrn gearbeitet. Sie waren keine Neulinge. Die Berufung des Saulus fand in Kapitel 9,15 statt (vgl. Gal 1,15.16), ungefähr acht Jahre früher. Jetzt folgt der Auftrag, diesem Ruf zu folgen. Es gibt also einen Unterschied zwischen der Berufung und der Aussendung. Die Zwischenzeit ist eine Zeit der Vorbereitung.

Der Heilige Geist konnte ihnen seinen Willen bekannt machen, weil sie sich in ihrem Leben auf den Herrn Jesus und den Dienst für Ihn ausrichteten. Dazu gehörte auch das Fasten. Sie enthielten sich freiwillig von bestimmten Speisen, um in Bezug auf den Willen des Herrn offen zu sein. Jesaja 58 zeigt, dass für Gott die innere Haltung zählt, die zum Fasten gehört, nicht das Fasten an sich.

Nachdem der Heilige Geist ihnen seinen Willen bekanntgemacht hat, fasten sie erneut und bitten im Gebet um weitere Führung des Herrn. Dabei wird ihnen klar, dass sie Barnabas und

Saulus die Hände auflegen und sie ziehen lassen sollen. Dass sie sie entließen bedeutet, dass sie ihnen nichts in den Weg legten, obwohl ihr Wegziehen ein großer Verlust für die Gemeinde war. Sie tragen ihre Aussendung auf dem Herzen und bleiben daran beteiligt.

Das Auflegen der Hände hat nichts mit menschlicher Anstellung zu tun, sondern ist ein Zeichen der Gemeinschaft, die sie in dieser Sache mit ihnen hatten. Bei einem wirklichen Dienst vom Herrn beruft der Herr den Diener ganz persönlich, ohne Dazutun der Gemeinde. Zugleich wird der Diener sich auch gern die Hände auflegen lassen, um mit der Unterstützung der Gemeinde den Dienst des Herrn zu tun. Auflegen der Hände bedeutet Einsmachen (z. B. 3Mo 1,4; 3,2.8.13; 4,4.15.24.29.33).

Anfang der ersten Missionsreise (13,4.5)

> 4 Sie nun, ausgesandt von dem Heiligen Geist, gingen hinab nach Seleuzia, und von dort segelten sie nach Zypern. 5 Und als sie in Salamis waren, verkündigten sie das Wort Gottes in den Synagogen der Juden. Sie hatten aber auch Johannes zum Diener.

Jetzt beginnt die erste Missionsreise. Sie wird bis Kapitel 14,26 beschrieben. Nachdem sie durch den Heiligen Geist berufen sind - also ausdrücklich nicht von Menschen (Gal 1,1), - sendet Er sie auch aus - also ausdrücklich *nicht* die Gemeinde. Ohne dass wir lesen, dass der Heilige Geist ihnen sagt, wohin sie gehen sollen, machen sie sich auf den Weg.

Es scheint so, dass Zypern nicht eine zufällige Wahl ist. Es ist der Geburtsort des Barnabas (Apg 4,36). Möglicherweise möchte Barnabas gern gerade dort mit der Verkündigung des Evangeliums beginnen. Als sie in Salamis an Land gehen, begeben sie sich zunächst in die Synagogen der Juden. Es gab also dort mehrere Synagogen, was zeigt, dass es auf der Insel eine große jüdische Gemeinschaft gab. Obwohl sie zu den Nationen ausgesandt waren, suchten sie doch in der heidnischen Umgebung zunächst die Juden auf. Das wird Paulus später immer tun. In seiner Liebe zum irdischen Volk Gottes bleibt es für ihn so: zuerst die Juden und dann auch die Griechen (Röm 1,16).

Sie haben in Salamis das Wort Gottes verkündigt. Bei dieser Predigt ist auch Johannes Markus dabei. Er ist mit ihnen gegangen, um ihnen zu dienen. Er wollte seine Zeit und Kräfte dem Evangelium widmen, was er vermutlich dadurch getan hat, dass er diesen beiden Predigern bei allerlei praktischen Dingen half.

Elymas und Sergius Paulus (13,6–12)

> 6 Als sie aber die ganze Insel bis Paphos durchzogen hatten, fanden sie einen gewissen Mann, einen Zauberer, einen falschen Propheten, einen Juden, mit Namen Bar-Jesus, 7 der bei dem Prokonsul Sergius Paulus war, einem verständigen Mann. Dieser rief Barnabas und Saulus zu sich und wünschte das Wort Gottes zu hören.
> 8 Elymas aber, der Zauberer (denn so wird sein Name übersetzt), widerstand ihnen und suchte den Prokonsul von dem Glauben abwendig zu machen. 9 Saulus aber, der auch Paulus heißt, erfüllt mit Heiligem Geist, blickte unverwandt auf ihn hin 10 und sprach: O du, voll aller List und aller Bosheit, Sohn des Teufels, Feind aller Gerechtigkeit! Willst du nicht aufhören, die geraden Wege des Herrn umzukehren? 11 Und jetzt siehe, die Hand des Herrn ist auf dir, und du wirst blind sein und die Sonne eine Zeit lang nicht sehen. Und sogleich fiel Dunkel und Finsternis auf ihn; und er tappte umher und suchte solche, die ihn an der Hand leiteten.
> 12 Dann, als der Prokonsul sah, was geschehen war, glaubte er, erstaunt über die Lehre des Herrn.

Wir hören nichts von irgendwelchen Reaktionen auf die Verkündigung des Wortes Gottes in Salamis. Ein möglicher Grund dafür kann der Einfluss der Aktivitäten eines dämonisch besessenen Mannes sein, der dazu noch ein Jude ist. Der Mann war vor allem in Paphos aktiv. Dort begegneten ihm Barnabas und Saulus, nachdem sie die ganze Insel durchzogen hatten. Er hörte auf den Namen Bar-Jesus, was „Sohn des Jesus" bedeutet. Der Heilige Geist zeigt uns in diesem Mann jemanden, der dem Namen nach sehr eng mit Jesus verwandt war, der aber tatsächlich sehr weit vom Herrn Jesus entfernt war. Er gab nicht das wahre Wort Gottes weiter, sondern verfälschte das Wort Gottes.

Elymas dient dem Prokonsul Sergius Paulus, der die römische Autorität auf Zypern repräsentierte. Der Statthalter ist unwissend im Blick auf den wahren Gott, andrerseits ist er ein verständiger Mann. Das zeigt sich an dem aufrichtigen Verlangen, seine innere Leere zu füllen, die er bei der Belanglosigkeit der heidnischen Zeremonien und der abscheulichen Unmoral empfand.

In dem falschen Propheten und Zauberer, dem Juden Elymas, sehen wir einen Repräsentanten der Feindschaft gegen das Christentum. Immer wieder werden wir sehen, wie die Juden auch außerhalb des Landes Israel das Wort verwerfen und zugleich verhindern wollen, dass es den Nationen verkündigt wird (vgl. V. 45). In Elymas sehen wir, wie dabei teuflische Mächte im Spiel sind. So stellt Paulus ihn auch an den Pranger.

Das ist der Augenblick, in dem Lukas eine Namensänderung durchführt und Saulus von jetzt an *Paulus* nennt. In Verbindung mit dem Judentum hat Lukas ihn immer mit seinem hebräischen Namen genannt. Saulus bedeutet „der Gefragte" oder „der Begehrte". Aus diesem Namen können wir die großen Pläne erahnen, die seine Eltern möglicherweise mit ihm hatten. Vielleicht haben sie ihm den Namen aus Bewunderung für König Saul gegeben. König Saul stach buchstäblich aus allen heraus, um Kopf und Schulter größer als jeder andere; von ihrem Sohn Saulus werden sie erwartet haben, dass er in religiöser Hinsicht über jeden erhaben wäre. Das ist auch geschehen (Gal 1,14). Doch von nun an heißt er *Paulus*. Nachdem er sich nun ganz dem Dienst unter den Nationen widmet, nennt Lukas ihn ab jetzt mit seinem heidnischen Namen.

Dies geschieht bei der Konfrontation des Paulus mit dem falschen Propheten. Dabei beweist er, wo seine Kraft zu finden ist, nämlich nicht in ihm selbst, sondern im Heiligen Geist. Anstatt der Größte unter allen zu sein, hat er gelernt, dass wahre Kraft nur darin zu finden ist, der Kleinste von allen zu sein (Lk 22,26.27). Paulus bedeutet „der Kleine".

Eine Voraussetzung für Welt-Evangelisation ist Demut. Nur dann hat jemand die richtige Gesinnung, um kräftig gegen den Widerstand auftreten zu können, der sich gegen das Evangelium erhebt. Diese Kraft findet Paulus im Heiligen Geist, mit dem er erfüllt wird. Die Erfüllung mit dem Heiligen Geist deutet auf eine zeitliche Erfüllung für diesen Augenblick hin. Der Heilige Geist gibt im Augenblick der Erfüllung eine besondere Kraft für das, was gesagt werden muss.

Erfüllt mit dem Heiligen Geist spricht Paulus diesen falschen Propheten, der sich so klar als Gegner des Evangeliums offenbart, auf kraftvollste Weise an. Mit einem empörten „O, du" spricht Paulus diesen Mann direkt an, um ihn anschließend völlig als einen Mann zu entlarven, der voller List und Bosheit ist. In diesem Mann gibt es nichts Gutes. Paulus nennt ihn zu Recht einen „Sohn des Teufels" und einen „Feind aller Gerechtigkeit". Er hat den Teufel als Vater und offenbart sich als jemand, der die Gerechtigkeit verabscheut. Jemand wird nur dann Sohn des Teufels genannt, wenn sich bei ihm hartnäckiger und wohlüberlegter Widerstand zeigt (Joh 8,44; 1Joh 3,10). In seiner Verdorbenheit stellt er auch die geraden Wege des Herrn (Hos 14,10) auf verdrehte Weise vor. Er wird jedoch durchschaut (Spr 10,9).

Mit apostolischer Autorität fällt Paulus das Urteil über diesen Sohn des Teufels und macht ihn blind, indem er die Hand des Herrn über ihn bringt. Zum zweiten Mal ist hier von der „Hand des Herrn" die Rede, hier zum Gericht und in Kapitel 11,21 zum Segen. Paulus begrenzt die Zeit des Erblindens, sie ist nur „für eine Zeit".

In dieser vorübergehenden Blindheit ist Elymas ein Bild vom ungläubigen Volk der Juden, auf dem in der heutigen Zeit eine Decke liegt, die aber einmal weggenommen werden wird. Es ist eine zeitliche Verhärtung (Röm 11,25). Sie sind mit Blindheit geschlagen, weil sie eifersüchtig sind auf die Verkündigung des Evangeliums gegenüber den Nationen (siehe 1Thes 2,16). Als Folge davon ist das Judentum schon viele Jahrhunderte auf der Suche nach Menschen, die sie an die Hand nehmen können, um sie zu leiten. Sie sind von der Gunst der Nationen abhängig, die sie beständig suchen.

Weil die Juden das Evangelium nicht annahmen, wandte es sich den Heiden zu (Röm 11,11.15). Das sehen wir auch in der Geschichte des Elymas. Nachdem dieser mit Blindheit geschlagen ist, öffnet Gott die Herzenstür des Heiden Sergius Paulus für den Glauben. Der Statthalter war nicht so sehr beeindruckt von dem, was geschah, sondern von der Lehre des Herrn. Nicht das Wunder, sondern das Wort ist die Grundlage der Bekehrung.

Von Zypern nach Antiochien in Pisidien (13,13–15)

13 Als aber Paulus und seine Begleiter von Paphos abgefahren waren, kamen sie nach Perge in Pamphylien. Johannes aber trennte sich von ihnen und kehrte nach Jerusalem zurück. 14 Sie aber zogen von Perge aus hindurch und kamen nach Antiochien in Pisidien; und sie gingen am Tag des Sabbats in die Synagoge und

setzten sich. [15] Aber nach dem Vorlesen des Gesetzes und der Propheten sandten die Synagogenvorsteher zu ihnen und ließen sagen: Brüder, wenn in euch irgendein Wort der Ermahnung an das Volk ist, so redet.

Hier ist die Rede von „Paulus und seinen Begleitern“. Das scheint darauf hinzuweisen, dass die Gruppe nicht mehr allein aus Paulus, Barnabas und Johannes Markus besteht. Möglicherweise sind Menschen zusammen mit dem Statthalter zum Glauben gekommen, von denen sich einige Paulus und Barnabas angeschlossen haben. Dass von „Paulus und seinen Begleitern“ die Rede ist, bedeutet auch, dass Paulus ab jetzt die Führung übernimmt und Barnabas den zweiten Platz einnimmt. Paulus prägt diese Reisegruppe; sie ziehen unter seiner Leitung und Verantwortung weiter.

Paulus und seine Begleiter verlassen die Insel Zypern. Sie gehen in Paphos an Bord und reisen nach Pamphylien, das im Süden Galatiens liegt. In Perge gehen sie an Land. Dort trennt sich Johannes Markus von ihnen. Er sieht es nicht mehr als seine Aufgabe, mit diesen beiden Dienern weiterzuziehen. Sie müssen nun auf seinen Dienst verzichten. Johannes ist das Bild des untreuen Knechtes. Es scheint so, dass er für diesen Dienst noch nicht geeignet war. Barnabas und Paulus hatten das nicht bemerkt. Ohne jegliche Bemerkung ihrerseits lassen sie Johannes Markus gehen. Sie selbst ziehen von Perge aus ins Landesinnere.

Auf ihrer Reise erreichen sie in der Provinz Pisidien eine Stadt, die ebenfalls Antiochien heißt. Es gab in dieser Zeit mehrere Städte, die diesen Namen trugen. Auch hier sucht Paulus zunächst die Synagoge auf. Sie kennen die Gewohnheiten in der Synagoge und nehmen dort Platz. Sie wissen, dass es nach dem Vorlesen des Gesetzes die Gelegenheit gibt, zu den Juden zu sprechen. Wir sehen, wie der Dienst in den Synagogen abläuft. Es gab große Freiheit im Dienst, mehr als in vielen Kirchen heute. Nach dem Vorlesen des Gesetzes fand eine freie Verkündigung statt. Die Anwesenheit von Paulus und Barnabas wird bemerkt und sie werden gebeten, ein Wort zu reden, das der Ermunterung des Volkes dienen könnte.

Die Zeit von den Vätern bis Saul (13,16–21)

[16] Paulus aber stand auf, winkte mit der Hand und sprach: Männer
von Israel und die ihr Gott fürchtet, hört: [17] Der Gott dieses Volkes

Israel erwählte unsere Väter und erhöhte das Volk in der Fremdlingschaft im Land Ägypten, und mit erhobenem Arm führte er sie von dort heraus; [18] und eine Zeit von etwa vierzig Jahren pflegte er sie in der Wüste. [19] Und nachdem er sieben Nationen im Land Kanaan vertilgt hatte, ließ er sie deren Land erben – [20] etwa vierhundertfünfzig Jahre. Und danach gab er ihnen Richter bis auf Samuel, den Propheten. [21] Und von da an begehrten sie einen König, und Gott gab ihnen Saul, den Sohn des Kis, einen Mann aus dem Stamm Benjamin, vierzig Jahre lang.

Paulus nimmt die Einladung, ein Wort zu dem Volk zu sprechen, bereitwillig an. Sicher hat er ein Wort der Ermutigung oder Ermahnung, das darin bestehen wird, dass sie nicht durch das Gesetz gerechtfertigt werden können, sondern nur durch den Glauben an den Herrn Jesus. Ohne Vorbereitung kann Paulus die Gelegenheit, die ihm geboten wird, nutzen, um das Wort Gottes zu predigen. Er ist sich bewusst, was für ein Publikum er vor sich hat. Er winkt mit der Hand, damit es ruhig wird (vgl. Apg 12,17) und beginnt seine Ansprache.

Er spricht die Israeliten mit „Männer von Israel" an und die Proselyten mit „die ihr Gott fürchtet". Paulus macht zuerst deutlich, dass Israel das auserwählte Volk Gottes ist. Er erinnert seine Zuhörer an ihre Fremdlingschaft (also nicht so sehr an ihre Sklaverei) in Ägypten und wie Gott sie von dort herausführte. Sowohl die Erwählung der Väter, die Götzendiener waren, als auch die Befreiung aus der Sklaverei Ägyptens, um die sie nicht gebeten hatten, stellt er als das Handeln der souveränen Gnade Gottes vor.

In seiner ganzen Ansprache kommt er immer wieder auf die gnädige Seite des Handelns Gottes mit seinem Volk zu sprechen, nicht auf ihre Untreue und was sie auf der Grundlage des Gesetzes verdient hatten. Das macht er deutlich, indem er ihnen die Fürsorge Gottes vorstellt, die sie vierzig Jahre lang in der Wüste erfahren haben. Es geht ihm um die Seite der Gnade Gottes und nicht um das beständige Versagen des Volkes in der Wüste. Aufgrund des Gesetzes wären sie gänzlich umgekommen.

Er weist auf dieselbe Gnade hin, wenn er sie daran erinnert, wie Gott sieben Nationen vor ihnen aus dem Land Kanaan ausgerottet hat, um ihnen das Land zu geben. Sie haben das Land nicht bekommen, weil sie es verdient hätten (5Mo 9,4.5). Gott hat dieses Land auch nicht nur einfach so gegeben, sondern Er hat es ihnen gegeben als Erbteil, als ein Land, dass Er besonders für sie ausgesucht hatte und das Er ihnen als echten Besitz gab. Die Zeit, in der Gott auf diese Weise mit seinem Volk handelte, dauerte ungefähr 450 Jahre. Das ist die Summe der 400 Jahre in Ägypten, der vierzig Jahre Wüstenwanderung und der zehn Jahre Eroberung des Landes.

Nachdem sie im Land angekommen waren, gab Gott ihnen Richter. Diese Richter gab Er immer wieder in seiner Gnade, als Folge ihres Rufens zu Gott. Dass dieses Rufen zu Gott wieder die Folge der Unterdrückung durch den Feind war, den Gott wegen ihrer Untreue über sie gebracht hatte, lässt Paulus unerwähnt. Den einzigen Richter, den Paulus nennt, ist der letzte, den Gott gegeben hat: Samuel. Samuel ist ein besonderer Beweis der Gnade Gottes. Gott gab ihn, ohne dass das Volk Ihn darum gebeten hatte.

Wenn Paulus anschließend auf Saul zu sprechen kommt, den König, um den das Volk gebeten hatte, tut er das auch, ohne etwas dazu zu sagen, wie Gott über die Bitte des Volkes dachte. Er überlässt es seinen Zuhörern, darüber nachzudenken, dass dieser König den Mann nach dem Herzen Gottes verfolgt hat. Einer Predigt aus Gottes Wort zuzuhören, erfordert das Mitdenken der Zuhörer und darf sich nicht auf das Hören der Worte beschränken. Wenn wir zuhören, müssen wir uns fragen: Was hat das für mich zu bedeuten?

Hier erfahren wir noch etwas, was wir nicht im Alten Testament lesen: Saul war vierzig Jahre lang König.

Die Zeit von David bis zum Herrn Jesus (13,22–25)

> 22 Und nachdem er ihn weggetan hatte, erweckte er ihnen David zum König, dem er auch Zeugnis gab und sprach: „Ich habe David gefunden, den Sohn Isais, einen Mann nach meinem Herzen, der meinen ganzen Willen tun wird. 23 Aus dessen Geschlecht hat Gott nach Verheißung dem Israel als Erretter Jesus gebracht, 24 nachdem Johannes, angesichts seines Eintritts, zuvor die Taufe der Buße dem ganzen Volk Israel verkündigt hatte. 25 Als aber Johannes seinen Lauf erfüllte, sprach er: Wer meint ihr, dass ich sei? *Ich* bin es nicht, doch siehe, es kommt einer nach mir, dessen ich nicht würdig bin, ihm die Sandale an den Füßen zu lösen.

Paulus merkt an, dass Gott ihn „weggetan" hat. Damit weist er indirekt darauf hin, dass Saul nicht der König nach dem Herzen Gottes war. Paulus will auf David zu sprechen kommen. Er will nämlich über David auf den Herrn Jesus hinweisen, den Mann nach dem Herzen Gottes. Mit der Erwählung Davids knüpfte Gott eine völlig neue Beziehung mit seinem Volk an, ganz anders, als zuvor durch die Richter und den ersten König Saul. Paulus will mit dem, was er bisher gesagt hat, zeigen, wie Gott sein Volk immer wieder aufgrund souveräner Gnade gerettet hat. Zugleich macht er seinen Zuhörern damit klar, dass er keine neuen Dinge, sondern die *alte Lehre* bringt.

Von David aus ist der Schritt zum Herrn Jesus schnell gemacht. Damit ist Paulus bei seinem eigentlichen Thema. Israel erwartete ja den Messias, und diese Erwartung war an das Haus Davids gekoppelt. Der Messias ist der Sohn Davids, geboren aus dem Hause Davids. Paulus führt seinen Zuhörern vor Augen, dass dieser verheißene Sohn Davids, nach der Verheißung an Israel, durch Gott in der Person Jesu gebracht wurde. Die Verheißung galt in erster Linie David, darüber hinaus aber auch dem ganzen Volk. Gott hat Ihn seinem Volk als Heiland gegeben. In diesem Namen hören wir das „Heil".

Paulus erwähnt den Vorläufer des Messias, Johannes, weil sie Johannes hier auch kannten. Er weist auch hin auf die Predigt von Johannes über die Taufe zur Bekehrung für das ganze Volk Israel. Seine Zuhörer in Antiochien in Pisidien gehören ebenfalls dazu. Indem er den Inhalt der Predigt des Johannes erwähnt, weist er seine Zuhörer auf die Notwendigkeit der Bekehrung hin. Anschließend lässt er Johannes selbst zu Wort kommen. Johannes wies nach der Erfüllung seines Auftrags, das heißt kurz vor seiner Gefangennahme, jede eigene Ehre von sich. Er wies auf Ihn hin, der aller Ehre wert ist, von ihm und von jedem anderen, denn Er steht über allem und über jedem.

Was mit dem Herrn Jesus geschah (13,26–31)

26 Brüder, Söhne des Geschlechts Abrahams, und die unter euch
Gott fürchten, euch ist das Wort dieses Heils gesandt worden.
27 Denn weil die, die in Jerusalem wohnen, und ihre Obersten die-
sen nicht erkannten, haben sie auch die Stimmen der Propheten
erfüllt, die jeden Sabbat gelesen werden, indem sie ihn verurteil-
ten. 28 Und obschon sie keine Todesschuld fanden, baten sie Pi-
latus, dass er umgebracht würde. 29 Als sie aber alles vollendet
hatten, was über ihn geschrieben steht, nahmen sie ihn vom Holz

herab und legten ihn in eine Gruft. [30] Gott aber hat ihn aus den Toten auferweckt, [31] und er ist mehrere Tage hindurch denen erschienen, die mit ihm von Galiläa nach Jerusalem hinaufgezogen waren, die jetzt seine Zeugen an das Volk sind.

Nachdem Paulus seinen Zuhörern die Vergangenheit vorgestellt hat, in der sich immer wieder die Gnade Gottes gezeigt hat, bittet er erneut nachdrücklich um die Aufmerksamkeit der beiden Gruppen, aus denen seine Zuhörerschaft besteht. Er kommt auf den höchsten Beweis der Gnade Gottes zu sprechen, indem er ihnen jetzt darlegt, dass das „Wort dieses Heils" zu ihnen gesandt ist. Dabei schließt er sich nicht aus.

Das Wort *dieses Heils* ist in einer Person zu ihnen gekommen, in der Person des Herrn Jesus. Er ist gekommen, doch die Bewohner Jerusalems und ihre religiösen Führer haben nicht verstanden, wer Er wirklich war. Sie haben ihn nicht als Messias erkannt. Das hat sie veranlasst, Ihn zu verurteilen. Damit haben sie das Wort der Propheten erfüllt, deren Stimmen sie jeden Sabbat in der Synagoge hören, wenn sie aus ihren Schriften vorlesen. Die Propheten haben von der Verwerfung prophezeit. Dass sie durch die Verwerfung des Herrn Jesus die Propheten erfüllt haben, macht ihre Schuld nicht geringer.

Paulus sagt nichts über das Leben des Herrn Jesus, sondern konzentriert sich auf seine Hinrichtung und auf seinen Tod. An diesem Tod ist nicht nur Israel schuldig, sondern sind auch die Nationen schuldig. Letzteres deutet Paulus an, indem er Pilatus als Beteiligten erwähnt. Gott hat es zugelassen, dass sie (die Juden) alles über Ihn bringen konnten, was sie wollten. Sie haben dabei unwissend - aber dennoch voll verantwortlich - erfüllt, was über Ihn geschrieben steht. Die „sie", die Ihn vom Holz herabnahmen und in ein Grab gelegt hatten, waren Joseph und Nikodemus.

Nachdem Paulus das Tun der Menschen beschrieben hat, sagt er, was Gott mit Ihm getan hat. Gott hat Ihn auferweckt. Die Auferweckung ist kein Schein, sondern Wirklichkeit. Die Jünger haben Ihn als den Auferstandenen gesehen. Er, der ihnen erschien, ist derselbe, mit dem sie von Galiläa bis Jerusalem das Land durchzogen hatten. Sie können diese Zeugen noch fragen, denn sie leben noch in Israel. Paulus erwähnt nicht sein eigenes Zeugnis, dass auch er den Herrn gesehen hat. Er war kein Zeuge des Herrn auf der Erde, sondern eines Christus in der Herrlichkeit. In seiner Ansprache geht es darum, dass Er, der gestorben ist, derselbe ist, der von Gott auferweckt wurde.

Die Verkündigung der Verheißung (13,32–39)

> 32 Und *wir* verkündigen euch die gute Botschaft von der an die Vä-
> ter ergangenen Verheißung, 33 dass Gott diese uns, ihren Kindern,
> erfüllt hat, indem er Jesus erweckte, wie auch in dem zweiten
> Psalm geschrieben steht: „*Du* bist mein Sohn, heute habe *ich* dich
> gezeugt." 34 Dass er ihn aber aus den Toten auferweckt hat, damit
> er nicht mehr zur Verwesung zurückkehre, hat er so ausgespro-
> chen: „Ich werde euch die zuverlässigen Gnaden Davids geben."
> 35 Deshalb sagt er auch an einer anderen Stelle: „Du wirst nicht
> zugeben, dass dein Frommer die Verwesung sehe." 36 Denn Da-
> vid freilich, als er zu seiner Zeit dem Willen Gottes gedient hatte,
> entschlief und wurde zu seinen Vätern beigesetzt und sah die
> Verwesung. 37 Der aber, den Gott auferweckt hat, sah die Verwe-
> sung nicht. 38 So sei es euch nun kund, Brüder, dass durch diesen
> euch Vergebung der Sünden verkündigt wird; und von allem,
> wovon ihr durch das Gesetz Moses nicht gerechtfertigt werden
> konntet, 39 wird durch diesen jeder Glaubende gerechtfertigt.

Paulus kann dazu übergehen, die Erfüllung der Verheißung zu verkündigen, und zwar im Hinblick auf „uns", womit die Kinder der Väter, also die Israeliten gemeint sind. Die Erfüllung der Verheißung ist geschehen, indem Gott Jesus erweckte. Diese Erweckung bezieht sich sowohl auf die Erweckung des Herrn Jesus durch den Heiligen Geist in Maria (Lk 1,35), als auch darauf, dass Gott Ihn aus den Toten auferweckt hat. Für beide Gesichtspunkte der Erweckung zitiert Paulus die Schrift.

Zunächst zitiert er Psalm 2,7. Aus diesem Zitat geht hervor, dass der Herr Jesus mehr ist als nur der Sohn Davids, denn hier wird deutlich, dass Er durch seine Geburt auch als Mensch der *Sohn Gottes* ist. Es geht hier also nicht um Erweckung im Sinn von Auferstehung, sondern wirklich um den Ursprung seines Lebens *als Mensch* auf der Erde.

Nach dem Zitat, das seine Erweckung zeigt, geht Paulus sofort auf die Auferweckung Jesu aus den Toten über. Er stellt sie vor als die Auferstehung zu einem unvergänglichen Leben. Der Herr Jesus sollte niemals Verwesung sehen. Paulus beweist das mit einem Zitat aus Jesaja 55,3 in Verbindung mit einem anderen Zitat aus Psalm Ps 16,10.

Jeder Jude, der Jesaja 55,3 liest, weiß, dass es dort um den großen Sohn Davids geht, in dem Gott seinem Volk die sicheren Gnaden Davids erweist. Alle Segnungen, die Gott David verheißen hat, werden durch den großen Sohn Davids verwirklicht. Daher ist auch deutlich, dass dieser Sohn nicht im Grab bleiben konnte, und dass Gott Ihn auch keine Verwesung sehen ließ, wie es in Psalm 16,10 heißt. Gott schenkt uns seine Wohltaten in Ihm, Er ist der Wohltätige und Heilige.

Um seine Anwendung von Psalm 16,10 auf den Messias weiter zu verdeutlichen, weist Paulus darauf hin, dass dieses Wort aus diesem Psalm natürlich nicht auf David selbst bezogen werden kann. In seiner Generation hat David den Willen Gottes erfüllt; dann ist er gestorben und wurde begraben. Danach hat er die Verwesung gesehen, was gerade mit dem Herrn Jesus nicht geschehen ist. Noch einmal beweist Paulus, dass der Herr Jesus, den Gott auferweckt hat, keine Verwesung gesehen hat.

Nachdem Paulus die gewaltigen Tatsachen festgestellt hat im Blick auf alles, was Gott mit dem Mann nach seinem Herzen getan hat, kann Paulus seinen Zuhörern die Gnaden Davids verkündigen. Der Weg ist frei, sie allen anzubieten, die glauben. Die erste Gnade ist die Vergebung der Sünden. Und nicht nur das: Es gibt mehr als Vergebung, es gibt auch Rechtfertigung. Das ist die Frage, die zweimal im Buch Hiob vorkommt: „Wie könnte ein Mensch gerecht sein vor Gott?" (Hiob 9,2; 25,4). Diese Frage wird hier beantwortet.

Das Gesetz lässt den Menschen mit sich selbst beschäftigt sein, die Rechtfertigung lässt ihn sehen, was Gott in Christus getan hat. Es ist nicht möglich, auf der Grundlage des Gesetzes gerechtfertigt zu werden. Jede Übertretung des Gesetzes Moses vergrößert das gerechte Gericht, das mit der Übertretung des Gesetzes zusammenhängt. Trotzdem ist Rechtfertigung nicht unmöglich. Sie ist möglich, jedoch nur durch den Glauben an das vollbrachte Werk Christi.

Eine Warnung zum Schluss (13,40.41)

> 40 Gebt nun Acht, dass nicht das über [euch] komme, was in den
> Propheten gesagt ist: 41 „Seht, ihr Verächter, und verwundert euch
> und verschwindet; denn *ich* wirke ein Werk in euren Tagen, ein
> Werk, das ihr *nicht* glauben werdet, wenn es euch jemand erzählt."

Der vorige Vers wäre ein schöner Abschluss gewesen. Doch Paulus blickt umher und erwartet nun eine Reaktion auf seine Ansprache. Er beendet daher seine Rede mit einer ernsten Warnung aus dem Wort für jeden, der das Angebot der Gnade abweist. Denn wenn sie dieses Angebot abweisen, wird das Wort des Propheten Habakuk an ihnen erfüllt werden (Hab 1,5). Dieser Vers kündigt die Situation vom Untergang des Staates Israel an. So könnte es auch mit ihnen gehen. Ob das so ist, hängt davon ab, ob sie die Botschaft annehmen oder nicht.

Das Werk Gottes in den Tagen Habakuks bestand darin, dass Gott die Chaldäer sandte, um sein Volk zu züchtigen, ein Werk, dass sie nicht glauben wollten. Dass Gott sein Volk mittels einer bösen, heidnischen Nation bestrafte, war eine erstaunliche Sache. Paulus wendet dieses Wort über das Werk Gottes im Gericht auf das Werk des Evangeliums an, das Gott nun tat. Wenn sie es abwiesen, würde Er das Unheil über sie bringen in einer Weise, die vergleichbar ist mit den Tagen Habakuks.

Paulus richtete diesen ernsten Appell an das Gewissen seiner Zuhörer im Jahr 45/46. Wir wissen, dass fünfundzwanzig Jahre später der Untergang des Staates folgte, denn sie hatten das Heil abgewiesen.

Auswirkung der Predigt (13,42–44)

> 42 Als sie aber hinausgingen, baten sie, dass am folgenden Sabbat diese Worte zu ihnen geredet würden. 43 Als aber die Synagoge aus war, folgten viele der Juden und der anbetenden Proselyten Paulus und Barnabas, die zu ihnen sprachen und ihnen zuredeten, in der Gnade Gottes zu verharren. 44 Am nächsten Sabbat aber versammelte sich fast die ganze Stadt, um das Wort Gottes zu hören.

Jetzt sehen wir die Auswirkung der Ansprache des Paulus. Die Menschen sind sehr beeindruckt. Von Eifersucht ist noch keine Rede, nur von dem Wunsch, noch mehr zu hören. Viele können nicht bis zum folgenden Sabbat warten und folgen Paulus und Barnabas, nicht der Personen wegen, was oft geschieht, sondern um mehr zu hören. Ab jetzt, bis auf wenige Ausnahmen (Apg 14,14; 15,12.25), ist die Reihenfolge der Namensnennung immer Paulus - Barnabas.

Paulus und Barnabas entsprechen gern dem Wunsch und geben ihnen weitere Belehrung über die „Gnade Gottes“. Sie ermahnen sie, in der Gnade Gottes zu verharren, die ihnen im Evangelium verkündigt worden ist. Auch sollten sie Täter des

Wortes werden und aus der Gnade und mit ihr leben. Diese Gnade würden sie nötig haben bei dem Widerstand, den sie in der Nachfolge eines verworfenen Christus erleben werden, solange Er noch nicht zurückgekommen ist, um seine Herrschaft auf der Erde zu errichten.

Am folgenden Sabbat sehen wir, wie das Wort, das am vorherigen Sabbat geredet worden war, einen tiefen Eindruck hinterlassen hat. Es war nicht an vergessliche Hörer gerichtet worden. Diese beiden, für alle unbekannten Männer, hatten nicht ihr eigenes Wort, sondern das Wort Gottes gebracht. Sie werden die Woche für die Verkündigung des Evangeliums gut genutzt haben. Am folgenden Sabbat haben sie wieder eine Zusammenkunft. Nun kommt fast die ganze Stadt zusammen. Sie wollen das Wort hören, das von dem verherrlichten Herrn kommt und Ihn zum Gegenstand hat. Auf Ihn bezieht sich das Wort des Evangeliums.

Von den Juden vertrieben (13,45–52)

> 45 Als aber die Juden die Volksmengen sahen, wurden sie von Eifersucht erfüllt und widersprachen dem, was von Paulus geredet wurde, und lästerten. 46 Und Paulus und Barnabas äußerten sich freimütig und sprachen: Zu euch musste notwendigerweise das Wort Gottes zuerst geredet werden; weil ihr es aber von euch stoßt und euch selbst des ewigen Lebens nicht für würdig erachtet, siehe, so wenden wir uns zu den Nationen. 47 Denn so hat uns der Herr geboten: „Ich habe dich zum Licht der Nationen gesetzt, damit du zum Heil seiest bis an das Ende der Erde.“ – 48 Als aber die aus den Nationen es hörten, freuten sie sich und verherrlichten das Wort des Herrn; und es glaubten, so viele zum ewigen Leben bestimmt waren. 49 Das Wort des Herrn aber wurde durch die ganze Gegend verbreitet. 50 Die Juden aber erregten die anbetenden vornehmen Frauen und die Ersten der Stadt und erweckten eine Verfolgung gegen Paulus und Barnabas und vertrieben sie aus ihrem Gebiet. 51 Sie aber schüttelten den Staub von ihren Füßen gegen sie ab und kamen nach Ikonium. 52 Und die Jünger wurden mit Freude und Heiligem Geist erfüllt.

Als die Juden die Volksmengen sehen, werden sie eifersüchtig. Solange die Predigt in der Synagoge vor dem dort erlesenen Publikum stattfand, gingen sie noch davon aus, dass es eine Botschaft

Gottes für sie als Juden war. Doch jetzt sehen sie, dass auch viele, die niemals in die Synagoge kamen, von dem Herrn Jesus hören. Das konnten sie mit ihrem nationalen Hochmut und Exklusivismus nicht verschmerzen.

Wo die Gnade gepredigt wird, wird das immer die Feindschaft der Menschen hervorrufen, die sich selbst wichtig nehmen in ihrem Dienst für Gott. Es ist die Eifersucht, die den Nationen die Gnade missgönnt. Deswegen fangen sie an, lästernd gegen das zu reden, was sie zunächst mit Begeisterung aufgenommen hatten. Wer die Gnade nicht für sich selbst annimmt, wird sie auch anderen missgönnen.

Paulus sagt den Volksmengen nicht, dass sie in die Synagoge kommen sollen, stattdessen richtet er das Wort an die Juden. Sie haben den Vorzug bei der Verkündigung der Gnade bekommen, doch die Gnade stellt jeden auf dieselbe Stufe vor Gott. Wenn sie die Gnade nicht wollen und von sich stoßen, sagen sie damit, dass sie das ewige Leben nicht haben wollen. Deshalb wenden er und Barnabas sich nicht mehr an sie, sondern an die Nationen.

Das ist für den gläubigen Juden schon schwer zu akzeptieren, doch für einen ungläubigen Juden ist es verwerflich. Das ruft all seinen Hass hervor. Sie haben jedoch das Recht auf Segen auf der Grundlage des Gesetzes verwirkt, weil sie nicht den Voraussetzungen entsprochen haben. Da sie nun auch nicht die Gnade wollen, verwirken sie auch diese. Dadurch haben sie sich selbst ins Abseits gestellt. So entwickelt sich das, was zunächst eine kleine jüdische Sekte war - auch durch den Widerstand der Juden - langsam in Richtung einer weltweiten Bewegung.

Die Predigt an die Nationen ist nichts, was Paulus sich ausgedacht hat. Der HERR hat bereits im Alten Testament auch schon an die Heiden gedacht, um sie zu Teilhabern der Errettung zu machen (Jes 49,6). Jesaja 49 spricht über den Herrn Jesus als Knecht des HERRN. Die Worte, die Paulus zitiert, sind in Jesaja als Ermutigung für den Knecht des HERRN gedacht, nachdem Er seine Enttäuschung über seine Ablehnung von Seiten Israels zum Ausdruck gebracht hat. Das geschieht nun auch mit Paulus und Barnabas. Auch sie werden von den ungläubigen Juden abgewiesen. Deshalb sagt Paulus in seinem Zitat: „Denn so hat *uns* der Herr geboten". Er bezieht das auf sich und Barnabas. Nachdem sie nun als Prediger der Gnade von den ungläubigen Juden abgewiesen worden sind, werden sie sich, so wie es der Knecht des HERRN zu hören bekam, zu den Nationen wenden.

Als die Nationen das hören, freuen sie sich. Sie verherrlichen das Wort des Herrn, sie nehmen es an und schätzen es sehr. Das Wort tut sein Werk in ihnen. Viele kommen dadurch zum Glauben. Die, die zum Glauben kommen, sind solche, die von Gott zum ewigen Leben bestimmt sind. Hier finden wir die Seite der Vorherbestimmung. Gott hat vollkommen Kenntnis von denen, die glauben werden, denn Er hat sie selbst dazu bestimmt. Das bedeutet auch, dass nur die Menschen glauben werden, die Gott dazu bestimmt hat.

Die Vorherbestimmung entbindet uns jedoch nicht von der Verantwortung, das Evangelium zu predigen. Das Gegenstück dazu finden wir gleich im ersten Vers des nächsten Kapitels. Paulus, der wie kein anderer die Wahrheit von der Vorherbestimmung kannte, hat auch wie kein anderer das Evangelium gepredigt. Er wusste auch nicht, wer alles glauben würde. Gott fleht auch nicht nur die Auserwählten an, sich mit Ihm versöhnen zu lassen, sondern alle Menschen (2Kor 5,20). Für einen Christen gilt daher auch, dass er glaubt, dass genau so viele Menschen zur Bekehrung kommen, wie Gott vorherbestimmt hat, und dass er das Evangelium so predigen muss, dass viele zur Bekehrung kommen.

So sehr der Feind auch sein Bestes gibt, die Verbreitung des Wortes zu verhindern, der Lauf des Wortes ist nicht aufzuhalten. Das Wort des Herrn in Antiochien hat eine enorme Auswirkung bis weit ins Umland hinein. Es fällt auf, wie oft in diesem Abschnitt die Bezeichnung „Herr“ vorkommt (V. 44.47–49), wobei dreimal die Rede ist vom „Wort des Herrn“ (V. 44.48.49). Dadurch liegt die Betonung darauf, dass das Wort Gottes für die, denen es gepredigt wird und die es annehmen, das Wort dessen ist, der Autorität hat und der der Gebieter ist. Ihm müssen sie sich unterwerfen.

Die Juden stacheln angesehene religiöse Frauen und andere vornehme Leute dazu auf, die Rolle von Verfolgern einzunehmen. Vornehme und angesehene Menschen empfinden das Evangelium als Bedrohung für ihre Ehre und ihr Ansehen. Sie weigern sich, jegliche Autorität anzuerkennen, die ihre besondere Stellung bedroht. Wenn das Verlangen nach dem Evangelium nicht vorhanden ist, können solche Menschen sehr einfach zu Widersachern gemacht werden. Das gelingt den Juden mit ihren Unterstellungen sehr gut.

Das führt dazu, dass Paulus und Barnabas aus diesem Gebiet weggejagt werden. Sie verlassen Antiochien und schütteln den Staub von ihren Füßen gegen sie ab. Dadurch machen sie deutlich, dass sie kein Teil haben mit diesen Menschen, die sie verjagen. Sie wollen nicht einmal mit dem Staub der Stadt etwas zu tun haben.

Dann machen sie sich auf den Weg nach Ikonium, ihrem nächsten Ziel.

Als Paulus und Barnabas weiterziehen, lassen sie nicht eine Anzahl Jünger zurück, die in Panik geraten, sondern Jünger, die erfüllt sind mit Freude und mit dem Heiligen Geist. Obwohl die Prediger weggezogen sind, bleiben die Freude und der Heilige Geist da. Freude und der Heilige Geist gehören zusammen. Sie sind mit beidem erfüllt. Das schenkt Gott da, wo die Herzen auf den Herrn Jesus ausgerichtet sind und der Widerstand heftig ist.

Kapitel 14

Predigt in und Flucht aus Ikonium (14,1–7)

> 1 Es geschah aber in Ikonium, dass sie zusammen in die Synagoge
> der Juden gingen und so redeten, dass eine große Menge glaubte,
> sowohl Juden als auch Griechen. 2 Die ungläubigen Juden aber
> reizten und erbitterten die Seelen derer aus den Nationen gegen
> die Brüder. 3 Sie verweilten nun lange Zeit und sprachen freimütig
> in dem Herrn, der dem Wort seiner Gnade Zeugnis gab, indem
> er Zeichen und Wunder geschehen ließ durch ihre Hände. 4 Die
> Menge der Stadt aber spaltete sich, und die einen waren mit den
> Juden, die anderen mit den Aposteln. 5 Als aber ein ungestümer
> Angriff geschah, sowohl von denen aus den Nationen als auch
> von den Juden samt ihren Obersten, um sie zu misshandeln und
> zu steinigen, 6 entflohen sie, als sie es bemerkten, in die Städte
> von Lykaonien: Lystra und Derbe, und die Umgebung, 7 und dort
> verkündigten sie das Evangelium.

In Ikonium wiederholt sich das, was in Antiochien in Pisidien schon geschehen ist. Paulus und Barnabas gehen zuerst wieder in die Synagoge. Die Verfolgung in Antiochien hat ihren Mut und Eifer in der Verkündigung des Evangeliums nicht vermindert. Sie reden so, dass eine große Volksmenge sowohl aus den Juden als auch aus den Heiden zum Glauben kommt. Das Reden muss so sein, dass der Herr es benutzen kann (vgl. Pred 12,10). Es geht um eine Fähigkeit, die von Gott kommen muss (2Kor 3,5), die seine Gabe ist, aber die dann auch eingesetzt werden muss. Das Wort hat Kraft und trägt Frucht.

Genau wie in Antiochien in Pisidien widerstehen auch hier die ungläubigen Juden heftig dem Evangelium. Auch hier wissen sie die Gemüter des Volkes aufzuwiegeln und sie zu erbittern, so dass sie sich den Brüdern widersetzen. Doch die Brüder weichen vor der Wut des Volkes nicht zurück. Sie bleiben eine geraume Zeit, ohne sich von den Versuchen der Juden beeindrucken zu lassen, sie zu vertreiben. Sie sprechen freimütig über den Herrn und bezeugen Ihn.

Der Herr gibt seinerseits dem Wort seiner Gnade Zeugnis, indem Er seine Zeugen befähigt, Zeichen und Wunder zu tun. Diese

Zeichen und Wunder dienen der Bestätigung des Wortes. Genauso hat der Herr es ihnen verheißen, als Er ihnen den Auftrag gab, das Evangelium zu verkündigen (Mk 16,20; Heb 2,3.4). Dennoch lesen wir nicht, dass jede Predigt in der Apostelgeschichte von Zeichen und Wundern begleitet war. Es gibt also keinen Automatismus.

Nachdem das Evangelium so kraftvoll verkündigt worden ist, spaltet sich die Volkmenge. Die Predigt des Evangeliums führt zur Trennung. Der Widerstand in Ikonium wächst und wird zu einer Bedrohung. Die Feindschaft nimmt ein derartiges Ausmaß an, dass die Rede davon ist, die Apostel zu misshandeln und zu steinigen. Dieser Plan ist zwischen den Nationen und den Juden mit ihren Obersten abgesprochen. Das Zustandekommen eines solchen Plans zeigt, wie tief der Hass gegen die Verkündiger des Evangeliums verwurzelt ist. Ihr Plan sieht nicht nur den Tod durch Steinigung vor, sondern auch eine vorausgehende Misshandlung.

Obwohl sie sich zu Anfang durch die bittere Stimmung im Volk nicht geschlagen geben, kommt nun der Augenblick, wo es ratsam erscheint, zu fliehen (Mt 10,23). Sie wollen tun, was der Heilige Geist will, denn von Ihm lassen sie sich leiten. Die Apostel werden nicht durch eine Art Heldentum gekennzeichnet, sondern durch etwas viel Besseres: die Einfalt der Gnade. So kommen sie auf ihrer Flucht nach Lystra und Derbe. Das sind Städte, die in Lykaonien liegen, und die dadurch die Chance bekommen, das Evangelium zu hören.

In Lystra wird ein Lahmer geheilt (14,8–10)

> [8] Und ein gewisser Mann in Lystra saß da, kraftlos an den Füßen, lahm von seiner Mutter Leib an, der niemals gegangen war.
> [9] Dieser hörte Paulus reden, der, als er unverwandt auf ihn hinblickte und sah, dass er Glauben hatte, geheilt zu werden, [10] mit lauter Stimme sprach: Stelle dich gerade hin auf deine Füße! Und er sprang auf und ging umher.

In Lystra ist keine Rede von einer Synagoge. Es scheint eine heidnische Stadt zu sein. Als sie durch Lystra ziehen, sehen sie einen Mann, der von Geburt an nicht laufen kann. Lukas richtet unsere Aufmerksamkeit auf diesen Mann, der mit seiner Behinderung sehr dem Mann gleicht, dem wir zu Beginn der Apostelgeschichte begegnet sind (3,2), den Petrus und Johannes geheilt haben. Damals ging es um einen jüdischen Mann, jetzt geht es um einen Heiden. Als echter Evangelist sieht Paulus, dass der Mann mit großem Interesse auf das hört, was er zu sagen hat.

Paulus kann unterscheiden, ob es nur Neugierde ist oder ob eine tiefere Not dem Interesse zugrunde liegt. Er sieht, dass dieser Mann Glauben hatte, um errettet zu werden, sowohl was seinen Körper betrifft als auch was seine Seele betrifft. Er braucht daher auch nicht lange zu überlegen, um zu erkennen, was er zu tun hat. Er sagt mit lauter Stimme zu dem Mann: „Stelle dich gerade hin auf deine Füße!" Der Mann gehorcht sofort. Er springt auf und geht umher. Die Genesung geschieht unmittelbar und ist vollständig. So ist es mit allen Wundern im Neuen Testament. Sie haben alle ein sofortiges und vollkommenes Ergebnis. Von einer allmählichen oder einer halben Sache ist keine Rede.

Übrigens war Paulus nicht auf der Suche nach jemandem, den er heilen könnte. Er hat nicht überall einfach Kranke geheilt, aber bei diesem Mann hat er etwas Besonderes gesehen.

Die Predigt des Paulus in Lystra (14,11–18)

> 11 Und als die Volksmengen sahen, was Paulus getan hatte, erhoben sie ihre Stimme und sagten auf Lykaonisch: Die Götter sind den Menschen gleich geworden und zu uns herabgekommen.
> 12 Und sie nannten Barnabas Zeus, Paulus aber Hermes, weil *er*
> das Wort führte. 13 Und der Priester des Zeus, der vor der Stadt war, brachte Stiere und Kränze an die Tore und wollte mit den
> Volksmengen opfern. 14 Als aber die Apostel Barnabas und Paulus es hörten, zerrissen sie ihre Kleider, sprangen hinaus unter die
> Volksmenge und riefen 15 und sprachen: Männer, warum tut ihr dieses? Auch *wir* sind Menschen von gleichen Empfindungen wie ihr und verkündigen euch, dass ihr euch von diesen nichtigen Götzen bekehren sollt zu dem lebendigen Gott, der den Himmel und die Erde und das Meer gemacht hat und alles, was in
> ihnen ist; 16 der in den vergangenen Geschlechtern alle Nationen
> auf ihren eigenen Wegen gehen ließ, 17 obwohl er sich doch nicht unbezeugt gelassen hat, indem er Gutes tat und euch vom Himmel Regen und fruchtbare Zeiten gab und eure Herzen mit Speise
> und Fröhlichkeit erfüllte. 18 Und als sie dies sagten, hielten sie die Volksmengen kaum davon ab, ihnen zu opfern.

Mit ihrer falschen Sicht auf die Dinge legen die Volksmengen auch das, was geschieht, falsch aus. Sie lebten in dem Glauben, dass

Götter herniederkommen. Es gab in Lystra keinen intellektuellen Götzendienst, sondern lediglich einen primitiven Götzendienst. Sie geben Barnabas und Paulus direkt die Namen ihrer wichtigsten Götzen, denn für sie ist klar, dass die Götter in Menschengestalt unter ihnen erschienen sind. Sie nennen Paulus *Hermes*, denn Hermes war der Bote des *Zeus*. Barnabas war der schweigsamere, deshalb verehren sie ihn als Zeus, also als ihren Hauptgott. Weil Paulus redete, gaben sie ihm den Platz des Boten.

Der Tempel des Zeus stand vor der Stadt wie ein vorgeschobener Posten, um die Stadt zu beschützen. Dieser Tempel hat einen Priester, der schnell mit Stieren kommt, um diesen „Göttern" zu opfern. Da das alles auf Lykaonisch geschieht, begreifen Paulus und Barnabas zunächst nicht, was los ist. Nachdem ihnen aber die Absicht klar wird, erheben sie direkt Einspruch. Sie lehnen sofort und radikal die Ehrerweisung dieser Menschen ab.

Diese ganze Bewegung war eine riesige Gefahr für den christlichen Glauben, größer als jeder andere Widerstand. So lassen sich unzählige Menschen die Ehrerweisungen von Menschen gefallen. Herodes wurde dafür von Gott mit einem schrecklichen Tod bestraft (Apg 12,23).

Paulus und Barnabas wollen von einer Ehrerbietung ihnen gegenüber nichts wissen. Um in dem Tumult Aufmerksamkeit zu bekommen, müssen sie laut schreien. Sie rufen der Volksmenge die Frage zu, warum sie das tun, denn es ist völlig verwerflich, weil sie selbst auch nur Geschöpfe sind (Apg 10,26; Off 19,10). Die Lage ist dringend und sie müssen sie schnell auf andere Gedanken bringen.

Sie nutzen die Gelegenheit, ihnen das Evangelium zu verkündigen. Nun zitiert Paulus nicht das Alte Testament; das tut er, wenn er zu Juden spricht. Hier spricht er zu unwissenden Heiden. Deshalb beginnt er mit dem Schöpfer und der Schöpfung, ein Thema, das die Heiden sehr interessiert. Es ist immer gut, sich bewusst zu sein, wen man vor sich hat, um die Predigt darauf auszurichten. Er legt weiterhin dar, dass Gott nach der Schöpfung – als Folge des Sündenfalls, von dem Paulus allerdings nicht spricht – die Nationen auf ihren eigenen Wegen gehen ließ.

Er spricht auch nicht über die Erwählung eines Volkes für seinen Namen aus allen Völkern. Er spricht wohl davon, dass Gott, obwohl er die Nationen auf ihren eigenen Wegen gehen ließ, dennoch für sie gesorgt hat. Seine Fürsorge für sie ist darin zum Ausdruck gekommen – und kommt darin immer noch zum Ausdruck –, dass Er Regen vom Himmel und fruchtbare Zeiten gegeben hat. „Vom Himmel" bedeutet: von der Gegenwart Gottes. Jede Ernte ist ein Beweis seiner Güte. Auch hat Er ihre Herzen mit Nahrung versorgt, das heißt mit Segen dafür, dass sie fleißig gearbeitet haben, was Freude mit sich bringt.

Es gibt zahlreiche irdische Segnungen, die auch Ungläubige mit Freude erfüllen. Auch Ungläubige kennen die Befriedigung und die Freude einer guten Ehe und guter Familienbeziehungen, von Gesundheit und angenehmer Arbeit. Die Freude, die Gott in den natürlichen Beziehungen gibt, sind ein Zeugnis seiner Güte gegenüber dem Menschen im Allgemeinen. Es ist ein Geschenk von Ihm. Gott ist der Erhalter aller Menschen (1Tim 4,10; Ps 104,27.28). Derselbe Gott macht jetzt das Evangelium der Errettung von Jesus Christus bekannt.

Nachdem die Apostel das gesagt haben, sehen die Menschen in Lystra davon ab, ihnen zu opfern. Es scheint so, als wäre die Gefahr einer teuflischen Verehrung gebannt. Doch andere Gefahren lauern.

Paulus wird gesteinigt (14,19.20)

> 19 Es kamen aber aus Antiochien und Ikonium Juden an, und nachdem sie die Volksmengen überredet und Paulus gesteinigt hatten, schleiften sie ihn zur Stadt hinaus, da sie meinten, er sei gestorben.
> 20 Als aber die Jünger ihn umringten, stand er auf und ging in die Stadt hinein; und am folgenden Tag zog er mit Barnabas aus nach Derbe.

Als die Juden aus Antiochien und Ikonium in Lystra eintreffen, haben sie keine Einwände gegen den Götzendienst der Heiden. Auch stellen sie sich nicht auf die Seite von Paulus und Barnabas gegen den Götzendienst. Im Gegenteil, sie stellen sich gegen die beiden Diener Gottes. Ihr Hass gegen das Evangelium ist größer als ihre Abscheu vor dem Heidentum mitsamt seinem Götzendienst.

Die Juden aus Antiochien und Ikonium geben sich nicht damit zufrieden, dass sie die Botschafter des Evangeliums aus ihren eigenen Städten verjagt haben. Sie verfolgen die Apostel und wirken durch ihre gemeinen Unterstellungen auch hier in Lystra auf die Volksmengen ein. Das führt dazu, dass sich auch in Lystra ein Aufstand gegen Paulus und Barnabas formiert. Die Menge ergreift Paulus und steinigt ihn, als wäre er ein falscher Prophet. Dann schleifen sie ihn zur Stadt hinaus, in der Meinung, dass er gestorben sei.

Wenn Menschen andere Menschen verehren, wird der Mensch erhoben. Wenn jedoch jemand kommt, der diese Verehrung verurteilt und auf den Herrn Jesus als den hinweist, der allein verehrt werden darf, zieht er den Hass der Menschen auf sich. Zuerst wollten sie ihn als Gott verehren, doch als sich zeigt, dass er ihren Gottesdienst verurteilt, wenden sie sich gegen ihn und ermorden ihn. Das denken sie zumindest.

Die Macht des Lebens ist größer als die Macht des Teufels und des Todes. Umringt von den Jüngern, kommt Paulus wieder zum Leben. Das ist ein schönes Bild: Die Jünger stehen um ihn herum wie ein Kreis des Lebens (vermutlich haben sie für ihn gebetet). Dadurch entsteht eine Atmosphäre, durch die der Tod weicht und sich das Leben offenbaren kann.

Nachdem Paulus aufgestanden ist, geht er wieder in die Stadt, nicht, um sich als Gott ehren zu lassen, der Macht über den Tod hat, sondern um das eine oder andere noch abzuschließen. Es war ein Wunder Gottes, dass er tot zu sein schien und einen Augenblick später gesund und gestärkt aufstehen und weitergehen kann.

Nachdem er seinen Auftrag in Lystra beendet hat, geht er am nächsten Tag mit Barnabas nach Derbe. Auch dort verkündigen sie das Evangelium, und zwar mit großem Erfolg. Viele kommen zum Glauben und werden Jünger. Das bedeutet, dass diese Gläubigen sich taufen ließen und dass sie belehrt wurden, als Nachfolger des Herrn zu leben. Vermutlich ist in dieser Gegend und während dieses Besuches Timotheus durch Paulus zum Herrn geführt worden (Apg 16,1; 1Tim 1,2; 2Tim 1,2).

Zurück nach Antiochien in Syrien (14,21–25)

[21] Und als sie jener Stadt das Evangelium verkündigt und viele zu
Jüngern gemacht hatten, kehrten sie nach Lystra und nach Ikoni-
um und nach Antiochien zurück [22] und befestigten die Seelen der
Jünger und ermahnten sie, im Glauben zu verharren, und dass wir
durch viele Trübsale in das Reich Gottes eingehen müssen. [23] Als sie
ihnen aber in jeder Versammlung Älteste erwählt hatten, beteten
sie mit Fasten und befahlen sie dem Herrn an, an den sie geglaubt
hatten. [24] Und nachdem sie Pisidien durchzogen hatten, kamen sie
nach Pamphylien; [25] und als sie in Perge das Wort geredet hatten,
gingen sie hinab nach Attalia.

In umgekehrter Reihenfolge besuchen sie nun wieder die Städte, wo sie bereits das Evangelium verkündigt haben. Nun wollen sie die Jünger befestigen. Sie üben einen Nachsorgedienst aus, einen Hirtendienst. Das ist ein notwendiger Dienst der Liebe, den gerade Neubekehrte brauchen. Sie kommen unerschrocken wieder zu den Orten, wo sie vorher vertrieben worden waren. Als der Herr Jesus in Israel unterwegs war, trauten die Jünger sich nicht, wieder an den Ort zurückzugehen, wo man Ihn kürzlich steinigen wollte (Joh 11,8). Diese Furcht haben Paulus und Barnabas nun nicht. Sie gehen in der Kraft des Geistes und wissen, dass Gott - wie bei Hiob - die Grenzen des Wirkens Satans bestimmt.

Dass sie sich sehr wohl bewusst sind, was ihnen beim ersten Besuch begegnet ist, sehen wir bei Paulus. Als er am Ende seines Lebens seinen Abschiedsbrief an Timotheus schreibt, weist er noch einmal auf alles hin, was ihm an diesen drei Orten an Leid widerfahren ist (2Tim 3,11). Das war ganz zu Anfang seines Dienstes. Er hat das nie vergessen. Es waren die Orte, an denen besonders die Juden ihn bitterlich verfolgt haben und danach trachteten, ihn zu töten. Doch der Herr hat ihn daraus befreit.

Der Dienst an den genannten Orten besteht dieses Mal nicht aus einer öffentlichen Verkündigung des Evangeliums, sondern - wie gesagt - aus der Befestigung der Seelen der Jünger im Glauben. Sie unterweisen die Jünger in der Glaubenswahrheit und ermutigen sie, diese gut festzuhalten. Es geht darum, das ganze Wort Gottes festzuhalten. Es ist nötig, im Glauben zu bleiben, weil es viel Verführung und Bedrängnis gibt.

Weiterhin macht Paulus klar, dass Bedrängnisse zum Evangelium gehören. Mehr als jeder andere weiß er, worüber er spricht, wenn er dies sagt. Er kennt aus Erfahrung die Bedrängnisse, die das Eingehen in das Reich Gottes mit sich bringt. Er, der das sagt, hat soeben eine Steinigung hinter sich (vgl. Kol 1,28.29).

Diese Gläubigen wohnten weiterhin an Orten, wo der Widerstand gegen das Evangelium groß war. Deswegen brauchten sie Stärkung und Ermutigung. Im Glauben waren sie schon in das Reich Gottes hineingegangen (Joh 3,5), jedoch noch nicht tatsächlich, denn das wird erst geschehen, wenn der Herr Jesus zurückkommt, um sein Reich aufzurichten. Zwischen diesen beiden Ereignissen liegen die Drangsale (2Pet 1,11).

Paulus stellt hier das Reich Gottes vor, wie es in der Zukunft sein wird, denn er redet vom Hineingehen. Nur Gläubige werden dort hineingehen, denn Ungläubige können das Reich nicht „verdienen", indem sie durch Drangsale gehen. Für den Gläubigen gibt es jetzt Bedrängnisse und später Ruhe (2Thes 1,6.7).

Über die Belehrung hinaus, womit die Apostel die Gläubigen ermutigen, tun sie noch etwas, was diesen jungen Gläubigen eine Hilfe sein wird, wenn sie weitergezogen sind. Sie stellen in jeder Gemeinde Älteste an. Die Apostel stellen diese Ältesten an, nachdem sie sie auch selbst ausgewählt hatten. An beiden Handlungen, auswählen und anstellen, ist keine Rede davon, dass die Gemeinde beteiligt ist. Das Anstellen von Ältesten finden wir weiterhin nur noch in Titus 1,5.

Das Anstellen von Ältesten betrifft nur Gemeinden der Heiden. Bei Gemeinden mit einem ausschließlich jüdischen Hintergrund war das nicht erforderlich, weil es dort seit Jahr und Tag bereits Älteste gab. In ihrem Fall lesen wir nichts über eine formale Anstellung. Die Ältesten in den Gemeinden aus den Heiden wurden nicht sofort bei der Entstehung der Gemeinden von Paulus und Barnabas angestellt, sondern beim zweiten Besuch. Es hatte eine Reifung der Gläubigen stattgefunden und einige, die die erforderlichen Qualitäten besaßen, konnten nun angestellt werden.

Was die Anforderungen an einen Ältesten (oder „Aufseher") sind, hat Paulus in seinem ersten Brief an Timotheus und in seinem Brief an Titus aufgeschrieben (1Tim 3,1–7; Tit 1,5–9). Das Wort für „Älteste" ist eigentlich „Ältere", also gereiftere Gläubige unter jungbekehrten Gläubigen. Aus den Textstellen, wo das Anstellen von Ältesten vorkommt, erkennt man, dass die Autorität der Apostel die Quelle dafür ist. Das Anstellen von Ältesten ist seit dem Entschlafen der Apostel nicht mehr möglich.

Obwohl es jetzt keine offiziell angestellten Ältesten mehr gibt, gibt es glücklicherweise immer noch ältere Gläubige, die als Älteste in den örtlichen Gemeinden arbeiten. Sie sind vom Heiligen Geist eingesetzt und können an ihren Qualitäten erkannt werden. Die Gemeinde soll sie in ihrem Dienst anerkennen (Apg 20,28; vgl. Heb 13,7.17.24; 1Thes 5,12). Wenn die Gemeinde Älteste anstellt, steht das im Widerspruch zu der von Gott gegebenen Ordnung, denn Autorität kommt immer von oben. In der Gemeinde gibt es nur die Autorität des Heiligen Geistes und der Apostel. Die Apostel sind nicht mehr da, der Heilige Geist aber sehr wohl.

Wir stellen fest, dass nach den Aktivitäten der Apostel als Evangelisten, sie die Bekehrten zu einer örtlichen Gemeinde vereinigen, an die auch später Briefe geschrieben werden sollten. In diesen Briefen belehrt Paulus die Gläubigen weiter, wie es in einer örtlichen Gemeinde zugehen soll. Dabei ist es gut, daran zu denken, dass die örtliche Gemeinde ein Abbild der weltweiten Gemeinde ist (1Kor 12,27). Die örtlichen Gläubigen sind Glieder der Gemeinde. Sie dürfen wissen, dass der Herr Jesus, wenn sie als Gemeinde zusammenkommen, nach seiner Verheißung in ihrer Mitte ist (Mt 18,20).

Nach der Erwählung der Ältesten befehlen Paulus und Barnabas die Gläubigen unter Fasten im Gebet dem Herrn an. Lukas fügt hinzu: „an den sie geglaubt hatten". Er betont noch einmal, dass die Gläubigen ihr Leben dem Herrn anvertraut hatten. In diesem Vertrauen treten die Apostel ihre weitere Rückreise an.

Auf ihrer Rückreise durchziehen sie Pisidien und kommen im Süden Pamphyliens zur Küste. Dort besuchen sie Perge, wo sie auf ihrer Hinreise auch bereits waren und wo Markus sie verlassen hatte. Dieses Mal reden sie dort das Wort. Danach reisen sie zu der Hafenstadt Attalia.

Ankunft und Reisebericht in Antiochien (14,26–28)

> 26 Und von dort segelten sie ab nach Antiochien, von wo aus sie
> der Gnade Gottes anbefohlen worden waren zu dem Werk, das
> sie erfüllt hatten. 27 Als sie aber angekommen waren und die Ver-
> sammlung zusammengebracht hatten, erzählten sie alles, was
> Gott mit ihnen getan und dass er den Nationen eine Tür des Glau-
> bens aufgetan habe. 28 Sie verweilten aber eine nicht geringe Zeit
> bei den Jüngern.

Sie verlassen Attalia und fahren über das Mittelmeer, um in Antiochien wieder an Land zu gehen. Dies ist Antiochien in Syrien, von wo aus sie, ungefähr vor einem Jahr, ihre erste Missionsreise gestartet hatten. Die Gemeinde hatte sie nicht ausgesandt, aber sie der Gnade Gottes für ihre Arbeit anbefohlen, zu der Er sie berufen hatte. Die Gemeinde hatte mitempfunden. Jetzt wollen die Apostel die Gläubigen an den Dingen teilhaben lassen, die der Herr durch ihren Dienst gewirkt hat (vgl. Apg 21,19).

Daher ist hier auch nicht die Rede davon, dass sie sich vor der Gemeinde verantworten müssen. Die Gemeinde ist nicht die Quelle der Aussendung, sondern nimmt Anteil an dem, was der Herr zum Segen anderer tut. Gott war der Wirkende, sie waren lediglich die Werkzeuge. Auch heute ist es herzerwärmend für Gläubige, die an einem anderen Ort ein Werk für den Herrn tun dürfen, wenn die „Heimatgemeinde" Interesse zeigt an dem, was der Herr dort wirkt.

Vor allem berichten Paulus und Barnabas den Gläubigen, die aus mehreren Gemeinden zusammengekommen sind, dass Gott für die Nationen eine Tür des Glaubens geöffnet hat. Das war bereits früher in Antiochien der Fall, denn Antiochien ist auch eine heidnische Stadt. Dennoch war das Bestehen einer Gemeinde von Heiden immer noch ein Einzelfall. Jetzt hat sich gezeigt, dass Gott durch Paulus und Barnabas überall außerhalb von Israel wirkt und dass die Heiden in Scharen zum Glauben kommen, zusammen mit einigen Juden, die ebenfalls an diesen Orten wohnen.

Das Werk der Gnade Gottes unter den Heiden durch sein Wort und die Kraft des Heiligen Geistes - außerhalb der Gemeinde in Jerusalem und des Gesetzes -, ruft bei den bekehrten Juden die Frage auf, ob das denn alles so in Ordnung ist. Im folgenden Kapitel wird über diese Frage entschieden. Wir werden sehen, dass die Gnade Gottes auch darauf eine Antwort hat.

Nach dem Reisebericht machen Paulus und Barnabas sich nicht sofort wieder auf die Reise, um den Nationen weiter das Evangelium zu verkündigen. Sie bleiben längere Zeit bei den Jüngern. Ihre „Heimatgemeinde" ist eine Art Hafen der Ruhe nach aller Unruhe, die sie bei ihrer Arbeit erlebt haben. Dort können sie Gemeinschaft haben.

Es muss für sie eine Erquickung gewesen sein, bei diesen Gläubigen - von Lukas „Jünger" genannt - bleiben zu dürfen. Dass die Gläubigen Jünger genannt werden, liegt an ihrer konsequenten Nachfolge des Herrn Jesus. Sich bei solchen Gläubigen aufhalten zu dürfen, ist eine Wohltat für jeden, der auch dem Herrn Jesus konsequent nachfolgen will, so wie wir das von Paulus und Barnabas kennen.

Kapitel 15

Errettung und Beschneidung (15,1.2)

> 1 Und einige kamen von Judäa herab und lehrten die Brüder: Wenn ihr nicht beschnitten werdet nach der Weise Moses, so könnt ihr nicht errettet werden. 2 Als aber ein Zwiespalt entstand und ein nicht geringer Wortwechsel zwischen ihnen und Paulus und Barnabas, ordneten sie an, dass Paulus und Barnabas und einige andere von ihnen zu den Aposteln und Ältesten nach Jerusalem hinaufgehen sollten wegen dieser Streitfrage.

Nach Widerstand von außen, von Seiten der ungläubigen Juden zusammen mit den Heiden, entsteht der Widerstand nun aus der Mitte der Gläubigen heraus. Gläubige Juden aus Judäa, die noch nach den Forderungen des Gesetzes lebten, wollten diese Forderungen den Gläubigen aus den Nationen auferlegen. Sie kamen zu dem neuen Zentrum des Werkes in Antiochien, um dort den Gläubigen ihre Lehren aufzuerlegen. Ihre Belehrung bestand darin, dass die Errettung von der Beschneidung abhängig gemacht wurde.

Das war ein frontaler Angriff auf das Evangelium der Gnade Gottes, und das im Schoß der Gemeinde. Diese Menschen wollten verhindern, dass das Christentum vom Judentum losgelöst wurde. Wenn das gelungen wäre, wäre das Christentum lediglich eine jüdische Sekte geworden. Was diese Judaisten sagen, ist so, als würde man sagen: Wenn du nicht zu unserer Gruppe gehörst, kannst du nicht errettet werden, denn außerhalb von uns gibt es keine Seligkeit. Für die, die das fordern, steht außer Frage, dass sie Recht haben. Es gibt im Blick auf ihre gesetzliche Lehre nicht den geringsten Zweifel.

Nun würde ihre Lehre gar nicht viel Unruhe hervorbringen, wenn die Gläubigen selbst in der Wahrheit feststünden und daran auch festhielten. Menschen, die eine gesetzliche Lehre bringen, haben weder die Schrift noch die Apostel hinter sich. Doch die Gläubigen sind beeinflussbar, und diese Personen reden mit erhobener Stimme und Überredungskunst. Deshalb muss man kräftig dagegen vorgehen.

Es geht dabei nicht um einen kleinen Unterschied im Verständnis, sondern betrifft den Kern des Evangeliums. Wer das Gesetz einführt, leugnet die Auferstehung und Verherrlichung Christi. Er leugnet, dass Christus alles vollbracht hat, was nötig war, um errettet zu werden. Diese Menschen schauten zurück auf die Zeit *vor* dem Kreuz, auf Dinge und Personen auf der Erde. Sie sahen nicht durch einen zerrissenen Vorhang auf Christus droben. Sie wollten die alte Herrlichkeit der Juden festhalten, die ihnen eigene Ehre verschaffte. Sie lehrten, dass es Errettung nur geben kann, wenn jemand ganz und gar Jude wurde.

In diesem Kapitel geht es darum, dass festgestellt wird, dass die Errettung durch nichts anderes geschieht, als nur durch den Glauben an den Herrn Jesus, ohne irgendeine zusätzliche Voraussetzung. Außer der Tatsache, dass es in dieser Krisensituation um eine Lehre von größter Bedeutung geht, geht es auch darum, eine Trennung in der Gemeinde zu verhindern, und zwar zwischen gläubigen Juden und gläubigen Heiden.

Die jüdischen Christen blieben Eiferer für das Gesetz. An sich war das nicht das Problem. Das Problem war, dass sie Gläubige aus den Heiden dazu verpflichten wollten, sich auch an die Gebote des Gesetzes zu halten. Für sie war das Christentum eine Fortsetzung des Judentums, jetzt aber mit dem Glauben an den Messias Jesus. Für sie waren die Gemeinden unter den Nationen Gemeinden von Proselyten. Sie betrachteten diese Gläubigen als Menschen, die zum Judentum übergetreten waren. Für sie gab es noch nichts neben dem Judentum. Doch sie sahen das falsch, denn das Christentum ist etwas völlig Neues, das mit dem Judentum nichts gemeinsam hat.

Wenn die Gläubigen jedoch weiter am Judentum festhielten oder verpflichtet würden, daran festzuhalten, würde das Christentum auf das Judentum reduziert werden. Später wird Paulus die neue Haushaltung in all ihren Facetten in verschiedenen Briefen ans Licht bringen, die er an verschiedene Gemeinden schreibt. Er legt besonders im Brief an die Epheser dar, dass Juden und Heiden zusammen in der Gemeinde etwas Neues geworden sind.

Die falsche Lehre verursacht eine große Diskussion, Zwietracht, Unruhe und Verwirrung. Paulus und Barnabas, die ihre Arbeit bedroht sehen, protestieren kräftig gegen diese falsche Lehre. Zum Glück haben die Brüder in Antiochien so viel Vertrauen zu Paulus und Barnabas, dass sie bestimmen, dass sie gemeinsam mit einigen anderen nach Jerusalem gehen sollen, um dort diese Streitfrage den Aposteln und Ältesten vorzulegen.

Das Problem war nicht nur ein Problem von Antiochien. Auch Jerusalem war unmittelbar darin einbezogen. Diese Frage sollte nach dem Plan Gottes nicht durch apostolische Autorität gelöst werden oder durch das Wirken seines Geistes in Antiochien. Das hätte die Gemeinde vielleicht gespalten. Um die Einheit zu bewahren, musste diese Sache geklärt werden in einer Konferenz in Jerusalem, dem Zentrum des jüdischen Systems. In Jerusalem mussten die jüdischen Christen, die Apostel, die Ältesten und die ganze Gemeinde aussprechen, dass die Gläubigen aus den Heiden vom Gesetz befreit waren. Die Dinge, die auf dem Spiel standen, berührten den Kern des Christentums. Das Interesse an einem Standpunkt nach den Gedanken Gottes war sehr groß.

Unterwegs nach und in Jerusalem (15,3–6)

> 3 Nachdem sie nun von der Versammlung das Geleit erhalten hatten, durchzogen sie sowohl Phönizien als auch Samaria und erzählten die Bekehrung derer aus den Nationen; und sie machten allen Brüdern große Freude. 4 Als sie aber nach Jerusalem gekommen waren, wurden sie von der Versammlung und den Aposteln und den Ältesten aufgenommen, und sie berichteten alles, was Gott mit ihnen getan hatte. 5 Einige aber von denen aus der Sekte der Pharisäer, die glaubten, traten auf und sagten: Man muss sie beschneiden und ihnen gebieten, das Gesetz Moses zu halten. 6 Und die Apostel und die Ältesten versammelten sich, um diese Angelegenheit zu besehen.

Die Reise nach Jerusalem gereichte zur Ehre Gottes und zum Segen der Gemeinden. Unterwegs berichtete die Reisegesellschaft in den Gegenden, durch die sie zogen, von der Bekehrung derer aus den Nationen. Das machten sie in Phönizien (dem heutigen Libanon) und Samaria (heute die Westbank). Ihre Berichte lösten große Freude aus. Als sie vor einiger Zeit selbst das Evangelium hörten und annahmen, hatte sie das froh gemacht (Apg 8,8). Nun entsteht große Freude, als sie hören, dass andere, die keine Juden waren, es angenommen haben.

Die Brüder hatten bisher noch nichts von diesem Werk gehört. Was sie hören ist neu für sie, doch sie erkennen es mit großer Freude an. Es ist wichtig, immer daran zu denken, dass das Besondere der Bekehrung der Nationen ist, dass sie losgelöst vom Judentum geschieht, ohne dass sie nach ihrer Bekehrung Juden werden müssen.

Als die Reisenden in Jerusalem ankommen, werden sie von der Gemeinde aufgenommen, die zweifellos zusammengerufen wurde. Die Apostel und die Ältesten werden besonders erwähnt. Paulus und Barnabas und die anderen fangen nicht sofort mit der Streitfrage an. Zunächst berichten sie, so wie sie es unterwegs getan hatten, alles, was Gott mit ihnen getan hatte. Sie berichten, wie Gott überall Heiden-Gemeinden entstehen ließ.

Das ist für einige von der Sekte der Pharisäer der Anlass, aufzustehen und ihre Auffassungen bezüglich der Beschneidung und des Gesetzes darzulegen. Sie werden nicht gehindert, ihre Lehren zu äußern, sondern bekommen ausreichend Möglichkeit, das zu sagen, was sie wollen. Für eine gute Lösung ist es wichtig, dass jeder die Gelegenheit bekommt, seine Gedanken zu äußern. Diese Dinge werden nicht einfach durch ein einzelnes Wort geregelt.

Die Verteidiger des Gesetzes bekommen also als erstes die Gelegenheit, ihre Sichtweise darzulegen. Sie haben vieles an dem Bericht auszusetzen, denn sie sind absolut dagegen, dass die Apostel nicht die Beschneidung gepredigt hatten und auch nichts über das Halten des Gesetzes Moses gesagt hatten. Die Wortführer sind als Pharisäer sehr vertraut mit dem ganzen Gesetz, an das sie sich selbst auch sehr genau halten.

Lukas spricht von „der Sekte der Pharisäer". Eine Sekte ist eine Gruppe, die sich von anderen Gruppen abgrenzt. Das Wort „Sekte" bedeutet „erwählen". Es braucht dabei nicht um falsche Lehren zu gehen, es geht aber wohl um eine Überbetonung einer Lehre oder darum, eine Person besonders herauszuheben.

Das Wort „Sekte" kommt achtmal im Neuen Testament vor, sechsmal in der Apostelgeschichte und zweimal in den Briefen (1Kor 11,19; Gal 5,20; 2Pet 2,1). Es geht in Korinth um Gruppen von Gläubigen, die sich voneinander absondern, indem sie Personen nachfolgen, die sie jeweils favorisieren. Im Brief an die Galater werden Sekten zu den Werken des Fleisches gezählt. Petrus schreibt über Verderben bringende Sekten als das Werk falscher Lehrer.

Eine Sekte kommt nicht aus dem Geist hervor, sondern vom Menschen, vom Fleisch und vom Teufel. Die Pharisäer, die hier ihre Stimme erheben, sind zum Glauben an den Messias Jesus gekommen, blieben aber dem Gesetz und seinen Gebräuchen mit Herz und Seele verbunden. Es waren ja Einsetzungen Gottes, die daher auch von den Gläubigen aus den Heiden beachtet werden müssten, wie sie meinten.

Nachdem die Pharisäer ihre Bemerkungen gemacht haben und damit den Kern des Problems umrissen haben, versammeln sich die Apostel und Ältesten, um sich mit diesem Problem zu beschäftigen. Es scheint so, dass nur die Apostel und die Ältesten über diese Sache geredet haben, ohne dass die ganze Gemeinde dabei anwesend war. In jedem Fall haben Brüder, die für die Gemeinde verantwortlich sind, miteinander darüber gesprochen. Die Sache wurde nicht lediglich von einigen Aposteln behandelt, die ihren Beschluss den anderen aufgezwungen haben. Es ist gut, so viele verantwortliche Brüder wie möglich in die Beschlussfassung einzubeziehen.

Reaktion des Petrus (15,7–11)

> 7 Als aber viel Wortwechsel entstanden war, stand Petrus auf und
> sprach zu ihnen: Brüder, *ihr* wisst, dass Gott mich vor längerer
> Zeit unter euch dazu auserwählt hat, dass die Nationen durch
> meinen Mund das Wort des Evangeliums hören und glauben soll-
> ten. 8 Und Gott, der Herzenskenner, gab ihnen Zeugnis, indem
> er ihnen den Heiligen Geist gab, wie auch uns; 9 und er machte
> keinen Unterschied zwischen uns und ihnen, indem er durch den
> Glauben ihre Herzen reinigte. 10 Nun denn, was versucht ihr Gott,
> indem ihr ein Joch auf den Hals der Jünger legt, das weder unse-
> re Väter noch wir zu tragen vermochten? 11 Sondern wir glauben,
> durch die Gnade des Herrn Jesus in derselben Weise errettet zu
> werden wie auch jene.

Auch im kleinen Kreis der verantwortlichen Brüder ist die Einstimmigkeit anfänglich nicht vorhanden. Es entsteht viel Wortwechsel. Es besteht die Freiheit, das zu sagen, was einem am Herzen liegt, obwohl das Fleisch das missbrauchen kann. Dennoch wird nicht gesagt: „Hier wird nicht diskutiert." Auch werden keine Strukturen geschaffen, um diese Diskussionen zu verhindern. Damit würde die Freiheit, sich zu äußern, eingeengt. Bei allem Wortwechsel muss es darum gehen, dass man den Willen des Heiligen Geistes zu verstehen sucht, so dass schließlich gesagt werden kann, dass „der Heilige Geist und wir" zu einem bestimmten Beschluss gekommen sind (V. 28).

Während des Wortwechsels steht Petrus auf. Nach seiner Befreiung aus dem Gefängnis war er an einen anderen Ort gezogen (Apg 12,17), doch hier ist er wieder in Jerusalem. Was er darlegt, zeigt, dass er die Belehrung in Verbindung mit Kornelius gründlich gelernt hat (Apg 10,34). Er hat dem, was die anderen sagen, gut zugehört, und geleitet durch den Geist steht er im richtigen Augenblick auf (Spr 18,13). Nachdem die Menschen ihre Gedanken geäußert haben, werden nun die Gedanken Gottes geäußert, so dass man zu einem einstimmigen Beschluss kommt.

Er beginnt, indem er sie daran erinnert, wie Gott ihn als besonderes Instrument mit der Absicht eingesetzt hat, dass durch seinen Mund die Nationen das Evangelium hören und auch daran glauben sollten. Es war nicht Gottes Absicht, dass sie das nur hören sollten, nein, das Ziel war, dass sie auch zum Glauben kämen.

Dass sie in der Tat zum Glauben gekommen sind, hat Gott dadurch bewiesen, dass Er ihnen den Heiligen Geist gegeben hat, „wie auch uns", also den gläubigen Juden. Indem Gott seinen Geist auch bekehrten Heiden gegeben hat, hat Er selbst Zeugnis davon gegeben, dass Er sie errettet hat (Röm 8,9; Eph 1,13). Gott hat ihren Glauben mit dem Heiligen Geist versiegelt, ohne irgendeine vorausgehende Bedingung, sondern allein auf der Grundlage des Glaubens. Gott kannte die Herzen von Kornelius und den Seinen und sah den Glauben in diesen Herzen. Niemals hätte Er seinen Geist in ihre Herzen gegeben, wenn sie nicht durch den Glauben gereinigt worden wären.

Wie könnten Menschen daher noch zusätzliche Bedingungen stellen, Bedingungen, die nicht einmal von denen erfüllt wurden, die sie stellten? Gott fordert keine äußere Handlung wie die Beschneidung oder die Proselytentaufe, sondern Gott reinigt die Herzen *durch den Glauben*. Die Aufgabe des Gesetzes ist, den Menschen zu verurteilen. Durch das Gesetz kommt Erkenntnis der Sünde, doch das Gesetz bringt nicht die Rettung von der Sünde.

Petrus erklärt die Funktion des Gesetzes und die Auswirkung des Gesetzes. Er legt mit Nachdruck dar, dass das nicht zu tragende Joch und die Unmöglichkeit dadurch errettet zu werden, gewiss anderen nicht auferlegt werden darf. Wie sollte das möglich sein, und warum sollten sie das dann tun? Es ist eine derart große Sünde, dass Petrus sie auf eine Stufe stellt mit Gott versuchen. Das bedeutet, Gott herauszufordern und Ihn auf die Probe zu stellen, um zu sehen, wie weit man gehen kann.

Es ist eine Beleidigung Gottes, wenn man sagt, dass zusätzlich zu dem Werk, das der Herr Jesus getan hat, noch etwas geschehen muss, um errettet zu werden. Nein, die Grundlage, auf der die Heiden stehen, ist die der Gnade und des Glaubens. Auf dieser

Grundlage sind sie errettet worden. Petrus nennt die Weise, wie Gott Heiden errettet, als Beispiel, wie auch Juden gerettet werden können - und nicht andersherum. Der Ursprung liegt in der Gnade des Herrn Jesus, und Gnade stellt jeden auf dieselbe Grundlage vor Gott.

Reaktion von Barnabas und Paulus (15,12)

> 12 Die ganze Menge aber schwieg, und sie hörten Barnabas und Paulus zu, die erzählten, wie viele Zeichen und Wunder Gott unter den Nationen durch sie getan hatte.

Das Schweigen der Menge macht deutlich, dass sie auf das, was Petrus gesagt hat, keine Widerworte haben. Ein Widerwort hätte bedeutet, dass sie Gott widersprochen hätten. Während sie schweigen, ergreifen Barnabas und Paulus das Wort. Nachdem Petrus auf die Vergangenheit zurückgeschaut hat, sprechen Barnabas und Paulus über die aktuellen Taten Gottes. Danach wird Jakobus noch den Blick in die Zukunft richten. Barnabas wird hier in Jerusalem als erster erwähnt, möglicherweise auch, weil er das Meiste gesagt hat.

Die ganze Menge hört zu, wie Barnabas und Paulus die Wunder berichten, die Gott unter den Heiden gewirkt hat. Was Gott unter den Heiden getan hat, ist der Beweis dafür, dass Er sich in seiner Gnade auch ihnen zuwendet. Bereits in Vers 4 hatten Barnabas und Paulus von dem Werk Gottes unter den Heiden berichtet. Jetzt wollen sie deutlich machen, dass das, was als einmaliges Ereignis in Cäsarea stattgefunden hat, überall unter den Heiden geschieht. Dabei fällt auf, dass Gott keinen einzigen Hinweis gegeben hat, dass etwas an seinem Werk fehlte, wie beispielsweise das Halten des Gesetzes.

Mit ihrem Bericht untermauern und unterstreichen Barnabas und Paulus den Bericht des Petrus. Die Zeichen und Wunder, die sie in ihrem Bericht erwähnen, sind vonseiten Gottes eine Bestätigung der Botschaft des Heils auch für die Nationen. Gott unterstrich damit, dass es nach seinem Willen war, dass sie den Nationen das Evangelium verkündigten.

Übrigens sehen wir, dass überall dort, wo die Rede von Zeichen und Wundern ist, diese durch die Apostel geschehen und darüber hinaus nur durch die „einfachen" Gläubigen Stephanus und Philippus. Das Tun von Zeichen und Wundern ist also nichts, was allgemein durch alle Gläubigen getan wird, sondern lediglich durch eine ausgewählte Gruppe, die Gott dazu befähigt hat.

Reaktion des Jakobus (15,13–18)

> 13 Nachdem sie aber ausgeredet hatten, antwortete Jakobus und
> sprach: Brüder, hört mich! 14 Simon hat erzählt, wie zuerst Gott
> darauf gesehen hat, aus den Nationen ein Volk zu nehmen für
> seinen Namen. 15 Und hiermit stimmen die Worte der Propheten
> überein, wie geschrieben steht: 16 „Danach will ich zurückkehren
> und die Hütte Davids wieder aufbauen, die verfallen ist, und
> ihre Trümmer will ich wieder aufbauen und sie wieder aufrich-
> ten; 17 damit die übrigen der Menschen den Herrn suchen, und
> alle Nationen, über die mein Name angerufen ist, spricht der
> Herr, der dieses tut", 18 was von jeher bekannt ist.

Nachdem Barnabas und Paulus ausgeredet haben, ergreift Jakobus das Wort. Er ist der Führer der Gemeinde in Jerusalem und hat daher eine besondere Stellung. Obwohl er nicht zu den zwölf Aposteln gehört, wird er dennoch Apostel genannt (Gal 1,19). Jakobus ist der Bruder des Herrn Jesus (1Kor 15,7) und der Schreiber des Jakobusbriefes. Dass Jakobus sich dazu äußert, ist von besonderem Gewicht. Seine Worte werden von ausschlaggebender Bedeutung sein in der Diskussion über die Bedeutung des Gesetzes für die Nationen. Sein großer Eifer für das Gesetz ist für jeden deutlich. Wenn er sagt, dass die Nationen das Gesetz nicht zu halten brauchen, wird dies alle Eiferer für das Gesetz zum Schweigen bringen.

Er beginnt seine Rede damit, dass er um Aufmerksamkeit bittet für das, was er zu sagen hat. Zunächst weist er auf das hin, was Petrus gesagt hat. Jakobus gebraucht den hebräischen Namen des Petrus und spricht von Simon. Er schließt sich dessen Bericht an. Aus dem, was er sagt, zeigt sich, dass er verstanden hat, dass das Werk, von dem Petrus gesprochen hat, nicht darin bestand, Proselyten zu machen. Er hat verstanden, dass Gott damit beschäftigt ist, aus den Nationen ein Volk für sich zu erwerben, ein Volk aus den Völkern, und zwar „für seinen Namen".

„Für seinen Namen" konnte für die Verfechter des Gesetzes eigentlich nur bedeuten, dass es um das Volk Israel ging, denn das war doch das Volk, das Gott sich für seinen Namen auserkoren hatte. Daher müssten sich alle, die aus den Nationen zum Glauben kamen, Israel anschließen. Jakobus zeigt jedoch, dass auch schon im Alten Testament von Nationen gesprochen wird, über die der Name des Herrn unabhängig von Israel ausgerufen wurde. Es geht also nicht um eine unbekannte Erscheinung, um eine neue Lehre, sondern um etwas, über das die Propheten in den Schriften des Alten Testaments geredet haben.

Jakobus zitiert dazu ein Beispiel aus dem Propheten Amos. Das ist keine Erfüllung dessen, was Amos gesagt hat (die Erfüllung geschieht erst im Friedensreich), doch sie läuft auf dasselbe hinaus. Aus diesem Zitat wird klar, dass die Nationen im Friedensreich gesegnet werden, und zwar nicht dadurch, dass sie sich Israel anschließen, sondern dadurch, dass sie den Herrn suchen. Der Ausdruck „wie geschrieben steht" ist das Ende allen Widerspruchs. Das untermauert, was die anderen Apostel bereits gesagt haben.

Jakobus zitiert den Vers seinem Inhalt nach. Gott verheißt durch Amos, dass „die Hütte Davids" wieder aufgebaut werden wird. „Die Hütte Davids" bezeichnet die Königsfamilie. Diese ist seit der babylonischen Gefangenschaft zerfallen. Damals kam das Königtum des Hauses Davids zu Ende, obwohl Gott verheißen hatte, dass das Haus Davids bis in Ewigkeit bestehen würde (Ps 89,4.5.39–41).

Diese Prophezeiung des Amos ist mit dem Kommen des Herrn erfüllt. Er wurde zwar verworfen und seine Herrschaft ist nicht sichtbar auf der Erde, dennoch ist Ihm alle Macht gegeben im Himmel und auf der Erde (Mt 28,18). Das kann man allein im Glauben sehen. Bald wird jeder es sehen können, wenn Er in Israel auf dem Thron seines Vaters David sitzen wird. Dann werden die Nationen Ihn suchen, und Er wird über sie seinen Namen ausrufen.

So ist es auch heute. Über allen, die den Herrn im Glauben suchen, sich zu Gott bekehren und den Herrn Jesus im Glauben annehmen, ruft Er seinen Namen aus. Das ist völlig losgelöst vom Judentum und dem Beitritt zum Judentum als Proselyt. Dies ist von Ewigkeit her im Herzen Gottes gewesen, als vom Judentum noch keine Rede war. Jeder, der Gott kennt, weiß, dass Er so ist und so handelt.

Das Urteil des Jakobus (15,19–21)

> 19 Deshalb urteile *ich*, dass man denen, die sich von den Nationen zu Gott bekehren, keine Schwierigkeiten mache, 20 sondern ih-

nen schreibe, dass sie sich enthalten von den Verunreinigungen der Götzen und von der Hurerei und vom Erstickten und vom Blut. [21] Denn Mose hat von alten Zeiten her in jeder Stadt solche, die ihn predigen, da er an jedem Sabbat in den Synagogen gelesen wird.

Da Gott ein großes Volk aus den Völkern zu seinem Volk machen will, ohne dass sie dazu Juden werden müssen, urteilt Jakobus, dass den Nationen keine Schwierigkeiten gemacht werden sollen. Diese Schwierigkeiten wären das Auflegen des Jochs des Gesetzes. Die Nationen haben einen eigenen Platz in den Wegen Gottes.

Dass ihnen das Gesetz nicht auferlegt werden darf, heißt nicht, dass sie mit den Anordnungen des Herrn nichts zu tun hätten. Jakobus nennt vier Dinge, derer sich die Nationen sehr wohl enthalten müssen. Die Dinge, die er nennt, werden von ihm nicht als vier Gebote des Gesetzes auferlegt, um dadurch auf einem Umweg den Nationen doch Gebote aufzuerlegen. Es sind Dinge, die an sich nicht jüdisch sind, sondern sie haben mit den Rechten Gottes als Schöpfer zu tun.

Das Erste, der Götzendienst, tastet die Autorität Gottes an. Die „Verunreinigungen der Götzen" betrifft alles, was mit Götzendienst in Verbindung steht. Dass sie sich vom Götzendienst weit fern halten sollten, musste nicht noch einmal ausdrücklich gesagt werden. Sie hatten sich ja gerade vom Götzendienst bekehrt. Die Gefahr bestand aber in der Verunreinigung, die davon ausging. Das Essen von Fleisch im Götzentempel ist solch ein Beispiel für Verunreinigung (1Kor 8,10), denn das könnte anderen den Eindruck vermitteln, dass jemand doch noch ein Götzendiener war.

Was für den Götzendienst gilt, gilt auch für das Zweite, die Hurerei. Jeder, der bekehrt ist, weiß, dass Hurerei Sünde ist. Hurerei widersetzt sich dem Willen Gottes in Bezug auf die Ehe, in der die Frau nur mit dem Mann in der Heiligkeit der Ehe verbunden ist. Was gemeint ist mit „sich enthalten von der Hurerei", bezieht sich daher auch vor allem auf Formen der Hurerei, die beschönigt und gutgeheißen werden.

Es geht um alle möglichen Eheverbindungen, die Gott Hurerei nennt, die jedoch in der Gesellschaft allgemein anerkannt werden. Wir können dabei an die Heirat denken mit einer Person, die geschieden ist, an vorehelichen Geschlechtsverkehr oder homosexuellen Verkehr. Sie missachten alle den einzigen Ehebund, den Gott eingesetzt hat.

Das Dritte und Vierte, sich zu enthalten „von Ersticktem und von Blut“, hat damit zu tun, dass das Blut – das Leben – Gott gehört. Er ist der Einzige, der das Anrecht auf das Leben hat. Nach dem Sündenfall wurde dem Menschen Fleisch zur Nahrung gegeben (1Mo 9,3.4), doch der Mensch muss dabei immer beachten, dass ihm das Blut nicht zur Nahrung gegeben ist. Das Blut ist das Leben, das dem Schöpfer gehört, und deshalb muss das Blut eines Tieres, das zur Nahrung dient, zur Erde fließen, um es gleichsam Gott zurückzugeben.

Jakobus hält seinen Zuhörern kein neues Gesetz vor. Er kommt damit auch nicht den Vorurteilen der Juden entgegen, als würde er die Nationen doch auf dem Niveau der Juden behandeln. Dennoch sind die Dinge, die er aufzählt, dem Judentum nicht unbekannt. Sie mögen zwar dem Charakter nach nicht jüdisch sein, sind aber doch in Übereinstimmung mit dem Gesetz. Auch die Juden mussten sich zumindest an diese Dinge halten. Das konnten sie alle wissen, denn jeden Sabbat wurde in den Synagogen aus dem Gesetz vorgelesen. Beim Vorlesen des Gesetzes hörte jeder, der in der Synagoge anwesend war, die Predigt Moses.

Der Brief an die Nationen (15,22–29)

22 Dann schien es den Aposteln und den Ältesten samt der ganzen Versammlung gut, Männer aus sich zu erwählen und sie mit Paulus und Barnabas nach Antiochien zu senden: Judas, genannt Barsabbas, und Silas, Männer, die Führer unter den Brüdern waren. 23 Und sie schrieben und sandten durch ihre Hand Folgendes: „Die Apostel und die Ältesten [und die] Brüder an die Brüder aus den Nationen, in Antiochien und Syrien und Zilizien, ihren Gruß. 24 Weil wir gehört haben, dass einige, die von uns ausgegangen sind, euch mit Worten beunruhigt haben, indem sie eure Seelen verstören – denen wir keinen Auftrag gegeben haben –, 25 schien es uns, einmütig geworden, gut, Männer auszuwählen und sie mit unseren Geliebten, Barnabas und Paulus, zu euch zu senden, 26 mit Männern, die ihr Leben hingegeben haben für den Namen unseres Herrn Jesus Christus. 27 Wir haben nun Judas und Silas gesandt, die auch selbst mündlich dasselbe berichten werden. 28 Denn es hat dem Heiligen Geist und uns gut geschienen, keine größere Last auf euch zu legen als diese notwendigen Dinge: 29 euch zu enthalten von Götzenopfern und von Blut und von Ersticktem und von Hurerei. Wenn ihr euch davor bewahrt, so werdet ihr wohltun. Lebt wohl!“

Die Versammelten sind überzeugt worden durch Petrus, der berichtet hat, was Gott in Verbindung mit Kornelius getan hat, durch den Bericht von Barnabas und Paulus über die Taten Gottes während ihrer Missionsreise und durch die Stimme Gottes aus der Schrift, die Jakobus zitiert.

Sie beschließen, den Nationen ein Schreiben zukommen zu lassen. Sie haben eine Einigung erzielt, indem sie sich alle dem Urteil des Jakobus beugen, dass keine Rede davon sein kann, den Nationen das Gesetz aufzuerlegen.

Die Gemeinde ist keine demokratische Instanz, in der Beschlüsse nach Mehrheit der Stimmen gefasst werden. Es wird nicht abgestimmt. Die Apostel samt den Ältesten und der ganzen Gemeinde, die hier wieder dabei ist, beschließen, dass Paulus und Barnabas wieder nach Antiochien reisen sollen, um das Ergebnis der Überlegungen in Jerusalem dort mitzuteilen.

Um jede Möglichkeit eines falschen Eindrucks zu vermeiden, sollen auch einige Brüder aus Jerusalem mit Paulus und Barnabas gehen. Dazu erwählen sie Judas und Silas. Diese Männer waren Führer unter den Brüdern (vgl. Heb 13,7.17.24). Es sind Männer, die die Gläubigen in Jerusalem kannten, die sie belehrten und das vorlebten, was Gott von den Seinen erwartet.

Das Ergebnis der Überlegungen wird in einem Brief festgehalten, den sie der Reisegesellschaft mitgeben. Das Resultat des Wortwechsels besteht darin, dass die Gesamtheit der Brüder, der Apostel und der Ältesten einen Brief an die Brüder aus den Nationen richten können. Es handelt sich nicht um ein apostolisches Schreiben, sondern um ein Schreiben der Gemeinde. In diesem Brief richten sie sich an „die Brüder aus den Nationen" in den Gebieten, wo die Verwirrung entstanden war. Das war offensichtlich nicht nur in Antiochien der Fall, sondern auch in Syrien und sogar bis nach Zilizien.

Sie beginnen ihr Schreiben mit der Entschuldigung dafür, dass „einige, die von uns ausgegangen sind", durch ihre Worte Verwirrung unter den Brüdern aus den Nationen gestiftet haben. Die Worte, die diese geredet haben, haben die Seelen der Gläubigen ins Wanken gebracht. Hier sehen wir, wie das Einführen des Gesetzes die Sicherheit des Glaubens verwüstet. Das Einführen des Gesetzes oder gesetzlicher Grundsätze tastet die Sicherheit des Glaubens an und macht aus standfesten Gläubigen wankende Seelen.

Die Absender des Briefes distanzieren sich auf deutliche Weise von den Worten ihrer Mitgläubigen. Diese Gläubigen hatten auf eigene Initiative hin gehandelt und nicht im Auftrag der Gemeinde in Jerusalem. Menschen, die das Gesetz predigen, tun das immer aus eigener Initiative und nicht auf Empfehlung der Gemeinde. Die Brüder, die sie nun senden, kommen allerdings mit einem Empfehlungsbrief der Gemeinde. Wie aus den Worten „einmütig geworden" entnommen werden kann, ist wohl das eine oder andere vorausgegangen, bevor diese Männer ausgewählt wurden, um im Namen der Gemeinde in Jerusalem zu ihnen zu gehen.

Judas und Silas gehen mit Barnabas und Paulus, die die Gemeinde „unsere Geliebten" nennt. Der Gebrauch dieses Ausdrucks zeigt deutlich, wie sehr diese beiden Apostel von der Gemeinde in Jerusalem anerkannt und wertgeschätzt wurden. Das bedeutet auch, dass sie das Werk dieser Diener unter den Nationen völlig anerkennen. Sie erwähnen noch, dass es Menschen sind, „die ihr Leben hingegeben haben für den Namen unseres Herrn Jesus Christus". Eine eindrucksvollere Empfehlung kann man kaum geben. Indem sie über „unseren" Herrn Jesus Christus sprechen, wobei sie den vollen Namen des Herrn gebrauchen, bringen sie die Gemeinschaft zum Ausdruck, die die Gläubigen in diesem Namen haben.

Außer Barnabas und Paulus werden auch Judas und Silas bei der Übergabe des Briefes dabei sein. Sie werden den Brief mündlich erklären. Der Brief ist keine Gesetzesvorschrift, sondern ein Bericht, wobei eine nähere Erklärung die Bedeutung verständlich macht. Ihr Auftrag ging weiter als lediglich die kühle und formelle Übergabe eines Briefes.

Sie waren Zeugen davon, wie der Inhalt zustande kam. Sie haben miterlebt, wie der Heilige Geist die Gläubigen zu dem einstimmigen Beschluss geführt hat, den sie nun den Nationen mitteilen. So konnten diese schreiben: „Denn es hat dem Heiligen Geist und uns gut geschienen". Das heißt, dass der Heilige Geist in der Besprechung wirken konnte. Die Einmütigkeit, zu der sie gekommen sind, ist sein Werk.

Wenn in dem Brief gestanden hätte, dass die Gläubigen in Jerusalem einmütig geworden waren und ihren Beschluss nun in dem Brief mitteilten, hätte niemand daran gezweifelt, dass dies durch den Heiligen Geist bewirkt worden wäre. Dass der Heilige Geist aber dennoch ausdrücklich erwähnt wird, geschieht im Hinblick auf das gesamte Werk des Heiligen Geistes unter den Heiden. Dieses Werk wird von den Brüdern, den Ältesten und den Aposteln anerkannt. Dadurch sind sie zu der Schlussfolgerung gekommen, dass nicht das Gesetz, sondern nur die allgemein geltenden Gebote beachtet werden müssen.

Diese allgemein gültigen Gebote werden ihnen auferlegt, um diese kommen sie nicht herum. Diese Dinge werden „notwendige Dinge" genannt. Es sind „notwendige Dinge", weil sie zu tun haben mit der Beziehung der Treue zu Gott, dem allein geopfert werden darf, der Anerkennung seines exklusiven Rechts auf das Leben und der absoluten Treue in der intimsten Beziehung zum Nächsten, nämlich der Ehe.

Wer sich bei diesen notwendigen Dingen in Acht nimmt, tut wohl. Das Beachten dieser Dinge ist eine Wohltat für das geistliche Leben. Sie beschließen den Brief mit dem Gruß und Wunsch: „Lebt wohl".

Empfang des Briefes in Antiochien (15,30–35)

> 30 Nachdem sie nun entlassen waren, kamen sie nach Antiochien
> hinab; und sie versammelten die Menge und übergaben den Brief.
> 31 Als sie ihn aber gelesen hatten, freuten sie sich über den Trost.
> 32 Und Judas und Silas, die auch selbst Propheten waren, ermunterten die Brüder mit vielen Worten und stärkten sie.
> 33 Nachdem sie sich aber eine Zeit lang aufgehalten hatten, wurden sie mit Frieden von den Brüdern entlassen zu denen, die sie gesandt hatten.
> [34]
> 35 Paulus aber und Barnabas verweilten in Antiochien und lehrten und verkündigten mit noch vielen anderen das Wort des Herrn.

Die Gemeinde entlässt die Gesandtschaft. Das zeigt, dass sie hinter ihrer Mission stehen. Als die vier in Antiochien ankommen, wird die Menge der Gläubigen zu einer Zusammenkunft zusammengerufen. Danach überreichen die Brüder, die aus Jerusalem gekommen sind, den Brief. Der Brief aus Jerusalem bewirkt Freude, weil sie von dem Joch des Gesetzes freigesprochen werden. Die Vorschrift, sich von den notwendigen Dingen zu enthalten, ist ebenfalls Teil der Freude. Jerusalem garantiert Freiheit für die Nationen, obwohl sie selbst am Gesetz festhalten. Das ist die richtige Gesinnung, wie man miteinander als Gemeinden umgeht, wenn es um Regelungen und Verordnungen geht, an denen manche meinen festhalten zu müssen.

Außer dem Trost, den die Gläubigen durch den Brief empfangen haben, gibt es auch Gelegenheit für Judas und Silas, die

Gläubigen mündlich zu trösten und zu stärken. Als Propheten waren sie in der Lage, völlig andere Worte zu reden als ihre Vorgänger, die keinen Auftrag hatten und Worte sprachen, die die Seelen verstörten (V. 24). Die vielen Worte, die Judas und Silas redeten, dienten zur Stärkung des Glaubens. Es ist schön, auf diese Weise miteinander zu sprechen und auch durch die, die vom Herrn dazu die Gabe bekommen haben, im Glauben auferbaut zu werden.

Nachdem Judas und Silas einige Zeit ihren tröstenden und stärkenden Dienst ausgeübt haben, kehren sie wieder zu denen zurück, die sie gesandt hatten, also zur Gemeinde in Jerusalem. Die Brüder lassen sie in Frieden gehen. Es gibt Ruhe und Harmonie in der Gemeinde. Als Judas und Silas abreisen, lassen sie eine Gemeinde zurück, mit der sie eines Sinnes sind. Der Bericht, den sie später über ihren Aufenthalt und Dienst in Antiochien in Jerusalem gegeben haben werden, wird dort sicher auch Freude bewirkt haben.

Paulus und Barnabas bleiben in Antiochien. Zusammen mit vielen anderen lehren und verkündigen sie das Wort des Herrn. Das zeigt, dass in Antiochien eine große Gemeinde ist und dass es dort eine Vielzahl an Gaben gibt. Aber alle haben dasselbe Ziel. Es geht um die Auferbauung der Gläubigen, und das ist nur durch das Wort des Herrn möglich. Wieder ist es hier nicht „das Wort *Gottes*", sondern „das Wort des *Herrn*". Das Ziel des Dienstes besteht darin, dass das Leben der Gläubigen in all seinen Teilen unter die Autorität des Herrn kommt.

Trennung zwischen Paulus und Barnabas (15,36–39)

> 36 Nach einigen Tagen aber sprach Paulus zu Barnabas: Lass uns nun zurückkehren und in jeder Stadt, in der wir das Wort des Herrn verkündigt haben, die Brüder besuchen und sehen, wie es ihnen geht. 37 Barnabas aber wollte auch Johannes, genannt Markus, mitnehmen. 38 Paulus aber hielt es für recht, den nicht mitzunehmen, der sich in Pamphylien von ihnen getrennt hatte und nicht mit ihnen zu dem Werk gegangen war. 39 Es entstand aber eine Erbitterung, so dass sie sich voneinander trennten und Barnabas den Markus mitnahm und nach Zypern absegelte.

Wenn so viele in Antiochien das Wort des Herrn verkündigen, können wir uns vorstellen, dass Paulus nach einigen Tagen darüber nachdenkt, woanders einen Dienst zu tun. Er denkt dabei an die Brüder in den Städten, wo er und Barnabas auf der ersten Missionsreise waren. Sein Herz sehnt sich nach ihnen, und er würde gern wissen, wie es ihnen geht. Er sagt Barnabas, was ihn beschäftigt. Diese Überlegung des Paulus ist die Einleitung zu seiner zweiten Missionsreise.

Gleichzeitig ist es der Beginn einer traurigen Trennung zwischen Paulus und Barnabas. Barnabas ist mit Paulus einig und will mitgehen, um die Städte zu besuchen, von denen Paulus gesprochen hat. Doch er will, dass Johannes Markus dann mitgeht. Dieser war beim ersten Mal auch dabei, jedoch auf halber Strecke umgekehrt. Wie schön wäre es, wenn Markus eine zweite Chance bekäme und jetzt die ganze Reise mitmachen würde.

Barnabas, als echter „Sohn des Trostes", hält das für sehr wichtig. Doch Paulus ist nicht seiner Meinung. Er findet, dass Markus kein geeigneter Begleiter ist. Das heißt nicht, dass er Markus für immer abgeschrieben hat. Später wird er Timotheus schreiben, dass er Markus mitbringen soll, weil Markus ihm sehr nützlich zum Dienst ist (2Tim 4,11). In diesem Augenblick hält Paulus ihn offensichtlich noch nicht für reif genug.

Manche haben angenommen, dass Barnabas sich zu sehr durch seine Zuneigung zu seinem Neffen Markus leiten ließ. Zuneigung ist gut, ist aber keine Basis für Hingabe. Beim Speisopfer durfte kein Honig verwendet werden (3Mo 2,11). Honig ist nämlich ein Bild der natürlichen Zuneigungen und das Speisopfer ein Bild der völligen Hingabe an Gott.

Natürliche Liebe ist gut. Wehe uns, wenn wir keine natürliche Liebe haben. Das Fehlen natürlicher Liebe ist ein Kennzeichen der letzten Tage (2Tim 3,3). Aber natürliche Liebe darf unsere volle Hingabe im Dienst für den Herrn nicht beeinflussen. War Barnabas zu weich und Paulus zu hart? Der Herr hat das vor uns verborgen. Wir können allgemeine Belehrungen daraus ableiten, aber keine Ursachen ausmachen.

Hier haben zwei hingegebene Diener des Herrn, die sich schon lange und gut kennen und gemeinsam viel für den Herrn getan haben, eine Meinungsverschiedenheit, die nicht gelöst wird. Dieses Kapitel hat mit einer Meinungsverschiedenheit über eine Lehrfrage begonnen. Diese Meinungsverschiedenheit betraf die Lehre des Heils und musste gelöst werden. Ein Kompromiss ist bei einem derartigen Konflikt nicht angebracht. Dieser Konflikt wurde daher auch gelöst.

Die Differenz zwischen den beiden Gottesmännern ist von anderer Art. Es betrifft eine Frage der Beurteilung, und die bleibt ungelöst. Diese Differenz führt sogar zu Bitterkeit. An der Verbitterung hatten beide Schuld. Aus der Tatsache, dass Paulus und Silas mit dem Segen der Brüder auf Reisen gingen, dürfen wir nicht übereilt schließen, dass Barnabas und Markus einen falschen Weg gegangen sind. Möglicherweise ist Barnabas schnell losgezogen, um zu verhindern, dass die Trennung zwischen ihm und Paulus sich auch auf andere Brüder auswirkte.

Die Verbitterung ist nicht gut, und doch machen sich nun, nachdem sie auseinandergegangen sind, zwei Teams auf den Weg für den Herrn. Manchmal sind unsere Unvollkommenheiten Gottes Gelegenheiten, sein Werk zu tun. Barnabas wird zweifellos auch vom Herrn für seinen Dienst gebraucht worden sein. Wir hören weiter nichts darüber. Er segelte ab nach Zypern, seinem Geburtsland, das er früher mit Paulus während seiner ersten Missionsreise als erstes Reiseziel ausgewählt hatte (Apg 13,4).

Wenn Paulus später noch einmal von Barnabas spricht, ist keine Spur der Verbitterung mehr spürbar. Er spricht mit Wertschätzung von Barnabas als Mitknecht und stellt ihn auf dieselbe Stufe wie sich selbst in seinem Dienst für den Herrn (1Kor 9,6).

Anfang der zweiten Missionsreise (15,40.41)

> 40 Paulus aber erwählte sich Silas und zog aus, von den Brüdern der Gnade Gottes anbefohlen. 41 Er durchzog aber Syrien und Zilizien und befestigte die Versammlungen.

Paulus wünscht sich einen Begleiter, der den frei gewordenen Platz von Barnabas einnehmen kann. Seine Wahl fällt auf Silas. Er hat Silas eine Zeit lang während seines Dienstes in Antiochien erlebt und so seine Qualitäten kennengelernt. Silas war wieder nach Jerusalem gereist (V. 33). Wie Paulus wieder mit ihm in Kontakt gekommen ist, berichtet Lukas nicht. Gemeinsam werden sie, bevor sie abreisen, von den Brüdern der Gnade des Herrn anbefohlen.

Nicht ein geografischer Ort der Abreise, sondern der geistliche Ort der Abreise ist entscheidend für den Dienst. Die Gnade des Herrn ist der Ausgangspunkt für Paulus und Silas bei der zweiten Missionsreise. Die Brüder, die sie dieser Gnade anbefehlen, wissen, dass der Erfolg dieser Missionsreise von der Gnade abhängt.

Für Paulus und Silas ist eine Heimatbasis, die die Bedeutung davon richtig einschätzt, eine große Ermunterung. Mit diesem Rückhalt zieht Paulus durch Syrien und Zilizien, wo die Seelen zunächst verwirrt worden waren und später befestigt wurden. Dieses Werk setzt er fort. Er befestigt die Gemeinden überall, wo sie entstanden sind.

Kapitel 16

Paulus nimmt Timotheus als Reisegenossen mit (16,1–4)

1 Er gelangte aber auch nach Derbe und nach Lystra. Und siehe,
dort war ein gewisser Jünger, mit Namen Timotheus - der Sohn
einer gläubigen jüdischen Frau, aber eines griechischen Vaters -,
2 der ein gutes Zeugnis hatte von den Brüdern in Lystra und Ikonium.
3 Paulus wollte, dass dieser mit ihm ausgehe, und er nahm
und beschnitt ihn wegen der Juden, die in jenen Orten waren;
denn sie wussten alle, dass sein Vater ein Grieche war. 4 Als sie
aber die Städte durchzogen, teilten sie ihnen zur Beachtung die
Beschlüsse mit, die von den Aposteln und Ältesten in Jerusalem
festgesetzt worden waren.

Nachdem Paulus Syrien und Zilizien durchzogen hatte, kommt er in die Städte Derbe und Lystra (Apg 14,6). In Lystra trifft er einen Jünger, der Timotheus heißt. Timotheus wird hier zum ersten Mal erwähnt. Im weiteren Verlauf der Apostelgeschichte und auch in den Briefen des Paulus werden wir viel von ihm hören.

Es scheint so, dass er durch die Predigt des Paulus während seiner ersten Missionsreise zum Glauben gekommen ist. Das können wir den Briefen entnehmen, die Paulus später an Timotheus schreibt. Darin nennt er ihn sein Kind im Glauben (1Tim 1,2) und richtet sich an ihn als sein geliebtes Kind (2Tim 1,2; vgl 1Kor 4,17). Er wird der Mitarbeiter des Paulus werden, den er am meisten schätzte.

Die Ehe, aus der Timotheus stammte, war nach den Maßstäben des Gesetzes völlig verboten (5Mo 7,3; Neh 13,25). Doch die Gnade siegt und macht aus dem, der in einer ungesetzlichen Ehe geboren wurde, ein Instrument zur Ehre Gottes (sein Name bedeutet „Gott ehrend"). Seine Mutter und ebenso seine Großmutter waren gläubige Frauen (2Tim 1,5), die ihn in den Schriften unterwiesen hatten. Er kannte die Schriften von Jugend an (2Tim 3,15).

Seit seiner Bekehrung ist Timotheus im Glauben gewachsen. Durch seine Kenntnis der Heiligen Schriften ist er schon bald in der Lage, auch mit dem Wort zu dienen. Die Brüder in Lystra, wo er wohnte, haben seine geistliche Entwicklung beobachtet. So auch die Brüder in Ikonium, wo er offensichtlich hin und wieder war, um mit dem Wort zu dienen.

Als Paulus wieder nach Lystra kommt und seine Aufmerksamkeit zweifellos auf diesen vielversprechenden jungen Mann gerichtet wird, will er, dass Timotheus mit ihm auf Reisen geht. Aus den Briefen, die Paulus später an Timotheus schreiben wird, wissen wir, dass dieser in besonderer Weise für den Dienst zugerüstet ist. Wir können darin vier Aspekte entdecken, die eine Rolle gespielt haben: vorhergehende Prophezeiungen (1Tim 1,18), eine Gnadengabe Gottes (1Tim 4,14; 2Tim 1,6), Handauflegen des Paulus (2Tim 1,6) und Handauflegen der Ältestenschaft (1Tim 4,14). Wie bereits gesagt, bedeutet das Auflegen der Hände nicht Weihung oder Berufung, sondern Einsmachung und Gemeinschaft (Apg 6,6; 13,3).

Danach tut Paulus etwas, was auf den ersten Blick sehr merkwürdig erscheint, weil es um etwas geht, das er vor Kurzem noch massiv bekämpft hatte. Er beschnitt Timotheus nämlich eigenhändig. Der Grund dazu folgt sofort. Er beschnitt Timotheus, um die Vorurteile der Juden zu überwinden (1Kor 9,20). Timotheus wäre für die Juden inakzeptabel gewesen, wenn er nicht völlig Jude gewesen wäre.

Paulus stand in der Freiheit des Geistes. Deshalb konnte er Timotheus beschneiden. Er tat das auch, ohne dass irgendein Zwang auf ihn ausgeübt wurde. Als er gedrängt wurde, Titus zu beschneiden, tat er das nicht (Gal 2,3). Christliche Freiheit erkennt das Gesetz auf seinem Platz völlig an, obwohl das Gesetz in der christlichen Freiheit selbst keinen Platz hat. Bei Titus ging es um die christliche Lehre, als gäbe es ohne Beschneidung keine Errettung. Deshalb wurde Titus nicht beschnitten.

Bei Timotheus geht es um die Frage, was für das Werk nützlich ist. Es war nützlich, ihn zu beschneiden, um dadurch besseren Zugang zu den Juden zu haben und die Juden zu gewinnen. Die Beschneidung des Timotheus hat also nichts mit seiner Errettung zu tun, sondern ausschließlich mit der Aufgabe, die er unter jüdischen Gläubigen tun würde.

Weil die Mutter des Timotheus eine Jüdin war, war auch er durch Geburt ein Jude. Das hat seinen Grund darin, dass man einfacher beweisen konnte, dass eine Mutter Jüdin war als dass ein Vater Jude war. Ein Kind wird zudem von der Religion der Mutter weitaus stärker beeinflusst als durch die Religion des Vaters.

Paulus hat die Juden nirgendwo aufgefordert, sich nicht mehr an das Gesetz zu halten. Wo es nützlich war, unterwarf er sich selbst dem Gesetz wegen der Verkündigung des Evangeliums unter den Juden. Erst im Brief an die Hebräer schreibt er vom Verschwinden des Zeitalters des Gesetzes und der damit verbundenen Bedeutung des Gesetzes für die Juden; er fordert sie auf, das Lager zu verlassen.

Zusammen mit Silas und Timotheus durchzieht Paulus die Städte, um überall in den Gemeinden das weiterzugeben, was in Jerusalem bezüglich der notwendigen Dinge beschlossen worden war, die von den Gläubigen aus den Nationen beachtet werden sollten. Vom Halten der Gebote des Gesetzes ist nicht die Rede.

Befestigung und Zunahme der Gemeinden (16,5)

> 5 Die Versammlungen nun wurden im Glauben befestigt und mehrten sich täglich an Zahl.

Lukas gibt hier wieder einen Zwischenbericht über die Entwicklung der Gemeinde. Der Vers markiert den Übergang zwischen zwei Teilen dieses Buches. Der Teil, der in Vers 6 beginnt, erstreckt sich bis Kapitel 19 Vers 20, wo Lukas wieder solch einen Zwischenbericht gibt.

Nachdem nun die Frage bezüglich des Gesetzes geregelt ist, gibt es Raum für weiteres Wachstum. Die Freiheit vom Gesetz schafft eine Atmosphäre, in der die Gemeinden im Glauben befestigt werden können. Es war noch die Anfangszeit mit dem kraftvollen Wirken des Geistes und hingegebenen Dienern. Die Tatsache, dass täglich Menschen den Gemeinden zugefügt wurden, zeigt das mächtige Wirken des Geistes. Bekehrungen waren keine Einzelfälle. Sie fanden nicht ab und zu und hier und dort mal statt, sondern jeden Tag kamen Menschen zur Bekehrung.

Komm herüber ... und hilf uns (16,6–10)

> 6 Sie durchzogen aber Phrygien und die galatische Landschaft,
> nachdem sie von dem Heiligen Geist daran gehindert worden waren, das Wort in Asien zu reden;
> 7 als sie aber gegen Mysien hin
> kamen, versuchten sie, nach Bithynien zu reisen, und der Geist
> Jesu erlaubte es ihnen nicht.
> 8 Als sie aber an Mysien vorübergezogen waren, gingen sie nach Troas hinab.
> 9 Und es erschien Paulus

in der Nacht ein Gesicht: Ein gewisser mazedonischer Mann stand da und bat ihn und sprach: Komm herüber nach Mazedonien und hilf uns! 10 Als er aber das Gesicht gesehen hatte, suchten wir sogleich nach Mazedonien abzureisen, da wir schlossen, dass Gott uns gerufen habe, ihnen das Evangelium zu verkündigen.

Da der Verkündigungsbereich des Evangeliums sich über die ganze Schöpfung erstreckt, ist Führung erforderlich, um zu wissen, welchen Weg man gehen soll. In Bezug auf seine erste Missionsreise kann Paulus auf einen eindeutigen Auftrag des Heiligen Geistes hinweisen (Apg 13,2). Er unternimmt seine zweite Missionsreise ohne einen derartigen Auftrag, wohl aber mit klaren Anweisungen.

Der Anlass für die zweite Missionsreise war das Verlangen, in den Gegenden, wo er auf seiner ersten Missionsreise gewesen war, nach dem Ergehen der Gläubigen zu sehen (Apg 15,36). Dazu war kein besonderer Auftrag des Geistes nötig, denn dieses Werk ist in Übereinstimmung mit dem allgemeinen Befehl der Schrift, Sorge zu tragen für die Jungbekehrten, die Lämmer der Herde. Paulus ist auf das Wohlergehen der Gläubigen bedacht. Das veranlasste ihn zu handeln. Ein solches Handeln zeugt von geistlicher Reife. Es ist die normale Art und Weise, wie der Heilige Geist leitet, denn Er wohnt in den Gläubigen unter anderem deshalb, um sie immer leiten zu können (Röm 8,14).

Auf der zweiten Missionsreise zieht Paulus durch Phrygien und Galatien, wo er das Wort Gottes gepredigt hat und Gemeinden entstanden sind. Dann ziehen sie weiter nach Westen, nach Asien (Kleinasien), dessen Hauptstadt Ephesus ist. Aber dort werden sie „durch den Heiligen Geist" gehindert, das Wort zu reden. Später wird er dort mehrere Jahre wirken und das Evangelium ausführlich verkündigen. Ephesus wird dann seine Hauptwirkungsstätte sein. Jetzt war es noch nicht die Zeit Gottes.

Lukas spricht hier über den *Heiligen* Geist und betont damit, dass Paulus und seine Begleiter von unheiligen Geistern umgeben waren, die sie zu unheiligen Handlungen veranlassen wollten. Die unheiligen Handlungen können die Folge sein von allerlei guten Absichten, die aber nicht vom Heiligen Geist sind. Das ist eine Warnung für uns, uns nicht durch Wunschdenken leiten zu lassen. Der Herr kann unser Leben auf verschiedene Weise leiten. Er kann leiten durch die Schrift, durch Umstände, durch Mitgeschwister, durch den Heiligen Geist oder durch nüchternes Überlegen.

Nachdem sie in Asien verhindert worden sind, das Wort zu reden, ziehen sie nach Norden und versuchen über Mysien und Bithynien zu reisen. Dieser Weg wird jedoch durch „den Geist Jesu" verhindert. Der Geist Jesu ist natürlich kein anderer als der Heilige Geist. Dass Er hier der Geist Jesu genannt wird, weist uns auf das Leben des Herrn Jesus in seiner Erniedrigung auf der Erde hin, denn daran erinnert uns sein Name „Jesus". Der Herr Jesus hat sich auf der Erde in allem und immer durch den Heiligen Geist leiten lassen. Der Geist und der Herr Jesus sind so eng miteinander verbunden, dass von dem Geist Jesu gesprochen werden kann. So abhängig, wie der Herr Jesus von seinem Vater war, so muss auch Paulus lernen, von Gott abhängig zu sein. Dies kann ihn niemand besser lehren als der Geist Jesu.

Wir wissen nicht, auf welche Weise der Geist den Weg nach Bithynien verhindert hat. Nachdem nun der Weg nach Bithynien versperrt ist, weichen sie nach Westen aus. Wir sehen, dass Paulus zwar für den Herrn auf Reisen gehen wollte, dass er jedoch keine vollständige Wegbeschreibung vom Herrn bekam. Er musste lernen, von Schritt zu Schritt abhängig zu sein. So kommen sie nach Troas.

In Troas bekommt Paulus in nächtlicher Stille eine neue Marschroute. Dazu gebraucht Gott einen Traum (Hiob 33,15). Den Mann, der Paulus in einem Gesicht erscheint, können wir als eine symbolische Erscheinung sehen, in der ganz Europa vor dem Geist des Paulus auftaucht. Der Mann ruft nicht, dass sie kommen sollen, um das *Evangelium* zu verkündigen, sondern ruft um *Hilfe*. Ein Teil der Welt ist in Not. Ein Evangelist ist ein Helfer in der Not. Er ist ein Helfer für Menschen, die unter der Last der Sünde gebeugt gehen, damit ihnen die Last von den Schultern genommen wird und sie durch den Glauben erleuchtet werden.

Das Gesicht gibt keine weiteren Einzelheiten über die Reise und das Ziel. Es ist ein allgemeiner Hinweis von Gottes Führung, über die Details müssen sie noch Klarheit bekommen. Die Dinge werden klarer, als sie darüber sprechen, was das Gesicht für sie bedeutet. Sie ziehen den Schluss, dass Gott sie gerufen hat, den Mazedoniern das Evangelium zu verkündigen.

Dieser Überlegung stimmt Lukas, der Schreiber der Apostelgeschichte zu. Er hat sich unauffällig der Reisegesellschaft angeschlossen. Bis jetzt hat Lukas immer über „sie" geschrieben, ab Vers 10 spricht er von „wir". Er gehört nun zu der Reisegesellschaft und wird Augenzeuge der Ereignisse. Diese Gruppe besteht nun aus vier Personen.

Die Bekehrung Lydias (16,11–15)

> [11] Wir fuhren aber von Troas ab und kamen geradewegs nach Sa-
> mothraze und am folgenden Tag nach Neapolis [12] und von da nach
> Philippi, das die erste Stadt jenes Teiles von Mazedonien ist, eine
> Kolonie. In dieser Stadt aber verweilten wir einige Tage. [13] Und am
> Tag des Sabbats gingen wir vor das Tor hinaus an einen Fluss, wo
> es gebräuchlich war, das Gebet zu verrichten; und wir setzten uns
> nieder und redeten zu den Frauen, die zusammengekommen wa-
> ren. [14] Und eine gewisse Frau, mit Namen Lydia, eine Purpurhänd-
> lerin aus der Stadt Thyatira, die Gott anbetete, hörte zu, deren Herz
> der Herr auftat, dass sie Acht gab auf das, was von Paulus geredet
> wurde. [15] Als sie aber getauft worden war und ihr Haus, bat sie und
> sagte: Wenn ihr urteilt, dass ich dem Herrn treu bin, so kehrt in
> mein Haus ein und bleibt. Und sie nötigte uns.

Von Troas in Asien aus reist die Gesellschaft zu dem in Asien etwas höher gelegenen Samothraze. Von dort setzen sie nach Mazedonien in Europa über, wo sie in Neapolis an Land gehen. Von Neapolis aus gehen sie zu Fuß in das zwanzig Kilometer entfernte Philippi, die vornehmste Stadt dieses Teiles Mazedoniens.

Bevor von der Weitergabe des Evangeliums die Rede ist, halten Paulus und seine Begleiter sich einige Tage in der Stadt auf. So können sie die Menschen der Stadt etwas kennenlernen. Es ist wichtig, zunächst Interesse an den Menschen zu zeigen, damit man ihnen anschließend das Evangelium bringen kann.

Philippi ist eine römische Kolonie, das heißt ein Gebiet, wo die Bürger dieselben Rechte hatten wie in den Städten Italiens. Man konnte in Philippi meinen, man sei in Rom. Es ging dort genauso zu wie in Rom. Die Menschen in Philippi lebten als Römer unter der Autorität Roms. Paulus wird in dem Brief, den er später an die Gläubigen in dieser Stadt schreibt, darauf hinweisen, dass Gläubige in der Welt auch auf dieselbe Weise leben. So wie die Einwohner von Philippi in einer fremden Umgebung als Römer leben, so leben Gläubige als Himmelsbürger nach den Normen des Himmels auf der Erde, umgeben von einer Welt, zu der sie nicht gehören (Phil 3,20).

Sie werden bei der Erkundung der Stadt auch erfahren haben, dass es dort keine Synagoge gab, wohl aber einen Gebetsort. Es scheint so, dass ein Gebetsort üblich war, wenn es keine Synagoge am Ort gab. In dieser echt römischen Stadt war es nicht selbstverständlich, dass dort eine Synagoge war. Für eine Synagoge waren nach der Überlieferung mindestens zehn Juden erforderlich, wobei man sich dabei auf das Gebet Abrahams für Sodom stützte, in dem es schließlich um zehn Gerechte ging (1Mo 18,32).

Paulus suchte den Gebetsort auf, um auch hier zunächst den Juden das Evangelium zu verkündigen. Als es Sabbat wurde, gingen sie an den Ort, von dem sie annahmen, dass dort Menschen zum Gebet zusammenkamen. Als sie dort angekommen sind, sehen sie, dass sich dort Frauen versammelt haben. Paulus und seine Begleiter setzen sich zu ihnen. In dieser Haltung der Ruhe sprechen sie zu den Frauen.

An der Reaktion der Frauen, insbesondere der Lydia, sehen wir, dass Gott schon ein Werk in Philippi angefangen hat. Zu seiner Zeit hat Er Paulus dorthin gebracht, um sein Werk an den Seelen zu vollenden. Dass dort auch eine Gemeinde entsteht, die von Liebe und Fürsorge gekennzeichnet ist, erwähnt Lukas hier allerdings nicht. Das sieht man später in dem Brief, den Paulus an sie schreibt.

Lydia ist wahrscheinlich eine Griechin, die sich zum Judentum bekehrt hat. Sie verehrt nicht mehr die vielen Götzen des Römischen Reiches, sondern den einen Gott der Juden. Sie kam ursprünglich aus Thyatira, das für die Färberei von Stoffen bekannt war. Lydia handelt mit solchen Stoffen in Philippi. Während Paulus redet (es war also mehr eine Art Unterhaltung als eine formale Predigt), hört Lydia zu. Dann öffnet der Herr ihr Herz, so dass sie auf das achtet, was Paulus redet. Sie nimmt das Wort Gottes zu Herzen und nimmt im Glauben an, was Gott sagt.

Hier sehen wir die zwei Seiten der Wahrheit, die wir in der ganzen Bibel finden. Einerseits sehen wir Lydia, die zuhört und Acht gibt, und andrerseits öffnet der Herr ihr Herz, so dass sie das annimmt, was gesagt wird. So geht es auch im Leben von uns Gläubigen. Wir gehen zur Zusammenkunft, um das Wort zu hören, und gleichzeitig bitten wir, dass das Wort sein Werk in uns tun möge.

Nach ihrer Bekehrung wird sie sofort getauft, was darauf hinweist, dass Paulus auch über die Taufe gesprochen haben wird. Nicht nur sie wird getauft, sondern auch ihr Haus, das sind alle, die dazugehören. Das Heil ist eine individuelle Sache. Niemand wird errettet, weil jemand anderes ein Gläubiger ist. Kinder werden nicht errettet, weil die Eltern Gläubige sind. Jeder Mensch muss persönlich an den Herrn Jesus glauben.

Dennoch ist es Gottes Absicht, nicht nur Einzelne zu erretten, sondern ganze Familien. Auch das finden wir in der Schrift. So sagte Gott bereits zu Noah, dass er eine Arche zur Rettung *seines Hauses* bereiten sollte (Heb 11,7). Gott gibt Eltern eine große Verantwortung, ihre Kinder in der Zucht und Ermahnung des Herrn aufzuziehen (Eph 6,4). Die andere Seite ist die Gnade Gottes, dass Er, wenn Eltern das tun, seine Verheißung daran knüpft, dass Er die Kinder rettet. Dazu müssen die Kinder sich selbst bekehren und zum Glauben kommen. Wo ein gläubiges Familienoberhaupt ist, kommt die ganze Familie in die Atmosphäre des Wortes Gottes.

Als Lydia und ihr Haus getauft sind, bittet sie Paulus, einige Zeit in ihrem Haus zu bleiben. Sie beruft sich dabei auf ihre Treue zum Herrn. All das zeigt, dass sie Gott verehrte. Ihre Taufe beweist, dass sie gehorsam sein will. Ihre Gastfreundschaft beweist, dass sie neues Leben hat und die neuen Beziehungen, die es nun unter Kindern Gottes gibt, erleben möchte. Sie wollte sicher gern mehr über den Herrn Jesus und sein Werk hören.

Austreibung eines wahrsagenden Geistes (16,16–18)

> [16] Es geschah aber, als wir zum Gebet gingen, dass uns eine gewisse Magd begegnete, die einen Wahrsagegeist hatte und ihren Herren viel Gewinn brachte durch Wahrsagen. [17] Diese folgte Paulus und uns nach und schrie und sprach: Diese Menschen sind Knechte Gottes, des Höchsten, die euch den Weg des Heils verkündigen.
> [18] Dies aber tat sie viele Tage. Paulus aber, tief betrübt, wandte sich um und sprach zu dem Geist: Ich gebiete dir im Namen Jesu Christi, von ihr auszufahren! Und er fuhr aus zu derselben Stunde.

Auf dem Weg zur Gebetsstätte begegnen Paulus und seine Begleiter einer Magd, die einen Python-Geist hatte, durch den sie Wahrsagerei betrieb. Das Mädchen ist wirklich besessen, wirklich in der Macht eines bösen Geistes, wodurch sie ihre Identität verloren hat. Sie ist ein Werkzeug Satans, der sie auf unbarmherzige Weise ausbeutet. Die Herren des Mädchens verdienen gut an ihr. Es gab Menschen genug, die sie gegen Bezahlung um Rat fragten.

Als sie den Weg des Paulus kreuzt, offenbart sich der Wahrsagegeist lautstark. Er preist „diese Menschen" als „Knechte Gottes des Höchsten", die den Weg des Heils verkündigen. Hier sehen wir die verführerische Taktik Satans. Hier in Europa greift er das Evangelium nicht öffentlich an, sondern versucht, sich mittels irreführender Unterstützung in das Werk des Evangeliums einzuschleichen.

Im Griechischen sieht man, dass das Mädchen nicht über *den* Weg spricht, sondern über *einen* Weg. Sie sagt auch, „die *euch*" einen Weg verkündigen, nicht „die *uns*" einen Weg verkündigen. Sie macht keine Werbung für das Evangelium, sondern spricht vom Evangelium als einem Weg von vielen zur Errettung. Das ist typisch dämonisch, dem Evangelium die Exklusivität abzuerkennen. In Weltreligionen wie beispielsweise dem Buddhismus oder dem Islam ist Raum für Jesus, doch nur neben anderen Götzen.

Auch spricht sie über Paulus und seine Mitarbeiter als Knechte des höchsten Gottes. Das bedeutet im griechischen Kontext jedoch, dass sie von ihnen als von Knechten des Zeus spricht. Sie spricht von einem Weg der Errettung, nicht über die Rettung von Sünden, sondern die Rettung aus gewissen misslichen Umständen des Lebens, die sie als Wahrsagerin ebenfalls verkündigte. Sie stellte einen Weg vor, der zum Wohl der Menschen führen würde, doch in Wahrheit im ewigen Verderben endet.

Paulus ist nicht sofort gegen das Mädchen vorgegangen. Er hat ihr Geschrei viele Tage ertragen. Doch dann kommt der Augenblick, dass er es nicht länger ertragen kann. Das bedeutet nicht, dass er in Verlegenheit geriet, sondern dass ein weiteres Dulden das Evangelium kraftlos gemacht hätte. Das Geschrei des Mädchens richtete die Aufmerksamkeit der Menschen auf sie und nicht auf das Evangelium. In einem bestimmten Augenblick wendet Paulus sich um und befiehlt dem Geist, im Namen Jesu Christi von ihr auszufahren. Paulus treibt den Geist nicht aus eigener Kraft aus, sondern in der Autorität des Namens des Herrn Jesus. Dieser Name ist über jede Macht und Kraft erhaben (Apg 3,6.16; 4,10). Der Geist gehorcht sofort.

Leider ist die Verkündigung des Evangeliums heutzutage häufig ein Predigen, das die Zustimmung der Welt hat, da der Evangelist es zulässt, dass die Welt sich mit seiner Verkündigung vereinigt. Die Rechtfertigung lautet, es gehe schließlich darum, dass das Evangelium Eingang findet. Doch das ist nicht die Weise, wie Paulus vorging. Er lehnt die Vermischung ab, und das kommt ihm teuer zu stehen, wie sich im Folgenden zeigt.

Ins Gefängnis geworfen (16,19–24)

19 Als aber ihre Herren sahen, dass die Hoffnung auf ihren Gewinn dahin war, griffen sie Paulus und Silas und schleppten sie auf den

Markt zu den Vorstehern. [20] Und sie führten sie zu den Hauptleuten und sprachen: Diese Menschen, die Juden sind, verwirren ganz und gar unsere Stadt [21] und verkündigen Gebräuche, die anzunehmen oder auszuüben uns nicht erlaubt ist, da wir Römer sind. [22] Und die Volksmenge erhob sich zugleich gegen sie, und die Hauptleute rissen ihnen die Kleider ab und befahlen, sie mit Ruten zu schlagen. [23] Und als sie ihnen viele Schläge gegeben hatten, warfen sie sie ins Gefängnis und befahlen dem Kerkermeister, sie sicher zu verwahren. [24] Dieser warf sie, als er solchen Befehl empfangen hatte, in das innerste Gefängnis und schloss ihre Füße fest in den Stock.

Wenn Satan sein Ziel nicht mit Schmeichelei erreichen kann, verwandelt er sich in einen brüllenden Löwen (1Pet 5,8). Seine Instrumente sind die Herren des Mädchens. Ihre Einnahmequelle ist durch diese Menschen versiegt. Daher sind sie am allerwenigsten dankbar für die Befreiung des Mädchens, sondern besonders böse, da sie ihren Gewinn dahinschmelzen sehen. Sie schleppen Paulus und Silas direkt vor die Obrigkeit, die durch zwei Vorsteher repräsentiert wird. Die Vorsteher waren römische Beamte, eine Art Bürgermeister.

Die Herren des Mädchens, das durch Paulus befreit wurde, beschuldigen Paulus und Silas, einen Aufruhr angezettelt zu haben. Das ist eine schwere Anklage, denn alles, was die Einheit und die Ruhe des Römischen Reiches bedroht, wird hart bestraft. In ihrer Durchtriebenheit machen diese Menschen das, was Paulus und Silas getan haben, zu einem politischen Thema. Sie wissen, dass sie damit die Chance haben, dass sie verurteilt werden. Auch spielen sie auf den Hass gegenüber den Juden an, indem sie sprechen über „diese Menschen, die Juden sind".

Weiterhin beschuldigen sie Paulus und Silas, dass sie Gebräuche verkündigen, die gegen die römischen Gebräuche sind. (Lukas und Timotheus waren in ihren Augen weniger wichtig, so dass sie sie laufen ließen.) Gebräuche haben mit Kultur zu tun. Sie beschuldigen sie, dass sie ihre Kultur mit dem Evangelium zerstören würden. Die Kultur hat Gott in den Nationalcharakter hineingelegt. Sie ist bei jedem Volk unterschiedlich, kann jedoch in der Hand Satans zu einem Mittel werden, dem Evangelium zu widerstehen. Nachdem die Beschuldigungen ausgesprochen sind, stellt sich auch die Volksmenge, die immer auf eine Abwechslung aus ist, gegen Paulus und Silas.

Die Vorsteher halten eine genauere Untersuchung für unnötig. Ohne weiteren Prozess werden den beiden Dienern Gottes von den Hauptleuten die Kleider vom Leib gerissen. Dann befehlen sie, dass sie gegeißelt werden. Die Männer, die die Geißelung durchführen, nehmen ihre Aufgabe nicht auf die leichte Schulter und verabreichen den beiden Predigern „viele Schläge".

Gott lässt zu, dass seine Diener geschlagen werden, und es ist ihnen eine Ehre, sich nicht zu widersetzen. Dadurch wird ein noch herrlicheres Zeugnis von seinem Wort und seinen Knechten gegeben. Was den Leib betrifft, so ist die Welt stärker als die Christen, wenn Gott es zulässt; doch in der Seele ist der Christ über den Umständen, sofern er sich der Gegenwart Gottes bewusst ist. Seine Anwesenheit ist größer als alle Umstände und kann alles andere überwinden (1Joh 5,4). Man kann sich dann in dem Leiden freuen (Apg 5,41, Röm 5,3-5).

Nach der Geißelung werden sie ins Gefängnis geworfen. Der Kerkermeister bekommt den Befehl, sie sorgfältig zu verwahren. Dieser überlässt nichts dem Zufall. Er wirft sie ins innerste Gefängnis, tiefer geht es nicht. Und als wäre das noch nicht sicher genug, schließt er ihre Füße sorgfältig in den Stock ein. Ein Entkommen ist unmöglich. Es scheint so, als wären sie völlig ausgeschaltet und als habe der Feind gewonnen. Wie entmutigend konnte es sein, wenn sie daran dachten, dass das ihr Empfang in Europa war, obwohl sie doch klar die Leitung des Herrn Jesus erkannt hatten, hierher zu kommen.

Beten und Singen im Gefängnis (16,25.26)

> 25 Um Mitternacht aber beteten Paulus und Silas und lobsangen
> Gott; die Gefangenen aber hörten ihnen zu. 26 Plötzlich aber ge-
> schah ein großes Erdbeben, so dass die Grundfesten des Gefäng-
> nisses erschüttert wurden; sofort aber öffneten sich alle Türen,
> und die Fesseln aller wurden gelöst.

Doch siehe, und vor allem: Höre einmal, wie die Evangelisten auf alle erlittenen Peinigungen und Demütigungen reagieren. Statt mutlos zu werden oder Klagelieder anzustimmen oder Gott um Rache anzuflehen wegen der erlittenen Schmach, beten und singen sie. Beten und Singen sind mächtige Waffen, mit denen große Siege über den Feind errungen werden (2Chr 20,1-22; Apg 4,23-31).

Sie suchen ihre Stärke in Gott und preisen Ihn für das, was Er ist. Sie tun das nicht leise, sondern für alle Gefangenen hörbar.

Die Gefangenen schreien sie nicht an, ihren Mund zu halten, sondern hören ihnen zu. So etwas haben sie noch nie erlebt und gehört. Je schwieriger unsere Umstände sind, desto beeindruckender wird unsere Freude für die sein, die uns beobachten.

Während Paulus und Silas beten und singen und die Gefangenen ihnen zuhören, greift Gott plötzlich ein. Er antwortet auf das Singen und Beten seiner Diener mit einem plötzlichen, großen Erdbeben. Es ist ein ganz besonderes Erdbeben. Es beschränkt sich auf ein Gebäude. Der Boden reißt nicht auf, auch bleiben alle Mauern stehen. Nur die Türen öffnen sich und die Fesseln aller Gefangenen lösen sich! Ein zusätzliches und möglicherweise noch größeres Wunder ist, dass niemand die Gelegenheit ausnutzt, um zu fliehen. Sie sind alle wie „am Boden festgenagelt". Derartige besondere Erdbeben sind im Leben eines Menschen nötig, damit er die Notwendigkeit des Heils erkennt.

Die Bekehrung des Kerkermeisters (16,27–34)

> 27 Als aber der Kerkermeister aus dem Schlaf erwachte und die Tü-
> ren des Gefängnisses geöffnet sah, zog er das Schwert und wollte
> sich umbringen, da er meinte, die Gefangenen wären geflohen.
> 28 Paulus aber rief mit lauter Stimme und sprach: Tu dir nichts
> Übles, denn wir sind alle hier. 29 Er forderte aber Licht und sprang
> hinein; und zitternd fiel er vor Paulus und Silas nieder. 30 Und er
> führte sie heraus und sprach: Ihr Herren, was muss ich tun, um
> errettet zu werden? 31 Sie aber sprachen: Glaube an den Herrn Je-
> sus, und du wirst errettet werden, du und dein Haus. 32 Und sie
> redeten das Wort des Herrn zu ihm samt allen, die in seinem Haus
> waren. 33 Und er nahm sie in jener Stunde der Nacht zu sich und
> wusch ihnen die Striemen ab; und er wurde getauft, er und alle
> die Seinen sogleich. 34 Und er führte sie ins Haus hinauf, setzte
> ihnen einen Tisch vor und frohlockte, an Gott gläubig geworden,
> mit seinem ganzen Haus.

Durch das Erdbeben ist auch der Kerkermeister aufgewacht. Als er erkennt, dass die Türen offenstehen, kann er nichts anderes schlussfolgern, als dass alle Gefangenen geflohen sind. Es war seine Aufgabe, sie zu bewachen, und er empfindet, dass er versagt hat. Er will Hand an sich selbst legen. Aber Gott verhindert das und lässt ihm das Heil verkündigen. In dem Augenblick, als der Mann sich selbst töten will, ertönt die Stimme des Paulus durch die Dunkelheit.

Paulus kann nicht gesehen haben, dass der Mann Selbstmord begehen wollte. Es war stockdunkel und er war im innersten Gefängnis. Gott hat ihm die Situation klar gemacht. Er ruft daher: „Wir sind alle hier". Der Gott, der die Fesseln löste, verhinderte auch, dass nur ein Gefangener entkam. Niemand kann Ihm widerstehen und entkommen. So werden alle Sünder in der Hölle bis in alle Ewigkeit von der Macht Gottes festgehalten.

Die Worte des Paulus halten den Mann davon ab, Hand an sich selbst zu legen. Das heißt also, dass er Paulus glaubt. Er will zu Paulus hingehen, doch dazu braucht er Licht. Das bekommt er. Dann springt er hinein und fällt zitternd vor Paulus und Silas nieder. Wir lesen nicht, dass es das Erdbeben war, das den Kerkermeister erzittern ließ, sondern die Stimme des Paulus, die aus dem Stockdunkeln zu ihm drang. Er muss das als die Stimme Gottes erkannt haben, des Gottes, für den die Finsternis hell ist wie der Tag (Ps 139,12).

Die Gnade wirkt für den überzeugten Sünder niederschmetternd. Zugleich bewirkt die Gnade auch die Frage nach der Errettung. Mit dieser Frage richtet sich der Kerkermeister an Paulus und Silas. Er nennt sie nun „ihr Herren" und erkennt sie damit als über ihm stehend an. Er fragt nach dem Weg der Errettung, weil er möglicherweise schon früher davon gehört hat. Damals hat er vielleicht darüber gelacht, doch nun fragt er in seiner Not danach. So wirkt Gott immer bei der Bekehrung von Sündern.

Der Kerkermeister fragt: „Was muss ich tun, um errettet zu werden?" Er denkt also, dass man etwas für seine Errettung tun muss. Doch um errettet zu werden, braucht niemand etwas zu tun, nein, es ist sogar unmöglich, selbst etwas dazu beizutragen. Daher bekommt er auch keine Anweisung, bestimmte Werke zu tun. Paulus stellt ihm den einzigen Weg vor, wie jemand errettet werden kann, und das ist der Glaube an den Herrn Jesus.

Entscheidend ist, dass er sein Vertrauen auf den Herrn Jesus setzt. Er muss seinen Anker zum Herrn Jesus auswerfen. Das ist keine Leistung, sondern Notwendigkeit. Glaube ist ebenso wenig eine Leistung, wie wenn jemand in Todesnot den Rettungsring ergreift, der ihm zugeworfen wird.

Paulus redet nicht nur über die Errettung des Kerkermeisters, sondern auch über die Errettung seines Hauses. Errettung bedeutet, dass es zu einer radikalen Trennung mit der Welt kommt. Wir haben schon bei Lydia gesehen, dass es die normale Ordnung ist, dass dort, wo ein Familienoberhaupt zum Glauben kommt, Gott die Errettung auch auf die Hausgenossen ausdehnt (V. 15). Das Haus, in dem das Licht des Evangeliums angezündet ist, befindet sich nicht mehr im Bereich der Welt, sondern in einem Bereich, wo der Heilige Geist wirkt und das Wort durch Ihn geredet wird. Die Ordnung in diesem Haus ist seine Ordnung.

Nachdem Paulus und Silas darüber gesprochen haben, dass man nur durch den Glauben an den Herrn Jesus errettet werden kann, reden sie nun „das Wort des Herrn" zu ihm und zu allen, die in seinem Haus sind. Wer zum Glauben gekommen ist, hat sein Leben unter die Autorität des Herrn gestellt. Der Herr macht durch sein Wort („das Wort des Herrn") klar, wie man Ihm dienen kann. Paulus und Silas belehren sie darüber.

Der Kerkermeister zeigt, dass er bekehrt ist, indem er Paulus und Silas in dieser Nachtstunde zu sich nimmt. Aus dem Schlafen wird nichts, dazu gibt es kein Bedürfnis mehr. Hier ist ein Mann, der innerlich eine große Veränderung erfahren hat und das auch äußerlich beweist. Er nimmt seine früheren Gefangenen, deren Bruder er jetzt geworden ist, in sein Haus auf und versorgt sie, indem er ihnen die Striemen abwäscht. Direkt danach wird er getauft, zusammen mit all den Seinen. Nun scheint in Philippi in einem weiteren Haus ein Licht, nachdem es bereits im Haus der Lydia angezündet worden war. Der Kerkermeister erfreut sich im Glauben. Zuvor war ihm die Traurigkeit seines Elends bewusst geworden und er hat das Evangelium zu seiner Rettung gehört und angenommen.

Lydia war bereits eine gottesfürchtige Frau (V. 14), die aber doch noch errettet werden musste, so wie wir es bei Kornelius gesehen haben (Apg 10,1.2; 11,14). Der Kerkermeister war ein gottloser Mann. Auch er brauchte Errettung. Sowohl gute als auch schlechte Menschen haben die Errettung nötig.

Freilassung des Paulus und Silas (16,35–40)

> 35 Als es aber Tag geworden war, sandten die Hauptleute die Rutenträger und ließen sagen: Lass jene Menschen frei. 36 Der Kerkermeister aber berichtete Paulus diese Worte: Die Hauptleute haben gesandt, dass ihr freigelassen werdet; geht also jetzt hinaus und zieht hin in Frieden. 37 Paulus aber sprach zu ihnen:

Nachdem sie uns, obwohl wir Römer sind, öffentlich unverurteilt geschlagen haben, haben sie uns ins Gefängnis geworfen, und jetzt stoßen sie uns heimlich hinaus? Nicht doch; sondern sie sollen selbst kommen und uns hinausführen. [38] Die Rutenträger aber meldeten diese Worte den Hauptleuten; sie fürchteten sich aber, als sie hörten, dass sie Römer seien. [39] Und sie kamen und redeten ihnen zu; und sie führten sie hinaus und baten sie, aus der Stadt wegzugehen. [40] Als sie aber aus dem Gefängnis hinausgegangen waren, gingen sie zu Lydia; und als sie die Brüder sahen, ermahnten sie sie und gingen weg.

Es scheint so, dass die Hauptleute von alledem nichts erfahren haben, was in der Nacht geschehen ist. Sie wollen, dass Paulus und Silas freigelassen werden. Eine Geißelung und eine Nacht im Gefängnis sind in ihren Augen ausreichend, um diesen Menschen eine Lektion zu erteilen. Der Kerkermeister überbringt Paulus die Nachricht. Falls er darüber nachgedacht hat, was er weiter mit Paulus und Silas machen sollte, so war die Nachricht, dass er die Gefangenen freilassen könne, eine große Erleichterung für ihn. Er kann ihnen sagen, dass sie frei sind und in Frieden ziehen können.

Paulus ist jedoch mit dem Vorschlag des Kerkermeisters nicht einverstanden. Er durchschaut, was es bedeutet, wenn sie so die Stadt verlassen. Wenn sie stillschweigend entlassen würden, würde für immer der Verdacht bestehen bleiben, dass sie Aufrührer waren. Sie waren ja öffentlich und dazu noch ohne Verurteilung geschlagen und ins Gefängnis geworfen worden. Jeder hatte das gesehen. Deshalb musste eine öffentliche Rechtfertigung geschehen, damit jeder erkennen konnte, dass sie keine Aufrührer waren. Der Verdacht musste ausgeräumt werden, dass sie etwas getan hatten, was gegen die Obrigkeit gerichtet war. Denn das war ja die öffentliche Beschuldigung, die man ihnen auf dem Marktplatz zur Last gelegt hatte.

Damit diese Rechtfertigung stattfinden kann, beruft Paulus sich auf sein römisches Bürgerrecht. Auch Silas scheint dieses Bürgerrecht zu haben, denn Paulus sagt: „obwohl wir Römer sind". Sie haben von diesem Bürgerrecht keinen Gebrauch gemacht, um der brutalen Behandlung und der Misshandlung zu entgehen. Sie wollten nicht den Leiden für Christus entkommen. Er macht nur von seinem Recht Gebrauch, damit der Anschein weggenommen wird, als hätten sie eine Missetat begangen.

Ihre Rechtfertigung war auch für die junge Gemeinde wichtig, damit für sie klar wurde, dass Paulus und Silas auf das bedacht waren, was ehrbar ist. Die Jungbekehrten würden dann auch nicht durch die Außenstehenden mit Übeltätern gleichgesetzt werden, was nämlich sonst der Fall gewesen wäre.

Als die Hauptleute erfahren, dass sie Römer gegeißelt und gefangen genommen haben, fürchten sie sich. Ihnen wird bewusst, dass es ihr Leben kosten kann, wenn Paulus und Silas sie anklagen. Die Hauptleute können nicht anders, als auf die Forderung von Paulus und Silas einzugehen. Sie begleiten sie aus dem Gefängnis hinaus und bitten sie, aus der Stadt wegzugehen. Sie können mit den Evangelisten nichts anfangen. Mit ihnen senden sie auch das Evangelium fort, denn damit wollen sie nichts zu tun haben.

Paulus und Silas entsprechen nicht sofort ihrer Bitte, die Stadt zu verlassen. Nachdem sie das Gefängnis verlassen haben, gehen sie zunächst noch zu Lydia, um Abschied von ihr zu nehmen. Als sie bei ihr ankommen, treffen sie noch weitere Gläubige. Mehrere hatten das Evangelium angenommen. Vielleicht sind es die, die in Vers 15 erwähnt werden, die zu „ihrem Haus" gehörten.

Es ist bemerkenswert, dass es hier heißt: „und als sie die Brüder sahen". Sie sehen Gläubige, mit denen sie das neue Leben gemeinsam haben und in denen sie das erkennen. Sie sehen neue Familienglieder in der Familie Gottes. Als sie sie sehen, ergreifen sie die Gelegenheit, sie zu ermahnen, das heißt sie zu ermutigen, dem Herrn treu zu bleiben. Danach gehen sie fort.

Die „sie", die weggehen, sind Paulus, Silas und Timotheus. Lukas bleibt noch in Philippi. Er spricht nicht von sich selbst. So unauffällig, wie er sich in Kapitel 16,10 der kleinen Reisegesellschaft angeschlossen hat, so unauffällig verlässt er sie wieder. Wir können allerdings sagen, dass sein Dienst dazu beigetragen hat, dass Philippi eine Gemeinde geworden ist, in der Liebe und gegenseitige Fürsorge reichlich vorhanden waren.

Kapitel 17

Die Predigt des Paulus in Thessalonich (17,1-3)

> [1] Nachdem sie aber durch Amphipolis und Apollonia gereist waren, kamen sie nach Thessalonich, wo eine Synagoge der Juden war. [2] Nach seiner Gewohnheit aber ging Paulus zu ihnen hinein und unterredete sich an drei Sabbaten mit ihnen aus den Schriften, [3] indem er eröffnete und darlegte, dass der Christus leiden und aus den Toten auferstehen musste und dass dieser, sprach er, der Jesus, den *ich* euch verkündige, der Christus ist.

Nachdem Paulus, Silas und Timotheus Philippi verlassen haben, reisen sie weiter in den Süden nach Amphipolis und Apollonia. In Apollonia gehen sie westwärts und kommen nach Thessalonich. Hier wird insbesondere erwähnt, dass dort eine Synagoge der Juden war. Das kann ein Hinweis darauf sein, dass es in den beiden vorherigen Orten keine Synagoge gab, weshalb er an diesen Orten vorüberreiste. Wir wissen, dass Paulus nach Möglichkeit den Grundsatz einhielt: „dem Juden zuerst als auch dem Griechen" (vgl. Röm 1,16). Es war seine Gewohnheit (vgl. Lk 4,16), wenn er in eine Stadt kam, zunächst die Synagoge aufzusuchen.

Eine Synagoge hat den Vorteil, dass sich dort sowohl Juden als auch Heiden aufhalten, die Interesse am Gott Israels haben. Das war eine gute Gelegenheit, um vorbereiteten Menschen das Evangelium bringen zu können. Die Synagoge ist ein Ort der Belehrung, wo die Juden nicht nur am Sabbat zusammenkamen, sondern auch an anderen Tagen. Man kann daher annehmen, dass Paulus, obwohl er sich vor allem an den Sabbaten mit den Besuchern der Synagoge unterredete, sich auch an anderen Tagen mit Interessierten unterhielt.

Lukas berichtet von „drei Sabbaten". Das ist auch ein Hinweis auf die Zeit, die Paulus in Thessalonich verbringt. Das müssen also drei bis vier Wochen gewesen sein. In diesen gut drei Wochen unterredete er sich mit ihnen aus den Schriften. Indem er daraus zitierte, eröffnete er ihnen, dass Christus, das ist der Messias, bei seinem Kommen leiden und aus den Toten auferstehen musste. Er musste ihnen das zunächst erklären, weil sie nach einem Messias

Ausschau hielten, der sie als ihr politischer Führer vom Joch der Römer befreien würde. Doch die Schriften sprechen eine andere Sprache, und das stellt er ihnen zuerst einmal vor. Danach kann er einfach auf den Herrn Jesus als den Messias hinweisen und sagen, dass Christus in Jesus gekommen ist.

Der Christus, von dem er soeben aus den Schriften gezeigt hat, was mit Ihm geschehen musste, ist niemand anderes als „Jesus". Das ist der Inhalt seiner Verkündigung. In diesem einen Vers wird der Kern des Evangeliums zusammengefasst, so wie das heute vor allem den Juden verkündigt werden kann. Der Kern ist, dass der Messias Jesus gekommen ist, gelitten hat, gestorben und auferstanden ist.

In diesen wenigen Wochen, in denen Paulus in Thessalonich war, hat er nicht nur das Evangelium gepredigt, sondern auch über prophetische Wahrheiten gesprochen. Dabei hat er das zweite Kommen Christi betont. Davon zeugen seine Briefe, die er ihnen geschrieben hat. In seinem zweiten Brief erinnert er sie an seine mündlichen Belehrungen, die er ihnen gab, als er bei ihnen war (2Thes 2,5).

Reaktionen auf seine Predigt in Thessalonich (17,4–9)

> 4 Und einige von ihnen glaubten und schlossen sich Paulus und
> Silas an, und von den anbetenden Griechen eine große Menge
> und von den vornehmsten Frauen nicht wenige. – 5 Die Juden aber
> wurden eifersüchtig und nahmen einige böse Männer vom Gassenpöbel zu sich, machten einen Volksauflauf und brachten die
> Stadt in Aufruhr; und sie traten vor das Haus Jasons und suchten
> sie vor das Volk zu führen. 6 Als sie sie aber nicht fanden, schleppten sie Jason und einige Brüder vor die Obersten der Stadt und
> riefen: Diese, die den Erdkreis aufgewiegelt haben, sind auch hierhergekommen, 7 die Jason beherbergt hat. Und diese alle handeln
> gegen die Verordnungen des Kaisers, indem sie sagen, dass ein
> anderer König sei – Jesus. 8 Sie beunruhigten aber die Volksmenge und die Obersten der Stadt, die dies hörten. 9 Und nachdem
> sie von Jason und den Übrigen eine Bürgschaft erhalten hatten,
> entließen sie sie.

Die Überzeugung, mit der Paulus und Silas gesprochen haben, bleibt nicht ohne Ergebnis. Sie haben das Wort mit Kraft geredet (1Thes 1,5). Das hat auf drei Gruppen von Menschen einen derartigen Eindruck gemacht, dass sie sich Paulus und Silas anschlossen. Die erste Gruppe besteht aus einigen „von ihnen“, das sind einige der Juden, denn in ihrer Synagoge hatten sie gesprochen (V. 1). Die zweite Gruppe bildet eine „große Menge anbetender Griechen“. Das sind keine Proselyten, sondern solche, die den Gott Israels verehrten und sich an den Bund Noahs hielten. Die dritte Gruppe besteht aus den „vornehmsten Frauen“.

Auch heute sind Frauen oft in der Mehrzahl, wenn es um die Annahme des Evangeliums geht. Das kann mit der Tatsache zu tun haben, dass sie sich leichter als Männer einer Autorität unterordnen. Auch ist eine Frau durch ihre Natur mehr mit den Leiden der Welt vertraut. Das erfährt sie persönlich beispielsweise bei der Geburt von Kindern, die mit Schmerzen verbunden ist (1Mo 3,16). Sie stellt sich auch mehr als ein Mann die Frage, warum es Leid in der Welt gibt. Deshalb ist sie häufig offener für das Evangelium. Männer sind oftmals unempfindlich hinsichtlich der Folgen der Sünde.

Nach den drei Gruppen, die sich Paulus und Silas angeschlossen haben, bildet sich eine Gruppe, die dem Evangelium sehr widersteht. Der größte Teil der Juden will mit der Botschaft, die Paulus bringt, nichts zu tun haben. Wir sehen immer wieder, dass sie das Evangelium abweisen und es auch anderen nicht gönnen, davon zu hören. Sie engagieren Leute, die auf dem Markt rumhängen (das ist die wörtliche Bedeutung des Wortes „Gassenpöbel“). Diese Nichtsnutze sind leicht dafür zu gewinnen, einen Volksauflauf anzuzetteln und die Stadt aufzuwiegeln.

Sie ziehen zum Haus Jasons und hoffen, dass sie Paulus und Silas dort treffen. Offensichtlich beherbergte Jason diese beiden Prediger. Sie beabsichtigen, Paulus und Silas vor das Volk zu führen, damit sie von einem Volksvertreter verurteilt werden. Doch sie treffen weder Paulus noch Silas im Haus Jasons an.

In ihrem Frust ergreifen sie stattdessen Jason und einige Brüder und schleppen sie vor die Obersten der Stadt und klagen sie der Dinge an, die sie gegen Paulus und Silas vorbringen wollten. So teilen Jason und die Brüder die Verfolgung um des Evangeliums willen, weil sie sich damit einsmachten, indem sie Paulus und Silas beherbergt hatten. Lukas redet häufiger über die Ausübung von Gastfreundschaft (Apg 16,15; 18,3; 21,16). Der Herr Jesus spricht seine Wertschätzung darüber aus (Mt 25,38–40; vgl. 1Pet 4,9; 3Joh 5–8).

Die Anklage lautet, dass sie den Erdkreis aufwiegeln. Einerseits bezeugen sie damit ungewollt die Macht des Christentums.

Andrerseits sagen sie damit, dass das Christentum staatsgefährdend sei. Mit einer derartigen Anklage bekommen es bibeltreue Christen ebenfalls zunehmend zu tun. Sie werden schnell als Fundamentalisten bezeichnet und für Leute gehalten, die eine Gefahr für die Gesellschaft darstellen. Die Aufwiegelung des Erdkreises (das ist das römische Weltreich; vgl. Lk 2,1) hat nach Meinung der Ankläger seinen Ursprung in der Verkündigung eines anderen Königs als des Kaisers: „Jesus".

Das Wort „anderer" bedeutet „von einer anderen Art", also nicht wie Caesar. Es betrifft also nicht nur eine andere Person als Caesar, sondern jemanden, der seinem Wesen nach anders ist. Wenn es jemand gibt, der alle Macht im Himmel und auf der Erde hat, ist Er die größte Bedrohung für das Kaiserreich, die man sich nur denken kann. Wir sehen hier – genau wie damals, als der Herr Jesus vor Pilatus stand –, dass es um den Gegensatz zwischen Christus und dem Römischen Reich geht. Das wird auch in der Endzeit zu sehen sein.

Die Juden erkennen immer noch lieber den Kaiser als ihren König an, als den Herrn Jesus als ihren König zu akzeptieren. Sie sagten es ja zu Pilatus, dass sie keinen König haben, als nur den Kaiser (Joh 19,15). In der Endzeit wird das abtrünnige Volk diese Wahl bestätigen, indem es den Antichrist annehmen wird und mit ihm den Diktator des wiederhergestellten Römischen Reiches (siehe Off 13,11; 13,1).

Die Anklage macht deutlich, dass Paulus und Silas über das Königtum des Herrn Jesus gesprochen haben. Dieses Königtum ist auch ein zentrales Thema in den beiden Briefen, die Paulus an die Thessalonicher schreibt. Er geht fast in jedem Kapitel darauf ein. Das Königtum Christi bedeutet, dass Er ein Reich hat. Dieses Reich ist jetzt noch nicht auf der Erde offenbar, es existiert jedoch bereits. Es besteht nämlich in den Herzen derer, die Ihn als Herrn über ihr Leben anerkennen (Röm 14,17). Es wird jedoch auch öffentlich auf der Erde errichtet werden, wenn der Herr Jesus aus dem Himmel zurückkehrt und seinen Platz auf seinem Thron auf der Erde einnimmt.

Der erste Teil der Anklage besteht nicht zu Recht. Paulus und Silas haben nirgends gegen die Verordnungen des Kaisers verstoßen. Nirgends werden Christen aufgerufen, das Reich Gottes durch politische Aktivitäten zu errichten, sondern auf den zu warten, der das tun wird.

Mit ihren Aktionen bringen die Juden - und nicht die Prediger des Evangeliums - alle, die ihre Anklage hören, in Aufruhr. Gegner des Evangeliums bringen niemals Ruhe. Das können sie auch gar nicht, denn die Argumente, die sie gegen das Evangelium vorbringen, sind untauglich. Gegner des Evangeliums haben niemals klare Argumente, sondern benutzen eine schwammige Ausdrucksweise, auch wenn sie mit noch so großer Überzeugungskraft reden.

Jason und die, die mit ihm vor die Obersten der Stadt geschleppt wurden, werden aufgrund einer Bürgschaft freigelassen. Man konnte nichts gegen sie unternehmen. Offensichtlich konnte man sie nicht wegen ihres Umgangs mit den „staatsgefährdenden" Predigern bestrafen. Die Obersten der Stadt wollen aber mit der Bürgschaft sicherstellen, dass sie diese Eindringlinge nicht weiter unterstützen.

Paulus und Silas in Beröa (17,10–15)

> [10] Die Brüder aber sandten sogleich in der Nacht sowohl Paulus
> als auch Silas fort nach Beröa, die, als sie angekommen waren, in
> die Synagoge der Juden gingen. [11] Diese aber waren edler als die
> in Thessalonich; sie nahmen das Wort mit aller Bereitwilligkeit
> auf, indem sie täglich die Schriften untersuchten, ob dies sich so
> verhielte. [12] Viele nun von ihnen glaubten, und von den griechi-
> schen vornehmen Frauen und Männern nicht wenige. [13] Als aber
> die Juden von Thessalonich erfuhren, dass auch in Beröa das Wort
> Gottes von Paulus verkündigt wurde, kamen sie auch dorthin und
> beunruhigten und erregten die Volksmengen. [14] Da aber sandten
> die Brüder Paulus sogleich fort, bis an das Meer zu gehen, und
> sowohl Silas als auch Timotheus blieben dort. [15] Die aber Paulus
> geleiteten, brachten ihn bis nach Athen; und als sie für Silas und
> Timotheus den Auftrag empfangen hatten, dass sie so bald wie
> möglich zu ihm kommen sollten, reisten sie ab.

Die Brüder meinen, dass Paulus und Silas Thessalonich verlassen sollten. Es ist für sie viel zu gefährlich, dort zu bleiben. Paulus und Silas hören auf die Brüder. Sie erkannten in dem, was die Brüder sagen, die Stimme des Herrn. Die Brüder bestimmen auch, wohin sie gehen sollen, denn sie senden sie nach Beröa. Paulus und Silas ziehen unbemerkt in der Nacht weg. Nachdem sie in Beröa angekommen sind, gehen sie auf dieselbe Weise vor, wie sie es immer tun: Sie gehen zuerst zur Synagoge der Juden.

Die Juden, die sie in der Synagoge antreffen, beschreibt Lukas als „edler als die in Thessalonich". Dabei geht es nicht um eine edle Abstammung, sondern um ihre Bereitwilligkeit, mit der sie das Wort aufnehmen. Es geht um eine edle Gesinnung.

Dass sie das Wort bereitwillig aufnahmen, bedeutet nicht, dass sie es ungeprüft aufnahmen. Sie prüften es anhand der Schriften. Sie hörten manches über den Messias und untersuchten anhand des Alten Testaments, ob das, was sie hörten, dem entsprach, was geschrieben steht. Untersuchen bedeutet, Schrift mit Schrift zu vergleichen, also gründlich untersuchen. Sie taten das auch nicht nur bei bestimmten Gelegenheiten, sondern täglich. Durch dieses Studium kamen viele zum Glauben. Solch ein Glaube hat ein solides Fundament der Schrift.

Wir sehen in der Reihenfolge (zunächst bereitwillig aufnehmen und danach untersuchen) einen wichtigen Hinweis für fruchtbringendes Bibelstudium. Es beginnt mit der Gesinnung der Bereitwilligkeit, etwas zu lernen, und danach kommt das Studium der Bibel. Es ist also nicht umgekehrt. Das wäre Bibelstudium ohne die Bereitwilligkeit, das zu tun, was die Bibel sagt. Das führt zu Formalismus und Gesetzlichkeit. Diese Reihenfolge führt nicht zur Kenntnis der Gedanken Gottes, sondern zu Hochmut.

Außer den vielen Juden, die zum Glauben kommen, kommen auch viele griechische Frauen und Männer zum Glauben. Die Frauen werden zuerst genannt, was darauf hinweisen könnte, dass sie in der Mehrzahl waren oder aber, dass sie schneller überzeugt waren als die Männer.

Dieser Sieg des Evangeliums in Beröa kommt den Juden in Thessalonich zu Ohren. Der Bericht schlägt wie eine Bombe ein. Die Wirkung ist daher explosiv. Die Juden aus Thessalonich ziehen nach Beröa. Ihr Neid und ihr Hass auf das Evangelium sind so groß, dass sie bereit sind, siebzig bis achtzig Kilometer zu gehen, um dem Evangelium auch in Beröa zu widerstehen. Sie wirken mit ihren falschen Vorstellungen hinsichtlich des Evangeliums auf die Volksmengen ein. Dadurch entsteht auch dort Unruhe und Aufregung. Auch in Beröa halten die Brüder es für ratsam, dass Paulus weiterzieht.

Der Hass der Juden konzentriert sich auf Paulus. Silas und Timotheus können bleiben, um die Gläubigen in Beröa weiter im Glauben zu unterweisen. Die Brüder schlagen Paulus vor, bis an das Meer zu reisen. Einige Brüder gehen mit Paulus, um ihn zu begleiten. Diese Brüder geleiten ihn sogar bis Athen. Die Begleitung über eine so große Entfernung beweist auch ihre bereitwillige Teilnahme am Evangelium. Sie setzen etwas dafür ein. Von dort aus kehren sie nach Beröa zurück.

Paulus gibt ihnen noch die Botschaft für Silas und Timotheus mit, dass sie so schnell wie möglich zu ihm nach Athen kommen sollten. Er will damit keinen Druck auf ihren Dienst ausüben, sondern möchte sie gern bei sich haben. Er war sehr auf ihre Begleitung angewiesen, weil sie ihn im Dienst unterstützten. Es ist wichtig, dass Diener nicht als Einzelgänger ihren Weg gehen, sondern erkennen, dass sie einander brauchen. Das ist eine Anerkennung der Verschiedenheit der Gaben, die der Herr gegeben hat und die einander ergänzen.

Paulus in Athen (17,16–18)

> 16 Während aber Paulus sie in Athen erwartete, wurde sein Geist in ihm erregt, da er die Stadt voll von Götzenbildern sah. 17 Er unterredete sich nun in der Synagoge mit den Juden und mit den Anbetern, und auf dem Markt an jedem Tag mit denen, die gerade herzukamen. 18 Aber auch einige der epikuräischen und stoischen Philosophen griffen ihn an; und einige sagten: Was will doch dieser Schwätzer sagen?, andere aber: Er scheint ein Verkündiger fremder Götter zu sein – weil er [ihnen] das Evangelium von Jesus und der Auferstehung verkündigte.

Die Botschaft, die Paulus den Brüdern bezüglich Silas und Timotheus mitgegeben hatte, bewegt ihn sehr. Er wartet in Athen auf sie. Das scheint der Hauptgrund dafür zu sein, dass er in Athen blieb. Das bedeutet aber nicht, dass er sich ruhig in ein Hotelzimmer zurückzog, um die Ankunft der beiden Mitarbeiter abzuwarten. Er sucht dieses Mal zwar nicht direkt eine Synagoge auf, sondern macht einen Rundgang durch die Stadt. Während dieses Rundgangs erregen ihn zutiefst die vielen Götzenbilder, die er dort sieht.

Athen war das große Zentrum der griechischen Kultur, Gelehrtheit und Philosophie. Es war allerdings auch eine Stadt mit dem Glanz vergangener Tage und voller Götzenbilder. Man sagt, dass die Stadt mehr Götzenbilder als Einwohner gehabt habe und dass man dort leichter ein Götzenbild traf als einen Menschen. Leider musste Gott über Israel einmal etwas Ähnliches sagen (Jer 2,28; 11,13).

Das, was Paulus sah, ließ ihn nicht zur Ruhe kommen. Sein Geist in ihm wurde erregt, als er so vieles sah, was falsch ist und Menschen auf einen verkehrten Weg führt. Es drängte ihn, sein Zeugnis abzulegen. Er war ja schließlich nicht als Tourist in der Stadt, sondern als Prediger. Wenn es um die Verkündigung geht, geht er zuerst wieder in die Synagoge, um sich mit den Juden und Anbetern zu unterhalten. Er war jedoch auch auf dem Markt zu finden, denn auch dort waren immer viele Menschen.

Er „unterredete" sich mit ihnen. Er hielt also keine Ansprache, sondern führte ein Gespräch, einen Dialog, mit ihnen. Das hat er auch in Troas in der Gemeinde getan (Apg 20,7). Solch eine Besprechung bezieht die Zuhörer mit ein. Es zwingt zum Mitdenken. Wer sich mit jemandem unterhält, muss auch selbst gut zuhören, damit er erkennt, was den anderen beschäftigt.

Die Einwohner von Athen werden gekennzeichnet von einer enormen geistigen Aktivität und einem unersättlichen Hunger nach neuen Ideen und nach den neuesten philosophischen Ansichten. Unter den Zuhörern von Paulus befinden sich zwei Gruppen von Philosophen, die ihn angreifen. Sie hören nicht zu, sondern beginnen einen Wortstreit.

Die eine Gruppe besteht aus Anhängern der Genusslehre eines gewissen Epikur. Dieser Mann lehrte, dass das höchste Gut eines Menschen in der Befriedigung der eigenen Wünsche liegt. Wenn er seine Wünsche befriedigen könne, sei er glücklich. Solche Menschen sind Materialisten und Atheisten, und das Ziel ihres Lebens ist Vergnügen (1Kor 15,32). Das bedeutet auch, dass sie Leiden meiden, denn Leid verhindert das Genießen. Ihre Lebensweise erhob sie über andere. Das ist im Wesen völliger Egoismus. Für Gott gibt es da keinerlei Platz. Als Gruppe existieren sie nicht mehr, doch sie haben heutzutage zahllose Gesinnungsgenossen.

Die andere Gruppe besteht aus Anhängern einer Lehre, die besagt, dass jemand erst dann glücklich ist, wenn er völlig frei ist von Gemütsbewegungen und Emotionen. Diese Lehre steht im Gegensatz zu der von Epikur. Die stoischen Philosophen (so nach der Säulenhalle *stoa poikile* auf der Agora genannt, wo diese Philosophie gelehrt wurde) sagen, dass sowohl jeglicher irdischer Genuss als auch das Leiden völlig unterdrückt werden sollen. Es geht darum, gefühllos zu sein und Freude und Leid unbeeindruckt zu erleben. Wer sich nicht durch innere Gefühle oder äußere Umstände beeinflussen lässt, hat sich selbst völlig unter Kontrolle und genießt so das höchste Glück. Dies nährt natürlich den Stolz und macht unabhängig von Gott.

Beide Gruppen haben keinerlei Interesse an Paulus, den sie hochnäsig „Schwätzer" nennen. Mit „Schwätzer" meinen sie jemanden, der verschiedene Ansichten anderer sammelt (überall Körner pickt; wörtlich bedeutet „Schwätzer" Körnerpicker/*Saatkrähe*) und sie anschließend weitergibt, als wären es seine eigenen Ideen. Damit wollen sie die Wahrheit lächerlich machen und ihrer Ursprünglichkeit berauben. Sie leugnen ihren göttlichen Ursprung. Das Verspotten der Wahrheit oder die Darstellung, das Evangelium sei nicht original, ist oft ein Mittel in der Hand des Feindes, Seelen von der Wahrheit abzuziehen. Das bewirkt Angst bei Menschen, sich mit Dingen zu identifizieren, die von anderen verachtet werden.

Für andere war das, was Paulus predigte, allerdings eine Neuigkeit. In „Jesus und der Auferstehung", die er verkündigte, sahen sie Götter, von denen sie bis jetzt noch nichts gehört hatten. Sie verstehen ihn so, als würde er über zwei Götter sprechen: Jesus und Anastasis (das griechische Wort für *Auferstehung*). Eine derartige Auffassung zeigt ihre völlige Blindheit bezüglich der Offenbarung Gottes in Christus. Sie sehen nicht nur Jesus als Gott, sondern auch die Auferstehung. Die Auferstehung aus den Toten war ihnen unbekannt; deshalb meinten sie, dass auch die Auferstehung ein Götze war. Für sie verkündigte Paulus einen Gott und eine Göttin.

Paulus wird zum Areopag gebracht (17,19–21)

> 19 Und sie ergriffen ihn, führten ihn auf den Areopag und sagten: Können wir erfahren, was diese neue Lehre ist, von der du redest?
> 20 Denn du bringst etwas Fremdes vor unsere Ohren. Wir möchten nun wissen, was das sein mag. 21 Alle Athener aber und die Fremden, die sich da aufhielten, brachten ihre Zeit mit nichts anderem zu, als etwas Neues zu sagen und zu hören.

Neugierig wie sie sind, wollen sie mehr erfahren. Es ist nicht die Rede von Feindschaft, eher von wohlwollender Zustimmung, die sie ihm entgegenbringen, damit er Zeugnis gibt. Sie fragen ihn sogar freundlich, ob sie wissen dürfen, „was diese neue Lehre ist", von der er spricht. Sie nehmen ihn dazu mit auf den Areopag, wo sich das „Ministerium für Religion" – im Beisein vieler Interessierter auf „öffentlicher Bühne" – mit diesen Dingen auseinandersetzen will. Sie wollen Paulus über das hören, was sie für eine „neue

Lehre“ und „fremde Dinge“ halten. Für sie sind es unbekannte Worte mit unbekannter Bedeutung.

Paulus wird sicher ein gut verständliches Griechisch gesprochen haben, aber dennoch verstehen diese hochbegabten Denker absolut nicht die Bedeutung dessen, was er sagt. Sie meinen in ihrem Denken erleuchtet zu sein, doch in Wirklichkeit sind sie verfinstert am Verstand. Darum verstehen sie nichts von dem, was Paulus sagt (1Kor 2,14). Um das verstehen zu können, müssen sie sich erst bekehren. Die Ausführungen des Paulus laufen daher auch auf den Aufruf zur Bekehrung hinaus, die er mit der Auferstehung des Herrn Jesus verbindet (V. 31).

Bevor es so weit ist, bekommt Paulus die Gelegenheit, seine Lehre darzulegen. Es passt zu der Einstellung der Athener, dass sie ihm diese Gelegenheit bieten, denn sie taten nichts lieber als reden. Athen war eine richtige Stadt des Redens. Das Einzige, was sie den ganzen Tag taten, war Reden. Wenn es etwas Neues gab, war das ein dankbarer Anlass zum Gespräch.

Die Rede des Paulus vor den Männern von Athen (17,22–29)

> 22 Paulus aber stand mitten auf dem Areopag und sprach: Männer
> von Athen, ich sehe, dass ihr in jeder Beziehung den Göttern sehr
> ergeben seid. 23 Denn als ich umherging und die Gegenstände eu-
> rer Verehrung betrachtete, fand ich auch einen Altar, an dem die
> Aufschrift war: Dem unbekannten Gott. Was ihr nun, ohne es zu
> kennen, verehrt, das verkündige *ich* euch. 24 Der Gott, der die Welt
> und alles darin gemacht hat, dieser, der der Herr des Himmels und
> der Erde ist, wohnt nicht in Tempeln, die mit Händen gemacht sind,
> 25 noch wird er von Menschenhänden bedient, als ob er noch etwas
> nötig habe, da er selbst allen Leben und Odem und alles gibt. 26 Und
> er hat aus *einem* [Blut] jede Nation der Menschen gemacht, damit
> sie auf dem ganzen Erdboden wohnen, und hat festgesetzte Zeiten
> und die Grenzen ihrer Wohnung bestimmt, 27 damit sie Gott suchen,
> ob sie ihn wohl ertasten und finden möchten, obgleich er nicht fern
> ist von einem jeden von uns. 28 Denn in ihm leben und weben und
> sind wir, wie auch einige eurer Dichter gesagt haben: „Denn wir
> sind auch sein Geschlecht.“ 29 Da wir nun Gottes Geschlecht sind,
> so sollen wir nicht meinen, dass das Göttliche dem Gold oder Silber
> oder Stein, einem Gebilde der Kunst und der Erfindung des Men-
> schen, gleich sei.

Paulus beginnt seine Rede, indem er an das Leben der Athener anknüpft. Er weiß, was für ein Publikum er vor sich hat. Bei den Juden berief er sich auf die Schriften, denn darauf beriefen sich auch die Juden, weil sie sie kannten. Die Athener kannten die Schriften nicht, deshalb zitiert Paulus auch nicht daraus. Alles jedoch, was er sagt, gründet sich völlig auf die Schriften. Er beginnt nicht mit einer Verurteilung ihres Götzendienstes (vgl. Röm 1,22.23), sondern mit einer neutralen Feststellung. Er spricht weder eine Wertschätzung noch einen Tadel aus.

Er berichtet, was ihm aufgefallen ist, als er durch die Stadt ging. Unter den vielen Gegenständen der Verehrung hatte er auch einen Altar gefunden, der „dem unbekannten Gott" geweiht war. Sie hatten für den unbekannten Gott einen Altar errichtet, weil sie fürchteten, einen Gott zu vergessen, der geehrt werden sollte. Es kann auch sein, dass es eine Art „Abfalleimergott" war, zu dem man ging, wenn man bei einer Sache mit den „bekannten Göttern" nicht zurechtkam.

Diese Lücke in ihrem Götzenkult nahm Paulus zum Anlass, ihnen den wahren Gott zu verkündigen. Er sagt nicht, dass er ihnen den unbekannten Gott verkündige, als würde er die Lücke in ihrem Götzenarsenal auffüllen. Er sagt nicht, „den ihr, ohne ihn zu kennen, verehrt", sondern „*was* ihr, ohne es zu kennen, verehrt". Was Paulus verkündigt, wirft ihr ganzes System des Götzendienstes über den Haufen. Er knüpft nicht bei ihrer Unwissenheit über einen bestimmten Gott an, sondern bei ihrer Unwissenheit im Blick auf alles, was mit Gott zu tun hat. Paulus verkündigt keinen neuen Gott, sondern den Gott der Götter.

Zuerst einmal sagt er, dass Gott der Schöpfer ist. Wenn wir Ihn als Schöpfer nicht kennen, kennen wir Ihn überhaupt nicht. In dieser intellektuellen Stadt muss Paulus auf die unterste Stufe der Leiter der Wahrheit hinabsteigen. Das ist die Folge der intellektuellen Kultur ohne Gott. Paulus geht auf die grundsätzlichen Fragen ein, die jeder denkende Mensch stellt: Woher komme ich? Warum bin ich hier? Wohin gehe ich?

Gott hat alles geschaffen, die ganze Welt und alles, was in ihr ist (Ps 146,6; Jes 42,5). Das steht in völligem Gegensatz zum griechischen Denken, das davon ausgeht, dass Materie ewig ist. Doch Gott hat die Welt gemacht, die Welt ist aus Gott entstanden. Er hat die Dinge, die nicht sind, gerufen, als wären sie da (Röm 4,17; Heb 11,3). Das bedeutet, dass alles, was es gibt, aus dem einen Gott hervorgekommen ist. Gott ist nicht Teil der Schöpfung oder mit der Schöpfung vereinigt. Er ist da und steht über der Schöpfung.

Obwohl Er über seiner Schöpfung steht, beschäftigt Er sich mit ihr. Er ist nicht ein Gott, der sich auf Abstand hält, getrennt von seiner Schöpfung. Er ist auch kein Gefangener seiner Schöpfung, als wäre Er darin eingeschlossen. Er ist zu groß, um in den Werken von Menschenhänden zu wohnen, aber auch nicht zu groß, um sich nicht um die Nöte der Menschen zu kümmern. Menschen müssen ihre Götzen tragen, versorgen und sogar mit in die Gefangenschaft nehmen usw. (Jes 46,1.2), doch der wahre Gott dient selbst dem Menschen und trägt die Seinen (Jes 46,3.4).

Gott braucht nichts vom Menschen, doch der Mensch ist von Ihm abhängig. Die Tempel können Gott nicht fassen und der Dienst im Tempel fügt Gott nichts hinzu. Gott kann räumlich nicht eingeschränkt werden, sondern ist allgegenwärtig. Salomo war sich dessen bewusst, als er Gott einen Tempel baute (1Kö 8,27). Heiden haben nur örtlich gebundene Götter.

Mit diesen Argumenten fegt Paulus ihr gesamtes System vom Tisch. Gott ist die Quelle jeder guten Gabe. Er interessiert sich so sehr für den Menschen, dass Er allen „Leben und Odem und alles" gibt (Ps 50,12). Für Ihn sind auch alle Menschen gleich, denn Er hat sie alle aus *einem* Blut gemacht, das heißt, dass sie alle einen Stammvater haben. Allen diesen Menschen lässt Gott sein Evangelium verkündigen. Gott hat nicht nur Menschen als Individuen Leben und Odem und alles gegeben, sondern hat die Menschen auch in Völker zusammengefasst und jedem Volk sein eigenes Gebiet gegeben. Gott führt die Geschichte aller Völker, und jedem Volk hat Er auf der Erde seinen eigenen Ort zugeteilt, ausgehend von seinem Volk Israel (5Mo 32,8).

Gott hat den Menschen nicht gemacht, um ihn dann sich selbst zu überlassen, sondern dass dieser Ihn suche. Im tiefsten Wesen des Menschen ist eine Sehnsucht nach Gott. So hat Gott Ihn geschaffen. Gott ist nicht fern vom Menschen. Im Evangelium kommt Er dem Menschen nahe. Der aufrichtig suchende Mensch wird Ihn finden. Gott hat alles getan, damit der Mensch Ihn leicht finden kann.

Wie sehr der Mensch in Bezug auf Gott im Dunkeln tappt, deutet Paulus durch das Wort „ertasten" an. Man tastet sich vor, wenn man kein Licht hat. Der Mensch lebt in der Finsternis, sein Verstand ist vom Gott dieses Zeitlaufs verfinstert (2Kor 4,4). Darum nimmt er Gott nicht wahr und das, obwohl Gott überall zu sehen ist, wo der Mensch auch hinschaut.

Um diese Tatsache der Nähe Gottes den Athenern deutlich zu machen, beruft er sich auf einige ihrer bekannten Dichter, die gesagt haben, dass der Mensch Gottes Geschlecht ist. Was diese Dichter gesagt haben, sagten sie im Hinblick auf Zeus, aber Paulus wendet es in seiner wirklichen Bedeutung auf Gott an. Adam ist aus Gott hervorgekommen, von Ihm geschaffen und daher sein Geschlecht. In diesem Sinn wird Adam auch „Sohn Gottes" genannt (Lk 3,38). Der Mensch ist nach dem Bild Gottes geschaffen und ist Ihm in gewissen Eigenschaften ähnlich, wodurch er als verantwortliches Wesen handeln kann. Überall wo Menschen sind, sehen wir das Bild Gottes.

Wir können Ihn auch in der Schöpfung erkennen, das heißt seine ewige Kraft und Göttlichkeit (Röm 1,20). In diesem Sinn ist es daher auch völlig richtig, dass Er nicht fern ist von jedem von uns, weil wir in Ihm leben und uns in Ihm bewegen und in Ihm sind. Dass der Mensch Ihn dennoch nicht findet, zeigt, wie groß die Entfremdung des Menschen von Gott ist. In Wirklichkeit ist der Mensch auch nicht auf der Suche nach Gott. Es gibt niemand, der Gott sucht, weil alle vom ursprünglichen Plan Gottes mit dem Menschen abgewichen sind (Röm 3,11.12).

Mit Bedacht geht Paulus auf dieses Abweichen ein, indem er darauf hinweist, dass sie nicht denken sollen, die Gottheit sei in Bildnissen, die Menschen hergestellt haben. Von dieser Torheit war Athen voll. Wenn wir „sein Geschlecht" sind, wenn Gott uns also nach seinem Bild geschaffen hat, ist es Torheit, wenn wir nach unserer eigenen Vorstellung Bildnisse von Gott machen. Jeder, der ein solches Bildnis macht, tut das nach seiner eigenen Vorstellung von Gott. Dadurch kann es nicht anders sein, als dass die Größe Gottes, was die Kenntnis des Menschen über Ihn betrifft, zunichtegemacht wird. Wenn der Mensch damit anfängt, kann es nicht anders sein, als dass er dieses Bild verwüstet.

Aufruf zur Bekehrung (17,30.31)

> 30 Nachdem nun Gott die Zeiten der Unwissenheit übersehen hat, gebietet er jetzt den Menschen, dass sie alle überall Buße tun sollen, 31 weil er einen Tag festgesetzt hat, an dem er den Erdkreis richten wird in Gerechtigkeit durch einen Mann, den er dazu bestimmt hat, und er hat allen den Beweis davon gegeben, indem er ihn aus den Toten auferweckt hat.

Paulus kommt zu seiner eigentlichen Botschaft. Die Unwissenheit, die sie mit dem Altar für den unbekannten Gott zugegeben haben, war nicht nur eine Lücke in ihrer Erkenntnis, sondern spiegelte ihre völlige Unwissenheit wider. Diese Unwissenheit erstreckt sich über alle vergangenen Zeiten. Paulus setzt dieser Unwissenheit ein Ende. Gott ist ein Gott der Geduld, der die gesamte Zeit vergehen ließ, ohne dass Er eingriff. Er greift noch immer nicht ein, sondern lässt in seiner Gnade jetzt, in dieser Zeit, das Evangelium verkündigen.

Das bedeutet, dass sie sich bekehren müssen: Sie müssen ihr Denken völlig verändern. Sie dachten, alles unter Kontrolle zu haben, doch sie müssen einsehen, dass sie damit völlig falsch liegen. Das ist ein Zeichen von Schwäche für jemanden, der immer alles in eigener Kraft getan hat, aus Glauben an sich selbst. Es ist zugleich ein Beweis der Selbstüberwindung, wenn jemand sich unter den Befehl Gottes beugt. Es geht um Glaubensgehorsam (Röm 1,5).

Gott gebietet allen Menschen, ohne Ausnahme, ob Gute oder Böse, wo immer sie sind, auch in Athen, dass sie sich bekehren. Gleichzeitig setzt Gott der Predigt eine Schranke. Gott sagt dem Menschen, dass er sich im Hinblick auf den von Ihm festgelegten Tag, der einmal anbrechen wird, bekehren muss. Es geht um den Tag des Gerichts. Gottes Geduld wird einmal zu Ende sein. Dann wird er sich als der Gott des gerechten Gerichts erweisen. Gerechtigkeit wird durch Gericht eingeführt (Jes 26,9). Bevor der Friede kommen kann, muss zuvor sowohl auf der Erde als auch im Herzen des Menschen Gerechtigkeit eingeführt werden, und zwar im Blick auf alles, was das Gericht verdient.

Dieses Gericht wird Gott über die ganze Welt bringen durch einen Mann, einen Menschen. Paulus nennt den Namen des Menschen nicht, sondern nennt lediglich ein Kennzeichen. Dieses Kennzeichen ist jedoch von entscheidender Bedeutung und stellt unumstößlich fest, dass das Gericht kommen wird. Das Kennzeichen dieses Mannes besteht darin, dass Er von Gott auferweckt worden ist. Wieder spricht Paulus von der Auferstehung. Der Mann, der von Gott auferweckt worden ist, hat einen Auferstehungsleib. Auch in der Auferstehung ist Er Mensch. Und gerade weil Er der Menschensohn ist, wird Er das Gericht ausüben (Joh 5,27). Gott hat den Beweis gegeben, dass dieser Mann das Gericht ausüben wird, indem Er Ihn aus den Toten auferweckte.

Reaktionen auf die Predigt des Paulus (17,32–34)

32 Als sie aber von Toten-Auferstehung hörten, spotteten die einen, die anderen aber sprachen: Wir wollen dich darüber auch
nochmals hören. 33 So ging Paulus aus ihrer Mitte weg. 34 Einige
Männer aber schlossen sich ihm an und glaubten, unter denen auch Dionysius war, der Areopagit, und eine Frau, mit Namen Damaris, und andere mit ihnen.

Bis zu seiner Bemerkung über die Auferstehung hat seine Zuhörerschaft andächtig gelauscht. Doch als er von der Auferstehung spricht, lösen sich die Zungen. Für diese griechischen Denker war der Körper ein Kerker, in dem der Geist gefangen gehalten und an seiner Entfaltung gehindert wird. Daher war es für sie die größte Torheit, sich vorstellen zu müssen, dass der Leib erneut als Kerker für den Geist dienen sollte. Allein der Gedanke daran veranlasste bereits einige zu spöttischen Bemerkungen.

Andere gingen fort mit einem nicht allzu ernst gemeinten: „Wir wollen dich darüber auch nochmals hören". Das sind Menschen, die eine Entscheidung auf die lange Bank schieben. So geht Paulus aus ihrer Mitte weg, aus der Mitte derer, die Spötter und Zauderer sind.

Allerdings gibt es auch Männer und Frauen, die sich ihm anschließen und glauben. Eine große Ernte ist das aber nicht. Wo Verstand und Philosophie den Ton angeben, ist das Herz nicht für das Evangelium empfänglich (vgl. 1Kor 1,26).

Kapitel 18

Paulus kommt nach Korinth (18,1)

[1] Danach schied er von Athen und kam nach Korinth.

Das nächste Ziel des Paulus ist Korinth, die Hauptstadt der Provinz Achaja. Korinth hatte zwei Häfen am Mittelmeer und war ein Konkurrent Athens. Als Hafenstadt war es ein Treffpunkt und der Wohnort verschiedener Nationalitäten. Ebenso wie Athen war Korinth für seine Weisheit und Gelehrsamkeit bekannt, jedoch noch mehr wegen seiner Entartung und seiner Unsittlichkeit. Das ist an der Tatsache erkennbar, dass man vom Namen der Stadt ein Tätigkeitswort abgeleitet hat: *korinthianisieren*. Das Wort bedeutet so viel wie „in Hurerei leben".

Paulus kam nicht dahin in der Haltung, dieser weltlichen Stadt eine Lektion zu erteilen. Er war sich bewusst, dass er sich auf ein Gebiet begab, wo die Menschen Gott und seine Gebote überhaupt nicht in Betracht zogen und wo es vor menschlichem Leben keinerlei Achtung gab. Deshalb kam er dorthin „in Furcht und in vielem Zittern" (1Kor 2,3.4).

Er hat nicht von der Vortrefflichkeit der Rede oder der Weisheit Gebrauch gemacht, um sie für das Evangelium zu gewinnen. Das hätte sie auch nicht von ihrer Sündigkeit überzeugt, sondern hätte sie gerade für das Evangelium unempfänglich gemacht. Nein, als er zu ihnen kam, nahm er sich vor, nichts anderes unter ihnen zu wissen als nur „Jesus Christus, und ihn als gekreuzigt".

Er hat gegenüber aller Unsittlichkeit Christus vorgestellt, und Ihn als gekreuzigt. Er hat ihnen die Person Christi und sein Werk am Kreuz vor Augen geführt. Einerseits hat er ihnen damit die Gnade Gottes bekanntgemacht, andrerseits hat er dadurch auch das Urteil Gottes über die Sünde deutlich gemacht.

Paulus und Aquila und Priszilla (18,2.3)

[2] Und als er einen gewissen Juden fand, mit Namen Aquila, aus Pontus gebürtig, der kürzlich aus Italien gekommen war, und Priszilla, seine Frau (weil Klaudius befohlen hatte, dass alle Juden sich aus Rom entfernen sollten), ging er zu ihnen, [3] und weil er

gleichen Handwerks war, blieb er bei ihnen und arbeitete; denn sie waren Zeltmacher von Beruf.

Vor dem Hintergrund dieses äußerst weltlichen Bollwerks und seiner einsamen Ankunft sowie dem einsamen Aufenthalt in der Stadt, muss die Begegnung mit dem Ehepaar Aquila und Priszilla für Paulus eine Ermutigung gewesen sein. Gott benutzte den Befehl des Kaisers Klaudius in Rom dazu, damit diese Begegnung stattfindet. Er weiß immer die Großen der Erde zur Förderung seines Werkes zu gebrauchen (siehe auch Lk 2,1–7). Kaiser Klaudius hatte einen antisemitischen Befehl erlassen und die Juden aus Rom weggeschickt.

Man geht davon aus, dass der Anlass für diesen Befehl der Streit und die Unruhe war, die unter den Juden durch die Frage entstand, ob der Herr Jesus der Messias war oder nicht. Da Aquila ein Jude war, wie Lukas ausdrücklich erwähnt, musste auch er Rom verlassen. Ob seine Frau ebenfalls Jüdin war, wird uns nicht berichtet. Aquila kam aus Pontus, das im Süden der heutigen Türkei liegt. Später ist er nach Rom verzogen. Wo er Priszilla kennengelernt hat und ob sie auch Kinder hatten, wird uns ebenfalls nicht mitgeteilt. Auch die Art und Weise, wie sie zum Glauben kamen, ist nicht bekannt. Möglicherweise war das durch die Predigt des Paulus geschehen.

Aquila und Priszilla werden hier zum ersten Mal erwähnt. Insgesamt begegnen wir ihren Namen sechsmal. Sie wurden treue und geschätzte Mitarbeiter des Paulus, die ihr Leben für ihn wagten und die Versammlung in ihrem Haus hatten (Röm 16,3–5; 1Kor 16,19). Paulus behielt sie bis zum Schluss seines Lebens im Gedächtnis (2Tim 4,19). Dort, wo Paulus sie in seinen Briefen erwähnt, schreibt er „Priska" und nicht „Priszilla", wie Lukas das dreimal in diesem Kapitel tut. „Priszilla" ist die Verkleinerungsform von Priska. Vielleicht können wir daraus ableiten, dass Paulus besonders diskret über „Priska" spricht, weil es um eine Schwester geht.

Paulus geht zu ihnen hin. Er schätzt Ihre Gemeinschaft. Er entdeckt ihr Interesse an den Dingen des Herrn. Aber er entdeckt noch etwas Gemeinsames: Aquila ist Zeltmacher von Beruf, und das ist er auch. Paulus hatte nach gutem jüdischen Brauch einen Beruf erlernt, was von allen jüdischen Jungen erwartet wurde. „Wer seinen Sohn nicht das Arbeiten lehrt, lehrt ihn das Stehlen", sagten die Rabbis. Der Beruf, den Paulus erlernte, ist also der des Zeltmachers.

Da Aquila, wie es scheint, ein Zeltmachergeschäft hatte, konnte Paulus bei ihm arbeiten und dort bleiben. So sorgte er für seinen eigenen Unterhalt. Er tut das, um völlig unabhängig von den Korinthern zu sein und um jeglichen Verdacht zu vermeiden, als wäre er mit der Verkündigung des Evangeliums auf ihr Geld aus. Von anderen Gemeinden hat er allerdings Geld angenommen. So empfing er, als er in Thessalonich war, zweimal Unterstützung aus Philippi (Phil 4,15.16). Doch in Korinth, wo es Geld und Handel in Überfluss gab, nahm er keine Unterstützung an.

Er arbeitete einfach mit seinen eigenen Händen. Er hatte das Recht, vom Evangelium zu leben, machte aber in Korinth von diesem Recht keinen Gebrauch (1Kor 9,14; vgl Apg 20,34.35). Er wollte auf keine Weise den Eindruck erwecken, dass er das Evangelium predigte, um daran zu verdienen oder aus dem Evangelium eine Handelsware zu machen, so wie in dieser Stadt alles eine Handelsware war.

Die Predigt des Paulus in Korinth (18,4–8)

> [4] Er unterredete sich aber in der Synagoge an jedem Sabbat und überzeugte Juden und Griechen. [5] Als aber sowohl Silas als auch Timotheus aus Mazedonien herabkamen, wurde Paulus hinsichtlich des Wortes gedrängt und bezeugte den Juden, dass Jesus der Christus sei. [6] Als sie aber widerstrebten und lästerten, schüttelte er die Kleider aus und sprach zu ihnen: Euer Blut komme auf euren Kopf! *Ich* bin rein; von jetzt an werde ich zu den Nationen gehen. [7] Und er ging von dort weg und kam in das Haus eines gewissen Mannes, mit Namen Justus, der Gott anbetete, dessen Haus an die Synagoge stieß. [8] Krispus aber, der Synagogenvorsteher, glaubte an den Herrn mit seinem ganzen Haus; und viele der Korinther, die hörten, glaubten und wurden getauft.

Paulus geht in seiner freien Zeit, das heißt am Sabbat, in die Synagoge. Auch in Korinth geht er wieder zuerst an den Ort, wo er die beste Gelegenheit für die Belehrung aus den Schriften findet. Das Publikum dort, das aus Juden und Griechen besteht, ist mit den Schriften vertraut oder interessiert sich dafür. Paulus macht davon dankbar Gebrauch, um auf diese Weise Eingang in die Herzen zu finden.

Er überzeugt sowohl Juden als Griechen von dem, was die Schrift über Christus sagt, das ist der Messias. Zuerst einmal zeigt er, dass die Schrift über das Kommen des Messias spricht. Er spricht auch darüber, dass Er bei seinem Kommen verworfen und getötet würde, und dass Er auch auferstehen und zum Himmel zurückkehren würde. Diese Überzeugung aus der Schrift ist die vorbereitende Arbeit, um danach bezeugen zu können, dass der Messias in der Tat gekommen ist, und zwar in der Person Jesu.

Davon spricht Paulus dann, nachdem sowohl Silas als auch Timotheus von Mazedonien gekommen sind und sich ihm angeschlossen haben. Vermutlich haben Silas und Timotheus finanzielle Unterstützung von den Gläubigen aus Mazedonien mitgebracht (2Kor 11,9). Dadurch konnte Paulus seine ganze Zeit der Verkündigung des Wortes widmen. Auch das Kommen der beiden Brüder selbst war natürlich eine große Ermutigung für den Apostel. Unterstützt durch ihre Anwesenheit widmete er sich ganz dem Wort, wozu er nun alle Tage und nicht nur am Sabbat Gelegenheit hatte. Es geht ihm bei der Verkündigung des Wortes hauptsächlich darum, die Juden zu überzeugen, dass Jesus der Messias ist. Mit diesem Zeugnis scheint er sich auch nur an die Juden zu richten.

Obwohl die Juden zunächst von allem, was über den Messias geschrieben steht, überzeugt wurden, lehnen sie sich doch kurze Zeit später dagegen auf und reden mutwillig Böses über den Herrn Jesus. Sie wollen nicht anerkennen, dass Jesus der Messias ist. Sie offenbaren ihren tief verwurzelten Hass gegen den Gesalbten Gottes. Als Paulus das sieht, legt er die Verantwortung für ihr eigenes Leben auf ihren eigenen Kopf.

Er hat sie gewarnt und ist frei von dem Gericht, dass sie treffen wird, wovon er symbolisch Zeugnis ablegt, indem er seine Kleider ausschüttelt. Auf seinem Kopf ruht keine Blutschuld. Man lädt Blutschuld auf sich, indem man am Tod eines anderen schuldig wird. Es gibt so etwas wie eine Blutschuld, die wir auf uns laden, wenn wir in der Verkündigung des Evangeliums nachlässig sind. Der Christ ist ein Schuldner aller Menschen (vgl Hes 3,18; 18,13; 33,4–9).

Die Ablehnung der Juden öffnet Paulus den Weg, zu den Nationen zu gehen (vgl. Apg 13,46; 28,28). Paulus überlässt sie ihrer eigenen Verantwortung, nachdem er seiner Verantwortung entsprochen hat. Er ist rein, und weil er rein ist, kann er zu den Nationen gehen. Es gibt nichts mehr an ihnen und für sie zu tun. Es ist vielsagend, dass es danach heißt, dass er von dort *wegging*. Er musste ihnen den Rücken zukehren.

Der Herr bestätigt seinen Entschluss, indem Er ihn unmittelbar durch die Person des Justus mit den Nationen in Verbindung bringt. Justus sympathisierte mit den Juden und hat in der Synagoge das Wort gehört. Er nimmt Paulus in sein Haus auf. So ist auch die Erwähnung des Lukas vielsagend, dass das Haus des Justus „an die Synagoge stieß". Das Haus, in dem Paulus und mit ihm das Evangelium Einzug hält, steht neben der Synagoge. Der Segen ist nicht mehr in der Synagoge zu finden, bleibt aber sozusagen in unmittelbarer Nähe.

Dennoch ist es ein Jude, und zwar der Oberste der Synagoge, Krispus, von dem wir lesen, dass er als Erster in Korinth zum Glauben an den Herrn Jesus kommt und mit ihm sein ganzes Haus. Erneut wird eine ganze Familie gerettet (Apg 10,24.44; 16,15.34). Krispus wird von Paulus getauft. Krispus ist übrigens einer der wenigen Bekehrten in Korinth, die Paulus persönlich getauft hat (1Kor 1,14.15). Genau wie bei finanziellen Angelegenheiten hat Paulus auch bei geistlichen Angelegenheiten immer darauf geachtet, dass er nicht verdächtigt werden könnte, auf eigenen Vorteil aus zu sein.

Krispus und sein Haus sind die Erstlinge in Korinth. Danach kommen, nachdem sie Paulus gehört haben, viel mehr zum Glauben. Auch sie werden getauft. Das Werk nimmt seinen Lauf. Wir sehen, dass dieses Werk in der Reihenfolge geschieht, die auch heute noch üblich ist: hören, glauben, getauft werden.

Der Herr ermutigt Paulus (18,9–11)

> 9 Der Herr aber sprach durch ein Gesicht in der Nacht zu Paulus: Fürchte dich nicht, sondern rede, und schweige nicht! 10 Denn *ich* bin mit dir, und niemand soll dich angreifen, um dir etwas Böses zu tun; denn ich habe ein großes Volk in dieser Stadt. 11 Er hielt sich aber ein Jahr und sechs Monate dort auf und lehrte unter ihnen das Wort Gottes.

Während das Werk seinen Lauf nimmt und viele zur Bekehrung kommen, spricht der Herr in der Nacht in einem Gesicht zu Paulus und ermutigt ihn. An den Worten des Herrn können wir erkennen, dass Paulus sich fürchtete und darüber nachdachte, fortan zu schweigen. Der Herr sagt ja nicht von ungefähr, dass Paulus sich nicht fürchten solle und dass er reden und nicht schweigen solle.

Wir könnten uns fragen, ob so viel Segen bei seiner Arbeit nicht schon eine große Ermutigung war und ob seine Furcht und seine Überlegungen, nicht mehr zu predigen, nicht von Kleinglauben oder sogar von Unglauben zeugen. Doch wir erinnern uns, was für eine Stadt Korinth war (siehe auch 1Kor 6,9–11) und dass Paulus sich dort mit Furcht und Zittern aufhielt. Auch die Hasskampagne der Juden (V. 6) steckte er nicht gleichmütig weg. Paulus war sich des enormen Widerstandes sehr wohl bewusst. Es gibt zwar Ergebnisse, doch in was für einer Umgebung!

Segen gibt keine Kraft. Nur der Herr gibt Kraft. Der Herr weiß, was in seinem Diener vor sich geht; deshalb ermutigt Er ihn im Blick auf den Widerstand der Juden und auf die große Unsittlichkeit der Stadt. Jeder Diener, der sich der Welt, in der er lebt, bewusst ist, braucht solche Ermutigungen.

Der Herr gibt Paulus zwei Ermutigungen, damit er weitermacht. Die erste ist, dass Er selbst mit ihm ist. Das Wissen, dass der Herr mit dir ist, gibt Kraft. Wir wissen uns dann in Gemeinschaft mit dem, dem alle Macht im Himmel und auf der Erde gegeben ist (Mt 28,18). Er hat gesagt: „Und siehe, ich bin bei euch alle Tage bis zur Vollendung des Zeitalters" (Mt 28,20; Jes 43,5). Diese Ermutigung dient dazu, dass wir in der Lage sind, die übertragene Aufgabe auszuführen (Ri 6,12).

Niemand wird ihm etwas antun können, denn der Herr selbst wird ihn beschützen, so dass er seine Aufgabe erfüllen kann. Worin diese Aufgabe besteht, sehen wir in der zweiten Ermutigung. Die zweite Ermutigung liegt in der Mitteilung, dass der Herr ein großes Volk in dieser Stadt hat. Der Herr weiß, wer alles an Ihn glauben wird (Apg 13,48) und Er will Paulus gebrauchen, damit diese offenbar werden. Paulus erfährt also, dass viele auserwählt sind, denen er noch das Evangelium verkündigen muss. Er weiß nicht, wer sie sind, doch sie werden durch seine Predigt zum Vorschein kommen.

Obwohl noch klar werden muss, wer alles zu seinem Volk gehört, sagt der Herr nicht: Ich *werde* ein großes Volk in dieser Stadt haben, sondern: „Ich *habe* ein großes Volk in dieser Stadt". Für ihn ist etwas, was noch geschehen muss, so, als wäre es schon geschehen. Er kann über zukünftige Dinge reden wie über Dinge, die bereits geschehen sind.

Ermutigt vom Herrn hat Paulus das große Werk in Korinth mindestens anderthalb Jahre fortgesetzt, obwohl er doch auf einer Missionsreise war.

Der Richterspruch des Gallion (18,12–17)

> 12 Als aber Gallion Prokonsul von Achaja war, traten die Juden
> einmütig gegen Paulus auf und führten ihn vor den Richterstuhl 13
> und sagten: Dieser überredet die Menschen, Gott anzubeten, dem
> Gesetz zuwider. 14 Als aber Paulus den Mund öffnen wollte, sagte
> Gallion zu den Juden: Wenn es irgendein Unrecht oder eine böse
> Handlung wäre, o Juden, so hätte ich euch billigerweise ertragen;
> 15 wenn es aber Streitfragen sind über Worte und Namen und das
> Gesetz, das ihr habt, so seht ihr selbst zu; über diese Dinge will ich
> nicht Richter sein. 16 Und er trieb sie von dem Richterstuhl weg.
> 17 Alle aber ergriffen Sosthenes, den Synagogenvorsteher, und
> schlugen ihn vor dem Richterstuhl; und Gallion kümmerte sich
> nicht um dies alles.

Die Zusage des Herrn, dass niemand die Hand an ihn legen würde, wird rasch erfüllt. Gallion wurde im 13. Jahr des Klaudius Caesar – das ist das Jahr 53 – Prokonsul der römischen Provinz Achaja. Paulus muss daher ungefähr im Jahr 52 in Korinth angekommen sein. Als mit Gallion ein neuer Prokonsul kam, sahen die Juden ihre Chance gekommen, Paulus anzuklagen. Sie wollen den Neuling Gallion gemeinsam überzeugen, was für ein staatsgefährdender Mann Paulus ist. Sie sind der Meinung, dass Gallion schon für ihren Plan zu haben sein wird, weil der Mann natürlich gern den Frieden in seiner Provinz erhalten möchte. Sie werden ihm anbieten, ihm dabei zu helfen, indem sie ihm als Beweis diese feindliche Person überbringen.

Wie in anderen Städten scheinen die Bürger das Recht gehabt zu haben, jemanden zu verhaften und vor Gericht zu stellen. Es ging dabei immer um die Bedrohung der öffentlichen Ordnung. Das ist auch hier die Anklage. Sie beschuldigen Paulus, dass er sehr auf die Menschen einrede, um sie dazu zu bewegen, Gott zu verehren. Und das verstößt ja wohl in hohem Maße gegen das Gesetz. Die Ankläger erwähnen wohlweislich nicht, welches Gesetz sie meinen. Es ist offensichtlich, dass sie eine religiöse Sache politisch aufladen wollen, genau wie es ihre Taktik in Philippi war (Apg 16,20.21).

Als Paulus seinen Mund öffnen will, um sich zu verteidigen, bekommt er dazu keine Gelegenheit. Der Herr nimmt es ihm ab durch die Reaktion Gallions gegenüber dem Auftritt der Juden. Die Juden haben sich in Gallion völlig getäuscht. Gallion ist nicht nur ein liebenswerter Mensch (wie Geschichtsschreiber ihn charakterisieren), sondern auch ein völlig gleichgültiger Mann. Er weiß, warum die Juden sich aufregen, worüber er sich allerdings überhaupt nicht aufregt. Er sagt damit auch, dass das Evangelium nicht staatsgefährdend ist. Das Evangelium fesselt ihn nicht, aber es schadet ihm auch nicht. Warum soll er also dagegen vorgehen? Wenn es um eine Straftat oder einen Schurkenstreich ginge, würde er ihre Anklage, und er nennt sie ausdrücklich „Juden", sicherlich behandeln.

Indem er sie so mit Nachdruck anspricht, lässt er durchblicken, dass er den Hintergrund ihrer Absicht sehr genau durchschaut. Das erklärt er anschließend auch, wenn er sagt, dass es um nichts anderes geht als um Streitfragen über Worte und Namen und das Gesetz, das sie haben. Er versteht sehr wohl, um was es geht. Gleichzeitig offenbart er seine völlige Gleichgültigkeit bezüglich des Herrn Jesus und seines Werkes. Er reduziert den ganzen Glauben auf ein Wort, ein paar Namen und das Gesetz. Vielleicht hat er mal ein Wort aufgeschnappt wie „Auferstehung" oder Namen wie „Jesus" und „Christus" und hat etwas vom jüdischen Gesetz mitbekommen. Aber an alledem ist er nicht interessiert. Seinen totalen Mangel an Interesse haben die Juden auf ihrem Gewissen (Röm 2,24), allerdings macht das Gallion nicht weniger schuldig.

Auch heute gibt es viele dieser gleichgültigen Menschen, die an Glaubenssachen nicht interessiert sind wegen der Streiterei unter Christen über Nichtigkeiten. Als Christen müssen wir da unsere Schuld bekennen. Andrerseits ist das für die, die das Verhalten von Christen als Entschuldigung gebrauchen, um sich nicht mit Glaubensfragen zu beschäftigen, keine Rechtfertigung für ihre Gleichgültigkeit. Oft rühmen sich solche Menschen auch noch ihrer religiösen Toleranz.

Was Gallion betrifft, so lässt er sich in dieser Sache, die vor ihn gebracht wird, nicht zu einer Aussage hinreißen. Er will kein Wort mehr darüber hören und treibt sie alle vom Richterstuhl weg. Die Juden geben sich allerdings nicht geschlagen und finden in Sosthenes, dem Obersten der Synagoge, ein neues Opfer. Aus Frustration über ihre misslungene Anklage gegen Paulus gehen sie mit ihm noch rauer um als mit Paulus, denn sie schlagen ihn vor dem Richterstuhl.

Wenn dieser Sosthenes derselbe ist wie der, den Paulus als Mitabsender seines ersten Briefes an die Korinther erwähnt (1Kor 1,1), ist es möglich, dass er in diesem Augenblick auch schon Interesse gezeigt hat an dem von Paulus gepredigten Jesus als dem Christus. Sosthenes, der vermutlich Krispus als Oberster der Synagoge gefolgt ist, ist in ihren Augen ein neuer Verräter. Das wird sie noch besonders erbost haben. Für Gallion macht das alles nichts aus. So wie er sich an ihrer Geschichte über die vermeintliche Gesetzesübertretung des Paulus nicht störte, so kümmert ihn auch nicht ihr gewalttätiger Auftritt gegen Sosthenes.

Die völlige Gleichgültigkeit Gallions zeigt auch deutlich, wie mit den vielgepriesenen Normen des römischen Rechts in dieser Zeit umgegangen wurde. Gott gebrauchte das hier zum Schutz seiner Diener, doch als Rechtsausübung geschieht es völlig willkürlich.

Kurzer Besuch des Paulus in Ephesus (18,18–21)

> 18 Nachdem aber Paulus noch viele Tage dageblieben war, nahm
> er Abschied von den Brüdern und segelte nach Syrien ab, und
> mit ihm Priszilla und Aquila, nachdem er in Kenchreä das Haupt
> geschoren hatte, denn er hatte ein Gelübde. 19 Sie kamen aber nach
> Ephesus, und er ließ jene dort; er selbst aber ging in die Synago-
> ge und unterredete sich mit den Juden. 20 Als sie ihn aber baten,
> längere Zeit zu bleiben, willigte er nicht ein, 21 sondern nahm Ab-
> schied von ihnen und sagte: [Ich muss durchaus das zukünftige
> Fest in Jerusalem halten;] ich werde, wenn Gott will, wieder zu
> euch zurückkehren. Und er fuhr von Ephesus ab.

Im Anschluss an die Zeit von anderthalb Jahren, die Paulus nun schon in Korinth ist, bleibt er dort noch viele Tage. Dann kommt der Augenblick, wo er Abschied von den Brüdern nimmt. Er segelt in Begleitung von Aquila und Priszilla mit dem Schiff nach Syrien. Das zeigt, dass auch Aquila und Priszilla nicht an einen Ort gebunden sind. Sie sind flexibel und ziehen einfach an einen anderen Ort um, wenn der Dienst für den Herrn es erfordert.

Es gibt noch eine beachtenswerte Bemerkung des Lukas über Paulus. Paulus, der sich so gegen das Gesetz gestemmt hat, unterwirft sich einer jüdischen Anordnung. Jedenfalls lässt das Scheren seines Kopfes in Verbindung mit einem Gelübde darauf schließen. Das erinnert nämlich an das Gelübde eines Nasiräers (4Mo 6,18). In Kapitel 21 macht er etwas Ähnliches (Apg 21,23). Dort will er wohl den Juden ein Jude sein (1Kor 9,20). Hier können wir in Anbetracht der äußerst feindlichen Haltung der Juden nicht unbedingt daran denken.

Lukas teilt nicht mit, welcher Art das Gelübde war. Es kann sein, dass Paulus unter dem Druck der Umstände in Korinth dem Herrn ein Gelübde gegeben hat, dass er sein Haupt scheren ließe, wenn der Herr ihm helfen würde. An sich muss ein Gelübde nicht verkehrt sein. Man kann auch heute noch ein Gelübde ablegen (doch siehe Pred 5,1–6). Die Frage ist allerdings, ob ein Gelübde zur Stellung eines Christen passt und ob Paulus hier nicht unterhalb dieser Stellung handelt, denn sein Handeln erinnert an einen alttestamentlichen Brauch.

Wir mögen diese Überlegungen auf uns selbst anwenden, jedoch nicht auf Paulus. Wir wissen einfach nicht, was ihn bewogen hat. Lukas sagt nicht mehr, als dass er sein Haupt scheren ließ, dass er das wegen eines Gelübdes tat und dass er es in Kenchreä machen ließ. Es steht nicht im Widerspruch mit seiner Predigt gegen das Gesetz, denn er legt niemandem etwas in den Weg, der das Gesetz halten will. So braucht es für uns auch kein Problem zu sein, wenn messianische Juden das Gesetz halten wollen. Paulus widersetzt sich jedoch scharf gegen das Gesetz, wenn es den Nationen auferlegt wird. Das muss auch unsere Reaktion auf die Predigt des Gesetzes sein.

Nachdem Paulus in Kenchreä sein Haupt scheren ließ, setzen sie von Griechenland aus in die Türkei über. Nachdem sie in Ephesus angekommen sind, geht Paulus ohne das Ehepaar seinen eigenen Weg. Das Ehepaar bleibt in Ephesus zurück, als Paulus später weiterreist. Doch bevor er weiterreist, besucht er zuvor noch die Synagoge, wo er sich mit den Juden unterhält. Was er den Juden über Christus erzählt, stößt nicht auf Widerstand, sondern eher auf Wertschätzung, denn sie bitten ihn, noch längere Zeit zu bleiben. Für den Augenblick muss es jedoch bei dieser einmaligen Unterhaltung bleiben, denn nicht Ephesus ist das Ziel seiner Reise, sondern Jerusalem. Das scheint zumindest die Erklärung für die Eile zu sein, mit der er weiter wollte.

Er reist mit dem Versprechen ab, wieder zu ihnen zurückzukehren. Allerdings sagt er dazu, dass er das tun wird, wenn es dem Willen Gottes entspricht. Die Einlösung seines Versprechens finden wir in Kapitel 19.

Ende der zweiten und Anfang der dritten Missionsreise (18,22.23)

22 Und als er in Cäsarea angelangt war, ging er hinauf und begrüß-
te die Versammlung und zog nach Antiochien hinab. 23 Und als er
einige Zeit dort zugebracht hatte, reiste er ab und durchzog der
Reihe nach die galatische Landschaft und Phrygien und befestigte
alle Jünger.

Nachdem er auf dem Seeweg in Cäsarea angekommen und dort an Land gegangen ist, „geht er hinauf", das heißt nach Jerusalem. Dort besucht er das Fest, begrüßt die Gemeinde und zieht dann weiter nach Antiochien. Hier endet seine zweite Missionsreise.

Nachdem er einige Zeit in Antiochien zugebracht hat, beginnt er seine dritte Missionsreise. Der Bericht darüber erstreckt sich bis Kapitel 21,16. Zunächst durchzieht er Galatien und Phrygien, das Gebiet, wo Derbe, Lystra und Ikonium liegen. Dort war er auch auf seiner ersten und seiner zweiten Missionsreise. Ebenso wie auf der zweiten Missionsreise predigt er dort nicht das Evangelium, sondern stärkt alle Jünger. Die Gemeinden in Galatien müssen kurz nach diesem Besuch durch das Auftreten judaistischer Lehrer von der Wahrheit des Evangeliums abgewichen sein, was Paulus veranlasste, ihnen seinen Rundbrief (den Brief an die Galater) zu schreiben.

Apollos in Ephesus (18,24–28)

24 Ein gewisser Jude aber, mit Namen Apollos, aus Alexandrien
gebürtig, ein beredter Mann, der mächtig war in den Schriften,
kam nach Ephesus. 25 Dieser war in dem Weg des Herrn unter-
wiesen, und brennend im Geist redete und lehrte er sorgfältig die
Dinge von Jesus, obwohl er nur die Taufe des Johannes kannte. 26
Und dieser fing an, freimütig in der Synagoge zu reden. Als aber
Priszilla und Aquila ihn hörten, nahmen sie ihn zu sich und leg-
ten ihm den Weg Gottes genauer aus. 27 Als er aber nach Achaja
reisen wollte, schrieben die Brüder den Jüngern und ermahnten
sie, ihn aufzunehmen. Dieser war, als er hinkam, den Glaubenden
durch die Gnade sehr behilflich; 28 denn kräftig widerlegte er die
Juden öffentlich, indem er durch die Schriften bewies, dass Jesus
der Christus ist.

Paulus ist nun auf dem Weg nach Ephesus. In einem Zwischenteil berichtet Lukas uns nun etwas über „einen Juden mit Namen Apollos", der nach Ephesus kommt. Apollos, gebürtig aus Alexandrien in Ägypten, ist ein redegewandter (o. gelehrter) Mann. Diese natürlichen Fähigkeiten gebrauchte er nicht für sich selbst, sondern zur Ehre Gottes. Dass er mächtig war in den Schriften, heißt nicht, dass er lange Texte auswendig konnte (das konnte er vielleicht auch), sondern dass er die Zusammenhänge der Schrift kannte und ihre Bedeutung verstand.

Apollos ist jemand, in dem sich die Kraft des Heiligen Geistes offenbart, ohne dass der Apostel oder die Zwölf daran beteiligt sind. Er ist ein Instrument des Geistes und wirkt unabhängig von den Aposteln. So beabsichtigt es auch der Heilige Geist, der jedem austeilt, wie Er will (1Kor 12,11). Auch später sehen wir, dass Apollos selbstständig auftrat, als er nicht auf eine Empfehlung des Paulus einging. Er ging seinen eigenen Weg, was Paulus auch akzeptierte (1Kor 16,12).

Zwischen diesen beiden Dienern gab es keinen Neid. Es war nicht ihr Ziel, Menschen für sich selbst zu gewinnen. Beide wollten Menschen für Christus gewinnen. Für sie war es völlig abwegig, dass die Gläubigen in Korinth sie zu Führern einer Partei machten, was eine Spaltung der Einheit der Gläubigen verursachte (1Kor 1,10–12).

Apollos hat das Evangelium wahrscheinlich in Ägypten gehört und angenommen. Dann hat er sich die Kenntnis der Schriften angeeignet, womit die Schriften des Alten Testaments gemeint sind. Er war im Weg des Herrn unterwiesen. Das bedeutet, dass er in der Lehre des Herrn Jesus unterwiesen wurde und auch, wie die Lehre in die Praxis umgesetzt werden muss, so dass sie buchstäblich Hand und Fuß bekommt. Das Ziel der Belehrung mit dem Wort Gottes ist immer, dass es sich im Leben auswirkt.

Wie Apollos zum Glauben gekommen ist, berichtet Lukas nicht. Dass er jedoch tatsächlich zum Glauben gekommen ist, zeigt sich in seinem Leben. Er ist davon erfüllt, was er in den Schriften entdeckt hat. Das hat in ihm ein Feuer entfacht, das in seinem Reden und Lehren zum Ausdruck kommt. Dieses Feuer des Geistes in Apollos ist keine Charaktereigenschaft, sondern ein Brennen, das vom Geist gewirkt ist, das wir alle besitzen sollten (Röm 12,11).

Er kennt das Brennen des Geistes wie auch die Propheten des Alten Testaments. Er gibt nicht nur Erkenntnis weiter, sondern ist auch selbst davon ergriffen. Er hat große Schriftkenntnis und kann sie auch an andere gut weitergeben. Die Zuhörer merken sehr wohl, ob jemand trockene Theorie wiedergibt oder ob er über etwas spricht, wovon er selbst ergriffen ist.

Apollos wusste noch nichts von alledem, was mit Christus geschehen war. Er kannte lediglich die Taufe des Johannes. Das bedeutet, dass er die Predigt des Johannes angenommen, sich bekehrt und an Christus geglaubt hat, auf den Johannes hingewiesen hat. Er weiß jedoch nichts vom Tod und der Auferstehung des Herrn Jesus und dem Kommen des Heiligen Geistes. Er ist sozusagen vor Pfingsten stehengeblieben. Was er jedoch weiß, verkündigt er freimütig in der Synagoge in Ephesus. Dorthin kommen auch Priszilla und Aquila und hören ihn predigen. Zu Anfang der Gemeinde gingen die Christen immer noch (auch) in die Synagoge. Dieses Ehepaar trifft ständig außergewöhnliche Menschen. In Korinth hatten sie Paulus kennengelernt, und hier in Ephesus lernen sie Apollos kennen.

Diese Begegnung muss sie besonders berührt haben. Als sie so zuhören, merken sie, dass ihm noch etwas fehlt. Sie stellen fest, dass er nicht weiß, wie es mit Jesus von Nazareth weitergegangen ist. Sie stehen nicht in der Synagoge auf, um ihn zu korrigieren, sondern nehmen ihn mit nach Hause, um ihm das Fehlende mitzuteilen. Es spricht für den mächtigen Redner Apollos, dass er sich von einfachen Zeltmachern belehren lässt. Aquila und Priszilla geben Apollos weiter, was sie zweifellos selbst vorher durch die Belehrungen des Paulus empfangen haben.

Wie schön ist es, wenn es Ehepaare gibt, die Diener tiefer in das Wort Gottes einführen können und dazu ihr Haus und ihre Zeit zur Verfügung stellen. Sie legen ihm gemeinsam den Weg Gottes genauer aus. Priszilla wird zuerst genannt; vielleicht hat sie zuerst erkannt, dass ihm etwas fehlte. Frauen sind in diesem Punkt oft sensibler als Männer. Vielleicht hat sie ihrem Mann vorgeschlagen, ihn mitzunehmen. Erst als Drittes wird erwähnt, dass die beiden ihm den Weg Gottes genauer ausgelegt haben. Bei der genaueren Auslegung des Weges Gottes gegenüber Apollos wird Priszilla übrigens gewiss nicht gegen das Gebot verstoßen haben, dass es einer Frau nicht erlaubt ist, zu lehren oder über den Mann zu herrschen (1Tim 2,12).

In diesem Zusammenhang ist eine allgemeine Bemerkung angebracht. Ein Mann ist in der Regel empfindlich, wenn jemand anderes mehr weiß als er selbst. Dann muss man sich überwinden, den anderen einzuladen. Es geht nicht darum, dass dies bei

Aquila der Fall war, das sollten wir nicht unterstellen, sondern es ist gut, wenn Diener das einmal bedenken. Es kann zum Beispiel vorkommen, dass ein älterer Bruder, der eine gute Schriftkenntnis hat, Mühe damit hat, zu akzeptieren, dass ein jüngerer Bruder eine noch größere Schriftkenntnis besitzt.

Apollos war im Weg des Herrn unterwiesen. Das hatte ihn veranlasst, sein Leben der Autorität des Herrn zu unterstellen. Nun hört er etwas über den Weg Gottes, das ist der Weg des Glaubens für den Christen, wie er aus der Schrift erkannt werden kann. In der Schrift lernen wir, wie Gott während der gesamten Heilsgeschichte mit seinem Volk und mit den Seinen gehandelt hat. Es muss für Apollos eine Freude gewesen sein, diese Belehrungen zu erhalten.

Nachdem ihm nun der Weg Gottes genauer ausgelegt wurde, will Apollos nach Achaja gehen, wo Korinth ist. Wie kommt er auf die Idee, nach Korinth zu gehen? Warum nicht nach Athen oder Philippi? Es ist möglich, dass er das eine oder andere von Aquila und Priszilla über Korinth gehört hat. Sie werden ihm erzählt haben, dass es dort Nöte gab. Das mag für Apollos der Anlass gewesen sein, dorthin zu gehen. So bekommen Arbeiter auf unterschiedliche Art Hinweise, irgendwo hinzugehen.

Die Brüder in Ephesus sehen in Apollos einen begabten Knecht Gottes und ermutigen ihn in seinem Dienst und empfehlen ihn auch. Der Empfehlungsbrief, den er mitbekommt, hat nichts mit der Aufnahme am Tisch des Herrn für die Teilnahme am Abendmahl zu tun, sondern mit der Aufnahme als Diener Christi (vgl. 2Kor 3,1; Röm 16,1.2).

Ein Empfehlungsbrief ist nicht an eine örtliche Gemeinde gebunden, sondern an die Tatsache, ob die Absender bekannt sind an dem Ort, wohin ein Diener geht, und ob man die Absender dort als Gläubige kennt, deren geistlichem Urteil man vertrauen kann. Wenn solche Gläubige einer Person, die dort nicht bekannt ist, ein Zeugnis ausstellen, weckt das Vertrauen zu dem Diener, der dorthin kommt. Einen Empfehlungsbrief zu schreiben und zu empfangen ist in beiden Fällen ein Vorrecht und drückt die Verbundenheit aus. Ein persönliches Zeugnis ist nicht ausreichend (Apg 9,26–28; 2Kor 13,1).

Mit dem Brief zur Empfehlung eines Dienstes reist Apollos von Ephesus nach Korinth. Dort wird er begießen, was Paulus gepflanzt hat (1Kor 3,6). Er darf das Werk des Paulus fortsetzen und vertiefen. Dass seine Ankunft in Korinth Anlass zur Spaltung gab, macht die Notwendigkeit seines Dienstes nur noch deutlicher. Es gab Menschen in Korinth, die von seinem Redetalent besonders beeindruckt waren und ihn ohne seinen Willen zu ihrem Führer machten.

Lukas erwähnt, dass er den Gläubigen eine große Stütze war. Das war nicht seinen Fähigkeiten zu verdanken, sondern der Gnade Gottes. Auch für ihn galt, dass er ohne den Herrn Jesus nichts tun konnte (Joh 15,5). Nur die Gnade befähigt uns, anderen eine Hilfe zu sein. Jeder Segen, den wir weitergeben, kommt vom Herrn.

Der Dienst des Apollos galt vor allem den Juden, die die Christen immer wieder in Schwierigkeiten brachten, indem sie der Wahrheit widerstanden. Apollos widerlegt auf unvergleichliche Weise alle Angriffe mit den Schriften, denn er beweist durch sie, dass Jesus der Christus ist. Er entkräftet alle Argumente seiner Gegner mit den Schriften. Beweisen heißt, etwas auf anschauliche Weise überzeugend darstellen. Das Wort Gottes ist beweisführend.

Kapitel 19

Die ersten Jünger in Ephesus (19,1–7)

> 1 Es geschah aber, während Apollos in Korinth war, dass Paulus,
> nachdem er die oberen Gegenden durchzogen hatte, nach Ephe-
> sus hinabkam. Und er fand einige Jünger 2 und sprach zu ihnen:
> Habt ihr den Heiligen Geist empfangen, nachdem ihr gläubig ge-
> worden seid? Sie aber sprachen zu ihm: Wir haben nicht einmal
> gehört, ob der Heilige Geist da ist. 3 Und er sprach: Worauf seid
> ihr denn getauft worden? Sie aber sagten: Auf die Taufe des Jo-
> hannes. 4 Paulus aber sprach: Johannes taufte mit der Taufe der
> Buße und sagte dem Volk, dass sie an den glauben sollten, der
> nach ihm käme, das ist an Jesus. 5 Als sie es aber gehört hatten,
> wurden sie auf den Namen des Herrn Jesus getauft; 6 und als Pau-
> lus ihnen die Hände aufgelegt hatte, kam der Heilige Geist auf
> sie, und sie redeten in Sprachen und weissagten. 7 Es waren aber
> insgesamt etwa zwölf Männer.

Nach dem Einschub über Apollos setzt Lukas seinen Bericht über die dritte Missionsreise des Paulus fort, die in Kapitel 18,23 angefangen hat. Apollos tut sein Werk in Korinth, unabhängig von Paulus, jedoch in völliger Übereinstimmung mit dessen Belehrungen, die er durch Aquila und Priszilla empfangen hat. Während Apollos in Korinth ist und dort durch die Gnade den Gläubigen eine große Hilfe ist (Apg 18,27), löst Paulus seine Zusage ein und geht nach Ephesus (Apg 18,21). Er erreicht Ephesus durch die „oberen Gegenden", das heißt durch Galatien und Phrygien (18,23).

Vielleicht weist der Ausdruck „die oberen Gegenden" schon sinnbildlich auf die himmlischen Örter hin, von denen Paulus im Brief an die Epheser schreibt. Die himmlischen Örter sind der Bereich, wo Christus ist, wo der Christ seine Segnungen besitzt (Eph 1,3) und wo sich der Kampf eines Christen abspielt (Eph 6,12). Letzteres würde sehr gut zu der geistlichen Finsternis passen, in der Ephesus sich befand. Ephesus war für seinen Okkultismus und seine Magie bekannt. Paulus kommt hier zu einer Festung Satans. Bis einschließlich Vers 20 ist viel vom Heiligen Geist und von

Geistern die Rede und auch von dem Herrn Jesus, dem Sieger über alle bösen Mächte.

Bevor Lukas eingehender davon berichtet, fügt er ein bemerkenswertes Ereignis ein. Paulus findet in Ephesus einige Jünger. Das scheint darauf hinzuweisen, dass er sie bewusst gesucht hat. Als er mit ihnen spricht, wird ihm klar, dass sie zwar Gläubige sind, jedoch keine Christen. Vielleicht sind sie Nachfolger des Apollos aus der Zeit, bevor dieser genauer unterwiesen wurde.

Er stellt ihnen einige Fragen, um zu erfahren, wo sie geistlich stehen. Die erste Frage bezieht sich auf den Heiligen Geist. Er fragt sie, ob sie den Heiligen Geist empfangen haben, als sie zum Glauben kamen. Wie Paulus zu dieser Frage kommt, ist nicht klar. Er hat ihnen sicher vom Herrn Jesus erzählt und alles, was mit Ihm geschehen ist. An ihren Reaktionen wird er wohl festgestellt haben, dass ihnen die Innewohnung des Heiligen Geistes fehlte.

Ihre Antwort bestätigt diese Schlussfolgerung. Diese Jünger sind völlig unwissend über die Anwesenheit des Heiligen Geistes auf der Erde. In ihrer Antwort geht es nicht darum, dass sie nicht an den Heiligen Geist glauben. Das taten sie. Sie wussten aus den Schriften, dass Gott seinen Geist ausgießen würde (Jes 44,3; Joel 3,1). Sie glaubten, dass der Heilige Geist immer da gewesen ist, aber sie wussten nicht, dass Er seit dem Pfingsttag auf der Erde Wohnung genommen hat als Folge der Verherrlichung des Herrn Jesus (Joh 7,39).

Da sie den Geist nicht empfangen hatten, waren sie auch keine Christen (Röm 8,9). Sie waren zum Glauben gekommen, jedoch noch nicht mit dem Heiligen Geist versiegelt. Jemand empfängt den Heiligen Geist, wenn er das Evangelium seiner Errettung geglaubt hat (Eph 1,13). Das Evangelium der Errettung beinhaltet, dass jemand glaubt, dass Christus für seine Sünden gestorben ist nach den Schriften und dass Er begraben und auferweckt wurde nach den Schriften (1Kor 15,3.4). Dieses Evangelium der Errettung war diesen Jüngern noch nicht gepredigt worden, daher konnten sie es auch noch nicht glauben. Sie befanden sich im Zustand der alttestamentlich Gläubigen.

Nachdem Paulus nun erfahren hat, dass sie den Heiligen Geist nicht empfangen haben, stellt er eine weitere Frage. Diese Frage bezieht sich auf die Taufe. Er fragt nicht, *ob* sie getauft sind, sondern *worauf* sie getauft sind. Die Antwort auf diese Frage zeigt, in welchem geistlichen Stadium sie sich befinden. Sie sind genauso weit, wie Apollos es war, als er nach Ephesus kam (Apg 18,25).

Sie haben die Botschaft so gehört, wie Johannes der Täufer sie predigte und haben sich bekehrt. Daran kann Paulus anknüpfen. Nachdem ihm nun klar ist, wo sie in ihrer geistlichen Entwicklung steckengeblieben sind, macht er sie mit dem vollen Evangelium bekannt, denn das fehlte ihnen. Er sagt ihnen, dass „Jesus" der ist, auf den Johannes der Täufer hinwies, und er kann ihnen mitteilen, dass Er gekommen ist.

Wir sehen hier den großen Unterschied zwischen dem Glauben an den Messias Jesus nach alttestamentlicher Vorstellung und dem Glauben an Ihn als den gekommenen Christus, der jetzt verherrlicht ist. Der Unterschied besteht im vollbrachten Werk auf Golgatha und der Ausgießung des Heiligen Geistes. Diese Jünger sind der Aufforderung des Johannes gefolgt, nämlich an den zu glauben, der nach ihm kam. Das haben sie getan, aber dabei blieb es dann auch. Sie haben keine weiteren Mitteilungen über die Verwerfung, den Tod, die Auferstehung und die Himmelfahrt des Messias erhalten und wissen daher auch nicht, dass Er vom Himmel aus den Heiligen Geist gesandt hat.

Als sie von Paulus das volle Evangelium hören, nehmen sie den Herrn Jesus als den gekommenen, gestorbenen, auferstandenen und verherrlichten Christus an. Dann werden sie auf den Namen des Herrn Jesus getauft. Dadurch werden sie einem gestorbenen Christus hinzugefügt. Sie werden also erneut getauft. Dennoch ist das keine „Wiedertaufe", denn die Taufe, mit der sie jetzt getauft werden, ist eine ganz andere Taufe. Sie werden auf den Namen des Herrn Jesus getauft und so mit dem Herrn Jesus verbunden, den Gott zum Herrn und zum Christus gemacht hat (Apg 2,36). Durch ihre Taufe bringen sie zum Ausdruck, dass sie nicht mehr für sich selbst leben wollen. Sie sind auf seinen Tod getauft und durch das Untertauchen im Wasser symbolisch mit Ihm begraben (Röm 6,3.4). Ab jetzt erkennen sie Ihn als den Herrn ihres Lebens an, wollen Ihm folgen und nach seinem Willen leben.

Nachdem sie getauft sind, legt Paulus ihnen die Hände auf. Er macht sich dadurch mit ihnen *eins* und erkennt sie so als Mitchristen an. Gott setzt sein Siegel darauf, indem Er ihnen den Heiligen Geist gibt. Der Heilige Geist kommt also nicht durch das Auflegen der Hände des Paulus auf sie, sondern folgt darauf. Bei Petrus und Johannes ist das Auflegen der Hände auch nicht das Mittel, durch das der Heilige Geist kam, sondern der Ausdruck der Einheit zwischen Samaria und Jerusalem (Apg 8,14–17). Dieses Zeichen der

Einheit, das durch das Auflegen der Hände zum Ausdruck kommt, wird von Gott durch die Gabe des Heiligen Geistes bestätigt.

Das Geschehen mit den „etwa zwölf Männern" ist einzigartig und hat sich auch nie wiederholt. Der Grund dafür ist der besondere Zwischenzustand, in dem sich diese kleine Gruppe befand. Hier mussten diese Gläubigen, die noch auf einem alttestamentlichen Boden standen, durch apostolische Autorität zu neutestamentlichen Christen im eigentlichen Sinn gemacht werden. Das Besondere dieses Ereignisses wird unterstrichen durch das Sprachenreden und das Weissagen, wie wir es schon am Pfingsttag in Jerusalem gesehen haben (Apg 2,4.17). Das Zeichen des Sprachenredens bestätigt, dass es um etwas ganz Neues geht, das über das Alte Testament und dem damit verbundenen Glauben hinausgeht. Das ist hier die letzte Erwähnung des Sprachenredens in der Apostelgeschichte.

Die Synagoge und die Schule des Tyrannus (19,8–10)

> 8 Er ging aber in die Synagoge und sprach freimütig drei Monate lang, indem er sich unterredete und sie von den Dingen des Reiches Gottes überzeugte. 9 Als aber einige sich verhärteten und nicht glaubten und vor der Menge schlecht redeten von dem Weg, trennte er sich von ihnen und sonderte die Jünger ab, indem er sich täglich in der Schule des Tyrannus unterredete. 10 Dies aber geschah zwei Jahre lang, so dass alle, die in Asien wohnten, sowohl Juden als auch Griechen, das Wort des Herrn hörten.

Nach seinem Zusammentreffen mit dieser besonderen Gruppe von Jüngern geht Paulus in Ephesus in die Synagoge. Dort spricht er, indem er sich unterredete und die Menschen im Blick auf die Dinge des Reiches Gottes überzeugte. Das Reich Gottes ist auf der Erde anwesend, wenn auch im Verborgenen. Sein Thema war also nicht so sehr die Gemeinde. Er predigt *nicht das Evangelium* des Reiches. Das predigte Johannes der Täufer (Mt 3,2) und danach der Herr Jesus (Mt 4,23), denn das hat mit der öffentlichen Regierung des Herrn Jesus zu tun. Da der Herr Jesus verworfen ist, ist die öffentliche Form des Reiches Gottes aufgeschoben.

In einem anderen Sinn ist das Reich Gottes jedoch auch heute das Thema der Predigt, nicht als zukünftig, sondern als gegenwärtig. Die Dinge des Reiches Gottes sind nämlich all die Dinge, die mit der Autorität dessen zu tun haben, der über das Reich Gottes regiert, das ist der Herr Jesus. Wenn Er auch nicht sichtbar als König auf der Erde anwesend ist, ist Er dennoch in den Herzen der Gläubigen anwesend und wirksam. Die Belehrungen über das Reich Gottes sind daher auch von größter Bedeutung für uns, denn es geht um die Jüngerschaft all derer, die Ihn als ihren Herrn anerkennen.

Diese Botschaft stößt jedoch bei einigen Juden auf zunehmende Ablehnung, die sich in Verhärtung, Ungehorsam und bösem Reden „von dem Weg" vor der Menge äußert. Der Weg ist die neue Lehre, die neue Glaubensrichtung, die wir als Christentum bezeichnen. Das stößt bei den Juden auf Widerstand, was allerdings nur bewirkt, dass die wahren Jünger dieses Weges von den Juden abgesondert werden. Es entstand ein Bruch mit den Juden.

Paulus verlegt den Ort seiner Unterweisung von der Synagoge in die Schule des Tyrannus. Diese Veränderung ist gleichzeitig ein symbolischer Hinweis auf das Neue, das gebildet wird, nämlich die Gemeinde. Hier sehen wir, wie die Gemeinde eine abgesonderte Gemeinschaft bildet, unabhängig von den Heiden und von den Juden. Es ist eine neue Gemeinschaft, die aus Heiden und Juden besteht, die zusammen die Gemeinde bilden. Das macht die Gemeinde in Ephesus zu einem Prototyp der Gemeinde. Es gibt keinen Brief, in dem Paulus so deutlich darlegt, was die Gemeinde ist, wie im Brief an die Gemeinde in Ephesus. Zugleich ist hier die Rede von „Jüngern", was darauf hinweist, dass auch die Kennzeichen des Reiches bei ihnen vorhanden sind.

Sowohl die Gemeinde wie auch das Reich gehören zum Machtbereich des Herrn Jesus. Dieser Machtbereich breitet sich aus durch den Unterricht, den Paulus täglich erteilt, nicht mehr in der Synagoge, sondern in der Schule des Tyrannus. „Tyrannus" ist von „Tyrann" abgeleitet. Ein Tyrann ist jemand, der ohne jedes Mitleid Macht über andere ausübt. In der Schule, in der Satan als Tyrann seine Macht ausübt, wird jetzt die Macht des Herrn gegenüber der Macht Satans entfaltet.

Paulus hat die Jünger ausführlich in den Grundsätzen des Reiches Gottes geschult. Noch länger als in Korinth hat er in Ephesus gewirkt und gelehrt, und das jeden Tag. Das beweist auch das Interesse der Gemeinde in Ephesus.

Die Jünger haben nicht nur den Unterricht genossen, sondern auch das Wort in Asien verbreitet. Alle, die in Asien wohnten, wurden mit dem Wort des Herrn erreicht. Alle Menschen haben das Wort über den gehört, der die Autorität über das Reich hat. Die Verbreitung des Wortes wird nicht nur durch Paulus geschehen sein, sondern auch durch die Jünger. Unterweisung führt zu Aktivität. Das Absondern der Jünger in der Schule des Tyrannus bedeutete also nicht Isolation. Paulus unterrichtet abgesondert, doch das Zeugnis verbreitet sich unter allen Juden und Griechen.

Wunderwerke Gottes und teuflische Nachahmung (19,11–17)

> 11 Und außergewöhnliche Wunderwerke tat Gott durch die Hände des Paulus, 12 so dass man sogar Schweißtücher oder Schürzen von seinem Leib weg auf die Kranken legte und die Krankheiten von ihnen wichen und die bösen Geister ausfuhren. 13 Aber auch einige von den umherziehenden jüdischen Beschwörern unternahmen es, über die, die böse Geister hatten, den Namen des Herrn Jesus anzurufen, indem sie sagten: Ich beschwöre euch bei dem Jesus, den Paulus predigt! 14 Es waren aber sieben Söhne eines gewissen jüdischen Hohenpriesters Skeva, die dies taten. 15 Der böse Geist aber antwortete und sprach zu ihnen: Jesus zwar kenne ich, und von Paulus weiß ich; ihr aber, wer seid ihr? 16 Und der Mensch, in dem der böse Geist war, sprang auf sie los und bemächtigte sich beider und überwältigte sie, so dass sie nackt und verwundet aus jenem Haus flohen. 17 Dies aber wurde allen bekannt, sowohl Juden als auch Griechen, die in Ephesus wohnten; und Furcht fiel auf sie alle, und der Name des Herrn Jesus wurde erhoben.

Gott unterstreicht die Predigt und die Belehrungen des Paulus durch außergewöhnliche Wunderwerke, die durch die Hände des Paulus geschehen. Was dort geschieht, sieht aus wie Wunder im Heidentum. Es scheint, als wenn allerlei Gegenstände eine magische Wirkung bekommen. Doch bei dem, was Paulus tut, ist nichts vom Teufel. *Gott* ist der Ursprung dieser Wunder. Nicht die Schweißtücher und Schürzen des Paulus sorgen für Heilung, nicht die Gegenstände, sondern das Wirken Gottes. Gott zeigt seine Kraft auf eine außergewöhnliche Weise in einem Bereich, wo der Teufel Herr und Meister zu sein meint. Das ist eine Warnung an seine Adresse und an die Adresse aller, die ihn ehren: Alle Macht gehört Gott.

Gott gebraucht für die Entfaltung seiner Macht die Hände und die Kleidungsstücke des Apostels Paulus. Auch bei Petrus haben wir eine besondere Offenbarung der Kraft Gottes gesehen (Apg 5,15). Das sind die Wunderwerke eines Apostels (2Kor 12,12). Heute haben wir keine Apostel mehr und damit auch nicht die Offenbarung von Kräften und Wundern. Es sind auch keine Dinge, die alle Gläubigen zu dieser Zeit taten. Außer von den Aposteln lesen wir nur von Philippus und Stephanus, dass sie Wunder und Zeichen getan haben.

Wir lesen zwar, dass andere das auch tun wollten, doch sie wurden als Betrüger entlarvt, als Werkzeuge der Ungerechtigkeit. Wir haben das bei Simon dem Zauberer gesehen (Apg 8,18–24), und wir sehen es hier in der folgenden Begebenheit. Als allgemeine Anmerkung noch dies: Der Herr versetzt uns in die Lage, im Glauben das Werk Gottes zu tun und die Macht Satans zu überwinden. Die Voraussetzungen sind: Gebet, Fasten, Glaube und eine Gesinnung der Vergebung (Mk 9,29; 11,22–25). Die Voraussetzungen, die wir erfüllen müssen, machen zugleich den großen Abstand deutlich, der zwischen uns und dem Herrn Jesus besteht. Für den Herrn Jesus war und ist jede Ausübung von Kraft eine Entfaltung seiner eigenen Majestät.

Die Macht Satans versucht sich dem Werk Gottes anzuschließen und so das Reich Gottes zu untergraben und seine Ausbreitung zu verhindern. Das entspricht dem, was der Wahrsagegeist im Blick auf die Predigt des Paulus in Philippi tun wollte (Apg 16,16), und auch, was die Zauberer in Ägypten taten, die die Wunder Moses nachahmten (2Mo 7,10.11). Hier benutzt Satan jüdische Beschwörer.

Gott hatte in seiner Gnade einigen in seinem Volk die Macht gegeben, Dämonen auszutreiben (Mk 6,7; 9,38; Lk 10,17). Es gab allerdings auch Juden, die sich diese Macht anmaßten wie die Söhne der Pharisäer, das sind die Jünger der Pharisäer (Mt 12,27). Zu dieser Kategorie gehören auch sieben Söhne Skevas, eines jüdischen Hohenpriesters. Dieser Skeva hat seine Söhne nicht in der Furcht des HERRN erzogen, sondern hat sie in die dunklen Praktiken der Macht Satans eingeführt.

Diese sieben zogen aus, um ihre okkulten Künste überall zu verrichten, wo sie nur konnten. Auf ihrer Rundreise kamen sie auch nach Ephesus. Als sie dort den Erfolg bemerkten, den Paulus in Verbindung mit dem Gebrauch des Namens „Jesus“ hatte, nahmen sie den Namen Jesu ebenfalls in den Mund und versuchten böse Geister auszutreiben. Sie gebrauchten den Namen „Jesus“ (natürlich ohne „Herr“ davor) als eine Art Zauberformel, wie ein magisches Wort. Doch nur der Glaube an das, was diesen Namen ausmacht, gibt Kraft, und nicht das Wort an sich.

Sie berufen sich auf den „Jesus, den Paulus predigt", was unmittelbar deutlich macht, dass sie keinerlei Verbindung mit dem Herrn Jesus haben. Sie gebrauchen seinen Namen, ohne persönlich an Ihn zu glauben, nur um deswillen, was der Name bei anderen bewirkt. So sieht leider auch das Glaubensleben vieler Christen aus. Es ist ein gewisses Glaubensbekenntnis vorhanden, doch man lebt nicht danach (vgl. 2Tim 3,5).

Dass der böse Geist von diesen Leuten nicht beeindruckt ist, das zeigt sich an seiner Antwort und der anschließenden Tat. Er kennt Jesus, und von Paulus weiß er auch. Es ist ein Kennen und Wissen, ohne dass es irgendeine innere Verbindung gibt. Der Teufel hat Glauben (Jak 2,19) und Kenntnis, weil er weiß, dass er es mit göttlichen Personen zu tun hat, die er nicht leugnen kann, aber er unterwirft sich Ihnen nicht. Denen gegenüber, die sich in seiner Macht befinden, offenbart er eine tiefe Missachtung, so wie er einen tiefverwurzelten Hass gegenüber dem Herrn Jesus und gegenüber denen hat, die Ihm treu nachfolgen. Wir sehen hier die Missachtung Satans gegenüber seinen Sklaven, die er als unfähige Helfer wegjagt, wobei er sie geistig demütigt und körperlich verletzt.

Was eine List Satans war, führt letztlich dazu, dass auf alle, die in Ephesus wohnen, Furcht fällt, sowohl auf Juden als auch auf Griechen, und dass der Name des *Herrn* Jesus erhoben wird. Das heißt nicht, dass sie alle auch zum Glauben kamen, doch Lukas erwähnt das Zeugnis, das von diesem Ereignis ausgeht. So wird das Streben Satans, Gottes Werk zu durchkreuzen, von Gott benutzt, um das Zeugnis des Evangeliums umso deutlicher hervortreten zu lassen.

Die Wirkung des Wortes des Herrn (19,18–20)

> 18 Und viele von denen, die gläubig geworden waren, kamen und bekannten und verkündeten ihre Taten. 19 Viele aber von denen, die Zauberei getrieben hatten, trugen die Bücher zusammen und verbrannten sie vor allen; und sie berechneten deren Wert und kamen auf fünfzigtausend Stück Silber. 20 So wuchs das Wort des Herrn mit Macht und nahm überhand.

Das Zeugnis bewirkt jedoch bei vielen, dass sie zum Glauben kommen. In allen, die glauben, wird Satans Macht gebrochen und sein

Betätigungsfeld eingenommen. In dieser dämonischen Stadt ist es zu einem Durchbruch gekommen. Die Bekehrung zu Gott und der Glaube an den Herrn Jesus sind echt. Das sehen wir, wenn sie kommen und ihre Taten bekennen und bekanntmachen.

Wer zur Bekehrung und zum Glauben gekommen ist, hat nichts mehr zurückzubehalten. Jeder Dünkel und alles, was sie gefangen hielt, wird als Sünde bekannt. Unter denen, die zum Glauben gekommen sind, gibt es viele, die Zauberkünste getrieben hatten. Sie hatten sich diese okkulten Praktiken durch Bücher angeeignet. Diese Bücher tragen sie zusammen und verbrennen sie. Auf diese Weise kann niemand anders mehr dadurch zu Schaden kommen.

Erst nachdem die Bücher verbrannt sind, berechnen sie ihren Wert. Wenn sie den Wert vorher berechnet hätten, hätten sie es sich vielleicht doch noch überlegt. Es ging nämlich ein ganzes Vermögen in Rauch auf. Ein Silberstück ist wahrscheinlich mit einer Drachme oder einem Denar vergleichbar, was einem Tageslohn entspricht. Ein Denar war in dieser Zeit der Lohn eines Tagelöhners (Mt 20,2). Zurzeit beträgt der Mindestlohn für einen Arbeiter von 23 Jahren und darüber pro Tag etwa 70 Euro brutto. Das entspricht etwa 50 Euro netto. Der Einfachheit halber gehen wir von 50 Euro aus. Der Sachwert der verbrannten Bücher würde heute etwa 2,5 Millionen Euro betragen. Glücklicherweise gibt es auch heute Gläubige, die die Echtheit ihrer Bekehrung zeigen, indem sie dämonische Musik oder Filme verbrennen oder vernichten, die vor ihrer Bekehrung ihr Leben bestimmten.

Durch das Wegtun des Verkehrten entsteht Raum für das Wort, hier wieder „das Wort *des Herrn*" genannt. In Vers 20 beschreibt Lukas wieder das allgemeine Wirken des Herrn, wie wir das auch schon in Kapitel 6,7; 12,24 und 16,5 gefunden haben.

Jerusalem und Rom (19,21.22)

> 21 Als dies aber erfüllt war, nahm sich Paulus in seinem Geist vor, nachdem er Mazedonien und Achaja durchzogen habe, nach Jerusalem zu reisen, und sprach: Nachdem ich dort gewesen bin, muss ich auch Rom sehen. 22 Er sandte aber zwei von denen, die ihm dienten, Timotheus und Erastus, nach Mazedonien, und er selbst verweilte eine Zeit lang in Asien.

Nun kommt die Zeit, wo Paulus von Ephesus Abschied nimmt. Er hat einen anderen Plan. Jerusalem beschäftigt ihn, wo er gern am

Pfingstfest teilnehmen will (Apg 20,16). Er denkt sogar noch weiter. Er will, nachdem er in Jerusalem gewesen ist, auch nach Rom. Dorthin wird er auch kommen, jedoch anders als er denkt, nämlich als Gefangener. Hier beginnt seine Reise dorthin, und am Ende der Apostelgeschichte ist er dort als Gefangener. Jerusalem und Rom sind die beiden Orte, zwischen denen sich dieses Buch nun abspielt. Er sehnt sich danach, das Wort in das Herz der Heidenwelt zu bringen, wie er es bereits in das Herz der religiösen Welt gebracht hatte.

Er will nach Jerusalem wegen der brennenden Liebe zu seinem Volk. Zwei von denen, die ihm dienten, schickt er schon einmal voraus, während er selbst noch eine Zeit lang in Asien bleibt. Von den beiden, die er vorausschickt, kennen wir Timotheus. Der andere, Erastus, ist uns unbekannt. Erastus wird, ebenso wie Timotheus, von dem Apostel unterwiesen worden sein. Gemeinsam gehen sie nach Mazedonien, wahrscheinlich nach Korinth, wo sie als seine Repräsentanten die von dem Apostel empfangene Unterweisung weitergeben konnten. Vielleicht haben sie den ersten Brief mitgenommen, den Paulus den Korinthern in dieser Zeit geschrieben hat.

Demetrius entfesselt einen Aufruhr (19,23–32)

23 Um jene Zeit aber entstand ein nicht geringer Aufruhr bezüg-
lich des Weges. 24 Denn ein gewisser Silberschmied, mit Namen
Demetrius, der silberne Tempel der Artemis machte, verschaffte
den Künstlern einen nicht geringen Erwerb; 25 und nachdem er
diese samt den damit beschäftigten Arbeitern versammelt hat-
te, sprach er: Männer, ihr wisst, dass aus diesem Erwerb unser
Wohlstand ist; 26 und ihr seht und hört, dass dieser Paulus nicht
allein von Ephesus, sondern beinahe von ganz Asien eine große
Volksmenge überredet und umgestimmt hat, indem er sagt, dass
das keine Götter seien, die mit Händen gemacht werden. 27 Nicht
allein aber besteht für uns Gefahr, dass dieses Geschäft in Verruf
kommt, sondern auch, dass der Tempel der großen Göttin Arte-
mis für nichts geachtet und auch ihre herrliche Größe, die ganz
Asien und der Erdkreis verehrt, vernichtet wird.
28 Als sie aber das hörten und von Wut erfüllt wurden, schrien
sie und sagten: Groß ist die Artemis der Epheser! 29 Und die Stadt
geriet in Verwirrung; und sie stürmten einmütig zum Theater und
rissen die Mazedonier Gajus und Aristarchus, die Reisegefährten

des Paulus, mit fort. 30 Als aber Paulus unter das Volk gehen wollte, ließen die Jünger es ihm nicht zu. 31 Aber auch einige der Asiarchen, die seine Freunde waren, sandten zu ihm und baten ihn, sich nicht zum Theater zu begeben. 32 Die einen nun schrien dieses, die anderen jenes; denn die Versammlung war in Verwirrung, und die meisten wussten nicht, weshalb sie zusammengekommen waren.

Während Paulus Vorbereitungen für seine Reise nach Mazedonien trifft, entsteht ein großer Aufruhr in Ephesus. So wie in Philippi kommt dieser Aufruhr nicht aus jüdischer, sondern aus heidnischer Quelle. Lukas beschreibt ausführlich und lebendig seinen Verlauf. Vielleicht tut er das, um zu zeigen, dass es neben einem inneren Drang, nach Jerusalem zu gehen, auch einen äußeren Anlass gab, Ephesus zu verlassen. Der Aufruhr entsteht über „den Weg". Mit dem Weg wird hier der christliche Glaube bezeichnet, der von denen verbreitet wird, die zum Glauben an den Herrn Jesus gekommen sind. Diese Verbreitung des Glaubens geschieht nicht so sehr durch Worte, sondern vielmehr durch Taten, durch einen Wandel auf dem Weg des Glaubens.

Das Leben vieler in Ephesus hat sich dadurch, dass sie dem Herrn Jesus konsequent nachfolgen, völlig verändert. Das spürte Demetrius an seinem Portemonnaie. Durch die vielen Bekehrungen lief sein Geschäft nicht mehr so gut. Die Nachfrage nach seinen silbernen Tempelchen nahm rapide ab. Das machte seinen tief verwurzelten Hass gegen das Evangelium offenbar. Das ganze System, das ihm Wohlstand brachte, kam ins Wanken und damit auch das Ansehen, das sein Handel ihm verschaffte.

Die Tempel, die er machte, waren der Artemis, der Göttin der Jagd, geweiht. Diese Muttergöttin ist der große Gegensatz zu dem Gott der Bibel, der der Vater ist. Wir sehen hier den großen Kontrast zwischen dem Weg, das heißt dem christlichen Glauben, und dem Heidentum. Hinter den Götzen verbergen sich dämonische Mächte. Hinter dem Götzendienst verbirgt sich auch der Gott des Mammons. Bei Demetrius gehören Geld und Götzendienst zusammen.

Als er seinen Gewinn einbrechen sieht, spricht er vom wirtschaftlichen Rückgang als einer Sache, die jeden im eigenen Betrieb und bei den Zulieferbetrieben betrifft. Menschen der Welt kann man nicht härter treffen, als wenn man ihnen den Wohlstand und den damit verbundenen Luxus wegnimmt. Wenn das geschieht, gibt es ein Aufbegehren. Demetrius macht Paulus als den

Schuldigen aus, weil dieser sich erkühnt hatte, zu behaupten, dass ihre Götter keine Götter seien.

Die Tempelchen sind also nicht lediglich Souvenirs, sondern Gegenstände mit religiöser Bedeutung. Damit rechnete die Botschaft von Paulus ab. Ohne sich dessen bewusst zu sein, erkennt Demetrius in seiner Anklage die Kraft des Evangeliums an. Viele müssen wohl das Evangelium angenommen haben, denn Demetrius kann sagen, dass dieses Geschäft bedroht wird (obwohl er das sicher übertrieben hat), weil seine Tempel nicht mehr solch reißenden Absatz finden.

Dann bringt er geschickt die abnehmende Verehrung der „großen Göttin Artemis" ins Spiel. Damit verlagert er den Angriff vom wirtschaftlichen auf den religiösen Bereich. Es gibt nichts, worin ein Mensch fanatischer ist, als in seiner Religion. Wenn man ihn hier angreift, ist er empört und für Argumente nicht mehr zugänglich. Das zeigt sich unmittelbar nach seinen Ausführungen. Alle werden wütend und schreien unbändig. Sie erklären ihre Solidarität mit der Artemis der Epheser. Die ganze Stadt gerät in Verwirrung.

Doch die Verwirrung ist nicht so groß, dass ihre Wut nicht einen Ausweg suchen würde: Sie wollen die aufspüren, die ihre große Artemis beleidigt haben. Es scheint, als können sie Paulus nicht finden. Deshalb schleppen sie zwei der Reisegefährten des Paulus mit zum Theater, das gewohnheitsgemäß auch für Volksversammlungen genutzt wurde.

Paulus will sich wegen seiner Freunde, die seinetwegen mitgeschleppt worden sind, unter das Volk begeben. Doch die Jünger hindern ihn daran und halten ihn zurück. Es wäre nicht weise gewesen, das zu tun. Einige Oberste von Asien, Freunde des Paulus, unterstreichen die Richtigkeit des Vorgehens der Jünger. Sie senden eine Nachricht, in der sie Paulus dringend anraten, nicht zum Theater zu gehen. Es ist sehr mühsam, Paulus davon abzuhalten. Doch schließlich geht er nicht.

Dass auch einige Oberste Paulus wohl gesonnen waren, zeigt, was für eine gewaltige Auswirkung die Predigt des Paulus unter dem Segen des Herrn erfahren hat. Ob diese Obersten Gläubige waren, ist nicht deutlich. In jedem Fall standen sie auf seiner Seite.

In dem allgemeinen Aufruhr wissen die Menschen nicht einmal, worum es geht, sie werden einfach durch die allgemeine Stimmung mitgerissen. Wenn sich ein Mensch in der Menge befindet, ist die Gefahr groß, dass er seine Persönlichkeit verliert und damit auch die Fähigkeit, eine Situation persönlich zu beurteilen.

Die Wut des Volkes legt sich (19,33–40)

> [33] Sie zogen aber Alexander aus der Volksmenge hervor, den die Juden vorschoben. Alexander aber winkte mit der Hand und wollte sich vor dem Volk verantworten. [34] Als sie aber erkannten, dass er ein Jude war, erhob sich *eine* Stimme aus aller Mund, und sie schrien etwa zwei Stunden: Groß ist die Artemis der Epheser! [35] Als aber der Stadtschreiber die Volksmenge beruhigt hatte, spricht er: Männer von Ephesus, wer von den Menschen wüsste denn nicht, dass die Stadt der Epheser eine Tempelhüterin der großen Artemis und des vom Himmel gefallenen Bildes ist? [36] Da nun dies unbestreitbar ist, so geziemt es euch, ruhig zu sein und nichts Übereiltes zu tun. [37] Denn ihr habt diese Männer hergeführt, die weder Tempelräuber sind noch unsere Göttin lästern. [38] Wenn nun Demetrius und die Künstler mit ihm gegen jemand eine Streitsache haben, so werden Gerichtstage gehalten, und es sind Prokonsuln da; mögen sie einander verklagen. [39] Wenn ihr aber wegen anderer Dinge ein Gesuch habt, so wird es in der gesetzlichen Versammlung erledigt werden. [40] Denn wir laufen auch Gefahr, wegen des heutigen Tages des Aufruhrs angeklagt zu werden, da es keine Ursache gibt, derentwegen wir uns über diesen Auflauf werden verantworten können. Und als er dies gesagt hatte, entließ er die Versammlung.

Nachdem wir Paulus mit den Jüngern und danach die Heiden gesehen haben, sehen wir nun eine dritte Gruppe, und zwar die Juden. Sie schieben Alexander nach vorn. Es ist sehr wahrscheinlich, dass dieser Alexander der Schmied ist, vor dem Paulus Timotheus warnt, weil dieser Mann ihm sehr widerstanden hat (2Tim 4,14.15). Timotheus ist zu diesem Zeitpunkt in Ephesus und wird ihn gekannt haben.

Der Jude Alexander will sich verteidigen, doch wogegen? Das Naheliegendste ist, dass die Juden Angst haben, dass auch sie die Zielscheibe des Hasses der Heiden werden. Dann empfiehlt es sich, dass sie deutlich machen, dass sie nichts mit den Christen zu tun haben. Wenn er einmal zu Wort kommt, würde er nach seiner Verteidigung seine Pfeile auf die Christen richten können, um sie in ein schlechtes Licht zu rücken, so dass die Wut des Volkes sich noch stärker auf sie richtet.

Doch die Situation ist bereits so aufgeheizt, dass Alexander keine Chance bekommt, sich im Namen der Juden zu verteidigen. Was Alexander auch immer sagen wollte, als die Volksmenge merkt, dass er ein Jude ist, entladen sie sich in ekstatischem Geschrei, das sie zwei Stunden lang durchhalten. Sie haben es nicht nur auf die Christen abgesehen, sondern auch auf die Juden, denn auch sie lassen keinen anderen Gott gelten als den einen Gott. Ohne Gott ist es unmöglich, dem Teufel zu widerstehen, wie es die jüdischen Beschwörer versuchten (V. 13–16). Doch ebenso unmöglich ist es, ohne Gott für die Wahrheit des einen Gottes einzustehen, wie die Juden es hier vorhaben.

Der Einzige, der die Menge beruhigen kann, ist der Stadtschreiber. Er ist einer von ihnen. Seine Taktik ist geschliffen. Er spricht das an, was für sie unumstößlich ist und was jeder ohne Widerrede anerkennt. Dass es einige Juden und Christen gibt, die das nicht wissen oder sogar bestreiten, darf doch nicht so wichtig genommen werden! Warum regen sie sich denn so darüber auf?

Nachdem er ihnen das gesagt hat, ermahnt er sie, sich ruhig zu verhalten und sich nicht von ihren Gefühlen mitreißen zu lassen. Danach weist er auf die Jünger hin, die sie mitgenommen haben. Er ist bestens informiert über die Aktivitäten der Christen und weiß, dass sie keine Bilderstürmer sind und dass sie in ihrer Predigt auch nicht gegen ihre Göttin vorgegangen sind. Paulus und die Seinen hatten das Wort verkündigt, ohne Kritik zu üben an der Religion, der die Epheser anhingen. Es ist übrigens bemerkenswert, dass die weltlichen Obrigkeiten in der Apostelgeschichte sehr oft die Unschuld der Christen bezeugen.

Was Demetrius und die Künstler betrifft, können sie ihre Sache an einem bestimmten Tag den Richtern vortragen. Dort können sie ihre Gegenpartei anklagen, und die Gegenpartei erhält die Gelegenheit, sich zu verteidigen. Wenn sie weitere Rechtssachen haben, ist der Rechtsweg festgelegt, darüber kann nämlich in der gesetzlichen Versammlung entschieden werden.

Das Wort für „Versammlung" ist wörtlich *ekklesia*. Dieses Wort wird auch für die Gemeinde Israels gebraucht und für die Gemeinde der Christen. Das Wort existierte bereits. Es bedeutet „eine [irgendwo] herausgerufene Gemeinschaft von Menschen". Es sind die Herausgerufenen aus der Stadt Ephesus, die in der Stadtversammlung zusammenkommen, um die Belange der Stadt zu besprechen.

Das Wort *ekklesia* ist ein wichtiges Wort in Verbindung mit der Gemeinde des Herrn Jesus. Der Herr Jesus redet zum ersten Mal in der Geschichte über „meine" *ekklesia*, wenn Er über die Gemeinde spricht, die Er bauen wird (Mt 16,18). Die Heiden haben ihre *ekkle-*

sia (hier), Israel hat seine *ekklesia* (Apg 7,38), und nun hat der Herr Jesus auch seine *ekklesia*.

Doch was für einen Unterschied gibt es zwischen seiner *ekklesia* und den anderen beiden! Wenn jemand stirbt, der zur *ekklesia* der Heiden oder der Israels gehört, hört er auf zu dieser *ekklesia* zu gehören. Wer jedoch zur *ekklesia* des Herrn Jesus gehört, gehört ihr bis in Ewigkeit an, selbst wenn er gestorben ist. Diese *ekklesia* können nämlich die Pforten des Hades nicht überwältigen (Mt 16,18).

Das letzte Argument, das der Stadtschreiber gebraucht, um die erhitzten Gemüter zu beruhigen, ist der Hinweis darauf, dass es keine Rechtsgrundlage für diesen Aufruhr gibt. Nachdem der Stadtschreiber die Menge mit einem Appell an ihren Verstand zur Ruhe gebracht hat, entlässt er die Versammlung. Das bedeutet, dass die Menge sich zerstreut und die Menschen wieder nach Hause oder an die Arbeit gehen.

Kapitel 20

Von Ephesus nach Troas (20,1–6)

[1] Nachdem aber der Tumult aufgehört hatte, ließ Paulus die Jünger zu sich kommen und ermahnte sie, nahm Abschied und ging fort, um nach Mazedonien zu reisen. [2] Als er aber jene Gegenden durchzogen und sie mit vielen Worten ermahnt hatte, kam er nach Griechenland. [3] Und nachdem er sich drei Monate aufgehalten hatte und, als er nach Syrien abfahren wollte, von den Juden ein Anschlag gegen ihn geschehen war, wurde er des Sinnes, durch Mazedonien zurückzukehren. [4] Es begleitete ihn aber [bis nach Asien] Sopater, der Sohn des Pyrrhus, ein Beröer; von den Thessalonichern aber Aristarchus und Sekundus, und Gajus von Derbe und Timotheus; aus Asien aber Tychikus und Trophimus. [5] Diese aber gingen voraus und warteten auf uns in Troas; [6] *wir* aber segelten nach den Tagen der ungesäuerten Brote von Philippi ab und kamen in fünf Tagen zu ihnen nach Troas, wo wir sieben Tage verweilten.

Nach dem Tumult ruft Paulus die Jünger in Ephesus zu sich und ermahnt (o. ermuntert, tröstet) sie. Mit einem Gruß nimmt er von ihnen Abschied und reist, wie er sich das vorgenommen hatte, weiter nach Mazedonien (Apg 19,21). Dort schreibt er seinen zweiten Brief an die Korinther, nachdem er von Titus die gute Nachricht über die Reaktion der Korinther auf seinen ersten Brief erhalten hatte. Mit wenigen Worten wird die Reise durch Mazedonien erwähnt, ohne Ortsangaben oder eine Aufenthaltsdauer.

Auf seiner Durchreise hat Paulus die Gläubigen immer wieder besucht und getröstet. Auch wenn von einem langen Aufenthalt keine Rede ist, hat er dennoch keine flüchtigen oder oberflächlichen Worte geredet. Er hat die Gläubigen intensiv und „mit vielen Worten" ermahnt oder ermutigt. Er hat sie ermuntert und auf ihren allerheiligsten Glauben auferbaut.

Dann erreicht er Griechenland, ohne dass auch hier eine Ortsangabe gemacht wird. In den drei Monaten, in denen Paulus in Griechenland ist, wird er sicherlich die Gemeinde in Korinth besucht haben. In diesen drei Monaten schreibt er aus Korinth seinen

Brief an die Römer. Er sieht davon ab, nach Syrien zu reisen. Er hätte es gern getan, denn dann hätte er über Antiochien nach Jerusalem kommen können und so den ersten Teil seines Plans ausführen können. Die Juden sind jedoch der Anlass, dass er seine Reiseroute ändert. Sie schmieden einen weiteren Anschlag gegen ihn. Das veranlasst ihn, auf dem Landweg durch Mazedonien zurückzukehren. Er hat sich zweifellos dabei vom Geist leiten lassen, aber es entspricht zugleich völlig seinen eigenen Überlegungen, wie er auf den Plan der Juden reagieren muss, die ihn töten wollen.

Lukas führt danach die Reisegefährten von Paulus auf. Insgesamt sind es sieben. Die Aufzählung der Namen zeigt das Interesse Gottes an den Menschen, die mit Paulus zogen und seinen Dienst unterstützten. Sie kommen aus verschiedenen Orten, wo Paulus das Evangelium verkündigt und die Gläubigen belehrt hat.

Sopater kommt aus Beröa, wo die Gläubigen das Wort, das Paulus brachte, mit aller Bereitwilligkeit aufgenommen hatten, wobei sie täglich die Schriften untersuchten, ob das, was Paulus sagte, damit übereinstimmte (Apg 17,11). Ein derart bereitwilliger und durch die Schriften gereifter Gläubiger wird für Paulus eine große Stütze gewesen sein. Er war der Sohn des Pyrrhus, was „brennend" bedeutet. Möglicherweise war Sopater genau wie Apollos „brennend im Geist".

Aristarchus und Sekundus kommen aus Thessalonich, wo Paulus den Herrn Jesus als Herrn gepredigt hat. Sie stellen sich unter seine Autorität. Paulus nennt Aristarchus seinen „Mitgefangenen" und seinen „Mitarbeiter" (Kol 4,10; Phlm 24). Sekundus bedeutet „der Zweite", ein Name, der darauf hinweist, dass er den zweiten Platz einnimmt und dass für ihn der Herr Jesus der Erste ist.

Gajus kommt aus Derbe, woher auch Timotheus kommt. Tychikus und Trophimus kommen aus der Provinz Asien; wobei wir von Trophimus wissen, dass er aus Ephesus kommt (Apg 21,29). Paulus nennt Tychikus einen „geliebten Bruder und treuen Diener im Herrn" und „Mitknecht im Herrn" (Eph 6,21; Kol 4,7). Trophimus musste die Reise abbrechen, weil er krank wurde; deshalb musste Paulus ihn in Milet zurücklassen (2Tim 4,20).

Diese sieben Männer reisen voraus nach Troas, wo sie auf Paulus und Lukas warten. Wir sehen am Gebrauch des Wortes „uns", dass Lukas sich inzwischen Paulus wieder angeschlossen hat. Paulus und Lukas, der in Philippi zurückgeblieben war (siehe das „sie" in Kapitel 16,40 nach dem „wir" in Kapitel 16,10), reisen nach den Tagen der ungesäuerten Brote von Philippi ab.

Übrigens liegt zwischen der Zeit, in der Paulus aus Philippi abreist, während Lukas dort zurückbleibt, und dem Augenblick hier, wo sie einander wieder treffen, eine Zeitspanne von ungefähr sechs bis sieben Jahren. In der ganzen Zeit hat Lukas sicher der Gemeinde gedient. Darüber sagt er jedoch nichts. Er tritt völlig in den Hintergrund. Es geht ihm um das Werk Gottes durch das von Ihm dazu auserwählte Gefäß.

Lukas erwähnt als Zeitpunkt der Abreise aus Philippi, dass es „nach den Tagen der ungesäuerten Brote" war. Bis zum Pfingsttag, also der Zeit, zu der Paulus in Jerusalem sein möchte (V. 16), sind also lediglich noch sieben Wochen. Es ist Eile geboten. Diese Eile führt nicht zur Hast, denn nachdem Paulus und Lukas in Troas angekommen sind, bleiben sie dort sieben Tage.

Der erste Tag der Woche (20,7)

> 7 Am ersten Tag der Woche aber, als wir versammelt waren, um Brot zu brechen, unterredete sich Paulus mit ihnen, da er am folgenden Tag abreisen wollte; und er dehnte das Wort bis Mitternacht aus.

Der Grund für den Aufenthalt von sieben Tagen in Troas scheint kein anderer zu sein, als dass sie in Troas das Abendmahl feiern wollten (vgl. Apg 21,4.5; 28,14). Sie tun das am Abend des ersten Tages der Woche. Die Zusammenkunft war abends, weil der Sonntag ein gewöhnlicher Arbeitstag war. Paulus und Lukas sind also montags angekommen. Sie organisieren nicht der Eile wegen eine Zusammenkunft am Montag oder Dienstag, um an diesen Tagen das Abendmahl zu feiern, sondern warten bis Sonntag.

Das ist der geeignete Tag, um das Abendmahl zu feiern, und zwar in Verbindung mit der örtlichen Gemeinde (s. 1Kor 10,14–22; 11,17–34). Von einer Abendmahlsfeier mit seinen Begleitern irgendwo unterwegs, ohne eine örtliche Gemeinde, ist nirgends die Rede. So kommen sie alle am ersten Tag der Woche mit den Gläubigen vor Ort zusammen, um Brot zu brechen. Dabei nimmt Paulus denselben Platz ein wie der Jüngste im Glauben.

Der erste Tag der Woche ist der Tag der Auferstehung des Herrn Jesus (Mt 28,1–10). Zweimal ist Er an diesem Tag seinen Jüngern erschienen, als sie zusammengekommen waren (Joh 20,19.26). Dieser Tag wird auch bezeichnenderweise „der Tag des Herrn" genannt (Off 1,10). Es ist der Tag, der in besonderer Weise geeignet ist, des „Herrn Mahl" (1Kor 11,20) zu feiern.

Es ist nicht ohne Bedeutung, dass in beiden Fällen im Griechischen vor „dem Herrn" ein Wort gebraucht wird, das nur in diesen beiden Fällen vorkommt und „dem Herrn gehörend" bedeutet. Das ist doch wohl ein deutlicher Hinweis darauf, das Mahl des Herrn am Tag des Herrn zu feiern. Wenn wir dann noch berücksichtigen, was wir hier bei den Gläubigen in Troas finden, wo so nachdrücklich steht, dass sie am ersten Tag der Woche zusammenkommen, um Brot zu brechen, dann haben wir doch deutliche Hinweise darauf, an welchem Tag Christen das Abendmahl feiern sollten.

Dass hier kein Gebot gegeben wird, sondern lediglich Hinweise, das passt zum Christentum. Das Suchen nach alternativen Tagen bedeutet im Allgemeinen das Verlassen der christlichen Stellung, um zum Judentum zurückzukehren, das mit der Schöpfung verbunden ist. Wer das tut, vergisst, dass der siebte Tag der Schöpfung Platz gemacht hat für einen Neuanfang aus dem Tod. Anstelle der Ruhe nach einer Woche der Arbeit, beginnt das Leben eines Christen mit Ruhe. Das dürfen wir im Abendmahl zum Ausdruck bringen.

Nachdem Paulus mit den Gläubigen das Abendmahl gefeiert hat, hält er eine Ansprache an die Gemeinde. Das erste Ziel des Zusammenkommens war also, das Brot zu brechen, auch wenn der große Apostel Paulus in ihrer Mitte war. Doch die Gemeinde gibt, nachdem das Brot gebrochen worden war, Paulus die Gelegenheit, ihnen das Wort Gottes zu bringen.

Der Sturz des Eutychus (20,8.9)

> 8 Es waren aber viele Lampen in dem Obersaal, wo wir versammelt waren. 9 Ein gewisser Jüngling aber, mit Namen Eutychus, saß im Fenster und wurde von tiefem Schlaf überwältigt, während Paulus noch weiterredete; und vom Schlaf überwältigt, fiel er vom dritten Stock hinunter und wurde tot aufgehoben.

Danach beschreibt Lukas ein Ereignis, das im Dienst des Paulus eine wichtige Bedeutung hat. Wir sehen in dem, was Eutychus widerfährt, die Gefahr, die jede Gemeinde und jeden einzelnen Gläubigen bedroht. Lukas beschreibt zunächst die Räumlichkeit, in der die Gläubigen zusammen waren. Es ist ein Obersaal, irgendwo in einer gewöhnlichen Wohnung im dritten Stock. Die Schrift erwähnt an keiner Stelle ein besonders geweihtes Gebäude, in dem Christen zusammenkamen.

Lukas sagt nicht nur, dass es ein Obersaal ist, sondern auch, dass dort viele Lampen sind. Möglicherweise erwähnt Lukas das, damit wir uns vorstellen können, dass es dort gehörig warm war, denn Öllampen geben nicht nur Licht, sondern auch Wärme. Vielleicht hat das auch dazu geführt, dass Eutychus eingeschlafen ist. Das wäre möglich. Doch wie konnten es die anderen im Saal aushalten? Eutychus saß immerhin an der Stelle, wo es die meiste frische Luft gab. Durch seine Position verhinderte er gar, dass die notwendige frische Luft in den zweifellos vollen Obersaal hineinströmen konnte. Darum scheint es so, dass die Erwähnung der „vielen Lampen" mehr bedeutet als nur die Angabe einer natürlichen Ursache für den Sturz des Eutychus.

Zweifellos enthält diese Geschichte eine Belehrung für uns. Wir sehen, dass Eutychus einen gefährlichen Platz eingenommen hat. Er sitzt im Fenster, also an der Schnittstelle zwischen zwei Welten. Auf der einen Seite ist dort der Raum mit viel Licht, auf der anderen Seite hört er unten die Betriebsamkeit der Welt. Das Wort „überwältigt" weist darauf hin, dass er nicht plötzlich vom Schlaf übermannt wurde, sondern dass er langsam aber sicher einschlief. Es wurde sein Todesschlaf, denn er fällt hinunter und wird tot aufgehoben. Er muss aus seinem Todesschlaf aufgeweckt werden. Das tut Paulus. Das ist eine Illustration für das, was Paulus den Gläubigen in Ephesus zuruft. Er sagt ihnen, dass sie aufwachen sollen, weil sie schlafen. Sie müssen aufwachen und aufstehen aus den Toten (Eph 5,14). Es gibt bei Schläfern genauso wenig Aktivität wie bei Toten.

Die Diskussion, ob Eutychus wirklich tot war oder ob seine Seele noch in ihm war, ist nicht so wichtig. Es geht darum, dass kein Leben mehr sichtbar ist. Auch wir können uns in einer solchen Situation befinden, wenn das Licht, das wir empfangen durften, nicht mit Christus in Verbindung gebracht wird. Leben wird nur sichtbar, wenn Christus über uns leuchtet. Vielleicht sollten wir uns selbst einmal die Frage stellen: Was hält mich eigentlich wach? Christen, die einnicken, wenn der Vortrag mal eine Stunde dauert, sind vielleicht durchaus in der Lage, eine Nacht lang zu angeln, Sportereignissen zuzusehen, Konzerte zu besuchen oder lange Fernsehsendungen anzuschauen.

Eutychus war weder drinnen noch draußen. Vielleicht war er gekommen, um den großen Apostel einmal zu sehen und sprechen zu hören. So können auch heute junge Leute großen Namen nachlaufen, jedoch die Zusammenkünfte im Allgemeinen nicht besuchen. Vielleicht war es nicht ganz nach Wunsch und er verlor nach und nach sein Interesse an dem, was Paulus sagte. Vielleicht sah er seine Freunde oder dachte an sie und an die schönen Dinge, die er mit ihnen hätte tun können, während er hier in einem langweiligen Raum mit langweiligen Menschen einer langweiligen Predigt zuhörte.

Eutychus musste lernen, und jeder von uns muss das lernen, dass nicht der Prediger das Wort wertvoll macht, sondern der Zustand der Seele des Zuhörers. Oft ist ein Fall, eine sündige Tat, die Folge der Erschlaffung in geistlichen Dingen. Bevor Eutychus aus dem Fenster fiel, fiel er zunächst in Schlaf. So können auch wir einschlafen, wenn wir Paulus zuhören, das heißt seine Briefe lesen. Der Schlaf, in den die Kirche gefallen ist und der tote oder nahezu tote Zustand als Folge davon, entsteht auch, weil man nicht mehr auf das achtet, was Paulus gesagt hat.

Die Wiederherstellung des Eutychus (20,10–12)

> [10] Paulus aber ging hinab und fiel auf ihn, umfasste ihn und sagte: Beunruhigt euch nicht, denn seine Seele ist in ihm. [11] Als er aber hinaufgestiegen war und das Brot gebrochen und gegessen und lange bis zum Tagesanbruch geredet hatte, reiste er so ab. [12] Sie brachten aber den Knaben lebend und wurden nicht wenig getröstet.

Es ist eindrucksvoll und lehrreich, wie Paulus mit Eutychus umgeht. Zunächst geht Paulus zu ihm hinab. Er begibt sich auf das Niveau des gefallenen jungen Mannes und offenbart damit die echte Haltung eines Hirten. Zweitens wirft er sich auf ihn. Er richtet also nicht vom dritten Stock aus, von oben herab, allerlei Vorwürfe an den jungen Mann, dass er beispielsweise nicht so dumm hätte sein sollen, sich an den gefährlichen Ort ins Fenster zu setzen. Er stellt ihm nicht seine eigene Schuld vor. All das hätte keinen Sinn gemacht, denn Eutychus hörte sowieso nichts. Es hat keinen Sinn, jemandem, der abgeirrt ist, so zu begegnen. Es ist wichtig, sich auf sein Niveau hinab zu begeben und ihn dann anzusprechen. Indem er auf den jungen Mann fällt, macht er sich gleichsam mit ihm eins (vgl. 1Kön 17,21.22; 2Kön 4,34). Drittens umarmt Paulus den jungen Mann. Anstelle von Abweisung lässt er ihn seine Liebe und Annahme empfinden.

Auf diese Weise können wir die drei Stufen, die Paulus hinabsteigt, einteilen in drei Schritte, die nötig sind, um jemanden wieder zurückzubringen in die Gemeinschaft mit Christus und mit den Gläubigen:

1. Auf sein Niveau hinabsteigen.
2. Sich auf ihn werfen, sich also mit seinem Handeln einsmachen und ihm aus dieser Haltung heraus vorstellen, was er getan hat.
3. Ihn umarmen, das heißt ihn in Liebe für Christus gewinnen, gegen den er gesündigt hat.

Den anderen sagt Paulus, dass sie sich nicht beunruhigen sollen. Alles Aufregen über jemanden, der abgewichen ist, hilft nichts. Wichtig ist es, Hirtendienst mit gläubigem Gebet zu unterstützen, anstatt sich aufzuregen über den Fall, von dem jemand ereilt worden ist. Durch den Geist bekommt Paulus die Kraft, die Funktionen des Lebens wiederherzustellen. Die Verbindung zwischen Seele und Leib wird wiederhergestellt.

Nach der Wiederherstellung des Eutychus geht Paulus wieder nach oben. Das Ereignis hat ihn weder geschockt noch verärgert. Wohl ist er hungrig geworden und isst darum Brot. Danach redet er noch lange mit ihnen, da er weiß, dass er sie auf der Erde nicht wiedersehen wird. Gegen Morgen wird es Zeit, nicht, um ins Bett zu gehen, sondern um abzureisen. Paulus ist ein Mann mit beispielloser Energie.

Er verlässt die Gläubigen in Troas und hinterlässt ihnen einen großen Vorrat an Belehrung und großen Trost durch die Wiederherstellung des Eutychus. Die Worte und das, was mit Eutychus geschehen ist, werden noch lange Zeit als kräftiger Impuls für das Glaubensleben der Gemeinde in Troas gedient haben.

Von Troas nach Milet (20,13–16)

> 13 Wir aber gingen voraus auf das Schiff und fuhren ab nach Assos, wo wir Paulus aufnehmen wollten; denn so hatte er es angeordnet, da er selbst zu Fuß gehen wollte. 14 Als er aber in Assos mit uns zusammentraf, nahmen wir ihn auf und kamen nach Mitylene. 15 Und als wir von dort abgesegelt waren, langten wir am folgenden Tag Chios gegenüber an. Am anderen Tag aber legten wir in Samos an, und [nachdem wir in Trogyllion geblieben waren,] kamen wir am folgenden Tag nach Milet; 16 denn Paulus hatte sich entschlossen, an

> Ephesus vorbeizufahren, damit es ihm nicht widerfahre, in Asien Zeit zu verlieren; denn er eilte, um, wenn es ihm möglich wäre, am Pfingsttag in Jerusalem zu sein.

Früh am Montagmorgen reist die Gesellschaft aus Troas ab. Das nächste Ziel ist Assos. Das Ziel soll per Schiff erreicht werden. Paulus möchte jedoch zu Fuß nach Assos gehen, ungefähr 40 km von Troas entfernt. Dass Paulus diese Wanderung nach einer schlaflosen Nacht unternimmt, macht einmal mehr deutlich, dass er eine große Willenskraft und auch große körperliche Kraft besaß.

Lukas erwähnt nicht, warum Paulus zu Fuß gehen will. Wir können uns aber vorstellen, dass er allein sein wollte, um mit dem Herrn über sein Werk zu sprechen. Er wollte Ihn hören und in seiner Gegenwart sein, ohne dass Menschen dabei sind, die - wenn auch unbeabsichtigt - doch häufig für „störende Geräusche" beim Umgang mit dem Herrn sorgen. Solch eine Zeit hat jeder Diener ab und zu nötig, damit er seine Arbeit und die damit verbundene Verantwortung (erneut) so sieht, wie Gott sie sieht.

In Assos schließt Paulus sich ihnen wieder an. Lukas und die anderen nehmen ihn an Bord. Sie werden ihn herzlich willkommen geheißen haben. Vielleicht haben sie unterwegs miteinander darüber gesprochen, warum Paulus zu Fuß gegangen ist. Er hatte doch solch eine Eile. Doch sie scheinen ihm dazu keine Fragen gestellt zu haben und nehmen ihn, wie er ist. Sie vertrauen ihm, dass er seinen Weg mit dem Herrn geht. Dieses Vertrauen ist von großer Bedeutung in jeder Situation, in der jemand einen Weg geht, der anders ist als der Weg, den wir gehen. Wenn wir wissen, dass jemand mit dem Herrn lebt, ist es wichtig, ihn herzlich aufzunehmen, wenn er zu uns kommt.

Von Assos aus fährt die Gesellschaft nach Mitylene. Einen Tag später kommen sie in die Höhe von Chios. Wieder einen Tag später legen sie in Samos an, wo sie einen kurzen Aufenthalt in Trogyllion haben. Nach einem weiteren Tag erreichen sie einen der Häfen von Milet. An Ephesus sind sie vorbeigefahren. Das hat Paulus bewusst gemacht. Er weiß, dass das Anlegen in Ephesus einen längeren Aufenthalt bedeutet hätte. Sein Plan stand fest, und die Zeit drängte.

Paulus ruft die Ältesten von Ephesus zu sich (20,17)

[17] Von Milet aber sandte er nach Ephesus und ließ die Ältesten der Versammlung herüberrufen.

Obwohl Paulus aus Zeitgründen nicht nach Ephesus ging, verlangte er doch danach, mit der Gemeinde Kontakt zu haben. Die ganze Gemeinde zu sich zu rufen, war nicht möglich, wohl aber die Verantwortlichen der Gemeinde. Deshalb verweilt er in Milet, um die Ältesten der Gemeinde von Ephesus zu sich zu rufen.

Dass er das mit einer besonderen Absicht tat und nicht einfach aus einer Gefühlsregung heraus, macht seine Rede an sie deutlich. Seine ersten beiden Reden richteten sich zum einen an die Juden (Apg 13,15–41) und zum anderen an die Heiden (Apg 17,22–31). Hier richtet er sich an die Ältesten der Gemeinde in Ephesus und damit an die ganze Gemeinde dort und über sie hinaus auch an die weltweite Gemeinde.

Älteste werden immer in der Mehrzahl genannt und stehen immer nur in Verbindung mit der örtlichen Gemeinde. Es gibt also nicht so etwas wie einen Pastor oder einen Lehrältesten. Älteste und Aufseher bezeichnen dieselben Personen. Das sieht man auch in Vers 28, wo Paulus dieselbe Gruppe der Ältesten Aufseher nennt (vgl. Tit 1,5.7).

Lukas widmet dieser Rede einen breiten Raum, weil sie nicht nur für die Ältesten in Ephesus und die Gemeinde dort von Bedeutung ist, sondern für die ganze christliche Kirche. Wir finden darin eine Zusammenfassung des Dienstes des Paulus. Es geht dabei nicht so sehr um die Auswirkung seines Dienstes nach außen und die Ergebnisse, die dies für andere hervorgebracht hat. Es geht vor allen Dingen um die innere Seite seines Dienstes, was er selbst dabei erfahren und durchlebt hat, den Kampf und die Seelenübungen, die damit verbunden waren, die Tränen und Sorgen und die Hingabe, mit der er seinen Dienst ausgeübt hat. Er fühlt sich in dieser kleinen Gruppe von Verantwortlichen frei, seine Empfindungen zu äußern und sie mit ihnen wie mit Freunden zu teilen.

Seine Rede hat auch eine prophetische Reichweite. Er spricht davon, was die Auswirkung seines Dienstes in der Geschichte der christlichen Kirche sein wird, wenn er und die anderen Apostel heimgegangen sein werden.

In seiner Rede schaut er zurück (V. 18–21), schaut auf die Gegenwart (V. 22–27) und schaut in die Zukunft (V. 28–31). Er spricht über seinen Dienst als Evangelist (V. 21.24), als Lehrer (V. 25.27), als Prophet (V. 29.30) und als Hirte (V. 31-35). Als Hirte hat er die ganze Herde im Blick und nennt dabei besonders seine Fürsorge für die Schwachen (V. 35).

Wir können seine Rede in vier Abschnitte einteilen, wobei die Wörtchen „und nun (siehe)“ die verschiedenen Abschnitte markieren:

1. Das Vorbild des Apostels (V. 18–21)
2. Der Weg des Apostels (V. 22–24)
3. Die Entwicklungen nach seinem Abscheiden (V. 25–31)
4. Er befiehlt sie Gott und seiner Gnade an (V. 32–35).

Der Dienst des Paulus unter den Ephesern (20,18–21)

> 18 Als sie aber zu ihm gekommen waren, sprach er zu ihnen: *Ihr* wisst, wie ich vom ersten Tag an, als ich nach Asien kam, die ganze Zeit bei euch gewesen bin, 19 dem Herrn dienend mit aller Demut und mit Tränen und Versuchungen, die mir durch die Anschläge der Juden widerfuhren; 20 wie ich nichts zurückgehalten habe von dem, was nützlich ist, dass ich es euch nicht verkündigt und euch gelehrt hätte, öffentlich und in den Häusern, 21 indem ich sowohl Juden als auch Griechen die Buße zu Gott und den Glauben an unseren Herrn Jesus [Christus] bezeugte.

Nachdem die Ältesten bei ihm eingetroffen sind, beginnt Paulus seine eindrucksvolle Abschiedsrede. Wir können sie mit den Reden Josuas und Samuels vergleichen, die sie bei ihrem Abschied gehalten haben (Jos 23 und 24; 1Sam 12). Seine Rede zeigt, dass er sie nicht dazu aufruft, sich seiner Autorität zu unterwerfen oder der eines möglichen Nachfolgers, sondern er bittet sie, seinem Vorbild nachzufolgen.

Er beginnt seine Rede damit, die Ältesten an die erste Begegnung zu erinnern. Er war nicht zu ihnen gekommen, sie um eine Stadtbesichtigung zu bitten und ihm allerlei interessante Orte zu zeigen. Er brauchte keine Zeit, sich einzuarbeiten oder Dinge zu untersuchen oder auf diplomatische Weise eine bestimmte Atmosphäre für seine Botschaft zu schaffen. Vom ersten Augenblick an widmete er sich seiner Aufgabe. Das hatten sie gesehen. Sein Betragen unter ihnen war transparent. Man brauchte sich nicht zu fragen, was er denn wohl tat. Er war „bei ihnen" gewesen, er war also einer von ihnen und nicht ein Prediger, der über ihnen stand.

Zuerst einmal erinnert er sie an seine dienende Haltung. Danach gibt er ihnen eine Übersicht seines Dienstes: Er bezeugte die Buße und den Glauben (V. 21), dann bezeugte er das Evangelium der Gnade Gottes (V. 24); er predigte das Reich Gottes (V. 25) und verkündigte den ganzen Ratschluss Gottes (V. 27). Aber er beginnt mit dem Hinweis auf seine Gesinnung. Es geht nicht nur um das, was jemand sagt, sondern auch darum, wer es sagt und wie er es sagt. Er tat es in Demut. So diente er den Gläubigen, doch hier sagt er, dass er dem Herrn diente.

Der Dienst an den Gläubigen bedeutet in Wirklichkeit Dienst für den Herrn, und solch einen Dienst wird Er auch belohnen (Mt 25,40). Er diente in Demut und nicht als eine gefeierte Hoheit, die von anderen verlangte, dass sie ihm dienten. Er ist ein echter Nachfolger seines Herrn, von dem er diese Demut gelernt hat (Mt 11,29).

Diese Demut kommt in besonderer Weise durch die Tränen zum Ausdruck, die während des Dienstes zum Vorschein kamen. Er diente nicht kühl, von oben herab oder aus Distanz. Seine Tränen zeigen sein Interesse an anderen. Er schämte sich seiner Tränen nicht (V. 31.37; 2Kor 2,4; Phil 3,18). Gott zählt derartige Tränen (Ps 56,9) und würde bald jede Träne von seinen Augen abwischen (Off 7,17).

Diese Demut und diese Tränen waren kein Zeichen von Schwäche. Sie gingen einher mit Prüfungen durch Anschläge auf sein Leben seitens der Juden. Wer dabei standhaft bleibt, ist kein Schwächling, sondern ein Mann mit Mut, Kraft und Entschlossenheit.

Er ließ sich durch das leiten, was für die Gläubigen nützlich war und nicht durch seine eigenen Vorlieben. Immer ging es ihm um den Herrn, und weil beim Herrn immer das Interesse an anderen im Vordergrund steht, war das auch bei Paulus so. Da er das suchte, was für andere nützlich war, hat er nichts zurückgehalten. Er hat alles verkündigt, was ihm für die Gemeinde anvertraut war. Hätte er etwas zurückgehalten, hätte das bedeutet, dass er dem untreu gewesen wäre, der ihn gesandt hatte, und dass er dann nicht die Empfindungen des Herrn Jesus für seine Gemeinde teilte. Paulus hatte jedoch sowohl in der Öffentlichkeit, das ist die Synagoge und die Schule des Tyrannus, als auch in kleinerem Kreis, in den Häusern, den Gläubigen gedient.

Der erste Teil des Dienstes bestand darin, die Buße zu Gott zu bezeugen, und damit war untrennbar der Glaube an den Herrn

Jesus verbunden. Er hat dieses Zeugnis - die Basis von allem - vor Juden und Griechen abgelegt (den Juden zuerst). Bekehrung zu Gott bedeutet: Jemand sieht sich selbst in der Gegenwart Gottes, und das führt ihn zum völligen Selbstgericht. In der Gegenwart Gottes wird alles so beurteilt, wie es in den Augen Gottes ist. Wir rechtfertigen uns selbst nicht länger und wollen das auch gar nicht mehr.

Darauf folgt das Bekenntnis der Sünden vor Gott durch ein Gewissen, das sich der Gegenwart Gottes bewusst ist (Heb 4,12). Wir rechtfertigen Gott, indem wir uns verurteilen, doch zugleich vertrauen wir auf seine Gnade. Denn Er, der Licht ist, ist auch Liebe. Das führt zum Glauben an den Herrn Jesus.

Glaube an den Herrn Jesus bedeutet, dass wir auf sein Werk vertrauen, wodurch unsere Sünden weggetan sind, denn Er ist für unsere Sünden gestorben. Danach hat Er sich zur Rechten der Majestät in der Höhe gesetzt (Heb 1,3). Der Glaube richtet sich ausschließlich auf seine Person. Er ist auch unsere Gerechtigkeit vor Gott. Wir sind in Ihm angenehm gemacht (Eph 1,6).

Wenn eine echte Bekehrung in der Gegenwart Gottes zu Ihm hin stattgefunden hat, entstehen Vertrauen und Frieden durch den Glauben an den Herrn Jesus. Bekehrung und Glaube sind beide erforderlich und können nicht voneinander getrennt werden. Nur dann wird jemand ein Kind Gottes, wenn beide Aspekte anwesend sind.

Das Evangelium der Gnade Gottes (20,22–24)

> 22 Und nun siehe, gebunden in meinem Geist gehe *ich* nach Jerusalem, ohne zu wissen, was mir dort begegnen wird, 23 außer dass der Heilige Geist mir von Stadt zu Stadt bezeugt und sagt, dass Fesseln und Bedrängnisse mich erwarten. 24 Aber ich nehme keine Rücksicht auf mein Leben als teuer für mich selbst, damit ich meinen Lauf vollende und den Dienst, den ich von dem Herrn Jesus empfangen habe, zu bezeugen das Evangelium der Gnade Gottes.

Dann vertraut Paulus den Ältesten das Ziel seiner Reise an und den Druck, den er dabei empfindet. Er fühlt sich schon seit geraumer Zeit innerlich stark gedrängt, nach Jerusalem zu gehen. Er sagt, dass er gebunden ist in seinem Geist (gemeint ist sein eigener menschlicher Geist und nicht der Heilige Geist); das könnte darauf hinweisen, dass es eine Verpflichtung aus Liebe zu seinem Volk war, die ihren Ursprung nicht direkt in einem Auftrag Gottes hatte, obwohl das auch nicht zwangsläufig gegen den Willen Gottes sein musste. Es ist ähnlich wie mit dem Wunsch, den er geäußert hat, wegen seiner Brüder nach dem Fleisch durch einen Fluch von Christus entfernt sein zu wollen (Röm 9,3).

Diese Wünsche des Paulus haben nichts mit dem sündigen Fleisch zu tun; sie könnten höchstens ein Eifer sein aus den erhabensten Motiven. Sollte dies wie eine Schwachheit erscheinen, dann fehlt dabei doch jede Selbstsucht. Das einzige Motiv ist seine brennende Liebe für sein eigenes Volk. Das treibt ihn sozusagen in die Höhle des Löwen.

Paulus ist eigentlich ein Sklave (was in dem Wort „gebunden" enthalten ist) seines eigenen Gemüts. Er wird so gedrängt, dass für ihn kein anderer Weg offensteht. Obwohl es möglich ist, dass Paulus nicht unter der direkten Leitung des Heiligen Geistes handelt, sondern aus der Schwachheit seines eigenen Geistes heraus im Hinblick auf seine Liebe für seine Verwandten nach dem Fleisch, wird der Herr das dennoch zur Ehre seines Namens gebrauchen. Paulus unterliegt keinem Selbstbetrug.

Das erkennen wir auch an dem, was der Heilige Geist ihm bezeugt. Das Zeugnis des Geistes hätte für Paulus ein Anlass sein können, einen Ausweg zu suchen, doch das tut er nicht. Er wusste, was der Heilige Geist ihm sagte, und das konnte bedeuten, dass er nicht zu gehen brauchte. Der Geist sagte nicht direkt, dass er nicht gehen sollte, sondern sagte ihm nur, was ihn erwartete.

Paulus wählte bewusst das, was ihn erwartete, aus Liebe zum Herrn Jesus und zu seinem irdischen Volk, um einige aus seinem Volk zu retten. Er wusste, dass die Hand Gottes darin war. Und wir wissen, dass Gott seine Gefangenschaft gebrauchte, dass er Briefe schreiben konnte mit den höchsten christlichen Wahrheiten.

Alle Leiden konnten Paulus nicht daran hindern, sich nach dem Willen Gottes zu richten. Er hatte von seinem Meister gelernt, wie Leiden in einer Welt voller Sünde und Elend zur Verherrlichung Gottes dienen. Paulus trug die Kennzeichen dieser Leiden an seinem Körper (Gal 6,17).

Paulus konnte rechnen. Er berechnete einerseits den Wert seines Lebens, wenn er es für sich selbst lebte, und andrerseits den Wert seines Lebens im Dienst für seinen Herrn. Diese Rechnung stellt alles in den Schatten vor dem Herrn Jesus und dem Auftrag, den Er ihm gegeben hatte (vgl Phil 3,8.11). Er sah sein Leben als

Geschenk Gottes an ihn, mit dem Gott einen Plan hatte: einen Dienst, den er völlig erfüllen wollte. Er würde seinen Lauf vollenden (2Tim 4,6.7). Für Paulus bedeutet das: Bei der Erfüllung seines Laufs muss er das Evangelium der Gnade Gottes auch seinem eigenen Volk bezeugen.

Das Evangelium der Gnade Gottes ist das volle Evangelium. Die Gnade Gottes umfasst mehr als Bekehrung und Glaube. Bei Bekehrung und Glaube liegt die Betonung mehr auf der Not des Sünders. Beim Evangelium der Gnade Gottes liegt die Betonung auf der Seite Gottes, auf allem, was Er getan hat, um seine Gnade bekanntzumachen. Wir finden dieses Evangelium im Brief an die Römer. Wir lernen dort unter anderem, dass der Gläubige in der Gnade Gottes steht und dass er allein durch Glauben gerechtfertigt wird, aufgrund des Todes und der Auferstehung des Herrn Jesus (Röm 5,1.2).

Das Königreich und der Ratschluss Gottes (20,25–27)

> 25 Und nun siehe, *ich* weiß, dass ihr alle, unter denen ich, das Reich predigend, umhergegangen bin, mein Angesicht nicht mehr sehen werdet. 26 Deshalb bezeuge ich euch an dem heutigen Tag, dass ich rein bin von dem Blut aller; 27 denn ich habe nicht zurückgehalten, euch den ganzen Ratschluss Gottes zu verkündigen.

Paulus kündigt seinen Abschied an. Es soll ein endgültiger Abschied sein. Er weiß, dass sie einander nicht mehr wiedersehen werden. Auf dem Hintergrund dieser Ankündigung erinnert er die Ältesten daran, dass er unter ihnen umhergegangen ist, um das Reich Gottes zu predigen. Das Reich Gottes wird hier zum fünften Mal erwähnt – insgesamt wird in der Apostelgeschichte siebenmal darüber gesprochen (Apg 1,3; 8,12; 14,22; 19,8; 20,25; 28,23.31).

Paulus hat nicht nur über das Reich in seiner zukünftigen herrlichen Form gesprochen, so wie es sein wird, wenn der Herr Jesus auf der Erde regiert. Er hat auch die Bedeutung des Reiches verkündigt, die es in dieser Zeit hat, in der es noch nicht sichtbar, wohl aber anwesend ist (Kol 1,13; Röm 14,17). Die Gläubigen sind in diesem Reich Untertanen des Herrn Jesus. Mit dem Reich ist der Gedanke von Herrschaft und Dienen verbunden. Gläubige erkennen den Herrn Jesus als ihren Herrn an und dienen Ihm. Das Reich hat zu tun mit unserer Anerkennung der Herrschaft des Herrn Jesus im täglichen Leben, und zwar in jedem Bereich.

Da sie sein Angesicht nicht mehr sehen werden („deshalb"), bezeugt er an diesem Tag, dass er rein ist vom Blut aller. Bereits früher sagte er zu Ungläubigen, dass er rein sei von ihrem Blut (Apg 18,6), hier sagt er das zu Gläubigen. Er wusste, dass er ihnen gegenüber nicht schuldig war. Er hatte ihnen ja alles gesagt, was er ihnen sagen musste. Das Wort „denn" gibt den Grund dafür an, dass er vom Blut aller rein war, und das nicht nur in Bezug auf die Ältesten. Er hat vom ganzen Ratschluss Gottes nichts zurückgehalten.

Die Verkündigung des Ratschlusses Gottes ist der vierte Teil seines Dienstes. Später wird er den Ratschluss vor allem in den Briefen an die Gemeinden in Kolossä und Ephesus darlegen. Es ist der Ratschluss Gottes, der sich von Ewigkeit zu Ewigkeit erstreckt. Sein Dienst im Blick auf den Ratschluss Gottes kommt zu Ende, denn alles, was er mitzuteilen hatte, hat er mitgeteilt. Nach dem, was ihm anvertraut wurde, würden keine neuen Dinge mehr offenbart werden (Kol 1,25).

Warnungen (20,28–31)

> [28] Habt Acht auf euch selbst und auf die ganze Herde, in der euch der Heilige Geist als Aufseher gesetzt hat, die Versammlung Gottes zu hüten, die er sich erworben hat durch das Blut seines Eigenen. [29] *Ich* weiß, dass nach meinem Abschied reißende Wölfe zu euch hereinkommen werden, die die Herde nicht verschonen. [30] Und aus euch selbst werden Männer aufstehen, die verkehrte Dinge reden, um die Jünger abzuziehen hinter sich her. [31] Darum wacht, und denkt daran, dass ich drei Jahre lang Nacht und Tag nicht aufgehört habe, einen jeden mit Tränen zu ermahnen.

So hat er sich nun in Bezug auf seine Motive und seinen Dienst verantwortet. Nun richtet er sich an die Ältesten. Er ruft sie dazu auf, in erster Linie auf ihre eigene geistliche Gesinnung zu achten. Nur dann, wenn diese in Ordnung ist, können sie auch auf die Herde achthaben, um ihr das zu geben, was nötig ist (vgl. 1Tim 4,16). Paulus spricht wie gesagt diese Gruppe von Ältesten als Aufseher an. Er weist sie auch auf den Ursprung ihres Dienstes hin. Kein Geringerer als der Heilige Geist hat ihnen diesen Platz in der Gemeinde in Ephesus gegeben.

Von einer Anstellung von Ältesten durch die Gemeinde oder durch die eine oder andere menschliche Organisation ist keine Rede. Der Heilige Geist stellt sie an. Wenn irgendein Mensch dabei eine Rolle spielt, so ist das ein Apostel oder ein von ihm Beauftragter. Das kann man an den Stellen erkennen, wo von der Anstellung von Ältesten die Rede ist (Apg 14,23; Tit 1,5). Da es keine Apostel mehr gibt, kommt die Anstellung durch Menschen nicht in Frage.

Wie bereits gesagt sind Älteste und Aufseher Bezeichnungen für dieselben Personen. In der Kirche ist man damit anders umgegangen. Das griechische Wort für „Älteste" ist *presbyteros*. Davon ist unser Wort „Priester" abgeleitet. Das griechische Wort für „Aufseher" ist *episkopos*. Daraus hat sich das Wort „Bischof" gebildet. Schon früh wurde in der christlichen Kirche zwischen Priester und Bischof unterschieden. Diesen Unterschied gibt es jedoch im Neuen Testament nicht. Es geht um dieselben Personen mit einer unterschiedlichen Betonung. Bei Ältesten geht es mehr um das Alter, die Weisheit und Lebenserfahrung. Bei Aufsehern geht es mehr um ihre Aufgabe und die Fürsorge für die Herde.

Älteste oder Aufseher üben ihre Tätigkeit in der örtlichen Gemeinde aus. Die örtliche Gemeinde ist eine Miniatur-Abbildung der weltweiten Gemeinde. Die gesamte Gemeinde ist die Gemeinde Gottes. Er hat sie sich durch das Blut seines eigenen [Sohnes] erworben. Es ist das Blut dessen, der von Ihm ist. Es ist das Blut seines Eigenen. Das Wort „Sohn" steht dort nicht. Sein eigenes Blut ist auch nicht das Blut Gottes. Das geht zu weit, denn so spricht die Schrift an keiner Stelle. Überall in der Schrift ist das Blut mit dem Herrn Jesus verbunden, dem Sohn Gottes, der Mensch wurde, um sein Blut als Kaufpreis für die Gemeinde geben zu können.

Es ist die Gemeinde *Gottes* und nicht die der Ältesten oder irgendeines Menschen. Es mag von manchen unbewusst geschehen, doch jeder Führer, der von „meiner Gemeinde" spricht, tritt sehr anmaßend gegenüber den Rechten Gottes auf. Nur der Herr Jesus hat das Recht, „meine Gemeinde" zu sagen (Mt 16,18). Kein Mensch hat sich die Gemeinde erworben. Das hat der Herr Jesus getan. Wie unpassend ist es daher, wenn ein Mensch von *seiner* Gemeinde spricht.

Anschließend spricht Paulus von der sehr nahen Zukunft. Er spricht über die Zeit „nach meinem Abschied". Zuerst sagt er, dass böse Wölfe von außen hereinkommen werden (vgl. Mt 7,15; Joh 10,12), um ihr zerstörerisches Werk in der Gemeinde zu tun. Sie können hereinkommen, weil die Hirten nicht wachsam blieben. Von solchen Leuten haben wir ein Beispiel im zweiten Brief des Johannes, wo wir auch die Anweisung finden, dass solch bösen Wölfen der Zugang verwehrt werden muss (2Joh 10.11).

Zweitens - und das ist noch schlimmer - werden aus der Mitte der Gemeinde Menschen aufstehen, die die Wahrheit verdrehen. Sie tun das, um sich selbst statt Christus zum Mittelpunkt zu machen. Irrlehrer bringen nicht nur falsche Lehre, sondern suchen auch Anhänger. Sie führen sich als Sektenführer auf. Diese sind oft schwieriger zu erkennen als böse Wölfe. Für diese Gefahren von innen heraus haben wir im dritten Brief des Johannes in der Person von Diotrephes ein vielsagendes Beispiel (3Joh 9.10).

In Verbindung mit dem, was in Kürze passieren wird, fordert Paulus zur Wachsamkeit auf. Er erinnert sie an ihre Verantwortung. Sie sollten daran denken, was er ihnen gesagt hatte, um sie auf dem rechten Weg zu halten, und auch wie er das getan hatte. Unaufhörlich, Tag und Nacht (vgl. 1Mo 31,38–40; 1Sam 25,16), war er damit beschäftigt, drei Jahre lang. Immer wieder waren dabei Tränen geflossen, so besorgt war er um seine geliebten Epheser. Seine Botschaft war von Tränen begleitet. Solche Worte müssen wohl ihr Ziel erreichen in Herzen, die erfüllt sind von echter Sorge für die Gemeinde.

Gott und das Wort seiner Gnade (20,32)

> 32 Und nun befehle ich euch Gott und dem Wort seiner Gnade an, das vermag, aufzuerbauen und das Erbe zu geben unter allen Geheiligten.

Paulus hat über seinen Dienst gesprochen, sowohl was seine Gesinnung und sein Betragen als auch den Inhalt betrifft. Er hat sie auch auf ihre Verantwortung im Blick auf die bevorstehenden Entwicklungen hingewiesen. Nun befiehlt er sie Gott und seiner Gnade an, wie sie in seinem Wort zum Ausdruck kommt. Paulus und die anderen Apostel haben ihre Autorität nicht in menschliche Hände gelegt. Nirgends ist die Rede von einer apostolischen Nachfolge. Was bleibt, wenn die Apostel nicht mehr da sind, ist Gott und das Wort seiner Gnade.

Das Wort ist immer geblieben. Aus dieser Quelle kann der Gläubige zu allen Zeiten Kraft schöpfen, um die Gedanken Gottes über den Herrn Jesus kennenzulernen und um zu seiner Ehre zu leben. Doch auch die Angriffe sind geblieben, die darauf ausgerichtet sind, dass das Volk Gottes nicht seine Kraft daraus schöpft. Man versucht, dem Wort neue Offenbarungen hinzuzufügen, sowohl durch Traditionen als auch durch Menschen, die sagen, dass Gott ihnen bestimmte Dinge gezeigt habe. In der Geschichte der Kirche haben Traditionen schon früh die Auslegung bestimmt. Heute wird die Autorität des Wortes untergraben und kritisiert.

Alle diese Angriffe können wir nur abwehren, wenn wir die völlige Autorität des Wortes über unser Leben anerkennen und uns bewusst sind, dass die Gnade Gottes uns dabei helfen will. Dann bietet das Wort nicht nur Schutz, sondern baut auf, gründet, tröstet, ermutigt uns und führt uns in das Erbteil ein. Wir haben bereits Anteil am Erbe der Heiligen im Licht (Kol 1,12) und wir werden in sichtbarer Weise Teil daran haben, wenn wir mit Christus regieren werden (Eph 1,10–14).

„Unter allen Geheiligten" bedeutet: inmitten aller Geheiligten, zusammen mit ihnen. Die Geheiligten sind eine Gruppe von Menschen, die Gott beiseitegesetzt hat, damit sie dieses Erbteil besitzen. Es ist ein großes Vorrecht, zu den Geheiligten gehören zu dürfen. Das verdanken wir ausschließlich Gott und dem Wort seiner Gnade.

Paulus weist noch einmal auf sein Vorbild hin (20,33–35)

> 33 Ich habe niemandes Silber oder Gold oder Kleidung begehrt. 34 Ihr selbst wisst, dass meinen Bedürfnissen und denen, die bei mir waren, diese Hände gedient haben. 35 Ich habe euch in allem gezeigt, dass man, so arbeitend, sich der Schwachen annehmen und der Worte des Herrn Jesus gedenken müsse, der selbst gesagt hat: Geben ist seliger als Nehmen.

Paulus hat ihnen nicht nur seine Lehre hinterlassen, sondern auch sein Vorbild. Lehre und Praxis gehören zusammen. Das Weitergeben der Lehre muss mit einem guten Vorbild gepaart sein. Bei einigen christlichen Führern ist Geld die Triebfeder ihres Wirkens. Für sie ist die Religion eine Quelle von Einkünften (1Tim 6,5). Das war bei Paulus nicht so. Er wollte völlig unabhängig von ihnen sein. Er war sich auch nicht zu fein, einfach mit seinen Händen zu arbeiten. Er zeigte den Ältesten seine zerfurchten und schwieligen Hände. Damit hatte er nicht nur für sich selbst gearbeitet, sondern auch für die, die bei ihm waren.

Was für einen uneingeschränkten Einsatz hat dieser Mann gezeigt, und das alles zum Wohl anderer. Dabei hat er sich vor allen Dingen um die Armen gekümmert. Wir sollten nicht von den Schwachen profitieren, sondern uns vielmehr für sie einsetzen. Wie leicht setzen wir uns lieber für Menschen ein, an denen wir selbst Freude haben. Oder wir setzen uns ein wegen eines Vorteils, den uns das einbringt. Dann sind wir nicht dem Herrn Jesus ähnlich. Paulus wollte dem Herrn Jesus ähnlich sein, und das stellt er den Ältesten und uns vor.

Paulus zitiert ein Wort des Herrn Jesus, um zu unterstreichen, wie wichtig es ist, zu arbeiten. Wenn wir die Evangelien lesen, werden wir diesem Wort nicht begegnen. Doch zeigt uns dieses Wort nicht die Grundhaltung des Lebens des Herrn und stimmt es nicht mit dem überein, was Er über das Geben gelehrt hat (Lk 14,14)?

Der Abschied (20,36–38)

> 36 Und als er dies gesagt hatte, kniete er nieder und betete mit ihnen allen. 37 Es entstand aber viel Weinen bei allen; und sie fielen Paulus um den Hals und küssten ihn sehr, 38 am meisten betrübt über das Wort, das er gesagt hatte, sie würden sein Angesicht nicht mehr sehen. Sie geleiteten ihn aber zu dem Schiff.

Paulus erwartete keine Antwort. Er hat aus seinem Herzen zu denen gesprochen, die er liebt. Nun bleibt nur noch übrig, den Worten Taten folgen zu lassen und sie Gott aufgrund des Wortes seiner Gnade anzubefehlen. Darum kniet er nieder und betet mit ihnen allen. Es steht nicht dabei, ob auch sie gebetet haben. Wir lesen aber, dass sie viel weinten. Was Paulus gesagt hat, hat sie zutiefst beeindruckt. Sicher ist das auch eine Folge der Worte, die er ihnen im Blick auf die zukünftigen Ereignisse mitgeteilt hat. Am meisten betrübt es sie jedoch, dass Paulus gesagt hat, dass sie ihn nicht mehr wiedersehen würden.

Durch diese tiefsinnige Bemerkung will der Heilige Geist uns vielleicht sagen, dass sie doch nicht ganz den Ernst dessen verstanden haben, was Paulus ihnen gesagt hatte. Hätten sie sonst nicht mehr über die drohenden Gefahren geweint, die Paulus angekündigt hat, als über seinen Abschied? Wir wissen, dass bereits damals die Gemeinde von großen Gefahren bedroht war (1Tim 1,3.4; vgl. Off 2,1–5).

Wie dem auch sei, sie liebten ihn von Herzen. Ihre Traurigkeit über seinen Abschied war aufrichtig. Ihre Äußerungen der Liebe waren emotional. Wenn wir selbst einmal miterlebt haben, dass jemand, der uns sehr viel bedeutet hat, nicht mehr da ist, und welchen Eindruck das auf uns gemacht hat, dann können wir uns in etwa vorstellen, dass sein endgültiger Abschied sie sehr getroffen hat. Nach dem herzzerreißenden Bild des Weinens, des Umarmens und der Küsse bringen sie Paulus zum Schiff.

Kapitel 21

Von Milet nach Tyrus (21,1–3)

> [1] Als es aber geschah, dass wir abfuhren, nachdem wir uns von ihnen losgerissen hatten, kamen wir geradewegs nach Kos, am folgenden Tag aber nach Rhodos und von dort nach Patara. [2] Und als wir ein Schiff fanden, das nach Phönizien übersetzte, stiegen wir ein und fuhren ab. [3] Wir sichteten aber Zypern, ließen es links liegen, segelten nach Syrien und legten in Tyrus an, denn dort hatte das Schiff die Ladung abzuliefern.

Nach seiner eindringlichen Rede zu den Ältesten von Ephesus muss Paulus wieder weiter. Die Ältesten lassen ihn nicht einfach gehen. Wie gern hätten sie ihn bei sich behalten. Paulus und seine Begleiter müssen sich losreißen. Da wird deutlich, was für ein starkes Band die christlichen Zuneigungen sind.

Was nun folgt, ist ein gewöhnlicher Reisebericht. Gott ist an allem interessiert, was sein Diener tut, auch an den unspektakulären Dingen. So brachte auch der Herr Jesus den größten Teil seines Lebens verborgen zu vor den Augen der Menschen. Während all der Zeit war Er ein Wohlgefallen für seinen Vater. Wir dürfen die gewöhnlichsten Dinge zur Ehre Gottes tun wie beispielsweise Essen und Trinken (1Kor 10,31).

Zugleich sehen wir auch in dem Reisebericht die Hand des Herrn. Wir lesen davon, dass sie ein Schiff *fanden*, das sie zu ihrem Reiseziel bringt. Wird Paulus nicht auch dankbar gewesen sein für einen günstigen Wind und eine ruhige Überfahrt?

Was hat der Apostel wohl gedacht, als sie Zypern sichteten? Auch das steht nicht umsonst da. Wird ihn das nicht an Barnabas und Markus erinnert haben (Apg 13,4; 15,39)? Auch Tyrus hat ihn vielleicht an früher erinnert, an die Zeit, als der Herr Jesus dort in der Nähe war (Mt 15,21).

Der Aufenthalt dort ist genauso vom Herrn geplant wie das Finden des Schiffes in Vers 2. Der Anlass für den Aufenthalt ist ganz praktisch, denn das Schiff musste eine Ladung löschen. Die Führung des Herrn geschieht meistens auf ganz natürlichen Wegen. Die Frage ist, ob wir einen Blick dafür haben.

Bei den Gläubigen in Tyrus und in Ptolemais (21,4–7)

> 4 Als wir aber die Jünger gefunden hatten, blieben wir dort sieben
> Tage; diese sagten dem Paulus durch den Geist, er solle nicht nach
> Jerusalem hinaufgehen. 5 Als es aber geschah, dass wir die Tage
> vollendet hatten, zogen wir fort und reisten weiter; und sie alle
> geleiteten uns mit Frauen und Kindern bis außerhalb der Stadt;
> und wir knieten am Strand nieder und beteten. 6 Und als wir von-
> einander Abschied genommen hatten, stiegen wir in das Schiff,
> jene aber kehrten nach Hause zurück. 7 Als wir aber die Fahrt von
> Tyrus aus vollendet hatten, gelangten wir nach Ptolemais; und wir
> begrüßten die Brüder und blieben einen Tag bei ihnen.

Für Paulus und seine Begleiter bietet der Aufenthalt in Tyrus eine schöne Gelegenheit, nicht für einen Stadtrundgang, sondern um die Jünger aufzusuchen. Als sie sie gefunden haben, können sie dort sieben Tage bleiben. Genau wie in Troas (Apg 20,6.7) kann das nur bedeuten, dass sie auch in Tyrus am ersten Tag der Woche das Abendmahl feiern wollten. An allen Tagen wird Paulus dort das Wort Gottes gelehrt haben.

Doch die Jünger haben Paulus nicht nur zugehört, sie haben auch selbst eine Botschaft für ihn. Sie sagen ihm, dass er nicht nach Jerusalem hinaufgehen solle. Es ist eine Botschaft, von der Lukas uns sagt, dass sie durch den *Geist* geschah. Wir haben schon früher gelesen, wie der Heilige Geist sich mit Paulus beschäftigt bezüglich seiner Absicht, nach Jerusalem hinaufzugehen (Apg 20,23). Was wir hier lesen, geht weiter als das, was wir in Kapitel 20,23 lesen. Dort sieht es so aus, als wollte der Heilige Geist Paulus veranlassen, über seinen Plan, nach Jerusalem hinaufzugehen, nachzudenken. Hier jedoch geht es nicht mehr um Gedankenanstöße, sondern um eine klare Warnung, nicht zu gehen.

Der höchste Weg für Paulus wäre gewesen, nicht zu gehen. Dennoch wird der Weg des Herrn vollendet, indem Paulus nach Jerusalem hinaufgeht. Er war der Apostel der Nationen, doch er konnte seine Liebe zu seinem Volk nicht verleugnen. Diese Liebe war so groß, dass er völlig im Glauben handelte und den Weg der natürlichen Liebe wählte.

Es bleibt schwierig, von einem Mann wie Paulus zu sagen, dass er bewusst gegen den Willen des Heiligen Geistes gehandelt habe. Von einem direkten Ungehorsam kann aus meiner Sicht auch nicht die Rede sein. Paulus hatte völlig uneigennützige Motive. Es ist keine Sache von schwarz oder weiß, sondern eine Wahl zwischen dem Guten und dem Besseren. Es steht uns nicht zu, den Apostel zu kritisieren.

Wir lesen, dass die Jünger „durch den Geist" zu Paulus sagen, dass er nicht hinaufgehen soll, doch sie sagen nicht: „Dies sagt der Heilige Geist". Später wird Agabus das tun, jedoch nicht als Warnung, sondern als Prophezeiung (V. 11). Wie oft haben wir ein Auge gehabt für die Tatsache, dass andere etwas „durch den Heiligen Geist" zu uns sagten?

In der Schwachheit, seiner Liebe für seine Volksgenossen, war er bereit, nach Jerusalem zu gehen, und zwar trotz der Drangsale und Bande, die ihn dort erwarteten. Er ist sogar bereit, dafür zu sterben, wie er später sagt (V. 13). Es ist nicht so, dass er einen ausdrücklichen Befehl des Heiligen Geistes in den Wind schlug, aber er folgte seiner natürlichen Liebe für sein Volk. Es war auch kein Übermut, durch den er nicht wusste, was er tat, als er die Warnungen vor Drangsalen und Banden nicht beachtete. Er kannte diese Dinge nur zu gut.

Hinzu kommt noch, dass der Herr, nachdem Paulus in Jerusalem gefangengenommen worden ist, ihn mit dem Auftrag ermutigt, dass er, so wie er in Jerusalem von Ihm gezeugt hatte, auch in Rom von Ihm zeugen müsse (Apg 23,11). Der Herr macht ihm keinen Vorwurf. Wie sollten wir daher das Handeln des Paulus verurteilen oder ihm etwas übelnehmen?

Wir können feststellen, dass er mit seinem Verlangen, nach Jerusalem hinaufzugehen, nicht auf der Höhe des Glaubens war, den er unter den Nationen predigte. Gott hatte ihn nicht nach Jerusalem gesandt. Wir können auch feststellen, dass er nicht auf der Höhe des Glaubens handelte, als er sich einer Reinigungsvorschrift unterwarf, um seinen Brüdern nach dem Fleisch nachzugeben. Er predigte überall, dass der Gläubige nicht unter Gesetz steht. Es wäre jedoch wünschenswert, dass alle Christen ein solches Verlangen wie Paulus hätten, ihren Landsleuten das Evangelium zu bringen. Es ist zu befürchten, dass viele nicht einmal dieses Niveau in Bezug auf Menschen erreichen, mit denen sie durch natürliche Bande verbunden sind.

Die Tage, wo er mit den Jüngern in Tyrus zusammen ist, neigen sich ihrem Ende zu. Die Reise muss weitergehen. Alle Jünger begleiten ihn mit Frauen und Kindern bis vor die Stadt. Auch die Kinder sind dabei, um von „Onkel" Paulus Abschied zu nehmen. Der Apostel wird sicher sein Interesse an ihnen gezeigt haben. Darin folgte er seinem Herrn, der sich ebenfalls für sie interessierte (Mt 19,13–15).

Die ganze Gesellschaft kniet am Strand nieder und betet. Das wird die Menschen beeindruckt haben, die das möglicherweise gesehen haben. Die Menschen werden auch gesehen haben, wie sie sich voneinander verabschiedeten. Hier wird das neue Leben sichtbar. Einerseits ist da die Liebe zu Gott, andrerseits die Liebe zueinander. Das eine ist nicht ohne das andere möglich. Dieses schöne Zeugnis des neuen Lebens ist öffentlich am Strand zu sehen.

Nach dem Abschied trennen sich ihre Wege. Paulus geht mit seinen Begleitern an Bord des Schiffes, um die Reise nach Jerusalem fortzusetzen. Die anderen gehen nach Hause, um dort ihr Zeugnis weiterzugeben.

Von Tyrus fahren sie nach Ptolemais. Auch in Ptolemais, wo sie nur einen Tag bleiben, verbringen sie Zeit mit den Brüdern. Immer wieder sehen wir, wie Paulus die Gemeinschaft mit den örtlichen Gläubigen sucht. Er *predigt* nicht nur über die Gemeinde, er *erlebt* sie auch.

Bei Philippus und den Gläubigen in Cäsarea (21,8–14)

> 8 Am folgenden Tag aber zogen wir fort und kamen nach Cäsarea;
> und wir gingen in das Haus des Philippus, des Evangelisten, der
> einer von den Sieben war, und blieben bei ihm. 9 Dieser aber hatte
> vier Töchter, Jungfrauen, die weissagten. 10 Als wir aber mehrere
> Tage blieben, kam ein gewisser Prophet, mit Namen Agabus, von
> Judäa herab. 11 Und er kam zu uns und nahm den Gürtel des Pau-
> lus und band sich die Füße und die Hände und sprach: Dies sagt
> der Heilige Geist: Den Mann, dem dieser Gürtel gehört, werden
> die Juden in Jerusalem so binden und in die Hände der Natio-
> nen überliefern. 12 Als wir aber dies hörten, baten sowohl wir als
> auch die Einheimischen ihn, nicht nach Jerusalem hinaufzugehen.
> 13 Da antwortete Paulus: Was macht ihr, dass ihr weint und mir
> das Herz brecht? Denn *ich* bin bereit, nicht nur gebunden zu wer-
> den, sondern auch in Jerusalem für den Namen des Herrn Jesus
> zu sterben. 14 Als er sich aber nicht überreden ließ, wurden wir still
> und sprachen: Der Wille des Herrn geschehe!

Die Seereise endet in Cäsarea. Von dort aus geht die Reise über Land weiter. In Cäsarea sucht Paulus den Evangelisten Philippus auf, der einer von den sieben Dienern war (Apg 6,5). Nach seiner Predigt in Samaria und seinem Treffen mit dem äthiopischen Kämmerer war Philippus nach Cäsarea gekommen (Apg 8,5.40). Dort wohnte er seitdem. Er ist verheiratet und hat vier unverheiratete Töchter, die alle weissagen.

Das Haus wird ausdrücklich „das Haus des Evangelisten Philippus" genannt und das Weissagen seiner Töchter steht dann auch damit in Verbindung. Deborah weissagte ebenfalls zu Hause (Ri 4,4.5). Auch Frauen gibt der Herr die Gabe der Weissagung. Die Töchter von Philippus haben zur Ermahnung, Erbauung und Tröstung geredet (1Kor 14,3). Sie haben das zu Hause getan und nicht in der Gemeindezusammenkunft, denn dort ist es den Frauen nicht gestattet (1Kor 14,34). Daher sind es auch nicht die Töchter des Philippus, die inmitten der Gemeinde eine Botschaft für Paulus haben. Dafür sendet der Herr Agabus aus Judäa nach Cäsarea.

Agabus stellt erst seine Botschaft bildlich dar. Er nimmt den Gürtel des Paulus und bindet sich damit selbst, natürlich zunächst die Füße und danach auch die Hände. Der Gürtel ist ein Bild des Dienstes. Der Dienst des Paulus an den Juden wird dazu führen, dass er von ihnen gefangengenommen werden wird. Dann spricht Agabus als Mund des Heiligen Geistes aus, was mit Paulus in Jerusalem geschehen wird.

Was heute die sogenannten Propheten behaupten, wenn sie sagen: „So spricht der Herr", finden wir bei keinem einzigen neutestamentlichen Propheten, sondern nur bei Propheten im Alten Testament. Die sogenannten Propheten heutiger Tage stehen mit einer derartigen Aussage zumindest auf alttestamentlichem Boden.

Agabus hat eine Botschaft, die direkt vom Heiligen Geist kommt. Diese Botschaft soll Paulus nicht erneut dazu bewegen, seinen Plan aufzugeben, nach Jerusalem hinaufzugehen, sondern ist eine nähere Erklärung des früheren Zeugnisses, das der Geist gegeben hat (Apg 20,23).

Nachdem die Gesellschaft, die Paulus begleitet, und auch die örtlichen Gläubigen erfahren haben, was Agabus durch den Heiligen Geist sagt, wollen sie Paulus davon abhalten, nach Jerusalem hinaufzugehen. Die Antwort des Paulus auf ihren dringenden Appell, nicht hinaufzugehen, ist die Antwort eines Mannes, der innerlich tief überzeugt ist. Wo Paulus sich an anderer Stelle sehr wohl warnen ließ und damit der Gefahr entkam, tut er das hier nicht, wegen seiner starken, natürlichen Liebe für sein Volk nach dem

Fleisch. Gott steht darüber und gebraucht all das, um damit sein Ziel zu erreichen.

Ihre Tränen bewegen Paulus schon, ändern jedoch nicht seinen Plan. Seine Motive sind gut, er ist nicht selbstsüchtig, denn es geht ihm um seine verblendeten Landsleute, denen er so gern den Herrn Jesus als Messias vorstellen will. Er denkt dabei nicht an sich selbst. Es geziemt uns nicht, Paulus Vorwürfe zu machen, sondern wir sollten ihn bewundern. Die Bewunderung gilt nicht dem Menschen Paulus, sondern seiner hingegebenen Liebe.

Er ist bereit dazu, nicht nur gebunden zu werden, sondern sogar in Jerusalem zu sterben, nicht für sein Volk oder seine Ideale, sondern „für den Namen des Herrn Jesus". Das ist das Einzige, was ihn antreibt. Deswegen ist sein festes Vornehmen kein Vertrauen auf Fleisch, so wie es sich bei Petrus zeigte, bevor er den Herrn verleugnete (Lk 22,33–34). Bei allem geht es ihm um den Namen des Herrn Jesus.

Als klar wird, dass Paulus sich nicht umstimmen lässt, geben sowohl die Reisegefährten als auch die örtlichen Gläubigen die Sache in die Hände des Herrn. Sie schweigen ab jetzt dazu. Es gibt eine Zeit zum Reden, und es gibt auch eine Zeit zum Schweigen (Pred 3,7). Sie sind sich bewusst, dass nicht alles in ihrer Macht steht. Der Wille Gottes ist manchmal viel komplizierter als wir erklären können. Der Wille Gottes wird immer erfüllt, doch manchmal ganz anders, als wir es denken. Es zeugt von Weisheit, gerade dann zu sagen: „Der Wille des Herrn geschehe!"

Von Cäsarea nach Jerusalem (21,15.16)

> [15] Nach diesen Tagen aber machten wir uns bereit und gingen hinauf nach Jerusalem. [16] Es gingen aber auch einige der Jünger von Cäsarea mit uns und brachten einen gewissen Mnason mit, einen Zyprier, einen alten Jünger, bei dem wir zu Gast sein sollten.

Alles wird bereitet, um das letzte Stück der Reise zurückzulegen. Obwohl die Reisegefährten des Paulus versucht haben, ihn davon abzuhalten, nach Jerusalem hinaufzugehen, gehen sie doch mit. Sie sind davon überzeugt, dass es dem Willen des Herrn entspricht, dass Paulus doch geht. Auch wenn es nach ihrer Überzeugung besser gewesen wäre, er wäre nicht gegangen, sie gehen mit. Sie sehen auch, dass man bei ihm nicht von Eigenwillen sprechen kann. Dasselbe gilt für die Gläubigen am Ort. Auch sie haben auf Paulus eingewirkt, nicht hinaufzugehen. Wenn er nun doch geht, gehen einige Jünger aus Cäsarea mit.

Das spricht von großem Vertrauen, nicht auf Paulus, sondern auf seinen Herrn. Sie sehen, dass der Herr mit Paulus geht, und daher können sie auch mit ihm gehen. Das bedeutet, dass es nicht um die Frage geht, wer Recht hat, sondern ob wir den Willen des Herrn in einer Sache anerkennen.

Als sie sehen, dass sie Paulus nicht davon überzeugen können, nicht zu gehen, übergeben sie die Sache dem Herrn. Was für ein großes Vorbild für uns. Wir können manchmal sehen, dass jemand in seiner Liebe zum Herrn und zu den Seinen einen Weg geht, den er nach unserer Überzeugung nicht gehen sollte. Wir können sogar vom Herrn den Auftrag bekommen, den anderen darauf hinzuweisen, diesen Weg nicht zu gehen. Wenn wir dann aber sehen, dass der andere den Weg trotzdem geht, wobei wir zugleich feststellen, dass wirklich selbstlose Motive zugrundeliegen, müssen wir zu der aufrichtigen Aussage kommen: „Der Wille des Herrn geschehe!"

Das ist ein Prüfstein für unsere Sicht der Dinge. Es kann sein, dass wir enttäuscht sind, weil der andere nicht hören will. Davon merken wir bei den Reisegefährten des Paulus und den örtlichen Gläubigen in Cäsarea nichts. Im Gegenteil, sie begleiten ihn weiter nach Jerusalem. Das bedeutet, dass sie sich auch den Gefahren aussetzen, die Paulus prophezeit wurden.

Sie gehen also mit und bringen ihn zu dem Zyprier Mnason. Er ist ein alter Jünger, was bedeuten kann, dass er bereits ein alter Mann ist oder aber ein Jünger, der dem Herrn Jesus schon lange nachfolgt. Paulus und seine Reisegefährten erhalten dort Obdach.

Es ist bemerkenswert, wie Paulus und seine Begleiter immer wieder von Gläubigen gastfreundlich empfangen und beherbergt wurden. Das kann nur das Band des Glaubens bewirken. Der Glaube hat nicht nur Zugang bekommen zu den Herzen der Gläubigen, sondern auch zu all ihrem Besitz, den sie dem Evangelium zur Verfügung gestellt haben. So haben zahllose, uns unbekannte Gläubige, an der Verbreitung des Evangeliums beigetragen und das Werk des Herrn gefördert. Diese Art der Mitarbeit am Evangelium steht jedem Gläubigen auch heute noch offen.

Paulus besucht Jakobus (21,17-19)

> [17] Als wir aber in Jerusalem angekommen waren, nahmen uns die Brüder freudig auf. [18] Am folgenden Tag aber ging Paulus mit uns zu Jakobus, und alle Ältesten kamen dahin. [19] Und als er sie begrüßt hatte, erzählte er eins nach dem anderen, was Gott unter den Nationen durch seinen Dienst getan hatte.

Mit seiner Ankunft in Jerusalem endet die dritte Missionsreise des Paulus und auch sein öffentlicher Dienst als freier Mann. Bis zum Ende des Buches beschreibt Lukas sehr ausführlich, was Paulus erfahren hat als Folge seines Wunsches, seine jüdischen Brüder für das Evangelium zu gewinnen oder zumindest jedes Hindernis wegzunehmen, sie für das Evangelium zu gewinnen. Er ist bereit, sich dazu einigen jüdischen Gebräuchen zu unterwerfen. Um die Juden zu gewinnen, will er den Juden ein Jude werden, und denen, die unter Gesetz sind, wie einer, der unter Gesetz ist (1Kor 9,20). Er tut alles um des Evangeliums willen (1Kor 9,23).

Es scheint jedoch, dass seine Absicht das Gegenteil bewirkt. Sein Wunsch, seinen Landsleuten das befreiende Evangelium zu bringen, treibt ihn in die Hände feindlich gesinnter Juden und anschließend in die Hände von Heiden. Diese Entwicklung endet mit seiner Gefangenschaft in Rom.

Die ersten Schritte dieser Entwicklung hat Paulus schon einige Zeit vorher in seinem Herzen gemacht und in seiner Reise nach Jerusalem in die Praxis umgesetzt. Das hat einen unumkehrbaren Prozess in die Wege geleitet. Die Schritte, die folgen, ergeben sich aus den vorherigen.

Paulus wird in Jerusalem von den Brüdern herzlich empfangen. Das heißt nicht, dass sie von Herzen mit dem Kurs einverstanden waren, den Paulus ging, sie akzeptieren ihn aber. Dass sie so ihre Fragen zu seinem Handeln haben, zeigt sich, als sie am folgenden Tag Jakobus besuchen, wohin auch alle Ältesten der Gemeinde von Jerusalem gekommen sind. Jakobus war wohl der Bruder mit dem größten Einfluss in der Gemeinde in Jerusalem.

Gott hat es geduldet, dass es in Jerusalem eine Gemeinde gab, die völlig jüdisch geblieben war. Er hat Jakobus sogar durch seinen Geist inspiriert, dieser speziellen Gruppe jüdischer Christen einen Brief zu schreiben, den wir als den „Brief des Jakobus" in der Bibel haben. Die jüdischen Christen unterscheiden sich in nichts anderem von ihren ungläubigen jüdischen Mitgefährten, als nur darin, dass sie in Jesus den Messias erkannten. Ansonsten halten sie weiterhin an allen jüdischen Vorschriften und Gebräuchen fest.

Wir dürfen das, was Gott noch eine Zeit lang ertragen hat, nicht verurteilen. Durch den Mund von Jakobus hatten diese Gläubigen die Gläubigen aus den Nationen durch den Geist davon befreit, sich unter die jüdischen Gebote und Vorschriften zu stellen. Wir haben das in Kapitel 15 gesehen. Wenn jemand sich jedoch *ihnen anschloss* und sich in die Atmosphäre ihrer Glaubenserfahrung und Glaubenspraxis begab, merken wir, wie groß ihr Einfluss auf diese war. Das wird sich später zeigen in dem Handeln des Apostels der Nationen, der für sich selbst wusste, dass er nicht unter Gesetz stand und auch den Juden ein Jude sein konnte, um sie für das Evangelium zu gewinnen.

Nach der üblichen Begrüßung - die mehr ist als eine Formalität und die der Verbundenheit Ausdruck gibt - gibt Paulus einen ausführlichen Bericht. Er spricht über das Werk Gottes unter den Heiden durch seinen Dienst. Zweifellos wollte der Herr dadurch die Herzen der jüdischen Gläubigen dafür öffnen. Sie waren nur auf die Entwicklung des jüdischen Christentums konzentriert und waren nicht im Bilde über das, was Gott unter den Nationen in ihren heidnischen Brüdern wirkte.

Reaktionen auf den Bericht des Paulus (21,20.21)

> 20 Sie aber, als sie es gehört hatten, verherrlichten Gott und sprachen zu ihm: Du siehst, Bruder, wie viele Tausende es unter den Juden gibt, die gläubig geworden sind, und alle sind Eiferer für das Gesetz. 21 Es ist ihnen aber über dich berichtet worden, dass du alle Juden, die unter den Nationen sind, Abfall von Mose lehrst und sagst, sie sollen die Kinder nicht beschneiden noch nach den Gebräuchen wandeln.

Der Bericht des Paulus findet großen Zuspruch bei Jakobus und den Ältesten von Jerusalem. Sie verherrlichen Gott. Doch dann sprechen sie unmittelbar über das, was ihnen Sorgen macht. Sie sprechen ihn mit „Bruder" an, sie sehen ihn also als einen der ihren an. Danach weisen sie auf die große Anzahl Juden hin, die zum Glauben gekommen ist. Alle diese Juden sind Eiferer für das Gesetz. Sie alle glauben an den Messias, halten jedoch am Gesetz fest, wobei sie nicht das wahre Christentum und die himmlischen Dinge kennen.

Wie schon gesagt, erträgt Gott das. Doch für jeden, der das wahre Christentum und die himmlischen Dinge kennt und sich in ihre Glaubenswelt begibt, ist das eine Gefahr. Das ist es, was Paulus tut. Paulus befindet sich jetzt in einem Bereich, in dem sich alle Aufmerksamkeit auf den Judaismus richtet und wo die Forderungen des Gesetzes gelten. Die Atmosphäre, die dort herrscht, stimmt nicht mit dem besonderen Auftrag überein, der ihm anvertraut ist: den verherrlichten Christus zu predigen. Das kann er auch nicht, weil diese Gläubigen dafür nicht offen sind. Noch einmal: Gott toleriert dieses jüdische Christentum. Das heißt aber nicht, dass die Gläubigen aus den Nationen sich ebenso verhalten sollen und erst recht nicht der Apostel Paulus. Doch Paulus kann nicht mehr zurück.

Er wird mit einer Beschuldigung konfrontiert. In Jerusalem haben die jüdischen Christen gehört, dass er Abfall von Mose lehre. Sie sagen auch, worin dieser Abfall bestehe. Paulus lehre angeblich, dass Juden unter den Nationen ihre Kinder nicht mehr beschneiden und dass sie auch nicht nach den Gebräuchen leben müssten. Das bedeutet, dass er diese jüdischen Christen ins Herz trifft. Das stößt die Pfeiler ihres Glaubens um.

Nun sind das allerdings böse Gerüchte. Durch böse Gerüchte ist bereits viel Unheil angerichtet worden. Sie werden geäußert und weitererzählt, ohne dass nachgefragt wird, um die Wahrheit zu erfahren. Viele Diener Gottes wurden dadurch bereits in ein böses Licht gestellt. Auf Gerüchte hört man gern. Nehemia hat das auch erlebt (Neh 6,6).

Der Vorschlag an Paulus (21,22–24)

> 22 Was ist nun? Jedenfalls [muss eine Menge zusammenkommen, denn] sie werden hören, dass du gekommen bist. 23 Tu nun dies, was wir dir sagen: Wir haben vier Männer, die ein Gelübde auf sich haben. 24 Diese nimm zu dir, reinige dich mit ihnen und trage die Kosten für sie, damit sie sich das Haupt scheren lassen können; und alle werden erkennen, dass nichts an dem ist, was ihnen über dich berichtet worden ist, sondern dass auch du selbst in der Beachtung des Gesetzes wandelst.

Die Gerüchte über Paulus waren nicht wahr. So wissen wir beispielsweise von der Beschneidung, dass er selbst Timotheus beschnitten hat (Apg 16,3). Jakobus und die Ältesten fragen Paulus nicht, ob die Gerüchte wahr seien. Sie wissen wohl, dass diese Gerüchte nicht wahr sind. Doch die Volksmenge der Tausenden unter den Juden, die gläubig geworden sind, weiß das nicht. Ihnen muss überzeugend bewiesen werden, dass Paulus überhaupt nicht gegen das Gesetz und die Beschneidung predigt.

Die Tausende von Juden, die glaubten, waren sehr darauf bedacht, ihre Kinder zu beschneiden und das Gesetz zu halten. Nicht, dass für sie das Heil noch von der Beschneidung abhing, doch sie hielten die Vorschrift als von Gott gegeben ein. Sie waren in ihrem Gewissen so stark daran gebunden, dass sie es weiterhin taten. Da Paulus den Nationen nicht die Beschneidung predigte, hatten ihn die ungläubigen Juden in ein schlechtes Licht gerückt. Aus der Tatsache, dass er die Beschneidung und das Gesetz *nicht* predigte, hatten sie gemacht, dass er *gegen* die Beschneidung und das Gesetz predigte.

Um nun den Tausenden Messias-gläubigen Juden zu zeigen, dass diese Beschuldigungen nicht wahr sind, machen die Brüder in Jerusalem Paulus einen Vorschlag. Wenn er tut, was sie ihm vorschlagen, wird er zeigen, dass an diesen Beschuldigungen nichts Wahres ist. Wenn er sich weigert, ihren Vorschlag anzunehmen, würde er der Menge den Eindruck vermitteln, dass die Gerüchte auf Wahrheit beruhen. Wenn er jedoch in ihren Wunsch einwilligte, würde er nicht die Leitung des Geistes in aller Freiheit und Liebe als Grundsatz vertreten. Dieses Problem entsteht, weil Paulus nicht aufgrund eines direkten Auftrags des Herrn dorthin gekommen ist, sondern aufgrund seiner Zuneigung zu seinen geliebten jüdischen Landsleuten. Paulus befindet sich in einer Lage, wo er nicht anders kann, als den gläubigen Juden einen Gefallen zu tun.

Dennoch wird sich zeigen, dass der Herr auch hier die Umstände benutzt, um seine Ziele zu erreichen. Indem Paulus auf den Vorschlag eingeht, wird sich nämlich der hartnäckige Widerstand der ungläubigen Juden derart stark zeigen, dass auch den Messiasgläubigen Juden deutlich wird, in was für einem System sie sich immer noch befinden, in dem das Böse über das Evangelium hartnäckig verbreitet wird. Der Rest der Apostelgeschichte macht klar, wie verdorben die ganze Führerschaft des religiösen und zugleich gottfeindlichen Jerusalems war. Das wird den gläubigen Juden helfen, innerlich vom Judentum loszukommen und sich ganz dem Neuen zuzuwenden.

Sie werden dadurch auch innerlich für die Belehrungen des Hebräerbriefs empfänglich gemacht. Obwohl der Brief keinen Absender nennt, zeigt sich aus dem Inhalt, dass er eigentlich von niemand anderem als von Paulus geschrieben worden sein kann, höchstwahrscheinlich aus dem Gefängnis in Rom (Heb 13,24). Dieser Brief war eine Folge dieser ganzen Entwicklung, durch die Paulus schließlich in Rom landete.

Der Vorschlag der Brüder von Jerusalem, in dem ein gewisser Zwang steckte, ist, dass Paulus sich vier Männern anschließen soll, die ein Gelübde getan haben. Diese vier Männer sind jüdische Christen. Ihr Gelübde scheint das Nasiräer-Gelübde gewesen zu sein, bei dem sie für eine bestimmte Zeit gelobt hatten, etwas zu tun oder zu lassen. Während der Zeit ihres Gelübdes ist wohl etwas geschehen, wodurch sie sich verunreinigt haben und sich nun den Kopf scheren und sich reinigen mussten (4Mo 6,8–12).

Was von Paulus erwartet wird, ist nicht etwas Sündiges. Er handelt aus seiner Liebe zum Volk heraus. Doch vermittelt Paulus, indem er ihrem Handeln zustimmt, nicht den Eindruck, dass er unter Gesetz steht und das Gesetz die Norm seines Lebens ist?

Paulus geht auf den Vorschlag ein (21,25.26)

> 25 In Bezug auf die Gläubigen aus den Nationen aber haben *wir* geschrieben und verfügt, [dass sie nichts dergleichen halten sollen als nur,] dass sie sich sowohl vor dem Götzenopfer als auch vor Blut und Ersticktem und Hurerei bewahren. 26 Dann nahm Paulus die Männer zu sich, und nachdem er sich am folgenden Tag gereinigt hatte, ging er mit ihnen in den Tempel und kündigte die Erfüllung der Tage der Reinigung an, bis für einen jeden von ihnen das Opfer dargebracht war.

Die Brüder von Jerusalem machen Paulus klar, dass sie sehr gut verstehen, dass ihre Auffassung nicht für die Gläubigen aus den Heiden gilt. Sie wissen noch sehr gut, was sie den Gläubigen aus den Nationen geschrieben haben. Das bleibt für sie bestehen. Sie versuchen auch nicht, den Nationen das Gesetz aufzuerlegen. Der Beschluss, der dazu in Jerusalem gefasst wurde (Apg 15,19.20), ist unter anderem durch Paulus an die Nationen weitergegeben worden (Apg 15,22–29). Doch durch seine Rückkehr nach Jerusalem wird Paulus jetzt dazu gezwungen, sich einer Vorschrift dieses Gesetzes zu unterwerfen, wie gut auch immer das Motiv gemeint war.

Paulus ist so sehr ein Gefangener seiner Liebe zu seinen Verwandten nach dem Fleisch, dass er ohne ein Widerwort das tut, was sie ihm vorschlagen. Er ergreift sogar die Initiative. Er nimmt die vier Männer mit und reinigt sich mit ihnen. Auch kündigt er an, wann die Tage ihrer Reinigung erfüllt sein werden, nämlich, wenn für jeden von ihnen das Opfer gebracht worden ist.

Hier haben wir die merkwürdige Situation, dass der Apostel es auf sich nimmt, Opfer zu bringen, als wären diese nicht alle durch das Opfer des Herrn Jesus beiseitegesetzt worden. Paulus begibt sich in eine Stellung, die David einnahm, als er sich den Philistern anschloss, um gegen sein eigenes Volk zu kämpfen (1Sam 27,1). Zum Glück verhindert der Herr durch den Aufruhr, der entsteht, dass Paulus wirklich ein Opfer bringt, so wie er auch im Fall Davids verhinderte, dass dieser wirklich gegen sein Volk kämpfte (1Sam 29,6–10).

Paulus im Tempel gegriffen (21,27–30)

> [27] Als aber die sieben Tage beinahe vollendet waren, sahen ihn die Juden aus Asien im Tempel, brachten die ganze Volksmenge in Erregung und legten die Hände an ihn [28] und schrien: Männer von Israel, helft! Dies ist der Mensch, der alle überall belehrt gegen das Volk und das Gesetz und diese Stätte; und zudem hat er auch Griechen in den Tempel geführt und diese heilige Stätte verunreinigt. [29] Denn sie hatten vorher Trophimus, den Epheser, mit ihm in der Stadt gesehen, von dem sie meinten, dass Paulus ihn in den Tempel geführt habe. [30] Und die ganze Stadt kam in Bewegung, und es entstand ein Volksauflauf; und sie ergriffen Paulus und schleppten ihn aus dem Tempel, und sogleich wurden die Türen geschlossen.

Paulus verbringt die sieben Tage der Reinigung im Tempel. Als diese Zeit fast abgelaufen ist und er kurz davor steht, zu opfern, läuft die Sache aus dem Ruder. Juden aus Asien, wo Paulus lange gearbeitet hat, besonders in Ephesus, wodurch viele ihn kannten und ihm widerstanden, erkennen ihn wieder. Sie sind ebenfalls in Jerusalem, um das Pfingstfest zu feiern. Als sie ihn sehen, bringen sie die Menge in Aufruhr. Sie ergreifen ihre Chance und auch Paulus. Paulus wollte ja gerade durch sein Handeln zeigen, dass er einer von ihnen war, um so Eingang für das Evangelium bei ihnen zu erhalten. Doch sie wenden sich massiv gegen ihn.

Der Aufruhr, der hier stattfindet, erinnert an den Aufruhr in Ephesus (Kap. 19). Dort ging es um einen heidnischen Tempel, hier geht es um den Tempel Gottes. Dort waren die Verursacher Götzendiener, hier ist es das alte Volk Gottes. In beiden Fällen geschah es mit unsauberen Mitteln.

Während sie ihn festhalten, schreien sie, dass die Männer von Israel ihnen zu Hilfe kommen sollen. Sie haben den Mann gepackt, der die schrecklichsten Dinge lehrt und tut. In den Augen dieser ungläubigen Juden ist Paulus ein abgefallener Jude. Er predigte nicht die Exklusivität des Judentums und forderte von den Nationen nicht, dass sie sich den Vorschriften des Gesetzes unterwarfen. Er öffnete den Heiden die Tür zu Gott, indem er ihnen das Evangelium predigte, ohne sie zu verpflichten, sich dem Volk Israel anzuschließen und ohne ihnen das Gesetz Israels aufzuerlegen.

Sie beschuldigen ihn, dass kein Mensch („alle") und kein Ort („überall") vor seinen bösen Lehren sicher ist. Seine bösen Lehren betreffen „das Volk und das Gesetz und diese Stätte". Seine Lehren gegen „das Volk" erkennt man daran, dass er die Exklusivität des Judentums aufhebt und das Heil außerhalb des Judentums anbietet. Seine Lehren gegen „das Gesetz" zeigen sich daran, dass er den Nationen das Gesetz nicht auferlegt, sondern im Gegenteil sagt, dass die Gläubigen aus den Nationen frei sind vom Gesetz. Seine Lehren gegen „diese Stätte", das ist der Tempel, zeigen sich in seiner Unterweisung über die Gemeinde, die er auch vergleicht mit einem Tempel (1Kor 3,16; Eph 2,21.22).

Sie äußern Beschuldigungen, von denen sich Paulus gemäß Jakobus und den Ältesten gerade durch Unterwerfung unter das Gesetz hätte frei machen sollen. Seine Feinde setzen noch eins drauf, indem sie hinzufügen, dass er auch noch einen Heiden in den Tempel eingeschleust hat, nicht nur in den Vorhof der Heiden, sondern in den Teil, der nur den Juden vorbehalten war. Dadurch hat er den Tempel entweiht.

Sie beschränken sich dabei nicht nur auf *einen* Griechen, den sie zusammen mit Paulus gesehen haben, sondern sprechen von *Griechen* im Allgemeinen, die er in den Tempel gebracht habe. Sie gründen ihre Unterstellung oder Schlussfolgerung auf die Tatsache, dass sie Paulus gemeinsam mit seinem ursprünglich heidnischen Freund Trophimus in der Stadt gesehen haben. Es ist eine törichte Unterstellung, sie wird aber dennoch geäußert und diese Beschuldigung bringt das Fass zum Überlaufen. Viele Menschen sind wegen des Festes anwesend, und durch ihr Rufen entsteht ein Volksauflauf.

Die Gemüter erhitzen sich immer mehr. Sie ergreifen Paulus und schleppen ihn aus dem Tempel hinaus. Direkt hinter ihm schließen sich die Türen des Tempels. Äußerliche Heiligkeit ist alles. Der Tempel ist in ihren Augen verunreinigt und muss erst wieder gereinigt werden, bevor dort wieder Dienst ausgeübt werden kann. Vielleicht tun sie das auch, um zu verhindern, dass Paulus sich losreißt und in den Tempel flieht, um die Hörner des Altars zu ergreifen und so seiner Strafe zu entkommen (2Mo 21,13.14; 1Kön 2,28.29).

Paulus von den Römern befreit (21,31–36)

> [31] Und während sie ihn zu töten suchten, kam an den Obersten der Schar die Meldung, dass ganz Jerusalem in Erregung sei; [32] der nahm sofort Soldaten und Hauptleute mit und lief zu ihnen hinab. Als sie aber den Obersten und die Soldaten sahen, hörten sie auf, Paulus zu schlagen. [33] Dann näherte sich der Oberste, ergriff ihn und befahl, ihn mit zwei Ketten zu binden, und erkundigte sich, wer er sei und was er getan habe. [34] Die einen in der Volksmenge aber riefen dieses, die anderen jenes; da er aber wegen des Tumults nichts Gewisses erfahren konnte, befahl er, ihn in das Lager zu führen. [35] Als er aber an die Stufen kam, geschah es, dass er wegen der Gewalttätigkeit der Volksmenge von den Soldaten getragen wurde; [36] denn die Menge des Volkes folgte und schrie: Weg mit ihm!

Es scheint so, als hätte die letzte Stunde des Paulus geschlagen. So hat er das wahrscheinlich selbst empfunden. Die Juden, sein Volk, sind gegen ihn. Von seinen jüdisch-christlichen Mitbrüdern hören wir hier nichts mehr. Doch dann führt der Herr es so, dass der Oberste der Schar davon erfährt. Dieser tritt entschlossen auf. Er kennt die leicht reizbaren Juden, und sicher wird er seine Soldaten wegen des Festes in höchste Alarmbereitschaft versetzt haben, um bei einem Zusammenstoß sofort eingreifen zu können. In der Burg Antonia war immer eine Garnison Soldaten, die bereit war, einzugreifen. Von dieser Burg aus hatten sie einen guten Überblick über den Tempelplatz.

Der Oberste nimmt eine Abteilung seiner Soldaten mit und geht an den Ort, wo die Lynchjustiz in vollem Gange ist. Als die, die sich an Paulus vergreifen, den Obersten und die Soldaten sehen, hören sie auf, Paulus zu schlagen. Er wird schon so einiges an Fausthieben und Tritten abbekommen haben. Der Oberste befreit Paulus, jedoch nicht, um ihn frei zu lassen. Er gibt Befehl, Paulus mit zwei Ketten zu binden. Wer sich derart den Zorn des Volkes zuzieht, der hat doch wohl ordentlich etwas auf dem Gewissen, wird er gedacht haben. Er erkannte sofort, dass das nicht ein gewöhnlicher Streit war. Er befragt die Volksmenge nach der Person des Paulus und nach dem Verbrechen, das er offensichtlich begangen hat. Wie so oft, ist die Menge nicht einstimmig, weil viele in den Tumult einbezogen sind, die gar nicht wissen, worum es ging.

Der Oberste wird daraus nicht schlau und befiehlt, dass Paulus zum Lager in der Burg Antonia geführt wird, um dort verhört zu werden. Der Weg führt über die Treppe, die vom Vorhof der Heiden zur Burg führt. Diese Treppe wird die Bühne für die Rede des Paulus an das Volk. Es hat eine symbolische Bedeutung, dass er zu dem Volk spricht, das hier im Vorhof der Heiden versammelt ist. Der Vorhof der Heiden ist übrigens aufgrund des Wortes gebaut worden, dass das Haus Gottes ein Bethaus für alle Völker sein soll (Jes 56,7).

Paulus wurde zwar befreit und von dem Obersten und den Soldaten gefangengenommen, doch das bedeutet nicht, dass die Blutgier der Menge gestillt ist. Sie sehen ihre Beute entschwinden und versuchen, ihn wieder in die Hände zu bekommen. Die Soldaten müssen ihn vor der Gewalt der Menge beschützen; sie nehmen ihn in ihre Mitte und tragen ihn. Da die Beute ihrer Hand entkommt, schreien sie: „Weg mit ihm!" So haben sie auch beim Herrn Jesus geschrien (Lk 23,18). Paulus teilt hier die Leiden des Christus (Phil 3,10).

Paulus möchte zu dem Volk reden (21,37–40)

> 37 Und als Paulus eben in das Lager hineingebracht werden sollte,
> spricht er zu dem Obersten: Ist es mir erlaubt, dir etwas zu sa-
> gen? Er aber sprach: Verstehst du Griechisch? 38 *Du* bist also nicht
> der Ägypter, der vor diesen Tagen eine Empörung gemacht und
> die viertausend Mann Sikarier in die Wüste hinausgeführt hat?
> 39 Paulus aber sprach: *Ich* bin ein jüdischer Mann aus Tarsus in
> Zilizien – Bürger einer nicht unbedeutenden Stadt. Ich bitte dich
> aber, erlaube mir, zu dem Volk zu reden. 40 Als er es aber erlaubt
> hatte, winkte Paulus, auf den Stufen stehend, dem Volk mit der

Hand; nachdem aber eine große Stille eingetreten war, redete er sie in hebräischer Mundart an und sprach:

Paulus will sich nicht einfach seiner Verfolger entledigen. Er macht nicht dankbar von seiner Befreiung aus der Hand derer Gebrauch, die ihn ermorden wollen. Wegen seiner Liebe zu ihnen will er sich vor ihnen verteidigen oder verantworten. Immer liegt ihm daran, die Juden für das Evangelium zu gewinnen. Er bittet den Obersten um Erlaubnis, womit er die Macht dessen anerkennt, dessen Gefangener er ist.

Paulus redet den Obersten auf Griechisch an, der Sprache der Gelehrten. Der Oberste ist erstaunt, denn er hatte einen völlig anderen Eindruck von dem Mann, der der Anlass für solch einen Tumult war. Er dachte, einen großen Erfolg errungen und den Ägypter in die Hände bekommen zu haben, der mindestens viertausend Sikarier aus der Stadt in die Wüste führte, um von dort aus neue Angriffe unter dem Volk zu starten. Sikarier oder auch Meuchelmörder sind Leute einer fanatischen jüdischen Partei, die sich während der Feste unter das Volk mischten, um dann ihre Gegner heimlich mit einem Dolch (lateinisch *sica*) niederzustoßen.

Paulus erklärt, dass er nicht zu einer solchen Partei gehört. Im Gegenteil, er hat einen ehrenwerten jüdischen Hintergrund und einen ebenso ehrenwerten bürgerlichen Status, da er aus der bekannten Universitätsstadt Tarsus in der römischen Provinz Zilizien stammt. Der Oberste hat wohl erstaunt zur Kenntnis genommen, dass Paulus ein Jude ist. Er wird sich wohl gefragt haben, was diese vor Wut kochenden Juden wohl gegen ihn hatten. Auch der Herkunftsort dieses jüdischen Mannes wird ihn befremdet haben. Dem Obersten reichen diese Informationen aus, um Paulus diese Bitte zu gewähren.

Nachdem Paulus die Erlaubnis erhalten hat, winkt er mit der Hand, damit Stille entsteht und er etwas sagen kann. Es entsteht eine große Stille. Paulus steht voller Würde auf den Stufen der Burg, voller Blut und Wunden durch die Misshandlung des Volkes, und hält eine Rede an das Volk. Er spricht sie auf Hebräisch an, in ihrer eigenen Sprache, der Sprache, die sie als Angehörige des Volkes Gottes untereinander gebrauchten.

Kapitel 22

Herkunft und früherer Lebenswandel des Paulus (22,1–5)

> 1 Brüder und Väter, hört jetzt meine Verteidigung vor euch! 2 Als sie aber hörten, dass er sie in hebräischer Mundart anredete, waren sie umso ruhiger. Und er spricht: 3 *Ich* bin ein jüdischer Mann, geboren in Tarsus in Zilizien; aber auferzogen in dieser Stadt, zu den Füßen Gamaliels, unterwiesen nach der Strenge des väterlichen Gesetzes, war ich, wie *ihr* alle heute seid, ein Eiferer für Gott; 4 der ich diesen Weg verfolgt habe bis zum Tod, indem ich sowohl Männer als auch Frauen band und in die Gefängnisse überlieferte, 5 wie auch der Hohepriester mir Zeugnis gibt und die ganze Ältestenschaft, von denen ich auch Briefe an die Brüder empfing und nach Damaskus reiste, um auch diejenigen, die dort waren, gebunden nach Jerusalem zu führen, damit sie bestraft würden.

Paulus redet seine Zuhörer mit „Brüder und Väter" an. Die Anrede als „Brüder" drückt seine Verbundenheit mit ihnen aus, während er mit „Väter" (des Volkes) seinen Respekt zum Ausdruck bringt. Er bittet sie, seiner Verteidigung ihnen gegenüber zuzuhören.

Es war bereits totenstill auf dem Platz, doch es wird noch stiller, als sie hören, wie er sie in ihrer eigenen Sprache anredet. Er kommt ihnen so nahe wie möglich. Die Verteidigung des Paulus besteht aus dem Bericht über seine Bekehrung. Er erzählt hier der jüdischen Volksmenge seine Geschichte. In Kapitel 26 wird er seine Bekehrungsgeschichte ein weiteres Mal erzählen, und zwar vor König Agrippa und seinem Gefolge, also einem Publikum, das aus hochgestellten Menschen besteht. In Kapitel 9 hatten wir die Geschichte ebenfalls schon vor uns, und zwar dort so, wie sie der Heilige Geist Lukas eingegeben hat, damit er sie aufschreibe.

In seiner Verantwortung den Juden gegenüber will er ihnen zeigen, dass er ein treuer und kein abgefallener Jude ist. Auch macht er klar, dass, wenn er überall Nachfolger für den Messias macht, ohne sie zu verpflichten, das Gesetz zu halten, er das nicht aus eigenen Motiven heraus tut, sondern weil er dazu eine Berufung von oben, aus dem Himmel, erhalten hat. Er hat sie vom Herrn Jesus empfangen. Den Namen des Herrn Jesus nennt er übrigens nur einmal.

Er wiederholt vor dem Volk das, was er auch zu dem Obersten bezüglich seiner Herkunft gesagt hat. Er ist ein jüdischer Mann, also einer von ihnen. Er ist in Tarsus in Zilizien geboren, also in der heutigen Türkei, wo es eine große jüdische Gemeinschaft gab. Stephanus hatte in Jerusalem mit Juden aus Zilizien noch Wortstreit geführt (Apg 6,9), doch diese Männer konnten dem Geist und der Weisheit des Stephanus nicht widerstehen. Hier steht ebenfalls ein Jude aus Zilizien, jedoch ein ganz anderer Jude als der, der seinerzeit dem Tod des Stephanus zustimmte. Wie diese Veränderung zustande gekommen ist, wird er gleich berichten.

Zunächst nimmt er seine Zuhörer noch mit auf seine Lebensreise und betont, wie viel er und seine Zuhörer gemeinsam haben. Er erzählt, dass er von Tarsus nach Jerusalem („diese Stadt") umgezogen ist, um hier erzogen zu werden. Paulus ist in Tarsus mitten im Heidentum aufgewachsen. In Jerusalem ist er im väterlichen Gesetz unterwiesen worden, dem er sich auch in seinem gesamten Betragen völlig unterwarf.

Er hat zu den Füßen des allgemein geachteten Gamaliel gesessen und hat von ihm Unterricht erhalten. Gamaliel hatte nach der Überlieferung 500 Schüler, unter denen Paulus besonders herausragte (Gal 1,13.14). Alle Traditionen, die mit dem Gesetz zusammenhängen, hat er in sich aufgenommen; sie haben ihn geformt. Alles was er lernte, setzte er mit unnachahmlichem Eifer in die Praxis um, so wie sie das noch immer tun. Was ihn selbst betrifft, so spricht er in der Vergangenheitsform, und was sie betrifft, in der Gegenwartsform.

Sein früherer Lebenswandel entspricht völlig ihren Vorstellungen. Er macht ihnen das Kompliment, dass sie Eiferer für Gott sind. Im Brief an die Römer sagt er dazu, dass es ein Eifer ohne Erkenntnis ist (Röm 10,2). Er legt dar, wie er in blindem Eifer für die Anwendung des väterlichen Gesetzes gegen alles in den Kampf zog, was die Bedeutung des Gesetzes beiseiteschob. Darum mussten die Christen es büßen.

Dieser neue „Weg", diese neue Strömung oder Sekte oder Richtung im Judentum, wie das Christentum in der Anfangszeit noch gesehen wurde, war in seinen Augen eine enorme Bedrohung für die Religion der Väter. Jeder, der sich für diesen Weg entschied, verdiente es, getötet zu werden. Dazu lieferte er solche, die zu diesem Weg gehörten, ohne einen Unterschied zu machen zwischen Männern und Frauen, den Fesseln und Gefängnissen aus.

In seiner Leidenschaft reiste er dafür sogar nach Damaskus, um auch von dort Jünger gebunden nach Jerusalem zu bringen. Wenn er sie einmal hatte, tat er alles, damit sie ihm nicht mehr entkamen. Deswegen fesselte er sie und brachte sie gebunden nach Jerusalem. Die Zeugnisse betreffs der Wahrheit dieser Handlungen konnten beim Hohenpriester und dem ganzen Rat der Ältesten eingeholt werden. Sie wissen davon, denn sie haben ihn mit Briefen versehen, damit er seine „Arbeit“ tun konnte.

Paulus begegnet dem verherrlichten Herrn (22,6–10)

6 Es geschah mir aber, als ich reiste und mich Damaskus näherte,
dass mich gegen Mittag plötzlich ein großes Licht aus dem Him-
mel umstrahlte. 7 Und ich fiel zu Boden und hörte eine Stimme,
die zu mir sprach: Saul, Saul, was verfolgst du mich? 8 *Ich* aber
antwortete: Wer bist du, Herr? Und er sprach zu mir: *Ich* bin Jesus,
der Nazaräer, den *du* verfolgst. 9 Die aber bei mir waren, sahen
zwar das Licht [und wurden von Furcht erfüllt], aber die Stimme
dessen, der mit mir redete, hörten sie nicht. 10 Ich sprach aber: Was
soll ich tun, Herr? Der Herr aber sprach zu mir: Steh auf und geh
nach Damaskus, und dort wird dir von allem gesagt werden, was
dir zu tun verordnet ist.

Nun kommt Paulus zu einem wichtigen Punkt seiner Verteidigung. Sein Eifer bei der Verfolgung der Christen bekommt hier eine radikale Wendung. Er berichtet, wie diese Veränderung stattgefunden hat. Als er sich auf dem Weg nach Damaskus befand und fast dort angekommen ist, findet plötzlich ein unerwartetes Ereignis statt. Er weiß noch, dass es um die Mittagszeit war (das lesen wir in Kapitel 9 nicht), wo also die Sonne am höchsten Punkt am Himmel steht und am hellsten strahlt. Wenn zu diesem Zeitpunkt ein Licht sichtbar wird, das noch heller als die Sonne ist, muss es wohl aus dem Himmel kommen (2Kor 4,5.6). Es ist Licht, das aus der Gegenwart Gottes kommt, ein Licht, dass das Licht der Sonne, der Schöpfung, übersteigt. Die Folge ist, dass er zu Boden fällt. Paulus schämt sich nicht, das zu erwähnen.

Er teilt seinen Zuhörern weiterhin mit, dass er eine Stimme hörte, die zu ihm sagte: „Saul, Saul, was verfolgst du mich?“ Die Gläubigen zu verfolgen, bedeutete, den zu verfolgen, der aus dem Himmel zu ihm sprach. So *eins* war Er mit den Seinen auf der Erde. Er erinnert sich auch noch daran, was er auf diese Frage antwortete. Das sind die ersten Worte des Saulus an den Herrn. Seine Antwort besteht aus einer Frage an den Herrn: „Wer bist du, Herr?" Das ist die Frage, mit der jeder, der zum Glauben kommt, anfangen muss. Es ist die Frage nach der Person des Herrn Jesus. Es geht darum, Ihn kennenzulernen.

Die Antwort auf seine Frage muss ihn bestürzt haben. Er scheint es also mit „Jesus, dem Nazaräer" zu tun zu haben. Er verfolgte Ihn! Er verfolgte also keine irregeführten Christen, die - auf welche Weise auch immer - von ihren Wahnvorstellungen abgebracht werden mussten, sondern einen wahrhaftig lebenden Jesus. Jesus, den er verfolgte, war also nicht mehr im Tod, sondern verherrlicht im Himmel. Das musste die Juden, zu denen er sprach, zum Nachdenken bringen, denn sie glaubten immer noch den Lügen, die die Soldaten nach der Bestechung durch die religiösen Führer verbreitet hatten (Mt 28,11–15).

Der Herr Jesus nennt sich selbst den „Nazaräer", der also aus Nazareth stammte. So kannten die Juden Ihn, als Er auf der Erde war, und so hatten sie Ihn verachtet. Doch zum Entsetzen des Saulus scheint Er der verherrlichte Christus zu sein.

Die Reisegefährten des Saulus waren die unleugbaren Zeugen dessen, was geschah, doch die Botschaft war nur für Paulus bestimmt. Sie hörten „die Stimme" nicht, wohl aber das Geräusch einer Stimme (Apg 9,7; vgl. Joh 12,28.29). Sie hörten zwar, dass etwas gesagt wurde, aber nicht, was gesagt wurde. So hören viele heutzutage den Schall des Evangeliums, ohne die Botschaft aufzunehmen.

Anschließend spricht Saulus den Herrn zum zweiten Mal an, und zwar wieder in Form einer Frage. Die zweite Frage, die er dem Herrn stellt, ist: „Was soll ich tun, Herr?" Diese Frage muss jeder Gläubige stellen, und zwar als einen Grundsatz für sein ganzes Leben. Um Antwort auf die Frage „Wer bist du, Herr?" zu bekommen, ist es nötig, sich zu den Füßen des Herrn niederzusetzen, sich von Ihm zu ernähren und Ihn kennenzulernen (vgl. Lk 10,39). Dann stellt sich von selbst die zweite Frage, nämlich was man für den Herrn tun kann, wie man Ihm dienen kann. Das christliche Leben ist ein ausgewogenes Verhältnis zwischen Belehrung und Praxis.

Für Paulus bedeutete das, dass er nach Damaskus gehen sollte, wo der Herr einen einfachen Jünger vorbereitet hatte, um ihm weitere Instruktionen zu geben. Er sollte also nicht nach Jerusalem zurückgehen, um dort von den Aposteln weitergeführt zu werden. Saulus bestimmte sein Leben nicht mehr selbst, sondern Gott bestimmte über ihn, über das, was er tun sollte. So ist das auch bei uns. Es geht darum, dass wir in den guten Werken wandeln, die Gott dafür zuvor bereitet hat (Eph 2,10).

Paulus in Damaskus bei Ananias (22,11–16)

11 Als ich aber vor der Herrlichkeit jenes Lichtes nicht sehen konnte, wurde ich von denen, die bei mir waren, an der Hand geleitet und kam nach Damaskus.

12 Ein gewisser Ananias aber, ein gottesfürchtiger Mann nach
dem Gesetz, der ein gutes Zeugnis hatte von allen dort wohnen-
den Juden, 13 kam zu mir, trat herzu und sprach zu mir: Bruder
Saul, werde wieder sehend! Und zu derselben Stunde blickte *ich*
zu ihm auf. 14 Er aber sprach: Der Gott unserer Väter hat dich dazu
bestimmt, seinen Willen zu erkennen und den Gerechten zu sehen
und eine Stimme aus seinem Mund zu hören. 15 Denn du wirst
ihm an alle Menschen ein Zeuge sein von dem, was du gesehen
und gehört hast. 16 Und nun, was zögerst du? Steh auf, lass dich
taufen und deine Sünden abwaschen, indem du seinen Namen
anrufst.

Die Herrlichkeit des Lichtes war so groß, dass er dadurch erblindete. Er war bekehrt und befand sich doch in der Finsternis. Er sollte das erlösende Wort erst noch hören. Dazu wurde er von denen, die bei ihm waren, an die Hand genommen. Auf diese Weise kam er nach Damaskus. Das war eine andere Ankunft als die, die er sich vorgestellt hatte. Auch diese Szene beschreibt er, ohne sich ihrer zu schämen. Er, der große Christenverfolger, der meinte, alles unter Kontrolle zu haben oder bekommen zu können, verliert völlig seine Orientierung. Er muss an die Hand genommen werden, um dorthin zu kommen, wohin er wollte, um jemanden zu treffen, den er in Damaskus gefangen nehmen wollte.

Dieser Mann hieß *Ananias*, was bedeutet, der HERR ist gnädig. Paulus stellt ihn seinen Zuhörern als gottesfürchtigen Mann nach dem Gesetz vor. Und das war nicht ein Zeugnis, das er von sich aus gab, sondern alle Juden in Damaskus kannten ihn so. Sie stellten ihm alle ein gutes Zeugnis aus. Das sollte seine Zuhörer davon überzeugen, dass das, was Ananias mit ihm tat, sich ganz in den Rahmen ihres Denkens fügte. Immer wieder weist Paulus auf die Verbindung zum Judentum hin, nicht nur *vor* seiner Bekehrung, sondern auch während der Zeit und danach.

Dieser Ananias kam zu Saulus und stellte sich zu ihm. Es war der Jude Ananias, der sich an die Seite des Paulus stellte, wie um ihm seine Unterstützung zuzusichern. Dies unterstreicht Ananias mit den Worten: „Bruder Saul". Er erkennt ihn als Bruder an, als ein Familienmitglied. Diesen Worten lässt Ananias die befreienden Worte folgen: „Werde wieder sehend!" Saulus bekam sein Sehvermögen zurück und konnte Ananias sehen. Er schaute zu ihm auf. Das bedeutet auch, dass er Ananias einen höheren Platz gab als sich selbst. Saulus hatte zuerst den Herrn gesehen, und jetzt sah er einen Bruder. Das gehört immer zusammen. Es ist nicht möglich, den Herrn zu sehen und kein Auge für unsere Mitgeschwister zu haben.

Anschließend berichtet Paulus, welche Botschaft Ananias im Namen Gottes für ihn hatte. Ananias nennt Gott „den Gott unserer Väter". Mit diesem Hinweis verbindet er sich in seiner Geschichte wieder mit seinen jüdischen Zuhörern. Er sagt es aber auch, um den Juden klarzumachen, dass sie es mit Gott zu tun haben und dass Widerstand gegen ihn (Paulus) bedeutete, dass sie sich dem Gott widersetzten, an den zu glauben sie vorgaben.

Paulus hatte „den Gerechten" auf dem Weg nach Damaskus gesehen. Dieser herrliche Name des Herrn Jesus beschreibt sehr treffend seine gesamte Offenbarung auf der Erde. Er war auf der Erde der Mensch, der in allen Beziehungen vollkommen gerecht war und jedem das gab, was ihm zustand. Das betraf auch seine Beziehung zu Gott. Paulus sah Ihn als den Gerechten im Himmel, denn was Er auf der Erde war, ist Er auch im Himmel. Gott hatte Paulus dazu bestimmt, ein Zeuge dieses Gerechten gegenüber allen Menschen zu sein.

In dem Ausdruck „alle Menschen" ist enthalten, dass Paulus nicht nur ein Zeuge für die Juden sein würde, sondern für alle Menschen. Er hatte eine Berufung für die gesamte Welt. Die zwölf Apostel haben zu Beginn der Apostelgeschichte immer einen *auferstandenen* Herrn bezeugt. Sie hatten Ihn vierzig Tage als den auferstandenen Herrn in ihrer Mitte gehabt und konnten Ihn so bezeugen. Paulus würde von einem *verherrlichten* Herrn zeugen, dem verherrlichten Menschen zur Rechten Gottes. Er hatte Ihn in der Herrlichkeit gesehen (1Kor 9,1) und seine Stimme aus der

Herrlichkeit gehört. Das Zeugnis des Paulus hat also einen einzigartigen Charakter.

Nach diesen Worten spornt Ananias ihn zum Handeln an. Er sollte aufstehen und sich taufen lassen. Saulus stand innerlich, in seinem Herzen, auf der Seite des Herrn Jesus. Äußerlich stand er jedoch immer noch auf der Seite des Volkes, das Ihn verworfen hatte. Er musste auch noch in äußerem Sinn von dem verkehrten Geschlecht errettet werden (Apg 2,40.41). Durch die Taufe empfing er keine neue Geburt. Er war schon von neuem geboren. Das Abwaschen der Sünden hat hier deshalb auch nichts mit seiner Errettung für den Himmel zu tun, sondern mit dem äußeren Zeugnis, das mit der Taufe verbunden ist. Die Taufe bringt nicht in den Himmel, sondern fügt zum Kreis der Jünger auf der Erde hinzu. Die Taufe wäscht die Sünden vor den Augen der Menschen ab, das Blut wäscht die Sünden vor Gott ab.

Durch die Taufe gibt es eine Trennung zwischen dem früheren Leben im Judentum und der Zugehörigkeit zum Christentum. Alles, was mit der Taufe in Verbindung steht, hat nur mit der äußeren Seite der Bekehrung zu tun. Was im Herzen des Saulus in Bezug auf seine Beziehung zu Gott geschehen ist, wissen allein Gott und Saulus. Damit das nun auch vor den Menschen sichtbar wird und die Außenwelt es sieht, muss die Taufe stattfinden. Dadurch sondert er sich äußerlich vom Judentum ab. Während er sich taufen ließ, sollte er den Namen des Herrn Jesus anrufen. Wer seinen Namen anruft, bezeugt Ihn als den, an den er sich wendet und dem er sich unterwirft.

Der Missionsauftrag des Paulus (22,17–21)

> 17 Es geschah mir aber, als ich nach Jerusalem zurückgekehrt war und im Tempel betete, dass ich in Verzückung geriet 18 und ihn sah, der zu mir sprach: Eile und geh schnell aus Jerusalem hinaus, denn sie werden dein Zeugnis über mich nicht annehmen. 19 Und *ich* sprach: Herr, sie selbst wissen, dass *ich* die an dich Glaubenden ins Gefängnis warf und in den Synagogen schlug; 20 und als das Blut deines Zeugen Stephanus vergossen wurde, stand auch *ich* dabei und willigte mit ein und verwahrte die Kleider derer, die ihn umbrachten. 21 Und er sprach zu mir: Geh hin, denn *ich* werde dich weit weg zu den Nationen senden.

Nach seiner Begegnung mit Ananias kehrte Paulus nach Jerusalem zurück. Dort geht er – wie er weiter beschreibt – als immer noch treuer und nun bekehrter Jude in den Tempel. Als er im Tempel im Gebet ist, kommt eine Verzückung über ihn (vgl. Apg 10,10). Verzückung ist ein Zustand, in dem das normale Bewusstsein und das Erfassen der natürlichen Umstände zurücktreten und die Seele nur für das empfänglich ist, was Gott zeigt. Saulus geht so in seinem Gebet auf, dass er alles Natürliche vergisst. Dann erscheint ihm der Herr zum zweiten Mal. Von dieser Erscheinung lesen wir nichts in Kapitel 9. Er sieht den Herrn Jesus zum zweiten Mal in seiner Herrlichkeit. Er erscheint ihm jetzt nur, um ihm mitzuteilen, dass er Jerusalem verlassen soll, weil sie sein Zeugnis über Ihn nicht annehmen werden.

Paulus berichtet das hier, um seinen jüdischen Zuhörern klarzumachen, dass es auf ausdrücklichen Befehl des Herrn hin geschah, dass er Jerusalem verließ. Dass der Herr dazu auch die Brüder gebrauchte, wie wir in Kapitel 9,30 lesen können, erwähnt er hier nicht. Diese beiden Aspekte stehen auch nicht im Gegensatz zueinander, sondern zeigen zwei Seiten auf, weshalb er Jerusalem verließ.

Seine jüdischen Zuhörer sind noch immer mucksmäuschenstill, aber bei allen wird sich die Wut wohl immer weiter aufgestaut haben. Paulus wagt zu sagen, dass der Herr gesagt hat, dass sein Zeugnis in Jerusalem nicht angenommen werden würde, Jerusalem, das sich auf seine Beziehung zum HERRN so viel einbildet. Wie kann er es wagen, zu unterstellen, dass die Menschen in Jerusalem nicht auf Gott hören, während die Heiden das wohl tun würden! Das führt schließlich zu ihrem emotionalen Ausbruch. Doch sie hätten aus dem Propheten Jesaja wissen können, dass das Heil Gottes auch zu den Nationen gelangen würde (Jes 49,6). Das hat sich in den zweitausend Jahren Welt-Evangelisation auch bestätigt.

Paulus sagt weiter, dass er nicht sofort bereit war, zu gehen, und wie er über den Auftrag, den er bekam, mit dem Herrn redete, genauso wie Ananias und Petrus das getan hatten (Apg 9,13; 10,14). Viel lieber wäre er in Jerusalem geblieben. Dort würde er als Zeuge doch viel mehr zu seinem Recht kommen. Da kannten sie ihn als einen eifrigen Verfolger der Christen. Sollte er dort nicht von seiner Bekehrung zeugen können, um sie dadurch auch für den Herrn zu gewinnen?

Als besonders starkes Argument, womit er den Herrn überzeugen will, weist er auf seine Zustimmung zum Tod des Stephanus hin. Er hatte dabei mitgeholfen, indem er auf die Kleider derer aufpasste, die Stephanus steinigten. Paulus spricht von Stephanus als „deines Zeugen". Er klagt das Volk nicht an, dass sie das Blut des Stephanus vergossen haben. Er rechtfertigt Stephanus völlig, ohne die Juden direkt zu beschuldigen.

Danach wiederholt er die Worte, die der Herr ihm sagte und womit er seinen Bedenken ein Ende machte. Er bekommt zu hören: „Geh!" Er sollte aus Jerusalem weggehen. Er bekommt auch zu hören, wohin der Herr ihn senden würde, nämlich „weit weg zu den Nationen".

Die Reaktion der Juden (22,22.23)

> 22 Sie hörten ihm aber zu bis zu diesem Wort und erhoben ihre Stimme und sagten: Weg von der Erde mit einem solchen, denn es geziemt sich nicht, dass er am Leben bleibt! 23 Und als sie schrien und die Kleider wegschleuderten und Staub in die Luft warfen, …

Als Paulus davon spricht, dass er zu den Nationen gesandt ist, entlädt sich ihre Wut. Von einer Aussendung zu den Nationen wollte ein Jude absolut nichts hören (vgl. 5Mo 32,21). Dass sie gerade an diesem Punkt wütend werden, liegt daran, dass gerade dieser Punkt ihre Exklusivität angreift. Sie hatten es mit der Muttermilch eingesogen, dass sie das einzige Volk waren, das mit Gott in Verbindung stand. Sie allein waren das auserwählte Volk. Wenn es Segen für andere Völker gab, dann nur durch sie.

Die Vorstellung, dass der Messias – und Paulus sagte doch, dass er an Ihn glaubte – statt Israel in seiner alten Herrlichkeit wiederherzustellen, die Nationen zu seinem Volk machen würde, konnten sie überhaupt nicht verdauen. Als wenn die Völker auf demselben Niveau, ja, sogar höher stehen würden als Israel! Es war für sie unvereinbar, dass Proselyten gemacht werden könnten, die nicht zum Judentum gehörten. Das war alles vollkommen unannehmbar.

Wir sehen, dass das Zeugnis von Paulus kein anderes Resultat hervorbringt als die Offenbarung des Hasses. Der Wutausbruch äußert sich darin, dass sie schreien, Kleidung wegwerfen und Staub in die Luft werfen. Diese Offenbarung des Hasses bestätigt das, was der Herr ihm vor zwanzig Jahren bereits gesagt hatte und was auch kurz zuvor durch den Heiligen Geist bezeugt wurde.

Doch die Gnade des Herrn ist auch hier unterstützend für Paulus da, als er sein Zeugnis gibt.

Berufung auf römisches Bürgerrecht (22,24–30)

> ... 24 befahl der Oberste, dass er in das Lager gebracht würde, und sagte, man solle ihn unter Geißelhieben verhören, damit er erführe, aus welchem Grund sie so gegen ihn schrien. 25 Als sie ihn aber mit den Riemen ausspannten, sprach Paulus zu dem Hauptmann, der dastand: Ist es euch erlaubt, einen Menschen, der ein Römer ist, zu geißeln, und zwar unverurteilt? 26 Als aber der Hauptmann es hörte, ging er hin und meldete dem Obersten und sprach: Was hast du vor zu tun? Denn dieser Mensch ist ein Römer. 27 Der Oberste aber kam herzu und sprach zu ihm: Sage mir, bist *du* ein Römer? Er aber sprach: Ja. 28 Der Oberste aber antwortete: *Ich* habe für eine große Summe dieses Bürgerrecht erworben. Paulus aber sprach: *Ich* aber bin sogar darin geboren. 29 Sogleich nun standen die von ihm ab, die ihn verhören sollten; aber auch der Oberste fürchtete sich, als er erfuhr, dass er ein Römer sei, und weil er ihn gebunden hatte.
>
> 30 Am folgenden Tag aber, da er mit Gewissheit erfahren wollte, weshalb er von den Juden angeklagt sei, machte er ihn los und befahl, dass die Hohenpriester und das ganze Synedrium zusammenkommen sollten; und er führte Paulus hinab und stellte ihn vor sie.

Der Oberste sieht, wie die Sache wieder eskaliert und ergreift Maßnahmen. Es reicht ihm, dass durch diesen Mann die Sache zum zweiten Mal aus dem Ruder läuft. Da Paulus seine Ansprache in Hebräisch gehalten hat, hat er möglicherweise nichts verstanden. Das wird ihn gehörig frustriert haben. Er tappt im Dunkeln über das, was gesagt wurde. Nun müssen die unbekannten Absichten aus dem Mann herausgeholt werden. Wenn er gegeißelt wird, wird er schon die Wahrheit sagen. Während sie die Vorbereitungen dazu treffen, bittet Paulus, ihm die rechtliche Grundlage für die Behandlung zu erklären, die er über sich ergehen lassen soll, obwohl er römischer Bürger ist. Paulus hatte dazu das Recht. Er anerkannte die Obrigkeit als von Gott eingesetzt zum Segen derer, die Gutes tun (Röm 13,3). Darauf weist er die Obrigkeit hier hin.

Es kann sein, wie schon mal geäußert wurde, dass Paulus hier nicht in Übereinstimmung mit seiner hohen Berufung ist. In gewisser Hinsicht ist er durch eigenes Dazutun in diese Schwierigkeiten geraten. In Philippi berief er sich nicht auf sein Bürgerrecht, als er ungerecht behandelt wurde (Apg 16,23). Er tat das wohl, als sie ihn kurze Zeit später heimlich freilassen wollten, weil es dort der Sache Christi diente (Apg 16,37). Doch hier geht es um ihn selbst. Vorher hatte er erklärt, dass er Jude sei, jetzt erklärt er, dass er Römer sei. Beides war keine Sünde, doch war das die Kraft des Heiligen Geistes und das Zeugnis in Bezug auf Christus? Wir können jedoch mit demselben Recht fragen, an welcher Stelle der Herr von den Seinen verlangt, dass sie sich unnötigen Leiden aussetzen. Ganz allgemein können wir sagen, dass für alle gilt, die das Verhalten des Apostels hier kritisieren, dass es leichter ist, ein Märtyrer in der Theorie als in der Praxis zu sein.

Weil Paulus sich auf sein römisches Bürgerrecht beruft, werden die Vorbereitungen für die Geißelung abgebrochen. Der Hauptmann geht davon aus, dass Paulus die Wahrheit redet und informiert seinen Vorgesetzten. Der Oberste will Sicherheit darüber haben und fragt Paulus, ob er ein Römer sei. Paulus bestätigt die Frage kurz und bündig mit: „Ja". Er lässt sich nicht weiter darüber aus, was das alles beinhaltet. Es geht ihm nur darum, darauf hinzuweisen, dass etwas geschieht, was im Widerspruch steht zu dem Recht, auf das Rom so stolz ist.

Der Oberste sieht Paulus argwöhnisch an. Jeder kann behaupten, dass er ein Römer sei. Er selbst hat dieses Bürgerrecht für viel Geld gekauft, denn das römische Bürgerrecht verschaffte viele Vorteile. Woher sollte dieser kleine Mann das Geld haben? Doch Paulus hatte aufgrund seiner Geburt in Tarsus automatisch dieses Bürgerrecht.

Die Tatsache, dass Paulus sich auf sein römisches Bürgerrecht berufen hat, befreit ihn unmittelbar von der drohenden Geißelung. Der Oberste will aber immer noch wissen, woran er bei Paulus ist. Er lässt Paulus die Fesseln abnehmen und befiehlt dem Hohenpriester und dem gesamten Synedrium, zusammenzukommen. Der Oberste stellt Paulus nicht vor das Synedrium, weil es ein Gericht ist, sondern um durch die Konfrontation der beiden Parteien zu erfahren, worum es hier eigentlich geht.

Hier zeigt sich die Macht der Römer über das religiöse System der Juden. Das macht auch deutlich, wie groß die Knechtschaft im Blick auf die Nationen wirklich ist, in die das Volk Gottes wegen seiner Sünden geraten ist. Daran sieht man ebenfalls, wie blind und anmaßend das Volk ist, wenn es sich über die Tatsache aufregt, dass das Heil Gottes sich zu den Nationen erstreckt.

Kapitel 23

Paulus in Konflikt mit dem Hohenpriester (23,1–5)

1 Paulus aber blickte das Synedrium unverwandt an und sprach:
Brüder! *Ich* habe mit allem guten Gewissen mein Leben vor Gott
geführt bis auf diesen Tag. 2 Der Hohepriester Ananias aber be-
fahl denen, die bei ihm standen, ihn auf den Mund zu schlagen.
3 Da sprach Paulus zu ihm: Gott wird dich schlagen, du getünch-
te Wand! Und *du* sitzt da, um mich nach dem Gesetz zu richten,
und gegen das Gesetz handelnd befiehlst du, mich zu schlagen?
4 Die Dabeistehenden aber sprachen: Schmähst du den Hohen-
priester Gottes? 5 Und Paulus sprach: Ich wusste nicht, Brüder,
dass er Hoherpriester ist; denn es steht geschrieben: „Von einem
Fürsten deines Volkes sollst du nicht übel reden.“

Paulus wendet sich an das Synedrium und spricht es an. Er wird nicht zuerst befragt, sondern ergreift sofort das Wort. Er steht auf demselben Niveau wie sie, denn sie sind vor der Obrigkeit – die durch den Obersten repräsentiert wird – beide eine Partei. Mit seiner Anrede „Brüder“ verdeutlicht er erneut das Band, das er mit ihnen hat, er identifiziert sich mit ihnen und versichert sich ihrer Aufmerksamkeit.

Er fängt mit dem Zeugnis eines völlig guten Gewissens vor Gott an. Das hatte er immer (2Tim 1,3), auch als er die Gemeinde verfolgte. Er meinte ja, Gott einen Dienst zu erweisen (Joh 16,2). Dies zeigt uns, wie relativ das Gewissen ist. Seine Veränderung, seine Bekehrung, hat keine Folgen für die Wirkung seines Gewissens. Auch nach seiner Bekehrung hat er nichts anderes als das getan, wovon er vor Gott überzeugt war. Er ist immer darauf bedacht, sein Gewissen von jeglicher Anklage gegen sich selbst frei zu halten (Apg 24,16).

Ein gutes Gewissen kann man bewahren, wenn man alles, wozu dieses Gewissen anregt, aufrichtig und streng ausführt. Zugleich ist das Gewissen eine ganz und gar persönliche Sache. Nur wenn es dem Wort Gottes unterworfen ist, kann es so wirken, dass es zum Segen anderer und zur Ehre Gottes ist. Gerade weil das Gewissen so stark personengebunden ist, ist es kein starkes Argument. Es ist sehr subjektiv. Niemand kann es kontrollieren.

Diese Worte über sein Gewissen sind die einzigen Worte, die Paulus sagen kann. Er bekommt keine Möglichkeit, etwas über den Herrn Jesus zu sagen. Der Hohepriester wird sehr ärgerlich, möglicherweise sowohl durch den Eifer des Paulus als auch durch das, was er sagt. Wie wagt es dieser abgefallene Jude, über einen Wandel vor Gott mit einem guten Gewissen zu reden?! Er will die Sache sofort wieder selbst in die Hand nehmen und tut das, indem er den Auftrag erteilt, Paulus mit Gewalt den Mund zu verbieten. Als Paulus das hört, reagiert er unmittelbar mit einer scharfen Bemerkung. Seine Antwort ist zu Recht, sie offenbart aber nicht die Sanftmut Christi. Das Urteil, das Paulus hier fällt, hat den Charakter einer Prophezeiung, die sich nach der außerbiblischen Geschichte auch erfüllt hat.

Den Ausdruck „getünchte Wand", den Paulus für den Hohenpriester gebraucht, hat er sich nicht selbst ausgedacht. Er hat ihn vom Propheten Hesekiel entlehnt, der diesen Ausdruck für die heuchlerischen Obersten Israels gebraucht, die das Volk in die Irre geführt haben (Hes 13,10; Mt 23,27). Ihr Reden glich dem Gebrauch von weißem Kalk, mit dem Risse und Löcher verschlossen wurden, so dass sie nicht mehr zu sehen waren. Ihre Worte machten den zerrissenen Zustand im Volk nicht nur unsichtbar, sondern gaben ihm ein schönes Ansehen. Gott wird diesen Zustand jedoch offenbaren und richten.

Die Umherstehenden sind über die Beschimpfung des Hohenpriesters entrüstet. Für sie war er der Hohepriester Gottes. Offensichtlich war der Hohepriester nicht in Amtstracht erschienen und für Paulus daher nicht als solcher erkennbar. Es ist auch möglich, dass Paulus ihn nicht gut erkennen konnte, da er besonders schlechte Augen hatte (Gal 4,15; 6,11). Paulus hat Respekt vor dem Amt, nicht vor dem Mann. Er redet nicht von dem „Hohenpriester Gottes".

Er akzeptiert jedoch die Korrektur seiner Ausfälligkeit, weil er innerlich an ein Wort aus der Schrift erinnert wird (2Mo 22,27). Das Wort bringt Paulus zum Bekenntnis. Das zitierte Wort bezieht sich nicht auf einen Hohenpriester, sondern auf jemanden, der Autorität im Volk ausübt. Doch der Grundsatz hat allgemeine Gültigkeit und kann deswegen auch auf den Hohenpriester im Blick auf sein Amt angewandt werden, wie unwürdig der Mann sich in diesem Amt auch verhielt.

Paulus versucht nicht, seine Aussage zu relativieren, indem er den Text anders erklärt. Darin ist er uns ein Vorbild. Für ihn traf nicht zu, was der Herr sagen konnte: „Wer von euch überführt mich der Sünde?" (Joh 8,46). Der Herr brauchte auch nie zu sagen: „Ich wusste nicht". Der Herr antwortete dem Hohenpriester auf eine vollkommen würdige Weise und bekam dafür auch einen Schlag ins Gesicht. Seine Reaktion darauf war genauso vollkommen würdig wie seine Bemerkung zuvor (Joh 18,22.23).

Paulus spaltet das Synedrium (23,6–10)

> 6 Da Paulus aber wusste, dass der eine Teil von den Sadduzäern, der andere aber von den Pharisäern war, rief er in dem Synedrium: Brüder, *ich* bin ein Pharisäer, ein Sohn von Pharisäern; wegen der Hoffnung und Auferstehung der Toten werde *ich* gerichtet. 7 Als er aber dies gesagt hatte, entstand ein Zwiespalt unter den Pharisäern und Sadduzäern, und die Menge spaltete sich. 8 Denn die Sadduzäer sagen, es gebe keine Auferstehung noch Engel, noch Geist; die Pharisäer aber bekennen beides. 9 Es entstand aber ein großes Geschrei, und einige der Schriftgelehrten von der Partei der Pharisäer standen auf und stritten heftig und sagten: Wir finden an diesem Menschen nichts Böses. Wenn aber ein Geist oder ein Engel zu ihm geredet hat –? 10 Als aber ein großer Zwiespalt entstand, fürchtete der Oberste, Paulus könnte von ihnen zerrissen werden, und befahl der Truppe, hinabzugehen, ihn aus ihrer Mitte wegzureißen und in das Lager zu führen.

Paulus sieht, dass es keinerlei Bereitschaft gibt, ihm zuzuhören. Dann macht er von seiner Kenntnis über beide Parteien Gebrauch und spielt sie gegeneinander aus. Wenn sie sich gegenseitig in die Haare kriegen, rückt eine einstimmige Verurteilung seinerseits in weite Ferne. Er weiß, dass der eine Teil des Synedriums aus Pharisäern besteht und der andere aus Sadduzäern. Mit lauter Stimme spricht er das Synedrium wieder mit „Brüder" an. Anschließend erläutert er, dass er ein Pharisäer ist, und zwar nicht, weil er dieser Zunft beigetreten ist, sondern weil sein Vater bereits einer war. Er macht also klar, mit welcher der beiden Gruppen des Synedriums er sich verbunden weiß. Das wird diese Gruppe zuerst einmal keineswegs als eine Ehre angesehen haben.

Dann sagt Paulus etwas, was das Synedrium entzweit. Er ist ein Pharisäer, der sich wegen der Hoffnung und der Auferstehung aus den Toten verantworten muss. Im Synedrium kamen die beiden Gruppen gut miteinander aus, wobei sie den Dingen, die sie trennten, gut aus dem Weg gingen. Da jedoch diese Lehrfrage nun in ihrer Mitte aufgeworfen wird, wird sie zur Streitsache.

Die Erklärung des Paulus, dass er ein Pharisäer war, war nicht falsch, jedoch unter dem Niveau seiner eigenen Worte in Philipper 3,7. Dort nimmt er davon Abstand, denn im Licht Christi hat diese Tatsache keinerlei Bedeutung mehr für ihn. Paulus spricht auch nicht über die Auferstehung *aus* den Toten, der Wahrheit, die mit dem verherrlichten Christus verbunden ist, der für die Seinen zurückkommt, sondern über die Auferstehung *der* Toten. Jeder gottesfürchtige Jude bekannte sich zur Auferstehung der Toten, das taten sogar gottesfürchtige Heiden (Hiob 19,25–27).

Der Geist und die Atmosphäre der Gesellschaft, in der Paulus sich befindet, hat Einfluss auf sein Zeugnis. Paulus wollte seine Treue gegenüber dem Gesetz beweisen, und dazu gehörte auch, dass er ein Pharisäer war. Dazu gehörte ebenfalls die Auferstehung als die Hoffnung Israels. Als Pharisäer spricht er über die messianische Hoffnung Israels, denn die Hoffnung Israels ist der Messias. Er sucht das, was sie als Juden verbindet, und das ist ja die Erwartung des Messias.

Der Streit, der daraufhin zwischen den Pharisäern und Sadduzäern entbrennt, ist nicht ein Streit um Paulus oder um die Wahrheit, sondern um die Partei. Parteimenschen betrachten alles vom Standpunkt der Partei aus und nicht von der unabhängigen Quelle des Wortes Gottes. Sadduzäer sind die Freisinnigen. Was sie nicht beweisen können, glauben sie nicht. Deswegen sagen sie, dass es keine Auferstehung gebe und auch keine Engel oder Geister.

Das zeigte sich auch in ihrem Leben. Das Leben auf der Erde war für sie alles. Sie badeten im Luxus und gaben sich den gröbsten Formen der Genusssucht hin. Sie schwelgten nach dem Grundsatz: „Lasst uns essen und trinken, denn morgen sterben wir!" (1Kor 15,32). Trotzdem betrachteten sie sich selbst als orthodox, denn sie glaubten den fünf Büchern Mose, den herausragenden Büchern der Juden. Sie behaupteten, sich strikt an das Gesetz Moses zu halten, das war für sie das Wort Gottes.

Im Gegensatz dazu glaubten die Pharisäer allen Büchern der Bibel, also dem gesamten Alten Testament. Damit glaubten sie auch an die Auferstehung, an Engel und Geister. Sie erwarteten den Messias. Sie hatten jedoch dem Wort Gottes vieles hinzugefügt. Deshalb waren sie in den Augen der Sadduzäer die Freisinnigen.

Wenn wir das Bekenntnis der Sadduzäer kennen, ist es nicht verwunderlich, dass vor allen Dingen sie sich in der Apostelgeschichte als Feinde des Evangeliums offenbaren. In der Apostelgeschichte wird ja die Auferstehung des Herrn Jesus mit großer Kraft gepredigt. Für die Pharisäer gilt, dass gerade sie sich während des Lebens des Herrn Jesus als seine Widersacher offenbarten, was uns im Licht ihres Bekenntnisses verbunden mit ihrem Unglauben ebenso wenig verwundert.

Das Ergebnis der Geschicklichkeit des Paulus lässt nicht lange auf sich warten. Sein Auftreten vor dem Synedrium gibt ein Minimum an Zeugnis und ein Maximum an Verwirrung. Es entsteht ein großes Geschrei, wobei der Ton von einigen Schriftgelehrten angegeben wird, die den Pharisäern angehören. Die Schriftgelehrten der Pharisäer werden durch die Worte des Paulus vorsichtig. Man stelle sich vor, dass dieser Mann eine Botschaft aus der unsichtbaren Welt erhalten hat?! Nun verklagen sie Paulus nicht länger, sondern erklären, dass sie auf seiner Seite stehen, um gemeinsam mit ihm eine Front gegen die Sadduzäer zu bilden.

Der Oberste, der bis dahin alles beobachtet hat, fürchtet erneut um das Leben des Paulus. Er greift zum zweiten Mal ein, um zu verhindern, dass Paulus von seinem eigenen Volk ermordet wird.

Der Herr ermutigt Paulus (23,11)

> 11 In der folgenden Nacht aber trat der Herr zu ihm und sprach: Sei guten Mutes! Denn wie du von mir in Jerusalem gezeugt hast, so musst du auch in Rom zeugen.

Paulus wird nicht glücklich gewesen sein. Nicht, weil seine List misslungen wäre, denn wenn er seinen Glauben an die Auferstehung mit der Absicht dargelegt hat, die beiden Parteien gegeneinander auszuspielen, so war diese List gelungen. Seine Entmutigung wird vor allem damit zusammenhängen, dass sein Zeugnis nicht angenommen wurde und dass er nicht einmal die Chance hatte, Zeugnis abzulegen. Als er so niedergeschlagen im Gefängnis sitzt, im Dunkeln seiner Zelle, in der Finsternis der Nacht und der Verzweiflung seiner Seele, erscheint ihm der Herr. Er macht es um ihn hell, so dass die Finsternis weichen muss.

Der Herr machte Paulus keine Vorwürfe. Allein diese Tatsache sollte uns zu größter Vorsicht mahnen bei unserer Beurteilung des Weges, den Paulus gegangen ist. Der Herr kommt ihm in seiner Entmutigung entgegen. Der Herr weiß aus Erfahrung, was es heißt, wenn der Dienst abgewiesen wird und man das Gefühl hat, dass alles umsonst gewesen sei (Jes 49,4).

Das Zeugnis, das Paulus in Jerusalem abgelegt hat, hatte für ihn nicht das gebracht, was er sich erhofft hatte. Er konnte es durch eigene Schuld als misslungen betrachten. Doch schau dir die Beurteilung des Herrn an. Der Herr betrachtet sein Zeugnis in Jerusalem als ausreichend und fügt hinzu, dass er auf dieselbe Weise auch in Rom zeugen müsse. Auch wenn es keine direkten Ergebnisse des Zeugnisses gibt, der Herr weiß es zu schätzen. Mit einem „Sei guten Mutes!" richtet Er Paulus auf (vgl. Apg 18,9.10; 27,22–25; 2Tim 4,16.17).

Die Verschwörung gegen Paulus (23,12–15)

> 12 Als es aber Tag geworden war, rotteten sich die Juden zusammen, verfluchten sich und sagten, dass sie weder essen noch trinken würden, bis sie Paulus getötet hätten. 13 Es waren aber mehr als vierzig, die diese Verschwörung gemacht hatten, 14 die zu den Hohenpriestern und den Ältesten kamen und sprachen: Wir haben uns mit einem Fluch verflucht, nichts zu genießen, bis wir Paulus getötet haben. 15 Macht *ihr* nun jetzt mit dem Synedrium dem Obersten deutlich, dass er ihn zu euch führen möge, als wolltet ihr seine Sache genauer erfahren; wir aber sind bereit, ehe er nahe kommt, ihn umzubringen.

Die Juden sind rasend, dass Paulus nicht verurteilt wird. Ihr großer Feind lebt immer noch, und das können sie nicht wegstecken. Daher beschließen sie, das Recht selbst in die Hand zu nehmen. Vierzig Juden schmieden ein Komplott, eine Verschwörung, Paulus zu töten. Es ist ihnen derart ernst, dass sie sich selbst mit einem Eid verfluchen. Zu ihrem Eid gehört, dass sie nichts essen oder trinken wollen, bis sie Paulus getötet haben. Diesen Eid werden sie wohl gebrochen haben oder sind tatsächlich an Hunger gestorben, denn ihre Verschwörung wird offensichtlich bemerkt.

Diese vierzig Leute gehen zu den Hohenpriestern und Ältesten, die hauptsächlich zur Partei der Sadduzäer gehörten. Über die Pharisäer, zu denen vor allem die Schriftgelehrten gehörten, wird hier nichts gesagt. Die waren ja nicht mehr so auf den Tod des Paulus erpicht. Zunächst sagen sie, was sie sich in ihrem grenzenlosen Hass Paulus gegenüber selbst auferlegt haben. Sie sind lediglich von *einer* Sache erfüllt, nämlich von seinem Tod.

Sie legen ihren Plan dem Synedrium vor. Das Synedrium soll dem Obersten klar machen, dass er ihnen Paulus noch einmal vorführen möge. Die faule Ausrede besteht darin, dass sie seine Sache noch einmal genauer untersuchen wollen. Sie wollen dann einen Hinterhalt legen, um ihn auf dem Weg zum Synedrium vom Hinterhalt aus zu ermorden. Mit den paar Leuten, die ihn begleiten werden, werden sie schon fertig werden.

Der Neffe des Paulus entdeckt die Verschwörung (23,16–22)

> 16 Als aber der Sohn der Schwester des Paulus von dem Anschlag gehört hatte, kam er hin und ging in das Lager und meldete es Paulus. 17 Paulus aber rief einen von den Hauptleuten zu sich und sagte: Führe diesen Jüngling zu dem Obersten, denn er hat ihm etwas zu melden. 18 Der nun nahm ihn mit sich und führte ihn zu dem Obersten und sagt: Der Gefangene Paulus rief mich herzu und bat mich, diesen Jüngling zu dir zu führen, da er dir etwas zu sagen hat. 19 Der Oberste aber nahm ihn bei der Hand und zog sich mit ihm allein zurück und fragte: Was ist es, das du mir zu melden hast? 20 Er aber sprach: Die Juden sind übereingekommen, dich zu bitten, dass du morgen Paulus in das Synedrium hinabbringest, als wollte dieses etwas Genaueres über ihn erkunden. 21 Du nun, lass dich nicht von ihnen überreden, denn mehr als vierzig Männer von ihnen stellen ihm nach, die sich verflucht haben, weder zu essen noch zu trinken, bis sie ihn umgebracht hätten; und jetzt sind sie bereit und erwarten von dir die Zusage. 22 Der Oberste nun entließ den Jüngling und befahl ihm: Sage niemand, dass du mir dies angezeigt hast.

Der Mensch kann sich noch so viel ausdenken, Gott steht über allem. Der Mensch, der Pläne ohne Gott macht, wird immer beschämt werden. Um den bösartigen Plan der Juden zu vereiteln, setzt Gott dieses Mal ein Familienmitglied des Paulus ein. Wir hören hier zum ersten Mal von einer Schwester des Paulus und von ihrem Sohn, also dem Neffen des Paulus. Danach hören wir nichts mehr von ihnen. Sie erscheinen kurz auf der Bildfläche, weil Gott das so will.

Immer dann, wenn Gott wirkt, tut Er das auf seine eigene und oft überraschende Weise. Es gibt bei Ihm kein Standardvorgehen, das Er immer wieder anwendet. So kommt Er beispielsweise nicht wieder in einer Vision zu Paulus, um ihn zu warnen. Er gebraucht gewöhnliche Wege. Er lenkt die Umstände so, dass der Neffe des Paulus von der Verschwörung hört und es Paulus berichtet.

Als Paulus dies hört, macht er gerne von seinem Recht Gebrauch, diese böse Sache anzuzeigen und damit seine eigene Sicherheit zu gewährleisten. Die Zusage des Herrn in Vers 11 lässt ihn nicht untätig werden. Sicher kannte er seinen Neffen als einen vertrauenswürdigen jungen Mann, der nicht mit erdichteten Geschichten zu ihm kommt.

Paulus ruft einen der Hauptleute zu sich. Das zeigt, dass Paulus ein gewisses Maß an Freiheit hat und auch ein gewisses Maß an Respekt seitens seiner Bewacher. Er bittet den Hauptmann - ohne eine weitere Erklärung -, seinen Neffen zum Obersten zu führen, weil dieser ihm etwas zu berichten habe. Der Hauptmann tut, was Paulus ihm aufträgt, und bringt seinen Neffen zu dem Obersten. Korrekt erstattet er Bericht über die Bitte des „Gefangenen Paulus", eine Bezeichnung, die Paulus auch mehrere Male für sich selbst gebraucht (Eph 3,1; 4,1; 2Tim 1,8; Phlm 1.9).

Der Oberste nimmt den jungen Mann ernst, weil dieser von Paulus geschickt ist und er den „Gefangenen Paulus" inzwischen schon einigermaßen kennengelernt hat. Dieser besondere Gefangene muss den wohl abgehärteten Mann beeindruckt haben. Es mag ihm so ergehen wie dem Hauptmann, der beim Kreuz des Herrn Jesus ebenfalls zu der Überzeugung kam, dass er es mit einem Gerechten zu tun hatte (Lk 23,47).

Natürlich sehen wir in alledem die Hand des Herrn, für den Paulus in erster Linie ein Gefangener ist. Er lenkt auch die Gefühle eines abgehärteten Mannes, der - so wie Paulus - den jungen Mann ernstnimmt. Mit seinem guten Gespür für drohende Gefahren nimmt er den Neffen des Paulus beiseite. Was dieser junge Mann ihm zu melden hat, ist nicht für andere Ohren bestimmt.

Er lädt den jungen Mann ein, ihm zu sagen, was er zu berichten hat. Der Neffe des Paulus berichtet von seiner Entdeckung. Er erzählt von der Vereinbarung, die die Juden mit dem Synedrium getroffen haben, den Obersten zu bitten, Paulus dem Synedrium vorzuführen. Er fügt hinzu, welche Gründe sie dafür vorgeben. Der junge Mann berichtet ferner in Einzelheiten, was diese vierzig Männer dem Synedrium vorgestellt haben.

Lukas berichtet nicht, wie er das erfahren hat. Eine auf der Hand liegende Erklärung wäre, dass ein Geheimnis, das mindestens vierzig Männer für sich behalten sollten, schwierig geheim zu halten ist. In solch einer großen Gruppe gibt es schnell ein Leck. Dann ist es allerdings immer noch die Frage, ob so etwas aus erster Hand und so detailliert gehört wird oder über den Umweg von

Gerüchten. Wie dem auch sei, der Herr hat dafür gesorgt, dass der Neffe des Paulus das Komplott mitbekommen hat und genau wusste, was geplant war.

Der Neffe war kein kleiner Junge mehr. Er konnte selbstständig denken und schlussfolgern. Um den Ernst der Sache zu unterstreichen, drängt er den Obersten, sich nicht vom Synedrium irreführen zu lassen. Möglicherweise lag dem Obersten die Bitte des Synedriums schon vor, als der Neffe ihm seine Entdeckung erzählte. Der junge Mann spricht nämlich davon, dass das Synedrium bereit sei und auf seine Zusage warte. Das macht die Geschichte für den Obersten auch glaubwürdig. Sonst hätte er wohl die Anfrage des Synedriums abwarten und so kontrollieren können, ob die Geschichte des jungen Mannes wirklich stimmte.

Der Oberste erkennt die Gefahr, denn er weiß inzwischen bestens Bescheid über den Hass der Juden gegen Paulus. Er gebietet dem jungen Mann, niemandem etwas über den Inhalt des Gespräches zu sagen und entlässt ihn. Damit verschwindet dieses Familienmitglied von der Bildfläche. Der Herr hat ihn für eine kurze Zeit benutzt, um sein Ziel zu erreichen. Nun nimmt der Herr den Obersten wieder an die Hand, ohne dass dieser sich dessen bewusst ist, um seinen Gefangenen Paulus dorthin zu bekommen, wo Er ihn haben will: nach Rom.

Der Brief des Lysias an Felix (23,23–30)

> 23 Und als er zwei von den Hauptleuten herzugerufen hatte, sprach er: Macht zweihundert Soldaten bereit, damit sie bis Cäsarea ziehen, und siebzig Reiter und zweihundert Lanzenträger, von der dritten Stunde der Nacht an. 24 Und sie sollten Tiere bereithalten, um Paulus darauf zu setzen und sicher zu Felix, dem Statthalter, hinzubringen. 25 Und er schrieb einen Brief folgenden Inhalts:
>
> 26 Klaudius Lysias dem vortrefflichsten Statthalter Felix seinen Gruß! 27 Diesen Mann, der von den Juden ergriffen wurde und nahe daran war, von ihnen umgebracht zu werden, habe ich ihnen, mit der Truppe einschreitend, entrissen, da ich erfahren habe, dass er ein Römer ist. 28 Und da ich den Grund wissen wollte, weshalb sie ihn anklagten, führte ich ihn in ihr Synedrium hinab. 29 Da fand ich, dass er wegen Streitfragen ihres Gesetzes angeklagt war, dass aber keine Anklage gegen ihn vorlag, die des Todes oder der Fesseln wert wäre. 30 Da mir aber ein Anschlag angezeigt wurde, der [von den Juden] gegen den Mann geschehen solle, habe ich

ihn sofort zu dir gesandt und auch den Klägern befohlen, vor dir zu sagen, was gegen ihn vorliegt. [Lebe wohl!]

Der Oberste lässt kein Gras über die Sache wachsen. Er gibt Anweisungen für den Transport des Paulus. Die Stunde der Abreise wird festgelegt auf die dritte Stunde der Nacht, das ist neun Uhr abends. Die Größe der Begleitung hatte nichts zu tun mit der Sicherheit von Paulus als Christ, sondern als Römer. Der Oberste würde schlecht abschneiden, wenn während seiner Amtszeit ein Römer getötet würde.

Der Oberste nimmt die Sache sehr ernst, denn er weiß, wie fanatisch religiöse Menschen sind. Deswegen schickt er nicht weniger als eine Truppe von vierhundertsiebzig Mann mit, um Paulus zu beschützen. Er stellt Paulus sogar ein Reittier zur Verfügung, so dass er nicht laufen muss. Seine Absicht war, Paulus nach Cäsarea zu bringen, wo der Statthalter Felix wohnte. Die Sache ist ihm, wie er meint, über den Kopf gewachsen, und Felix sollte nun als sein Vorgesetzter und Verantwortlicher für die Rechtsordnung in Judäa sein Urteil dazu fällen.

Um die Übergabe des Gefangenen zu erläutern, schreibt der Oberste einen Brief an Felix, dessen Inhalt Lukas uns mitteilt. Wir wissen nicht, wie Lukas an den Inhalt dieses Briefes gekommen ist. So hatte auch der Oberste keine Ahnung, dass das, was er nur für Felix bestimmt hatte, heute alle in der Bibel lesen können. Das heißt nicht, dass sein Brief inspiriert war, sondern dass Lukas inspiriert wurde, diesen Brief in das Wort Gottes aufzunehmen. Es gibt ja auch Aussagen von Ungläubigen und sogar vom Teufel in der Bibel. Ungläubige oder der Teufel sind nicht inspiriert, sondern der Bibelschreiber, der diese Worte niedergeschrieben hat.

Aus der Einleitung des Briefes erfahren wir den Namen der Person, die uns nun schon öfter begegnet ist und bisher immer der „Oberste" genannt wurde. Der Oberste heißt also Klaudius Lysias, später „Lysias, der Oberste" genannt.

In seinem Brief erläutert Lysias den Grund dafür, warum er Paulus zum Statthalter bringt. Dabei stellt er die Fakten so dar, wie sie für ihn selbst günstig sind, auch wenn er hier und da der Wahrheit Gewalt antut. So hatte er Paulus überhaupt nicht den Juden entrissen, weil er gehört hatte, dass er ein Römer war. Diese Information hatte er erst erhalten, als er ihn geißeln lassen wollte. Er stellte es besser dar, als es tatsächlich war. Doch weiter gibt er einen korrekten Bericht der Ereignisse.

Darüber hinaus ist es bemerkenswert, dass in diesem offiziellen, amtlichen Schreiben festgestellt wird, dass Paulus nichts getan hat, was des Todes oder der Gefangenschaft wert wäre. Erneut wird von einem Heiden die Unschuld des Paulus bezeugt. Aus dem Brief geht weiterhin hervor, dass er den Anklägern die Überstellung von Paulus nach Cäsarea mitgeteilt hat und dass sie sich dorthin begeben können, um ihre Anklage gegen Paulus vorzubringen.

Paulus wird zu Felix überstellt (23,31–35)

> 31 Die Soldaten nun nahmen Paulus, wie ihnen befohlen war, und führten ihn bei Nacht nach Antipatris. 32 Am folgenden Tag aber ließen sie die Reiter mit ihm fortziehen und kehrten in das Lager zurück. 33 Und als diese nach Cäsarea gekommen waren, übergaben sie dem Statthalter den Brief und führten ihm auch Paulus vor. 34 Als er es aber gelesen und gefragt hatte, aus welcher Provinz er sei, und erfahren, dass er aus Zilizien sei, 35 sprach er: Ich werde dich völlig anhören, wenn auch deine Ankläger angekommen sind. Und er befahl, dass er in dem Prätorium des Herodes bewacht werde.

Der Transport des Gefangenen beginnt. Wie es zu guten Soldaten passt, handeln sie nach dem Befehl ihres Vorgesetzten (Mt 8,9) und holen Paulus ab. Der erste Teil der Reise findet nachts statt und hat Antipatris zum Ziel. Am folgenden Tag kehrt das Fußvolk zurück, während die Reiter mit Paulus in der Mitte nach Cäsarea weiterreisen. In Cäsarea gehen sie zum Statthalter Felix und geben ihm den Brief des Klaudius Lysias, in dem der Grund ihres Besuches erklärt ist. Dieser Grund steht in der Person des Paulus nun leibhaftig vor ihm.

Nachdem Felix den Brief gelesen hat, fragt er Paulus, aus welcher Provinz er stamme. Die Antwort ist, dass er aus Zilizien stamme, wo auch Tarsus liegt. Das gehörte zwar nicht zum Autoritätsgebiet des Felix, er sieht aber keinen Grund, Paulus diesem Bezirk zu überstellen. Möglicherweise wollte er die Juden nicht zu sehr vor den Kopf stoßen, die dann nämlich bis nach Zilizien hätten reisen müssen, um dort ihre Anklagen vorzutragen.

Er teilt Paulus mit, dass er ihn verhören will, sobald seine Ankläger gekommen sind. Das römische Recht schrieb vor, dass die Angeklagten und die Kläger gemeinsam vor dem Richter erscheinen mussten. Die Ankläger konnten ihre Anklage dann vorbringen, worauf der Angeklagte die Gelegenheit bekam, sich zu verteidigen und sie zu widerlegen.

Nach seiner Mitteilung an Paulus befiehlt Felix, dass Paulus im Prätorium des Herodes verwahrt werden solle. Das Prätorium des Herodes ist der von Herodes dem Großen gebaute Palast, der von den Römern zum Amtssitz des Statthalters bestimmt worden war.

Kapitel 24

Paulus vor Felix angeklagt (24,1–9)

> [1] Nach fünf Tagen aber kam der Hohepriester Ananias mit einigen
> Ältesten und einem gewissen Redner Tertullus herab, und sie er-
> statteten bei dem Statthalter Anzeige gegen Paulus. [2] Als er aber
> gerufen worden war, begann Tertullus die Anklage und sprach:
> Da wir großen Frieden durch dich genießen und da durch deine
> Fürsorge für diese Nation Verbesserungen getroffen worden sind,
> [3] so erkennen wir es in jeder Weise und überall, vortrefflichster
> Felix, mit aller Dankbarkeit an. [4] Damit ich dich aber nicht länger
> aufhalte, bitte ich dich, uns in deiner Geneigtheit kurz anzuhören.
> [5] Denn wir haben diesen Mann als eine Pest befunden und als ei-
> nen, der unter allen Juden auf dem Erdkreis Aufruhr erregt, und
> als einen Anführer der Sekte der Nazaräer; [6] der auch versucht
> hat, den Tempel zu entheiligen; den wir auch ergriffen haben [und
> nach unserem Gesetz richten wollten. [7] Lysias aber, der Oberste,
> kam herzu und führte ihn mit großer Gewalt aus unseren Händen
> weg [8] und befahl seinen Anklägern, zu dir zu kommen]; von dem
> du selbst, wenn du es untersucht hast, über dies alles Gewissheit
> erhalten kannst, wessen wir ihn anklagen. – [9] Aber auch die Juden
> griffen Paulus mit an und sagten, dass dies sich so verhielte.

Das Synedrium hat sich Zeit genommen, um die Angelegenheit gut vorzubereiten. Sie haben auch einen Redner mitgenommen. Nach fünf Tagen erscheinen sie mit diesem Redner – einem gewissen Tertullus – vor dem Statthalter und erstatten bei ihm Anzeige gegen Paulus. Tertullus war gründlich vom Synedrium unterrichtet worden und würde die Sache zwar energisch, jedoch ohne Erfolg, vortragen. Er wurde wegen seines Redetalents angeheuert, hatte jedoch innerlich keinerlei Beziehung zu der Sache selbst.

Er beginnt seine Rede mit einem gehörigen Schuss Schmeichelei. Der „große Frieden“, den sie „genießen“, und die „Fürsorge für diese Nation“, die Tertullus anpreist, als seien sie durch die Amtsführung von Felix zustande gekommen, sind große Lügen. Nichts von einer derartigen Politik dieses Mannes ist bekannt. Im Gegenteil, er war als Mann bekannt, der nichts taugte. Die Dankbarkeit ist gründlich vorgetäuscht, eine Heuchelei allerersten Güte. Die Juden mochten diesen Mann überhaupt nicht, hielten sich angesichts dieser Heuchelei aber ganz still oder nickten zustimmend.

Mit seiner juristischen Schmeichelrede spricht Tertullus die Gefühle des Statthalters an. Der Statthalter brauchte nur einen Augenblick zuzuhören, und die Sache würde ihm völlig klar sein. Danach könnte der Statthalter sich wieder mit den wirklich wichtigen und schwierigen Dingen beschäftigen. Den Mann, der hier vor ihm steht, hat man angeblich als eine Pest befunden. Er ist also ein kranker Mann, der darüber hinaus auch noch diese Krankheit verbreitet. Es ist völlig klar, dass er ein Unruhestifter unter allen Juden auf dem Erdkreis ist. Kann es noch einen größeren Missetäter geben?! Außerdem ist er der Anführer einer staatsgefährdenden Sekte, die der Nazaräer.

Tertullus schwenkt ganz einfach von einem Extrem zum anderen. Er rühmt Felix als einen hochgestellten Mann, der in Ansehen steht, während er in demselben Atemzug den hochstehenden Apostel als eine Pest bezeichnet, der der Volksgesundheit schadet. Mit alledem will Tertullus den Eindruck erwecken, dass Felix dem ganzen Erdkreis einen gewaltigen Dienst erweist, wenn er diesen Mann verurteilt. Er entfernt dann eine faule Frucht, die sonst alle schönen Früchte des römischen Reiches, von dem auch die Juden eine herrliche Frucht sind, anstecken wird.

Dieser Mann war wirklich ein Unruhestifter. Überall wohin er kam, entstand unter den Juden ein Aufruhr und Unruhe. Allerdings waren sie, die Juden, selbst die Unruhestifter. Tertullus beschreibt Paulus als einen Bandenführer der „Sekte der Nazaräer", ein Name für die Christen, den wir nur hier finden. Er macht aus den Nachfolgern des Nazaräers, des Herrn Jesus, eine Bande.

Tertullus äußert auch eine große Beschuldigung, wenn auch in abgeschwächter Form, im Blick auf die Entheiligung des Tempels. Er stellt es so dar, als habe Paulus „versucht", den Tempel zu entheiligen, was eigentlich bedeutet, dass er es nicht getan hat. Allein der Versuch war schon ein Grund, ihn zu greifen und nach „unserem" Gesetz zu richten. Es ist immer noch die alte Lüge, dass Paulus seinen griechischen Freund Trophimus in den Tempel bringen wollte.

Um die Beschuldigung zu unterstreichen, weist Tertullus auf das hin, was Lysias bei der Befreiung des Paulus getan hat. Es scheint so zu sein, dass Tertullus damit sagen will, dass Lysias das besser nicht getan hätte, denn dann hätte Felix nicht seine wertvolle Zeit dieser Sache widmen müssen. Indem er von „großer Gewalt" spricht, lässt

Tertullus auch durchschimmern, wie gern sie diesen Mann aus dem Weg geräumt hätten. Doch die Sache war nun einmal anders verlaufen. Sie haben getan, was Lysias angeordnet hat und sind vor Felix erschienen. Felix wird schon verstehen, dass man das nicht macht, wenn man seiner Sache nicht völlig sicher ist.

Während Tertullus sein Plädoyer hält, haben die Juden immer wieder ihre Zustimmung gezeigt. Sie haben Tertullus beigepflichtet, indem sie behaupteten, dass dies sich alles so verhielt, wie Tertullus es darstellte.

Paulus widerlegt die Beschuldigungen (24,10–13)

> [10] Und Paulus antwortete, nachdem ihm der Statthalter zu reden gewinkt hatte: Da ich weiß, dass du seit vielen Jahren Richter über diese Nation bist, verantworte ich mich über das, was mich betrifft, getrost, [11] denn du kannst erkennen, dass es nicht mehr als zwölf Tage sind, seit ich hinaufging, um in Jerusalem anzubeten. [12] Und sie haben mich weder im Tempel mit jemand in Unterredung gefunden noch bei der Anstiftung eines Volksauflaufs, weder in den Synagogen noch in der Stadt; [13] auch können sie dir das nicht beweisen, wessen sie mich jetzt anklagen.

Dann erhält Paulus von Felix die Gelegenheit, sich zu verteidigen. Er verteidigt seine eigene Sache. Er brauchte keinen Redner wie Tertullus (Mt 10,18–20). Er tut das mit einer Würde, die das Geschwätz des Tertullus völlig in den Schatten stellt. Ohne einen Anflug von Schmeichelei anerkennt er Felix als Richter über das Volk der Juden. Paulus erwähnt, dass er weiß, dass Felix dieses Amt schon viele Jahre bekleidet. Das bedeutet nämlich, dass Felix gut mit den Gewohnheiten des Volkes vertraut ist. Dies gibt Paulus guten Mut bei seiner Verteidigung. Es ist ein großer Unterschied, ob man Menschen etwas erklären muss, die die Sache verstehen, oder Menschen, denen sie völlig unbekannt ist.

Er weist zu Beginn darauf hin, dass es erst zwölf Tage her ist, dass er nach Jerusalem kam. Es ist also unsinnig, ihn darzustellen als jemand, der einen Ruf als Unruhestifter aufgebaut hat. Dann nennt er den Grund, weshalb er nach Jerusalem gekommen ist. Der Grund war, dass er dort anbeten wollte und die Sammlung der Nationen den armen Gläubigen in Jerusalem überbringen wollte (V. 17). Sind das die Aktivitäten eines Bandenführers?

Paulus spricht von Anbetung, jedoch nicht im christlichen Sinn des Wortes, sondern nach der jüdischen Norm. Er redet hier als ein echter Jude unter Juden. Die christliche Anbetung ist nicht an den Ort Jerusalem gebunden. Hier ist er der Jude, der noch mit dem Judentum in Verbindung steht. Es gab zwar eine christliche Gemeinde in Jerusalem, die er aufgesucht hat, er erweckt allerdings den Eindruck, dass es ihm nicht um die christliche Anbetung ging.

Seinen Aufenthalt im Tempel und die Beschuldigungen, die sie damit verknüpfen, tut er als freie Erfindungen ab. Paulus weist seine Beschuldiger zurück und behauptet, dass sie ihre Beschuldigung vor Felix nicht beweisen können.

Paulus erklärt seinen orthodoxen Glauben (24,14–21)

> [14] Aber dies bekenne ich dir, dass ich nach dem Weg, den sie eine Sekte nennen, so dem Gott meiner Väter diene, indem ich allem glaube, was in dem Gesetz und in den Propheten geschrieben steht, [15] und die Hoffnung zu Gott habe, die auch selbst diese erwarten, dass eine Auferstehung sein wird, sowohl der Gerechten als auch der Ungerechten. [16] Darum bemühe ich mich auch, allezeit ein Gewissen ohne Anstoß zu haben vor Gott und den Menschen. [17] Nach mehreren Jahren aber kam ich her, um Almosen für meine Nation und Opfer darzubringen, [18] wobei sie mich gereinigt im Tempel fanden, weder mit einer Menschenmenge noch mit Tumult; [19] es waren aber einige Juden aus Asien, die hier vor dir sein und Klage führen sollten, wenn sie etwas gegen mich hätten. [20] Oder lass diese selbst sagen, welches Unrecht sie [an mir] gefunden haben, als ich vor dem Synedrium stand, [21] es sei denn wegen dieses einen Ausrufs, den ich tat, als ich unter ihnen stand: Wegen der Auferstehung der Toten werde ich heute von euch gerichtet.

Nun legt Paulus dar, dass er kein abgefallener Jude ist, sondern dass er dem Gott der Väter dient. Er bekennt damit, demselben Gott zu dienen, dem seine Beschuldiger zu dienen vorgeben. Zugleich bekennt er, alles zu glauben, was im Gesetz und in den Propheten steht. Doch es gibt auch einen großen Unterschied, den er ebenfalls nennt. Er dient dem Gott der Väter und glaubt das, was nach dem Gesetz ist und in den Propheten geschrieben steht *in Übereinstimmung mit dem Weg*.

Er bekennt, dass die Richtung, die innerhalb des Judentums als Sekte betrachtet und *der Weg* genannt wird, der Maßstab seines

Handelns ist. Dadurch weist er indirekt auf den Herrn Jesus hin, auf den, der der Weg von und zu Gott ist. Das ist auch die Grundlage der Hoffnung, die er zu Gott hat – eine Hoffnung, die auch sie haben –, dass es nämlich eine Auferstehung gibt. Auch damit weist Paulus auf die gemeinsame Grundlage hin, auf der er und seine Beschuldiger stehen.

Das Christentum wurde damals noch als eine Sekte des Judentums betrachtet, deren Anhänger behaupteten, dass der Messias gekommen war, die sich jedoch ansonsten in keiner Weise von den orthodoxen Juden unterschieden. Indem er immer wieder die gemeinsame Grundlage betont, sagt Paulus gewissermaßen: Sie haben mich zwar hinausgeworfen, ich habe sie jedoch nicht verworfen. Er erklärt sich dadurch mit seinem Volk solidarisch. Wie konnte man ihn daher „eine Pest" nennen?

Die Auferstehung war den Juden aus dem Alten Testament bekannt (Hiob 19,25–27; Ps 16,9–11; Dan 12,13). Der Unterschied zwischen einer Auferstehung der Gerechten und der Ungerechten ist jedoch im Alten Testament nicht bekannt. Das Neue Testament zeigt uns, dass es zwischen beiden Auferstehungen eine Zeitspanne von tausend Jahren gibt (Off 20,4–6).

Als Paulus die Auferstehung erwähnt, konfrontiert er den Statthalter Felix mit dem Zustand nach dem Tod. Das ist für Felix ein Hinweis, einmal darüber nachzudenken. Paulus bezeichnet die Auferstehung als eine Hoffnung (Apg 23,6; 26,6; 28,20). Diese Hoffnung beinhaltet die sichere Erfüllung der Verheißungen, die Gott seinem Volk gegeben hat.

In dieser Hoffnung und in dieser Erwartung lebte Paulus. Das war für ihn das Motiv („Darum"), Gott mit einem Gewissen ohne Anstoß zu dienen. Keinesfalls wollte er etwas tun, wodurch das innere Band mit Gott verlorenging und er keine Sicht mehr auf die Erfüllung der Verheißungen Gottes hätte. Indem er so spricht, spricht er auch zum Gewissen der Menschen, vor denen er auftritt (vgl. Apg 23,1). Felix hatte kein Gewissen ohne Anstoß, auch Tertullus und die ungläubigen Juden nicht.

Erneut weist er darauf hin, dass er viele Jahre nicht in Jerusalem war und dass er, als er wieder dorthin kam, nicht kam, um dort Unruhe zu stiften, sondern um Gutes zu tun. Wenn Felix will, kann er all das prüfen und bestätigt finden. Als er nach Jerusalem kam, hatte er das Geld der Sammlungen der Nationen bei sich (Röm 15,25–28; 1Kor 16,1–4; Gal 2,10).

Das Geld war bestimmt für „meine Nation". Das sind seine gläubigen jüdischen Brüder der Gemeinde in Jerusalem, mit denen er auch Opfer darbringen wollte. Es gab überhaupt keine Probleme, bis einige Juden aus Asien kamen. Diese hätte Felix einmal befragen sollen, um sie unter Eid aussagen zu lassen, dass sie ihn mit einem Heiden im Tempel gesehen hätten. Doch auch die vor Felix erschienenen Juden aus Jerusalem mögen, was Paulus betrifft, erst einmal mit einer echten Beschuldigung kommen.

Das Einzige, wessen sie ihn anklagen könnten, ist das, was er ausgerufen hat, als er in ihrer Mitte stand. Er hat etwas ausgerufen, was diese Sadduzäer sich weigerten zu glauben. Eine derartige Beschuldigung würde jedoch auf Felix überhaupt keinen Eindruck machen. Er würde sich nicht auf theologische Unterschiede einlassen.

Felix und Paulus (24,22-27)

> [22] Felix aber, der genauere Kenntnis von dem Weg hatte, vertagte ihre Sache und sagte: Wenn Lysias, der Oberste, herabkommt, will ich eure Sache entscheiden. [23] Und er befahl dem Hauptmann, ihn zu bewachen und ihm Erleichterung zu geben und niemand von den Seinen zu wehren, ihm zu dienen. – [24] Nach einigen Tagen aber kam Felix herbei mit Drusilla, seiner Frau, die eine Jüdin war, und er ließ Paulus holen und hörte ihn über den Glauben an Christus. [25] Als er aber über Gerechtigkeit und Enthaltsamkeit und das kommende Gericht redete, wurde Felix von Furcht erfüllt und antwortete: Für jetzt geh hin; wenn ich aber gelegene Zeit habe, werde ich dich rufen lassen. [26] Zugleich hoffte er auch, dass ihm von Paulus Geld gegeben werde; deshalb ließ er ihn auch öfter holen und unterhielt sich mit ihm. [27] Als aber zwei Jahre verflossen waren, bekam Felix den Porzius Festus zum Nachfolger; und da Felix sich bei den Juden in Gunst setzen wollte, ließ er Paulus gefangen zurück.

Felix geriet in dieser Sache in Verlegenheit. Ihm war klar, dass Paulus nichts getan hatte, wofür das römische Recht ihn für schuldig befand. Er kannte „den Weg" recht gut, über den ihn möglicherweise seine Frau Drusilla informiert hatte, die eine Jüdin war (V. 24). Würde er jedoch zugeben, dass Paulus unschuldig war, zöge er sich den Zorn der Juden zu, und ihre Gunst war ihm wichtiger als das Recht. Darum nimmt er Zuflucht zu einem Ausweg und sagt, dass er die Sache vertagen würde, um sie genauer zu untersuchen. Er wolle warten, bis Lysias käme. Das war jedoch eine Ausrede, denn wann sollte dieser kommen?

Man kann „den Weg" gut kennen und ihn trotzdem nicht gehen. Seine Ausflucht bedeutete, dass Paulus gefangen blieb. Er erhielt allerdings ein gehöriges Maß an Bewegungsfreiheit, was zeigt, dass Felix ihn nicht als Staatsfeind betrachtete. So war auch Pilatus von der Unschuld des Herrn überzeugt, doch er ließ Ihn nicht frei.

Nach einigen Tagen bekommt Paulus die Gelegenheit, allein mit dem Statthalter zu reden. Das geschieht auf den Wunsch des Felix, der gemeinsam mit seiner Frau Drusilla wieder nach Cäsarea gekommen war. Er will mehr von Paulus über den Glauben an Jesus Christus hören. Paulus spricht darüber und appelliert an sein Gewissen. Unerschrocken sagt er dem gottlosen Felix Dinge, die sein Gewissen treffen mussten.

Er spricht mit ihm über „Gerechtigkeit". Dabei geht es um sein Leben in Verbindung mit anderen. Darin war er sicher nicht gerecht gewesen und noch immer handelte er ungerecht. Er trat einfach die Rechte anderer mit Füßen, wenn ihm das einen Vorteil einbrachte. So hatte er sich auch seine Frau Drusilla angeeignet, die einem anderen Mann gehörte.

Auch „Enthaltsamkeit" war ein Thema, über das Paulus sprach. Selbstbeherrschung hat Bezug auf die eigene Person. Er hatte überhaupt keine Selbstbeherrschung, sondern gab seinen Lüsten nach und war bereits mit der dritten Prinzessin verheiratet.

Schließlich stellte Paulus ihm „das kommende Gericht" vor, auf das er sich einstellten sollte. Dieses Gericht betraf Felix in seiner Beziehung zu Gott. Doch auch Gott sollte in seinem Denken keinen Platz haben. Er macht nicht für sich geltend: „Jetzt ist die wohlangenehme Zeit" (2Kor 6,2).

Paulus verbindet all das mit dem Glauben an den Herrn Jesus. Felix konnte dem Gericht über seine Ungerechtigkeit und sein hemmungsloses Leben in der Sünde durch den Glauben an Ihn entkommen. Felix empfand die Gegenwart Gottes. Sein Gewissen spricht, obwohl Paulus nichts über seine verdorbene Lebensweise gesagt hat. Paulus hat nur das Wort Gottes in Kraft scheinen lassen, und das tut sein Werk.

Doch Felix will das Licht nicht und schickt Paulus fort. Viele hatten zweifellos Furcht, als sie vor Felix standen, doch hier sind die Rollen vertauscht. Das Christentum ist für Felix zu teuer. Er will sein sündiges Leben nicht aufgeben. Er muss zu viel dafür lassen, und das will er nicht. Felix reagiert so, wie viele Menschen reagiert haben und immer noch reagieren.

Lukas erwähnt noch etwas, das Felix hindert, das Evangelium anzunehmen, und das ist seine Geldliebe. Die Geldliebe ist eine Wurzel alles Bösen (1Tim 6,10). Er hoffte, dass Paulus ihm Geld geben würde, damit er ihn freiließe. Jedes Mal, wenn er mit Paulus sprach, geschah das aus diesem Motiv heraus. Das hielt ihn von der Entscheidung für Christus ab.

So verstrichen zwei Jahre. Wir befinden uns nun im Jahr 60. Der Nachfolger von Felix wird Porzius Festus. Obwohl Felix von der Unschuld des Paulus überzeugt war und er die Möglichkeit hatte, ihn freizulassen, ließ er ihn doch gefangen zurück. Einer der Gründe war, dass die Beschuldiger immer noch nicht erschienen waren. Doch er gab nichts um Gerechtigkeit. Geld und die öffentliche Meinung waren für ihn wichtiger.

Paulus war bereits länger als zwei Jahre gefangen. Dennoch machte er keinen Gebrauch von der Möglichkeit, sich selbst freizukaufen. Und warum war er gefangen? Nach menschlichem Ermessen wegen einer unglücklichen Sache, die er sich selbst auferlegt hatte. Doch Gott gebraucht das. Dadurch kommen Statthalter wie Felix („der Glückliche") und Festus („Fest") mit dem Evangelium in Berührung. Wenn sie es annehmen würden, würden sie wirklich glücklich werden und ein echtes Fest feiern können. Doch soweit wir ihre Geschichte aus der Schrift kennen, haben sie die Chance ihres Lebens vertan.

Kapitel 25

Paulus bei Festus angeklagt (25,1–5)

1 Als nun Festus in die Provinz gekommen war, ging er nach drei Tagen von Cäsarea hinauf nach Jerusalem. 2 Und die Hohenpriester und die Vornehmsten der Juden erstatteten bei ihm Anzeige gegen Paulus und baten ihn, 3 wobei sie es sich als Gunst erbaten gegen diesen, ihn nach Jerusalem kommen zu lassen; indem sie einen Anschlag planten, ihn unterwegs umzubringen. 4 Festus nun antwortete, Paulus werde in Cäsarea behalten, er selbst aber wolle in Kürze abreisen. 5 Die Angesehenen unter euch nun, spricht er, mögen mit hinabreisen und, wenn etwas Unrechtes an dem Mann ist, ihn anklagen.

Die Szene um Paulus herum hat sich geändert. Festus, nun der Nachfolger des Felix als Statthalter von Judäa, hat sich in Cäsarea niedergelassen. Cäsarea war die politische Hauptstadt, während Jerusalem die religiöse Hauptstadt von Judäa war, das Herzstück des Judentums. Gute Beziehungen mit Jerusalem waren von größter Bedeutung für den Erhalt des Friedens in seinem Gebiet. Deshalb macht Festus sich bald auf, nachdem er seine Amtswohnung in Cäsarea bezogen hat, um die Führer dort kennenzulernen.

Dort wird er sofort mit der Sache des Paulus behelligt. Zwei Jahre später haben die Juden Paulus nicht vergessen und ihr Hass besteht immer noch. Seit seiner Ankunft in Jerusalem war sein Tod immer ihr Ziel (Apg 21,27–31; 22,22; 23,10–15; 25,3). Ihr Verlangen nach seinem Tod war nicht geringer geworden. Ein neuer Statthalter ist eine neue Chance, sich ihres Erzfeindes zu entledigen.

Eine Gesandtschaft der Hohenpriester und der angesehenen Juden reichen während seines Besuchs Anklage gegen Paulus bei ihm ein. Die vornehme Gesellschaft der Ankläger macht klar, wie wichtig die Sache mit Paulus für sie noch immer ist. Außer der Anklage bringen sie auch eine Bitte vor. Paulus war immer noch in Cäsarea gefangen, und ihre Bitte ist, ihn nach Jerusalem zu überstellen. Jetzt, wo Festus hier ist und sie ebenfalls, könnte die Sache abgeschlossen werden.

Ihr scheußlicher Plan ist, Paulus unterwegs in einen Hinterhalt zu locken und ihn zu töten. Sie haben kein Vertrauen zu Festus, dass er ihn verurteilen wird. Wenn sie es so regeln können, dass sie selbst Paulus töten, sind sie jedenfalls ihren Feind endgültig los.

Doch die Rechnung geht nicht auf. Vielleicht kennt Festus die früheren Pläne oder hat Berichte darüber gelesen, jedenfalls gibt er der Bitte der Juden nicht nach. Paulus bleibt in Cäsarea in Gewahrsam, wohin er selbst auch bald wieder zurückkehren wird. Darin sehen wir die Hand Gottes. Festus will den Juden wohl insofern einen Gefallen tun, dass er ihnen die Gelegenheit gibt, dass die Einflussreichen mit ihm reisen und Paulus in Cäsarea anklagen können.

Paulus beruft sich auf den Kaiser (25,6–12)

> 6 Nachdem er aber nicht mehr als acht oder zehn Tage unter ihnen verweilt hatte, ging er nach Cäsarea hinab; und am folgenden Tag setzte er sich auf den Richterstuhl und befahl, Paulus vorzuführen. 7 Als er aber angekommen war, stellten sich die von Jerusalem herabgekommenen Juden um ihn her und brachten viele und schwere Beschuldigungen vor, die sie nicht zu beweisen vermochten, 8 da Paulus sich verantwortete: Weder gegen das Gesetz der Juden noch gegen den Tempel, noch gegen den Kaiser habe ich mich versündigt. 9 Festus aber, der sich bei den Juden in Gunst setzen wollte, antwortete Paulus und sagte: Willst du nach Jerusalem hinaufgehen und dort wegen dieser Dinge vor mir gerichtet werden? 10 Paulus aber sprach: Ich stehe vor dem Richterstuhl des Kaisers, wo ich gerichtet werden muss; den Juden habe ich kein Unrecht getan, wie auch du sehr wohl weißt. 11 Wenn ich nun unrecht getan und etwas Todeswürdiges begangen habe, so weigere ich mich nicht zu sterben; wenn aber nichts an dem ist, weswegen diese mich anklagen, so kann mich niemand ihnen preisgeben. Ich berufe mich auf den Kaiser. 12 Dann besprach sich Festus mit dem Rat und antwortete: Auf den Kaiser hast du dich berufen, zum Kaiser sollst du gehen.

Nach Verlauf von acht oder zehn Tagen geht Festus nach Cäsarea zurück. Am Tag seiner Rückkehr setzt er sich auf den Richterstuhl und befiehlt, Paulus vorzuführen. Indem er auf dem Richterstuhl Platz nimmt, bekommt die Behandlung der „Sache Paulus“ einen offiziellen Charakter. Doch was ist das für ein Richter, der dort

Platz nimmt? Es ist ein Mensch, der ausschließlich auf seinen eigenen Vorteil bedacht ist.

Das geschah damals auch bei Pilatus, von dem wir ebenfalls lesen, dass er sich „auf den Richterstuhl" setzte (Joh 19,13), und zwar um über den Richter der ganzen Erde Recht zu sprechen (1Mo 18,25). Das Recht, das er sprach, ist die größte Form des Unrechts, das je begangen wurde.

Es ist eine große Ermutigung zu wissen, dass allen irdischen Richterstühlen ein himmlischer Richterstuhl gegenübersteht. Auf irdischen Richterstühlen saßen und sitzen Menschen, die oftmals nicht in der Lage sind, ein unparteiisches Urteil zu sprechen. Auf dem himmlischen Richterstuhl sitzt jedoch ein Richter, der vollkommen Recht sprechen wird (Röm 14,10; 2Kor 5,10).

Vor Festus erscheinen auch die Juden, die auf seine Einladung hin mitgekommen sind. Lukas erwähnt, dass sie sich um ihn her stellten, was sich vermutlich auf Paulus bezieht. Wie Bluthunde haben sie ihn umzingelt. Dann bricht eine Flut von vielen und schweren Beschuldigungen über ihn herein. Lukas erwähnt keine Einzelheiten über den Inhalt. Aus der Verteidigung des Paulus können wir schließen, womit sie ihn beschuldigen.

Da die Juden bezüglich ihrer Anklage immer noch kein Ergebnis erreicht haben, werden sie die Beschuldigungen dick aufgetragen und so weit wie möglich ausgebreitet haben. Der Wahrheit haben sie damit auf schreckliche Weise Gewalt angetan. Es ist daher auch nicht verwunderlich, dass sie nicht in der Lage waren, auch nur eine einzige Klage zu beweisen. Gerade ihre Übertreibung bei den Anklagen macht es Paulus leicht, sich zu verteidigen.

Dazu kommt noch, dass das, was den Juden wichtig ist, Festus überhaupt nicht interessiert. Was hat er mit dem Gesetz der Juden zu tun? Wenn die Juden Paulus beschuldigen, dass er die Nationen lehre, das Gesetz nicht halten zu müssen, sagt ihm das nichts. Dasselbe gilt für die Beschuldigung, dass er den Tempel entheiligt haben soll.

Die Anschuldigung, dass er etwas gegen den Kaiser getan haben soll, könnte etwas sein, das von Interesse ist. Diese Beschuldigung führten sie zurück auf die Verkündigung eines anderen Königs als den Kaiser, nämlich Jesus (Apg 17,7). Doch Paulus hat niemals dazu aufgerufen, sich gegen den Kaiser aufzulehnen. Im Gegenteil, er lehrte, dass man sich der Obrigkeit unterwerfen solle (Röm 13,1).

Das war keine Sache für Festus. Nein, es ist ihm klar, dass er es nicht mit einer staatsgefährdenden Person zu tun hat, mit jemandem, der den überall gerühmten „Pax Romana", den römischen Frieden, in Gefahr brachte. Während Festus sich bis dahin korrekt verhalten hat und Paulus nun auch hätte freilassen müssen, macht er einen Vorschlag, der völlig gegen das römische Recht verstößt. Er schlägt Paulus vor, nach Jerusalem zu gehen, um dort vor Gericht gestellt zu werden.

Lukas erwähnt das Motiv dieses Vorschlags: Festus wollte den Juden eine Gunst erweisen. Die Hauptsorge des Festus war, die Gunst der Juden zu erlangen, wie das auch bei Felix war (Apg 24,27) und bei Pilatus (Mk 15,15). Er wollte bei ihnen in einem guten Licht erscheinen. Eine gute Beziehung zu den Juden war für ihn wichtiger, als einem Gefangenen Recht zu verschaffen, der Schwierigkeiten verursachte. Er sah voraus, dass ihm die Freilassung nur große Probleme einbringen würde.

Paulus durchschaut allerdings seine Absichten. Früher wollte er gern nach Jerusalem, doch jetzt will er das nicht mehr. Er will nicht vor einem jüdischen Gericht erscheinen, sondern vor dem Richterstuhl des Kaisers. Indem er sich auf den Kaiser beruft, erkennt er den Weg des Herrn mit ihm an, der ihn aus Jerusalem herausgeführt hatte. Er anerkennt auch den Richterstuhl des Kaisers, und darauf beruft er sich. Der Richterstuhl, auf dem Festus sitzt, ist der des Kaisers. Festus übt als sein Repräsentant dessen Autorität aus.

Die ersten Christen haben viel Unrecht erlitten; die Anklagen waren immer unbegründet. Sie hielten sich an die Gesetze, die die Obrigkeit erlassen hatte, so dass es daher keinen Anklagegrund gab. Was sie erlitten, war auf die Tatsache zurückzuführen, dass sie Christen waren (1Pet 4,15.16).

Paulus spricht auch zum Gewissen des Festus, denn er sagt ihm, dass er sehr gut wisse, dass Paulus den Juden keinerlei Unrecht getan habe. Mit seiner Aussage disqualifiziert er Festus als Richter. Paulus macht deutlich, dass er sich dem Recht unterstellt. Wenn er etwas Todeswürdiges getan hätte, würde er sich nicht weigern, zu sterben.

Er beschuldigt Festus sogar auf versteckte Weise, dass er ihn den Juden überliefern wolle, um sich bei ihnen in Gunst zu setzen. Das kann er nicht ohne weiteres akzeptieren. Deswegen geht er in höhere Berufung und beruft sich auf den Kaiser. Vielleicht fragen wir uns, ob er die Sache nicht besser in die Hände Gottes gelegt hätte, doch in jedem Fall wird klar, dass Gott die Umstände so führt, dass Paulus dadurch nach Rom kommt, wie der Herr ihm in Kapitel 23,11 gesagt hat. Dort würde er vor dem Kaiser persönlich Zeugnis ablegen.

Es bleibt noch dahingestellt, ob wir uns überhaupt die Frage stellen sollten, ob Paulus nicht besser die Sache in Gottes Hände gelegt hätte. Ist es nicht vielmehr unsere Pflicht, Menschen auf ihre Verantwortung gegenüber der Obrigkeit hinzuweisen?

Dabei geht es nicht um Kritik an allen verkehrten Beschlüssen, die eine Obrigkeit fasst oder um verkehrte Gesetze, die sie erlässt. Paulus hat - wie bereits gesagt - nie dazu aufgerufen, die Obrigkeit auf alles hinzuweisen, was falsch ist. Er sagt auch uns, dass wir uns der Obrigkeit unterwerfen sollen. Sobald die Obrigkeit jedoch etwas verlangt, was wir tun oder lassen sollen, was unser Zeugnis für den Herrn betrifft, können wir die Wege gehen, die uns offenstehen: Wir können Berufung einlegen oder wir müssen möglicherweise Gott mehr gehorchen als Menschen (Apg 5,29). Das ist der Grund, warum Paulus sich hier auf den Kaiser beruft.

Es scheint so, als habe Festus nicht damit gerechnet. Was soll er nun tun? Freilassen kann er Paulus nicht, denn dann explodieren die Juden. Nach Jerusalem will Paulus nicht, und dazu kann er ihn auch nicht zwingen, denn Paulus ist römischer Staatsbürger. Bevor er eine Entscheidung trifft, stimmt er sich zunächst mit dem Rat ab, was das Beste sei. Er berät sich mit ihnen, um Streit mit ihnen zu vermeiden.

Was dann besprochen wurde, teilt Lukas uns nicht mit. Das ist auch nicht wichtig, denn das Ergebnis ist, dass Festus die Berufung des Paulus auf den Kaiser bestätigt. Der Herr hat bestimmt, dass Paulus nach Rom gehen soll, also geht er nach Rom. Mit den Worten: „Auf den Kaiser hast du dich berufen, zum Kaiser sollst du gehen", bestätigt Festus dem Paulus, dass er zum Kaiser nach Rom gehen wird.

Festus legt die Sache Agrippa vor (25,13–22)

> [13] Als aber einige Tage vergangen waren, kamen der König Agrippa und Bernice nach Cäsarea, um Festus zu begrüßen. [14] Als sie aber mehrere Tage dort verweilten, legte Festus dem König die Sache des Paulus vor und sprach: Ein gewisser Mann ist von Felix gefangen zurückgelassen worden; [15] dessentwegen erstatteten, als ich in Jerusalem war, die Hohenpriester und die Ältesten der

Juden Anzeige und verlangten seine Verurteilung; [16] denen ich antwortete: Es ist bei den Römern nicht Sitte, irgendeinen Menschen preiszugeben, ehe der Angeklagte die Ankläger persönlich vor sich habe und Gelegenheit bekommen habe, sich wegen der Anklage zu verantworten. [17] Als sie nun hierher zusammengekommen waren, setzte ich mich, ohne Aufschub zu machen, tags darauf auf den Richterstuhl und befahl, den Mann vorzuführen; [18] über den die Ankläger, als sie auftraten, keine Beschuldigung von dem vorbrachten, was ich vermutete. [19] Sie hatten aber einige Streitfragen gegen ihn wegen ihrer eigenen Religion und wegen eines gewissen Jesus, der gestorben ist, von dem Paulus sagte, er lebe. [20] Da ich aber hinsichtlich der Untersuchung wegen dieser Dinge in Verlegenheit war, fragte ich, ob er nach Jerusalem gehen und dort wegen dieser Dinge gerichtet werden wolle. [21] Als Paulus sich aber darauf berief, dass er bis zur Entscheidung des Augustus in Gewahrsam gehalten würde, befahl ich, ihn zu bewachen, bis ich ihn zum Kaiser senden werde. [22] Agrippa aber [sprach] zu Festus: Ich möchte auch selbst den Menschen hören. - Morgen, sagt er, kannst du ihn hören.

Die Entscheidung, dass Paulus zum Kaiser nach Rom gehen wird, ist gefallen. Das heißt aber nicht, dass er direkt dorthin gebracht wird. Die notwendigen Vorbereitungen müssen noch getroffen werden. Nun war es die größte Sorge des Festus, wie sich später zeigt, dass er einen akzeptablen Grund fand, der den Transport dieses Gefangenen zum Kaiser rechtfertigte.

Zu seiner Freude erschienen nach einigen Tagen König Agrippa und Bernice. Sie kommen, um Festus wegen seiner neuen Stellung Glück zu wünschen. Ihr Besuch verschafft ihm die Lösung, denn Agrippa kennt die jüdischen Gebräuche sehr gut. König Agrippa wird von seiner Schwester Bernice begleitet, mit der er in Blutschande zusammenlebt.

Festus legt Agrippa „die Sache Paulus" vor. Er erzählt, wie das eine und andere gelaufen ist. Wie jeder in der Welt es macht, so stellt auch Festus die Sache in der für ihn günstigsten Weise vor. Er präsentiert sich selbst als den Verteidiger des Rechts, als müsse das seinen Lauf nehmen, und er setzt sich dafür ein. Die Fakten sind so, wie er sie kennt. Er legt dar, dass sein Vorgänger Felix einen Mann gefangen zurückgelassen habe, den die Juden in Jerusalem bei ihm angeklagt hätten, damit er verurteilt würde.

Mit einer Unschuldsmiene erklärt er, dass er den Juden geantwortet habe, dass die Römer nicht die Gewohnheit hätten, einen

Menschen preiszugeben. Dass er selbst mit Paulus lediglich so gehandelt hat, dass er sich bei den Juden in Gunst setzen konnte (V. 9) und dass Paulus ihn dafür auf versteckte Weise beschuldigt hat (V. 11), das vergisst er einfach.

Er legt dar, wie er „den Mann“ unverzüglich vor seinen Richterstuhl kommen ließ und den Beschuldigern zugehört habe. Die Vermutungen, dass Paulus möglicherweise etwas verbrochen haben könnte, schienen unbegründet zu sein. Die Anklagen betrafen lediglich einige Streitfragen über ihr Gesetz. Auch hatte er noch etwas aufgeschnappt über einen „gewissen Jesus, der gestorben ist, von dem Paulus sagte, er lebe“.

Festus spricht in einer Weise über den Herrn Jesus, die zeigt, dass er völlig gleichgültig ist. Festus hat den Kern des Evangeliums zu hören bekommen, wovon er Agrippa die Zusammenfassung gibt: dass der Herr Jesus gestorben und auferstanden ist (1Kor 15,3.4). Der Bericht von der Auferstehung ist für Festus jedoch einfach nur jüdischer Aberglaube. Festus sagt nicht „wieder lebt“ und spricht auch nicht von „Auferstehung“. Alles in allem stellt Festus die Unschuld von Paulus fest. Erneut erklingt das Zeugnis von der Unschuld des Paulus aus dem Mund eines heidnischen Obrigkeitsdieners.

Da er nicht wusste, was er weiterhin in dieser Sache tun sollte, hatte er Paulus vorgeschlagen, nach Jerusalem zu gehen, um dort vor Gericht gestellt zu werden. Das Motiv für seinen Vorschlag verschweigt er wohlweislich vor Agrippa. Dann erwähnt er, dass Paulus sich daraufhin auf den Kaiser berufen hatte. Das hat er respektiert und Befehl gegeben, ihn bis zum Augenblick der Überstellung zum Kaiser gefangen zu halten.

Agrippas Interesse an Paulus ist durch diesen Bericht geweckt worden, so dass er wünscht, „diesen Mann“ selbst zu hören. Festus sagt ihm zu, dass er morgen dazu die Gelegenheit haben werde.

Paulus vor Agrippa gestellt (25,23–27)

[23] Als nun am folgenden Tag Agrippa und Bernice mit großem Gepränge gekommen und mit den Obersten und den vornehmsten Männern der Stadt in den Gerichtssaal eingetreten waren und Festus Befehl gegeben hatte, wurde Paulus vorgeführt. [24] Und Festus sagt: König Agrippa und ihr Männer alle, die ihr mit uns zugegen seid, ihr seht diesen, dessentwegen mich die ganze Menge der Ju-

den angegangen hat, sowohl in Jerusalem als auch hier, indem sie schrien, er dürfe nicht mehr leben. [25] Ich aber fand, dass er nichts Todeswürdiges begangen hat. Als dieser selbst aber sich auf den Augustus berief, habe ich beschlossen, ihn zu senden; [26] über den ich dem Herrn nichts Gewisses zu schreiben habe. Deshalb habe ich ihn vor euch geführt, und besonders vor dich, König Agrippa, damit ich, wenn die Untersuchung geschehen ist, etwas zu schreiben habe. [27] Denn es scheint mir ungereimt, einen Gefangenen zu senden, ohne auch die gegen ihn vorliegenden Beschuldigungen anzuzeigen.

Am folgenden Tag findet die bemerkenswerte Begegnung zwischen den Größen des Lebens und dem Abschaum der Welt statt (1Kor 4,13). Agrippa und Bernice kommen mit großem Prunk in den Gerichtssaal, in ihrem Gefolge befinden sich die Führer und andere wichtige Persönlichkeiten der Stadt. Nachdem sie ihre Plätze eingenommen haben, lässt Festus Paulus vorführen. Inmitten des weltlichen Glanzes und der Pracht erscheint ein kleiner, gefesselter Mann.

So hat der Herr es geführt, um sein Wort zu erfüllen, das er gesprochen hatte, als er sagte, dass Paulus seinen Namen vor Könige tragen würde (Apg 9,15). Deswegen steht der Angeklagte Paulus vor gottlosen Menschen mit einer verdorbenen Moral. Niemals zuvor hatte Paulus ein derartiges Publikum.

Wenn Paulus gleich seinen Mund öffnen wird, verändert sich das Schauspiel. Dann werden die Richter die Angeklagten und der Angeklagte wird der Richter. Vielleicht hat Mitleid das Herz der anwesenden Hoheiten erfüllt, als sie den armen Gefangenen sahen, doch noch mehr Mitleid muss das Herz des Paulus erfüllt haben beim Anblick der ganzen Leere dieser verlorenen Seelen.

Festus eröffnet die Sitzung. Mit „ihr seht diesen" weist er auf Paulus hin, wie auf eine Sehenswürdigkeit. Dies ist der Mann, der es fertigbringt, die ganze Menge der Juden derart in Harnisch zu bringen, dass sie nur noch eins wünschen: seinen Tod. Aber, so setzt Festus fort, ich habe nichts entdecken können, was er getan hätte, wofür er die Todesstrafe verdient.

Erneut bezeugt Festus Agrippa gegenüber die Unschuld des Paulus, er tut es nun aber vor allen Vornehmen der Stadt (V. 18.25). Er kann ihn jedoch nicht freilassen, weil der Gefangene sich auf den Kaiser berufen hat. Dieser Berufung hat er zugestimmt. Deshalb wird er ihn also „dem Herrn" – hier eine Bezeichnung für den Kaiser – überstellen.

Dann legt Festus das Problem dar, das er nun hat. Er muss Paulus zum Kaiser bringen, hat jedoch noch keine konkrete Beschuldigung formulieren können. Festus hat seine Hoffnung auf Agrippa gerichtet, dass dieser ihm helfen könne, etwas zu Papier zu bringen, damit er keinen Gesichtsverlust erleidet, wenn er Paulus nach Rom sendet.

Festus redet in diesem Zusammenhang über den Kaiser als „dem Herrn". „Herr" ist eine Bezeichnung für den Kaiser im göttlichen Sinn des Wortes. Damit anerkannte man den göttlichen Status des Kaisers. Deshalb war es für einen Römer auch anstößig, dass die Christen keinen anderen Herrn anerkannten, als den *Herrn* Jesus.

Kapitel 26

Der Anfang der Verteidigung des Paulus (26,1–3)

> [1] Agrippa aber sprach zu Paulus: Es ist dir erlaubt, für dich selbst zu reden. Da streckte Paulus die Hand aus und verantwortete sich: [2] Ich schätze mich glücklich, König Agrippa, dass ich mich über alles, wessen ich von den Juden angeklagt werde, heute vor dir verantworten kann; [3] besonders weil du von allen Gebräuchen und Streitfragen unter den Juden Kenntnis hast; darum bitte ich, mich langmütig anzuhören.

Nachdem Festus eine Einleitung gemacht hat, übernimmt Agrippa die Leitung der Sitzung. Er erteilt Paulus das Wort. Paulus hebt zur Begrüßung seine mit Ketten versehene Hand hoch. Bei anderen Gelegenheiten, wenn er das Wort ergriff, streckte er seine Hand auch aus, doch dann geschah es, damit Ruhe einkehrte (Apg 13,16; 21,40; vgl. 19,33). Dann beginnt er seine Verteidigung.

In dieser Verteidigung legt er dar, was ihm widerfahren ist. Er spricht hier ausführlich davon, wie er dem Herrn Jesus begegnet ist. Gegenüber Festus und Felix hatte er das nur kurz erwähnt. Doch hier steht er vor jemandem, der alle Gebräuche und Streitfragen der Juden kennt. Das hebt er anerkennend hervor.

Das ist keine Schmeichelei, sondern eine berechtigte Feststellung. Agrippa würde verstehen, was er sagt. Es würde sogar ein wenig zu seinem Gewissen sprechen. Darüber hinaus war Agrippa ihm günstig gesonnen. Es ist für jeden, wenn er etwas zu sagen hat, angenehm, wenn sein Zuhörer ihn dann auch versteht.

Paulus spricht im Namen Gottes. Während er die Stellung der Großen der Erde achtet, sehen wir, dass er moralisch weit über ihnen steht. Die gut zwei Jahre Gefängnis haben sein Herz oder seinen Glauben nicht schwächen können. Er legt mit Kraft Zeugnis ab von dem, was der Herr an ihm getan hat, auch wenn das nicht die von ihm sehnlichst gewünschte Wirkung auf Agrippa und Festus hat. Doch es waren noch weitere Personen anwesend. Vielleicht hat das auf jemand von ihnen Eindruck gemacht.

Paulus wiederholt nicht einfach seine Bekehrungsgeschichte. In beiden Fällen, wo er die Geschichte erzählt, stimmt er den Bericht auf das Publikum ab, das er vor sich hat. In Kapitel 22 steht er vor den Juden. Hier steht er vor jemandem, der das Judentum kennt. Er sagt später selbst von Agrippa, dass er den Propheten glaube (V. 27). Dennoch zeigt all das, was wir von Agrippa lesen, dass der Glaube für ihn lediglich eine äußere Sache war.

Die Jugend des Paulus als Jude (26,4–8)

> 4 Mein Lebenswandel nun von Jugend auf, der von früher her unter meiner Nation und in Jerusalem gewesen ist, ist allen Juden bekannt, 5 die mich von Anfang an kennen - wenn sie es bezeugen wollen -, dass ich nach der strengsten Sekte unserer Religion, als Pharisäer, lebte. 6 Und nun stehe ich vor Gericht wegen der Hoffnung auf die von Gott an unsere Väter ergangene Verheißung, 7 zu der unser zwölfstämmiges Volk, unablässig Nacht und Tag Gott dienend, hinzugelangen hofft; wegen dieser Hoffnung, o König, werde ich von den Juden angeklagt. 8 Warum wird es bei euch für unglaubhaft gehalten, wenn Gott Tote auferweckt?

Paulus erzählt seine Lebensgeschichte, das, was er selbst erlebt hat. Er ist bereits in jungen Jahren nach Jerusalem gekommen. Dort hat er sich in der strengsten Sekte, der Sekte der Pharisäer, hervorgetan. Die Pharisäer waren bereits streng, aber er legte noch eins drauf. Sein enormer Eifer war so auffallend, dass alle Juden davon wussten. Er ergänzt auch noch, dass er sie bitten könnte, Zeugnis davon abzulegen - zumindest, wenn sie es wollten.

Er war keine „Eintagsfliege" gewesen, sondern hatte konsequent danach gelebt. Paulus war also kein gewöhnlicher Pharisäer. Gegenüber Agrippa, der die Pharisäer kannte, beschreibt er seinen Hintergrund als fanatischer Pharisäer, so dass dieser einen Eindruck bekommen konnte von der gewaltigen Veränderung, die bei ihm stattgefunden hat.

Als Pharisäer glaubte er an die Erfüllung der Verheißungen, die Gott seinem Volk im Alten Testament gegeben hat. Diese Verheißungen waren noch immer nicht erfüllt. Darum warteten die „zwölf Stämme" noch auf die Erfüllung. Paulus spricht von den zwölf Stämmen. Für ihn ist klar, dass die zehn Stämme, die in der Zerstreuung sind, an den Verheißungen teilhaben werden. Es kann keine Rede davon sein, dass die zehn Stämme verloren sind. Für den Glauben existieren sie; so kam beispielsweise die Prophetin Anna aus dem Stamm Aser (Lk 2,36). Zu Gottes Zeit werden auch diese Stämme zum Vorschein kommen. Mit den zwölf Stämmen, die unablässig Nacht und Tag Gott dienen, meint Paulus nicht die ungläubige Masse des Volkes, sondern das Israel Gottes, das sind die Juden, die an den Messias glauben.

Gerade die Hoffnung, die die Juden selbst als Nation hatten, war der Grund der Anklage gegen ihn. Diese Anklage hatten die ungläubigen Führer dieses Volkes erhoben. Sie haben den verworfen, mit dem die Hoffnung der Zukunft Israels untrennbar verbunden ist. Diese Hoffnung *ist* der Messias und sie hat sich für die gläubigen Juden im Kommen des Herrn Jesus erfüllt. Das ist der Grund für die Angriffe der ungläubigen Juden gegen sie.

Mit der Hoffnung auf die Erfüllung der Verheißungen ist auch der Glaube an die Auferstehung verbunden. Alle Gläubigen, die im Alten Testament die Verheißungen empfingen, waren gestorben, ohne die Erfüllung der Verheißungen empfangen zu haben. Dennoch werden sie das bekommen, was ihnen verheißen wurde, und zwar in der Auferstehung. Verheißungen und Auferstehung gehören daher zusammen. Darüber hinaus ist das mit dem Glauben an die Auferstehung des Messias verbunden, der gekommen war, um die Verheißungen zu erfüllen, den sie jedoch verworfen und getötet hatten. Paulus spricht über die zukünftige Wiederherstellung Israels und eröffnet damit seinen Zuhörern eine große Perspektive.

Er will mit seinen Worten insbesondere König Agrippa erreichen, was er mit einem „o König" ausdrückt. Anschließend stellt er allen eine Frage. Er legt allen Anwesenden die Frage auf Herz und Gewissen, warum sie es für nicht glaubhaft halten, dass Gott Tote auferwecken kann. Mit dieser Frage wird die Auferstehung das zentrale Thema dieser Rede des Paulus. Wer an Gott glaubt, muss an Ihn als den Gott der Auferstehung glauben. Das ist der Kern der Meinungsverschiedenheit zwischen den ungläubigen Juden und Heiden einerseits und den Christen andrerseits.

Der Eifer des Paulus gegen das Christentum (26,9–11)

9 Ich meinte freilich bei mir selbst, gegen den Namen Jesu, des Nazaräers, viel Feindseliges tun zu müssen, 10 was ich auch in Jerusalem getan habe; und viele der Heiligen habe ich in Gefäng-

> nisse eingeschlossen, nachdem ich von den Hohenpriestern die Vollmacht empfangen hatte; und wenn sie umgebracht wurden, gab ich meine Stimme dazu. [11] Und sie in allen Synagogen oftmals strafend, zwang ich sie zu lästern; und übermäßig gegen sie rasend, verfolgte ich sie sogar bis in die ausländischen Städte.

Paulus war insbesondere der Mann, für den gilt, was der Herr Jesus zu seinen Jüngern sagte: „Es kommt aber die Stunde, dass jeder, der euch tötet, meinen wird, Gott einen Dienst zu erweisen" (Joh 16,2). Er meinte, dass er als Jude dazu verpflichtet war, viel Feindseliges „gegen den Namen Jesu, des Nazaräers" tun zu müssen. Der Name drückt all das aus, was die Person ist. Paulus hasste früher diesen Namen, denn dieser Name entsprach nicht seiner tiefsten Glaubensüberzeugung. Jesus, der Nazaräer, der Mann aus Nazareth, war für ihn der große Verführer.

In Jerusalem war Paulus gegen Ihn wie ein Rasender vorgegangen und verfolgte und folterte die, die er jetzt „Heilige" nennt. Er hatte keinerlei Mitleid mit seinen Opfern. Er zwang sie, dem Namen des Herrn Jesus abzuschwören und hässliche Dinge über Ihn zu sagen. Dass er sie zum Lästern zwang, bedeutet übrigens nicht, dass die Christen das auch getan haben.

Er brannte dermaßen darauf, diese Sekte auszurotten, dass er sich in seinem Eifer dabei nicht auf Jerusalem beschränkte. Die Heiligen waren auch in den ausländischen Städten nicht sicher vor ihm. Sein Verfolgungswahn trieb ihn auch dorthin.

Die Bekehrung des Paulus (26,12–15)

> [12] Als ich dabei mit Vollmacht und Erlaubnis von den Hohenpriestern nach Damaskus reiste, [13] sah ich mitten am Tag auf dem Weg, o König, vom Himmel her ein Licht, das den Glanz der Sonne übertraf, welches mich und die, die mit mir reisten, umstrahlte. [14] Und als wir alle zur Erde niedergefallen waren, hörte ich eine Stimme in hebräischer Mundart zu mir sagen: Saul, Saul, was verfolgst du mich? Es ist hart für dich, gegen den Stachel auszuschlagen. [15] Ich aber sprach: Wer bist du, Herr? Der Herr aber sprach: Ich bin Jesus, den du verfolgst.

Die Hohenpriester hatten in ihm ein gewaltiges Werkzeug für ihre bösen Absichten. Sie gaben ihm nur zu gern Vollmacht und Auftrag, um diese neue Richtung auch in Damaskus aufzuspüren und auszurotten. Und dann geschah das völlig Unerwartete. Auf dem Höhepunkt seines Fanatismus findet die Umkehr statt. An der spannendsten Stelle seines Berichts erlebt Paulus erneut das beeindruckende Geschehen. Was er damals sah, kann er nicht leugnen. Wie kann jemand eine persönliche Erfahrung, die er selbst wahrgenommen hat, leugnen?

Mit einem „o König" betont Paulus nachdrücklich vor Agrippa die Erfahrung, die er machte. Er sah mitten am Tag ein Licht, dass den Glanz der Mittagssonne übertraf. Das kann nichts anderes sein als das Licht des Herrn Jesus, der mit der Sonne verglichen wird (Mal 3,20). Bis zu diesem Augenblick war dieser Mann durch seinen gesetzlichen Eifer blind für die Gnade Gottes in Christus. Nun scheint das Licht in seine Seele. Jetzt offenbart dieser Christus sich selbst und fegt damit alles, worauf Paulus sich als Jude etwas eingebildet und worauf er sich gestützt hatte, weg und macht es zu nichts.

Das ist der Augenblick seiner Bekehrung. Paulus kommt am helllichten Tag zur Bekehrung – der Gefängniswärter mitten in der Nacht (Apg 16,25.33). Den Eindruck, den das auf ihn gemacht hat, betont er hier noch viel stärker als beim letzten Mal, als er seine Bekehrungsgeschichte erzählte. Damals sprach er von einem großen Licht aus dem Himmel (Apg 22,6). Nun spricht er von einem Licht vom Himmel her, das den Glanz der Sonne übertraf. Das zeigt, dass sein Eindruck von der Person des Herrn immer größer wird. So sollte es auch bei uns sein. Je länger wir mit dem Herrn leben, desto größer muss Er für uns werden. Von dieser zunehmenden Größe sollten auch wir immer zeugen können.

Das Licht umstrahlte nicht nur Paulus, sondern auch alle, die mit ihm reisten. Alle fielen zu Boden. Was seine Begleiter möglicherweise lediglich für ein Naturereignis hielten, war für Paulus mehr. Er hörte eine Stimme, die ihn auf Hebräisch anredete und ihn mit seinem hebräischen Namen ansprach.

Sein Name Saul erinnert an König Saul. Vielleicht haben seine Eltern ihn so genannt, weil sie von ihm dasselbe erwarteten, was sie von Saul wussten. König Saul war größer als alles Volk, und sie wollten, dass ihr Sohn das auch werden würde. Die Parallele hat sich in geistlicher Hinsicht auch erfüllt und das nicht nur in der Tatsache, dass er in Kenntnis und Eifer über seine Zeitgenossen hinausragte. König Saul wurde ein Verfolger von Gottes gesalbtem König David. Der neutestamentliche Saul wurde ein Verfolger des Messias Gottes (das bedeutet „Gesalbter").

Gott hat ihn gewarnt auf diesem Weg des Widerstands und der Verfolgung der Juden, die an den Messias glaubten. Gott hat ihn die Stacheln seines Wortes spüren lassen (Pred 12,11). Diese Stacheln sehen wir im Zeugnis des Stephanus und der anderen Gläubigen, die er folterte. Die Worte dieser Gläubigen hat er gespürt, aber er wollte nicht darauf hören. Doch dann kam der Augenblick des Durchbruchs auf dem Weg nach Damaskus.

Die Antwort auf die Frage des Herrn ist eine Frage von Paulus, die seine sofortige Unterwerfung deutlich macht. Er fragt: „Wer bist du, Herr?" Die Antwort war, dass er „Jesus" verfolgte und das, obwohl er doch die Gemeinde verfolgte. „Jesus" ist der Name des Herrn in seiner Erniedrigung auf der Erde, der sich mit seiner verfolgten und erniedrigten Gemeinde *einsmacht*. Paulus hielt Ihn für tot und betrachtete den Weg, den er verfolgte, als gefährlich. Dieses Bild und all seine daraus resultierenden Aktivitäten, durch die er meinte, Gott einen Dienst zu erweisen, wurden durch diese Begegnung plötzlich umgestoßen.

Der Auftrag des Herrn an Paulus (26,16–18)

> [16] Aber richte dich auf und stelle dich auf deine Füße; denn dazu bin ich dir erschienen, dich zu einem Diener und Zeugen zu bestimmen, sowohl dessen, was du gesehen hast, als auch dessen, worin ich dir erscheinen werde, [17] indem ich dich herausnehme aus dem Volk und aus den Nationen, zu denen ich dich sende, [18] um ihre Augen aufzutun, damit sie sich bekehren von der Finsternis zum Licht und von der Gewalt des Satans zu Gott, damit sie Vergebung der Sünden empfangen und ein Erbe unter denen, die durch den Glauben an mich geheiligt sind.

Sein Leben bekommt von diesem Augenblick an eine radikale Wende, eine völlig andere Richtung. Der Herr hatte nicht nur zu ihm geredet, um ihn zur Bekehrung und zur Errettung zu führen. Er sollte aufstehen, sich auf seine Füße stellen, denn der Herr wollte aus ihm einen Diener und Zeugen machen. Paulus erfährt sofort das Ziel seiner Bekehrung. Das gilt auch für uns (1Thes 1,9.10; Heb 9,14). Ein großes Werk lag vor ihm. Dazu war der Herr ihm erschienen.

Sein Zeugnis hatte daher auch einen verherrlichten Herrn als Inhalt. Er ist ein völlig anderer Zeuge als es die zwölf Apostel waren, die mit dem Herrn durch Israel zogen. So wie der Dienst des Petrus und Johannes gekennzeichnet wurde durch den Christus auf der Erde, so wird sein Dienst durch einen verherrlichten Herrn, einen Herrn im Himmel, gekennzeichnet. Der Herr sollte ihm noch weiter erscheinen, und zwar im Blick auf die Verkündigung des Geheimnisses: Christus und seine Gemeinde.

Sein Dienst sollte auch dadurch gekennzeichnet werden, dass er losgelöst wurde aus dem Judentum und allen anderen Menschen, um abgesondert zu werden zu einem Dienst an ihnen allen. Er nimmt eine auserwählte Stellung ein, sowohl im Blick auf das Judentum als auch auf das Heidentum. Er hat für Menschen aus beiden Bereichen eine Botschaft vom Herrn, der ihn zu ihnen sendet. Er muss die Botschaft sowohl den verblendeten Juden bringen als auch den Heiden. Das Judentum hat seine bevorrechtigte Stellung verloren.

So wurden auch wir in vergleichbarer Weise bei unserer Bekehrung aus der Welt herausgenommen (Gal 1,4). Das bedeutet nicht, dass wir isoliert leben sollen, nein, wir werden sofort wieder dorthin zurückgeschickt (Joh 20,21), damit wir den verlorenen Menschen dienen, so dass auch sie zur Bekehrung kommen.

Gott allein kann die Augen öffnen (Ps 146,8). Dennoch bekommt Paulus den Auftrag, das auch zu tun. Das Öffnen der Augen bedeutet, dass jemandem die Augen über seinen Zustand vor Gott geöffnet werden, damit er anschließend sieht, was ihm alles von Gott geschenkt wird. Um die Augen anderer öffnen zu können, müssen wir einen Blick für die Gelegenheiten haben, die Gott dazu gibt. So hat Paulus zum Beispiel die Augen der Athener geöffnet, indem er sie auf den Altar für den unbekannten Gott hinwies (Apg 17,22.23). Hier steht er vor Agrippa, dessen Augen er ebenfalls öffnen möchte. Zu ihm spricht er auf eindringliche Weise.

Die wenigen Worte, die der Herr Jesus darüber zu ihm gesprochen hat und die er nun an Agrippa weitergibt, enthalten die ganze Fülle des Evangeliums. Durch das Evangelium werden die Augen eines Menschen geöffnet, dadurch kommt er ins Licht und zu Gott (vgl Kol 1,12) mit allen entsprechenden herrlichen Folgen. An erster Stelle geht es darum, dass die Menschen sich aus der Macht der Finsternis zum Licht bekehren. Von diesem Licht hat Paulus gerade auf eindrucksvolle Weise ein persönliches Zeugnis abgelegt. Die Macht der Finsternis ist die Finsternis, in der die Seele durch die Sünde eingehüllt ist. Diese Macht der Finsternis herrschte auch in der Seele des Paulus, trotz all seiner Religiosität.

Die Menschen müssen sich auch von der Macht Satans zu Gott bekehren. Die Macht Satans hat mit der äußeren Gebundenheit zu tun, in der Menschen ein Leben führen, bei dem sie sich allein um sich selbst und die Befriedigung eigener Bedürfnisse drehen. Auch dazu hat Paulus Zeugnis abgelegt. Wer sinnvoll leben will, muss sich zu Gott bekehren. Gott ist der Schöpfer und weiß vollkommen, was zu einem Leben zu seiner Ehre nötig ist, und Er gibt auch das dazu Nötige. Ein solches Leben ist ein Leben der Gottesfurcht, die zu allen Dingen nützlich ist, da sie „die Verheißung des Lebens hat, des jetzigen und des zukünftigen" (1Tim 4,8).

Die Folgen der Bekehrung sind beachtlich. Davon spricht Paulus ebenfalls. Es ist ein Leben, das die Vergebung der Sünden zur Grundlage hat. Dieses Leben bekommt man, wenn man an den Herr Jesus glaubt. Die Vergebung der Sünden führt zu dem Bewusstsein, dass nichts mehr zwischen dem heiligen Gott und dem sündigen Menschen steht, der sich bekehrt hat. Wenn die Sünden weg sind, die eine Scheidung machen zwischen Gott und Mensch, öffnet das dem Herrn den Weg, jeder bekehrten Seele ein Erbteil unter den Geheiligten zu geben.

Das Christentum besteht nicht in der Erfüllung der einen oder anderen Vorschrift des Judentums, sondern geht weit darüber hinaus. Es geht um „ein Erbe unter denen, die durch den Glauben an mich geheiligt sind", ein Erbteil, gemeinsam mit allen anderen Heiligen, im Licht. Es ist nicht ein Erbteil auf der Erde, sondern im Licht (Kol 1,12). Es ist ein Erbteil mit Christus (Eph 1,10.11). All diese herrlichen Dinge sind verbunden mit dem Glauben an Ihn, der einst von Paulus so gehasst wurde und der ihn aufgehalten hat.

Die Arbeit des Paulus als Apostel (26,19–23)

> 19 Daher, König Agrippa, war ich dem himmlischen Gesicht nicht
> ungehorsam, 20 sondern verkündigte zuerst denen in Damaskus
> und auch in Jerusalem und in der ganzen Landschaft von Judäa
> und den Nationen, Buße zu tun und sich zu Gott zu bekehren
> und der Buße würdige Werke zu vollbringen. 21 Deshalb haben
> mich die Juden, als ich im Tempel war, ergriffen und versucht,
> mich zu ermorden. 22 Da mir nun der Beistand von Gott zuteil-
> wurde, stehe ich bis zu diesem Tag da und bezeuge sowohl vor
> Kleinen als Großen, indem ich nichts sage außer dem, was auch
> die Propheten und Mose geredet haben, dass es geschehen werde,

> 23 nämlich, dass der Christus leiden sollte, dass er als Erster durch Toten-Auferstehung Licht verkündigen sollte, sowohl dem Volk als auch den Nationen.

Mit einem „Daher" wendet sich Paulus erneut an König Agrippa persönlich. Nachdem der König dies alles so gehört hat, ist es da nicht klar, dass Paulus diesem himmlischen Gesicht nicht ungehorsam sein konnte? Das war für ihn einfach unmöglich. Es geht sowohl um den direkten Gehorsam gegenüber dem, der ihm erschienen ist, als auch um das große Vorrecht, das bekanntzumachen, was er gesehen hat. Davon will man einfach Zeugnis ablegen, denn dazu wird man innerlich geradezu gedrängt. Eine solch persönliche Erfahrung kann durch jeden bestritten werden, aber niemand kann sie ungeschehen machen. Solche persönlichen Begegnungen mit dem Herrn sind auch heute entscheidend für die Weise, wie wir unser Zeugnis ablegen.

Paulus berichtet, was für eine Auswirkung diese Begegnung und der damit verbundene Auftrag für ihn hatten. Er hat sich mit demselben Eifer, mit dem er zuvor das Christentum bekämpfte, für dessen Verbreitung eingesetzt, indem er das Evangelium verkündigte. Er hat damit sofort in Damaskus angefangen. Danach hat er es in Jerusalem verkündigt, dann in der ganzen Landschaft von Judäa und anschließend den Nationen. Er hat das Evangelium in seinen grundlegendsten Elementen verkündigt.

Er spricht weiter davon, was er gepredigt hat. Damit beschreibt er auch Agrippa und allen anderen Anwesenden den Weg des Heils. Es geht darum, dass Menschen Buße tun, das bedeutet, dass sie in ihrem Denken umkehren, zur Einkehr kommen, und ihre Sünden vor Gott bekennen. Mit dieser inneren Veränderung muss zugleich eine Bekehrung zu Gott einhergehen, das heißt, dass Gott Autorität über das Leben bekommt und den Kurs des Lebens bestimmen kann.

Paulus weist seine Zuhörer auch darauf hin, dass es dabei nicht um ein Lippenbekenntnis geht. Er hat auch verkündigt, dass nach der Buße und der Bekehrung Werke folgen müssen, die damit übereinstimmen (Mt 3,8). Der Glaube ohne die Werke ist tot (Jak 2,17). Es geht nicht um Werke, die zur Errettung führen, sondern um Werke, die aus der Errettung hervorkommen.

Diese Predigt war der Grund dafür, dass die Juden ihn im Tempel griffen und versuchten, ihn umzubringen (Apg 21,30.31). Dass ihnen das nicht gelungen ist, schreibt er der Hilfe Gottes zu. Gott hat ihn am Leben erhalten, damit er Zeugnis ablege, was er auch bis zu diesem Augenblick immer noch tut. Er steht hier vor den Großen der Erde, doch sein Zeugnis gilt auch den Kleinen, den gewöhnlichen Bürgern. Klein und Groß müssen ja Verantwortung ablegen und werden nach den eigenen Werken beurteilt (Off 20,12).

In allen Zeugnissen, die er abgelegt hat, hat er niemals etwas gesagt, was mit dem Zeugnis der Propheten und Moses nicht in Übereinstimmung war. Sowohl die Propheten als auch Mose haben das Kommen des Messias und sein Reich angekündigt. Die Juden irrten sich daher auch nicht bezüglich der Erwartung des Messias und seines Reiches, dessen Mittelpunkt Israel sein würde. Wofür sie jedoch blind sind, ist das Zeugnis des Gesetzes und der Propheten, dass der Messias leiden und getötet werden und aus den Toten auferstehen musste.

Das bedeutet, dass Paulus nichts verkündigt hatte, was im Widerspruch zum Alten Testament stand. Er bringt nichts Neues, keine entgegengesetzte Lehre, sondern das, was das Alte Testament immer schon als Hoffnung für Israel und auch für die Nationen vorgestellt hat (Jes 42,6; 49,6; 60,1–3). Das erklärte der Herr auch den Emmaus-Jüngern und seinen Jüngern (Lk 24,26.27.44–47). Die Leiden und die Auferstehung Christi bilden den Kern des Evangeliums für Juden und Heiden.

Festus unterbricht die Rede des Paulus (26,24–26)

> 24 Während er aber dies zur Verteidigung sagt, spricht Festus mit lauter Stimme: Du bist von Sinnen, Paulus! Die große Gelehrsamkeit bringt dich zum Wahnsinn. 25 Paulus aber spricht: Ich bin nicht von Sinnen, vortrefflichster Festus, sondern ich rede Worte der Wahrheit und der Besonnenheit. 26 Um diese Dinge weiß ja der König, zu dem ich auch mit Freimütigkeit rede. Denn ich bin überzeugt, dass ihm nichts davon verborgen ist, denn dies ist nicht in einem Winkel geschehen.

Als Paulus von den Leiden und der Auferstehung Christi spricht, fällt Festus ihm ins Wort. Er meint, Paulus sei wahnsinnig geworden und würde wirres Zeug reden. Wie oft wurden Christen im Lauf der Jahrhunderte für verrückt erklärt (1Kor 4,10; 2Kor 5,13). Auch der Herr wurde so beschimpft (Mk 3,20.21; Joh 10,20). Festus sieht die Rede des Paulus als Ausdruck des Aberglaubens eines Juden an, als den Traum eines Mannes, der nichts anderes kann als Lesen und Studieren.

Der Wahnsinn ist die Verzückung, die Festus bei Paulus wahrzunehmen meint, doch er begreift nichts von dem, was Paulus sagt. Festus hat keine Ahnung vom Inhalt der Worte, die er hört. Er gleicht den Reisegefährten des Paulus, die mit ihm nach Damaskus reisten. Sie hörten zwar das Geräusch einer Stimme, jedoch nicht das, was gesagt wurde (Apg 9,7; 22,9).

Paulus ist durch das Werturteil des Festus nicht aus dem Feld geschlagen oder beleidigt. Im Gegenteil, er sieht so einen neuen Anlass für das Evangelium. Der Glaube steht nicht im Gegensatz zur Wahrheit oder zum Verstand. Glaube zeugt gerade von der Wahrheit und von einem gesunden Verstand. Früher war er wohl von Sinnen (V. 11), doch jetzt nicht mehr (vgl. Lk 8,35).

Festus hatte wirklich seine Chance. Er spricht nun Agrippa an, der sehr wohl um diese Dinge weiß. Paulus spricht gegenüber Festus – und das im Beisein von Agrippa – die Überzeugung aus, dass Agrippa alles vollständig kennt, was geschehen ist. Es ist ja nicht an einem kleinen Ort in einem zurückgebliebenen Gebiet geschehen. Es sind Weltnachrichten.

Agrippa wird vor die Wahl gestellt (26,27–32)

> [27] Glaubst du, König Agrippa, den Propheten? Ich weiß, dass du glaubst. [28] Agrippa aber sprach zu Paulus: In kurzem überredest du mich, ein Christ zu werden. [29] Paulus aber sprach: Ich möchte wohl zu Gott beten, dass über kurz oder lang nicht allein du, sondern auch alle, die mich heute hören, solche würden, wie auch *ich* bin, ausgenommen diese Fesseln. – [30] Und der König stand auf und der Statthalter und Bernice und die, die mit ihnen dasaßen. [31] Und als sie sich zurückgezogen hatten, redeten sie miteinander und sagten: Dieser Mensch tut nichts, was des Todes oder der Fesseln wert wäre. [32] Agrippa aber sprach zu Festus: Dieser Mensch hätte freigelassen werden können, wenn er sich nicht auf den Kaiser berufen hätte.

Danach richtet sich Paulus ganz direkt an Agrippa und stellt ihn vor die Entscheidung. Paulus weiß, dass Agrippa den Propheten glaubt. Allerdings bringt diese Art von Glauben, die Agrippa hat, niemanden zur Bekehrung. Das Kennen der Tatsachen des Christentums reicht nicht aus. Es muss ein Werk des Heiligen Geistes im Herzen stattfinden und das Wort Gottes muss auf Herz und Gewissen angewandt werden, so dass jemand seine Sünden erkennt und Zuflucht zum Herrn Jesus nimmt. Das bedeutet jedoch nicht, dass Paulus das Bekenntnis von Agrippa nicht ernstnehmen würde. Er sieht darin einen Anknüpfungspunkt, ihn für das Evangelium zu gewinnen.

Doch für Agrippa, der wohl sehr aufmerksam zugehört hat, ist diese Konfrontation zu frontal. Mit einem Scheinargument zieht er „seinen Kopf aus der Schlinge". Er wollte zwar alles über den neuen Gottesdienst wissen, wünscht aber nicht, persönlich angesprochen zu werden. Mit einer womöglich spöttisch gemeinten Bemerkung weicht er dem Druck aus, den Paulus auf ihn legt. Er begreift sehr gut, dass es Paulus darum geht, ihn zu einem Christen zu machen. Er gebraucht den Namen „Christ", was zeigt, dass dieser Name für die Nachfolger Christi seit Kapitel 11,26 allgemein verbreitet war und gebraucht wurde. Vielleicht benutzt er diese Ausrede, damit er sich nicht vor der erlauchten Gesellschaft blamiert (vgl. Mt 14,9).

Als Reaktion darauf erweitert Paulus seinen Aufruf und spricht alle an. Der sehnliche Wunsch seines Herzens ist nicht nur die Errettung von Agrippa, sondern von allen. Er ist reich in Gott, und als solcher konnte er sich als Beispiel für Glück nennen. Die Jahre im Gefängnis waren gesegnete Jahre. Die mehr als zwei Jahre, die er ungerechterweise im Gefängnis war, haben aus ihm nicht einen verbitterten Mann gemacht, sondern einen Mann, der die Gnade umso heller erstrahlen lassen kann.

Er gönnt ihnen sein inneres Glück, nicht seine Fesseln. Er wünscht nicht, dass jemand so ungerecht behandelt wird wie er. Das ist Christentum. Die Gnade erhebt sich über alles Böse. Die Gnade wünscht anderen das Beste, sogar denen, die sich der zeitlichen Ergötzung der Sünde hingeben. Für Felix war Paulus der Prediger der Gerechtigkeit (Apg 24,25). Für Agrippa und Festus ist er der, der den Segen besitzt, der weit über alle irdische Herrlichkeit hinausgeht.

Nach diesen Worten des Paulus folgt kein spöttisches Reden mehr, auch kein drohendes Reden. Stattdessen steht die ganze Gesellschaft auf und geht fort. Sie ziehen sich zurück, um sich zu beraten. Diese Beratung ergibt erneut, dass Paulus nichts Unrechtes getan hat. Die Schlussfolgerung ist, dass *dieser Mensch* hätte freigelassen werden können. Da er sich jedoch auf den Kaiser berufen hat, muss er nach Rom. Sie konnten auch nichts anderes beschließen, denn das ist der souveräne Weg Gottes, den Er für seinen Diener bestimmt hat.

Kapitel 27

Einleitung

Dies ist ein spannendes Kapitel. Wir finden hier den Bericht der Seereise des Gefangenen Paulus von Cäsarea nach Italien: Rom ist das Ziel. Gott will ihn dort haben, damit Paulus vor dem Kaiser Zeugnis gebe, wer Gott ist. Auf lebendige Weise berichtet Lukas, der Augenzeuge ist von allen Ereignissen, was Paulus und allen, die mit ihm reisten, widerfahren ist.

Paulus ist häufig übers Meer gefahren, wie Lukas das in der Apostelgeschichte schon mitgeteilt hat (Apg 13,4.13; 16,11; 18,18; 20,15; 21,1-3.6). Über diese Reisen hat er uns keinen ausführlichen Bericht hinterlassen. Warum Lukas kurz vor dem Ende dieses Buches gerade diese Seereise per Schiff, bei der Paulus als Gefangener nach Rom reiste, bis in Einzelheiten beschreibt, muss eine tiefere Bedeutung haben. Wir können diese tiefere Bedeutung im Verlauf des Kapitels auch erkennen.

Bevor ich weitergehe, kurz eine Erklärung über die *tiefere Bedeutung*, die ich glaube, in dieser Geschichte zu sehen. Es wird Leser geben, die diese *tiefere Bedeutung* mit Fragezeichen versehen oder sie zum Teil oder sogar völlig ablehnen. Ich kann das verstehen. Der Leser braucht nicht in allen Dingen mit mir einer Meinung zu sein und kann dennoch Belehrungen aus dieser Seereise ziehen. Es ist auch gut, zu bedenken, dass die Anwendung einer Geschichte niemals bis in die Einzelheiten vorgenommen werden kann. Es geht mir bei dieser Seereise um die großen Linien. Dabei habe ich dankbar von dem Gebrauch gemacht, was andere darüber gesagt und geschrieben haben. Insoweit ich deren Anwendung nachvollziehen und sie auch selbst vertreten kann, habe ich sie in diesen Kommentar einfließen lassen. Der Leser möge sich sein eigenes Urteil bilden.

Zu Beginn möchte ich jedenfalls Folgendes festhalten. Wir haben im Buch der Apostelgeschichte die Beschreibung der ersten 30 Jahre der Kirchengeschichte vor uns. Mit dem letzten Vers von Kapitel 28 scheint das Buch abrupt zu enden. Doch es ist sozusagen ein offenes Ende. Die Geschichte der Gemeinde hat erst angefangen und geht weiter. Wie diese Geschichte weitergeht, wird uns in der Beschreibung der Seereise vorgestellt.

Dass bestimmte historische Ereignisse auch eine symbolische Bedeutung haben, ist nichts Neues. Schon zu früher Zeit haben zahllose Schreiber das Leben mit einer Reise verglichen. Gerade Seereisen mit Stürmen liefern ein erkennbares Bild des menschlichen Lebens, in dem auch sehr schwierige Zeiten vorkommen können. Das gilt auch für den Gläubigen, für den Diener des Herrn und für die christliche Kirche, die Gemeinde.

Wir werden also sehen, dass diese Reise eine übertragbare Bedeutung hat, so wie wir das auch bei anderen Geschichten auf dem See finden, die in der Bibel beschrieben werden. So gibt es eine Geschichte, in der der Herr im Schiff schläft und ein Sturm heraufzieht (Mt 8,23–26). Es gibt auch eine Geschichte, wo Er während eines Sturms zu seinen Jüngern kommt, die sich in einem Boot mitten im Sturm befinden (Mt 14,22–33). Beide Fälle liefern ein Bild der heutigen Zeit, in der wir leben. Einerseits ist der Herr dabei im Himmel, und andrerseits ist Er auch bei uns, auch wenn es so scheint, als wäre Er manchmal abwesend.

Wir sehen auch, dass das Glaubensleben des Einzelnen mit einer Schiffsreise verglichen wird, bei der man Schiffbruch erleiden kann (1Tim 1,18–20). Wir sehen also, dass die Schrift Ereignisse und Ausdrücke aus der Schifffahrt beschreibt und gebraucht, die ein Bild für die Gläubigen sind (siehe auch noch den Gebrauch des Wortes „Anker" in Hebräer 6,19).

Wenn wir das Leben eines Gläubigen und Dieners sehen, der auf dem Weg des Herrn ist, dann sehen wir in der Reise des Paulus einen Weg, der nicht glatt verläuft. Paulus ist auf dem Weg, den Gott ihn führt und erlebt unterwegs eine gehörige Katastrophe. Das macht deutlich: Auch wenn wir uns auf dem Weg des Herrn befinden, bedeutet das nicht, dass wir vor Schwierigkeiten bewahrt bleiben. Wer einen Dienst für den Herrn tun will, kann dabei ein Unglück erleiden und sogar umkommen.

Wir lesen in dieser Geschichte nichts von Wundern. Wir wissen, dass Petrus durch einen Engel aus dem Gefängnis befreit wurde. Hier sehen wir jedoch, dass Paulus gefangen bleibt. In den Evangelien straft der Herr den Sturm, doch hier nimmt alles seinen natürlichen Verlauf. Wir sehen hier nicht, dass Gott eingreift, sondern dass die Menschen verzweifeln und das Schiff gänzlich verlorengeht. Doch gerade in diesen Umständen offenbart sich der Glaube und es ist ein Anlass, den lebendigen Gott zu bezeugen. Das tut Paulus. Auf der Reise nach Rom ist Paulus der Meister der Situation. Während des Sturms ist er ebenso ruhig, wie er es kurz zuvor vor den Regierenden und Königen war.

Lukas zeigt hier, wie der Glaube eines einzelnen Mannes eine große Veränderung im Leben der Vielen zuwege bringen kann, die mit ihm auf der Reise sind. Paulus ist derjenige, der Ratschläge erteilt, und zwar entsprechend der Mitteilung, die er von Gott empfangen hat. Er ermutigt und handelt in jeder Hinsicht im Namen Gottes mitten in der Szene, die ihn umgibt, eine Szene, die von falschem Vertrauen und Angst geprägt ist.

Wir finden in dieser Geschichte auch, wie wir die Naturkräfte einordnen müssen. Gott hat gewaltige Kräfte in die Natur gelegt. Hier sind sie entfesselt. Sie haben eine verwüstende Kraft. Naturgesetze sind nicht unabhängig von Gott. Sie kommen aus dem Handeln des Sohnes hervor (Heb 1,3). Sie sind in seiner Hand. Er verfügt darüber nach seinem Gutdünken. Er selbst kann über den See gehen und auch Petrus dazu befähigen (Mt 14,25.29). Das ist für einen Menschen normalerweise unmöglich.

In Verbindung mit Naturkräften spielen auch Engel eine Rolle. Von ihnen wird gesagt, dass der Sohn sie zu Winden und zu Feuerflammen macht (Heb 1,7). Ist Hiob nicht durch Feuer und Wind geschlagen worden, als der HERR es zuließ, dass der Satan Gebrauch davon machte (Hiob 1,12.16.18.19)? Der Herr Jesus steht auch darüber. Er bedroht oder schilt den Wind und den See (Mt 8,26). Das Wort heißt auch „ernstlich gebieten“ und wird in Bezug auf Dämonen gebraucht (Mk 1,25; 9,25). Als der Herr den Wind und den See bedroht, bedroht er in Wirklichkeit die Engelmächte, die hinter dem Wind und dem See verborgen sind. Daher können wir in den Stürmen auch das Wirken böser Mächte sehen.

Das gilt auch für den Sturm, der das Schiff trifft, auf dem Paulus sich befindet. Satan weiß, dass Paulus auf dem Weg nach Rom ist, um dort Gott vor dem Kaiser zu bezeugen. Satan beherrschte diesen Kaiser, so dass das Reich, über das der Kaiser herrschte, in Wirklichkeit von Satan regiert wurde (vgl. Lk 4,5 mit Lk 2,1). Paulus ist auf dem Weg, um diesem satanischen Menschen das Evangelium zu verkündigen. Das verstärkt das Wüten Satans, diese Reise zu verhindern. Doch Paulus kommt dort an und erfüllt diese Verkündigung während zwei Gefangenschaften in Rom (Phil 1,12.13; 2Tim 4,17).

Wie gesagt gibt die Reise des Paulus nach Rom auch einen Eindruck wieder von der Entwicklung der Gemeinde nach den ersten dreißig Jahren. Die Reise geht von Jerusalem nach Rom und skizziert symbolisch den Zustand der Christenheit, die in Jerusalem entstand und völlig zur römischen Kirche abgleiten würde, wo die bekennende Kirche ihr Ende finden wird (Off 17 und 18). Auf diesem Weg ist Paulus als Repräsentant der Wahrheit der Gemeinde ein Gefangener. Bei der Betrachtung dieses Kapitels werden wir dazu verschiedenen Aspekten begegnen.

Ein ruhiger Anfang und Gegenwind (27,1-5)

> 1 Als es aber beschlossen war, dass wir nach Italien absegeln sollten, überlieferten sie sowohl Paulus als auch einige andere Gefangene einem Hauptmann, mit Namen Julius, von der kaiserlichen
> Schar. 2 Als wir aber in ein adramyttisches Schiff gestiegen waren,
> das im Begriff stand, zu den Orten längs der Küste Asiens zu segeln, fuhren wir ab; und bei uns war Aristarchus, ein Mazedonier
> aus Thessalonich. 3 Und am anderen Tag legten wir in Sidon an.
> Und Julius behandelte Paulus wohlwollend und erlaubte ihm, zu den Freunden zu gehen, um ihrer Fürsorge teilhaftig zu werden.
> 4 Und von dort fuhren wir ab und segelten unter Zypern hin, weil
> die Winde uns entgegen waren. 5 Und als wir das Meer von Zilizien und Pamphylien durchsegelt hatten, kamen wir nach Myra in Lyzien.

Paulus hat sich auf den Kaiser berufen und soll zum Kaiser gehen. Zu gelegener Zeit wird beschlossen, dass die Reise nach Italien beginnt. Am Gebrauch des Wortes „wir" erkennen wir, dass Lukas auch mit an Bord geht. Er geht nicht als Gefangener mit, sondern um Paulus auf dem Schiff zu begleiten. Paulus ist ein Gefangener; er, der der Träger des christlichen Bekenntnisses ist. Er ist kein freier Mann mehr. Als Anwendung für unser persönliches Leben können wir festhalten: Wenn das Wort Gottes nicht mehr in seiner vollen Wirksamkeit auf uns einwirken kann, ist das ein Vorbote des Schiffbruchs.

Der Mann, der dafür sorgen soll, dass Paulus zusammen mit einigen anderen Gefangenen sicher in Rom ankommt, ist ein Hauptmann der „kaiserlichen Schar" namens Julius. Das betont, dass Paulus ein Gefangener des Kaisers in Rom ist. Julius wählt ein Schiff aus, dessen Route nach Rom führt. Dann macht sich das Schiff auf eine lange Reise.

Außer Lukas ist auch Aristarchus an Bord. Aristarchus hat sich freiwillig entschieden, Paulus und Lukas auf ihrer Reise zu begleiten. Dadurch macht er sich eins mit der Schmach des Evangeliums. Er hat mit Paulus für das Evangelium gelitten (Apg 19,29) und wird in Rom freiwillig die Gefangenschaft mit Paulus teilen (Kol 4,10).

Der Anfang der Reise sieht durchaus nicht bedrohlich aus. Julius behandelt Paulus freundlich. In der Anfangszeit hat die Gemeinde von Seiten der weltlichen Obrigkeit nicht viel zu leiden gehabt. Sie hat die Gemeinde sogar in Schutz genommen, so wie wir das in der Apostelgeschichte verschiedene Male bei Paulus gesehen haben.

In Sidon darf Paulus die Gläubigen besuchen, die Lukas „Freunde“ nennt. An vielen Orten hatte sich solch eine Gemeinschaft von Menschen durch die Gnade des Herrn gebildet. Wo die Liebe der Brüderschaft vorhanden ist, kann von *Freunden* gesprochen werden (3Joh 15). Paulus geht dorthin, um sich von ihnen versorgen zu lassen; er genießt die freundliche Aufmerksamkeit dieser Freunde. Sie werden ihm sicher das Nötige für seinen Leib gegeben haben. Diese leibliche Erquickung wird eine noch größere geistliche Erquickung für ihn gewesen sein.

Nach dieser sowohl leiblich als auch geistlich erquickenden Begegnung wird die Reise fortgesetzt. Dabei erfahren sie Gegenwind, was sie zwingt, nahe an Zypern vorbeizufahren. Gegenwind oder Sturm bedeuten noch nicht, dass du nicht auf dem Weg des Herrn bist. Der Herr Jesus war selbst ebenfalls in einem Sturm. Wichtig ist nur, den vorsichtigsten Kurs zu fahren, nahe an einem möglichen Hafenplatz.

Danach wird das Meer vor Zilizien und Pamphylien durchsegelt, wo Paulus auch auf seiner ersten Missionsreise während seiner Rückreise ins syrische Antiochien gefahren ist (Apg 14,24–26). Alle diese Namen werden wohl Erinnerungen bei dem Apostel wachgerufen haben und ihn zu (zusätzlichem) Gebet für die Gläubigen in diesen Gegenden veranlasst haben. Dann kommen sie nach Myra in die Provinz Lyzien an die Südküste Kleinasiens.

Eine schwierige Überfahrt (27,6–10)

> 6 Und als der Hauptmann dort ein alexandrinisches Schiff fand, das nach Italien segelte, brachte er uns auf dieses. 7 Als wir aber viele Tage langsam segelten und mit Mühe gegen Knidos hin gekommen waren, segelten wir, da uns der Wind nicht heranließ,

unter Kreta hin, auf Salmone zu; [8] und als wir mit Mühe daran entlangfuhren, kamen wir an einen gewissen Ort, Schönhafen genannt, in dessen Nähe die Stadt Lasäa war. – [9] Da aber viel Zeit verflossen und die Fahrt schon unsicher war, weil auch die Zeit des Fastens schon vorüber war, ermahnte Paulus sie [10] und sprach zu ihnen: Männer, ich sehe, dass die Fahrt mit Ungemach und großem Schaden, nicht nur für die Ladung und das Schiff, sondern auch für unser Leben vor sich gehen wird.

In Myra muss das Schiff gewechselt werden. Der Hauptmann geht auf die Suche nach einem Schiff, das nach Italien fährt. Er findet ein Schiff aus dem ägyptischen Alexandria. Der Hauptmann geht mit seinen Gefangenen hinüber auf ein ägyptisches Schiff. Das bedeutet, dass dieses Schiff zum Schiff des christlichen Zeugnisses wird. In der Schrift sehen wir in Ägypten im Allgemeinen ein Bild der Welt. Durch den Wechsel des Gefangenen Paulus zu diesem Schiff sehen wir bildlich, wie die Welt Einfluss auf die Kirche bekommt. Die Welt nimmt die Kirche in sich auf. Auf dieses Schiff vertraut die ganze Besatzung, doch wie wird dieses Vertrauen beschämt. Über dieses Schiff kommt ein großer Sturm, und am Ende geht es verloren. Es wird noch alles versucht, das Schiff fahrend oder treibend zu erhalten, und zwar solange, bis es keine Rettung mehr gibt.

Das erste Kennzeichen der Fahrt mit diesem Schiff ist, dass es nur langsam vorwärts geht und mit Mühe gefahren wird, weil ihnen der Wind entgegen ist. Geistlich angewendet sehen wir, dass in der Gemeinde Trägheit, Gegenwind und Mühe verursacht werden durch das Festhalten an religiösen Formen (Heb 5,11.12) und falscher Lehre (Eph 4,14). Diese Dinge hindern das geistliche Wachstum. Dann wird es Zeit, zur Besinnung zu kommen und nicht weiterzumachen, sondern uns vor den drohenden Gefahren warnen zu lassen.

Das ist der Augenblick, wo Paulus aufsteht, um eine Warnung auszusprechen. Die Zeit war angebrochen, dass das Segeln gefährlich wurde. Durch den Gegenwind war viel Zeit verlorengegangen. Lukas erwähnt, dass auch „die Zeit des Fastens schon vorüber war“, womit er das Fasten des großen Versöhnungstages bezeichnet. Dieses Fasten fiel auf Ende September, Anfang Oktober. Das ist eine Zeit, in der es gefährlich wurde, weiterzufahren. Die darauffolgende Winterzeit war noch viel gefährlicher.

Wir haben Paulus auf dieser Reise noch nichts sagen hören, doch jetzt meldet er sich zu Wort. Er sagt, was er voraussieht, was geschehen wird, wenn die Reise fortgesetzt wird. Er konnte das sagen, weil der Herr es ihm in seinem Umgang mit Ihm gesagt hatte. Er konnte das auch wegen seiner großen Erfahrung mit Seereisen sagen. Er war an Schiffsreisen gewöhnt. Er hat die Gefahren des Meeres kennengelernt und hat auf drei Schiffsreisen sogar Schiffbruch erlitten (2Kor 11,25.26). Er hatte also durchaus Ahnung von der Seefahrt. Paulus sagt oder denkt nicht, dass schon alles klappen wird oder dass er schon gerettet werden wird, weil er ja die Garantie vom Herrn hat, in Rom anzukommen. Das sagt ja noch nichts über die Mannschaft aus, für die er Sorge empfindet.

Auch hier liegt die Anwendung bezüglich der Entwicklung der christlichen Kirche auf der Hand. In seinen Briefen warnt er vor Stürmen, die an das Schiff schlagen werden (1Tim 4,1–3; 2Tim 3,1–9; vgl. Apg 20,29.30). Wer sich nicht warnen lässt, wird großen Schaden im Glaubensleben nehmen und möglicherweise sogar Schiffbruch erleiden.

Alle Hoffnung auf Rettung dahin (27,11–20)

> 11 Der Hauptmann aber glaubte dem Steuermann und dem
> Schiffsherrn mehr als dem, was Paulus sagte. 12 Da aber der
> Hafen zum Überwintern ungeeignet war, rieten die meisten
> dazu, von dort abzufahren, ob sie etwa nach Phönix gelangen
> und dort überwintern könnten, einem Hafen Kretas, der gegen
> Nordosten und gegen Südosten sieht. – 13 Als aber ein Südwind
> sanft wehte, meinten sie, ihren Vorsatz erreicht zu haben, lich-
> teten die Anker und fuhren dicht an Kreta hin. 14 Aber nicht
> lange danach erhob sich von dorther ein Wirbelsturm, Euraky-
> lon genannt. 15 Als aber das Schiff mitgerissen wurde und dem
> Wind nicht zu widerstehen vermochte, gaben wir auf und lie-
> ßen uns treiben. 16 Als wir aber unter einer gewissen kleinen
> Insel, Kauda genannt, hinliefen, vermochten wir kaum des
> Beibootes mächtig zu werden. 17 Dieses zogen sie herauf und
> gebrauchten die Hilfsmittel, indem sie das Schiff umgürteten;
> und da sie fürchteten, in die Syrte verschlagen zu werden, lie-
> ßen sie das Takelwerk nieder und ließen sich so treiben. 18 Da
> wir aber sehr vom Sturm litten, warfen sie am folgenden Tag
> Ladung über Bord; 19 und am dritten Tag warfen sie mit eige-
> nen Händen das Schiffsgerät fort. 20 Da aber mehrere Tage lang
> weder Sonne noch Sterne schienen und ein nicht geringes Un-
> wetter auf uns lag, war zuletzt alle Hoffnung auf unsere Ret-
> tung entschwunden.

Der Rat des Paulus wird in den Wind geschlagen. Daraufhin schweigt er und öffnet seinen Mund erst wieder in Vers 21. So hat die bekennende Kirche ebenfalls nicht auf Paulus gehört, und das ist die Ursache des Verfalls. Die Warnungen, die wir in der Schrift finden, werden in den Wind geschlagen. Die christlichen Führer, die behaupten, es zu wissen und ein Diplom vorzeigen können, haben in der Kirche das Ruder in der Hand. Die Folge ist, dass das Schiff zur Beute der Naturelemente wird, führungslos und ohne irgendein Licht.

Es ist eine Situation, die wir in der Kirchengeschichte im dunklen Mittelalter wiedererkennen. Da wurde das Wort Gottes völlig verachtet, nur das Wort von Menschen zählte. Die Kirche lehrte, und das Kirchenvolk schluckte es. Es gab eine Geistlichkeit, die dem Volk vorschrieb, wie die Bibel gelesen werden musste. Diese Situation ist vor allen Dingen in der römisch-katholischen Kirche wiederzufinden, aber wir finden diese Dinge auch in den protestantischen Kirchen. Die Probleme werden auf menschliche Weise behandelt und menschliche Lösungen werden eingesetzt. Nach demokratischem Grundsatz beschließt die Mehrheit.

So war es auch an Bord des alexandrinischen Schiffes, wo Paulus zwar anwesend war, doch man hörte nicht auf ihn. Allgemein ist man der Meinung, dass der Hafen zum Überwintern nicht geeignet sei. Als es darauf ankommt, was vernünftig ist, finden die meisten es ratsam, abzufahren und nach Phönix zu gelangen, um dort zu überwintern. Wenn dort steht, dass das befolgt wurde, was „die meisten" rieten, heißt das auch, dass es Menschen gab, die lieber dem Rat des Paulus gefolgt wären. Sie bildeten allerdings eine Minderheit.

Nachdem das Schiff den Hafen verlassen hat, scheinen die ersten Erfahrungen dem, was „die meisten" rieten, Recht zu geben, also nicht Paulus. Bei dem sanften Südwind vermutete niemand, was für ein starker Charakter in dem Mann Paulus steckte. Das wird offenbar, als ein Wirbelsturm aufkommt. Nun übernimmt der Passagier und Gefangene Paulus die Führung. Er entscheidet und gibt Anweisungen, die über Tod oder Leben für alle entscheiden.

Der Eindruck einer richtigen Entscheidung hält nicht lange an, denn kaum sind sie unterwegs, zieht von der Insel her plötzlich ein nordöstlicher Wirbelsturm auf, Eurakylon genannt. Der Sturm ist so heftig, dass das Schiff nicht auf Kurs gehalten werden kann. Die Mannschaft ist gegenüber dieser Naturgewalt machtlos. Sie überlassen das Schiff den Launen der Natur. Das ist ein treffendes Bild von einer Kirche, die von jedem Wind der Lehre umhergetrieben wird. Besonders die römisch-katholische Kirche ist „eine Behausung von Dämonen geworden und ein Gewahrsam jedes unreinen Geistes und ein Gewahrsam jedes unreinen und gehassten Vogels“ (Off 18,2).

Das einzige Rettungsmittel ist das Beiboot. Das Beiboot ist der Fluchtweg für den Augenblick, wenn es schief zu gehen droht. Darüber will der Mensch die Kontrolle behalten, was bis zu einem gewissen Punkt gelingt. Doch alle Fluchtwege und Sicherheitsmaßnahmen bringen das Schiff nicht an Land. Der Sturm rast unvermindert weiter. Eine andere Vorsichtsmaßnahme besteht darin, das Schiff zu umgürten. Dadurch sollen die Bretter des Schiffes zusammengehalten werden, so dass es ein Ganzes bleibt. Das Umgürten des Schiffes ist vergleichbar mit den äußeren Mitteln, mit denen man versucht, die Kirche als Schiff über Wasser zu halten, zum Beispiel durch Konzile. Doch trotz dieser Maßnahmen bleibt das Schiff führungslos.

Da auch die Gefahr groß ist, in die Syrte verschlagen zu werden, wird das Takelwerk niedergelassen. Was noch irgendwie helfen konnte, das Schiff auf Kurs zu halten, aber was der Sturm nun in seine Macht bekommen hat, wird herabgelassen. Obwohl das möglicherweise eine direkte Gefahr verhindert, bietet es keine wirkliche Rettung. Der schädliche Sturm hält an.

Das veranlasst die Mannschaft dazu, die Ladung am nächsten Tag über Bord zu werfen. Vielleicht war es ein Teil des Korns, dessen Rest in Vers 38 über Bord geworfen wird. Am dritten Tag werden das niedergelassene Takelwerk und der Rest des Schiffsgeräts weggeworfen. Auf diese Weise wird dem Sturmwind möglichst viel Angriffsfläche genommen. Alles, was über Bord geht, sei es nun ein Teil des Schiffes oder der Ladung, beraubt das Schiff seines Wertes und seiner Funktion.

So hat die christliche Kirche im Lauf der Jahrhunderte immer mehr von ihrem Wert nach Gottes Gedanken und von ihrem Wirken für Gott und gegenüber der Welt verloren. Denken wir nur an den „dritten Tag“, der an die Auferstehung des Herrn Jesus erinnert. Ist der nicht beinahe in der gesamten Christenheit über Bord gegangen? Das kann bedeuten, dass die Auferstehung radikal geleugnet wird oder auch, dass das orthodoxe Bekenntnis zwar vorhanden ist, jedoch die entsprechenden Konsequenzen für das Glaubensleben völlig fehlen.

Wenn diese Säule des Glaubens umgehauen wird, ist die Folge, dass der Glaube keine Nahrung mehr für das Herz bietet und dass man in völliger geistlicher Finsternis umherirrt. Man sieht kein himmlisches Licht mehr. Was kennzeichnend war für das dunkle Mittelalter, weil das Wort Gottes dem Volk vorenthalten wurde, ist auch kennzeichnend für die heutige Christenheit. Da ist nichts mehr, woran der Christ seinen Kurs ausrichten kann. Die Hoffnung auf Errettung, die Rettung aufgrund des Glaubens ist verschwunden.

Aufkeimende Hoffnung (27,21–26)

> 21 Und als man lange Zeit ohne Nahrung geblieben war, da stand Paulus in ihrer Mitte auf und sprach: O Männer! Man hätte freilich auf mich hören und nicht von Kreta abfahren sollen, um dieses Ungemach und den Schaden nicht zu ernten.
> 22 Und jetzt ermahne ich euch, guten Mutes zu sein, denn kein Leben von euch wird verloren gehen, nur das Schiff.
> 23 Denn ein Engel des Gottes, dem *ich* gehöre und dem ich diene, trat in dieser Nacht zu mir
> 24 und sprach: Fürchte dich nicht, Paulus! Du musst vor dem Kaiser erscheinen; und siehe, Gott hat dir alle geschenkt, die mit dir fahren.
> 25 Deshalb seid guten Mutes, ihr Männer! Denn ich vertraue Gott, dass es so sein wird, wie zu mir geredet worden ist.
> 26 Wir müssen aber auf eine gewisse Insel verschlagen werden.

Doch wenn alle Hilfsmittel versiegen, bleibt Gott. Er führt das Schiff zu dem Ort, wo Er es haben will. Jetzt ist der Weg für Paulus geöffnet, um als Sprachrohr Gottes aufzustehen und sich in die Mitte zu stellen. Wir sehen hier, wie eine Situation entsteht, in der das Wort Gottes wieder in den Mittelpunkt rückt. Wenn es lange Zeit keine Nahrung gegeben hat, bekommt das Wort wieder Nährwert. Hier sehen wir das „sola scriptura" (allein die Schrift) der Reformation. Hier entsteht wieder Hoffnung auf Rettung (V. 22).

Als Paulus zu sprechen beginnt, erinnert er sie zunächst daran, dass sie sich geweigert haben, auf ihn zu hören. Er erinnert sie also an ihren Ungehorsam. Das Wort sagt zuerst einmal, was falsch gelaufen ist. Hören wir als Gemeinde auf den Herrn Jesus, wenn Er zu uns sagt, dass wir etwas falsch gemacht haben? Paulus sagt das nicht, um ihnen zu zeigen, wie dumm sie waren, sondern um den wahren Grund des Elends zu verdeutlichen, in dem sie sich befanden. Jeder sollte gut begreifen, dass *er* die Dinge richtig gesehen hatte und dass ihre Versuche alle misslungen waren. Wenn sie einsehen, dass ihre Weisheit zunichte ist (Ps 107,27), werden sie nun in Zukunft gern auf ihn hören und seinen Befehlen folgen. Wir können allen schweren Zeiten in unserem persönlichen und gemeinschaftlichen Leben vorbeugen, wenn wir auf das Wort Gottes hören.

Paulus beginnt erst zu sprechen, nachdem er von Gott eine Mitteilung erhalten hat, nicht früher. Er rügt nicht nur, sondern hat auch ermutigende Worte (5Mo 31,6.7.23). Inmitten der Erwartung des Todes werden Worte der Hoffnung und des Lebens gehört. Er ermutigt sie, indem er ihnen voraussagt, dass alle überleben werden. Nur das alexandrinische Schiff wird verlorengehen. In dieser Geschichte sehen wir das Sprichwort bewahrheitet: „Gott hat uns keine ruhige Überfahrt verheißen, wohl aber eine sichere Ankunft." In den Worten des Paulus an das Schiffsvolk hören wir die Sicherheit, die es für den Gläubigen gibt, dass keine Macht ihn von der Liebe des Christus und der Liebe Gottes scheiden kann (Röm 8,35–39).

Paulus erläutert, warum er so sprechen kann. Er hat Besuch von einem Engel Gottes bekommen, das ist der Gott, dessen völliges Eigentum er ist, der Gott, dem er mit allem dient, was er ist und hat. Das ist in diesen Umständen ein vielsagendes Zeugnis. Er berichtet von der Zusage, die er von diesem Gott für sich persönlich bekommen hat. Zugleich kann er berichten, dass Gott in Verbindung damit versprochen hat, dass auch alle, die mit ihm fahren, gerettet werden sollen. Durch die Treue wahrer Christen ist häufig schon vielen Rettung zuteilgeworden, sowohl Sündern als auch abgewichenen Gläubigen. Wer mit Paulus fährt, also in Übereinstimmung mit dem, was Paulus geschrieben hat, kommt mit Paulus unversehrt ans Ziel.

In Vers 25 wiederholt er seinen Ansporn von Vers 22, guten Mutes zu sein. Das Glaubensvertrauen wird angesprochen. Das sehen wir bei den Reformatoren, die die Schrift wiederentdeckt haben. Es ist der Mut des Glaubens an die Schrift. Das Wort Gottes ist zuverlässig und vertrauenswürdig. Das bedeutet nicht, dass es keine Schwierigkeiten geben wird und dass sie selbst nichts mehr zu tun hätten. Das bedeutet auch nicht, dass Gott alle Einzelheiten beschreibt und es keine Überraschungen mehr gibt. Gott teilt immer nur so viel mit, dass wir Ihm völlig vertrauen können, dass Er uns sicher nach Hause bringt. Andrerseits hält Er auch Dinge verborgen, um uns in Abhängigkeit von Ihm zu halten. Den Namen der Insel wusste Paulus nicht. Er sagt nicht mehr als das, was er von Gott zu hören bekommen hatte. So bleibt ein Aufblicken auf Ihn. Die Reise ist noch nicht zu Ende. Auch die Reformation war nicht das Ende. Es bricht eine neue Nacht an, ohne Licht.

Gegen Mitternacht (27,27–32)

> [27] Als aber die vierzehnte Nacht gekommen war und wir in dem Adriatischen Meer umhertrieben, vermuteten die Matrosen gegen Mitternacht, dass sich ihnen ein Land nähere. [28] Und als sie das Senkblei ausgeworfen hatten, fanden sie zwanzig Faden; nachdem sie aber ein wenig weiter gefahren waren und das Senkblei wieder ausgeworfen hatten, fanden sie fünfzehn Faden. [29] Und da sie fürchteten, wir könnten auf felsige Stellen verschlagen werden, warfen sie vom Hinterschiff vier Anker aus und wünschten, dass es Tag würde. [30] Als aber die Matrosen aus dem Schiff zu fliehen suchten und das Beiboot unter dem Vorwand, sie wollten vom Vorderschiff Anker auswerfen, in das Meer hinabließen, [31] sprach Paulus zu dem Hauptmann und den Soldaten: Wenn diese nicht im Schiff bleiben, könnt *ihr* nicht gerettet werden. [32] Dann hieben die Soldaten die Taue des Beibootes ab und ließen es hinabfallen.

Es ist nicht ohne Bedeutung, dass Lukas über die vierzehnte „Nacht" spricht. Das verdeutlicht am besten das Erleben der Schiffsleute. Die Anzahl der Tage ist nicht vergessen worden. Auch die Zeit wurde notiert. Es ist Mitternacht, als die Seeleute vermuten, dass Land nahe ist. Das heißt, dass Rettung naht.

Der Ausdruck „Mitternacht" ist ein prophetischer Ausdruck, der in Verbindung mit dem Kommen des Herrn als Bräutigam gebraucht wird (Mt 25,6). Diesen Ausdruck können wir also mit dem baldigen Kommen des Herrn in Verbindung bringen. In diesem Sinne können wir sagen, dass das Land nahe ist, nämlich das himmlische Land. In diesem Zusammenhang ist auch der Tag nahe, der Tag, an dem Er erscheint. Alle an Bord verlangen danach, dass es Tag wird (V. 29).

Um die Tiefe des Wassers festzustellen, wird ein Senkblei ausgeworfen. Die erste Messung ergibt, dass das Wasser zwanzig Faden tief ist, das sind sechsunddreißig Meter. Als das Senkblei ein zweites Mal ausgeworfen wird, zeigt sich, dass das Wasser nur noch fünfzehn Faden tief ist, das sind siebenundzwanzig Meter. Das Wasser wird stets flacher. Das bedeutet, dass das Land näherkommt.

Wenn wir das auf die Situation in der Christenheit anwenden, können wir das Senkblei mit dem Wort Gottes vergleichen. Wenn wir nun das Senkblei des Wortes auswerfen, messen wir vielleicht noch fünf Faden oder weniger. Auch für uns kommt das Land immer mehr in Sicht. Es ist auch unser Verlangen, dass es Tag wird, denn der Tag bedeutet Rettung für das ganze Volk Gottes (vgl. Röm 13,11.12). Die erbärmlichen Entwicklungen der Christenheit und alle Versuche, das Boot fahrtüchtig zu halten, sind jämmerlich gescheitert. Das Einzige, was übrig bleibt, ist das Verlangen nach dem Tag.

Es gibt auch eine andere Seite. Das ist die Seite der Verantwortung. Niemand kann aufgrund eigener Initiative gerettet werden. Es gilt, gemeinsam gerettet zu werden, und zwar alle auf demselben Weg. Das Handeln der Seeleute, heimlich mit dem Beiboot zu entwischen, steht im Widerspruch zum Glaubensvertrauen, das Paulus angesprochen hat.

Diejenigen, die es so gut wussten und den Kurs bestimmten, wollen die Sache im Stich lassen. Das kann für die Zurückbleibenden schockierend sein. Paulus verhindert das. Für ihn gehören sie dazu, und auch sie sollen gerettet werden, doch dann müssen sie auch bei Paulus im Schiff bleiben und das tun, was er sagt. Gott hatte gesagt, dass alle gerettet würden, und zwar auf seine Weise. Dieses Kapitel zeigt in allem auch die Geschichte der Treue Gottes. Er wird mit seinem Volk zu seinem Ziel kommen.

Nun hört man auf Paulus. Inmitten aller Umstände, die durch den Sturm verursacht werden, steht Paulus wie ein Fels in der Brandung. Im Sturm glaubt man seinem Wort. Sein Wort ist der Beweis dafür, dass er Recht hat. Glaubensleute erweisen sich als Menschen des Glaubens in den Stürmen. Wenn es keine Stürme gäbe, könnten wir unseren Glauben nicht zeigen.

Paulus ermuntert alle, Nahrung zu sich zu nehmen (27,33–37)

> 33 Als es aber Tag werden wollte, ermahnte Paulus alle, Nahrung zu sich zu nehmen, und sprach: Heute ist der vierzehnte Tag, dass ihr abwartend ohne Essen geblieben seid und nichts zu euch genommen habt. 34 Deshalb ermahne ich euch, Nahrung zu euch zu

nehmen, denn dies gehört zu eurer Erhaltung; denn keinem von euch wird ein Haar vom Haupt verloren gehen. 35 Als er aber dies gesagt und Brot genommen hatte, dankte er Gott vor allen, und als er es gebrochen hatte, begann er zu essen. 36 Alle aber, guten Mutes geworden, nahmen auch selbst Nahrung zu sich. 37 Wir waren aber auf dem Schiff, alle Seelen, zweihundertsechsundsiebzig.

Als der Tag anbricht, fordert Paulus alle auf, Nahrung zu sich zu nehmen. Paulus hat einen Blick für die körperlichen Anstrengungen, die alle mitgemacht haben. Geistliche Führerschaft hat ein Auge für den ganzen Menschen. Er hat die Tage gezählt, an denen sie nicht gegessen haben (vgl. Mk 8,2). Für ihn ist es nicht die vierzehnte Nacht (V. 27), sondern der vierzehnte Tag. Er erweist sich als jemand, der von dem Tag ist (1Thes 5,8).

Auch in geistlicher Hinsicht ist die Aufforderung wichtig, Nahrung zu sich zu nehmen. Sie dient zur Erhaltung (o. *Errettung*). Mehr als je zuvor haben Gläubige es in der geistlichen Finsternis nötig, das Wort Gottes zu lesen, und zwar als Nahrung für ihre Seele. König Saul verbot, im Kampf Nahrung zu sich zu nehmen. Jonathan fand, dass das ein törichtes Verbot war (1Sam 14,28–30). Die Nahrung des Wortes gibt Kraft zur Erhaltung (2Tim 3,15).

Das Wort „retten" ist ein Schlüsselwort in dieser Geschichte. Auch entgegengesetzte Worte wie „verlorengehen" oder „nicht gerettet werden" kommen mehrmals vor. Gott hätte sie in ihrem geschwächten Zustand retten können, ohne dass sie etwas aßen. Doch er „rettet", indem sie Nahrung zu sich nehmen. Er handelt so, wie Er will. Wir können das Handeln Gottes nicht in Schemata pressen. Er handelt souverän und rettet hier auf natürliche Weise. Sie brauchten Kraft, um später schwimmen zu können.

Dass kein Haar von ihrem Haupt verloren gehen würde, weist auf eine neue Zeitspanne in der Kirchengeschichte hin, und zwar eine Zeit der Erweckung im 18. und 19. Jahrhundert. Es ist die Zeit, die der Erweckung durch die Reformation folgt, in der der Zugang zum Wort Gottes wieder geöffnet wurde. Es ist eine Bewegung des Bibelstudiums: Die Bibel wird in ihrem Zusammenhang gelesen, vor allen Dingen im Hinblick auf die Zukunft Israels und das Kommen des Herrn. Das Wort wurde wirklich wieder Nahrung. In der Zeit wurden auch viele Bibelkommentare geschrieben. Es fand geistliches Wachstum und Jüngerschaft statt.

Zuvor hieß es, dass kein Leben verlorengehen würde (V. 22), nun sagt Paulus, dass kein Haar des Hauptes verlorengehen würde. Das weist auf die zunehmende Erkenntnis der Gläubigen hin, welche Sicherheit sie in Christus haben. Diese Entwicklung findet auch im Leben des einzelnen Gläubigen statt, der die Schrift studiert.

Die Aufforderung des Paulus, diese Nahrung zu sich zu nehmen, gilt unvermindert bis heute. Auch als Gemeinde müssen wir uns diese Aufforderung immer wieder zu Herzen nehmen, gemeinsam Gottes Wort zu lesen, um dadurch genährt zu werden. Wir haben das alle nötig. Wir müssen einander ermutigen, die Zusammenkünfte zu besuchen, wo das Wort Gottes verkündigt wird.

Paulus ist selbst ein gutes Vorbild. Nachdem er alle aufgefordert hat, nimmt er selbst Brot, dankt Gott in Gegenwart aller dafür, bricht ein Stück davon ab und beginnt zu essen. Wir haben hier ein Vorbild in praktischer Hinsicht, wie wir handeln sollten, wenn wir in der Öffentlichkeit eine Mahlzeit zu uns nehmen (1Tim 4,5.6). Davon geht ebenfalls ein Zeugnis aus. Paulus schämte sich nicht, es laut zu tun. So etwas tut ein Mann mit geistlicher Kraft. Die Worte des Paulus und sein Vorbild taten allen gut. Sie bekamen dadurch wieder Mut und Lust zum Essen. Die Lust zum Essen war ihnen vergangen. Wenn man dem Tod ins Auge sieht, hat man keinen Hunger.

Wenn wir das auf die Gemeinde anwenden, können wir darin ein Bild der Anbetung und der Gemeinschaft am Tisch des Herrn sehen. Das waren Dinge, die in der Zeit der Erweckung auf besondere Weise in den Vordergrund kamen.

Dann erwähnt Lukas auf einmal die genaue Anzahl der Seelen, die an Bord des Schiffes sind. Warum tut er das hier? Warum tat er das nicht bereits früher, sondern erst ganz am Ende? Wenn wir davon ausgehen dürfen, dass uns dieses Kapitel in vieler Hinsicht die Geschichte der Gemeinde auf der Erde vorstellt, hat die Nennung der genauen Anzahl an dieser Stelle der Geschichte eine Bedeutung, die in Verbindung mit der Erweckung im 18. und 19. Jahrhundert steht. War es nicht eine der großen Entdeckungen der Erweckung, dass alle Gläubigen zusammengehören, wo sie auch sind? Durch das Studium des Wortes durch die, die sich dem Wort gläubig unterwarfen, stellte der Heilige Geist erneut den einen Leib als eine lebendige Wahrheit vor die Herzen dieser Gläubigen.

Das Schiff zerschellt (27,38–41)

> 38 Als sie sich aber mit Nahrung gesättigt hatten, erleichterten
> sie das Schiff, indem sie den Weizen in das Meer warfen. – 39 Als
> es aber Tag wurde, erkannten sie das Land nicht; sie bemerkten
> aber eine gewisse Meeresbucht, die einen Strand hatte, auf den sie,
> wenn möglich, das Schiff treiben wollten. 40 Und als sie die Anker
> gekappt hatten, ließen sie sie im Meer und machten zugleich die
> Haltetaue der Steuerruder los und hissten das Vordersegel vor
> den Wind und hielten auf den Strand zu. 41 Da sie aber auf eine
> Landzunge gerieten, ließen sie das Schiff stranden; und das Vorderschiff setzte sich fest und blieb unbeweglich, das Hinterschiff
> aber wurde von der Gewalt der Wellen zerschellt.

Nun ist der Augenblick da, dass die Schiffsleute mit Nahrung gesättigt sind. Es ist bezeichnend, dass sie in diesem Augenblick das Korn über Bord werfen. Das sehen wir auch in der Geschichte der Gemeinde. Nach einer Zeit großen Verlangens nach dem Wort Gottes folgt eine Zeit der Sättigung. Das ist mit zwei Zeitabschnitten vergleichbar, die wir in Offenbarung 3 beschrieben finden, und zwar in den Sendschreiben an Philadelphia und Laodizea.

Philadelphia zeigt uns die Zeit der Erweckung. Laodizea zeigt uns die Zeit, die auf die Erweckung folgt. In Philadelphia gibt es warme Liebe für den Herrn, die in der Liebe zu seinem Wort zum Ausdruck kommt (Off 3,8.10). In Laodizea ist Sättigung, wodurch die Liebe abgekühlt ist zu Lauheit und Anmaßung (Off 3,15–17). Dort findet sich Gleichgültigkeit gegenüber der Nahrung des Wortes Gottes. Man hat das Wort über Bord geworfen. Das Glaubensgut wird weggeworfen. Das tun die, die bezüglich des Glaubens Schiffbruch erleiden. Die Wahrheiten des christlichen Glaubens werden nicht mehr wertgeschätzt.

In früheren Jahren hat sich das Christentum stets ausgebreitet, doch jetzt gibt es einen Rückgang des Christentums in den Ländern, wo zuvor eine Aufwärtsentwicklung stattfand. Nun breitet sich das Christentum in der dritten Welt aus. In den christlichen Ländern zeichnet sich der große Abfall ab.

Wenn das Wort Gottes keine Nahrung mehr ist, verschwindet auch das Erkennen des Landes beim Anbruch des Tages. Die Anker werden gekappt. Die christliche Hoffnung wird preisgegeben (Heb 6,18.19). Es wird von den Kanzeln gepredigt, dass mit dem Tod alles aus sei.

Es gibt zwar noch Versuche, das Schiff mit einer sanften Landung auf den Strand auflaufen zu lassen, doch diese scheitern an einer Sandbank. Auf dieser setzt das Schiff auf und bricht schließlich in zwei Teile. Der eine Teil sitzt unbeweglich fest, der andere Teil wird völlig zu Brettern und Wrackteilen auseinandergeschlagen.

Dieses Bild sehen wir auch in der Endzeit. Der eine Teil des Schiffes, der erhalten bleibt, stellt die Ökumene dar, in der man um jeden Preis eine Einheit bilden will. Der andere Teil ist die Zersplitterung in zahllose Sekten, in denen man sich um jeden Preis absondert von allem, was nicht mit den eigenen Vorstellungen übereinstimmt (Jud 17–19).

Alle kommen gerettet an Land (27,42–44)

> 42 Die Überlegung der Soldaten aber war, die Gefangenen zu töten, damit nicht jemand fortschwimmen und fliehen könnte. 43 Der Hauptmann aber, der Paulus retten wollte, hinderte sie an ihrem Vorhaben und befahl, dass diejenigen, die schwimmen könnten, sich zuerst hinabwerfen und an das Land gehen sollten; 44 und die Übrigen teils auf Brettern, teils auf Stücken vom Schiff. Und so geschah es, dass alle an das Land gerettet wurden.

Kurz vor dem Ende entsteht noch die große Gefahr, dass doch nicht alle gerettet werden können. Nachdem es so scheint, dass die Schiffsbesatzung gerettet werden kann, droht doch noch alles schiefzulaufen. Die Soldaten fassen nämlich den Entschluss, die Gefangenen zu töten, da sie denken, dass diese entwischen können, wenn sie einmal an Land sind. Das würde sie selbst das Leben kosten, denn sie mussten mit ihrem Leben für das Leben der Gefangenen einstehen.

Doch auch dann sehen wir, dass Gott in seiner Vorsehung den Hauptmann gebraucht, die Soldaten von ihrem Vorhaben abzuhalten. Der Hauptmann gibt den Schwimmern Befehl, als erste über Bord zu springen. Die anderen können dann mit Hilfe der Bretter und Wrackteile versuchen, vom Schiff aus an Land zu kommen.

Gott verlangt manchmal von uns, dass wir in geistlicher Hinsicht schwimmen oder uns an einem Stück Treibholz festhalten. Das ist der Fall, wenn wir in Umstände kommen, in denen wir keinen Boden mehr unter den Füßen haben. Wie es auch gewesen sein mag, alle kommen wohlbehalten an Land. Alle, die mit Paulus reisten, erreichen das Endziel.

So werden alle Kinder Gottes, alle Glieder der Gemeinde einmal im himmlischen Vaterland ankommen. Alles, worauf der Mensch im Blick auf eine ungefährliche und sichere Reise vertraute, ist dann nicht mehr da. Was übrigbleibt, ist allein die Gnade Gottes, derer man sich rühmen kann, denn nur dadurch werden all die Seinen das Endziel sicher erreichen.

Kapitel 28

Der Empfang auf Melite (28,1.2)

> [1] Und als wir gerettet waren, da erfuhren wir, dass die Insel Melite heiße. [2] Die Eingeborenen aber erzeigten uns eine nicht gewöhnliche Freundlichkeit, denn sie zündeten ein Feuer an und nahmen uns alle zu sich wegen des eingetretenen Regens und wegen der Kälte.

Nachdem alle sicher an Land gekommen sind, erfahren sie, dass sie sich auf der Insel Melite befinden. Die Einheimischen, also die ursprüngliche Bevölkerung, erweisen den Gestrandeten eine „nicht gewöhnliche Freundlichkeit". Wenn wir bedenken, dass es Brauch war, alles, was an Land gespült wurde, zu beschlagnahmen und die Menschen zu töten, so sehen wir auch hier wieder die Gnade Gottes, dass Er sie zu diesen Menschen gebracht hat.

Die Behandlung, die Paulus hier von den Heiden erfährt, bildet einen großen Gegensatz zu der Behandlung, die er von seinen jüdischen Brüdern nach dem Fleisch erfahren hat. Es ist auch der Gegensatz zwischen den jüdischen Führern und den römischen Regenten, die den Christen im Allgemeinen wohlwollend gesinnt waren.

Es scheint so, als wäre nichts geschehen, denn Paulus setzt seine gewöhnliche Arbeit fort, Zeugnis abzulegen. Gott hat ihm durch den Schiffbruch dazu ein neues Gebiet gegeben.

Paulus wird von einer Schlange gebissen (28,3–6)

> [3] Als aber Paulus eine Menge Reiser zusammenraffte und auf das Feuer legte, kam infolge der Hitze eine Schlange heraus und biss sich an seiner Hand fest. [4] Als aber die Eingeborenen das Tier an seiner Hand hängen sahen, sagten sie zueinander: Jedenfalls ist dieser Mensch ein Mörder, den Dike, obwohl er aus dem Meer gerettet ist, nicht leben lässt. [5] *Er* nun schüttelte das Tier in das Feuer ab und erlitt nichts Schlimmes. [6] *Sie* aber erwarteten, dass er anschwellen oder plötzlich tot hinfallen würde. Als sie aber lan-

ge warteten und sahen, dass ihm nichts Ungewöhnliches geschah, änderten sie ihre Meinung und sagten, er sei ein Gott.

Bevor Paulus damit beginnt, Zeugnis abzulegen, geschieht etwas, das dem Zeugnis große Kraft verleihen wird. Die Gestrandeten werden von den Einheimischen zu einem Feuer eingeladen, damit sie sich dort trocknen und wärmen können. Sie waren völlig durchnässt. Außerdem begann es auch noch zu regnen, so dass aus dem Trocknen nicht viel wurde. Für eine derart große Menschenmenge sind ein großes Feuer und sehr viel Holz nötig. Deshalb muss Holz gesammelt werden. Paulus hilft dabei mit. Er hält sich nicht für zu wichtig, um mitzuhelfen, Reiser zu sammeln. Ein gemeinschaftliches Handeln gibt allen Wärme. Sogar die niedrigste Arbeit bewirkt das. Wenn du etwas für den Herrn tust, hält dich das warm und verhindert, dass du vor Kälte erstarrst.

Paulus sammelte „eine Menge", nicht nur ein paar Reiser. Als er das Holz auf das Feuer legte und sich wärmen wollte, kam durch die Hitze eine Schlange heraus, die sich an seiner Hand festbiss. Die Schlange ist ein Bild des Teufels. Der Teufel hält nichts davon, wenn Gläubige füreinander einstehen. Er hält nichts von der Wärme der Bruderliebe und versucht, sie zu stören. So wie Hitze Schlangen aufweckt, so macht die Liebe unter Brüdern den Teufel sozusagen wach. Wenn Gläubige kalt sind oder schlafen, schläft der Teufel auch.

Als die Einheimischen das Tier an der Hand des Paulus sehen, haben sie gleich eine Theorie zur Hand, die keinen Sinn macht, sondern lediglich ihre götzendienerische Denkweise offenbart. Solch eine Beurteilung kann auch bei Christen vorkommen. Auch Christen haben oft eine Erklärung zur Hand, wenn jemandem etwas Schlimmes widerfährt.

Die Reaktion des Paulus ist die Reaktion des Glaubens (Mk 16,18; Lk 10,19). Er schüttelt das Tier von sich ab ins Feuer. Das sollte auch unsere Reaktion sein, wenn der Teufel uns packen will. Wir müssen ihn im Glauben dorthin bringen, wo er ewig sein wird: ins Feuer (Off 20,10). Die Einheimischen hatten ihre Meinung bezüglich der Schlange geäußert, die sich an der Hand des Paulus festgebissen hatte. Sie hatten auch ihre Meinung über die Folgen: entweder gibt es eine Schwellung oder er fällt plötzlich tot um. Nichts von beidem geschieht.

In geistlicher Hinsicht kann man folgende Anwendung machen. Die Hand redet von Aktivität, von Beschäftigung. Wenn wir mit einer Arbeit für den Herrn beschäftigt sind, kann der Teufel sich darin festbeißen. Wenn wir dann nicht resolut auftreten und den Teufel an den Platz verweisen, der ihm zukommt, werden wir anschwellen, das heißt hochmütig werden im Blick auf das, was wir für den Herrn tun. Oder wir fallen plötzlich tot um, das heißt, dass bei uns kein Leben für Gott mehr sichtbar wird. Deshalb dürfen wir dem Teufel keinen Raum geben (Eph 4,27), wir dürfen ihm keine Gelegenheit geben, sein schädliches Werk an uns zu tun.

Als die erwarteten Folgen ausbleiben, ändern die Einheimischen ihre Meinung. Wir haben hier einen erneuten Beweis dafür, wie einfach Menschen ihre Meinung ändern, wie wir das schon früher in Lystra gesehen haben, dort in umgekehrter Form (Apg 14,11–19). Solche Argumentationen findet man bei Menschen, die nur nach dem Äußeren urteilen. Doch Gott hat seinen eigenen Plan mit diesem Ereignis. Er gebraucht dieses Ereignis, um zu zeigen, dass inmitten aller Gefangenen dieser Mann sein Diener ist.

Heilungen auf Melite (28,7–10)

> 7 In der Umgebung jenes Ortes aber besaß der Erste der Insel, mit Namen Publius, Ländereien; der nahm uns auf und beherbergte uns drei Tage freundlich. 8 Es geschah aber, dass der Vater des Publius, von Fieber und Ruhr befallen, daniederlag. Zu dem ging Paulus hinein, und als er gebetet hatte, legte er ihm die Hände auf und heilte ihn. 9 Als dies aber geschehen war, kamen auch die Übrigen auf der Insel, die Krankheiten hatten, herzu und wurden geheilt; 10 diese ehrten uns auch mit vielen Ehren, und als wir abfuhren, luden sie uns auf, was nötig war.

Das Wohlwollen der Inselbewohner ist so groß, dass sogar „der Erste der Insel" (ein offizieller Titel) Paulus und die Seinen drei Tage lang mit Gastfreundschaft aufnimmt. Dann kommt die Gelegenheit für eine Gegenleistung. Der Vater des Publius ist ernstlich erkrankt. Paulus wird zwar nicht dazu aufgefordert, doch er geht zu ihm. Dort betet er zunächst. Er macht dadurch deutlich, dass nicht er, sondern Gott die Heilung schenken kann. Anschließend legt er ihm die Hände auf und macht ihn gesund. Nachdem das geschehen ist, sind die anderen auf der Insel an der Reihe, die krank sind. Sie kommen zu ihm und werden geheilt.

Lange Zeit haben wir nichts mehr von Zeichen gehört. Hier hören wir noch einmal davon. Zeichen sind immer eine Unterstützung des Wortes, das die Apostel sprechen. Auch hier ist es ein Zeichen, das durch einen Apostel gewirkt wird (2Kor 12,12). Zeichen begleiten den Beginn einer neuen Zeitrechnung. Paulus ist hier auf einem brachliegenden Gebiet, wo das Evangelium noch nie gehört worden ist. Da es für diese Insel ein Neuanfang ist, finden wir auch hier Zeichen. Zeichen geschehen nicht um ihrer selbst willen, sondern begleiten immer die Verkündigung des Wortes (Heb 2,4). Natürlich hat Paulus auch das Wort verkündigt. Das ist so selbstverständlich, dass Lukas es nicht extra erwähnt.

Es ist klar, dass die Inselbewohner außergewöhnlich dankbar sind, dass sie das Evangelium gehört und angenommen haben und dass ihre Krankheiten geheilt wurden. Die Ehrenerweisungen, die sie Paulus und seinen Begleitern erzeigen, haben mit der Erweisung göttlicher Ehren nichts zu tun, denn die hätte Paulus sofort abgewiesen.

Petrus ruft uns in seinem ersten Brief in einem allgemeinen Sinn auf, alle zu ehren (1Pet 2,17). Paulus sagt, dass wir die ehren sollen, denen Ehre gebührt (Röm 13,7). Es geht um die Wertschätzung anderer als Geschöpfe Gottes. Und wenn jemand dann auch noch das tut, was ehrenwert ist, sollten wir dem anderen unsere Wertschätzung nicht vorenthalten. Das ist es, was die Inselbewohner getan haben.

Als die Reisegesellschaft die Insel verlässt, erhalten sie alle noch das, was sie für die weitere Reise nötig haben. Hiermit helfen die Inselbewohner ihnen auf eine Gottes würdige Weise (vgl. 3Joh 5-8).

Ankunft in Rom (28,11-16)

> 11 Nach drei Monaten aber fuhren wir ab in einem alexandrinischen Schiff mit dem Zeichen der Dioskuren, das auf der Insel überwintert hatte. 12 Und als wir in Syrakus gelandet waren, blieben wir drei Tage. 13 Von dort fuhren wir herum und kamen nach Rhegium; und da sich nach einem Tag ein Südwind erhob, kamen wir am zweiten Tag nach Puteoli, 14 wo wir Brüder fanden und gebeten wurden, sieben Tage bei ihnen zu bleiben; und so kamen wir nach Rom. 15 Und von dort kamen die Brüder, als sie von uns gehört hatten, uns bis Appii-Forum und Tres-Tabernä entgegen; und als Paulus sie sah, dankte er Gott und fasste Mut. 16 Als wir aber nach Rom kamen, wurde Paulus erlaubt, mit dem Soldaten, der ihn bewachte, für sich zu bleiben.

Inzwischen ist es Ende Januar/Anfang Februar, als sie erneut an Bord eines alexandrinischen Schiffes gehen (Apg 27,6), um die Reise nach Rom fortzusetzen. Das Schiff hat, wie Lukas berichtet, das „Zeichen der Dioskuren“. *Dioskuren* bedeutet „Söhne des Zeus“. Sie galten als Beschützer der Seefahrer und wurden deswegen in vielen Hafenstädten verehrt. Durch die Erwähnung des Zeichens dieses Schiffes, wo Paulus an Bord ist, werden wir darauf hingewiesen, dass die Verkündigung des Evangeliums, dessen Repräsentant Paulus ist, ein geistlicher Kampf ist. Dieser Kampf ist immer noch in vollem Gange (Phil 1,27.28).

Die erste Hafenstadt, die angesteuert wird, ist Syrakus auf der italienischen Insel Sizilien. Dort bleiben sie drei Tage, vielleicht um Ladung zu löschen oder einen günstigen Wind abzuwarten. Von Syrakus aus setzen sie nach Rhegium über, zum Festland Italiens. Da sie nach Norden müssen und ein Südwind aufkommt, verläuft der Rest der Seereise völlig reibungslos. Nach zwei Tagen kommen sie in Puteoli an, dem Hafen Neapels.

In Puteoli suchen Paulus und seine Begleiter nach „Brüdern“, und die finden sie auch. „Brüder“ war zu der Zeit die allgemeine Bezeichnung für die Gläubigen. Die Brüder bitten Paulus und seine Begleiter, sieben Tage zu bleiben. Sieben Tage bedeutet immer, dass ein Sonntag dabei ist (Apg 20,6.7; 21,4). Dann geht es über Land weiter nach Rom.

Während Paulus sieben Tage in Puteoli war, konnte die Nachricht von ihm bis Rom vorauseilen. Von dort kommen ihm die Brüder entgegen. Als Paulus sie sieht, dankt er Gott und fasst Mut. Er hatte diese Brüder nie zuvor gesehen, doch die Tatsache, dass es Brüder sind, die ihn herzlich begrüßen und umarmen, ist ein großes Geschenk und kann nur von Gott gewirkt sein.

Aus dem Bericht des Lukas über die Begegnungen, die Paulus mit den verschiedenen Gruppen von Brüdern hat, kann man schließen, dass Paulus niedergeschlagen war. Er war ein Mensch von gleichen Gemütsbewegungen wie wir. Zu einer früheren Zeit der Niedergeschlagenheit war ihm der Herr selbst erschienen, um ihn zu ermutigen (Apg 23,11). Hier tut der Herr das durch die Brüder.

Die Liebe der Brüder ermutigt und stärkt ihn wieder. Er erfährt das, was er bereits früher in seinem Brief „an die Geliebten Gottes, die in Rom sind“, geschrieben hat (Röm 1,7.12). Eine Gruppe von Brüdern kommt ihm aus Rom – ungefähr fünfundsechzig Kilometer entfernt – entgegen. Er umarmt sie in Appii-Forum. Eine andere Gruppe, die vielleicht etwas später Rom verließ, kommt ihm ungefähr in fünfzig Kilometern Entfernung entgegen und umarmt ihn in Tres-Tabernä. So hat der Herr für Paulus eine zweifache Ermutigung auf dem letzten Stück seiner Reise nach Rom.

Dann kommt Paulus schließlich im Herzen der damaligen Welt an. Was muss ihn wohl bewegt haben, als er die Stadt betrat, die er schon so lange besuchen wollte (Röm 1,10; 15,23). Wie schon früher erwähnt, kommt er auf andere Weise dorthin, als er sich das vorgestellt hatte. Dass er als Gefangener kommen würde, wird ihm nicht in den Sinn gekommen sein. Doch Gott hat es so bestimmt, und was für ein Segen ist aus dieser Gefangenschaft hervorgegangen! Denken wir nur an die Briefe, die er während dieser Gefangenschaft geschrieben hat und die wir nun in der Bibel haben.

Außerdem hat Paulus gerade als Gefangener eine Gelegenheit bekommen, die andere in Rom nicht bekommen, nämlich das Evangelium an den Hof des Kaisers zu bringen, was auch wieder eine Ermunterung für andere war (Phil 1,12–14). Zugleich hat seine Gefangenschaft die Echtheit des Glaubens vieler auf die Probe gestellt. Es gab solche, die sich seiner Fesseln schämten und ihn in Rom vergaßen, während jemand wie Onesiphorus sich gerade nicht schämte, sondern ihn in Rom aufgesucht hat (2Tim 1,16.17). Das war allerdings während seiner zweiten Gefangenschaft, doch das Prinzip ist dasselbe. Paulus war ein Gefangener.

Bei dieser ersten Gefangenschaft bekommt Paulus die Erlaubnis, für sich allein zu wohnen, wobei er dauerhaft gefesselt ist und von einem Soldaten bewacht wird. Im Vergleich zu einer Zelle im Gefängnis kann man diese Form der Gefangenschaft als mild bezeichnen.

Erste Unterredung mit den Juden in Rom (28,17–22)

> 17 Es geschah aber nach drei Tagen, dass er die, welche die Ersten der Juden waren, zu sich zusammenrief. Als sie aber zusammengekommen waren, sprach er zu ihnen: Brüder! Ich, der ich nichts gegen das Volk oder die väterlichen Gebräuche getan habe, bin gefangen aus Jerusalem in die Hände der Römer überliefert worden, 18 die mich, nachdem sie mich verhört hatten, freilassen wollten, weil keine Todesschuld an mir war. 19 Als aber die Juden widersprachen, war ich gezwungen, mich auf den Kaiser zu berufen, nicht, als ob ich gegen meine Nation etwas zu klagen hätte. 20 Um dieser Ursache willen nun habe ich euch herbeigerufen,

euch zu sehen und zu euch zu reden; denn wegen der Hoffnung Israels bin ich mit dieser Kette umgeben. [21] Sie aber sprachen zu ihm: *Wir* haben über dich weder Briefe von Judäa empfangen, noch ist jemand von den Brüdern hergekommen und hat uns über dich etwas Böses berichtet oder gesagt. [22] Wir möchten aber von dir hören, was du denkst; denn von dieser Sekte ist uns allerdings bekannt, dass ihr überall widersprochen wird.

Die milde Form seiner Gefangenschaft zeigt sich auch in der Möglichkeit, jeden frei empfangen oder sogar einladen zu können. Bereits nach drei Tagen lädt er die Vornehmsten der Juden ein, zu ihm zu kommen. Da er keine Gelegenheit hat, eine Synagoge aufzusuchen, ist es ihm eben auf diese Weise möglich, auch in Rom nach dem Grundsatz zu handeln: „sowohl dem Juden zuerst als auch dem Griechen" (Röm 1,16). Nachdem die vornehmsten Juden eingetroffen sind, verteidigt er als Erstes seine Person. Er erklärt zunächst, warum er nach Rom gekommen ist, denn dass er als Gefangener hier ist, erfordert eine Erklärung.

Er fasst sehr knapp zusammen, was geschehen ist. Bemerkenswert ist dabei, dass er nicht den Anlass und die Mordversuche erwähnt. Er beschuldigt mit keinem Wort seine jüdischen Brüder, wie viel Böses sie ihm auch angetan haben. Dies ist echte, selbstlose Liebe.

Was seine Behandlung durch die Römer betrifft, so stellt er auch sie in ein günstiges Licht. Er erwähnt lediglich, dass sie ihn freilassen wollten, weil sie bei ihm nichts gefunden hatten, was den Tod verdiente (siehe 23,29; 25,25; 26,32). Paulus stellt also die Römer in ein gutes Licht. Diese Juden wohnten unter ihnen und kannten sie.

Ohne jegliches Werturteil spricht Paulus davon, wie die Juden seinem Freispruch seitens der Römer widersprachen und wie er dadurch genötigt war, sich auf den Kaiser zu berufen. Er ist also nicht hier, um seine Brüder zu beschuldigen, sondern damit das Recht seinen Lauf nimmt. Das wollte er sie gern wissen lassen, und deshalb hatte er sie zu sich kommen lassen.

Zugleich lässt er sie wissen, dass er kein abgefallener Jude ist, sondern dass er die Hoffnung aller Juden teilt. „Die Hoffnung Israels" bezieht sich auf die Erfüllung der Verheißungen an die Väter, eine Hoffnung, die untrennbar mit dem Messias verbunden ist. Am Ende dieses Buches wird dadurch nicht nur ins Licht gestellt, dass das Christentum das neue Zeugnis ist, sondern auch, dass Gott sein Volk nicht aus dem Auge verliert. Paulus klagt nicht sein

Volk für seine Ketten an, sondern weist als Begründung für seine Ketten auf die Hoffnung Israels hin, auf den Messias.

Nachdem Paulus ausgeredet hat, sagen die römischen Juden ihm, dass sie nichts über ihn wissen. Man hat keine Briefe aus Judäa an sie geschrieben, und es sind auch keine Brüder von dort zu ihnen gekommen, um etwas Böses über ihn zu berichten. Sie können daher also kein Urteil fällen. Sie geben ihm die Gelegenheit, ihnen seine Gedanken zu erläutern. Gleichzeitig sagen sie, dass das, was sie über das Christentum gehört haben, ihnen den Eindruck gibt, dass es eine entgegengesetzte Bewegung ist, die dem Judentum nichts Gutes bringt. Eine solche Gelegenheit, sich zu verantworten, gaben die Pharisäer dem Herrn Jesus nicht, obwohl Nikodemus sehr dafür gesprochen hatte (Joh 7,51).

Diese Juden wollen zwar zuhören, lassen aber auch merken, dass sie kritisch dazu eingestellt sind. Die Haltung dieser Juden ist nachahmenswert. Es ist wichtig, dass wir über die Ansichten einer Person, die nicht mit unseren Auffassungen übereinstimmen, erst dann ein Urteil fällen, wenn die betreffende Person Gelegenheit bekommen hat, sich zu verantworten.

Zweite Unterhaltung mit den Juden (28,23–28)

> 23 Als sie ihm aber einen Tag bestimmt hatten, kamen mehrere zu ihm in die Herberge, denen er die Wahrheit auslegte, indem er das Reich Gottes bezeugte und sie zu überzeugen suchte von Jesus, sowohl aus dem Gesetz Moses als auch den Propheten, von frühmorgens bis zum Abend. 24 Und einige wurden überzeugt von dem, was gesagt wurde, andere aber glaubten nicht. 25 Als sie aber unter sich uneins waren, gingen sie weg, als Paulus *ein* Wort sprach: Treffend hat der Heilige Geist durch Jesaja, den Propheten, zu unseren Vätern geredet 26 und gesagt: „Geh hin zu diesem Volk und sprich: Hörend werdet ihr hören und *nicht* verstehen, und sehend werdet ihr sehen und *nicht* wahrnehmen. 27 Denn das Herz dieses Volkes ist dick geworden, und mit den Ohren haben sie schwer gehört, und ihre Augen haben sie geschlossen, damit sie nicht etwa mit den Augen sehen und mit den Ohren hören und mit dem Herzen verstehen und sich bekehren und ich sie heile."
> 28 Es sei euch nun kund, dass dieses Heil Gottes den Nationen gesandt worden ist; *sie* werden auch hören.

Nach dem Gespräch des Kennenlernens wird vereinbart, dass sie auf diese Sache tiefer eingehen wollen. Bei dieser Gelegenheit kommen weitere Personen zu Paulus in seine Herberge. Er legt ihnen aus, was das Reich Gottes ist und was es bedeutet. Hier ist zum sechsten Mal in diesem Buch vom Reich die Rede. Über ein Leben im Reich Gottes zu sprechen, bedeutet, über ein Leben unter der Herrschaft des Herrn Jesus zu sprechen. Einmal wird dieses Reich in Herrlichkeit aufgerichtet werden, wenn der Herr Jesus kommt, um auf der Erde zu regieren.

Nachdem Er nun verworfen ist, ist das Reich Gottes nicht sichtbar, trotzdem ist es da. Es ist nämlich überall dort, wo Menschen den Herrn Jesus als Herrn bekennen und das in der Praxis ihres täglichen Lebens durch die Kraft des Heiligen Geistes zeigen (Röm 14,17). Wenn jeder Gläubige in seinem Leben mehr verwirklichen würde, was es heißt, ein Untertan im Reich zu sein, würde die Wahrheit von der Gemeinde besser in die Praxis umgesetzt werden und hätten viele Trennungen innerhalb der Gemeinde nie stattgefunden.

Paulus legte die Wahrheit aus, er erklärte die Bedeutung und bezeugte - das heißt, er sprach eindringlich darüber -, dass auch danach gelebt werden muss. Er tat das den ganzen Tag. Es gab niemanden, der auf die Uhr schaute. Es muss atemberaubend fesselnd gewesen sein, ihn anhand des Gesetzes Moses und der Propheten über den Herrn Jesus reden zu hören. Er legte sein ganzes Herz da hinein, denn er wollte sie so gern „von Jesus“ überzeugen. Wenn sie nur in dem Herrn Jesus den von Gott gesandten Messias erkennen würden, würden sie errettet werden, und darum ging es ihm. Hier sehen wir, dass intensives Bibelstudium mit Auslegung auch eine Möglichkeit ist, Menschen für Christus zu gewinnen.

Die Reaktionen bleiben nicht aus. Wie immer, verursacht die Predigt des Wortes eine Zweiteilung unter den Zuhörern. Manche lassen sich überzeugen, andere glauben hingegen nicht. Diskutierend entfernen sie sich, nachdem Paulus ein ernstes Wort aus Jesaja zitiert hat (Jes 6,9.10). Jesaja hat dieses Wort an das ungläubige Volk in seiner Gesamtheit gerichtet, und Paulus wendet es jetzt auf die ungläubigen Juden an, an die er das Wort gerichtet hat. Der Herr Jesus hat dieses Wort in seinen Tagen ebenfalls im Blick auf das Volk gebraucht (Mt 13,14–16).

Die große Frage, ob das Volk doch noch zum Glauben kommt, wird mit diesem Zitat deutlich beantwortet. Es scheint ein hartes

Wort zu sein, aber es trifft wegen ihrer Ablehnung völlig auf sie zu. Es ist das letzte und endgültige Urteil über die Verhärtung, die Paulus festgestellt hat. Sie haben ihr Herz verschlossen, so dass sie das Wort Gottes nicht in sich aufnehmen können. Sie ziehen sich zu ihrem eigenen Verderben zurück (Heb 10,39).

Diese Feststellung ihrer Verhärtung führt Paulus zu den letzten Worten, die wir von ihm in diesem Buch hören. Diese Worte betreffen den Punkt, zu dem wir in diesem Buch geführt worden sind, und zwar, dass die Tür des Heils zu den Nationen geöffnet wurde wegen der Verwerfung des Heils seitens der Juden (Apg 13,46; 18,6; Röm 11,25-32). Zu ihnen wird das Wort nicht vergeblich gelangen. Sie werden auch hören. Obwohl nicht alle Völker das Evangelium angenommen haben, haben viele aus den Nationen es im Lauf der Jahrhunderte gehört und angenommen (1Tim 3,16).

Paulus predigt ungehindert weiter (28,29–31)

> 29 [als nicht authentisch weggelassen] 30 Er aber blieb zwei ganze Jahre in seinem eigenen gemieteten Haus und nahm alle auf, die zu ihm kamen, 31 und predigte das Reich Gottes und lehrte mit aller Freimütigkeit ungehindert die Dinge, die den Herrn Jesus Christus betreffen.

Die Dauer dieser Gefangenschaft des Paulus, die er „in seinem eigenen gemieteten Haus" verbringen durfte, gibt Lukas mit zwei ganzen Jahren an. Es scheint so, dass Paulus nach dieser Zeit freigelassen worden ist, weil seine Ankläger nicht erschienen. Der Prozess konnte nicht stattfinden, wenn nicht sowohl die Angeklagten als auch die Ankläger vor dem Richter erschienen (Apg 23,35; 25,16). Es war daher auch nicht rechtens, dass Paulus, nachdem er früher zwei Jahre festgehalten worden war, nicht freigelassen wurde (Apg 24,27). Für den Fall, dass die Ankläger nicht erschienen, schrieb das römische Recht vor, dass der Angeklagte freigelassen werden musste. Die Juden haben wohl die Reise nach Rom als ein zu großes Unternehmen empfunden. Vielleicht hat es ihnen ausgereicht, dass Paulus gefangen genommen und nach Rom abtransportiert wurde.

Dass Paulus nach zwei Jahren in die Freiheit entlassen wurde, ohne vor dem Kaiser zu erscheinen, muss nicht als Widerspruch dazu aufgefasst werden, dass er gerade deshalb nach

Rom musste. Nach Aussage des Textes ist es nicht notwendigerweise so, dass sein Erscheinen vor dem Kaiser während dieser Gefangenschaft geschehen musste. Es sollte nämlich eine zweite Gefangenschaft folgen, und dann würde er tatsächlich vor dem Kaiser erscheinen.

Paulus hatte während dieser ersten Gefangenschaft eine unbekannte Anzahl von unbekannten Menschen zu Besuch. Das können Brüder, Juden und auch Heiden gewesen sein (1Kor 10,32). Unter ihnen befand sich auch ein entlaufener Sklave namens Onesimus, von dem wir wissen, dass er sich durch den Dienst des Paulus bekehrt hat (Phlm 10). Diesem Onesimus hat er den Brief an Philemon mitgegeben, den er während der Gefangenschaft aus Anlass der Bekehrung des Onesimus geschrieben hat. In diesen beiden Jahren hat er auch die Briefe an die Gemeinden in Ephesus, Philippi und Kolossä geschrieben.

Allen, die zu ihm kamen, hat er das Reich Gottes gepredigt, das den Herrn Jesus Christus zum Inhalt hat. Das Buch begann mit der Predigt des Reiches Gottes (Apg 1,3) und hier, wo es zum siebten und letzten Mal erwähnt wird, schließt das Buch damit. Paulus predigt den Herrn dieses Reiches in der Stadt des Kaisers, dem großen Herrn des Erdkreises. Er tut das „ungehindert". Das ist das letzte Wort der Apostelgeschichte, jedenfalls im griechischen Text.

Das Buch endet mit einem offenen Ende, weil das Wirken des Geistes, der nicht gebunden ist, nicht beendet ist. Die Geschichte der Gemeinde setzt sich in jedem ihrer Glieder fort. Dadurch hat das Wort die Enden des Römischen Reiches erreicht. Das Christentum ist von einer jüdischen Sekte zu einer „Weltreligion" geworden. Von Jerusalem ist das Evangelium ausgegangen bis an das Ende des Erdkreises und wird weiterlaufen bis zum Ende der gegenwärtigen Haushaltung. Wir dürfen uns an der Weitergabe dieser Botschaft beteiligen, nämlich dass ein anderer König ist als die Herrscher der Welt: der verherrlichte Herr im Himmel. Bis zu dem Augenblick, wo Er zurückkommt, wünschen wir uns, dass es Tag wird.

Notizen:

Notizen:

Notizen:

Notizen:

Notizen:

Notizen:

Notizen: